人民文库 第二辑

秦汉区域文化研究

（增订本）

王子今｜著

人民出版社

出 版 前 言

  1921年9月,刚刚成立的中国共产党就创办了第一家自己的出版机构——人民出版社。一百年来,在党的领导下,人民出版社大力传播马克思主义及其中国化的最新理论成果,为弘扬真理、繁荣学术、传承文明、普及文化出版了一批又一批影响深远的精品力作,引领着时代思潮与学术方向。

  2009年,在庆祝新中国成立60周年之际,我社从历年出版精品中,选取了一百余种图书作为《人民文库》第一辑。文库出版后,广受好评,其中不少图书一印再印。为庆祝中国共产党建党一百周年,反映当代中国学术文化大发展大繁荣的巨大成就,在建社一百周年之际,我社决定推出《人民文库》第二辑。

  《人民文库》第二辑继续坚持思想性、学术性、原创性与可读性标准,重点选取20世纪90年代以来出版的哲学社会科学研究著作,按学科分为马克思主义、哲学、政治、法律、经济、历史、文化七类,陆续出版。

习近平总书记指出："人民群众多读书，我们的民族精神就会厚重起来、深邃起来。""为人民提供更多优秀精神文化产品，善莫大焉。"这既是对广大读者的殷切期望，也是对出版工作者提出的价值要求。

文化自信是一个国家、一个民族发展中更基本、更深沉、更持久的力量，没有文化的繁荣兴盛，就没有中华民族的伟大复兴。我们要始终坚持"为人民出好书"的宗旨，不断推出更多、更好的精品力作，筑牢中华民族文化自信的根基。

人民出版社

2021 年 1 月 2 日

序

　　王子今先生寄来《秦汉区域文化研究》一书手稿,嘱我作序,得以先睹为快。披览全书,觉得作者对秦汉区域文化方面的研究有诸多独到的见解,是一部成功的多有创见的著作。

　　书中上编以论述秦汉时期的基本文化区及其文化风貌为重点,分别讨论了秦汉时期 12 个①文化区的人文社会面貌和民俗文化构成,可以说大体分析了当时最主要的有代表性的区域文化的特征。其中多有新见发表。特别是对于北边区和滨海区的文化区的划分,从交通文化的研究入手,又注意到这两个区域在秦汉文化体系与外域文化体系的交接中的特殊地位,提出了值得学界重视的意见。对于这两个文化区的区域文化的具体分析,因为以往少有学者涉及,也表现出某种开创性的意义。

　　书中中编,着重分析了秦汉文化共同体的形成及其区域文化传统的基因。应当说,作者这方面的努力,也取得了值得肯定的成绩。如对于当时民间乡土意识的历史分析,对于当时社会生活节奏的区域比较等,都是以往没有做过的工作。对于当时侠风和儒风的流布,对于当时人口流动和文化交融的关系,作者也在前人研究的基础上,提出了某些新的学术见解。通过区域文化研究了解这一时期的社会文化结构和民族时代精神的有关特质,无疑有益于更真切地认识中国传统文化的全貌。

　　书中下编,对于秦汉王朝的区域文化观和区域文化政策进行了认真的

---

　　①　增订本为 15 个。

历史总结。秦汉帝王的区域文化观,有基本符合当时社会文化的历史现实的,也有并不符合当时社会文化的历史现实的。秦汉中央政府的区域文化政策,有成功的,也有失败的。通过历史经验的总结,显然可以为现今的政策的制定和执行,提供必要的历史借鉴。

近年来,区域文化的历史研究逐渐受到重视,在研究内容和研究方法等方面,均较前有所突破。但研究还有待于进一步深入。正如作者在书中前言所说,目前有三个方面的偏向应当予以纠正:1.片面地非客观地夸大本地区的文化的历史地位和历史作用;2.忽视从总体的角度把握历史上区域文化间的联系以及与统一文化之间的关系;3.未能将文献资料和考古资料很好地结合起来。王子今先生在写作此书时,尽量避免这三个方面的偏向,以求得对区域文化的科学认识。这样的努力,应当说已经取得了成功。

中国古代区域文化研究,是具有重要意义的课题。秦汉时期又是中国历史文化演进历程中的重要时期。对于后来中国不同区域历史前进的方向和历史前进的步伐,具有重要的影响,但对于这一重要历史阶段的区域文化的面貌和性质,至今尚少见有专门的论著进行讨论,这部《秦汉区域文化研究》,无疑对于促进这一领域的研究可以有所推动。作者在大量占有文献资料的基础上,发挥自己在考古方面的专长,利用大量的考古资料,对秦汉区域文化的研究提出了很多独到的见解。

因为此书是这一方面的开拓之作,所以难免有不足之处,即对于有些文化区的若干具体的地方特色,论述得还不够充分。但这部书仍是一本非常有价值的著作。

史念海
1997. 11. 6

前　言

区域文化原本是传统史学相当注重的研究课题之一。

区域文化研究的成果，又曾经从中分化成为舆地学、方志学的重要内涵。

近数十年来，这一研究领域相对冷落，近年才出现重新繁荣的趋势，在研究内容和研究方法等方面，均较前有所突破。不过总的来说，研究亟待进一步深入。目前，似乎有这样3个方面的偏向应当予以纠正：(1)没有能够避免片面地非客观地夸大本地区文化的历史作用的倾向；(2)没有能够从总体的角度把握历史上区域文化间的联系以及与统一文化之间的关系；(3)没有能够将文献资料和考古资料很好地结合起来。

对于秦汉时期这一重要历史阶段区域文化的状况，至今少有专门的论著进行讨论。域外学者，特别是日本学者相继有论说精当的研究成果以论文形式发表，然而至今未见有研究对象超越局部地区的宏观研究和微观研究相结合的专著问世。有关研究成果往往仅限于以个别地区为对象，研究过程中也多未充分利用文物资料特别是新近的考古收获。

战国至于秦汉时期经济的发展促成了大一统的专制主义王朝的出现，这种政体刚一形成，就以"匡饬异俗"作为重要行政内容，以求实现所谓"黔首改化，远迩同度"，达成文化的统一。① 秦始皇时代的这一努力虽然没有取得成功，却代表了历史文化前进的正确方向。

---

① 《史记》卷六《秦始皇本纪》，中华书局1959年版，第245、250页。

在汉武帝当政前后，渊源不同的区域文化通过长期的交流融并，形成了具有共同特征的统一的汉文化。

然而，正如《史记·货殖列传》所谓"中国人民所喜好，谣俗被服饮食奉生送死之具"以及"天下物所鲜所多，人民谣俗"①等物质文化与精神文化的区域差别鲜明存在。尽管各地文化风貌的差异较前代显著淡化，但当时"天下""人民谣俗"仍然保留有明显的地域风格。《史记·天官书》："宫庙邸第，人民所次。谣俗车服，观民饮食。五谷草木，观其所属。仓府厩库，四通之路。六畜禽兽，所产去就；鱼鳖鸟鼠，观其所处。鬼哭若呼，其人逢悟。"②都强调了对相关文化现象关注与考察的意义。《汉书·赵广汉传》："……延寿欲更改之，教以礼让，恐百姓不从，乃历召郡中长老为乡里所信向者数十人，设酒具食，亲与相对，接以礼意，人人问以谣俗，民所疾苦，……"③对于"谣俗"，又加入了政治文化的涵义。执政者为了改善管理效能，也必须调查并理解地方"谣俗"。

这是秦汉文化史的重要特征之一，也是秦汉社会生活史的重要特征之一。秦汉时代的许多社会文化迹象，都可以由此找寻到历史的基因。深刻地认识这一文化现象，并且探索其根源和影响，方能够更全面地认识秦汉社会，更真切地认识我们民族文化形成与演进的历史。

今后社会的发展、经济的繁荣、文化的进步，都不能绝对地避免区域差别的存在。区域发展的不平衡是绝对的，而平衡只是相对的。科学地认识秦汉文化在不同地域的结构形态，以及区域文化与整体文化的关系，特别是协调、平衡与发展区域文化的得与失，显然也将有助于对社会发展与进步提供有历史借鉴意义的经验。

---

① 《史记》卷一二九《货殖列传》，第 3254、3269 页。
② 《史记》卷二七《天官书》，第 1339 页。
③ 《汉书》卷七六《赵广汉传》，中华书局 1962 年版，第 3210 页。

目　　录

上编　秦汉时期的基本文化区及其文化风貌

中编　秦汉文化共同体的形成及其区域文化传统的历史基因

下编　秦汉王朝执政集团的区域文化政策

绪　论

秦汉文化的一统风格与区域特色

秦汉时期，是中国文化的一统形势终于最初实现的历史时期。

这一时期的文化形态表现出特殊的风貌。当时，发生渊源有所不同，演变方向有所不同的文化，既体现出趋于一统的风格，又保留有鲜明的地域特色。

1

其实，儒学经典中很早就有"大一统"理想的表述。

《诗·小雅·北山》："溥天之下，莫非王土。率土之滨，莫非王臣。"汉代学者毛亨曾经解释说："溥，大。率，循滨涯也。"郑玄笺："此言王之土地广矣，王之臣又众矣。何求而不得，何使而不行？"①这样的话，可以理解为四海之内，山野都是"王"的土地，民众都是"王"的奴隶。

这一诗句，后来被频繁引用，成为一种政治文化原则。

《左传·昭公七年》记载，当臣下有分君权的企图时，一位叫无宇的责难道："一国两君，其谁堪之？"②楚国君主招纳亡人，无宇也提出批评，其中说道："《诗》曰：'普天之下，莫非王土。率土之滨，莫非王臣。'天有十日，人

---

① （清）阮元校刻：《十三经注疏》，中华书局 1980 年影印版，第 994 页。
② （清）阮元校刻：《十三经注疏》，第 4447 页。

有十等,下所以事上,上所以共神也。"①《孟子·万章上》也引述了《诗经》中的这一句,以及孔子"天无二日,民无二王"的话。② 不过,孟子对"普天之下,莫非王土;率土之滨,莫非王臣"的解释,与我们一般的理解略有不同。孔子所说的"天无二日,民无二王",又见于《礼记·曾子问》和《礼记·坊记》,然而都写作"天无二日,土无二王"。③

很显然,"天无二日,民无二王"或者"天无二日,土无二王",也是大一统政治文化意识的体现。

"大一统"一语的明确提出,最早见于《公羊传·隐公元年》:"何言乎'王正月'?大一统也。"④

"大一统"的政治文化形态,是儒学学人的文化理想。《礼记·礼运》推崇"天下为公"的境界,又说,圣人能够"以天下为一家,以中国为一人"⑤,也反映了"大一统"的要求。但是,在当时春秋战国百家争鸣的时代,"大一统"又并不仅仅是这一派政治文化学说的主张。

早期法家的政治文化理论就是以君主权力的一元化为思想基点的。慎到曾经提出:"多贤不可以多君,无贤不可以无君。"⑥把握最高政治权力的"君",不可以"无",也不可以"多"。强调政治权力一定要集中,避免二元和多元的倾向,因为"两则争,杂则相伤"⑦。申不害也曾经说过,这种高度集中的君权,是以统治天下为政治责任的,"明君治国,三寸之机运而天下定,方寸之谋正而天下治,一言正而天下定,一言倚而天下靡"⑧。国家大政,最终决定于所谓"三寸之机""方寸之谋",决定于君王的"一言",反映了绝对专断的政治倾向。而"国"即"天下",亦颇可引人注意。以"天下"作为管理的对象,表明事实上"大一统"的意识已经对法家政治文化理论的

---

① (清)阮元校刻:《十三经注疏》,第4447页。
② (清)阮元校刻:《十三经注疏》,第5950页。
③ (清)阮元校刻:《十三经注疏》,第3016、3513页。
④ (清)阮元校刻:《十三经注疏》,第4766页。
⑤ (清)阮元校刻:《十三经注疏》,第3080页。
⑥ (战国)慎到著,许富宏校注:《慎子集校集注·慎子逸文》,中华书局2013年版,第82页。
⑦ (战国)慎到著,许富宏校注:《慎子集校集注·德立》,第48页。
⑧ 《太平御览》卷三九〇引《申子》,(宋)李昉等:《太平御览》,中华书局1960年影印版,第1804页。

基本内容形成了深刻的影响。

"天下"的说法,可能最早见于《尚书·大禹谟》。这就是所谓"奄有四海,为天下君"①。可见"天下"的观念,一开始就是和"大一统"的观念相联系的。

《管子·霸言》:"使天下两天子,天下不可理也。"②《管子·兵法》又说:"明一者皇,察道者帝,通德者王,谋得兵胜者霸。"③于是勾画出这样的政治权力的等级:

霸→王→帝→皇

与当时"天下"意识的普及同时,许多思想家都相应提出了统一天下的主张。《孟子·梁惠王上》:

孟子见梁襄王,出,语人曰:"望之不似人君,就之而不见所畏焉。卒然问曰:'天下恶乎定?'
"吾对曰:'定于一。'
"'孰能一之?'
"对曰:'不嗜杀人者能一之。'
"'孰能与之?'
"对曰:'天下莫不与也。王知夫苗乎?七八月之间旱,则苗槁矣。天油然作云,沛然下雨,则苗浡然兴之矣。其如是,孰能御之?今夫天下之人牧,未有不嗜杀人者也。如有不嗜杀人者,则天下之民皆引领而望之矣。诚如是也,民归之,由水之就下,沛然谁能御之?'"④

另外,孟子还强调说,"夫国君好仁,天下无敌。"⑤"仁人无敌于天下。"⑥"得道者多助,失道者寡助。寡助之至,亲戚畔之。多助之至,天下顺之。"⑦

《荀子·王霸》也提出了"人主者,天下之利势也"⑧的观点。

---

① （清）阮元校刻:《十三经注疏》,第283页。
② 《管子·霸言》,黎翔凤撰,梁运华整理:《管子校注》,中华书局2004年版,第472页。
③ 《管子·兵法》,黎翔凤撰,梁运华整理:《管子校注》,第316—317页。
④ （清）阮元校刻:《十三经注疏》,第5807页。
⑤ （清）阮元校刻:《十三经注疏》,第5913页。
⑥ （清）阮元校刻:《十三经注疏》,第6035页。
⑦ （清）阮元校刻:《十三经注疏》,第5858页。
⑧ 《荀子·王霸》,（清）王先谦撰,沈啸寰、王星贤点校:《荀子集解》,中华书局1988年版,第202页。

《易·系辞上》中也曾经说，"圣人"以"易"为思想基础，就可以"通天下之志"，"成天下之务"，"定天下之业"。①

可见，管理大一统的"天下"，已经成为许多政治家的最高追求。

《墨子·尚同中》曾经提出过"一同天下"②的说法。

甚至《庄子》中也有类似的涉及"天下"这一政治命题的讨论。如"一心定而王天下"③，"唯无以天下为者，可以托天下也。"④

成为战国晚期秦国政治建设和政治管理指南的《韩非子》一书，可能是先秦诸子中说到"天下"一语频率最高的，竟然多达267次。其中多见所谓"霸天下""强天下""制天下""有天下""取天下""治天下""王天下""一匡天下""强匡天下""进兼天下""谓天下王""为天下主""取尊名于天下""令行禁止于天下"等。而"一匡天下"凡4见，"治天下"凡6见，"王天下"凡6见。很显然，谋求对"天下"的统治，谋求"大一统"政治体制的建立，已经成为十分明确的政治目的。

我国早期地理学名著中，有一部著名的《禹贡》，后来也被收入《尚书》中，列为儒学基本经典"十三经"的内容。

《禹贡》分天下为九州，分别论述了九州的土气、物产，以及向中央政府贡奉的品物、方式和道路。

一般认为，《禹贡》成书于战国时代，并不能体现夏代制度。经过史念海先生考证，《禹贡》是梁惠王积极图霸期间，魏国人士于安邑撰著成书的，"是在魏国霸业基础上设想出来的大一统事业的蓝图"⑤。

"大一统"的理想能够形成，又得以传布，表明华夏文化走向成熟、走向同一的历史进步迈过了新的里程碑。

虽然孟子提出了反对"以力服人"⑥，而应当推行"王道"，实施"仁政"

---

① （清）阮元校刻：《十三经注疏》，第168页。
② 《墨子·尚同中》，（清）孙诒让撰，孙启治点校：《墨子间诂》，中华书局2001年版，第77页。
③ 《庄子·天道》，（清）郭庆藩撰，王孝鱼点校：《庄子集释》，中华书局2012年版，第462页。
④ 《庄子·让王》，（清）郭庆藩撰，王孝鱼点校：《庄子集释》，第965页。
⑤ 史念海：《论〈禹贡〉的著作年代》，《河山集》二集，生活·读书·新知三联书店1981年版，第392页。
⑥ 《孟子·公孙丑上》，（清）阮元校刻：《十三经注疏》，第5849页。

才可能实现"大一统"的主张。但是,当时的政治现实是,各个大国都积极强兵备战,连年兼并不休,企图通过武力使"大一统"的理想成为现实。

《吕氏春秋》称以实现"大一统"为目的的战争形式为"义兵"。"争斗之所自来者久矣,不可禁,不可止","古之圣王有义兵而无有偃兵","古之贤王有义兵而无有偃兵","欲偃天下之兵,悖"。"义兵之为天下良药也亦大矣"。①

我们甚至还看到,长沙马王堆汉墓出土帛书中成书于战国晚期的体现道家以所谓"自然""无为"为中心的政治思想的《十六经》中,也明确肯定了在"今天下大争"的形势下,应当坚持"为义"的"兵道","伐乱禁暴"②,取得成功。

秦国就是以强大的军事力量为基础,通过战争形式,一一剪灭六国,建立了第一个高度集权的专制主义帝国,实现了"大一统"的政治局面的。按照《史记·秦始皇本纪》中李斯等人赞美秦始皇的说法,即"今陛下兴义兵,诛残贼,平定天下,海内为郡县,法令由一统,自上古以来未尝有,五帝所不及"③。所谓"海内为郡县,法令由一统"的"大一统"的成功,是通过"兴义兵"的军事暴力形式实现的。

秦始皇东巡,琅邪刻石中有所谓"东抚东土,以省卒士"④语,说明秦王朝建立之初,对东方新领土的控制,仍然是通过军事管制的方式施行的。

事实上,"大一统"政治体制的形成,是以一种反文化的形式实现的。

儒学较早提出"大一统"的理想,却没有找到实践"大一统"的正确道路。战国时期以法家为主的诸家学派的共同努力,使"大一统"终于成为一种政治现实。在新的历史时期,儒家为巩固和强化"大一统",进行了更重要的理论建设和政策设计。

还应当看到,老子学说是以所谓"小国寡民"作为社会理想的。《老子》第八十章:"小国寡民,使有什伯之器而不用,使民重死而不远徙;虽有舟舆,无所乘之;虽有甲兵,无所陈之。使人复结绳而用之,甘其食,美其服,安

---

① 《吕氏春秋·荡兵》,许维遹集释,梁运华整理:《吕氏春秋集释》,中华书局2009年版,第159—160页。

② 裘锡圭主编:《长沙马王堆汉墓简帛集成》第4册《十六经·五正》《十六经·本伐》,中华书局2014年版,第155、167页。

③ 《史记》卷六《秦始皇本纪》,第236页。

④ 《史记》卷六《秦始皇本纪》,第245页。

其居,乐其俗。邻国相望,鸡犬之声相闻,民至老死不相往来。"① 这里体现的社会观、政治观和经济观,看起来都是和正统"大一统"思想不协调的。但是,一方面,这一思想的产生和传播,也有历史文化的基础,是我们不应当忽视的;另一方面,我们还应当注意,《老子》书中提出的这种主张,其实大体是符合古代中国农耕经济和农村社会的基本状况的。可是这种状况和国家的"大一统"政体,并没有根本的矛盾。

我们还可以借用秦始皇东巡刻石中的文字,看这位当时实现了史无前例的"大一统"的帝王,是何等的得意②:

二十有六年,初并天下,罔不宾服。③

普天之下,抟心揖志。器械一量,同书文字。日月所照,舟舆所载。皆终其命,莫不得意。……六合之内,皇帝之土。西涉流沙,南尽北户。东有东海,北过大夏。人迹所至,无不臣者。功盖五帝,泽及牛马。莫不受德,各安其宇。④

大圣作治,建定法度,显著纲纪。……烹灭强暴,振救黔首,周定四极。普施明法,经纬天下,永为仪则。⑤

黔首改化,远迩同度,临古绝尤。常职既定,后嗣循业,长承圣治。⑥

惠论功劳,赏及牛马,恩肥土域。皇帝奋威,德并诸侯,初一泰平。……地势既定,黎庶无繇,天下咸抚。⑦

圣德广密,六合之中,被泽无疆。皇帝并宇,兼听万事,远近毕清。……大治濯俗,天下承风,蒙被休经。皆遵度轨,和安敦勉,莫不顺令。黔首修絜,人乐同则,嘉保太平。⑧

---

① (魏)王弼注,楼宇烈校释:《老子道德经注校释》,中华书局2008年版,第190页。
② 《史记》卷六《秦始皇本纪》关于刻石的意义,正是这样说的:"立石刻,颂秦德,明得意",《史记》卷八七《李斯列传》记述,李斯在狱中上书自陈功绩,也曾经说道:"治驰道,兴游观,以见主之得意"。第244、2561页。
③ 《泰山刻石》,《史记》卷六《秦始皇本纪》,第243页。
④ 《琅邪刻石》,《史记》卷六《秦始皇本纪》,第245页。
⑤ 《之罘刻石》,《史记》卷六《秦始皇本纪》,第249页。
⑥ 《之罘刻石》"其东观曰",《史记》卷六《秦始皇本纪》,第250页。
⑦ 《碣石刻石》,《史记》卷六《秦始皇本纪》,第252页。
⑧ 《会稽刻石》,《史记》卷六《秦始皇本纪》,第261—262页。

当时人评论"大一统"新政体的成立,也可以看到这样的话:

"今海内赖陛下神灵一统,皆为郡县,……天下无异意。"①

"今皇帝并一海内,以为郡县,天下和平。"②

"赖陛下神灵明圣,平定海内,放逐蛮夷,日月所照,莫不宾服。以诸侯为郡县,人人自安乐,无战争之患,传之万世。自上古不及陛下威德。"③

"今天下已定,法令出一,……今皇帝并有天下,别黑白而定一尊。"④

"天下之事无小大皆决于上。"⑤

这些文字,有些是政治宣传,有些是"下慑伏谩欺以取容"⑥之辞,但是新的政治体制终于得以建立,并且发挥出统效力,毕竟是确定的历史事实。

只是由于秦王朝的政策有偏差,以致出现了秦汉之际的历史反复,汉初,又不得不实行分封制度。事实上,真正的"大一统"的实现,是汉武帝时代的事。

秦始皇《琅邪刻石》有所谓"匡饬异俗,陵水经地"⑦的话,《之罘刻石》"其东观曰"中也说,"黔首改化,远迩同度"⑧,《会稽刻石》中,更明确写道:"饰省宣义,有子而嫁,倍死不贞。防隔内外,禁止淫佚,男女絜诚。夫为寄豭,杀之无罪,男秉义程。妻为逃嫁,子不得母,咸化廉清。"⑨体现出在"大一统"政体下,中原民俗文化对边地民俗的强制性规范。

汉代学者许慎在《说文解字叙》中,曾经这样评述战国时代的文化形态:"分为七国,田畴异亩,车涂异轨,律令异法,衣冠异制,言语异声,文字异形。"⑩不过,秦末至于汉初,仍然可以看到不同地域间文化风格的鲜明差

---

① 李斯语,《史记》卷六《秦始皇本纪》,第239页。
② 王离等语,《史记》卷六《秦始皇本纪》,第247页。
③ 周青臣语,《史记》卷六《秦始皇本纪》,第254页。
④ 李斯语,《史记》卷六《秦始皇本纪》,第255页。
⑤ 侯生卢生语,《史记》卷六《秦始皇本纪》,第258页。
⑥ 《史记》卷六《秦始皇本纪》,第258页。
⑦ 《史记》卷六《秦始皇本纪》,第245页。
⑧ 《史记》卷六《秦始皇本纪》,第250页。
⑨ 《史记》卷六《秦始皇本纪》,第262页。
⑩ (汉)许慎撰,(宋)徐铉校定:《说文解字·叙》,中华书局2013年版,第316页。

异。刘邦准备任用故秦骑士为骑将，被任用者却以"臣故秦民，恐军不信臣"婉拒。① 曹丘生曾经对季布说："仆楚人，足下亦楚人也"，"何足下距仆之深也！"②也体现出当时民间人际情感方面浓重的地方主义色彩。汉并天下后，刘邦以"齐王韩信习楚风俗，徙为楚王"，又封子刘肥为齐王，"民能齐言者皆属齐"，③可见各地民俗方言仍然难以相互沟通。而不同地域的人们彼此之间所谓"齐儿""赵虏"等蔑称，也可以体现出存在文化隔阂的各地区间人们相互鄙视的心理倾向。

2

各地区间文化的进一步融汇，其实是在"大一统"政体得以真正确定的汉武帝时代实现的。

正是在这一时期，楚文化、秦文化和齐鲁文化大体完成了合流的历史过程。西汉初年陕西、山西、河南、湖北、内蒙古、四川等地多见的秦式墓葬，这时也已经不复存在。也正是在汉武帝时代，秦隶终于为全国文化界所认可。《礼记·中庸》中说到"天下车同轨，书同文"④，秦始皇曾经有"车同轨，书同文字"⑤的政治宣传。然而文字的统一，其实到汉武帝时方得实现。汉武帝推行"罢黜百家，表章六经"⑥的文化政策，结束了"师异道，人异论，百家殊方"⑦的局面，于是"令后学者有所统一"⑧，中国文化史从此进入了新的历史阶段。

尽管汉武帝时代"大一统"政体的行政功能为统一的汉文化的发育创造了有利的条件，从司马迁《史记·货殖列传》的记述中，仍然可以看到各地文化风情的差异。班固《汉书·地理志下》也有关于各地风俗隔离与演

① 《史记》卷九五《樊郦滕灌列传》，第2668页。
② 《史记》卷一〇〇《季布栾布列传》，第2732页。
③ 《史记》卷八《高祖本纪》，第380、384页。
④ （清）阮元校刻：《十三经注疏》，第3546页。
⑤ 《史记》卷六《秦始皇本纪》，第239页。
⑥ 《汉书》卷六《武帝纪》，中华书局1962年版，第212页。
⑦ 《汉书》卷五六《董仲舒传》，第2523页。
⑧ 《汉书》卷五六《董仲舒传》，第2526页。

变的记录。其中还特别说到汉以来风俗史的特殊背景,即所谓"汉承百王之末,国土变改,民人迁徙"①。秦汉"大一统"政体巩固过程中发生的历史变迁,确实使社会文化面貌发生了重要的变化。

各地区的文化差异,随着"大一统"政体的作用已经较前代逐渐淡化。黄河流域在西汉晚期至于东汉,已经可以大致归并为关东(山东)、关西(山西)两个基本文化区。

东汉以后,由于在"大一统"政体作用下的军役往来、灾民移徙、边人内迁等特殊的文化活动的作用,进一步加速了文化融合的进程。扬雄《方言》中说到的某些方域语汇,到了郭璞作《方言注》的年代,已经为各地所通用,许多关西关东方言,当时已经糅混而一。魏晋时期以后,于是出现了江南、江北两个文化区并峙的局面。由"关东·关西"到"江南·江北"之文化区划的演变,其实体现出华夏文化共同体进一步凝定的历史过程。

3

李学勤先生曾经把东周时代列国划分为这样 7 个文化圈,就是中原文化圈,北方文化圈,齐鲁文化圈,楚文化圈,吴越文化圈,巴蜀滇文化圈,秦文化圈。

以周为中心,北到晋国南部,南到郑国、卫国,也就是战国时周和三晋(不包括赵国北部)一带,地处黄河中游,可称为中原文化圈。夏、商和西周,中原文化对周围地区有很大影响,到东周业已减弱,但仍不失为重要。

在中原北面,包括赵国北部、中山国、燕国以及更北的方国部族,构成北方文化圈。北方原为营游牧生涯的少数民族所居,受中原文化浸润而逐渐华夏化,连北方少数民族所建诸侯国如中山也不例外,但仍有其本身的特点。

今山东省范围内,齐、鲁和若干小诸侯国合为齐鲁文化圈。其中的鲁国,保存周的传统最多,不过从出土文物的风格看,在文化面貌上更

---

① 《汉书》卷二八下《地理志下》,第 1640 页。

近于齐,而与三晋有别。在这个文化圈的南部,一些历史久远的小国仍有东夷古代文化的痕迹。子姓的宋国也可附属于此。

长江中游的楚国是另一庞大文化圈的中心,这就是历史、考古学界所艳称的楚文化。随着楚人势力的强大和扩张,楚文化的影响殊为深远。在楚国之北的好多周朝封国,楚国之南的各方国部族,都渐被囊括于此文化圈内。

淮水流域和长江下游有一系列嬴姓、偃姓小国如徐国和群舒等,还有吴国和越国。如果我们把东南的方国部族也包括进去,可划为吴越文化圈。这个文化圈南至南海,东南及于台湾,虽受中原文化和楚文化的影响,也自有其本身的特色。

西南的今四川省有巴、蜀两国,加以今云南省的滇以及西南其他部族,是巴蜀滇文化圈。它一方面与楚文化相互影响,向北方又与秦沟通。

关中的秦国雄长于广大的西北地区,称之为秦文化圈可能是适宜的。秦人在西周建都的故地兴起,形成了有独特风格的文化。虽与中原有所交往,而本身的特点仍甚明显。

李学勤先生又谈到了战国晚期至于秦汉时期的文化趋势。他指出：

楚文化的扩展,是东周时代的一件大事。春秋时期,楚人北上问鼎中原,楚文化也向北延伸。到了战国之世,楚文化先是向南大大发展,随后由于楚国政治中心的东移,又向东扩张,进入长江下游以至今山东省境。说楚文化影响所及达到半个中国,并非夸张之词。

随之而来的,是秦文化的传布。秦的兼并列国,建立统一的新王朝,使秦文化成为后来辉煌的汉代文化的基础。我们这样说,绝不意味着其他几种文化圈对汉代文化没有作用。我们曾经指出,楚文化对汉代文化的酝酿形成有过重大的影响,其他文化的作用同样不可抹杀。中国的古代文明,本来是各个民族共同创造和发展的,只有认识这一点,才能看清当时文化史的全貌。①

李学勤先生的见解,是以对当时历史文化的全面认识为基点的,又是得到文物考古资料的坚强支持的。

---

① 李学勤:《东周与秦代文明》,文物出版社 1984 年版,第 11—12 页。

考察秦汉时期区域文化的特征,不能脱离东周至于秦代的文化基础。不过,由于秦汉文化史演进的复杂与曲折,要对秦汉区域文化进行客观的说明,简单地套用上述 7 个文化圈的划分,可能是不适宜的。

4

认识秦汉文化的一统风格和区域特色,有助于增进对秦汉历史的科学理解。在进行有关分析时,不能不注意政治、经济等方面诸多的背景现象,而当时经济发展的背景,尤其不能忽视。

因此,我们在进行秦汉时期基本文化区的划分时,有必要注意秦汉时期基本经济区的划分。

自秦始皇兼并六国,建立高度集权的专制主义政权之后,"分天下以为三十六郡,郡置守、尉、监"①,形成了"天下罔不宾服"②的政治局面。而"六合之内,皇帝之土"③,随着大一统政体的形成,全国各个地区也逐渐归并入作为秦王朝统治基础的宏大的经济共同体之中。贾谊《过秦论》说,秦"南面称帝,以养四海"④,即体现出这一历史变化。

然而,当时经济区域开发的程度依然是有限的。自秦至于西汉,中央政权以为主要依托的先进农耕区大致仍然限于长城以南、长江以北,而尤以黄河中下游地区备受倚重。这一情形在东汉时期又有所变化。由于经济文化传统存在若干差异,特别是由于自然地理条件有所不同,当时全国可以划分为若干个各具独自特色的基本经济区。

司马迁在《史记·货殖列传》中综述各地物产,说道:

> 夫山西饶材、竹、谷、纑、旄、玉石;山东多鱼、盐、漆、丝、声色;江南出枏、梓、姜、桂、金、锡、连、丹沙、犀、玳瑁、珠玑、齿革;龙门、碣石北多马、牛、羊、旃裘、筋角;铜、铁则千里往往山出棊置:此其大较也。⑤

① 《史记》卷六《秦始皇本纪》,第 239 页。
② 《史记》卷六《秦始皇本纪》,第 243 页。
③ 《史记》卷六《秦始皇本纪》,第 245 页。
④ 《史记》卷六《秦始皇本纪》,第 283 页。
⑤ 《史记》卷一二九《货殖列传》,第 3253—3254 页。

于是,将全国划分为"山西""山东""江南""龙门、碣石北"4 个基本经济区。在司马迁所处的时代,这种划分方式是大致符合当时的历史实际的。

"山西",指崤山或华山以西的地区,与所谓"关中"义近。《史记·太史公自序》:"萧何填抚山西",张守节《正义》:"谓华山之西也。"①顾炎武《日知录》卷三一又有"河东山西"条谓:

> 古之所谓"山西",即今关中。《史记·太史公自序》:萧何填抚山西。《方言》:自山东,五国之交。郭璞解曰:六国惟秦在山西。王伯厚《地理通释》曰:秦、汉之间,称山北、山南、山东、山西者,皆指太行,以其在天下之中,故指此山以表地势。《正义》以为华山之西,非也。②

而按照《史记·货殖列传》中"山东食海盐,山西食盐卤"的说法,"山东、山西者,皆指太行"之说似亦可成立③。然而,所谓"三河在天下之中,若鼎足,王者所更居也"④诸语,则显然已将河东归入"山东"地区。总之,所谓"山西"大致是指以关中为主体的当时的西部地区。巴蜀地区与关中交通已久,又有秦人曾以关中模式进行开发的历史背景⑤,因而有时亦划归同一经济区。

"山东"经济区大致包容秦统一前六国故地。

司马迁在《史记·货殖列传》中介绍这一地区的经济特征与文化风貌时,是大致分别从这样几个分区依次陈述的:

> 昔唐人都河东,殷人都河内,周人都河南。夫三河在天下之中,若鼎足,王者所更居也,建国各数百千岁,土地小狭,民人众,都国诸侯所聚会,故其俗纤俭习事。
>
> 杨、平阳陈,西贾秦、翟,北贾种、代。种、代,石北也,地边胡,数被

---

① 《史记》卷一三〇《太史公自序》,第 3311—3312 页。

② (清)顾炎武著,黄汝成集释,栾保群、吕宗力校点:《日知录集释(全校本)》,上海古籍出版社 2006 年版,第 1722 页。

③ 张守节《正义》:盐卤,"谓西方咸地也。坚且咸,即出石盐及池盐。"《史记》卷一二九《货殖列传》,第 3269 页。当然,对于所谓"山东食海盐,山西食盐卤",亦不宜作简单的绝对化的理解,史籍中即可见南阳地区亦食用河东池盐的实例,如《后汉书》卷一七《贾复传》记述南阳冠军人贾复事迹:"王莽末,为县掾,迎盐河东,会遇盗贼,等比十余人皆放散其盐,复独完以还县,县中称其信。"《后汉书》,中华书局 1965 年版,第 664 页。

④ 《史记》卷一二九《货殖列传》,第 3262—3263 页。

⑤ 《华阳国志》卷三《蜀志》说秦惠王时张仪、张若营建成都城,"与咸阳同制"。四川青川郝家坪出秦武王时"更修《为田律》"木牍,也证实蜀地推行秦田制。(晋)常璩撰,任乃强校注:《华阳国志校补图注》,上海古籍出版社 1987 年版,第 128 页。

寇。人民矜懻忮，好气，任侠为奸，不事农商。然迫近北夷，师旅亟往，中国委输时有奇羡。其民羯羠不均，自全晋之时固已患其僄悍，而武灵王益厉之，其谣俗犹有赵之风也。故杨、平阳陈掾其间，得所欲。

温、轵西贾上党，北贾赵、中山。中山地薄人众，犹有沙丘纣淫地余民，民俗懁急，仰机利而食。丈夫相聚游戏，悲歌忼慨，起则相随椎剽，休则掘冢作巧奸冶，多美物，为倡优。女子则鼓鸣瑟，跕屣，游媚贵富，入后宫，遍诸侯。

然邯郸亦漳、河之间一都会也。北通燕、涿，南有郑、卫。郑、卫俗与赵相类，然近梁、鲁，微重而矜节。濮上之邑徙野王，野王好气任侠，卫之风也。

夫燕亦勃、碣之间一都会也。南通齐、赵，东北边胡。上谷至辽东，地踔远，人民希，数被寇，大与赵、代俗相类，而民雕捍少虑，有鱼盐枣栗之饶。北邻乌桓、夫余，东绾秽貉、朝鲜、真番之利。

洛阳东贾齐、鲁，南贾梁、楚。故泰山之阳则鲁，其阴则齐。

齐带山海，膏壤千里，宜桑麻，人民多文彩布帛鱼盐，临菑亦海岱之间一都会也。其俗宽缓阔达，而足智，好议论，地重，难动摇，怯于众斗，勇于持刺，故多劫人者，大国之风也。其中具五民。

而邹、鲁滨洙、泗，犹有周公遗风，俗好儒，备于礼，故其民龊龊。颇有桑麻之业，无林泽之饶。地小人众，俭啬，畏罪远邪。及其衰，好贾趋利，甚于周人。

夫自鸿沟以东，芒、砀以北，属巨野，此梁、宋也。陶、睢阳亦一都会也。昔尧作于成阳，舜渔于雷泽，汤止于亳。其俗犹有先王遗风，重厚多君子，好稼穑，虽无山川之饶，能恶衣食，致其蓄藏。

越、楚则有三俗。夫自淮北沛、陈、汝南、南郡，此西楚也。其俗剽轻，易发怒，地薄，寡于积聚。江陵故郢都，西通巫、巴，东有云梦之饶。陈在楚夏之交，通鱼盐之货，其民多贾，徐、僮取虑，则清刻，矜己诺。

彭城以东，东海、吴、广陵，此东楚也。其俗类徐、僮。朐、缯以北，俗则齐。①

---

① 《史记》卷一二九《货殖列传》，第3262—3267页。

司马迁又说到"夏"地经济文化：

> 颍川、南阳，夏人之居也。夏人政尚忠朴，犹有先王之遗风。颍川敦愿。秦末世，迁不轨之民于南阳。南阳西通武关、郧关，东南受汉、江、淮。

> 宛亦一都会也。俗杂好事，业多贾。其任侠，交通颍川，故至今谓之"夏人"。①

司马迁又总结说："沂、泗水以北，宜五谷桑麻六畜，地小人众，数被水旱之害，民好畜藏，故秦、夏、梁、鲁好农而重民。三河、宛、陈亦然，加以商贾。齐、赵设智巧，仰机利。燕、代田畜而事蚕。"②

《汉书·地理志下》论述"山东"经济文化形势，则以魏地、周地、韩地、赵地、燕地、齐地、鲁地、宋地、卫地分述之。

所谓"山东"经济区西自"三河"地区，东至齐鲁之郊，包括农耕文化起源最早的黄河中下游地区，以及华北平原北部及江汉平原、淮河两岸。作为开发最早的农业区，其中多有"好稼穑"，以精耕细作方式创造先进物质文化而体现"先王遗风"之地，又有重视通过多种经营以繁荣经济者，如燕地"有鱼盐枣栗之饶"，齐地"织作冰纨绮绣纯丽之物，号为冠带衣履天下"，鲁地"颇有桑麻之业"等。③ 所谓"安邑千树枣"，"江陵千树橘，淮北、常山已南、河济之间千树荻，陈、夏千亩漆，齐、鲁千亩桑麻"，都是"坐而待收"的"富给之资"。④ 由于交通的便利和商业的发展，"燕、齐之鱼盐旃裘，兖、豫之漆丝絺纻"⑤，以及"齐、陶之缣"⑥等，可以流通各地。

自西汉中期起，"山东"许多地方的经济表现出显著的进步。除三河地区以所谓"河内好稻""共汲好漆"⑦等仍居于先进地位之外，颍、汝、南阳地区及梁、楚地区的经济文化进步尤为引人注目。

---

① 《史记》卷一二九《货殖列传》，第 3269 页。
② 《史记》卷一二九《货殖列传》，第 3270 页。
③ 《汉书》卷二八下《地理志下》，第 1657、1660、1663 页。
④ 《史记》卷一二九《货殖列传》，第 3272 页。
⑤ 王利器校注：《盐铁论校注（定本）》卷1《本议》，中华书局 1992 年版，第 3 页。
⑥ 洪颐煊云："'陶'即定陶，不闻出缣，'陶'当是'阿'字之讹。"王利器校注：《盐铁论校注（定本）》卷1《本议》，第 4、23—24 页。
⑦ 《艺文类聚》卷 86、《太平御览》卷 766 引何晏《九州论》。（唐）欧阳询撰，汪绍楹校：《艺文类聚》，上海古籍出版社 1965 年版，第 1473 页；（宋）李昉等：《太平御览》，第 3399 页。

"江南"地区是经济文化水平相对落后的地区。

司马迁在《史记·货殖列传》中写道：

> 楚越之地,地广人希,饭稻羹鱼,或火耕而水耨,果隋蠃蛤,不待贾
> 而足,地埶饶食,无饥馑之患,以故呰窳偷生,无积聚而多贫。是故江淮
> 以南,无冻饿之人,亦无千金之家。①

当地农业还停留于粗耕阶段,生产手段较为落后,渔猎采集在经济生活中仍
占相当大的比重。这一形势的转变,稍晚才得以实现。② 对于"江南"地区
的经济文化特色,司马迁还写道：

> 浙江南则越。夫吴自阖庐、春申、王濞三人招致天下之喜游子弟,
> 东有海盐之饶,章山之铜,三江、五湖之利,亦江东一都会也。③

而南楚"其俗大类西楚",又"与闽中、干越杂俗,故南楚好辞,巧说少信"：

> 江南卑湿,丈夫早夭。多竹木。豫章出黄金,长沙出连、锡、然堇堇
> 物之所有,取之不足以更费。九疑、苍梧以南至儋耳者,与江南大同俗,
> 而杨越多焉。

> 番禺亦其一都会也,珠玑、犀、玳瑁、果、布之凑。④

这一地区的农业经济较为落后,虽然矿产、林产资源丰饶,然而尚有待于进
一步的开发。

《汉书·地理志下》对于这种尚处于较原始阶段的自然经济形态,也有
相应的记述。

班固在《汉书·地理志上》"南阳郡"条还写道："春陵,侯国,故蔡阳白
水乡。"颜师古注："《汉记》云元朔五年以零陵泠道之春陵乡封长沙王子买
为春陵侯。至戴侯仁,以春陵地形下湿,上书徙南阳。元帝许之,以蔡阳白
水乡徙仁为春陵侯。"⑤可见西汉晚期这一地区的自然地理条件与江北经济

---

① 《史记》卷一二九《货殖列传》,第 3270 页。
② 王子今:《试论秦汉气候变迁对江南经济文化发展的意义》,《学术月刊》1994 年第 9 期;
《汉代"亡人""流民"动向与江南地区的经济文化进步》,《湖南大学学报》2007 年第 5 期。
③ 《史记》卷一二九《货殖列传》,第 3267 页。
④ 《史记》卷一二九《货殖列传》,第 3268 页。
⑤ 《汉书》卷二八上《地理志上》,第 1564、1566 页。王先谦《汉书补注》:"王鸣盛曰:'《王子
侯表》戴侯名熊渠,孝侯名仁,师古引作戴侯仁,非'。"(汉)班固撰,(清)王先谦补注:《汉书补
注》,上海古籍出版社 2012 年版,第 2334 页。

发达地区仍有显著的差别。而自然地理因素对于农耕生产的意义,则是不言而喻的。刘仁家族在零陵地区已生活至第三代,仍不远千里请求北徙,由此可以推想中原先进经济文化南渐之艰难。

"龙门、碣石北"经济区也有自己的经济文化特色。

司马迁以"龙门、碣石"一线,划出当时农业经济区与牧业经济区的分界。他说:"龙门、碣石北多马、牛、羊、旃裘、筋角"①,其经济形式显然以牧业为主,司马迁"生龙门"②,曾"北过涿鹿"③,"适北边,自直道归"④,数次亲历这一地区,他对于这一地区经济文化特征的总结,应是真实可信的。《史记·货殖列传》中还写道:

> 天水、陇西、北地、上郡与关中同俗,然西有羌中之利,北有戎翟之畜,畜牧为天下饶。⑤

这一地区以畜牧区和半农半牧区相交杂,由于地域辽阔,实际上又以畜产作为关中农耕经济的重要后备和补充,其经济作用不可忽视。这一地区的畜牧业当时是受到社会重视的产业,因而司马迁说,"陆地牧马二百蹄,牛蹄角千,千足羊",均被看作显示出"其人皆与千户侯等"的"富给之资"。而拥有"马蹄躈千、牛千足,羊彘千双"以及"狐貂裘千皮,羔羊裘千石,旃席千具"者,"亦比千乘之家"。⑥

《汉书·地理志下》也写道,"自武威以西","地广民稀,水草宜畜牧,故凉州之畜为天下饶"。⑦汉王朝策划所谓"马邑之谋"时,匈奴入塞,"徒见畜牧于野,不见一人"⑧,或谓"见畜布野而无人牧者"⑨,则说明塞内也有广袤的以畜牧业为主体经济形式的地区。内蒙古和林格尔汉墓壁画反映畜牧生产的画面,则是体现这一史实的文物资料⑩。塞外"随畜牧而转移","逐

---

① 《史记》卷一二九《货殖列传》,第3254页。
② 《史记》卷一三〇《太史公自序》,第3293页。
③ 《史记》卷一《五帝本纪》,第46页。
④ 《史记》卷八八《蒙恬列传》,第2570页。
⑤ 《史记》卷一二九《货殖列传》,第3262页。
⑥ 《史记》卷一二九《货殖列传》,第3272、3274页。
⑦ 《汉书》卷二八下《地理志下》,第1645页。
⑧ 《史记》卷一〇八《韩长孺列传》,第2862页。
⑨ 《史记》卷一一〇《匈奴列传》,第2905页。
⑩ 内蒙古自治区博物馆:《和林格尔汉墓壁画》,文物出版社1978年版。

水草迁徙,毋城郭常处耕田之业"的匈奴等游牧族,则经营单一的畜牧业,"其畜之所多则马、牛、羊,其奇畜则橐驼、驴、赢、駃騠、䮫騠、驒騱"①。

秦及汉初,已经多有以经营畜牧业而成为巨富者。《史记·货殖列传》有这样的记载:

> 乌氏倮畜牧,及众,斥卖,求奇缯物,间献遗戎王。戎王什倍其偿,与之畜,畜至用谷量马牛。秦始皇帝令倮比封君,以时与列臣朝请。②

又如:

> 塞之斥也,唯桥姚已致马千匹,牛倍之,羊万头,粟以万钟计。③

又《汉书·叙传上》:

> 始皇之末,班壹避墜于楼烦④,致马牛羊数千群。值汉初定,与民无禁,当孝惠、高后时,以财雄边,出入弋猎,旌旗鼓吹,年百余岁,以寿终,故北方多以"壹"为字者。⑤

所谓"与民无禁",颜师古注:"国家不设衣服车旗之禁,故班氏以多财而为边地之雄豪。"禁制之宽松,或许即体现政府鼓励当地畜牧业发展的政策。汉武帝元鼎五年(前112),"北出萧关,从数万骑,猎新秦中",也曾宣布"令民得畜牧边县"。⑥

西汉政府曾经为组织对匈奴的战争而刻意发展马政,即所谓"天子为伐胡,盛养马"⑦。而官营畜牧业的主要基地均处于龙门、碣石以北地区。《汉书·百官公卿表上》说到"边郡六牧师菀令,各三丞",颜师古解释说:"《汉官仪》云牧师诸菀三十六所,分置北边、西边,分养马三十万头。"⑧《汉书·景帝纪》也写道:匈奴曾"入上郡,取菀马"⑨。《汉书·地理志》记载,太

---

① "赢",司马贞《索隐》:"案《古今注》云:'驴牡马牝,生赢。'""駃騠",裴骃《集解》:"徐广曰:'北狄骏马。'"《索隐》:"《说文》云'駃騠,马父赢子也'。""䮫騠",《集解》:"徐广曰:'似马而青。'"《索隐》:"按:郭璞注《尔雅》云'䮫騠马,青色,音淘途'。""驒騱",《索隐》:"《说文》:'野马属'。徐广云:'巨虚之类'。"《史记》卷一一○《匈奴列传》,第2879—2880页。

② 《史记》卷一二九《货殖列传》,第3260页。

③ 《史记》卷一二九《货殖列传》,第3280页。

④ 颜师古注:"'墜',古'地'字。'楼烦',雁门之县。"《汉书》卷一○○上《叙传上》,第4198页。

⑤ 《汉书》卷一○○上《叙传上》,第4197—4198页。

⑥ 《史记》卷三○《平准书》,第1438页。

⑦ 《史记》卷三○《平准书》,第1425页。

⑧ 《汉书》卷一九上《百官公卿表上》,第729页。

⑨ 《汉书》卷五《景帝纪》,第150页。

原郡"有家马官";北地郡灵州"有河奇苑、号非苑",归德"有堵苑、白马苑",郁郅"有牧师菀官";西河郡鸿门"有天封苑";辽东郡"襄平,有牧师官"。①

《续汉书·百官志二》记载,太仆属下"又有牧师菀,皆令官,主养马,分在河西六郡界中,中兴皆省"②。《后汉书·和帝纪》记述,永元五年(93),"诏有司省减内外厩及凉州诸苑马"。③

可见,东汉时期,中央政府也曾在龙门、碣石以北地区组织规模较大的畜牧业生产。

"旃裘"等毛皮制品是"龙门、碣石北"经济区的主要特产之一。大约成书于战国时期的《禹贡》一书记述以"碣石"为重要地理标志的冀州的经济,说到"岛夷皮服"。历叙九州贡物,则梁州有"熊罴狐狸织皮",孔安国《传》:"贡四兽之皮织金罽。"而雍州"织皮昆仑、析支、渠搜、西戎即叙",孔安国《传》:"织皮毛布,有此四国,在荒服之外,流沙之内,羌髳之属,皆就次叙,美禹之功及戎狄也。"④汉时,匈奴与中原通过"关市"以毛皮交换"汉缯絮"。《太平御览》引杜笃《边论》所谓"匈奴请降,氍毹氀褥,帐幔毡裘,积如丘山"⑤,也反映了这一地区盛产毛皮的情形。名贵毛皮输入中土的记载,有昭阳殿所使用"席毛长二尺余,人眠而拥毛自蔽,望之不能见,坐则没膝"的"绿熊席"⑥,又有所谓"汉武帝天汉三年,西国王献吉光毛裘","入水不沉,入火不焦"⑦等。《北堂书钞》引班固《与弟超书》也说道:"月氏氍毹,大小相杂,但细好而已。"⑧汉宫温室殿陈设,据说也"规地以罽宾氍毹"⑨。《后汉书·西域传》记载,位于奄蔡北的严国"出鼠皮以输之"⑩。《三国志·魏书·乌丸鲜卑东夷传》注引《魏略·西戎传》也说到大秦国产据说

---

① 《汉书》卷二八上《地理志上》,第 1551 页;《汉书》卷二八下《地理志下》,第 1616、1618、1626 页。
② 《后汉书》,第 3582 页。
③ 《后汉书·和帝纪》,第 175 页。
④ (清)阮元校刻:《十三经注疏》,第 316—317 页。
⑤ 《太平御览》卷七○八引《边论》,(宋)李昉等:《太平御览》,第 3157 页。
⑥ (晋)葛洪撰,周天游校注:《西京杂记》卷一《昭阳殿》,三秦出版社 2006 年版,第 45 页。
⑦ 《西京杂记》卷一《吉光裘》注引《十洲记》,第 15 页。
⑧ (唐)虞世南:《北堂书钞》,中国书店 1989 年版,第 543 页。
⑨ 何清谷校释:《三辅黄图校释》卷三,中华书局 2005 年版,第 154 页。
⑩ 《后汉书》卷八八《西域传》,第 2922 页。

"用水羊毳"积成的"海西布",此国"织成氍毹、毾㲪、罽帐之属皆好"。而呼得国"有貂",坚昆国"亦多貂",丁令国则"出名鼠皮,白昆子、青昆子皮"。① 乌桓部族曾向汉王朝进献"虎豹貂皮",鲜卑出产,亦"有貂、豽、䍲子,皮毛柔蝡,故天下以为名裘"。②

"龙门、碣石北"经济区由于丝绸之路的开通和机动性极强的游牧民族活动的作用,其经济文化往往表现出较强的活力。

秦汉王朝连年组织大规模的军队屯戍、移民实边,都为中原先进农耕技术向北传播提供了条件。然而如所谓"种、代,石北也,地边胡,数被寇,人民矜懻忮,好气,任侠为奸,不事农商","迫近北夷","其民羯羠不均";"上谷至辽东,地踔远,人民希,数被寇,大与赵、代俗相类,而民雕捍少虑,有鱼盐枣栗之饶"③;"安定、北地、上郡、西河,皆迫近戎狄,修习战备,高上气力,以射猎为先";"自武威以西","习俗颇殊","咸以兵马为务";"定襄、云中、五原,本戎狄地","其民鄙朴,少礼文,好射猎"等④,其经济文化特色仍与中原"其俗犹有先王遗风,重厚多君子,好稼穑"⑤的地区显著有别。而东汉时期草原游牧族南下入塞内附,又曾在这一地区导致畜牧文化对农耕文化的冲击。

地区经济形式的转换,可以致使基本经济区界发生移动,也随即对较广阔的地域的文化风格产生重要的影响。秦汉时期,这种历史变化于北边地区和南边地区表现尤为突出。

为了比较具体、比较全面地说明秦汉时期文化形态的一统风格和区域特色,本书尝试分别就 15 个文化区进行论述,并且从几个方面讨论在区域文化传统基因作用下秦汉文化共同体的若干特点,以及秦汉执政集团区域文化政策的得与失及其对于秦汉文化总体风貌的作用。

---

① 《三国志》卷三〇《魏书·乌丸鲜卑东夷传》,中华书局 1982 年版,第 861—862 页。
② 《后汉书》卷九〇《鲜卑传》,第 2982、2985 页。
③ 《史记》卷一二九《货殖列传》,第 3263、3265 页。
④ 《汉书》卷二八下《地理志下》,第 1644—1645、1656 页。
⑤ 《史记》卷一二九《货殖列传》,第 3266 页。

上　编

秦汉时期的基本文化区
及其文化风貌

一

长安五陵的文化繁荣与关中区
文化领导地位的形成

关中地区是秦与西汉两朝的政治文化中心。这一地区的经济实力,也经数百年的辛苦经营,在全国经济共同体中居于主导地位。在"强干弱支"等特殊政策的作用下,长安附近地区形成"五方杂厝,风俗不纯"的形势,于是表现出极特殊的文化风格。

东汉时期,关中区的文化领导地位显著削弱。

1

司马迁《史记·货殖列传》是将巴、蜀和天水、陇西、北地、上郡与一般狭义的"关中"合而为一,于是形成广义的"关中"的概念,并且如此论述这一基本经济区的重要地位的:

> 关中自汧、雍以东至河、华,膏壤沃野千里,自虞夏之贡以为上田,而公刘適邠,大王、王季在岐,文王作丰,武王治镐,故其民犹有先王之遗风,好稼穑,殖五谷,地重,重为邪。及秦文、德、缪居雍,隙陇蜀之货物而多贾。献公徙栎邑,栎邑北却戎翟,东通三晋,亦多大贾。孝、昭治咸阳,因以汉都,长安诸陵,四方辐凑并至而会,地小人众,故其民益玩巧而事末也。南则巴蜀。巴蜀亦沃野,地饶卮、姜、丹沙、石、铜、铁、竹、木之器。南御滇僰,僰僮。西近邛笮,笮马、旄牛。然四塞,栈道千里,

无所不通，唯褒斜绾毂其口，以所多易所鲜。天水、陇西、北地、上郡与关中同俗，然西有羌中之利，北有戎翟之畜，畜牧为天下饶。然地亦穷险，唯京师要其道。故关中之地，于天下三分之一，而人众不过什三；然量其富，什居其六。①

所谓"关中自汧、雍以东至河、华，膏壤沃野千里"的"关中"，和所谓"关中之地，于天下三分之一，而人众不过什三"的"关中"，前者为狭义的"关中"，后者为广义的"关中"。

这是因为广义的"关中"属于以狭义的"关中"为基本根据地的秦的旧地的缘故。所以上引司马迁的最后一句话，班固在《汉书·地理志下》写作"故秦地天下三分之一，而人众不过什三，然量其富居什六"②。

《史记·高祖本纪》也记载："或说沛公曰：'秦富十倍天下，地形强。今闻章邯降项羽，项羽乃号为雍王，王关中。今则来，沛公恐不得有此。'"③

然而，秦汉时人一般关于"关中"的认识，其实并不包括秦岭以南的汉中、巴蜀地区。所以在有"先入关者王之"④之约的背景下，项羽与范增在"分天下，立诸将为侯王"时，"疑沛公之有天下"，"又恶负约，恐诸侯叛之，乃阴谋曰：'巴、蜀道险，秦之迁人皆居蜀。'乃曰：'巴、蜀亦关中地也。'故立沛公为汉王，王巴、蜀、汉中，都南郑。而三分关中，王秦降将以距塞汉王。"于是"立章邯为雍王，王咸阳以西，都废丘"；"立司马欣为塞王，王咸阳以东至河，都栎阳"；"立董翳为翟王，王上郡，都高奴。"⑤可见，所谓"三分关中"，"关中"并不包括汉中、巴、蜀，但是包括陇西和陕北。

不过，我们在这里讨论关中文化，所使用的"关中"的概念，主要指今陕西关中平原，即司马迁所谓"关中自汧、雍以东至河、华"。

娄敬建议刘邦建都关中，曾经说到"秦地"地理条件的优越："夫秦地被山带河，四塞以为固，卒然有急，百万之众可具也。因秦之固，资甚美膏腴之地，此所谓'天府'者也。陛下入关而都之，山东虽乱，秦之故地可全而有

① 《史记》卷一二九《货殖列传》，第3261—3262页。
② 《汉书》卷二八下《地理志下》，第1646页。
③ 《史记》卷八《高祖本纪》，第364页。
④ 《史记》卷八《高祖本纪》，第362页。
⑤ 《史记》卷七《项羽本纪》，第316页。所谓"巴、蜀亦关中地也"，《汉书》卷三九《萧何传》作"蜀汉亦关中地也"，第2006页。

也。夫与人斗,不搤其亢,拊其背,未能全而胜也。今陛下入关而都,案秦之故地,此亦搤天下之亢而拊其背也。"①

《史记·留侯世家》记载,娄敬建议刘邦"都关中",刘邦犹疑未定,周围大臣都是山东人,多劝刘邦都雒阳,张良则附议娄敬"都关中"之策,他说:

> 夫关中左崤函,右陇蜀,沃野千里,南有巴蜀之饶,北有胡苑之利,阻三面而守,独以一面东制诸侯。诸侯安定,河渭漕輓天下,西给京师;诸侯有变,顺流而下,足以委输。此所谓金城千里,天府之国也。②

《汉书·东方朔传》记载,汉武帝时,曾"举籍阿城以南,盩厔以东,宜春以西,提封顷亩,及其贾直,欲除以为上林苑,属之南山",东方朔进谏曰:

> 夫南山,天下之阻也,南有江、淮,北有河、渭,其地从汧、陇以东,商、雒以西,厥壤肥饶。汉兴,去三河之地,止霸、产以西,都泾、渭之南,此所谓天下陆海之地,秦之所以虏西戎兼山东者也。其山出玉石,金、银、铜、铁、豫章、檀、柘、异类之物,不可胜原,此百工所取给,万民所印足也。又有秔稻梨栗桑麻竹箭之饶,土宜姜芋,水多鼃鱼,贫者得以人给家足,无饥寒之忧。故酆镐之间号为土膏,其贾亩一金。③

关中之富足,不仅由于农业的先进,矿产及林业、渔业资源之丰盛也是重要原因。交通贸易条件之优越,也促成了经济的发达。

《汉书·地理志下》也肯定秦地居天下三分之一,而人众不过什三,然而其资源和物产则"富居什六",在全国经济体系中居于异常重要的地位:

> 故秦地于《禹贡》时跨雍、梁二州,《诗·风》兼秦、豳两国。昔后稷封斄,公刘处豳,大王徙邠,文王作酆,武王治镐,其民有先王遗风,好稼穑,务本业,故《豳诗》言农桑衣食之本甚备。有鄠、杜竹林,南山檀柘,号称"陆海",为九州膏腴。始皇之初,郑国穿渠,引泾水溉田,沃野千里,民以富饶。汉兴,立都长安,徙齐诸田,楚昭、屈、景及诸功臣家于长

---

① 《史记》卷九九《刘敬叔孙通列传》,第2716页。"秦之故地"经济优越地位的形成,有周秦多年积累的因素。参看王子今:《秦定都咸阳的生态地理学与经济地理学分析》,《人文杂志》2003年第5期;《从鸡峰到凤台:周秦时期关中经济重心的移动》,《咸阳师范学院学报》2010年第3期;《早期中西交通线路上的丰镐与咸阳》,《西北大学学报(哲学社会科学版)》2015年第1期;《秦强国扩张的重要政策:"收周余民而有之"》,《人文杂志》2021年第4期。

② 《史记》卷五五《留侯世家》,第2044页。

③ 《汉书》卷六五《东方朔传》,第2847、2849页。

陵。后世世徙吏二千石、高訾富人及豪桀并兼之家于诸陵。盖亦以强干弱支，非独为奉山园也。是故五方杂厝，风俗不纯。其世家则好礼文，富人则商贾为利，豪桀则游侠通奸。濒南山，近夏阳，多阻险轻薄，易为盗贼，常为天下剧。又郡国辐凑，浮食者多，民去本就末，列侯贵人车服僭上，众庶放效，羞不相及，嫁娶尤崇侈靡，送死过度。①

其经济传统以及生产形式和消费倾向，都表现出有别于其他地区的特色。

经两汉之际社会大动乱的破坏，关中经济一度残破，"民饥饿相食，死者数十万，长安为虚，城中无人行"②，"城郭皆空，白骨蔽野"③。然而经数十年恢复，在东汉时期依然具有举足轻重的经济地位。建武年间，杜笃为定都事上奏《论都赋》：

> 夫雍州本帝皇所以育业，霸王所以衍功，战士角难之场也。《禹贡》所载，厥田惟上。沃野千里，原隰弥望。保殖五谷，桑麻条畅。滨据南山，带以泾、渭。号曰"陆海"，蠢生万类。梗楠檀柘，蔬果成实。畎渎润淤，水泉灌溉，渐泽成川，粳稻陶遂。厥土之膏，亩价一金。田田相如，镛镟株林。火耕流种，功浅得深。既有蓄积，阬塞四临：西被陇、蜀，南通汉中，北据谷口，东阻嵚岩。关函守峣，山东道穷；置列汧、陇，鏖僵西戎；拒守褒斜，岭南不通；杜口绝津，朔方无从。鸿、渭之流，径入于河；大船万艘，转漕相过；东综沧海，西纲流沙；朔南暨声，诸夏是和。④

班固《西都赋》也赞美关中优越的经济形势：

> 封畿之内，厥土千里，逴荦诸夏，兼其所有。其阳则崇山隐天，幽林穹谷，陆海珍藏，蓝田美玉。商、洛缘其隈，鄠、杜滨其足，源泉灌注，陂池交属。竹林果园，芳草甘木，郊野之富，号曰近蜀。其阴则冠以九嵕，陪以甘泉，乃有灵宫起乎其中，秦、汉之所极观，渊、云之所颂叹，于是乎

---

① 《汉书》卷二八下《地理志下》，第1642—1643页。

② 《汉书》卷九九下《王莽传下》，第4193页。

③ 《后汉书》卷一一《刘盆子传》，第484页。《后汉书》卷二二《景丹传》记载：建武二年，定封景丹栎阳侯。光武帝对景丹说："今关东故王国，虽数县，不过栎阳万户邑。夫'富贵不归故乡，如衣绣夜行'，故以封卿耳。"是关中经济虽遭受严重破坏，其发展基础依然居于优势地位。第773页。

④ 《后汉书》卷八〇上《杜笃传》，第2603页。

存焉。下有郑、白之沃，衣食之源，堤封五万，疆场绮分。沟塍刻镂，原隰龙鳞。决渠降雨，荷耞成云。五谷垂颖，桑麻敷棻。东郊则有通沟大漕，溃渭洞河，泛舟山东，控引淮、湖，与海通波。①

张衡《西京赋》又有"尔乃广衍沃野，厥田上上""郊甸之内，乡邑殷赈，五都货殖，既迁既引，商旅联槅，隐隐展展，冠盖交错，方辕接轸"②等文句，也形容了关中的富足。

《后汉书·邓禹传》说，"上郡、北地、安定三郡，土广人稀，饶谷多畜"③。值得注意的是，东汉中晚期讨论"山西"地区经济，多有强调其畜牧业成就的新的倾向。如《后汉书·西羌传》记载汉顺帝永建四年（129）尚书仆射虞诩上疏曰：

> 《禹贡》雍州之域，厥田惟上。且沃野千里，谷稼殷积。又有龟兹盐池以为民利。水草丰美，土宜产牧，牛马衔尾，群羊塞道。北阻山河，乘陀据险。因渠以溉，水春河漕。用功省少，而军粮饶足。④

所谓"牛马衔尾，群羊塞道"者，反映"山西"地区北部畜牧业已成为主要经营内容之一。

东汉末年的社会大动乱，再一次导致"山西"经济走向崩溃。

《太平御览》引《英雄记》说："李傕等相次战长安中，盗贼不禁，白日虏掠，是时谷一斛五十万，豆麦二万，人相食啖，白骨委积，臭秽满路。"又引《典略》："从兴平元年至建安二年，其间四岁中，咸阳萧条，后贼李堪等始将部曲入长安，居卓故坞中，拔取酸枣梨蘡以给食，发冢取衣盖形。"⑤关中经济之贫敝，达到周秦以来最严重的程度。

2

秦始皇除"徙天下豪富于咸阳十二万户"之外，组织向关中的移民，还

---

①　《后汉书》卷四〇上《班固传》，第1338页。

②　（梁）萧统编，（唐）李善、吕延济、刘良、张铣、吕向、李周翰注：《六臣注文选》，中华书局2012年版，第45、52—53页。

③　《后汉书》卷一六《邓禹传》，第603页。

④　《后汉书》卷八七《西羌传》，第2893页。

⑤　（宋）李昉等：《太平御览》卷三五，第166页。

有三十五年(前212)"立石东海上朐界中,以为秦东门,因徙三万家丽邑,五万家云阳"①。

此后,西汉时期又连续多次组织向关中地区的移民运动。

刘敬曾经从军事地理分析的角度,建议刘邦移民充实关中。《史记·刘敬叔孙通列传》记载:

> 刘敬从匈奴来,因言"匈奴河南白羊、楼烦王,去长安近者七百里,轻骑一日一夜可以至秦中。秦中新破,少民,地肥饶,可益实。夫诸侯初起时,非齐诸田,楚昭、屈、景莫能兴。今陛下虽都关中,实少人。北近胡寇,东有六国之族,宗强,一日有变,陛下亦未得高枕而卧也。臣愿陛下徙齐诸田,楚昭、屈、景,燕、赵、韩、魏后,及豪桀名家居关中。无事,可以备胡;诸侯有变,亦足率以东伐。此强本弱末之术也"。
>
> 上曰:"善。"乃使刘敬徙所言关中十余万口。②

司马贞《索隐》:"案:小颜云'今高陵、栎阳诸田,华阴、好畤诸景,及三辅诸屈、诸怀尚多,皆此时所徙也。'"③

关于汉初移民关中的历史记录,我们可以看到:

> (汉高祖九年)徙贵族楚昭、屈、景、怀,齐田氏关中。④
>
> 汉兴,海内为一,……徙豪杰诸侯强族于京师。⑤

《后汉书·廉范传》记载,"(廉范)京兆杜陵人,赵将廉颇之后也。汉兴,以廉氏豪宗,自苦陉徙焉。"⑥在《汉书·高帝纪下》中,还记述说:"(十一年)夏四月,行自洛阳至。令丰人徙关中者皆复终身。"颜师古注:

> 应劭曰:"太上皇思欲归丰,高祖乃更筑城寺市里如丰县,号曰'新丰',徙丰民以充实之。"师古曰:"徙丰人所居,即今之新丰古城是其处。"⑦

---

① 《史记》卷六《秦始皇本纪》,第239、256页。
② 《史记》卷九九《刘敬叔孙通列传》,第2719页。
③ 《史记》卷九九《刘敬叔孙通列传》,第2719—2720页。
④ 《史记》卷八《高祖本纪》,第386页。《史记》卷二二《汉兴以来将相功臣年表》:"徙齐田,楚昭、屈、景于关中。"第1121页。
⑤ 《史记》卷一二九《货殖列传》,第3261页。
⑥ 《后汉书》卷三一《廉范传》,第1101页。
⑦ 《汉书》卷一下《高帝纪下》,第72页。

看来,"丰人徙关中者",除了功臣家族外,还有这样一例相当特殊的情形。《史记·高祖本纪》张守节《正义》引《括地志》也说:

> 新丰故城在雍州新丰县西南四里,汉新丰宫也。太上皇时凄怆不乐,高祖窃因左右问故,答以平生所好皆屠贩少年,酤酒卖饼,斗鸡蹴蹱,以此为欢,今皆无此,故不乐。高祖乃作新丰,徙诸故人实之。太上皇乃悦。

据张守节分析说:"前于丽邑筑城寺,徙其民实之,未改其名,太上皇崩后,命曰'新丰'。"①

关中移民运动的兴起,是和陵邑制度的形成有关的。

据《汉书·地理志下》说,西汉前期的关中移民,大都围护于帝陵附近,"汉兴,立都长安,徙齐诸田,楚昭、屈、景及诸功臣家于长陵。后世世徙吏二千石、高訾富人及豪桀并兼之家于诸陵"。虽然其出发点"非独为奉山园也",而主要在于"强干弱支"②,但是这种大规模移民,确实是和陵邑建设分不开的。

汉初关于因陵邑规划和建设组织移民的记载,始见于汉景帝时代:

> (五年)五月,募徙阳陵,予钱二十万。③

> 五年春正月,作阳陵邑。夏,募民徙阳陵,赐钱二十万。④

汉武帝时,茂陵建设也实行类似的制度:

> 建元三年春,赐徙茂陵者户钱二十万,田二顷。⑤

虽然是募徙,实行时仍然有强制性的成分。《史记·游侠列传》中大侠河内轵人郭解的事迹可以为例:

> 及徙豪富茂陵也,(郭)解家贫,不中訾,吏恐,不敢不徙。卫将军为言:"郭解家贫不中徙。"上曰:"布衣权至使将军为言,此其家不贫。"解家遂徙。诸公送者出千余万。轵人杨季主子为县掾,举徙解。解兄子断杨掾头。由此杨氏与郭氏为仇。⑥

---

① 《史记》卷八《高祖本纪》,第387页。
② 《汉书》卷二八下《地理志下》,第1642页。
③ 《史记》卷一一《孝景本纪》,第443页。
④ 《汉书》卷五《景帝纪》,第143页。
⑤ 《汉书》卷六《武帝纪》,第158页。
⑥ 《史记》卷一二四《游侠列传》,第3187—3188页。

"诸公送者出千余万",说明这种移民实际上会造成严重的经济损败。而郭氏与杨氏终于结成死仇,又说明被强制迁徙者有时会把这种移民形式看作一种蓄意的政治迫害。

主父偃曾经对汉武帝说:"茂陵初立,天下豪桀并兼之家,乱众之民,皆可徙茂陵,内实京师,外销奸猾,此所谓不诛而害除。"武帝"从其计"。① 郭解是否"中訾",是否"中徙",其实都并不重要,当政者的目的,是要将这样的"乱众之民"以迁徙的方式予以制服。

徙民于陵邑的历史记录,还有:

(太始元年春)徙郡国吏民豪桀于茂陵、云陵。②

(始元三年)秋,募民徙云陵,赐钱田宅。

(始元四年夏六月)徙三辅富人云陵,赐钱,户十万。③

本始元年春正月,募郡国吏民訾百万以上徙平陵。

(本始)二年春,以水衡钱为平陵,徙民起第宅。

元康元年春,以杜东原上为初陵,更名杜县为杜陵。徙丞相、将军、列侯、吏二千石、訾百万者杜陵。④

(鸿嘉二年)夏,徙郡国豪杰訾五百万以上五千户于昌陵。赐丞相、御史、将军、列侯、公主、中二千石冢地、第宅。⑤

于是我们看到,自秦始皇时代到西汉中期,相继大约有数十万户移民陆续入居这片"肥饶"的土地。固然周秦的文化传统仍然得以部分继承,但是因为

---

① 《史记》卷一一二《平津侯主父列传》,第2961页。

② 颜师古注:"此当言'云阳',而转写者误为'陵'耳。茂陵帝自所起,而云阳甘泉所居,故总使徙豪桀也。钩弋赵倢伃死,葬云阳,至昭帝即位始尊为皇太后而起云陵。武帝时未有云陵。"《汉书》卷六《武帝纪》,第205—206页。

③ 《汉书》卷七《昭帝纪》,第221页。

④ 《汉书》卷八《宣帝纪》,第239、242、253页。

⑤ 颜师古注:"并于昌陵赐之。"《汉书》卷一〇《成帝纪》,第317—318页。本来自汉元帝时,渭陵已经不复徙民起邑。关于徙吏民昌陵,是由陈汤倡议。陈汤出于"成大功""蒙重赏""赐田宅"的私欲,"上封事言:'初陵,京师之地,最为肥美,可立一县,天下民不徙诸陵三十岁余矣,关东富人益众,多规良田,役使贫民,可徙初陵,以强京师,衰弱诸侯,又使中家以下得均贫富。汤愿与妻子家属徙初陵,为天下先。'于是天子从其计,果起昌陵邑,后徙内郡国民。"《汉书·成帝纪》记载,汉成帝宣布废止昌陵工程的诏书称:"其罢昌陵,及故陵勿徙吏民,令天下毋有动摇之心。"然而,据《汉书·辛庆忌传》:"庆忌本狄道人,为将军,徙昌陵。昌陵罢,留长安。"依然留处关中。第320、2998、3024页。

移民的大量涌入，特别是西汉初年"秦中新破，少民"，而由东方移民"益实"，这一地区的文化构成已经大大改观，也就是说，一个作为文化实体的新关中，事实上已经出现。在关中的中部，逐渐形成了被称为"五方杂厝，风俗不纯"的极其特殊的人文环境。

按照班固在《汉书·地理志下》中的说法，秦汉时期，关中之地的"世家""富人""豪桀""盗贼"，以及其他"浮食者"及"列侯贵人"等，都进行了充分活跃的历史表演，使这一地区成为五彩纷呈的文化舞台。

《汉书·地理志下》指出关中"五方杂厝，风俗不纯"时，所谓"其世家则好礼文，富人则商贾为利，豪桀则游侠通奸。濒南山，近夏阳，多阻险轻薄，易为盗贼，常为天下剧。又郡国辐凑，浮食者多，民去本就末，列侯贵人车服僭上，众庶放效，羞不相及，嫁娶尤崇侈靡，送死过度"，《三辅黄图》卷一《秦汉风俗》引《汉志》文字略有不同。其中写道：

> 秦都咸阳，徙天下豪富十二万户。汉高帝都长安，徙齐诸田，楚昭、屈、景，及诸功臣于长陵。后世世徙吏二千石、高赀富人及豪杰兼并之家于诸陵，强本弱末，以制天下。是故五方错杂，风俗不一，贵者崇侈靡，贱者薄仁义，富强则商贾为利，贫窭则盗贼不禁。闾里嫁娶，尤尚财货，送死过度，故汉之京辅，号为难理，古今之所同也。[①]

无论是"贵者"或"贱者"，"富强"者或"贫窭"者，都以极高的密度集聚在这里，于是地方文化形态，形成了"号为难理"的复杂局面。

3

西汉 11 座帝陵，有 9 座分布在渭水北岸的咸阳五陵原上，另两座位于渭水以南。渭水以南白鹿原上的文帝霸陵和乐游原上的宣帝杜陵，位置比较明确。五陵原上西汉 9 陵的方位及排列顺序，经考古工作者的勘察和研究，认识也逐渐统一。渭北西汉帝陵，自西向东的顺序是：武帝茂陵，昭帝平陵，成帝延陵，平帝康陵，元帝渭陵，哀帝义陵，惠帝安陵，高祖长陵，景帝阳陵。

西汉王朝在帝陵附近设置陵邑的制度，使官僚豪富迁居此，每个陵邑

---

① 何清谷校释：《三辅黄图校释》卷一，第 69—70 页。

大约聚居 5 千户到 1 万多户,不仅以此保卫和供奉陵园,还形成了相对集中的文化中心。陵邑直属位列九卿的太常管辖。于是,从高祖长陵起,到昭帝平陵止,形成了若干个异常繁荣的,直辖中央的准都市。

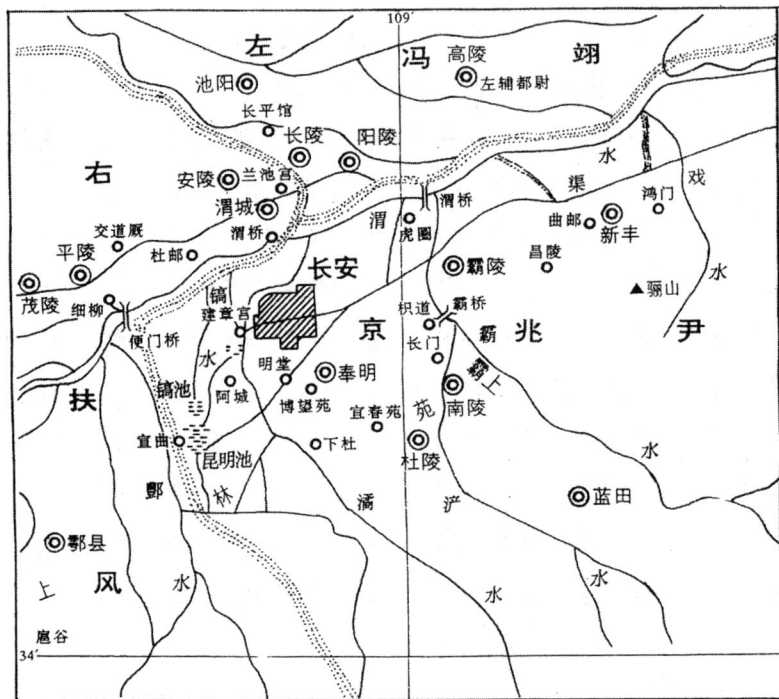

图 1　西汉长安形势图

(参考谭其骧:《中国历史地图集》第二册,第 15—16 页)

　　关于西汉陵区布局的原则及其文化背景,学者曾经进行了有益的讨论。[1] 尽管目前对于有些问题尚难作出确定的结论,然而帝陵和陵邑的规划对于形成以长安为中心的新的区域文化格局的意义,应当是可以肯定的。[2]

　　文物考古工作者调查发现,在汉长安城遗址北 45 公里处发现一处以一口径 260 米,深 32 米的巨型圆坑为主体的汉代礼制建筑遗址。这一遗址,

---

　　① 杨宽:《中国古代陵寝制度史研究》,上海古籍出版社 1985 年版;杜葆仁:《西汉诸陵位置考》,《考古与文物》1980 年创刊号;刘庆柱、李毓芳:《关于西汉帝陵诸形制问题的探讨》,《考古与文物》1985 年第 5 期;叶文宪:《西汉帝陵的朝向分布及其相关问题》,《文博》1988 年第 4 期。
　　② 王子今:《西汉帝陵方位与长安地区的交通形势》,《唐都学刊》1995 年第 3 期。

可以推测是汉初修建的"天齐"祠。研究者发现,这处遗址与长陵、长安城、子午谷等南北对应,形成了各段成比例的南北向超长建筑基线。而西汉朔方郡治和汉中郡治,也恰恰都在这条基线的延长线上。以长安或咸阳为中心,其横轴的东方则指向秦始皇时代确定于胸的"秦东门"。基线各段的比例,正合阳九阴六的格局,自北而南,透露出以天、先王、王、地为序的宗教意味,体现了秦汉社会意识中"天人合一"的法天观念。① 对于这一重要发现的研究,显然有助于对秦汉历史文化的深入认识。

我们在分析关中地区的文化结构时,也不能忽视当时人在进行总体规划时所谓"天人合应,以发皇明"②的神秘主义观念的作用。

事实上,长陵正骑压在这条建筑基线上,长陵陵园中的高帝陵和吕后陵两座封土冢,正紧紧夹立在这条建筑基线的两侧。

班固在《西都赋》中,评述了长安"晞秦岭,睋北阜,挟沣灞,据龙首"的胜状,又说到临秦岭与倚北阜的诸陵邑的形势:

> 若乃观其四郊,浮游近县,则南望杜、霸,北眺五陵,名都对郭,邑居相承,英俊之域,黻冕所兴,冠盖如云,七相五公。与乎州郡之豪桀,五都之货殖,三选七迁,充奉陵邑,盖以强干弱枝,隆上都而观万国。③

"万国""豪杰""英俊",于是聚萃于"上都"。实际上"五陵""近县",也成为"英俊之域,绂冕所兴,冠盖如云,七相三公"的文明胜地。

这里广聚天下"英俊",集会四方"豪杰",又能够较为显著地打破传统的地域文化界域,能够毫无成见地汲取来自不同区域的文化营养,于是文化的积累和文化的创获也有突出的历史贡献。

西汉一代出身于这里的名人,见于《汉书》的有:

京兆尹

　　长安:许商(《儒林传》),樊中子(《游侠传》),万章(《游侠传》),谷永(《谷永传》);

　　华阴:杨敞(《杨敞传》);

---

① 秦建明、张在明、杨政:《陕西发现以汉长安城为中心的西汉南北向超长建筑基线》,《文物》1995 年第 3 期。

② 《汉书》卷四〇上《班固传》,第 1336 页。

③ 《西都赋》,《汉书》卷四〇上《班固传》,第 1338 页。

郑：田广明(《酷吏传》)；

霸陵：杜君敖(《游侠传》)；

杜陵：朱博(《朱博传》),史丹(《史丹传》),韩延寿(《韩延寿传》),
苏建(《苏建传》),张汤(《张汤传》),蒋诩(《鲍宣传》),
田何(《儒林传》),陈遵(《游侠传》)；

左冯翊

池阳：韩幼孺(《游侠传》)；

夏阳：司马迁(《司马迁传》)；

重泉：李必(《项羽传》),王吉(《儒林传》)；

祋栩：赵食其(《赵食其传》)；

长陵：田蚡(《田蚡传》),车千秋(《车千秋传》),田公子(《游侠传》)；

阳陵：田延年(《酷吏传》),王温舒(《酷吏传》)；

右扶风

陷麇：郭钦(《鲍宣传》)；

安陵：冯唐(《冯唐传》),袁盎(《袁盎传》)；

茂陵：张敞(《张敞传》),杜邺(《杜邺传》),原涉(《游侠传》)；

平陵：平当(《平当传》),士孙张(《儒林传》),吴章(《儒林传》),
张山拊(《儒林传》),郑宽中(《儒林传》),涂恽(《儒林传》),
朱云(《朱云传》),李寻(《李寻传》),郑崇(《郑崇传》),
何并(《何并传》),王嘉(《王嘉传》)。

关中人从政与就学的机会,本来就较其他各地为多。而上列合计 42 人中,出身于诸陵邑的计 30 人,占 71.43%。其中班固单为立传的 34 人中,出身于诸陵邑的计 22 人,占 68.75%。

可见,西汉时期五陵荟萃英俊之士的说法,的确是历史的真实。这一地区因此在实际上获得文化领导的地位。所谓"五县游丽辩论之士,街谈巷议,弹射臧否,剖析毫厘,擘肌分理,所好生毛羽,所恶成创痏"①,又说明这里甚至成为具有强有力影响的社会舆论的中心。

---

① 《西京赋》,(梁)萧统编,(唐)李善、吕延济、刘良、张铣、吕向、李周翰注:《六臣注文选》,第 52 页。

正如武伯纶先生总结五陵人物的文化贡献时曾经指出的,"他们都以迁徙的原因而列于汉帝诸陵。他们从汉代各个地区(包括民族)流动而来,造成了帝陵附近人口的增殖及人才的汇合,形成一个特殊的区域文化。""这无疑是中国汉代历史上人文地理研究中的一个重要课题。""对这种人物的流动促成的汉代某些地区文化的扩散和融合现象,以及对后代的影响,如果加以研究,将会更加丰富汉代的文化史及中国文化史的内容,并有新的发现。"[1]

4

西汉王朝经历了所谓"创业于高祖,嗣传于孝惠,德隆于太宗,财衍于孝景,威盛于圣武,政行于宣、元,侈极于成、哀,祚缺于孝平"的由盛而衰的转变。王莽代汉以后,社会危机更加严重,终于导致了波及全国的社会大动乱。一时"海内云扰,诸夏灭微,群龙并战,未知是非"[2],一直到刘秀集团以武力一一削平异己,实现了新的统一。

刘秀建立的东汉王朝定都洛阳,固然有诸多因素,长安严重残破,也是重要原因之一。汉光武帝虽然多次"幸长安","祠高庙,遂有事十一陵"[3],他的关中之行,其实是怀着一种"伤愍旧京"的特殊的哀思的。他"即诏京兆,乃命扶风,齐肃致敬,告觐园陵,凄然有怀祖之思,喟乎以思诸夏之隆"[4],寂寞的行途,始终笼罩着一种无可奈何的伤感阴云。

他在长安附近进行的一些修复工程[5],严格说来,其实只有纪念的意义。

经过两汉之际的大动乱,关中地区确实受到严重的破坏。

---

① 武伯纶:《五陵人物志》,《文博》1991 年第 5 期。关于"五陵"人物的活跃,可参看王子今:《论元康四年"诏复家"事兼及西汉中期长安及诸陵人口构成》,《中日学者论中国古代城市社会》,三秦出版社 2007 年版;《元康四年"诏复家"事涉及的阳陵邑居民》,《汉阳陵与汉文化研究》第 2 辑,三秦出版社 2012 年版;《汉简长安史料研究》,《出土文献》第 3 辑,中西书局 2012 年版。

② 《论都赋》,《后汉书》卷八○上《杜笃传》,第 2600、2605—2606 页。

③ 《后汉书》卷一下《光武帝纪下》,第 56 页。

④ 《论都赋》,《后汉书》卷八○上《杜笃传》,第 2596—2597 页。

⑤ 《后汉书》卷一下《光武帝纪下》:"(建武十九年)修西京宫室。"第 72 页。杜笃《论都赋》也说:"(建武十九年)有诏复函谷关,作大驾宫、六王邸、高车厩于长安,修理东都城门,桥泾、渭,往往缮离观,东临霸、浐,西望昆明,北登长平,规龙首,抚未央,觅平乐,仪建章。"《后汉书》卷八○上《杜笃传》,第 2597 页。

长安民众起义，"未央宫烧攻（王）莽三日"，后"赤眉樊崇等众数十万人入关"，"烧长安宫室市里"，"民饥饿相食，死者数十万，长安为虚，城中无人行。宗庙园陵皆发掘，唯霸陵、杜陵完。"①一时百姓"饥者毛食，寒者裸跣，冤结失望，无所归命"②。

东汉末年，董卓曾经胁迫汉献帝迁都长安。一时"步骑驱蹙，更相蹈藉，饥饿寇掠，积尸盈路"③随后引起的军阀混战，又使关中经受了一次更残酷的浩劫。

兴平元年（194），三辅大旱，从四月到七月，"是时谷一斛五十万，豆麦一斛二十万，人相食啖，白骨委积。"车驾东归时，竟不得不"露次田中"。④《三国志·魏书·董卓传》说：李傕等占领长安，"放兵略长安老少，杀之悉尽，死者狼籍。"据说：

> 时三辅民尚数十万户，（李）傕等放兵劫略，攻剽城邑，人民饥困，二年间相啖食略尽。⑤

又据《后汉书·董卓传》记载：

> 初，帝入关，三辅户口尚数十万，自（李）傕、（郭）汜相攻，天子东归后，长安城空四十余日，强者四散，羸者相食，二三年间，关中无复人迹。⑥

长安作为公元前 2 世纪至公元前 1 世纪世界最繁荣的文化都市，关中作为当时最富庶的农耕经济的典范，经过两次动乱和战争，几乎所有的文明创造和文化积累都被洗荡一空。

秦与西汉时期关中地区所占有的光辉的文化地位，从此再也没有得到恢复的机会。

两汉 400 余年间，关中文化由极度的繁盛到极度的衰落，形成了鲜明的对比。

考察文化史的盛衰和兴亡，不能不注意这一典型的史例。

---

① 《汉书》卷九九下《王莽传下》，第 4193 页。
② 《后汉书》卷二八上《冯衍传》，第 966 页。
③ 《后汉书》卷七二《董卓传》，第 2327 页。
④ 《后汉书》卷九《孝献帝纪》，第 376、378 页。
⑤ 《三国志》卷六《魏书·董卓传》，第 181—182 页。
⑥ 《后汉书》卷七二《董卓传》，第 2341 页。

二

齐鲁文化的风格与儒学的西渐

　　齐鲁地区基础深厚的文化,在战国时代已经形成对周边地区有重要影响的显著领先的优势。

　　秦最后灭齐。刘邦的汉军在歼灭项羽军之后,"项王已死,楚地皆降汉,独鲁不下。汉乃引天下兵欲屠之,为其守礼义,为主死节,乃持项王头视鲁,鲁父兄乃降。始,楚怀王初封项籍为鲁公,及其死,鲁最后下,故以鲁公礼葬项王谷城。汉王为发哀,泣之而去"①。

　　西汉政权策划迁徙关东贵族豪杰名家居关中时,首先想到的又是"徙齐诸田"②。

　　齐鲁的文化实力和文化影响,一直是处于关西的最高统治集团不可以须臾轻视的。

　　齐鲁文化以悠远的传统和厚重的内力,影响着秦汉文化史的进程。同时,在儒学西渐的过程中,也接受着其他区域文化诸种积极因素对自身的改造。

1

　　齐鲁都是在西周时期就先期得以发达的地区。

---

① 《史记》卷七《项羽本纪》,第337—338页。
② 《史记》卷九九《刘敬叔孙通列传》,第2720页。

　　齐桓公曾经称霸天下。鲁国也因在春秋战国时期保存周的传统最多，曾经迎受着天下文化人敬重的目光。

　　《史记·儒林列传》说："天下并争于战国，儒术既绌焉，然齐鲁之间，学者独不废也。于威、宣之际，孟子、荀卿之列，咸遵夫子之业而润色之，以学显于当世。"司马迁还写道："及高皇帝诛项籍，举兵围鲁，鲁中诸儒尚讲诵习礼乐，弦歌之音不绝，岂非圣人之遗化，好礼乐之国哉？""夫齐鲁之间于文学，自古以来，其天性也。"①

　　司马迁曾经赞颂鲁人的"揖让之礼"②，他还亲临鲁地，感受这里特殊的文化氛围。《史记·孔子世家》写道：

　　　　余读孔氏书，想见其为人。适鲁，观仲尼庙堂车服礼器，诸生以时习礼其家，余祗迴留之不能去云③。天下君王至于贤人众矣，当时则荣，没则已焉。孔子布衣，传十余世，学者宗之。自天子王侯，中国言六艺者折中于夫子，可谓至圣矣！④

《史记·齐太公世家》记载，他在踏上齐国故土时，也曾经发出由衷的感叹：

　　　　吾适齐，自泰山属之琅邪，北被于海，膏壤二千里，其民阔达多匿知，其天性也。以太公之圣，建国本，桓公之盛，修善政，以为诸侯会盟，称伯，不亦宜乎？洋洋哉，固大国之风也！⑤

可以推知，司马迁"北涉汶、泗，讲业齐、鲁之都，观孔子之遗风，乡射邹、峄"⑥的经历，对于他学术素养的形成和文化资质的造就，有重要的意义。

　　司马迁在《史记·货殖列传》中曾经介绍了这一地区的经济特征与文化风貌：

　　　　齐带山海，膏壤千里，宜桑麻，人民多文彩布帛鱼盐，临菑亦海岱之间一都会也。其俗宽缓阔达，而足智，好议论，地重，难动摇，怯于众斗，勇于持刺，故多劫人者，大国之风也。其中具五民。

---

　　① 《史记》卷一二一《儒林列传》，第3116—3117页。
　　② 《史记》卷三三《鲁周公世家》，第1548页。
　　③ 司马贞《索隐》："言祗敬迟回不能去之。有本亦作'低回'，义亦通。"《史记》卷四七《孔子世家》，第1947页。
　　④ 《史记》卷四七《孔子世家》，第1947页。
　　⑤ 《史记》卷三二《齐太公世家》，第1513页。
　　⑥ 《史记》卷一三〇《太史公自序》，第3293页。

> 而邹、鲁滨洙、泗,犹有周公遗风,俗好儒,备于礼,故其民龊龊。颇有桑麻之业,无林泽之饶。地小人众,俭啬,畏罪远邪。及其衰,好贾趋利,甚于周人。①

《汉书·地理志下》关于齐地文化的总结,重视其历史传统的作用。"古有分土,亡分民。太公以齐地负海舄卤,少五谷而人民寡,乃劝以女工之业,通鱼盐之利,而人物辐凑。后十四世,桓公用管仲,设轻重以富国,合诸侯成伯功,身在陪臣而取三归。故其俗弥侈,织作冰纨绮绣纯丽之物,号为冠带衣履天下。"班固又写道:

> 初太公治齐,修道术,尊贤智,赏有功,故至今其土多好经术,矜功名,舒缓阔达而足智,其失夸奢朋党,言与行缪,虚诈不情,急之则离散,缓之则放纵。始桓公兄襄公淫乱,姑姊妹不嫁,于是令国中民家长女不得嫁,名曰"巫儿",为家主祠,嫁者不利其家,民至今以为俗。痛乎,道民之道,可不慎哉!

"昔太公始封,周公问:'何以治齐?'太公曰:'举贤而上功。'"②齐人政治文化的传统实际上得到继承。班固关于齐人夸言虚饰习性的分析,也是有根据的。只是长女不嫁,为家主祠的风俗,未必是"襄公淫乱""道民"所致,而是一种远古风习的遗存。班固"痛乎"的感叹,说明这一风俗与中原正统文化的距离。

对于鲁地文化的特色,《汉书·地理志下》重点强调了其重视文教礼义的基本风格:

> 其民有圣人之教化,故孔子曰:"齐一变至于鲁,鲁一变至于道。"言近正也。濒洙泗之水,其民涉度,幼者扶老而代其任。俗既益薄,长老不自安,与少者相让,故曰:"鲁道衰,洙泗之间龂龂如也。"孔子闵王道将废,乃修六经,以述唐虞三代之道,弟子受业而通者七十有七人。是以其民好学,上礼义,重廉耻。

据说周公始封时,太公问:"何以治鲁?"周公曰:"尊尊而亲亲。"太公于是说道:那么后世将会逐渐衰弱的。③ 鲁国政治史的演变,果然证实了这一

---

① 《史记》卷一二九《货殖列传》,第3265—3266页。
② 《汉书》卷二八下《地理志下》,第1660—1661页。
③ 《汉书》卷二八下《地理志下》,第1662页。

预言。

秦汉以来,鲁地文化的特质又逐渐发生了与传统相背离的历史性的变化。

司马迁在《史记·货殖列传》中说:"鲁好农而重民。"不过,齐鲁之地也有所谓"当世千里之中,贤人所以富者"足以"令后世得以观择"的:

> 鲁人俗俭啬,而曹邴氏尤甚,以铁冶起,富至巨万。然家自父兄子孙约,俯有拾,仰有取,贳贷行贾遍郡国。邹、鲁以其故多去文学而趋利者,以曹邴氏也。

> 齐俗贱奴虏,而刀间独爱贵之。桀黠奴,人之所患也,唯刀间收取,使之逐渔盐商贾之利,或连车骑,交守相,然愈益任之。终得其力,起富数千万。故曰"宁爵毋刀"①,言其能使豪奴自饶而尽其力。②

《汉书·货殖传》也说:"刀间既衰,至成、哀间,临淄姓伟訾五千万。"③

班固在《汉书·地理志下》中也指出:

> 今去圣久远,周公遗化销微,孔氏庠序衰坏。地狭民众,颇有桑麻之业,亡林泽之饶。俗俭啬爱财,趋商贾,好訾毁,多巧伪,丧祭之礼文备实寡,然其好学犹愈于它俗。

民俗虽然有所变化,"好学"的风气依然如初,所以,"汉兴以来,鲁、东海多至卿相"④。

2

陈直先生曾经著文论述西汉时期齐鲁文化人的学术艺术成就,题为《西汉齐鲁人在学术上的贡献》。其中凡列举9种,即:

一、田何、伏生等的经学;

二、褚少孙的史学;

---

① "宁爵",注家或以为"宁免去其官爵",钱锺书说:"按《集解》《索隐》《考证》所释皆苦纠绕而不中肯綮。'免去'非'免去求官爵',乃'去'而'免'受役,言奴宁舍去官爵之主,毋舍去刀间。足言之,即'宁不事爵,毋不事刀'。"《管锥编》第1册,中华书局1979年版,第387页。

② 《史记》卷一二九《货殖列传》,第3270、3277、3279页。

③ 《汉书》卷九一《货殖传》,第3691页。

④ 《汉书》卷二八下《地理志下》,第1663页。

三、东方朔的文学；

四、仓公的医学；

五、尹都尉的农学；

六、徐伯、延年的水利学；

七、齐人的《九章算术》；

八、宿伯年、霍巨孟的雕绘；

九、无名氏的书学。

陈直先生主要讨论了齐鲁人以上 9 种文化贡献，其他"至于《汉书·艺文志》所载师氏的乐学，《律历志》所载即墨徐万且的历学，《曹参传》所载胶西盖公的黄老学，其事实不够具体，故均略而不论"。

陈直先生同时指出，"西汉时齐鲁人对学术上的贡献，如此之伟大，其原因远受孔子下官学到私学的影响。次则受荀卿游齐之影响，汉初齐鲁经学大师，如申培公、毛苌，皆为其再传弟子。再次则受齐稷下先生之影响，稷下为人才荟萃之地，百家争鸣，不拘一格。医学、农学、算学等，当必有从事研究者，在战国时开灿烂之花，至西汉时结丰硕之果，其势然也"①。

陈直先生的这篇论文，其实应当看作区域文化研究的代表性成果。重视考古资料的运用，亦开创了文化史研究的新径。特别是论列及于徐伯、宿伯年、霍巨孟等水工和石工，重视"劳动人民之智慧创作"，对于后来的研究，尤其具有典范式的意义。

出身于齐鲁地区的"汉兴"以来的"卿相"固然相当多，其他在历史上有突出表现的文化明星，也在这里结聚成耀眼的星团。

以齐郡、济南郡、泰山郡、山阳郡、济阴郡以及鲁国、城阳国、东平国、淄川国为例，我们可以看到如下出身这一地区的人士，其事迹在《汉书》中留下了历史记录：

齐郡：浮丘伯（《儒林传》），服生（《儒林传》），即墨成（《儒林传》），衡咸（《儒林传》），周堪（《儒林传》），炔钦（《儒林传》），辕固（《儒林传》），胡毋生（《儒林传》），楼护（《游侠传》），娄敬（《娄敬

①　陈直：《西汉齐鲁人在学术上的贡献》，《文史考古论丛》，天津古籍出版社 1988 年版，第 173—182 页。

传》),邹阳(《邹阳传》),薛方(《鲍宣传》),栗融(《鲍宣传》);

临淄:严安生(《严安生传》),主父偃(《主父偃传》);

济南郡:终军(《终军传》),王訢(《王訢传》),伏生(《儒林传》),张生(《儒林传》),林尊(《儒林传》)。

泰山郡:毛莫如(《儒林传》),栗丰(《儒林传》),冥都(《儒林传》);

刚:郑弘(《郑弘传》);

山阳郡:曹竟(《鲍宣传》),张无故(《儒林传》),张长安(《儒林传》),张就(《儒林传》);

南平阳:龚遂(《循吏传》);

单父:吕公(《高帝纪上》);

瑕丘:江公(《儒林传》),萧奋(《儒林传》);

济阴郡:侯嘉(《龚胜传》);

冤句:陈豨(《陈豨传》);

鲁国:丙吉(《丙吉传》),夏侯始昌(《儒林传》),申公(《儒林传》),周霸(《儒林传》),冯宾(《儒林传》),许生(《儒林传》),徐生(《儒林传》),间丘卿(《儒林传》),夏侯敬(《儒林传》),荣广(《儒林传》),晧星公(《儒林传》),朱家(《游侠传》);

蕃:眭孟(《眭孟传》);

薛:颜安乐(《儒林传》);

城阳国

莒:衡胡(《儒林传》);

东平国:夏侯胜(《夏侯胜传》),王式(《儒林传》),唐长宾(《儒林传》),嬴公(《儒林传》);

任城:周仁(《周仁传》);

亢父:甯寿(《龚胜传》);

甾川国:公孙弘(《公孙弘传》),长孙顺(《儒林传》),任公(《儒林传》)。

凡此共计58人。在各个地区人才分布的比率中,这一数字应当是领先的。此外,又有如《汉书·儒林传》"侍中乐陵侯史高""鲁人也"①,然而不知郡

———————

① 《汉书》卷八八《儒林传》,第3618页。

县等情形,也值得注意。

3

齐鲁文化扩展其影响的最突出的表现,是儒学的向西传布。

秦始皇当政时,据说"天性刚戾自用","天下之事无小大皆决于上",以其绝对的刚愎自信,却仍然"悉召文学方术士甚众,欲以兴太平",在他的高级谘政集团中容有许多儒学博士。

秦始皇廷前议封建事,至湘山祠问湘君,海上"求芝奇药仙者",都曾经听取他们的意见,"上邹峄山,立石",又曾经直接"与鲁诸儒生议"。

就所谓"坑儒"这一著名冷酷的集体残杀儒学之士的血案看,当时在秦王朝统治中心咸阳,"诸生皆诵法孔子"者,仅"犯禁"而"坑之咸阳"的,竟多达460余人。①

秦末社会大动乱中,有不少齐鲁地区的儒生踊跃参与了关东地区民众反秦的武装斗争。孔子八世孙孔鲋,就曾经"为陈王涉博士,死于陈下"②。原秦博士,出身于鲁国薛地的叔孙通被刘邦拜为博士,号稷嗣君。他"征鲁儒生三十余人"西行,合作帮助汉王朝制定朝仪。成功后,刘邦感叹道:"吾乃今日知为皇帝之贵也!"于是"拜叔孙通为太常,赐金五百斤"③。

鲁地儒生拜为九卿,使儒学的影响第一次可以托附于政治权力的作用而空前扩展。

儒学在百家之学中的主导地位的彻底确定,是汉武帝时代。

齐地儒生公孙弘相继任博士、太常、御史大夫、丞相,封平津侯,是儒学地位开始上升的一个重要信号。

《史记·儒林列传》记载:"公孙弘以《春秋》白衣为天子三公,封以平津侯,天下之学士靡然向风矣。"裴骃《集解》引徐广曰:"一云'自齐为天子三公'。"④司马迁在《史记·平津侯主父列传》中说:"丞相公孙弘者,齐菑川

---

① 《史记》卷六《秦始皇本纪》,第242、257—258页
② 《史记》卷四七《孔子世家》,第1947页。
③ 《史记》卷九九《刘敬叔孙通列传》,第2722—2723页。
④ 《史记》卷一二一《儒林列传》,第3118页。

国薛县人也。"司马贞《索隐》："案：薛县属鲁国，汉置菑川国，后割入齐也。"①据王先谦《汉书补注》："钱大昕曰：'《史记·平津侯传》称齐菑川薛县人。《汉书》同是。汉初菑川与鲁俱有薛县，其后并省，《班志》据元成以后版籍，故菑川无薛。'徐松曰：'菑川始立国恐不止领县三。传称武帝为悼惠王冢园在齐，乃割临菑东园悼惠王冢园邑尽以予菑川。薛初属楚，故为薛郡，不止一县地，实临菑东境也。宣帝五凤中，王终古有罪诏削四县，若止领县三，何足当削？此恐薛先为所属，削后移属之也。'"②

公孙弘作为齐鲁儒生的代表，建议各地荐举"好文学，敬长上，肃政教，顺乡里，出入不悖所闻者"，加以培养，充实政府机构，"以文学礼义为官"。这一建议为汉武帝认可，于是"自此以来，则公卿大夫士吏斌斌多文学之士矣"③。

图2　四川出土东汉画像石"讲经图"

---

① 《史记》卷一一二《平津侯主父列传》，第2949页。
② （汉）班固撰，（清）王先谦补注：《汉书补注》，第2779页。
③ 《史记》卷一二一《儒林列传》，第3119—3120页。

汉初政治结构,经历了由"功臣政治"和"功臣子政治"两个阶段,在汉武帝时代又开始了向"贤臣政治"的历史转变。① 而齐鲁儒学之士纷纷西行,进居统治集团上层,恰恰是和这一历史转变同步的。

西汉后期诸朝丞相,已以掾史文吏和经学之士为主。自昭宣时期到西汉末年,丞相计21人22任,考其出身地域,可以获得有意义的发现:

表1　西汉昭宣元成哀平朝丞相出身地域

时代	丞相	出身地域	备注
昭帝朝	田千秋	其先齐诸田徙长陵	*
宣帝朝	王訢	济南人	*
	杨敞	华阴人	
	蔡义	河内温人	
	韦贤	鲁国邹人	*
	魏相	济阴定陶人	*
	丙吉	鲁国人	*
	黄霸	淮阳阳夏人	
	于定国	东海郯人	
元帝朝	韦玄成	鲁国邹人	*
	匡衡	东海承人	
成帝朝	王商	涿郡蠡吾人	
	张禹	河内轵人	
	薛宣	东海郯人	
	翟方进	汝南上蔡人	
	孔光	鲁国人(孔子十四世之孙)	*
哀帝朝	朱博	杜陵人	
	平当	祖父自(梁国)下邑徙平陵	
	王嘉	平陵人	
	孔光	鲁国人(孔子十四世之孙)	*
	马宫	东海戚人	
平帝朝	平晏	平陵人(平当子)	

注:有 * 号者为齐鲁人,合计7人,8人次,人数占总人数的33.33%。以人次计,则占总人次的36.36%。

---

① 参看王子今:《权力的黑光:中国封建政治迷信批判》,中共中央党校出版社1994年版,第165—173页。

汉武帝时代,"绌黄老刑名百家之言,延文学儒者数百人"①,实现了所谓"罢黜百家,表章六经"②的历史性转变,儒学之士于是在文化史的舞台上逐渐成为主角。

《史记·仲尼弟子列传》中列录77人中,齐鲁人45人,占58.44%;卫宋陈楚吴人12人,占15.58%;秦人2人,占2.60%;籍贯不明者18人,占23.38%。

《史记·儒林列传》中所列录的西汉前期著名儒生,仍然以齐鲁人为主。所见39人中,齐鲁人28人,占71.79%;其他燕人、砀人、温人、广川人、雒阳人共计7人,占17.95%;籍贯不明者4人,占10.26%。

然而,据《汉书·儒林传》的记载,综合考察西汉一代著名儒生的区域分布,情况则已经有所不同。

我们看到,齐鲁人在西汉名儒中占45.60%,出身其他地区者占46.11%,籍贯不明者占8.29%。

出身于齐鲁以外地区的儒学学者中,有远至蜀、淮南、九江、江东,甚至苍梧的。值得注意的是,其中三辅名儒占总数的5.18%,三河名儒占总数的5.70%。

分析《后汉书·儒林传》中提供的资料,可以看到当时著名的儒学学者,齐鲁人占36.36%,出身于齐鲁以外地区者,占63.64%。另外,值得注意的是,其中关中学者占6.82%,河南、河内、南阳学者占7.95%,会稽、九江、豫章学者占6.82%,巴蜀学者占10.23%。

齐鲁儒学学者比例的下降,并不是由于当地儒学的衰落,而是说明了儒学在各地的普遍传布。

4

人们进行文化区域的划分时,往往"齐鲁"统称。其实,"齐"与"鲁",从历史渊源分析,两地的文化传统表现出明显不同,而秦汉时期,两地的文

---

① 《史记》卷一二一《儒林列传》,第3118页。
② 《汉书》卷六《武帝纪》,第212页。

化风格仍然存在着若干差异。

鲁地是儒学的发生地。鲁人曾经因此而怀有强烈的文化优越感而傲视齐人。

《孟子·公孙丑上》：

> 公孙丑问曰："夫子当路于齐，管仲、晏子之功，可复许乎？"
>
> 孟子曰："子诚齐人也，知管仲、晏子而已矣。……"①

所谓"子诚齐人也"，似乎表现出鲁人对齐人的轻蔑。其实，齐文化较鲁文化，曾经具有更为开阔，更为灵活，更为积极的特质。甚至后来儒学本身，也因为齐人的精神投入而得到突出的发展。

清代学者俞樾《湖楼笔谈》写道：

> 孔子鲁人，七十子亦大半鲁人。乃微言大义传至今者，则往往出于齐人。如公羊子，齐人也。《春秋》一经赖以粗明。谷梁不过掇拾补苴。左丘明固不传经，所弗论也。汉初，《诗》有三家，而《齐诗》之学独存异义，六情五际皆出《齐诗》。《汉书》翼奉、郎顗两《传》略见大指，惜后学失传，毛义孤行，使圣人删《诗》之举，仅同徐陵之编《玉台新咏》，王安石之选《唐百家诗》，而制作之微意，不可复见矣。《齐论》多《问王》《知道》二篇，不知其语云何。必有精语，惜其不传。

俞樾于是感叹道："齐实未可轻也！"②

这样的观点，是应当引起重视的。③

---

① （宋）李昉等：《太平御览》，第5837页。

② （清）俞樾撰，崔高维点校：《湖楼笔谈》卷二，中华书局1995年版，第190页。

③ 参看王子今：《秦汉时期齐鲁文化的风格与儒学的西渐》，《齐鲁学刊》1998年第1期。

三

赵地社会文化的特色

秦实现统一,在原赵国故地置邯郸、恒山、巨鹿、太原、云中、上党诸郡。据《汉书·地理志下》的记载,当时人所认定的"赵地"的界域,大致即:"北有信都、真定、常山、中山,又得涿郡之高阳、鄚、州乡;东有广平、钜鹿、清河、河间,又得渤海郡之东平舒、中邑、文安、束州、成平、章武,河以北也;南至浮水、繁阳、内黄、斥丘;西有太原、定襄、云中、五原、上党。上党,本韩之别郡也,远韩近赵,后卒降赵,皆赵分也。"①其地域大体相当于今河北、山西两省的大部分地区。

这一地区的户口数,以西汉末年的统计数字计,户1492944,口6803418,大致分别占全国户口总数的12.20%与11.42%以上(未计入涿郡高阳等三县,渤海郡东平舒等六县,亦未减去可能不属于赵地的魏郡黎阳等二县)。

赵地兼有山地、平原、海滨、荒漠等地理条件,其社会文化具有独自的特色。

1

赵地文化风貌最突出的特点,是司马迁所谓"民俗懁急""悲歌忼慨"②。

---

① 《汉书》卷二八下《地理志下》,第1655页。
② 《史记》卷一二九《货殖列传》,第3263页。

《汉书·地理志下》除引述司马迁的分析而外,对于当地民情又有如下记载:

> 邯郸北通燕、涿,南有郑、卫,漳、河之间一都会也。其土广俗杂,大率精急,高气势,轻为奸。
>
> 太原、上党又多晋公族子孙,以诈力相倾,矜夸功名,报仇过直,嫁娶送死者奢靡。汉兴,号为难治,常择严猛之将,或任杀伐为威。父兄被诛,子弟怨愤,至告讦刺史二千石,或报杀其亲属。
>
> 种、代、石、北,迫近胡寇,民俗懻忮,好气为奸,不事农商,自全晋时,已患其剽悍,而武灵王又益厉之。故冀州之部,盗贼常为它州剧。
>
> 定襄、云中、五原,本戎狄地,颇有赵、齐、卫、楚之徙。其民鄙朴,少礼文,好射猎。雁门亦同俗。①

很显然,这一地区的民俗风格以"剽悍""精急""高气势""少礼文"的特征最为引人注目。

《史记·刺客列传》记载:"荆轲游于邯郸,鲁句践与荆轲博,争道,鲁句践怒而叱之,荆轲嘿而逃去,遂不复会。"②由以侠勇而"名垂后世"的荆轲的这一遭遇,似乎可以推知赵地民风可以更为褊急强悍。

"冀州"之得名,据说就与所谓"民俗懻忮"有关。臣瓒曾经指出:"'懻'音冀,今北土名强直为懻中。"颜师古也说:"'懻',坚也。'忮',恨也。"③王先谦《汉书补注》:"钱坫曰,'懻'即'冀'字别也。《释名》亦云'坚懻'。'冀'为北方州者,以民俗坚冀称之欤。"④

秦汉时期人才分布的大势,曾经有"山东出相,山西出将"⑤,"关西出将,关东出相"⑥的说法。这里"山"是指华山或崤山,"关"是指函谷关。然而赵地虽然处于"山东""关东",但是仍然多出军事人才。以西汉为例,大将军卫青的"裨将"中,强弩将军李沮为云中人,拔胡将军郭昌也是云中人,

---

① 《汉书》卷二八下《地理志下》,第 1656 页。
② 《史记》卷八六《刺客列传》,第 2527 页。
③ 《汉书》卷二八下《地理志下》,第 1656 页。
④ (汉)班固撰,(清)王先谦补注:《汉书补注》,第 2841 页。
⑤ 《汉书》卷六九《赵充国传》,第 2998 页。
⑥ 《后汉书》卷五八《虞诩传》,第 1866 页。

曾经"用校尉数从大将军"，后来"为左将军击朝鲜"的荀彘，是太原广武人。[①] 票骑将军霍去病的部将，先后为匈河将军、浚稽将军的赵破奴，也是太原人。[②] 太原人常惠少时"自奋应募"，随苏武出使匈奴，被拘留十余年方得返回。汉宣帝时，又奉命出使乌孙。为救乌孙公主，汉军"大发十五万骑，五将军分道出"，以常惠为校尉，"持节护乌孙兵"，"获单于父行及嫂居次，名王骑将以下三万九千人，得马牛骡橐佗五万余匹，羊六十余万头。"天子以常惠"奉使克获"，封为长罗侯。后又平定龟兹，镇抚西域，在名将赵充国死后，任为右将军。[③]

常惠去世以后，"代为右将军典属国"的冯奉世是上党潞人。他曾经"从军击匈奴"，又曾以尉候使持节送大宛诸国客。时莎车攻劫南道，冯奉世于是"以节喻告诸国王，因发其兵，南北道合万五千人进击莎车，攻拔其城"，"诸国悉平，威振西域"。后来又平定羌人起义，因功更为左将军，赐爵关内侯。《汉书·冯奉世传》说他"居爪牙官前后十年，为折冲宿将"，在西汉后期将领中，功名仅次于赵充国。[④]

赵广汉是涿郡蠡吾人，蠡吾旧属河间郡。颍川大姓横恣，"宾客犯为盗贼"，地方官"莫能禽制"，赵广汉任为太守，数月间即诛其首恶，"郡中震栗"。为京兆尹，长安少年犯法者均得捕治。《汉书·赵广汉传》又记载其从军经历："本始二年，汉发五将军击匈奴，征广汉以太守将兵，属蒲类将军赵充国。"[⑤]赵广汉的涿郡蠡吾同乡王商，元帝时为右将军，成帝时为左将军，后为丞相，从时人所谓"取必于上，性残贼不仁"[⑥]的批评，似乎也可以大致了解其行政作风。涿郡高阳人王尊任槐里地方官"兼行美阳令事"时，曾"取不孝子县磔著树，使骑吏五人张弓射杀之，吏民震骇"。提升为安定太守之后，"威震郡中，盗贼分散，入傍郡界，豪强多诛伤伏辜者"。后来因政声"残贼"而被免职。王尊也曾经经历军旅生涯。"复为护羌将军转校尉，

---

① 《汉书》卷五五《卫青传》，第 2491、2492 页。
② 《汉书》卷五五《霍去病传》，第 2493 页。
③ 《汉书》卷七〇《常惠传》，第 3003—3005 页。
④ 《汉书》卷七九《冯奉世传》，第 3293—3300 页。
⑤ 《汉书》卷七六《赵广汉传》，第 3200—3201 页。
⑥ 《汉书》卷八二《王商传》，第 3372 页。

护送军粮委输。而羌人反,绝转道,兵数万围尊。尊以千余骑奔突羌贼。"后又"补军中司马,擢为司隶校尉"。在京辅都尉及京兆尹任上,虽然能够使"旬月间盗贼清"然而最终仍然以"暴虐不改"被免职。不过,当时人对他仍有所谓"厉奔北之吏,起沮伤之气","拨剧整乱,诛暴禁邪,皆前所稀有,名将所不及"的称誉。①

所谓"武健严酷","以酷烈为声"②而名列于《酷吏传》的赵人,有钜鹿杨氏人尹赏,其事迹以残杀"长安中轻薄少年恶子"最为著名。《汉书·酷吏传·尹赏》记载,他在地方官任上,数次"坐残贼免"。"疾病且死,戒其诸子曰:'丈夫为吏,正坐残贼免,追思其功效,则复进用矣。一坐软弱不胜任免,终身废弃无有赦时,其羞辱甚于贪污坐臧。慎毋然!'"宁"残贼"而决毋"软弱",表现出鲜明的性格倾向。尹赏的四个儿子后来都任郡守之职,长子尹立则为京兆尹,"皆尚威严,有治办名"③。

汉武帝晚年发生的"巫蛊之祸",曾经使西汉王朝陷于严重的政治危机之中,直接挑起这场政治动乱的权臣江充,就是赵国邯郸人。江充曾自请使匈奴,回归后又"拜为直指绣衣使者,督三辅盗贼,禁察逾侈",贵戚近臣皆不避忌。时汉武帝年迈多病而"巫蛊"传说盛行,"(江)充将胡巫掘地求偶人捕蛊",以严刑"强服之",以至"坐而死者前后数万人"④。"巫蛊"大狱的兴起,终于导致戾太子刘据在长安起兵,杀江充,以数万市民与政府军"合战五日,死者数万人,血流入沟中"⑤。后来失败出逃,在流亡中自杀。"久之,巫蛊事多不信。"汉武帝"怜太子无辜",于是在他死去的地方"作思子宫,为归来望思之台",并下令"族灭江充家"⑥。

赵地出身的军将多有作战勇悍的杰出表现,赵地出身的官僚多有为政残厉的显明风格,这其实是和赵地地域文化"剽悍""精急"的独特风格有密切关系的。而另一方面,赵人行政多以严猛为治,以杀伐为威,也是与赵地民俗所谓"好气为奸""号为难治""盗贼常为它州剧"的特点有关的。

① 《汉书》卷七六《王尊传》,第3227—3228、3230、3233、3234页。
② 《史记》卷一二二《酷吏列传》,第3131、3154页。
③ 《汉书》卷九○《酷吏传》,第3673、3675页。
④ 《汉书》卷四五《江充传》,第2177、2178页。
⑤ 《汉书》卷六六《刘屈氂传》,第2881页。
⑥ 《汉书》卷六三《武五子传·戾太子刘据》,第2747页。

2

《汉书·王尊传》说,琅邪人王阳为益州刺史,"行部至邛郲九折阪,叹曰:'奉先人遗体,奈何数乘此险!'后以病去。"及王尊为益州刺史,"至其阪,问吏曰:'此非王阳所畏道邪?'吏对曰:'是。'尊叱其驭曰:'驱之!王阳为孝子,王尊为忠臣。'"①前者临险道而畏缩,后者却叱令"驱之";前者之退怯以"孝"为饰辞,后者之急进以"忠"为名号。于是,齐地社会文化与赵地社会文化的某种差异,通过这一事例得以显现。

所谓齐地"其俗宽缓阔达",②以及"齐郡舒缓养名"③等,都体现了与赵地急烈之民风相对立的文化倾向。据司马迁《史记·货殖列传》的分析,邹、鲁"俗好儒,备于礼,故其民龊龊",梁、宋"其俗犹有先王遗风,重厚多君子",郑、卫"近梁、鲁,微重而矜节"④。而所谓"龊龊",也是指谦谨而持重。⑤ 赵地大多"迫近北夷",或"地边胡,数被寇"⑥,有些甚至"本戎狄地",因而不免受到匈奴等草原游牧民族以所谓"轻疾悍亟","至如猋风,去如收电"⑦的生活节奏为特征的文化风格的影响。然而,另一方面,我们又可以看到,其临近齐、鲁、中原的许多地区,又受到当地文化风格的显著熏染。

以西汉时期为例,一代名儒董仲舒就出身赵地。司马迁在《史记·儒林列传》中记述,"董仲舒,广川人也。以治《春秋》,孝景时为博士。下帷讲诵,弟子传以久次相受业,或莫见其面,盖三年董仲舒不观于舍园,其精如此。进退容止,非礼不行,学士皆师尊之"⑧。汉武帝时代,董仲舒受到特殊

---

① 《汉书》卷七六《王尊传》,第3229页。
② 《史记》卷一二九《货殖列传》,第3265页。
③ 《汉书》卷八三《朱博传》,第3400页。
④ 《史记》卷一二九《货殖列传》,第3264、3266页。
⑤ 《史记》卷九六《张丞相列传》说,汉景帝时陶青、刘舍为丞相,汉武帝时许商、薛泽、庄青翟、赵周等为丞相,"皆以列侯继嗣,娖娖廉谨,为丞相备员而已,无所能发明功名有著于当世者。""娖娖廉谨",《汉书》卷四二《申屠嘉传》则写作"踥踥廉谨"。颜师古解释说:"踥踥,持整之貌也。"《史记》卷九六《张丞相列传》,第2685页;《汉书》卷四二《申屠嘉传》,第2102页。
⑥ 《史记》卷一二九《货殖列传》,第3263页。
⑦ 《汉书》卷五二《韩安国传》,第2401页。
⑧ 《史记》卷一二一《儒林列传》,第3127页。

信用,他的理论和政见,对于中国政治文化的基本形态发生了重要的影响。董仲舒晚年则专"以修学著书为事",于是成为学界领袖,"汉兴至于五世之间,唯董仲舒名为明于《春秋》,其传公羊氏也。""弟子通者,至于命大夫;为郎、谒者、掌故者以百数。而董仲舒子及孙皆以学至大官。"①他的弟子中学业突出的殷忠,也是广川人。《汉书·儒林传》分析"汉兴"以来学术大势,就说道:"言《春秋》,于齐则胡毋生,于赵则董仲舒。"②

名列《汉书·儒林传》的赵地学者,又有:

孟但。"广川孟但,为太子门大夫。""以《易》至大官。"

鲍宣。林尊"为博士,论石渠",授平当,平当授"上党鲍宣"。"宣司隶校尉,自有传。徒众尤盛,知名者也。"

秦恭。张山拊"事小夏侯建,为博士,论石渠,至少府",所授有"信都秦恭延君"。"恭增师法至百万言,为城阳内史。"

胡常。孔安国修《尚书》,授都尉朝,"都尉朝授胶东庸生。庸生授清河胡常少子,以明《谷梁春秋》为博士、部刺史,又传《左氏》。"

毛公。"毛公,赵人也。治《诗》,为河间献王博士,授同国贯长卿。"

贯长卿。从毛公学《诗》。

段仲。董仲舒"弟子遂之者",有"广川段仲"。

贯公。贯长卿父。"(贾)谊为《左氏传》训故,授赵人贯公,为河间献王博士。"

张禹。"(赵人贯公)子长卿为荡阴令,授清河张禹长子。禹与萧望之同时为御史,数为望之言《左氏》,望之善之,上书数以称说。后望之为太子太傅,荐禹于宣帝,征禹待诏,未及问,会疾死。"③

此外,《汉书·艺文志》记录农家专著,有:

《蔡癸》一篇。宣帝时,以言便宜,至弘农太守。

---

① 《史记》卷一二一《儒林列传》,第3128、3129页。

② 《汉书》卷八八《儒林传》,第3593页。

③ 《汉书》卷八八《儒林传》,第3597、3604、3605、3607、3614、3616、3620页。鲍宣,《汉书》卷七二《鲍宣传》称其"好学明经",而籍贯则为"渤海高城人也"。段仲,应即《史记》卷一二一《儒林列传》所谓董仲舒弟子"广川殷忠"。《史记》卷一二一《儒林列传》,第3129页;《汉书》卷七二《鲍宣传》,第3086页。

颜师古注:"刘向《别录》云邯郸人。"①《汉书·食货志上》写道:汉宣帝五凤年间,"蔡癸以好农使劝郡国,至大官"②。王先谦《汉书补注》:"癸,邯郸人,官弘农太守,见《艺文志》。"③王毓瑚先生考论《蔡癸》一书时,曾指出:"可知作者也是当时一个精通农学的人。他大约是以专家的资格奉使巡行郡国,教民耕种。他的著作一定也很有内容,只是也同其他几种农书一样,原来收藏在中央官府,大约在东汉末年董卓之乱中都失掉了。"④

我们从医学大师扁鹊长期在赵地行医的事实⑤,可以知道赵地学术似乎久已有注重实用的传统。

勃海人隽不疑据说"治《春秋》,为郡文学,进退必以礼,名闻州郡",武帝末年为青州刺史,昭帝时擢为京兆尹,以"用经术明于大谊","名声重于朝廷"⑥。钜鹿东里人路温舒据说少时牧羊,即"取泽中蒲,截以为牒,编用写书",后来,"又受《春秋》,通大义,举孝廉",为政主张"宜尚德缓刑",时称"治有异迹","子及孙皆至牧守大官"⑦。此外,赵地名臣又有魏郡人盖宽饶,"明经为郡文学,以孝廉为郎,举方正,对策高第,迁谏大夫",后"擢为司隶校尉","京师为清"⑧。他们都以经学入仕,又以自身的政治实践影响当时的社会文化。史称"(隽)不疑为吏,严而不残"⑨,体现出以"礼"为基点的"经术"对于酷吏政治的修正。而所谓"路温舒辞顺而意笃",以及"诏书令公卿选可使匈奴者,温舒上书,愿给斯养,暴骨方外,以尽臣节"⑩等事迹,又说明赵人在儒学指导下的从政生涯中,有时仍然能够表现出"鄙朴""忼慨""高气势"的心理倾向。更典型的例子,又有盖宽饶"为人刚直高

---

① 《汉书》卷三〇《艺文志》,第 1743 页。
② 《汉书》卷二四上《食货志上》,第 1141 页。
③ (汉)班固撰,(清)王先谦补注:《汉书补注》,第 1598 页。
④ 王毓瑚:《中国农学书录》,农业出版社 1964 年版,第 10 页。
⑤ 《史记》卷一〇五《扁鹊仓公列传》:"扁鹊者,勃海郡郑人也,姓秦氏,名越人。""为医或在齐,或在赵。在赵者名扁鹊。"裴骃《集解》与司马贞《索隐》都指出勃海郡没有郑县,"郑县"当作"鄚县"。《史记》卷一〇五《扁鹊仓公列传》,第 2785、2786 页。
⑥ 《汉书》卷七一《隽不疑传》,第 3035、3038 页。
⑦ 《汉书》卷五一《路温舒传》,第 2367、2368、2372 页。
⑧ 《汉书》卷七七《盖宽饶传》,第 3243、3244 页。
⑨ 《汉书》卷七一《隽不疑传》,第 3037 页。
⑩ 《汉书》卷五一《路温舒传》,第 2371、2372 页。

节"，"刺举无所回避"，"然深刻喜陷害人"，"又好言事刺讥，奸犯上意"，以致"多仇少与"，最终竟然当因事论罪时，"引佩刀自刭北阙下"①。

3

赵地出身的经学之士，均居于东部与齐、鲁、中原临近的平原地区。似乎赵地西部与东部，大致可以看出以"剽悍"为主要民俗倾向和以"礼文"为主要民俗倾向的文化分野。李学勤先生曾经把东周时代列国划分为 7 个文化圈，赵国北部属于"北方文化圈"，赵国其他地区属于"中原文化圈"②。又有学者在分析西汉文化区域时，将全国分为 11 个文化区，其中"赵地文化区"又被划分为 3 个亚区：太行山东亚区，太原上党亚区，种代石北亚区③。关于文化区域的具体划分，自然可以有不同的意见，然而认为赵地社会文化可以进一步作更细致的地域分析的观点，显然是符合历史实际的。

应当说，赵地在北边文化区与齐鲁文化区、中原文化区之间，形成了一个文化过渡区。一急一缓，一武一文，一勇悍一谦谨，双方在这里冲突，在这里融汇。而《汉书·地理志下》所谓"其土广俗杂"，正大致说明了赵地地域文化的这一特色。

其实，由此也正体现出赵地的文化优势。

赵地的文化地位久已受到重视。

秦统一六国，征服赵地曾历经苦战。蔡泽追述白起的战功，曾说道："越韩、魏而攻强赵，北坑马服，诛屠四十余万之众，尽之于长平之下，流血成川，沸声若雷，遂入围邯郸，使秦有帝业。"④对"强赵"作战的决定性胜利，被看作"使秦有帝业"的基本条件之一。秦王政十九年（前 228），王翦击破赵军主力，得赵王，引兵欲攻燕，屯中山，"秦王之邯郸"，后行历太原、上郡，

① 《汉书》卷七七《盖宽饶传》，第 3244、3245、3246、3247、3248 页。
② 李学勤：《东周与秦代文明》，第 11 页。
③ 卢云：《汉晋文化地理》，陕西人民教育出版社 1991 年版，第 485 页。
④ 《史记》卷七九《范雎蔡泽列传》，第 2423 页。

回归咸阳。完成统一之后,秦始皇凡5次出巡,4次都曾经行历赵地。① 秦末战争中决定秦王朝命运的钜鹿战役,即发生在赵地。刘邦出关,亦遣韩信先定赵地。汉并天下之后,刘邦曾两次专意行历赵地,似乎于正式公布的名义之外都另有特殊的意图。尤其是"汉七年,高祖从平城过赵"②,显然舍近绕远,路线的选择,当有巡视、镇抚赵地的目的。汉高帝九年(前198),刘邦粉碎贯高之谋,废赵王敖,此事在杀韩信、彭越、英布之前,也是发人深省的。

刘秀先定河北,复图中州,其基干部队成分中赵地子弟的作用,也是不容忽视的。他设坛祭天即皇帝位的仪式,正是在赵地举行的。诸将"请立"以"正号位"的上奏中说道:

> 大王初征昆阳,王莽自溃;后拔邯郸,北州弭定;参分天下而有其二,跨州据土,带甲百万。言武力则莫之敢抗,论文德则无所与辞。③

占据赵地,则被看作兼有无可抗争的"武力"与"文德",从而形成了所谓"功业即定"④的绝对政治优势的条件。

从根本上动摇了东汉王朝的统治的黄巾起义,是以赵地为主要策源地的。史称"中平元年,黄巾贼帅张角起于魏郡"⑤,"中平元年春二月,钜鹿人张角自称'黄天',其部帅有三十六方,皆著黄巾,同日反叛。安平、甘陵人各执其王以应之。"李贤注:"安平王绩,甘陵王忠。"⑥安平在今河北安平。甘陵在今山东临清,东汉时为清河国地,也属于冀州刺史部。

东汉末年,袁绍因据有赵地,"横大河之北,合四州之地,收英雄之才,拥百万之众","威震河朔,名重天下",时人以为"以此争锋,谁能敌之?"⑦赵地以其特殊的文化条件,成为袁绍集团割据北方,雄视天下的根基。而所谓"称雄河外","云屯冀马","窥图讯鼎,禋天类社,既云天工,亦资人亮"⑧

---

① 《史记》卷六《秦始皇本纪》,第233、241—264页。
② 《史记》卷八九《张耳陈余列传》,第2583页。
③ 《后汉书》卷一上《光武帝纪上》,第21页。
④ 《后汉书》卷一上《光武帝纪上》,第21页。
⑤ 《三国志》卷四六《吴书·孙坚传》,第1094页。
⑥ 《后汉书》卷八《灵帝纪》,第348页。
⑦ 《三国志》卷六《魏书·袁绍传》,第192页。
⑧ 《后汉书》卷七四上《袁绍传上》,第2379页。

等,也说袁绍可以左右全国政局的势力的形成,不仅凭据天时与地利,尤其依仗赵地风格独特的人文条件为基础。据说,袁绍与曹操共起兵时,曾经问曹操:"若事不辑,则方面何所可据?"曹操说:"足下意以为何如?"袁绍回答:"吾南据河,阻燕、代,兼戎狄之众,南向以征天下,庶可以济乎?"曹操则说:"吾任天下之智力,以道御之,无所不可。"①曹操的政治资质当然远胜袁绍,不过,曹操集团仍然是在官渡之战以后逐步略取冀州之地,从而形成统一北方的军事政治基础的。而后来西晋王朝的统一事业,又是在曹操集团多年政治积累所创造的历史条件下实现的。

汉代是不同地域的形态各异的文化逐步走向真正的统一的时代。而赵地因其特殊的文化背景和文化环境,在这一历史进程中,其先行的地位是应当肯定的。

4

讨论赵地社会文化的特色,不能不注意到赵地中心都市邯郸及其邻近地区的历史文化地位。

《史记·赵世家》记载,公元前497年,"(赵)简子谓邯郸大夫午曰:'归我卫士五百家,吾将置之晋阳。'午许诺,归而其父兄不听,倍言。赵鞅捕午,囚之晋阳。乃告邯郸人曰:'我私有诛午也,诸君欲谁立?'遂杀午。赵稷、涉宾以邯郸反。晋君使籍秦围邯郸"②。邯郸当时作为晋国边邑,已经具有与国家政权相抗争的实力。"简子拔邯郸",于是"赵竟有邯郸"③。赵襄子面临政治危患,选择避难地点时,"从者曰:'邯郸之仓库实。'襄子曰:'浚民之膏泽以实之,又因而杀之,其谁与我!'"④邯郸作为地区经济中心的

---

①　《三国志》卷一《魏书·武帝纪》,第26页。

②　《史记》卷四三《赵世家》,第1789—1790页。《史记》卷三九《晋世家》又写作:"赵鞅使邯郸大夫午,不信,欲杀午,午与中行寅、范吉射亲攻赵鞅,鞅走保晋阳。"《史记》卷三九《晋世家》,第1685页。

③　《史记》卷四三《赵世家》,第1792页。

④　(宋)司马光编著,(元)胡三省音注,标点资治通鉴小组校点:《资治通鉴》卷一"周威烈王二十三年",中华书局1956年版,第11页。

地位,似乎已开始确立。大致在赵敬侯元年(前386),赵定都邯郸。① 从此邯郸地区成为赵地政治、经济、文化的重心所在。

《史记·货殖列传》说:"中山地薄人众,犹有沙丘纣淫地余民,民俗懁急,仰机利而食。丈夫相聚游戏,悲歌忼慨,起则相随椎剽,休则掘冢作巧奸冶,多美物,为倡优。女子则鼓鸣瑟,跕屣,游媚贵富,入后宫,遍诸侯。然邯郸亦漳、河之间一都会也。北通燕、涿,南有郑、卫。"②大致类同的内容,班固在《汉书·地理志下》中则写道:"赵、中山地薄人众,犹有沙丘纣淫乱余民。丈夫相聚游戏,悲歌忼慨,起则椎剽掘冢,作奸巧,多弄物,为倡优。女子弹弦跕躧,游媚富贵,遍诸侯之后宫。邯郸北通燕、涿,南有郑、卫,漳、河之间一都会也。其土广俗杂,大率精急,高气势,轻为奸。"③显然,《史记·货殖列传》所谓"中山",应当就是《汉书·地理志下》所谓"赵、中山"。④ 这里所说的"赵",应当是指赵国。

赵国在《汉书·地理志下》所列诸王国中居于第一:

> 赵国,故秦邯郸郡,高帝四年为赵国,景帝三年复为邯郸郡,五年复故。莽曰桓亭。属冀州。户八万四千二百二,口三十四万九千九百五十二。县四:邯郸、易阳、柏人、襄国。⑤

邯郸郡或赵国的民俗形态,可以集中体现赵地文化的典型特色。所谓"犹有沙丘纣淫地余民","犹有沙丘纣淫乱余民"的说法,从另一角度看,似乎也可以理解为对当地文化传统之悠远,文化积累之丰厚,以及文化风格之独异的一种暗示。

---

① 《史记》卷四三《赵世家》:"敬侯元年,……赵始都邯郸。"《汉书》卷二八下《地理志下》也记载:"自赵夙后九世称侯,四世敬侯徙都邯郸。"又《资治通鉴》卷一"周威烈王二十三年"胡三省注引宋白的意见,也以为:"邯郸本卫地,后属晋。七国时为赵都,赵敬侯自晋阳始都邯郸。"而胡三省本人则认为,"(周)显王二十二年,公子范袭邯郸,不胜而死,是年肃侯之三年也。意此时赵方都邯郸,盖肃侯徙都,非敬侯也。"杨宽《中国古代都城制度史研究》则指出:"邯郸,春秋时代原属卫国,后属晋国。赵敬侯元年(前386)从中牟(今河南省鹤壁市)迁都到邯郸,从此邯郸长期成为赵国都城。"《史记》卷四三《赵世家》,第1798页;《汉书》卷二八下《地理志下》,第1655页;《资治通鉴》,第11页;杨宽:《中国古代都城制度史研究》,上海古籍出版社1993年版,第81—82页。

② 《史记》卷一二九《货殖列传》,第3263—3264页。

③ 《汉书》卷二八下《地理志下》,第1655—1656页。

④ 《史记》卷一二九《货殖列传》"中山地薄人众"句前为"(温、轵)北贾赵、中山",推想"赵"字下或许原有重文号脱写。第3263页。

⑤ 《汉书》卷二八下《地理志下》,第1630—1631页。

司马迁在《史记·货殖列传》中说:"请略道当世千里之中,贤人所以富者,令后世得以观择焉。"①他列举的海内巨富"其章章尤异者"之中,居于首位的就是赵人:

> 蜀卓氏之先,赵人也,用铁冶富。秦破赵,迁卓氏。卓氏见虏略,独夫妻推辇,行诣迁处。诸迁虏少有余财,争与吏,求近处,处葭萌。唯卓氏曰:"此地狭薄。吾闻汶山之下,沃野,下有蹲鸱,至死不饥。民工于市,易贾。"乃求远迁。致之临邛,大喜,即铁山鼓铸,运筹策,倾滇蜀之民,富至僮千人。田池射猎之乐,拟于人君。②

卓氏的识见与性格,都体现出赵地文化传统的影响。而卓氏先已"用铁冶富",足见邯郸地区工商业的早期发展,已经领先于其他地区。此外,《史记·货殖列传》所谓"邯郸郭纵以铁冶成业,与王者埒富"③,也说明了这一事实。王莽时代,"于长安及五都立五均官,更名长安东西市令及洛阳、邯郸、临淄、宛、成都市长均为五均司市师"。邯郸被称为"北都","置交易丞五人,钱府丞一人"④。邯郸作为幅员远已超过赵地之区域的经济中心的地位,已经正式确立。

《太平御览·三国典略》:"李岳字祖仁,官至中散大夫。尝为门客所说,举钱营生,广收大麦,载赴晋阳,候其寒食,以求高价。清明之日,其车方达。又从晋阳载化生向邺城,路逢大雨,并化为泥。息利既少,乃至贫迫,当世人士,莫不笑之。"⑤这虽然是两次失败的商运记录,但"门客所说"所体现的当地重商风习的社会影响,确实是十分引人注目的。东汉末年,刘备"得用合徒众",就是凭借"中山大商张世平、苏双等赀累千金,贩马周旋于涿郡,见而异之,乃多与之金财"⑥。这一事实,也可以说明邯郸邻近地区经济的活力。

曹魏政权曾经以邺作为统治中心。邺县秦时属邯郸郡。左思《魏都

---

① 《史记》卷一二九《货殖列传》,第 3277 页。
② 《史记》卷一二九《货殖列传》,第 3277 页。
③ 《史记》卷一二九《货殖列传》,第 3259 页。
④ 《汉书》卷二四下《食货志下》,第 1180 页。
⑤ (宋)李昉等:《太平御览》卷八三八,第 3744 页。
⑥ 《三国志》卷三二《蜀书·先主传》,第 872 页。

赋》写道:"壹八方而混同,极风采之异观,质剂平而交易,刀布贸而无算。"①可见魏主定都,是充分考虑到其社会文化多方面的优势的。

《魏都赋》又有"邯郸躧步,赵之鸣瑟"②的词句。所谓"女子则鼓鸣瑟,跕屣,游媚贵富,入后宫,遍诸侯"以及"女子弹弦跕躧,游媚富贵,遍诸侯之后宫",其实也是一种轻脱疏放的民俗风格的曲折映象。赵王迁据说"其母倡也"③。秦始皇的生母,据说原本也是"吕不韦取邯郸诸姬绝好善舞者"④。《史记·外戚世家》又说:"文帝幸邯郸慎夫人、尹姬。"⑤南越王婴齐"其入宿卫在长安时,取邯郸樛氏女",及即位,立为后。⑥ 史皇孙王夫人也曾经被作为邯郸"歌舞者""送至长安","入太子家"⑦,也可以说明邯郸民俗风情的这一特征。⑧ 我们分析卓文君夜亡奔司马相如所体现的性格倾向,如果联想到与其祖籍邯郸的风习在家族生活中的遗存有某种关系,或许也并不是毫无根据的臆度。

《史记·扁鹊仓公列传》又有这样的记载:"扁鹊名闻天下,过邯郸,闻贵妇人,即为带下医。"⑨"贵妇人",即妇女一般具有较高的社会地位,也是这一地区民俗文化突出的特征之一。⑩

---

① (梁)萧统编,(唐)李善、吕延济、刘良、张铣、吕向、李周翰注:《六臣注文选》,第 129 页上。

② (梁)萧统编,(唐)李善、吕延济、刘良、张铣、吕向、李周翰注:《六臣注文选》,第 135 页上。

③ 《史记》卷四三《赵世家》,第 1833 页。

④ 《史记》卷八五《吕不韦列传》,第 2508 页。

⑤ 《史记》卷四九《外戚世家》,第 1974 页。

⑥ 《史记》卷一一三《南越列传》,第 2971 页。

⑦ 《汉书》卷九七上《外戚传上·史皇孙王夫人》,第 3962 页。

⑧ 方诗铭:《战国秦汉的"赵女"与"邯郸倡"及其在政治上的表现》,《史林》1995 年第 1 期。

⑨ 《史记》卷一〇五《扁鹊仓公列传》,第 2794 页。

⑩ 参看王子今:《秦汉时期赵地社会文化的特色》,《河北学刊》1995 年第 1 期。

四

燕地的文化坐标地位

《汉书·地理志下》写道："燕地,尾、箕分野也。武王定殷,封召公于燕,其后三十六世与六国俱称王。东有渔阳、右北平、辽西,辽东,西有上谷、代郡、雁门,南得涿郡之易、容城、范阳、北新城、故安、涿县、良乡、新昌,及勃海之安次,皆燕分也。乐浪、玄菟,亦宜属焉。"①广义的燕地,包括战国时期燕国控制的地区,相当于西汉幽州刺史部的主要地方。其重心地带,即以蓟(今北京)为中心的广阳。这一地区有比较特殊的地位。考察燕地的文化地理,对于深化汉代文化史和汉代行政史的认识,是有积极意义的。

1

从交通文化格局考察的视角来看,燕地处于两条战略道路的交叉点。

《史记·秦始皇本纪》记载,秦始皇统一天下后凡 5 次出巡,其中 4 次行至海滨,往往"并海"巡行。二十八年(前 219)第 2 次出巡,上泰山,又"并勃海以东,过黄、腄,穷成山,登之罘,立石颂秦德焉而去,南登琅邪"。二十九年(前 218)第 3 次出巡和三十二年(前 215)第 4 次出巡,也都至于滨海地区。三十七年(前 210)第 5 次出巡,"上会稽,祭大禹,望于南海","还

---

① 《汉书》卷二八下《地理志下》,第 1657 页。

过吴，从江乘渡，并海上，北至琅邪"，又由之罘"并海，西至平原津"。①

秦二世东巡郡县，也曾经并海而行。"到碣石，并海，南至会稽"，又"遂至辽东而还"。②

《汉书·武帝纪》记载：汉武帝元封元年（前110）出巡，"行自泰山，复东巡海上，至碣石"。元封五年（前106），由江淮"北至琅邪，并海，所过礼祠其名山大川"。③

显然，秦汉时期，沿海滨有一条交通大道，由秦皇汉武出巡路线的选择，可推知这条道路具备可以通过帝王车舆的规模。这条战略道路，可以称为"并海道"。④"并海道"在东汉末年，又称作"傍海道"。⑤《史记·李斯列传》："始皇三十七年十月，行出游会稽，并海上，北抵琅邪。"⑥《史记·蒙恬列传》："始皇三十七年冬，行出游会稽，并海上，北走琅邪。"司马贞《索隐》："并，音白浪反。"⑦《汉书·武帝纪》："北至琅邪，并海。"颜师古注："'并'，读曰'傍'。傍，依也。音步浪反。"⑧"并海道"也就是"傍海道"。⑨

当时沿长城防线，也曾经有一条具有战略意义的交通道路。这条道路

---

① 《史记》卷六《秦始皇本纪》，第244、249—252、260—264页。

② 《史记》卷六《秦始皇本纪》，第267页。王子今：《秦二世元年东巡史事考略》，《秦文化论丛》第3辑，西北大学出版社1994年版。

③ 《汉书》卷六《武帝纪》，第192、196页。

④ 王子今：《秦汉时代的并海道》，《中国历史地理论丛》1988年第2辑。

⑤ 《三国志》卷一《魏书·武帝纪》："将北征三郡乌丸，……秋七月，大水，傍海道不通，田畴请为乡导，公从之。引军出卢龙塞，塞外道绝不通，乃堑山堙谷五百余里，经白檀，历平冈，涉鲜卑庭，东指柳城。"第29页。

⑥ 《史记》卷八七《李斯列传》，第2547页。

⑦ 《史记》卷八八《蒙恬列传》，第2567页。

⑧ 《汉书》卷六《武帝纪》，第196页。

⑨ （宋）王观国《学林》卷一〇"并"条："'并'，《史记·秦始皇纪》曰：'并海上，北至琅邪。'又曰：'遂并海，西至平原津。'又曰：'并海，南至会稽。'又《封禅书》曰：'上乃遂去，并海上，北至碣石。'又《大宛传》曰：'留岁余，还，并南山，欲从羌中归。'《前汉·郊祀志》曰：'始皇南至湘江，遂登会稽，并海上。'又曰：'二世元年，东巡碣石，并海。'又曰：'皆在齐北，并渤海。'又《沟洫志》曰：'并北山，东至洛三百余里。'又《薛宣传》曰：'三辅赋敛无度，酷吏并缘为奸。'以上'并'字，颜师古注曰：'并'，步浪反。《列子》曰：'孔子使人并涯止之。'《唐书·李适传》曰：'春幸梨园，并渭水，祓除。'此'并'字亦皆读音步浪反者也。'并'音步浪反者，其义与'旁'字'遵'字同。《前汉·扬雄传》曰：'武帝广开上林，旁南山而西，至长杨、五柞。'《孟子》曰'吾欲观于转附朝儛，遵海而南，放于琅邪'是也。字书'并'字无步浪反之音。古人借音用之耳，《前汉·地理志》牂柯郡有同并县。应劭注曰：'并'音伴。字书亦无。此音亦借音也。"（宋）王观国撰，田瑞娟点校：《学林》，中华书局1988年版，第349页。

可以称作"北边道"。

秦汉长城防御体系由北边道连贯为一体。史书中可以看到中央政府派员沿这条道路巡行北部边防的记载。例如，据《汉书·昭帝纪》：汉武帝后元二[①]年（前87）左将军上官桀巡行北边；《汉书·王莽传中》记载，新莽始建国三年（11）"遣尚书大夫赵并使劳北边"；[②]天凤元年（14）"谏大夫如普行边兵"，[③]等等。史籍中关于秦汉时代"北边道"通行状况的最明确的说明，莫过于关于帝王亲自循北边巡行的记载。《史记·秦始皇本纪》记载，二十七年（前220），"始皇巡陇西、北地，出鸡头山，过回中"。陇西郡正在当时长城线的西端，而所谓"鸡头山"，张守节《正义》引《括地志》："《后汉书·隗嚣传》云，'王莽塞鸡头。'即此也。"可见也是著名要塞。秦始皇三十二年（前215），东临勃海边，"刻碣石门"，又"巡北边，从上郡入"，大致经行了北边道路的大段。秦始皇三十七年（前210），出巡途中病故沙丘平台，李斯、赵高秘不发丧，棺载车中，"从井陉抵九原"而后归[④]，并不急于回归咸阳控制统治中枢，特意绕行北边，也许可以说明这次出巡的既定路线是巡行北边后由直道返回咸阳的。

汉高祖平叛曾亲赴平城，致受白登之围，平城亦地当北边道上。据《史记·封禅书》，汉武帝元鼎五年（前112），曾由雍"至陇西，西登崆峒"。[⑤] 元封元年（前110），汉武帝"行自云阳，北历上郡、西河、五原，出长城，北登单于台，至朔方，临北河"，巡察了北边道西段。同年，又北"至碣石，自辽西历北边九原归于甘泉"，巡察了北边道的东段及中段。元封四年（前107），汉武帝"通回中道，北出萧关，历独鹿、鸣泽，自代而还"。[⑥] 这些交通行为，都行经"北边道"。[⑦]

燕地，正处在并海道和北边道这两条重要的战略道路的交叉点上。其

_____

① "冬，匈奴入朔方，杀略吏民。发军屯西河，左将军桀行北边。"《汉书·昭帝纪》，第218页。
② 《汉书》卷九九中《王莽传中》，第4125页。
③ 《汉书》卷九九中《王莽传中》，第4138页。
④ 《史记》卷六《秦始皇本纪》，第241、251、264—265页。
⑤ 《史记》卷二八《封禅书》，第1394页。
⑥ 《汉书》卷六《武帝纪》，第189、192、195页。
⑦ 王子今：《秦汉长城与北边交通》，《历史研究》1988年第6期。

形势形成了一个 T 字形结构。

2

燕地又是三个文化区域的过渡地带。

在以往有关秦汉区域文化研究的讨论中,笔者曾经在"秦汉时期的基本文化区及其文化风貌"主题下,就"滨海文化区与滨海文化"和"北边区的军事文化"有所讨论。史念海先生曾经给予肯定的评价:"(《秦汉区域文化研究》)中多有新见发表。特别是对于北边区和滨海区的文化区的划分,从交通文化的研究入手,又注意到这两个区域在秦汉文化体系与外域文化体系的交接中的特殊地位,提出了值得学界重视的意见。对于这两个文化区的区域文化的具体分析,因为以往少有学者涉及,也表现出某种开创性的意义。"①

其实,燕地也可以说正处于北边区、滨海区以及三晋文化区三个文化区域的交接处。燕地,于是成为具有不同区域文化风格的北边区、滨海区以及三晋文化区之间的过渡带。

《史记·货殖列传》介绍了"燕"地的地理人文概况,涉及处于文化交错地带的特点:

> 夫燕亦勃、碣之间一都会也。南通齐、赵,东北边胡。上谷至辽东,地踔远,人民希,数被寇,大与赵、代俗相类,而民雕捍少虑,有鱼盐枣栗之饶。北邻乌桓、夫余,东绾秽貉、朝鲜、真番之利。②

其资源条件、经济形势、交通格局、民族关系以及风习特征,皆有特色。《汉书·地理志下》陈述各地风俗,关于燕地的民风,有这样的记录:

> 蓟,南通齐、赵,勃、碣之间一都会也。初太子丹宾养勇士,不爱后宫美女,民化以为俗,至今犹然。宾客相过,以妇侍宿,嫁取之夕,男女无别,反以为荣。后稍颇止,然终未改。其俗愚悍少虑,轻薄无威,亦有所长,敢于急人,燕丹遗风也。

---

① 史念海:《〈秦汉区域文化研究〉序》,《秦汉区域文化研究》,四川人民出版社 1998 年版,第 1 页。

② 《史记》卷一二九《货殖列传》,第 3265 页。

上谷至辽东，地广民希，数被胡寇，俗与赵、代相类，有鱼盐枣栗之
饶。北隙乌丸、夫余，东贾真番之利。①

其说承袭了《史记》的论断。燕地民俗的这种特殊性，是与文化传统有密切
关系的，也是与地理形势有密切关系的。

人们面对这一与通常农耕区不同的地区所看到的最直接的文化表现，
首先是作为北边区而出现的人口民族构成的复杂性以及农耕生活与游牧生
活的交叉②，其次是作为滨海区而出现的与齐地同样的神仙说的盛行和方
士群的活跃③。

3

就国家安定的条件来说，燕地在汉代，堪称汉家皇帝卧榻东北角的
"镇"。

燕地频繁的反乱，在西汉政治历程中留有深刻的历史印痕。《汉书·
五行志下之下》："高帝三年十月甲戌晦，日有食之，在斗二十度，燕地也。
后二年，燕王臧荼反，诛，立卢绾为燕王，后又反，败。""昭帝始元三年十一
月壬辰朔，日有食之，在斗九度，燕地也。后四年，燕刺王谋反，诛。"④这里
关于"反""谋反"的记载与"燕地"和二十八宿的方位对应关系联系起来，
特别值得注意。

在秦灭六国，实现统一的过程中，这一地区曾经以特殊方式表现了最激
烈的反抗。《汉书·地理志下》："燕称王十世，秦欲灭六国，燕王太子丹遣
勇士荆轲西刺秦王，不成而诛，秦遂举兵灭燕。"⑤

关于燕地民风所谓"其俗愚悍少虑，轻薄无威，亦有所长，敢于急人"，

---

① 《汉书》卷二八下《地理志下》，第 1657 页。
② 参看陈平：《北方幽燕文化研究》，群言出版社 2006 年版；王海：《两汉幽州边地社会研究》，北京师范大学硕士学位论文，2007 年。
③ 《史记》卷二八《封禅书》说到"燕齐海上之方士"的文化影响，"而宋毋忌、正伯侨、充尚、羡门高最后皆燕人，为方仙道，形解销化，依于鬼神之事。"第 1369 页。顾颉刚《秦汉的方士和儒生》说，"齐威王、齐宣王、燕昭王们都是他们的信徒……"（上海古籍出版社 1978 年版，第 9 页）
④ 《汉书》卷二七下之下《五行志下之下》，第 1500、1503 页。
⑤ 《汉书》卷二八下《地理志下》，第 1657 页。

也许也可以为思考这一地区行政困难之原因提供有意义的信息。

汉王朝最高执政集团十分重视对燕地的控制。周振鹤讨论"燕国沿革"，曾经指出："高帝五年臧荼、卢绾相继王燕国，有广阳、上谷、渔阳、右北平、辽东、辽西六郡；十二年更王子建。景帝三年，燕国唯余广阳一郡，其余五边郡属汉。武帝元朔元年燕国除为郡，元狩六年以广阳郡部分地复置燕国封子旦，余地置为涿郡，昭帝间，燕国复除为郡，宣帝本始元年又以此郡部分地置广阳国。"①对臧荼、卢绾的镇压，削藩时首先对"边郡"行政权的回收，以及后来燕刺王刘旦自杀，国除为广阳郡等事，都表明中央政权对燕地的看重。

《说文·金部》："镇，博压也。"段玉裁注："'博'当作'簙'，局戏也。'压'当作'厌'，笮也。谓局戏以此镇压，如今赌钱者之有桩也。未知许意然否。引申之为重也，安也，压也。"②"簙压"的解释也许不合"许意"。"镇"即镇压坐席的重物。明代学者徐𤊟《徐氏笔精》卷三《诗谈》"犀渠"条写道："鲍照《白纻歌》'象床瑶席镇犀渠'，'镇'，压席之物，即今之'镇子'也。古者坐必席地，以镇石压其四角，恐卷动不安。'犀渠'即'砗磲'也。"③后世边地军政设置称"镇"，或许正是取用镇压坐席的古义。《山海经·海内东经》："钜燕在东北陬。"④而汉世燕地控制的意义，正如全国行政布局"东北陬"的"镇"。以坐卧之地作国家政治地图的比喻，其实古已有之。如宋太祖赵匡胤语徐铉谓："不须多言，江南亦何罪？但天下一家，卧榻之侧，岂容他人鼾睡耶！"⑤关于汉代的"镇"，孙机已经有深入的研究和确

① 周振鹤：《西汉政区地理》，人民出版社 1987 年版，第 64 页。

② （汉）许慎撰，（清）段玉裁注：《说文解字注》，上海古籍出版社 1981 年影印版，第 707 页。

③ （明）徐𤊟：《笔精》卷三《诗谈》，文渊阁四库全书本。

④ （晋）郭璞传，（清）郝懿行笺疏，张鼎三、牟通点校，张鼎三通校：《山海经笺疏》，齐鲁书社 2010 年版，第 4952 页。

⑤ （宋）岳珂撰，黄益元校点：《桯史》卷一《徐铉入聘》，上海古籍出版社 2012 年版，第 12 页。（宋）李焘撰，上海师范大学古籍整理研究所、华东师范大学古籍整理研究所点校：《续资治通鉴长编》卷一六作："不须多言，江南亦何罪？但天下一家，卧榻之侧，岂容他人鼾睡乎！"中华书局 2004 年版，第 350 页。（宋）杨万里撰，辛更儒笺校：《杨万里集笺校》卷八七《千虑策·国势上》："卧榻之侧，岂容有鼻息雷鸣者！"中华书局 2007 年版，第 3434 页。（宋）方岳《秋崖集》卷二十一《启·贺高运使》："……如使争雄于封域之间奚音鼾睡于卧榻之侧，吾恐患方深耳"又《说郛》卷一九下谢枋得《碧湖杂记》："君门九重，睡榻之侧，岂容他人咳唾！"孙机：《汉镇艺术》，《文物》1983 年第 6 期；《坐席镇与博镇》，《文物天地》1989 年第 6 期。

切的说明。"床、榻、枰铺席后，为了避免起身时折卷席角，还要在其四隅置镇。"①燕地，就如同西汉帝王榻席东北一隅的"镇"。

4

关于汉代燕地政治文化地位的认识，《安世房中歌》所谓"纷乱东北"与"盖定燕国"语值得注意。

《汉书·礼乐志》载录《安世房中歌》十七章，其中第五章说到燕地形势：

> 海内有奸，纷乱东北。诏抚成师，武臣承德。行乐交逆，《箫》《勺》群慝。肃为济哉，盖定燕国。

"海内有奸，纷乱东北"，颜师古注："谓匈奴。"对于所谓"盖定燕国"，颜师古也解释说："匈奴服从，则燕国安静无寇难也。"而"诏抚成师，武臣承德"句，颜师古注："成师，言各置部校，师出以律也。《春秋左氏传》曰'成师以出'。"对于所谓"《箫》《勺》群慝"，颜师古注引晋灼曰："《箫》，舜乐也。《勺》，周乐也。言以乐征伐也。"释为古乐。师古曰："言制定新乐，教化流行，则逆乱之徒尽交欢也。慝，恶也。《勺》读曰酌。"②

对于颜师古注，后来学者多提出不同意见。例如："成师，言各置部校，师出以律也。《春秋左氏传》曰'成师以出'。"王先谦《汉书补注》则说："颜说非也。《广雅·释诂》：'抚，安也。'《小司徒》注：'成，犹定也。''师，民众也。'《左·桓二年传》：'命之曰成师'，杜注：'谓能成其众。'此成师，已定之民，高祖虑用兵扰之，故诏以抚安已定之民，而武臣能奉承德意也。""箫勺群慝"，颜师古读作"《箫》《勺》"，中华书局标点本《汉书》取此义。③ 而王先谦《汉书补注》引刘敞曰："予谓'逆'，迎也。'乐'音洛，言师行而和乐远迩皆迎也。"李光地曰："'箫勺'，即销铄也。注谬。"王先谦的意见是："'交逆'，刘说是。'箫勺'，李说是。《楚辞》'质销铄以汋约兮'，王注：'销

---

① 孙机：《汉代物质文化资料图说》（增订本），上海古籍出版社 2008 年版，第 253 页。

② 《汉书》卷二二《礼乐志》，第 1047—1048 页。颜师古"勺读曰酌"语，又见于第 1038、1070 页。

③ 《汉书》卷二二《礼乐志》，第 1047 页。

铄化其渣滓也。'《战国策》'秦劫韩包周则赵自销铄'与此同意也。'箫勺'与'销铄'同声字,故取相代。又'箫'取肃清之意,'勺'取挹取之意,训亦相近。唐韩愈诗:'恩泽诚布濩,嚣顽已箫勺。'则已直用为销铄意,不作乐名解矣。""'箫'取肃清之意"句自注:"《释名》:'箫,肃也,肃肃然清也。'""'勺'取挹取之意"句自注:"《说文》:'勺,挹取也。'"① 施之勉《汉书集释》引周寿昌说:"李说固当,颜注亦未为谬也。"② 虽然说颜师古注"亦未为谬",然而肯定李光地说"固当"。据沈钦韩《汉书疏证》,又有另一种解释:"箫',当为箾,削平也。'勺',酌取也。"③

王先谦《汉书补注》于"肃为济哉"句下有所解释:"行师以严肃取济。"④ 对于所谓"肃为济哉,盖定燕国",颜师古注"匈奴服从,则燕国安静无寇难也",沈钦韩则写道:

> 按"燕国"谓臧荼也。五年臧荼反,又利幾反于颍川,六年,人告楚王信谋反,又韩王信降匈奴。此所谓"纷乱东北",师古但指"匈奴","北"则然矣,何有于"东"? 又不晓"燕国"为臧荼。如彼训诂,徒费笔墨也。⑤

这样的理解,应接近《安世房中歌》第五章的原意。

"纷乱东北"前句为"海内有奸",是说导致"纷乱东北"形势的是"海内"之"奸"。在秦汉政治语境中,"海内"所指代的文化区域,通常是与统一王朝和以中原为主的文化共同体相互同一的。

以《史记》所见体现汉初政治意识的文字遗存中出现"海内"者为例,如:

> 酒酣,高祖击筑,自为歌诗曰:"大风起兮云飞扬,威加海内兮归故乡,安得猛士兮守四方!"⑥

> 有司皆固请曰:"古者殷周有国,治安皆千余岁,古之有天下者莫长焉,用此道也。立嗣必子,所从来远矣。高帝亲率士大夫,始平天下,

---

① (汉)班固撰,(清)王先谦补注:《汉书补注》,第 1477 页。
② 施之勉:《汉书集释》,三民书局 2003 年版,第 6 册第 2154 页。
③ 沈钦韩:《汉书疏证》(外二种),上海古籍出版社 2006 年影印版,上册第 443 页。
④ (汉)班固撰,(清)王先谦补注:《汉书补注》,第 1477 页。
⑤ 沈钦韩:《汉书疏证》(外二种),上册第 443 页。
⑥ 《史记》卷八《高祖本纪》,第 389 页。

建诸侯,为帝者太祖。诸侯王及列侯始受国者皆亦为其国祖。子孙继嗣,世世弗绝,天下之大义也,故高帝设之以抚海内。今释宜建而更选于诸侯及宗室,非高帝之志也。更议不宜。"①

历至孝文即位,将军陈武等议曰:"南越、朝鲜自全秦时内属为臣子,后且拥兵阻阨,选蠕观望。高祖时天下新定,人民小安,未可复兴兵。今陛下仁惠抚百姓,恩泽加海内,宜及士民乐用,征讨逆党,以一封疆。"②

高祖使陆贾赐尉他印为南越王。陆生至,尉他魋结箕倨见陆生。陆生因进说他曰:"足下中国人,亲戚昆弟坟在真定。今足下反天性,弃冠带,欲以区区之越与天子抗衡[四]为敌国,祸且及身矣。且夫秦失其政,诸侯豪桀并起,唯汉王先入关,据咸阳。项羽倍约,自立为西楚霸王,诸侯皆属,可谓至强。然汉王起巴蜀,鞭笞天下,劫略诸侯,遂诛项羽灭之。五年之间,海内平定,此非人力,天之所建也。"③

又如《汉书》所见类同例证:

诸侯王皆曰:"大王起于细微,灭乱秦,威动海内。又以辟陋之地,自汉中行威德,诛不义,立有功,平定海内,功臣皆受地食邑,非私之也。"④

"令海内之势如身之使臂,臂之使指,莫不制从,诸侯之君不敢有异心,辐凑并进而归命天子,虽在细民,且知其安,故天下咸知陛下之明。"⑤

"信并兼之法,遂进取之业,天下大败;众掩寡,智欺愚,勇威怯,壮陵衰,其乱至矣。是以大贤起之,威震海内,德从天下。曩之为秦者,今转而为汉矣。"⑥

"人主所以尊显功名扬于万世之后者,以知术数也。故人主知所以临制臣下而治其众,则群臣畏服矣;知所以听言受事,则不欺蔽矣;知

---

① 《史记》卷一〇《孝文本纪》,第419页。
② 《史记》卷二四《乐书》,第1175页。
③ 《史记》卷九七《郦生陆贾列传》,第2694页。
④ 《汉书》卷一下《高帝纪下》,第62页。
⑤ 《汉书》卷四八《贾谊传》,第2237页。
⑥ 《汉书》卷四八《贾谊传》,第2244页。

所以安利万民,则海内必从矣;知所以忠孝事上,则臣子之行备矣:此四者,臣窃为皇太子急之。"①

"所为天下兴利除害,变法易故,以安海内者,大功数十,皆上世之所难及,陛下行之,道纯德厚,元元之民幸矣。"②

"秦以熊罴之力,虎狼之心,蚕食诸侯,并吞海内,而不笃礼义,故天殃已加矣。"③

所见"海内"语义,都是指汉王朝控制的地区。以为"海内有奸,纷乱东北",是"谓匈奴"的说法,看来是不能成立的。

5

燕地贵族军阀曾经有"与胡连和"事。据《史记·韩信卢绾列传》,燕王臧荼反叛被镇压后,臧荼的儿子臧衍逃亡到匈奴。

此后燕王卢绾与刘邦离心,也与匈奴势力的作用有关。"汉十一年秋,陈豨反代地,高祖如邯郸击豨兵,燕王绾亦击其东北。当是时,陈豨使王黄求救匈奴。燕王绾亦使其臣张胜于匈奴,言豨等军破。张胜至胡,故燕王臧荼子衍出亡在胡,见张胜曰:'公所以重于燕者,以习胡事也。燕所以久存者,以诸侯数反,兵连不决也。今公为燕欲急灭豨等,豨等已尽,次亦至燕,公等亦且为虏矣。公何不令燕且缓陈豨而与胡和?事宽,得长王燕;即有汉急,可以安国。'张胜以为然,乃私令匈奴助豨等击燕。燕王绾疑张胜与胡反,上书请族张胜。胜还,具道所以为者。燕王寤,乃诈论它人,脱胜家属,使得为匈奴间。"④这里所谓"与胡和",《汉书·卢绾传》作"与胡连和"。⑤后来卢绾与陈豨联络事泄漏,刘邦使使召卢绾,卢绾称病不行,刘邦益怒。"又得匈奴降者,降者言张胜亡在匈奴,为燕使。于是上曰:'卢绾果反矣!'使樊哙击燕。燕王绾悉将其宫人家属骑数千居长城下,侯伺,幸上病

---

① 《汉书》卷四九《晁错传》,第 2277 页。
② 《汉书》卷四九《晁错传》,第 2297 页。
③ 《汉书》卷五一《贾山传》,第 2328 页。
④ 《史记》卷九三《韩信卢绾列传》,第 2638 页。
⑤ 《汉书》卷三四《卢绾传》,第 1892 页。

愈，自入谢。四月，高祖崩，卢绾遂将其众亡入匈奴，匈奴以为东胡卢王。"①卢绾与刘邦同乡，长期保持密切关系②，在燕地执政期间，竟然投靠匈奴。

另一与此类似的情形，是刘秀的同乡彭宠，也在"自立为燕王"③，举兵反刘秀时与匈奴结盟。《后汉书·彭宠传》："（彭宠）遣使以美女缯彩赂遗匈奴，要结和亲。单于使左南将军七八千骑，往来为游兵以助宠。"④

以燕地起家的东汉初年吴汉的部队和东汉末年袁绍的部队，都以少数民族骑兵作为主力。⑤《三国志·蜀书·先主备传》："先主自有兵千余人及幽州乌丸杂胡骑。"⑥也值得注意。

显然，燕地与匈奴的密切关系，也使得汉王朝执政集团不能不对这一地区予以特别的关注。从这一角度理解颜师古注对于"纷乱东北""盖定燕地"的解说均指向匈奴的原因，理解周寿昌所谓"颜注亦未为谬也"的涵义，也许是适宜的。

---

① 《史记》卷九三《韩信卢绾列传》，第 2639 页。《史记》卷八《高祖本纪》记载："卢绾与数千骑居塞下候伺，幸上病愈自入谢。""卢绾闻高祖崩，遂亡入匈奴。"第 392 页。《史记》卷九三《韩信卢绾列传》："高后时，卢绾妻子亡降汉，会高后病，不能见，舍燕邸，为欲置酒见之。高后竟崩，不得见。卢绾妻亦病死。"第 2639 页。

② 《史记》卷九三《韩信卢绾列传》："卢绾者，丰人也，与高祖同里。卢绾亲与高祖太上皇相爱，及生男，高祖、卢绾同日生，里中持羊酒贺两家。及高祖、卢绾壮，俱学书，又相爱也。里中嘉两家亲相爱，生子同日，壮又相爱，复贺两家羊酒。高祖为布衣时，有吏事辟匿，卢绾常随出入上下。及高祖初起沛，卢绾以客从，入汉中为将军，常侍中。从东击项籍，以太尉常从，出入卧内，衣被饮食赏赐，群臣莫敢望，虽萧曹等，特以事见礼，至其亲幸，莫及卢绾。"第 2637 页。

③ 《后汉书》卷一上《光武帝纪上》，第 34 页。

④ 《后汉书》卷一九《耿弇传》又说到彭宠以"胡骑"壮其军势事："时征虏将军祭遵屯良乡，骁骑将车刘喜屯阳乡，以拒彭宠，宠遣弟纯将匈奴二千余骑，宠自引兵数万，分为两道以击遵、喜。胡骑经军都，（耿）舒袭破其众，斩匈奴两王，宠乃退走。"第 708 页。

⑤ 王莽时曾经"亡命至渔阳"，"往来燕、蓟间"的吴汉，有"渔阳、上谷突骑，天下所闻也"语。《后汉书》卷一八《吴汉传》还记载，刘秀曾经"拜汉大将军，持节北发十郡突骑"，所部"士马甚盛"，以致刘秀军中诸将惊羡。"光武北击诸贼，汉常将突骑五千为军锋，数先登陷陈。"击苏茂、周建十余万众于广乐，"汉将轻骑迎与之战"，曾受小挫。决战时，"汉选四部精兵黄头吴何等，及乌桓突骑三千余人，齐鼓并进"，终于大胜。第 675、678—679 页。通过对广乐战事的记述，可知吴汉部队中以骁勇善战天下闻名的"突骑""轻骑"，应是乌桓骑士。据《三国志》卷六《魏书·袁绍传》裴松之注引《魏氏春秋》载绍檄州郡文，自称"长戟百万，胡骑千群"。第 199 页。

⑥ 《三国志》卷三二《蜀书·先主备传》，第 873 页。参看王子今：《两汉军队中的"胡骑"》，《中国史研究》2007 年第 3 期。

6

在平定反叛的战争中,史籍中有反映燕地交通条件的记录。这是有关燕地历史文化地位的特别值得注意的信息。如《史记·绛侯周勃世家》:

> 以将军从高帝击反者燕王臧荼,破之易下,所将卒当驰道为多。①

司马贞《索隐》:"易,水名,因以为县,在涿郡。谓破荼军于易水之下,言近水也。"张守节《正义》:"《括地志》云:易县故城在幽州归义县东南十五里,燕桓侯所徙都,临易是也。《索隐》小颜以当高祖所行之道,或以驰道为秦之驰道。故《贾山传》云秦为驰道,'东穷燕齐'也。"②《汉书·周勃传》颜师古注:"师古曰:当高祖所行之前。"③王先谦《汉书补注》:"刘敞曰:驰道,犹言乘舆耳。言勃将卒在驰道有功也。战功曰多。"④其实,周勃所谓"当驰道",应是在驰道承担阻击任务。

又中华书局标点本《汉书·地理志下》:

> 渔阳郡,秦置。莽曰(北顺)[通路]。

《校勘记》指出:"景祐、殿本都作'通路'。王先谦说此涉下右北平而误。"⑤渔阳郡,王莽时改称"北顺"或"通路",都体现这一地区的交通优势。《地理志下》"渔阳郡"条还写道:

> 渔阳,沽水出塞外,东南至泉州入海,行七百五十里。有铁官。莽曰得渔。
>
> 狐奴,莽曰举符。
>
> 路,莽曰通路亭。……
>
> 要阳,都尉治。莽曰要术。⑥

渔阳县有"沽水",所谓"行七百五十里",或可理解为通航里程。理解所谓

---

① 《史记》卷五七《绛侯周勃世家》,第2066页。类似战功记录,又有《史记》卷五七《绛侯周勃世家》:"因击胡骑平城下所将卒当驰道为多。"第2069页。

② 《史记》卷五七《绛侯周勃世家》,第2068页。

③ 《汉书》卷四〇《周勃传》,第2052页。

④ (汉)班固撰,(清)王先谦补注:《汉书补注》,第3412页。

⑤ 《汉书》卷二八下《地理志下》,第1672页。

⑥ 《汉书》卷二八下《地理志下》,第1623—1624页。

"举符"县名,或许应当注意"符"作为出入门关之凭证的直接意义。《说文·竹部》:"符,信也。"段玉裁注以《周礼》"门关用符节"及注以为解说。①"路"和"通路亭"县名强调交通条件的意义不言自明。王莽改"要阳"为"要术",而"术",在《说文》中归入《行部》。许慎的解释是:"术,邑中道也。"段玉裁注:"邑,国也。"②

《汉书·地理志下》说到"上谷至辽东"地方,具有外向型经济文化特征:有"北隙乌丸、夫余,东贾真番之利"。这是向东北方向的文化通道。

7

燕地其实还有向正北方向或者西北方向的联系中原文化与外域文化的通路。有关燕昭王的传说中有"西王母降"的情节,提示我们另一条中外交通道路的存在。

正如周穆王见西王母传说暗示中西通路的早期开通一样,我们也可以从燕昭王见西王母的传说中发现燕地交通西北的文化线索。

《太平御览》引《拾遗录》可见"西王母降"并与燕昭王"游乎燧林之下"的故事:

> 燕昭王时,西王母降,与昭王游乎燧林之下,说炎皇钻火之术,取绿桂之膏,燃以照夜。忽有飞蛾衔火,状如丹雀,来拂桂膏之上。此蛾出员丘之穴,穴洞达于九天,中有细珠流沙,可穿而结,因用为佩。③

《太平御览》引王子年《拾遗记》,也有情节相近的记述:"有谷将子,学道也。言于燕昭王曰:西王母寻来,必语虚尤之术。不踰一年,王母果至,与昭王游于燧林之下,谈炎上钻火之术,取绿桂之膏,然以映夜。忽有飞蛾衔火,状如丹雀,来拂于桂膏之上。蛾出于员丘之穴。"④

清代学者王士祯《居易录》写道:"五代马彧《赠韩定辞诗》'巏嵍山'见《颜氏家训》,予《池北偶谈》已详之。其首句云:'燧林芳草绵绵思,尽日相

---

① (汉)许慎撰,(清)段玉裁注:《说文解字注》,第191页。
② (汉)许慎撰,(清)段玉裁注:《说文解字注》,第78页。
③ (宋)李昉等:《太平御览》卷六九二,第3088页。
④ (宋)李昉等:《太平御览》卷九五一,第4224页。

携陟丽谯。'‘燧林’未详出处。考《拾遗记》云‘燕昭王游于西王母燧林之下，说燧皇钻火之事，在申弥国，近燧明国，去都万里。’则非燕地明矣。王子年著书皆杜撰，韩、马特引此以矜奇炫博，非事实也。"①

《太平广记》"燕昭王"条也说到"西王母""降""至"的故事，明确写到"降于燕宫"：

> 燕昭王者，王哙之子也。及即位，好神仙之道。仙人甘需臣事之，为王述昆台登真之事。去嗜欲，撤声色，无思无为，可以致道。王行之既久，谷将子乘虚而集，告于王曰："西王母将降观尔之所修，示尔以灵玄之要。"后一年，王母果至，与王游燧林之下，说炎皇钻火之术，燃绿桂膏以照夜。忽有飞蛾衔火，集王之宫，得圆丘朱砂，结而为佩。王登握日之台，得神鸟所衔洞光之珠以消烦暑。自是王母三降于燕宫，而昭王狥于攻取，不能遵甘需澄静之。王母亦不复至，甘需白：王母所设之馔，非人世所有，玉酒金醴后，期万祀。王既尝之，自当得道矣。但在虚凝纯白保其退龄耳。甘需亦升天而去。三十三年，王无疾而殂，形骨柔奭，香气盈庭。子惠王立矣。（出《仙传拾遗》）②

所谓"王母三降于燕宫"，可知这一版本的燕昭王见西王母故事，是西王母来游，"降观尔之所修，示尔以灵玄之要。"而所谓"王母果至，与王游燧林之下"，告知我们"燧林之下"的位置，应当就在燕地。前引王士禛《居易录》："考《拾遗记》云‘燕昭王游于西王母燧林之下，说燧皇钻火’之事，在申弥国，近燧明国，去都万里。则非燕地明矣。"其说似与《拾遗记》的意思不相符合。

虽然确实"‘燧林’未详出处"，但是"王母果至，与王游燧林之下"说明"燧林之下"应当属于燕地，并非"西王母燧林"。对于"燧林"的具体位置虽然尚不具备考定条件，然而我们所关注的，是"王母三降于燕宫"的传说是否有历史真实以为背景。以燕昭王为主角的神仙传说的发生和传播，有学者以为与燕国作为"中国古代沿海大诸侯方国"③，"滨临大海的特殊地理

---

① （清）王士禛：《居易录》卷二九，文渊阁四库全书本，第296页。
② （宋）李昉等编：《太平广记》卷二，中华书局1961年版，第8页。
③ 陈平：《"燕昭王好神仙"与邹衍的"大九州学说"》，《中国典籍与文化》1995年第2期，《燕秦文化研究——陈平学术文集》，北京燕山出版社2003年版，第50页。

环境直接相关"①。

其实,在考察燕人的神仙意识特别是燕昭王见西王母这样的传说主题时,还应当注意燕人交往西北方向民族的文化脚步,注意草原大漠这一同样便于文化交往的"大片无水的海洋"的意义。汤因比《历史研究》写道,就便利交通的作用而言,草原和海洋有同样的意义。草原为交通提供了极大的方便。草原这种"大片无水的海洋"成了不同民族"彼此之间交通的天然媒介"。② 1972 年版《历史研究》缩略本对于草原和海洋对于交通的作用是这样表述的:"二者都为旅行和运输明显提供了更多的便利条件,这是地球上那些有利于人类社会永久居住的地区所不及的。""在草原上逐水草为生的牧民和在海洋里搜寻鱼群的船民之间,确实存在着相似之处。在去大洋彼岸交换产品的商船队和到草原那一边交换产品的骆驼商队之间也具有类似这之点。"③

《后汉书·东夷传·夫余国》说"夫余国""北有弱水"。④ 而燕地"北隙乌丸、夫余"。在汉代人的地理知识中,弱水在西方。《史记·大宛列传》:"安息长老传闻条枝有弱水、西王母,而未尝见。"⑤对"弱水"的解说有不同,但多以为与西王母、昆仑山相关。司马贞《索隐》:"《魏略》云:'弱水在大秦西。'《玄中记》云:'天下之弱者,有昆仑之弱水,鸿毛不能载也。'《山海经》云:'玉山,西王母所居。'《穆天子传》云:'天子觞西王母瑶池之上。'《括地图》云:'昆仑弱水乘龙不至。有三足神乌,为王母取食。'"张守节《正义》:"此弱水、西王母既是安息长老传闻而未曾见,《后汉书》云桓帝时大秦国王安敦遣使自日南徼外来献,或云其国西有弱水、流沙,近西王母处,几于日所入也。然先儒多引《大荒西经》云弱水云有二源,俱出女国北阿耨达山,南流会于女国东,去国一里,深丈余,阔六十步,非毛舟不可济,南流入海。阿耨达山即昆仑山也,与《大荒西经》合矣。然大秦国在西海中岛上,

---

① 陈平:《戏说燕昭王、邹衍与〈山海经〉》,《中国典籍与文化》1996 年第 4 期,《燕秦文化研究——陈平学术文集》,第 70 页。

② [英]汤因比:《历史研究》,曹未风等译,上海人民出版社 1964 年版,上册第 234—235 页。

③ [英]汤因比:《历史研究》(修订插图本),刘北成、郭小凌译,上海人民出版社 2000 年版,第 113 页。

④ 《后汉书》卷八五《东夷传·夫余国》,第 2810 页。

⑤ 《史记》卷一二三《大宛列传》,第 3163 页。

从安息西界过海，好风用三月乃到，弱水又在其国之西。昆仑山弱水流在女国北，出昆仑山南。女国在于寘国南二千七百里。于寘去京凡九千六百七十里。计大秦与大昆仑山相去几四五万里，非所论及，而前贤误矣。此皆据汉括地论之，犹恐未审，然弱水二所说皆有也。"①《后汉书》"夫余国""北有弱水"之说，可以与"燧林"神话对照理解，从而认识燕地可以北经草原通路方便地联系西北方向古代部族和部族联盟的交通条件。②

---

① 《史记》卷一二三《大宛列传》，第3164页。
② 王子今：《汉代燕地的文化坐标》，《汉代文明国际学术研讨会论文集》，北京燕山出版社2009年版。

五

滨海文化区与滨海文化

《史记·秦始皇本纪》记载,秦始皇统一天下后曾经5次出巡,其中4次行迹至于海滨,往往循并海道巡行。二十八年(前219)第2次出巡,上泰山,又"并勃海以东,过黄、腄,穷成山,登之罘,立石颂秦德而去,南登琅邪"①。二十九年(前218)第3次出巡,再次"登之罘","旋,遂之琅邪"②。三十二年(前215)第4次出巡,"之碣石","刻碣石门"③。三十七年(前210)第5次出巡,"上会稽,祭大禹,望于南海","还过吴,从江乘渡,并海上,北至琅邪",又由之罘"并海,西至平原津"④。

秦二世东巡郡县,也曾经并海而行。"到碣石,并海,南至会稽",又"遂至辽东而还"。⑤

《汉书·武帝纪》:元封元年(前110),"行自泰山,复东巡海上,至碣石"。元封五年(前106),由江淮"北至琅邪,并海,所过礼祠其名山大川"⑥。

显然,秦汉时期,沿海滨有一条交通大道,由秦皇汉武出巡路线的选择,

---

① 《史记》卷六《秦始皇本纪》,第244页。
② 《史记》卷六《秦始皇本纪》,第249、250页。
③ 《史记》卷六《秦始皇本纪》,第251页。
④ 《史记》卷六《秦始皇本纪》,第260、263—264页。
⑤ 《史记》卷六《秦始皇本纪》,第267页;王子今:《秦二世元年东巡史事考略》,《秦文化论丛》第3辑,西北大学出版社1994年版。
⑥ 《汉书》卷六《武帝纪》,第192、196页。

可推知这条道路具备可以通过帝王车舆的规模。①

当时由并海道贯通南北的滨海地区所表现出的风格鲜明的地域文化特色,也是有兴趣了解秦汉社会文化的人们不能不予以特殊注意的。

1

秦汉帝王沿并海道巡行的重要目的之一,是祭祀天地山川鬼神。

《史记·封禅书》说,秦始皇登泰山之后,"遂东游海上,行礼祠名山大川及八神,求仙人羡门之属"②。关于所谓"八神",原本是齐人神秘主义文化系统中的崇拜对象。司马迁记述:

> "八神"将自古而有之,或曰太公以来作之。齐所以为齐,以天齐也。其祀绝莫知起时。"八神":
>
> 一曰"天主",祠天齐。天齐渊水,居临菑南郊山下者。
>
> 二曰"地主",祠泰山梁父。盖天好阴,祠之必于高山之下,小山之上,命曰"畤";地贵阳,祭之必于泽中圜丘云。
>
> 三曰"兵主",祠蚩尤。蚩尤在东平陆监乡,齐之西境也。
>
> 四曰"阴主",祠三山。
>
> 五曰"阳主",祠之罘。
>
> 六曰"月主",祠之莱山。
>
> ——皆在齐北,并勃海。
>
> 七曰"日主",祠成山。成山斗入海,最居齐东北隅,以迎日出云。
>
> 八曰"四时主",祠琅邪。琅邪在齐东方,盖岁之所始。
>
> 皆各用一牢具祠,而巫祝所损益,珪币杂异焉。③

可以看到,所谓"八神",包括天地之神、阴阳之神、日月之神、四时之神、兵战之神,结成了比较完备的祭祀体系。尤其值得注意的是,"八神"之中,有六神完全位于海滨。

---

① 王子今:《秦汉时代的并海道》,《中国历史地理论丛》1988 年第 2 辑。

② 《史记》卷二八《封禅书》,第 1367 页。

③ 《史记》卷二八《封禅书》,第 1367—1368 页。

战国以来海洋文化诸多迹象的发生,与燕齐海上方士的活跃有关,[①]而齐地海洋开发的历史成就,成为重要的文化基础。[②]

《汉书·郊祀志上》说,汉初定天下,"悉召故秦祀官,复置太祝、太宰,如其故礼仪"。刘邦下诏宣布:"吾甚重祠而敬祭,今上帝之祭及山川诸神当祭者,各以其时礼祠之如故。"[③]事实是承袭了秦时祭祀制度,又在长安招致各地巫人,如"梁巫""晋巫""秦巫""荆巫""河巫"等,分别主持不同的祭祀典礼,"越巫"及"胡巫"的活动,也相当活跃[④]。然而当时长安神祀系统中,却似乎没有"齐巫"的地位。

这是为什么呢?

这并不说明最高执政集团对齐地神祀礼俗不予重视,或许恰恰相反,正说明了他们对自己始终怀有神秘感觉的东方信仰传统的一种特殊的崇敬。

事实上,西汉时期,秦地和齐地,在当时正统礼祀体系中,形成了一西一东两个宗教文化的重心。

《汉书·地理志》中所记录的全国各地正式的祀所,共计352处,然而仅右扶风雍县就有"太昊、黄帝以下祠三百三所"[⑤]。滨海郡国有24所,占全国总数的6.82%。如果不计右扶风雍县的祀所,则滨海郡国占48.98%之多。

全国列有正式祀所的县,共37个,滨海郡国有15个,占40.54%,比重也是相当大的。

《汉书·地理志上》所列滨海郡国神祠,计有:

齐　郡　　临朐　　有逢山祠

东莱郡　　腄　　　有之罘山祠

<hr>

①　王子今:《秦汉时期的环渤海地区文化》,《社会科学辑刊》2000年第5期。

②　王子今:《盐业与〈管子〉"海王之国"理想》,《盐业史研究》2014年第3期。

③　《汉书》卷二五上《郊祀志上》,第1210页。

④　《史记》卷二八《封禅书》:"令越巫立越祝祠。""上信之,越巫鸡卜始用。"而"越巫",《汉书》卷二五下《郊祀志下》写作"粤巫"。《汉书》卷二八上《地理志上》:左冯翊云阳有"越巫秙鄜祠三所"。汉武帝晚年"巫蛊之祸"时"胡巫"的表演,见于《汉书》卷六三《武五子传·戾太子刘据》、卷四五《江充传》。又《汉书》卷二八下《地理志下》:安定郡朝那"有端旬祠十五所,胡巫祝"。参看王子今:《西汉长安的"胡巫"》,《民族研究》1997年第5期。

⑤　《汉书》卷二八上《地理志上》,第1547页。

	黄	有莱山松林莱君祠
	临朐	有海水祠
	曲成	有参山万里沙祠
	嵫	有百支莱王祠
	不夜	有成山日祠
琅邪郡	不其	有太一、仙人祠九所
	朱虚	有三山、五帝祠
	琅邪	有四时祠
	长广	有莱山莱王祠
	昌	有环山祠
临淮郡	海陵	有江海会祠
胶东国	即墨	有天室山祠
广陵国	江都	有江水祠①

此外，临淮郡山阴"有历山，春申君岁祠以牛"，山阴"会稽山在南，上有禹冢、禹井，扬州山"②等，虽然没有正式确定为祀所，但是作为传统礼祀中心的影响，仍然是存在的。

秦汉帝王东巡海上，其深层心理，还有探求神仙世界的期望。

秦始皇时代，曾经屡屡使方士入海"求仙人不死之药"，"求芝奇药仙者"。秦始皇二十八年（前219），东巡途中，"齐人徐市等上书，言海中有三神山，名曰蓬莱、方丈、瀛洲，仙人居之。请得斋戒，与童男女求之。于是遣徐市发童男女数千人，入海求仙人"③。他最后一次出巡时，还曾经亲自进行过海上求神的努力。《史记·秦始皇本纪》记载：

> 还过吴，从江乘渡，并海上，北至琅邪。方士徐市等入海求神药，数岁不得，费多，恐谴，乃诈曰："蓬莱药可得，然常为大鲛鱼所苦，故不得至。愿请善射与俱，见则以连弩射之。"始皇梦与海神战，如人状。问占梦，博士曰："水神不可见，以大鱼蛟龙为候。今上祷祠备谨，而有此恶神，当除去，而善神可致。"乃令入海者赍捕巨鱼具，而自以连弩候大

---

① 《汉书》卷二八上《地理志上》，第1583、1585、1585—1586、1590、1635、1638页。
② 《汉书》卷二八上《地理志上》，第1591页。
③ 《史记》卷六《秦始皇本纪》，第247页。

鱼出射之。自琅邪北至荣成山,弗见。至之罘,见巨鱼,射杀一鱼。遂
并海西。①

对于秦始皇承袭滨海文化区的传统,殷勤于海上求仙的事迹,《史记·封禅
书》又有这样的记述:"自威、宣、燕昭使人入海求蓬莱、方丈、瀛洲。此三神
山者,其傅在勃海中,去人不远;患且至,则船风引而去。盖尝有至者,诸仙
人及不死之药皆在焉。其物禽兽尽白,而黄金银为宫阙。未至,望之如云;
及到,三神山反居水下。临之,风辄引去,终莫能至云。世主莫不甘心焉。
及至秦始皇并天下,至海上,则方士言之不可胜数。始皇自以为至海上而恐
不及矣,使人乃赍童男女入海求之。船交海中,皆以风为解,曰未能至,望见
之焉。其明年,始皇复游海上,至琅邪,过恒山,从上党归。后三年,游碣石,
考入海方士,从上郡归。后五年,始皇南湘山,遂登会稽,并海上,冀遇海中
三神山之奇药。不得,还至沙丘崩。"②

似乎秦始皇东巡实践的动机,都与海上求仙的希冀有关。

汉武帝时代,又迷信海上神仙。方士李少君自称:"臣尝游海上,见安
期生,安期生食巨枣,大如瓜。安期生仙者,通蓬莱中,合则见人,不合则
隐。"于是天子"遣方士入海求蓬莱安期生之属"。后李少君病死,"求蓬莱
安期生莫能得,而海上燕齐怪迂之方士多更来言神事矣。"后又有胶东宫人
栾大求见言方,大言曰:"臣常往来海中,见安期、羡门之属。""其后装治行,
东入海,求其师云。"栾大数月之间,大受信用,"佩六印,贵震天下,而海上
燕齐之间,莫不扼捥而自言有禁方,能神仙矣。""入海求蓬莱者,言蓬莱不
远,而不能至者,殆不见其气。上乃遣望气佐候其气云。"后栾大"使不敢入
海",被汉武帝处死。③

汉武帝也有亲身往海上求仙的经历:

上遂东巡海上,行礼祠八神。齐人之上疏言神怪奇方者以万数,然
无验者。乃益发船,令言海中神山者数千人求蓬莱神人。公孙卿持节
常先行候名山,至东莱,言夜见大人,长数丈,就之则不见,见其迹甚大,
类禽兽云。群臣有言见一老父牵狗,言"吾欲见臣公",已忽不见。上

---

① 《史记》卷六《秦始皇本纪》,第263页。
② 《史记》卷二八《封禅书》,第1369—1370页。
③ 《史记》卷二八《封禅书》,第1385—1386、1389—1391、1393、1395页。

即见大迹,未信,及群臣有言老父,则大以为仙人也。宿留海上,予方士传车及间使求仙人以千数。①

在封泰山之后,汉武帝又有海上之行:

天子既已封泰山,无风雨灾,而方士更言蓬莱诸神若将可得,于是上欣然庶几遇之,乃复东至海上望,冀遇蓬莱焉。奉车子侯暴病,一日死。上乃遂去,并海上,北至碣石,巡自辽西,历北边至九原。②

又汉武帝元封二年(前109),"其春,公孙卿言见神人东莱山,若云'欲见天子'。天子于是幸缑氏城,拜卿为中大夫。遂至东莱,宿留之数日,无所见,见大人迹云。复遣方士求仙怪采芝药以千数"③。元封五年(前106),"至琅邪,并海上"④。太初元年(前104),再次"东至海上,考入海及方士求神者,莫验,然益遣,冀遇之"⑤。

汉武帝营造建章宫时,还特意在其中的人工水面"太液池"中,筑有"蓬莱、方丈、瀛洲、壶梁,象海中神山龟鱼之属"⑥。后来,汉武帝又再一次行至于海滨,"东巡海上,考神仙之属,未有验者"⑦。汉武帝晚年时,"方士之候祠神人,入海求蓬莱,终无有验"⑧。司马迁说:

天子益怠厌方士之怪迂语矣,然羁縻不绝,冀遇其真。自此之后,方士言神祠者弥众,然其效可睹矣。⑨

秦皇汉武以强力有为,卓识远见著名,然而都为探寻虚无缥缈的海上神仙传说,进行了毕生的追求。

滨海文化以神奇的伟力,竟然可以使"威振四海"⑩"雄材大略"⑪的帝王们迷醉终生!

---

① 《史记》卷二八《封禅书》,第1397—1398页。
② 《史记》卷二八《封禅书》,第1398—1399页。
③ 《史记》卷二八《封禅书》,第1399页。
④ 《史记》卷二八《封禅书》,第1401页。
⑤ 《史记》卷二八《封禅书》,第1401页。
⑥ 《史记》卷二八《封禅书》,第1402页。
⑦ 《史记》卷二八《封禅书》,第1403页。
⑧ 《史记》卷二八《封禅书》,第1403页。
⑨ 《史记》卷二八《封禅书》,第1403—1404页。
⑩ 《史记》卷六《秦始皇本纪》,第280页。
⑪ 《汉书》卷六《武帝纪》,第212页。

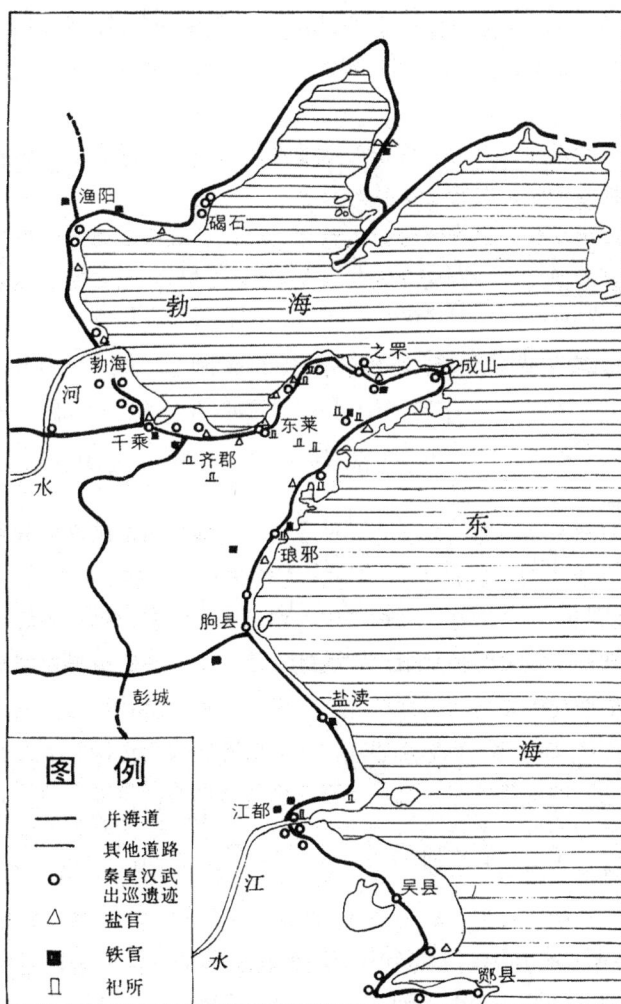

图3　并海道与沿海祀所及盐铁官

这真可以说是一种文化的奇迹。

2

　　战国时期临海的楚、齐、燕三国,是当时与秦国霸权有较强对抗力量的国家。1949年以来,在辽宁旅大(今大连)、营口、鞍山、辽阳、锦州,河北沧县,山东平度、招远、海阳、即墨、胶县、日照、莒县、莒南等地集中出土战国货币,说明当时滨海地区已经成为商业比较发达的先进经济区。据

《史记·高祖本纪》记载,田肯说到齐地的富饶时,特别强调其"东有琅邪、即墨之饶","北有勃海之利"①的优势地位,也指出齐地最为富庶的,是滨海地区。

西汉时期,滨海地区计有辽东、辽西、右北平、渔阳、广阳、勃海、平原、千乘、齐、北海、东莱、胶东、琅邪、东海、临淮、广陵、丹阳、会稽等 18 郡国,占《汉书·地理志下》所载"讫于孝平,凡郡国一百三"②的 17.48%。民户则占全国总数的 20.78%—20.88%,人口占全国总数的 18.45%—19.33%③。

据葛剑雄先生《西汉人口地理》一书中所附《元始二年(2)郡国人口密度表》,当时全国平均人口密度为 14.63 人/平方公里,滨海 18 郡国中,会稽郡北部为 14.28 人/平方公里,南部为 0.32 人/平方公里,人口密度的总状况不易推定,其余则有辽东、辽西、右北平、渔阳、丹阳 5 郡低于全国平均水平,而广阳、勃海、平原、千乘、齐、北海、东莱、胶东、琅邪、东海、临淮、广陵诸郡国均超过全国平均水平。④ 大致在战国、秦及西汉时期,这一地区的户口密度高于全国平均水平⑤。这正是与当时这一地区经济较为发达的状况相一致的。

秦统一后,即对关东地区的经济实行掠夺性的破坏性的政策。其打击的重点,是富于经济实力的齐、楚地区。秦王朝强制迁徙关东豪富于关中和北方戎狄之地,据有滨海之利的齐、楚贵族富户首先受到打击。汉初,仍然推行这一政策。

秦王朝还大规模地直接掠夺滨海地区的物资,"使天下蜚刍輓粟,起于黄、腄、琅邪负海之郡,转输北河,率三十锺而致一石"⑥。汉初对这种摧残滨海地区经济的政策有所修正,但是仍然不在根本上变更削弱东方以富实关中的原则。汉武帝通西南夷道时,"千里负担馈粮","东至沧海之郡,人

① 《史记》卷八《高祖本纪》,第382—383页。
② 《汉书》卷二八下《地理志下》,第1639—1640页。
③ 《汉书》卷二八《地理志》载全国户口总数和各郡国户口合计数字有出入,故有两种统计结果。
④ 葛剑雄:《西汉人口地理》,人民出版社1986年版,第96—99页。
⑤ 东汉行政区划有所变迁,滨海17郡国辖地大于西汉滨海18郡国。根据《续汉书·郡国志》提供的汉顺帝永和五年(140)统计资料,可知当时这一地区的户口数,分别占全国户口总数的14.75%和16.61%,较西汉时期有所下降。
⑥ 《史记》卷一一二《平津侯主父列传》,第2954页。

徒之费拟于南夷"。① 汉宣帝五凤年间,又宣布"增海租三倍"②。西汉中央政府在吴王濞据滨海鱼盐之利取得"实富于天子"③的地位之后,努力不使诸侯国取得滨海地利,时时不放松对滨海地区的经济控制。

尽管有以上种种消极因素,但一个地方的经济发展水平不仅仅决定于资产之多寡和一代经营人才的命运,优越的地理条件和工于管理的传统也对生产的发展有重要的作用,于是滨海地区在西汉时代仍然不失为东方经济最发达的地区,田肯说刘邦语所谓"此东西秦也"④,正是肯定滨海地区是和关中地区并列的全国经济一东一西遥相对应的两个重心。

据《汉书·地理志》记载,全国铁官49处,滨海地区15处,占30.61%;全国盐官37处,滨海地区16处,占43.24%⑤。都远远超过这一地区的人口比例。目前所见汉代铁官、盐官遗存文物,滨海地区绝多。如"齐铁官印""齐铁官长""齐铁官丞""临菑铁丞""临菑采铁""琅邪左盐""邪左盐印"封泥等⑥;"琅盐左丞"官印⑦等。

汉武帝任用桑弘羊推行均输制度,参考《九章算术·均输》中的有关内容,可知"均输"是当时比较科学合理的运输组织管理制度⑧。均输设于地方的机构,见于史籍的,有千乘均输官⑨等,文物资料则又可见"辽东均长"⑩封泥、"千乘均监"⑪官印等。均输机构的遗存多发现于滨海地区的事实,也有助于说明这一地区的经济地位。

---

① 《史记》卷三〇《平准书》,第1421页。

② 《汉书》卷二四上《食货志上》,第1141页。

③ 《汉书》卷五一《枚乘传》,第2363页。

④ 《史记》卷八《高祖本纪》,第383页。

⑤ 《汉书》卷二八《地理志》中盐官、铁官,或系于郡名下,或系于县名下,有时则分别在郡名下和县名下同时著出,往往难以判别是否同指一地。弘农郡及郡辖宜阳县铁官均在渑池,可知当同指一地,其余此类情形,均在统计时一律重复计入。

⑥ 陈直:《两汉经济史料论丛》,陕西人民出版社1980年版。

⑦ 罗福颐主编:《秦汉南北朝官印征存》,文物出版社1987年版,第10页。

⑧ 王子今:《西汉均输制度新议》,《首都师范大学学报》1994年第2期。

⑨ 《汉书》卷二八上《地理志上》,第1580页。

⑩ 吴式芬、陈介祺辑:《封泥考略》卷四,中国书店1990年版,第42页。

⑪ (清)汪启淑集印,徐敦德释文:《讱庵集古印存》,西泠印社1999年版,第87页。

3

《汉书》有传者 338 人,除去皇族 41 人,外戚 25 人,前代人如范蠡、子赣等 6 人,计有 266 人,而其中出身于滨海地区的有 46 人,占 17.29%,与这一地区人口在全国人口中的比例大体相当。然而《汉书·儒林传》中记载当世著名文士共 212 人,其中籍贯可考者 191 人,而滨海郡国独占 60 人,占31.41%,竟然接近三分之一。可见这一地区在文化上的优势。

在当时全国文化界颇有名望的这 191 人中,各郡国人士以鲁国人最为集中,多达 31 人,其次即为:琅邪郡 19 人,东海郡 17 人,齐郡 12 人。仅琅邪、东海、齐郡这滨海三郡,就合计 48 人,占总数 191 人的 25.13%。可见,此三郡在当时已经形成了重要的文化中心。

《汉书·地理志下》说,"汉兴以来,鲁东海多至卿相"①,正反映了滨海地区以这种特殊的人才构成在全国文化格局中占据重要地位的情形。

除儒学学者而外,滨海地区还曾经出现西汉一代名医淳于意②、东汉造纸专家左伯等,而东汉博通文史的学术大师郑玄,也是北海高密人。

陈寅恪先生在著名论文《天师道与滨海地域之关系》中,曾经指出,汉时所谓"齐学","即滨海地域之学说也"。他认为,神仙学说之起源及其道术之传授,必然与滨海地域有关,自东汉顺帝起至北魏太武帝、刘宋文帝时代,凡天师道与政治社会有关者,如黄巾起义、孙恩作乱等,都可以"用滨海地域一贯之观念以为解释","凡信仰天师道者,其人家世或本身十分之九与滨海地域有关"③。

---

① 《汉书》卷二八下《地理志下》,第 1663 页。

② 淳于意事迹见《史记》卷一〇五《扁鹊仓公列传》。而"扁鹊者,勃海郡郑人也"。滨海地区医学当有悠久的传统。《汉书》卷九二《游侠传》也记载,楼护,齐人,"父世医也,护少随父为医长安,出入贵戚家,护诵医经、本草、方术数十万言,长者咸爱重之"。陈寅恪《天师道与滨海地域之关系》一文曾说到,"今所传《黄帝内经素问》,虽出后人伪造,实为中国医术古籍,而与天师道有关。"汉代官印,又可见"琅邪医长"以及"齐典医丞",罗福颐主编:《秦汉南北朝官印征存》,第 149页。作为罕见的地方医官之印,也使人联想到滨海地区医学的水平。《汉书》卷九二《游侠传》,第3706 页;陈寅恪:《天师道与滨海地域之关系》,《中央研究院历史语言研究所集刊》1931 年第 3 本第 4 分册,收入《金明馆丛稿初编》,上海古籍出版社 1980 年版,第 27 页。

③ 陈寅恪:《天师道与滨海地域之关系》,《金明馆丛稿初编》,第 1、12、18 页。

陈寅恪先生所提出的论点,无疑是一项重要的文化发现。

4

值得注意的还有这样的史实,即秦汉以来滨海地域长期有反叛的传统。自秦汉之际田横五百士的故事之后,又多见滨海人的反抗斗争,例如:

（汉武帝天汉二年）泰山、琅邪群盗徐敦等阻山攻城,道路不通。遣直指使者暴胜之等衣绣衣杖斧分部逐捕,刺史、郡守以下皆伏诛。①

武帝末,郡国盗贼群起,暴胜之为直指使者,衣绣衣,持斧,逐捕盗贼,督课郡国,东至海,以军兴诛不从命者,威振州郡。②

（宣帝时）胶东、勃海左右郡岁数不登,盗贼并起,至攻官寺,篡囚徒,搜市朝,劫列侯。③

宣帝即位,久之,渤海左右郡岁饥,盗贼并起,二千石不能禽制。④

（王莽天凤元年）琅邪海曲有吕母者,子为县吏,犯小罪,宰论杀之。吕母怨宰,密聚客,规以报仇。……遂相聚得数十百人,因与吕母入海中,招合亡命,众至数千。吕母自称将军,引兵还,攻破海曲。⑤

（王莽天凤四年）临淮瓜田仪等为盗贼,依阻会稽长州,琅邪女子吕母亦起。初,吕母子为县吏,为宰所冤杀。母散家财,以酤酒买兵弩,阴厚贫穷少年,得百余人,遂攻海曲县,杀其宰以祭子墓。引兵入海,其众浸多,后皆万数。⑥

（王莽天凤五年）赤眉力子都、樊崇等以饥馑相聚,起于琅邪,转钞掠,众皆万数。⑦

琅邪人樊崇起兵于莒,众数百人,转入太山,自号"三老"。时青、徐大饥,寇贼蜂起,群盗以崇勇猛,皆附之,一岁间至万余人。崇同郡人

① 《汉书》卷六《武帝纪》,第204页。
② 《汉书》卷七一《隽不疑传》,第3035页。
③ 《汉书》卷七六《张敞传》,第3219页。
④ 《汉书》卷八九《循吏传·龚遂》,第3639页。
⑤ 《后汉书》卷一一《刘盆子传》,第477页。
⑥ 《汉书》卷九九下《王莽传下》,第4150页。
⑦ 《汉书》卷九九下《王莽传下》,第4154页。

逢安,东海人徐宣、谢禄、杨音各起兵,合数万人,复引从崇。①

(赤眉)军中常有齐巫鼓舞祠城阳景王,以求福助。②

(王莽地皇二年)平原女子迟昭平能说博经以八投,亦聚数千人在河阻中。③

张步,字文公,琅邪不其人也。汉兵之起,步亦聚众数千,转攻傍县,下数城,自为五威将军,遂据本郡。④

《后汉书·赵孝传》《淳于恭传》《江革传》《儒林传·包咸》,分别记述了琅邪人魏谭、齐国人儿萌、北海淳于人淳于恭、齐国临淄人江革、会稽曲阿人包咸⑤等遭遇起义民众遇险的故事。

东汉安帝时,滨海地区又曾经发生激烈的武装反抗:

(永初二年)剧贼毕豪等入平原界。⑥

(永初三年)海贼张伯路等寇略缘海九郡。……(永初四年)海贼张伯路复与勃海、平原剧贼刘文河、周文光等攻厌次,杀县令。⑦

(永初三年)海贼张伯路等三千余人,冠赤帻,服绛衣,自称"将军",寇滨海九郡,杀二千石令长。……东莱郡兵独未解甲,贼复惊恐,遁走辽东,止海岛上。五年春,乏食,复抄东莱间。⑧

汉顺帝时,也有"海贼"在滨海地区活动:

(阳嘉元年)海贼曾旌等寇会稽,杀句章、鄞、鄮三县长,攻会稽东部都尉。……扬州六郡妖贼章河等寇四十九县,杀伤长吏。⑨

(汉安元年)广陵盗贼张婴等寇郡县。⑩

广陵贼张婴等众数万人,杀刺史、二千石,寇乱扬、徐间,积十余年,

---

① 《后汉书》卷一一《刘盆子传》,第478页。
② 《后汉书》卷一一《刘盆子传》,第479页。
③ 《汉书》卷九九下《王莽传下》,第4170页。
④ 《后汉书》卷一二《张步传》,第498页。
⑤ 包咸"于东海界为赤眉贼所得,遂见拘执"。《后汉书》卷七九《儒林传·包咸》,第2570页。
⑥ 《后汉书》卷八一《独行传·刘茂》,第2672页。
⑦ 《后汉书》卷五《安帝纪》,第213、214页。
⑧ 《后汉书》卷三八《法雄传》,第1277页。
⑨ 《后汉书》卷六《顺帝纪》,第259、260页。
⑩ 《后汉书》卷六《顺帝纪》,第272页。

朝廷不能讨。①

于是有"扬、徐盗贼"②的称谓。《后汉书·滕抚传》也写道："顺帝末,扬、徐盗贼群起,磐牙连岁。"③

在东汉后期质、桓、灵、献时代,滨海地区仍然因武装反抗频仍不息而未能安定:

> (永熹元年)广陵贼张婴等复反,攻杀堂邑、江都长。……丹阳贼陆宫等围城,烧亭寺。④
>
> (永兴二年)太山、琅邪贼公孙举等反叛,杀长吏。⑤
>
> (延熹三年)琅邪贼劳丙与太山贼叔孙无忌杀都尉,攻没琅邪属县,残害吏民。⑥
>
> 海贼郭祖寇暴乐安、济南界,州郡苦之。⑦

于是又有"太山、琅邪贼"⑧的称谓。东汉末年滨海地区的起义往往以称帝称王的形式和最高统治者挑战,又可能以特殊的宗教形式宣传鼓动,于是被称为"妖贼"。如:

> (延熹八年)勃海妖贼盖登等称"太上皇帝"。⑨
>
> (熹平元年)会稽人许生自称"越王",寇郡县。⑩
>
> 熹平元年,会稽妖贼许昭起兵句章,自称"大将军",立其父生为"越王",攻破城邑,众以万数。⑪
>
> 会稽妖贼许昌起于句章,自称"阳明皇帝",与其子韶扇动郡县⑫,

---

① 《后汉书》卷五六《张纲传》,第1818页。
② 《后汉书》卷六《顺帝纪》,第273、274页。
③ 《后汉书》卷三八《滕抚传》,第1279页。
④ 《后汉书》卷六《质帝纪》,第277、278页。
⑤ 《后汉书》卷七《桓帝纪》,第300页。
⑥ 《后汉书》卷八二《方术传·赵彦》,第2732页。
⑦ 《三国志》卷一二《魏书·何夔传》,第380页。关于"海贼"的活跃,参看王子今、李禹阶:《汉代的"海贼"》,《中国史研究》2010年第1期;王子今:《居延简文"临淮海贼"考》,《考古》2011年第1期。
⑧ 《后汉书》卷七《桓帝纪》,第300、307页;《后汉书》卷六五《段颎传》,第2145页。
⑨ 《后汉书》卷七《桓帝纪》,第316页。
⑩ 《后汉书》卷八《灵帝纪》,第334页。
⑪ 《后汉书》卷五八《臧洪传》,第1884页。
⑫ "许昌"应即"许生","许韶"应即"许昭"。

众以万数。①

滨海地区的动乱,在汉代碑刻文字资料中也有较集中的反映。例如,《荆州刺史度尚碑》:"会杨贼畔于□"②;《车骑将军冯绲碑》:"督使徐、扬二州讨贼范容、朱生、徐凤、马勉、张婴等"③;《竹邑相张寿碑》:"遭江杨剧贼"④;《国三老袁良碑》:"讨江贼张路等,威震徐方"⑤;《陈球后碑》:"贼胡兰、李研等蜂聚蛾动,剥落荆、扬"⑥以及《巴郡太守张纳碑》:"扬州寇贼陆梁作难"⑦等,都是值得重视的历史资料。

还应当看到,除了直接的武装反叛形式之外,东汉时期,滨海地区还长期有以其他方式与中央政府相抗争的力量。例如:

> 高密孙氏素豪侠,人客数犯法。……胶东人公沙卢宗强,自为营堑,不肯应发调。⑧

> 会稽焦征羌,郡之豪族,人客放纵。⑨

这样的社会现象,或许也表现出滨海地区民俗风格的某些特点。

收编徐州黄巾军的地方军阀臧霸出身于较低的社会阶层,曾经有亡命东海的经历,他归于曹操属下后,曹操"遂割青徐二州附于海以委焉"⑩,他和他的军事集团活动不离乡土,行军作战,往往在滨海地区周旋。曹操去世后,臧霸所指挥的驻军洛阳的部队"以为天下将乱,皆鸣鼓擅去"⑪,一时导致了严重的政治混乱。不久,臧霸被剥夺兵权,而此后又有利城兵变,以及曹丕连续两次发动广陵战役,都说明这一地区长期未能安定。⑫

陈寅恪先生曾经引《世说新语·言语》"王中郎令伏玄度、习凿齿论青、

---

① 《三国志》卷四六《吴书·孙破虏传》,第1093页。

② 《隶释》卷七《荆州刺史度尚碑》,(宋)洪适:《隶释 隶续》,中华书局1986年版,第84页下。

③ 《隶释》卷七《车骑将军冯绲碑》,(宋)洪适:《隶释 隶续》,第86页上。

④ 《隶释》卷七《竹邑相张寿碑》,(宋)洪适:《隶释 隶续》,第88页下。

⑤ 《隶释》卷六《国三老袁良碑》,(宋)洪适:《隶释 隶续》,第71页上。

⑥ 《隶释》卷一○《陈球后碑》,(宋)洪适:《隶释 隶续》,第113页上。

⑦ 《隶释》卷五《巴郡太守张纳碑》,(宋)洪适:《隶释 隶续》,第62页上。

⑧ 《三国志》卷一一《魏书·王修传》,第345页。

⑨ 《三国志》卷五二《吴书·步骘传》,第1236页。

⑩ 《三国志》卷一《魏书·武帝纪》,第16页。

⑪ 《三国志》卷一八《魏书·臧霸传》,第538页。

⑫ 田余庆:《汉魏之际的青徐豪霸》,《秦汉魏晋史探微》,中华书局1993年版。

楚人物"刘孝标注：

　　寻其事，则未有赤眉、黄巾之贼。此何如青州邪？

陈寅恪先生指出，"若更参之以《后汉书·刘盆子传》所记赤眉本末，应劭《风俗通义》玖《怪神篇》'城阳景王祠'条，及《魏志》壹《武帝纪》注引王沈《魏书》等，则知赤眉与天师道之祖先复有关系。故后汉之所以得兴，及其所以致亡，莫不由于青徐滨海妖巫之贼党。殆所谓'君以此始，必以此终'者欤？"①

　　陈寅恪先生还指出，两晋南北朝时期，"多数之世家其安身立命之秘，遗家训子之传，实为惑世诬民之鬼道"，"溯其信仰之流传多起于滨海地域，颇疑接受外来之影响。盖二种不同民族之接触，其关于武事之方面者，则多在交通阻塞之点，即山岭险要之地。其关于文化方面者，则多在交通便利之点，即海滨湾港之地。""海滨为不同文化接触最先之地，中外古今史中其例颇多。"②

　　这样的观点，也是发人深思的。

---

① 陈寅恪：《天师道与滨海地域之关系》，《金明馆丛稿初编》，第 40 页。
② 陈寅恪：《天师道与滨海地域之关系》，《金明馆丛稿初编》，第 39、40 页。

六

江南文化的历史进步

秦汉时期,江南地区的经济文化表现出显著的进步。

经过这样的历史过程,江南地区与中原先进地区的文化差距逐渐缩小,江南地区的文明程度明显上升,从而为后来全国经济文化重心向东南地区的转移准备了条件。

1

"江南"地区曾经是经济文化水平相对落后的地区。

司马迁在《史记·货殖列传》中评述各地区的经济地位,曾经有"江南卑湿,丈夫早夭"语,颇有历史学者提出非议,以为并不符合当时的实际。

司马迁说:

> 楚越之地,地广人希,饭稻羹鱼,或火耕而水耨,果隋蠃蛤,不待贾而足,地埶饶食,无饥馑之患,以故呰窳偷生,无积聚而多贫。是故江、淮以南,无冻饿之人,亦无千金之家。①

当地农业还停留于粗耕阶段,生产手段较为落后,渔猎采集在经济生活中仍占相当大的比重。

司马迁还写道:

---

① 《史记》卷一二九《货殖列传》,第3270页。

> 江南卑湿,丈夫早夭。多竹木。豫章出黄金,长沙出连、锡,然堇堇
> 物之所有,取之不足以更费。九疑、苍梧以南至儋耳者,与江南大同俗,
> 而杨越多焉。①

看来,在司马迁所处的时代,这一地区的农业经济较为落后,虽矿产、林产丰
饶,然而尚有待于开发。

其实,司马迁这里所说的"江南",与今人有关所谓"江南"的区域观念
并不相同。司马迁写道:

> 衡山、九江、江南、豫章、长沙,是南楚也,其俗大类西楚。郢之后徙
> 寿春,亦一都会也。而合肥受南北潮,皮革、鲍、木输会也。与闽中、干
> 越杂俗,故南楚好辞,巧说少信。②

前谓"江南"与"衡山、九江""豫章、长沙"并列,其区域范围或相当于郡。
裴骃《集解》引徐广曰:"高帝所置。'江南'者,丹阳也。秦置为鄣郡,武帝
改名丹阳。"张守节《正义》则以为:"徐说非。秦置鄣郡在湖州长城县西南
八十里,鄣郡故城是也。汉改为丹阳郡,徙郡宛陵,今宣州地也。""此言大
江之南豫章、长沙二郡,南楚之地耳。徐、裴以为江南丹阳郡属南楚,误之甚
矣。"③按照张守节《正义》的意见,原句似应断读为"衡山、九江,江南豫章、
长沙"。不过,《越王勾践世家》:"江南、泗上不足以待越矣"④,"江南"又与
"泗上"作为区域相互并列。张守节《正义》理解为:"江南,洪、饶等州,春秋
时为楚东境也。"⑤也以为"江南"是指较具体的地域。

看来,司马迁语谓"江南"所指代的区域,并不如后世人所谓"江南"那
样广阔。

在司马迁笔下,《史记·秦本纪》:"取巫郡及江南为黔中郡"⑥,"楚人

---

①　《史记》卷一二九《货殖列传》,第3268页。
②　《史记》卷一二九《货殖列传》,第3268页。
③　《史记》卷一二九《货殖列传》,第3268页。
④　《史记》卷四一《越王勾践世家》,第1748页。
⑤　《史记》卷四一《越王勾践世家》,第1750页。
⑥　《史记》卷五《秦本纪》,第213页。张守节《正义》说:"《括地志》云:'黔中故城,在辰州
沅陵县西二十里。'江南,今黔府亦其地也。"唐辰州沅陵,地在今湘西沅陵。又据《汉书》卷二八上
《地理志上》,南郡夷道,"莽曰'江南。'"其地在今湖北宜都。据此或许有助于分析并入楚黔中郡
之"江南"地的所在。《史记》卷五《秦本纪》,第216页;《汉书》卷二八上《地理志上》,第1566页。

反我江南"①；《秦始皇本纪》："王翦遂定荆江南地"②；《高祖本纪》："杀义帝江南"，"放杀义帝于江南"③；《淮阴侯列传》："迁逐义帝置江南"④等，也都说明"江南"往往指相对确定而具体的区域。

《史记·秦楚之际月表》："（义帝）徙都江南郴"⑤；《绛侯周勃世家》："（吴王濞）保于江南丹徒"⑥；《黥布列传》："与百余人走江南"，又为长沙王所绐，"诱走越"，"随之番阳"而被杀⑦等，似乎可以说明司马迁所处的时代中原人地理观念中的"江南"，大致包括长江中下游南岸地区。

《史记·越王勾践世家》记载，越军攻楚，"楚威王兴兵而伐之，大败越"，"越以此散，诸族子争立，或为王，或为君，滨于江南海上，服朝于楚"。⑧这里所谓"滨于江南海上"，正体现了滨江地较早开发的地理形势。

《史记·郑世家》记述，襄公七年，郑降楚，襄公肉袒以迎楚王，有"君王迁之江南，及以赐诸侯，亦惟命是听"⑨语。又《张仪列传》：郑袖言楚怀王："妾请子母俱迁江南，毋为秦所鱼肉也。"⑩可见"江南"于楚，曾为罪迁之地。到了司马迁所处的时代，虽"江南"已经早期开发，在笼统称作"大江之南"⑪的区域中文明程度相对先进，然而与黄河中下游华夏文明中心区域相比，经济、文化均表现出明显的差距。

《史记·平准书》记汉武帝元鼎二年（前115）事：

> 是时山东被河灾，及岁不登数年，人或相食，方一二千里。天子怜之，诏曰："江南火耕水耨，今饥民得流就食江淮间，欲留，留处。"⑫

可见，就当时作为社会主体经济形式的农业而言，"江南"尚处于相当落后

---

① 《史记》卷五《秦本纪》，第213页。
② 《史记》卷六《秦始皇本纪》，第234页。
③ 《史记》卷八《高祖本纪》，第368、370页。
④ 《史记》卷九二《淮阴侯列传》，第2612页。
⑤ 《史记》卷一六《秦楚之际月表》，第777页。
⑥ 《史记·绛侯周勃世家》，第2076页。
⑦ 《史记》卷九一《黥布列传》，第2606页。
⑧ 《史记》卷四一《越王勾践世家》，第1751页。
⑨ 《史记》卷四二《郑世家》，第1768页。
⑩ 《史记》卷七〇《张仪列传》，第2289页。
⑪ 《史记》卷六〇《三王世家》：广陵王策："古人有言曰：'大江之南，五湖之间，其人轻心。扬州保疆，三代要服，不及以政。'"《史记》卷六〇《三王世家》，第2113页。
⑫ 《史记》卷三〇《平准书》，第1437页。

的发展阶段。

司马迁在评价"江南""多贫","地广人希,饭稻羹鱼,或火耕而水耨,果隋赢蛤"的经济水平时,又说到所谓"不待贾而足,地埶饶食,无饥馑之患"以及"无冻饿之人,亦无千金之家"的情形。

在历数各地物产时,司马迁又指出:

江南出枬、梓、姜、桂、金、锡、连、丹沙、犀、玳瑁、珠玑、齿革。①

"江南"物产,实以林产、矿产为重。②

司马迁曾经亲身往"江南"地区进行游历考察③,他对于"江南"经济文化地位的分析,应当是基本可信的。

《汉书·地理志下》对于"江南"地区当时这种尚处于较原始阶段的自然经济形态,也有相应的记述。

江南地广,或火耕水耨。民食鱼稻,以渔猎山伐为业,果蓏赢蛤,食物常足。故呰窳媮生,而亡积聚,饮食还给,不忧冻饿,亦亡千金之家。④

至于会稽、丹阳,豫章诸郡,原本为中原人视为"荆蛮"的吴地:

吴东有海盐章山之铜,三江五湖之利,亦江东一都会也,豫章出黄金,然堇堇物之所有,取之不足以更费。江南卑湿,丈夫多夭。⑤

对于所谓"堇堇物之所有,取之不足以更费",裴骃《史记集解》曾经引用应劭的解释:"堇堇,少也。更,偿也。言金少耳,取不足用顾费用也。"颜师古则以为:"应说非也。此言所出之金既以少矣,自外诸物盖亦不多,故总言取之不足偿功直也。"⑥

---

① 《史记》卷一二九《货殖列传》,第3253—3254页。
② 李斯在《谏逐客书》中写道:"必秦国之所生然后可",则是"犀象之器不为玩好","江南金锡不为用"。《盐铁论》卷一《本议》说到"待商而通,待工而成"的"养生送终之具",也包括"荆、扬之皮革骨象,江南之楠、梓、竹箭"。《史记》卷八七《李斯列传》,第2543页;王利器校注:《盐铁论校注(定本)》卷一《本议》,第3页。
③ 《史记》卷一二八《龟策列传》:"余至江南,观其行事,问其长老,云龟千岁乃游莲叶之上,蓍百茎共一根。""江傍家人常畜龟饮食之,以为能导引致气,有益于助衰养老,岂不信哉!"《史记》卷一二八《龟策列传》,第3225页。
④ 《汉书》卷二八下《地理志下》,第1666页。
⑤ 《汉书》卷二八下《地理志下》,第1668页。
⑥ 《汉书》卷二八下《地理志下》,第1669页。

　　大致江南物产除"吴有豫章郡铜山,（刘）濞则招致天下亡命者盗铸钱,煮海水为盐,以故无赋,国用富饶"①之外,在秦及西汉时期,对于社会经济之全局的意义,可能并不重要。②

　　《史记·货殖列传》历数各地的"富给之资",如:"安邑千树枣;燕、秦千树栗;蜀、汉、江陵千树橘;淮北、常山已南,河济之间千树萩;陈、夏千亩漆;齐、鲁千亩桑麻;渭川千亩竹"③等,却未及江南名产,看来当时江南确实具有"不待贾而足"的特征,民间"无积聚而多贫"。

　　《汉书·王莽传下》记载,天凤年间,费兴任为荆州牧,曾经分析当地形势:"荆、扬之民率依阻山泽,以渔采为业。"颜师古注:"渔谓捕鱼也。采谓采取蔬果之属。"④可见直到西汉末年,"荆、扬"许多地区的经济形式与中原先进农耕区相比,仍然有相当大的差距。

　　司马迁曾经说:

　　　　夫吴自阖庐、春申、王濞三人招致天下之喜游子弟,东有海盐之饶,章山之铜,三江、五湖之利,亦江东一都会也。⑤

可以吸引"天下之喜游子弟",或许反映了当地民俗文化轻逸优容的某种特色。司马迁又说,南楚"其俗大类西楚",又"与闽中、干越杂俗,故南楚好辞,巧说少信"。班固在《汉书·地理志下》中对于当地文化风格,又有"信巫鬼,重淫祀"⑥的评价。

2

　　这种以渔猎采集山伐作为基本经济生活方式的情形以及与此相关的文化风貌,到东汉时期发生了引人注目的变化。

---

　　①　《史记》卷一〇六《吴王濞列传》,第2822页。
　　②　《盐铁论》卷一《通有》也形容其自然经济的特色:"荆、扬,南有桂林之饶,内有江、湖之利,左陵阳之金,右蜀、汉之材,伐木而树谷,燔莱而播粟,火耕而水耨,地广而饶财。然民窳偷生,好衣甘食。虽白屋草庐,歌讴鼓琴,日给月单,朝歌暮戚。"王利器校注:《盐铁论校注（定本）》,第41—42页。
　　③　《史记》卷一二九《货殖列传》,第3272页。
　　④　《汉书》卷九九下《王莽传下》,第4151—4152页。
　　⑤　《史记》卷一二九《货殖列传》,第3267页。
　　⑥　《汉书》卷二八下《地理志下》,第1666页。

东汉时期,史籍中已经多可看到有关江南地区的经济与文化取得了突出进步的记载。

《后汉书·循吏传·卫飒》记载东汉光武帝建武年间,卫飒任桂阳太守时事迹:

> 迁桂阳太守,郡与交州接境,颇染其俗,不知礼则。(卫)飒下车,修庠序之教,设婚姻之礼。期年间,邦俗从化。

> 先是含洭、浈阳、曲江三县,越之故地,武帝平之,内属桂阳。民居深山,滨溪谷,习其风土,不出田租。去郡远者,或且千里。吏事往来,辄发民乘船,名曰"传役"。每一吏出,徭及数家,百姓苦之。飒乃凿山通道五百余里,列亭传,置邮驿。于是役省劳息,奸吏杜绝。流民稍还,渐成聚邑,使输租赋,同之平民。又耒阳县出铁石,佗郡民庶常依因聚会,私为冶铸,遂招来亡命,多致奸盗。飒乃上起铁官,罢斥私铸,岁所增入五百余万。飒理恤民事,居官如家,其所施政,莫不合于物宜。视事十年,郡内清理。①

卫飒的继任者茨充仍执行其"合于物宜",促进经济发展的政策,传统"风土"特色,也随之改变:

> 南阳茨充代飒为桂阳,亦善其政,教民种殖桑柘麻紵之属,劝令养蚕织屦,民得利益焉。②

李贤注引《东观记》:"元和中,荆州刺史上言:臣行部入长沙界,观者皆徒跣。臣问御佐曰:'人无履亦苦之否?'御佐对曰:'十二月盛寒时并多剖裂血出,燃火燎之,春温或脓溃。建武中,桂阳太守茨充教人种桑麻,人得其利,至今江南颇知桑蚕织屦,皆充之化也。"③

江南水利事业也得到发展。《太平御览》引《会稽记》,说到汉顺帝时代会稽地区的水利建设:

> 汉顺帝永和五年,会稽太守马臻创立"镜湖",在会稽、山阴两县界筑塘蓄水,高丈余,田又高海丈余。若水少,则泄湖灌田;如水多,则开

---

① 《后汉书》卷七六《循吏传·卫飒》,第2459页。
② 《后汉书》卷七六《循吏传·卫飒》,第2460页。
③ 《后汉书》卷七六《循吏传·卫飒》,第2460页。

湖泄田中水入海。所以无凶年。堤塘周回三百一十里，溉田九千
余顷。①

这是规模相当大的水利工程，而规模较小的水利设施在江南分布之普遍，可以由汉墓普遍出土的水田陂池模型得到反映。

汉安帝永初初年，水旱灾异连年，郡国多被饥困。据《后汉书·樊准传》，樊准上疏言救灾事，建议灾民"尤困乏者，徙置荆、扬孰郡，既省转运之费，且令百姓各安其所"，"太后从之"②。所谓"荆、扬孰郡"，当包括二州所领辖的江南地区。《后汉书·安帝纪》又记述，永初元年（107）九月，"调扬州五郡租米，赡给东郡、济阴、陈留、梁国、下邳、山阳"③。则是江南租米北调江北的明确记载。李贤注："五郡谓九江、丹阳、庐江、吴郡、豫章也。扬州领六郡，会稽最远，盖不调也。"④李贤所举五郡中，丹阳、吴郡、豫章均在江南。又《安帝纪》记永初七年（113）事：

> 九月，调零陵、桂阳、丹阳、豫章、会稽租米，赈给南阳、广陵、下邳、彭城、山阳、庐江、九江饥民；又调滨水县谷输敖仓。⑤

李贤注引《东观汉记》：

> 滨水县彭城、广阳、庐江、九江谷九十万斛，送敖仓。⑥

《后汉书》与李贤注引《东观汉记》对于彭城、庐江、九江三郡国一谓受赈，一谓调输，或有一误，然而江南地区零陵、桂阳、丹阳、豫章、会稽租米丰饶，足以赈救江北饥民的事实，可以得到确认。

值得注意的是，永初元年南粮北调史例，谓"调扬州五郡租米"赈给兖州、豫州、徐州诸郡国，根据李贤的解释，扬州六郡中，"会稽最远，盖不调也"，五郡指九江、丹阳、庐江、吴郡、豫章。然而处于江北的"庐江、九江饥民"，六年后于永初七年则又成为赈济对象，或许永初元年租米北调有过度征发的情形。可是位于江南的丹阳、豫章诸郡，则承受住了短时期内连续两

---

① （宋）李昉等：《太平御览》卷六六引《会稽记》，第 315 页。
② 《后汉书》卷三二《樊准传》，第 1128 页。
③ 《后汉书》卷五《安帝纪》，第 208 页。
④ 《后汉书》卷五《安帝纪》，第 208 页。
⑤ 《后汉书》卷五《安帝纪》，第 220 页。
⑥ 《后汉书》卷五《安帝纪》，第 220 页。

次大规模调输租米的沉重压力。

可见,江南地区农耕业的发展水平和经济实力,与江北许多地区相比,已经逐渐居于优势地位。

《三国志·吴书·鲁肃传》裴松之注引《吴书》说:

> 后雄杰并起,中州扰乱,(鲁)肃乃命其属曰:"中国失纲,寇贼横暴,淮、泗间非遗种之地,吾闻江东沃野万里,民富兵强,可以避害,宁肯相随俱至乐土,以观时变乎?"其属皆从命。①

看来,秦及西汉时期所谓"卑湿贫国"②,到东汉末年前后,由于地理条件和人文条件的变化,已经演进成为"沃野万里,民富兵强"的"乐土"了。

显然,自两汉之际以来,江南经济确实得到速度明显优胜于北方的发展。正如有的学者所指出的,"从这时起,经济重心开始南移,江南经济区的重要性亦即从这时开始以日益加快的步伐迅速增长起来,而关中和华北平原两个古老的经济区则在相反地日益走向衰退和没落。这是中国历史上一个影响深远的巨大变化,尽管表面上看起来并不怎样显著。"③

3

秦汉时期江南地区经济文化实现显著进步的原因,是由复杂的多方面的条件共同形成的。

其中气候环境的变迁,也是研究者不应忽视的重要因素之一。

历代学者考察气候条件的历史变迁,其研究对象往往涉及秦汉时期。诸多成果中,在学术界影响最大的,应推竺可桢先生发表于 1972 年的名作《中国近五千年来气候变迁的初步研究》。

竺可桢先生指出:"在战国时期,气候比现在温暖得多"。"到了秦朝和前汉(前 221—23),气候继续温和。""司马迁时亚热带植物的北界比现时推向北方。""到东汉时代即公元之初,我国天气有趋于寒冷的趋势。"竺可桢先生引张衡《南都赋》"穰橙邓橘"文句,以为可以说明"河南省南部橘和柑

---

① 《三国志》卷五四《吴书·鲁肃传》,第 1267 页。
② 《史记》卷五九《五宗世家》,第 2100 页。
③ 傅筑夫:《中国封建社会经济史》第 2 卷,人民出版社 1982 年版,第 25 页。

尚十分普遍",而曹操种橘于铜雀台,只开花不结果①,气候已较为寒冷。曹丕黄初六年(225),"行幸广陵故城临江观兵,戎卒十余万,旌旗数百里,是岁大寒,水道冰,舟不得入江,乃引还"②。"这是我们知道的第一次有记载的淮河结冰。那时气候已比现在寒冷了。③ 这种寒冷气候继续下来,每年阴历四月(等于阳历五月份)降霜。④ 直到第四世纪前半期达到顶点。在公元366年,渤海湾从昌黎到营口连续三年全部结冰,冰上可以来往车马及三、四千人的军队。"⑤据竺可桢先生所绘制的《五千年来中国温度变迁图》,秦及西汉时,平均气温较现今高1.5℃左右,东汉时平均气温较现今低0.7℃左右。平均气温上下摆动的幅度超过2℃。⑥

两汉之际,黄河流域的主要农产出现由稻米而豆麦的转变,这一历史变化也影响到江汉流域。《三国志·魏书·陈群传》:"太祖昔到阳平攻张鲁,多收豆麦以益军粮。"⑦《三国志·吴书·陆逊传》也说,陆逊于襄阳前线,临

---

① (唐)李德裕《瑞橘赋序》:"昔汉武致石榴于异国,灵根遐布","魏武植朱橘于铜雀,华实莫就。"竺可桢引作"华,实莫就"。其实"华实"与"灵根"对应,不当分断。李文似原并未有"开花"的涵义。(清)董诰等编:《全唐文》卷六九七,中华书局1983年版,第7159页下。

② 《三国志》卷二《魏书·文帝纪》,第85页。

③ 邹逸麟主编《黄淮海平原历史地理》一书(安徽教育出版社1993年版)论述秦汉时期的气候变迁,运用新的观点,研究新的资料,提出了新的认识。但是对有关淮河冰封的资料的理解,似乎值得商榷。书中写道:"在秦朝,淮河似乎冻结比较频繁,那时淮河是祀祷名山大川礼节中的主要河流之一。'春以脯酒为岁祠,因泮冻,秋涸冻,冬塞祷祠。'泮冻即河流的解冻,说明当时淮河每年冻结是其主要的特征,反映了当时气候比现代寒冷。"事实上,秦及西汉时期,其他名川如沔水、江水等,"亦春秋泮涸祷塞"。很显然,至少"江水"在当时的气候条件下是不可能冬季封冻的。很可能所谓"泮冻"和"涸冻"所体现的气候现象,很可能包括《黄淮海平原历史地理》一书的作者曾经说到的"河流封冻与河边出现冰情"两种情形。当时淮河冬季"河边出现冰情"是没有疑义的,但是以此来说明淮河河面"封冻",似乎还需要有其他史例以为证明。因为,对于同样的"春秋泮涸"的记载,理解淮河"封冻"而长江则不"封冻",是缺乏说服力的。所以,以有关秦汉时期山川祭祀制度的历史资料为依据,"说明当时淮河每年冻结是其主要的特征"的论点,似乎未能提供历史的确证,因而不足以动摇竺可桢据《三国志》卷二《魏书·文帝纪》的记述,认为"这是我们所知道的第一次有记载的淮河结冰"的说法。而进而以所谓"秦朝"淮河每年冻结"为证明,断定可以反映"当时气候比现代寒冷"的推论,似乎也有论据不足之嫌。参看王子今:《关于秦汉时期淮河冬季封冻问题》,《中国历史地理论丛》1995年第4期。

④ 《晋书》卷二九《五行志下》,中华书局1974年版,第873、874、876页。

⑤ 《资治通鉴》卷九五"晋成帝成康二年":"前此海未尝冻,自(慕容)仁反以来,连年冻者三矣。"慕容皝于是率军"自昌黎东,践冰而进,凡三百余里,至历林口"。《资治通鉴》,第3005页。

⑥ 《竺可桢文集》,科学出版社1979年版,第495、497页。

⑦ 《三国志》卷二二《魏书·陈群传》,第635页。

强敌仍然镇定自若,"方催人种葑豆,与诸将弈棋射戏如常"①。通过物候学资料的历史比较,也可以了解当时气候变迁的情形。②

在多年来地理学、地质学、生物学、气候学的考察成果中,已经有若干资料可以作为研究秦汉时期气候变迁的实证。

以我国东部平原及海区构造沉降量的估算为基础,并参考有关历史考古资料所绘制的中国东部的海面升降曲线,显示距今两千年前后,海面较现今高 2 米左右。海面升降是气候变迁的直接结果。

根据植被、物候和考古资料试拟的上海、浙北古气温曲线,显示当时气温高于现今 2℃ 左右。

根据海生生物群研究试拟的东海与黄海古水温曲线,可知当时东海、黄海水温较现今高 3℃ 左右。③

第四纪地质及海洋地质学者在对我国东部海区全新世以来的海平面变化进行科学分析时也曾经指出:"在距今 2500—1500 年的波峰时期,古海面较现今海面高约 1—3 米。"其引以为据的事实是,古贝壳堤、上升海滩沉积与海滩岩、海相淤泥与贝壳层以及珊瑚坪、隆起的珊瑚礁及海口等,"它们的海拔高度大都在 1—5 米间"④。

通过对沪杭地区具有代表性的钻井岩心全新世沉积孢粉组合的研究,可以看到该地区全新世以来气候变迁所表现出的数次波动,研究者据此分划出 4 个凉期和 4 个暖期,与秦汉时期大致对应的阶段即为:"第 3 暖期:距今 2500 年,气候温暖湿润。第 5 凉期,距今 2000—1650 年,气候温凉。"⑤

我国东南地区经低频滤波的以 5 年为单位的湿润指数变化曲线表明,这一地区近两千年湿润状况的变化既表现出有长短不一的周期性,而且有逐渐变干的趋势。如若以平均湿润指数 1.24 为界,可以把整个历史阶段分为 10 个旱期和湿期。

---

① 《三国志》卷五八《吴书·陆逊传》,第 1351 页。
② 王子今:《秦汉时期气候变迁的历史学考察》,《历史研究》1995 年第 2 期。
③ 王靖泰等:《中国东部晚更新世以来海面升降与气候变化的关系》,《地理学报》1980 年第 35 卷第 4 期。
④ 赵希涛:《中国海岸演变研究》,福建科学技术出版社 1984 年版,第 178—186 页。
⑤ 王开放等:《根据孢粉分析推论沪杭地区一万多年来的气候变迁》,《历史地理》创刊号,上海人民出版社 1981 年版。

　　对照郑斯中等题为《我国东南地区近两千年气候湿润状况的变化》的论文中的分析,从西汉晚期至于东汉时期这一历史阶段,大致可以归入其中编号为 1 的干湿期:

表 2　西汉晚期至东汉时期旱期与湿期

湿润状况	年代	持续年数	水次	旱次	湿润指数
旱期	1—100	100	5	10	0.66
湿期	101—300	200	237	44	1.68

(采用郑斯中等论文附表 2)

　　由此可以进行两汉气候的比较。据分析,"从不同的纬度带来看,尽管有些小波动的起伏可以是不同的,但是大的波动则南北基本上是一致的,起讫时间或有早晚"①。

　　据长江中游距现今滩面低 20 米左右的漫滩沉积层中朽木年代测定资料,以及埋深 7—10 米左右的湖沼相黏土年代测定资料,有研究者推定,"5000 多年以前长江中游的洪水位要比今低 15 米左右,之后由于长江水位的不断上升,而出现了两岸漫滩的不断加积增厚"②。秦汉时期尤其是秦与西汉时期的气候条件,曾经是导致长江水位上升的因素之一。当时除江汉平原云梦沉降区及九江—黄梅平原地区因长江带来泥沙使入湖三角洲逐渐向湖泊伸展,致使江湖开始分离之外,长江以南的洞庭湖、鄱阳湖、太湖等,则都在不断扩大。③ 通过对红水河阶地的科学考察,测定红水河"高河漫滩上层冲积物的 14C 年代为 1976±178 年"。由此可知,"它是 2000 年前气候温和时期的河流冲积物",研究者于是推定,"高河漫滩是在 2000 年前形成的"。④

　　由不同途径以不同方式获取的不同资料,大体可以共同印证江南地区的气候环境于两汉之际由湿暖转而干冷的结论。

---

　　① 郑斯中等:《我国东南地区近两千年气候湿润状况的变化》,《气候变迁和超长期预报文集》,科学出版社 1977 年版。

　　② 杨达源:《洞庭湖的演变及其整治》,《地理研究》1986 年第 5 卷第 3 期。

　　③ 中国科学院地理研究所等:《长江中下游河道特性及其演变》,科学出版社 1985 年版。

　　④ 徐润滋等:《红水河阶地与极限洪水》,《地理研究》1986 年第 5 卷第 3 期。

4

秦代及西汉时期,北方人往往以为江南地区最不利于生存和发展的因素是气候的"暑湿"。

《史记·袁盎晁错列传》《南越列传》《淮南衡山列传》等都说到"南方卑湿"①。《货殖列传》则写作"江南卑湿"。《屈原贾生列传》记载,汉文帝以贾谊为长沙王太傅,"贾生既辞往行,闻长沙卑湿,自以为寿不得长",于是"为赋以吊屈原"②。又《五宗世家》:"(长沙王)以其母微,无宠,故王卑湿贫国。"③《汉书·严助传》记载,汉武帝遣两将军将兵诛闽越,淮南王刘安上书谏止,以为当地"暑湿"的恶劣气候,会导致部队大量减员:

> 夏月暑时,欧泄霍乱之病相随属也,曾未施兵接刃,死伤者必众矣。

刘安又举前时击南海王事以为教训:

> 会天暑多雨,楼船卒水居击棹,未战而疾死者过半。亲老涕泣,孤子啼号,破家散业,迎尸千里之外,裹骸骨而归。悲哀之气数年不息,长老至今以为记。

刘安强调"中国之人不能其水土也",于是描绘出一幅大军南征的黯淡前景:

> 南方暑湿,近夏瘅热,暴露水居,蝮蛇蠚生,疾疠多作,兵未血刃而病死者什二三。虽举越国而虏之,不足以偿所亡。④

对于江南之"暑湿"深怀疑惧之心,避之唯恐不远的史例,还有汉元帝时刘仁请求"内徙"事。

《后汉书·宗室四王三侯传·城阳恭王祉》记载:刘仁先祖"以长沙定王封于零道之春陵乡,为春陵侯","(刘)仁以春陵地势下湿,山林毒气,上书求减邑内徙。元帝初元四年,徙封南阳之白水乡,犹以春陵为国名。"⑤

---

① 《史记》卷一〇一《袁盎晁错列传》,第2741页;《史记》卷一一三《南越列传》,第2970页;《史记》卷一一八《淮南衡山列传》,第3081—3082页。
② 《史记》卷八四《屈原贾生列传》,第2492页。
③ 《史记》卷五九《五宗世家》,第2100页。
④ 《汉书》卷六四《严助传》,第2779—2781页。
⑤ 《后汉书》卷一四《宗室四王三侯传·城阳恭王祉》,第560页。

东汉前期,还有其他类似的史例。如《后汉书·马援传》记载,马防"徙封丹阳","后以江南下湿,上书乞还本郡,和帝听之。"[1]而伏波将军马援击武陵蛮时,也曾"会暑甚,士卒多疫死"[2],"军士多温湿疾病,死者太半。"[3]

东汉中期以后,则少见类似的记载,大约气候条件的演变,使得北人对南土的体验已经与先前有所不同。[4]

两汉之际及东汉末年,两次出现由中原往江南的大规模的移民浪潮。

以《汉书·地理志》与《续汉书·郡国志》中所提供的有关两汉户口数字的资料相比照,可以看到丹阳、吴郡、会稽、豫章、江夏、南郡、长沙、桂阳、零陵、武陵等郡国户口增长的幅度:

表3　丹阳等九郡国两汉户口比较

元始二年			永和五年			增长率/%	
郡国	户	口	郡国	户	口	户	口
丹扬郡	107541	405171	丹阳郡	136518	630545	26.95	55.62
吴　郡	164161	700782	—	—	—	—	—
会稽郡	223038	1032604	吴　郡	164164	700782	28.79	14.47
			会稽郡	123090	481196		
豫章郡	67462	351965	豫章郡	406496	1668906	502.56	374.17
江夏郡	56844	219218	江夏郡	58434	265464	2.79	21.10
南　郡	125579	718540	南郡	162570	747604	29.46	4.04
长沙国	43470	235825	长沙郡	255854	1059372	488.58	349.22
桂阳郡	28119	156488	桂阳郡	135029	501403	380.21	220.41
零陵郡	21092	139378	零陵郡	212284	1001578	906.47	618.61
武陵郡	34177	185758	武陵郡	46672	250913	36.56	35.08
合　计	707332	3444947	—	1701111	7307763	140.50	112.13

资料来源:《汉书》卷二八《地理志》,第1566—1639页;《续汉书·郡国志》,《后汉书》,第3479—3491页。

江夏郡与南郡辖地分跨大江南北,户口增长率亦最低。丹阳郡与会稽

---

[1] 《后汉书》卷二四《马援传》,第858页。
[2] 《后汉书》卷二四《马援传》,第843页。
[3] 《后汉书》卷四一《宋均传》,第1412页。
[4] 王子今:《试论秦汉气候变迁对江南经济文化发展的意义》,《学术月刊》1994年第9期。

郡由于开发较早,故户口增长幅度亦不显著。汉顺帝永和五年(140)全国户口数与汉平帝元始二年(2)相比,呈负增长形势,分别为-20.7%与-17.5%。与此对照,江南地区户口增长的趋势,成为引人注目的历史现象,而豫章、长沙、桂阳及零陵等郡国的增长率尤为突出。户数增长一般均超过口数增长,暗示移民是主要增长因素之一。

两汉之际,中原兵争激烈,"民人流亡,百无一在"①,"小民流移"②,往往"避乱江南"③。东汉时期,"连年水旱灾异,郡国多被饥困","饥荒之余,人庶流迸,家户且尽"④,其中往往有渡江而南者。永初初年实行"尤困乏者,徙置荆、扬孰郡,既省转运之费,且令百姓各安其所"⑤的政策,即说明民间自发流移的大致方向。通过所谓"令百姓各安其所",可知流民向往的安身之地,本来正是"荆、扬孰郡"。

东汉末年剧烈的社会动乱再一次激起以江南为方向的流民运动。

《三国志・吴书・张昭传》:"汉末大乱,徐方士民多避难扬土。"⑥《三国志・魏书・华歆传》注引华峤《谱叙》:

是时四方贤士大夫避地江南者甚众。⑦

《三国志・魏书・卫觊传》也说:"关中膏腴之地,顷遭荒乱,人民流入荆州者十万余家。"⑧《三国志・吴书・全琮传》也有"是时中州士人避乱而南"⑨的记载。

史称士民南流,"避难扬土","避乱扬州"⑩者,似乎直接原因是畏避兵燹之灾。然而仅仅以此并不能真正说明这一历史现象的深层缘由。战国时期列强之间的长期战争,秦统一天下的战争,秦末反抗秦王朝的战争,刘邦、项羽争夺天下的战争,其规模和烈度之惊人,都曾经对中原社会造成了巨大

---

① 《三国志》卷六《魏书・董卓传》注引《续汉书》,第177页。
② 《续汉书・天文志上》,《后汉书》,第3221页。
③ 《后汉书》卷七六《循吏传・杜延》,第2460页。
④ 《后汉书》卷三二《樊准传》,第1127、1128页。
⑤ 《后汉书》卷三二《樊准传》,第1128页。
⑥ 《三国志》卷五二《吴书・张昭传》,第1219页。
⑦ 《三国志》卷一三《魏书・华歆传》,第402页。
⑧ 《三国志》卷二一《魏书・卫觊传》,第610页。
⑨ 《三国志》卷六〇《吴书・全琮传》,第1381页。
⑩ 《三国志》卷一五《魏书・刘馥传》,第463页。

的破坏，然而当时何以未曾出现大规模南渡避乱的情形呢？

《三国志·魏书·蒋济传》记载，建安十四年（209），曹操欲徙淮南民，"而江、淮间十余万众，皆惊走吴。"①《三国志·吴书·吴主传》记述建安十八年（213）事，又写道：

> 初，曹公恐江滨郡县为（孙）权所略，征令内移。民转相惊，自庐江、九江、蕲春、广陵户十余万皆东渡江，江西遂虚，合肥以南惟有皖城。②

江淮间民众不得不迁徙时，宁江南而毋淮北，体现出对较优越的生存环境的自发的选择。其考虑的基点，可能并不仅仅在于战乱与安定的比较。

大致在东汉晚期，江南已经扭转"地广人希""火耕水耨"的落后局面，成为"垦辟倍多，境内丰给"③的"乐土"。《抱朴子外篇·吴失》说到吴地大庄园经济惊人的富足：

> 势利倾于邦君，储积富于公室……僮仆成军，闭门为市，牛羊掩原隰，田池布千里。④

庄园主有充备的物质实力，享受着奢靡华贵的生活：

> 金玉满堂，妓妾溢房，商贩千艘，腐谷万庾，园囿拟上林，馆第僭太极，梁肉余于犬马，积珍陷于帑藏。⑤

这样的情形，与司马迁所谓"无千金之家"的记述形成了鲜明对照，而几乎完全成为王符《潜夫论·浮侈》、仲长统《昌言》中所描绘的东汉中期前后黄河流域豪富之家经济生活的翻版。

江南地区气候条件的变迁，使得中原士民不再视之为"暑湿""瘴热"之地而"见行，如往弃市"⑥。气候环境的改善，也使得中原先进农耕技术可以迅速移用推广。这些无疑都成为江南地区经济发展水平得以迅速提高的重要条件。⑦

---

① 《三国志》卷一四《魏书·蒋济传》，第 450 页。
② 《三国志》卷四七《吴书·吴主传》，第 1118—1119 页。
③ 《后汉书》卷七六《循吏传·王景》，第 2466 页。
④ 杨明照：《抱朴子外篇校笺》卷三四《吴失》，中华书局 1991 年版，第 145 页。
⑤ 杨明照：《抱朴子外篇校笺》卷三四《吴失》，第 148 页。
⑥ 《汉书》卷四九《晁错传》，第 2284 页。
⑦ 王子今：《汉代"亡人""流民"动向与江南地区的经济文化进步》，《湖南大学学报》2007 年第 5 期；《"和合"思想主导下的汉代江南经济开发与社会进步》，《石家庄学院学报》2008 年第 2 期。

5

随着经济的进步，江南地区的文化面貌也为之一新。

东汉前期，"避乱江南者未还中土"，已经有"会稽颇称多士"①的说法。

汉桓帝延熹二年（159），帝请尚书令陈蕃品评当时天下名士，问道："徐稺、袁闳、韦著谁为先后？"陈蕃回答说："（袁）闳生出公族，闻道渐训。（韦）著长于三辅礼义之俗，所谓不扶自直，不镂自雕。至于（徐）稺者，爰自江南卑薄之域，而角立杰出，宜当为先。"②可见当时江南的文化地位，仍然被看作"卑薄之域"，然而已经出现了"角立杰出"于天下的著名文士。

至于东汉晚期，孔融读虞翻《易注》，曾经有"乃知东南之美者，非徒会稽之竹箭也"③的感慨。一时"江南之秀"，往往"亦著名诸夏"④。据《三国志·吴书·虞翻传》注引《会稽典录》所说，江南之地，"善生俊异"，著名学士"各洪才渊懿，学究道源，著书垂藻，骆驿百篇，释经传之宿疑，解当世之盘结，或上穷阴阳之奥秘，下摅人情之归极"，或"海内闻名，昭然光著"，或"为世英彦"，"粲然传世"，或"聪明大略，忠直謇谔"，或"探极秘术"，"文艺多通"，诸多英俊，"徒以远于京畿，含香未越耳。"⑤

当时江南士人"与中州士大夫会"，每傲然自恃，"语我东方人多才"，具有"交见朝士，以折中国妄语儿"的自信⑥。

所谓"江南有王气"⑦的说法，其实也反映出经济地位与文化水准上升之后，江南人关心政治文化的热忱。

①　《后汉书》卷七六《循吏传·任延》，第2460—2461页。
②　《后汉书》卷五三《徐稺传》，第1747页。
③　《三国志》卷五七《吴书·虞翻传》，第1320页。
④　《三国志》卷五八《吴书·陆逊传》，第1361页。
⑤　《三国志》卷五七《吴书·虞翻传》，第1325—1326页。
⑥　《三国志》卷五七《吴书·虞翻传》注引《江表传》载孙策与虞翻语，第1318页。
⑦　《三国志》卷六三《吴书·吴范传》，第1422页。

七

河洛文化区的历史地位

《易·系辞上》所谓"河出图,洛出书,圣人则之"①,体现出河洛文化对于华夏文明奠基的重要意义。武王伐纣,会师盟津,周公作雒,号为成周,直至平王东迁,在这里营造了基础深厚,美轮美奂的文明建构。②

在这样的文明基址上,秦汉时期的河洛地区对于当时的文化创作和文化积累,又有新的贡献。③

1

河洛地区"为天下之大凑"④,"街居在齐秦楚赵之中"⑤的特殊的地理形势,使得列国兵争往往不得不首先由此进取。公元前 627 年,"径数国千里而袭人"⑥的秦远征军东行击郑,经过周北门,引起周王朝震动⑦。公元前 606 年,楚庄王伐陆浑之戎,曾至于雒,在周的边境检阅部队,又向前来劳

---

① (清)阮元校刻:《十三经注疏》,第 82、1427 页。

② 王子今:《河洛地区生态史与河洛文化发育的自然条件》,《洛阳工学院学报(社会科学版)》2001 年第 3 期。

③ 王子今:《河洛地区——秦汉时期的"天下之中"》,《河洛史志》2006 年第 1 期。

④ 《逸周书·作雒》,黄怀信:《逸周书校补注译》,西北大学出版社 1996 年版,第 255 页。

⑤ 《史记》卷一二九《货殖列传》,第 3279 页。

⑥ 《史记》卷五《秦本纪》,第 190 页。

⑦ 据《左传·僖公三十三年》,王孙满观秦军军容,有"秦师轻而无礼,必败"的预言。《春秋左传集解》,上海人民出版社 1977 年版,第 406 页。

军的周定王的特使王孙满问九鼎的大小轻重。①"问鼎",其实是楚人经由河洛地区进而争夺中原的信号。《战国纵横家书·公仲侈谓韩王章》可见"夏路"。②《史记·越王勾践世家》也说到楚人由江汉平原北上中原的道路称作"夏路"。③"夏路"的北端,正是夏人曾经作为活动中心,并且开拓了迈进文明的历史道路的河洛地区。④

《史记·秦本纪》记载,公元前309年,秦武王曾经对秦名将甘茂说:"寡人欲容车通三川,窥周室,死不恨矣!"后来不久就派甘茂拔宜阳。公元前293年,秦昭襄王命白起为将,在伊阙会战中大破韩魏联军。三年之后,"东周君来朝。"同年,秦昭襄王亲临宜阳。公元前278年,"周君来。"公元前256年,秦军攻西周,次年,"周民东亡,其器九鼎入秦,周初亡。"秦人占有西周属地对于进取东方的意义,可以由第二年"天下来宾"得到体现。⑤秦庄襄王即位初,就命令相国吕不韦诛东周君,"尽入其国"⑥,并"初置三川郡"⑦,实现了对河洛地区的全面控制。⑧ 秦王政十三年(前234)"王之河南"⑨,秦王嬴政在统一战争中亲自行临河洛地区,表明这位未来的大一统帝国的最高统治者对于这一地区文化地位的重视。

秦始皇平生8次出巡,大约其中6次都行历河洛地区。《史记·留侯世家》记述刘邦与张良在雒阳南宫讨论行封功臣事,说到"上在雒阳南宫,从复道望见诸将往往相与坐沙中语"⑩。雒阳南宫有"复道"建筑,当然不可能是仓促营造,应是秦时故宫。由"南宫"之定名,可推知洛阳秦宫当不止一处。看来,秦王朝曾经把洛阳看作统治东方的政治重心所在。秦始皇特别信用的重臣李斯的长男李由被任命为三川郡守,也有助于说明这一历史

---

① 《左传·宣公三年》,《春秋左传集解》,第546页。
② 马王堆汉墓帛书整理小组编:《战国纵横家书》,文物出版社1976年版,第106页。
③ 《史记》卷四《越王勾践世家》,第1748页。
④ 王子今:《战国至西汉时期河洛地区的交通地位》,《河洛史志》1993年第4期;《周秦时期河洛地区的交通形势》,《文史知识》1994年第3期。
⑤ 《史记》卷五《秦本纪》,第209、212、213、218页。
⑥ 《史记》卷五《秦本纪》,第219页;《史记》卷六《秦始皇本纪》,第290页。
⑦ 《史记》卷五《秦本纪》,第219页;《史记》卷一五《六国年表》,第749页。
⑧ 王子今:《论战国晚期河洛地区成为会盟中心的原因》,《中州学刊》2006年第4期。
⑨ 《史记》卷六《秦始皇本纪》,第232页。
⑩ 《史记》卷五五《留侯世家》,第2042页。

事实。

秦末战争中,三川守李由统率的部队曾经是与起义军对抗的主力。李由拒守荥阳,吴广攻而"弗能下"①。后来"击李由军","破李由军",成为刘邦所部军官最重要的战功记录之一。② 刘邦其实就是在"战雒阳东,军不利"③,严重受挫之后,才决意南下攻宛,于是开始了其军事生涯的转机。

刘邦后来出关击项羽,在雒阳为义帝发丧,又发使者约诸侯共击楚④等史实,也可以说明洛阳的战略地位。

西汉时期,河洛地区地位之重要,其实仅次于长安地区。

刘邦初定天下,娄敬建议定都关中。他强调关中地理形势的优越,但是也肯定了河洛地区的地位。他说:"成王即位,周公之属傅相焉,乃营成周洛邑,以此为天下之中也,诸侯四方纳贡职,道里均矣。"⑤

汉景帝时,吴楚七国反,"天子乃遣太尉条侯周亚夫将三十六将军往击吴楚"⑥。《汉书·荆燕吴王传·吴王濞》记载:

> 条侯将乘六乘传,会兵荥阳。至雒阳,见剧孟,喜曰:"七国反,吾乘传至此,不自意全。又以为诸侯已得剧孟。孟今无动,吾据荥阳,荥阳以东无足忧者。"⑦

可见河洛地区的归属,对于全国政治文化形势有重要的意义。

《史记·三王世家》褚先生补述,说到汉武帝所幸王夫人为其子刘闳请封洛阳的故事:

> (刘)闳且立为王时,其母病,武帝自临问之。曰:"子当为王,欲安所置之?"……王夫人曰:"愿置之雒阳。"武帝曰:"雒阳有武库、敖仓,天下冲阨,汉国之大都也。先帝以来,无子王于雒阳者。去雒阳,余尽可。"⑧

---

① 《史记》卷四八《陈涉世家》,第 1954 页。
② 《史记》卷五四《曹相国世家》,第 2021 页;《史记》卷五七《绛侯周勃世家》,第 2066 页;《史记》卷九五《樊郦滕灌列传》,第 2651 页;《史记》卷九八《傅靳蒯成列传》,第 2709 页。
③ 《史记》卷八《高祖本纪》,第 359 页。
④ 《史记》卷八《高祖本纪》,第 370 页。
⑤ 《史记》卷九九《刘敬叔孙通列传》,第 2716 页。
⑥ 《史记》卷一〇六《吴王濞列传》,第 2830 页。
⑦ 《汉书》卷三五《荆燕吴王传·吴王濞》,第 1913 页。
⑧ 《史记》卷六〇《三王世家》,第 2115 页。

后来汉武帝许以封置齐地。《史记·滑稽列传》褚先生补述可见同一史事：

> 王夫人病甚，人主至自往问之曰："子当为王，欲安所置之？"对曰："愿居洛阳。"人主曰："不可。洛阳有武库、敖仓，当关口，天下咽喉。自先帝以来，传不为置王。然关东国莫大于齐，可以为齐王。"①

洛阳被汉帝国最高执政者看作"天下咽喉"，"天下冲阨，汉国之大都"，说明河洛地区"在于土中"②的政治地理与文化地理的特殊空间地位，已经受到高度重视。③

2

河洛地区许久以前就已经成为中原商贸经济的中心，当地民俗风格也因此而受到影响。

《史记·货殖列传》说："洛阳东贾齐、鲁，南贾梁、楚。"④当地取得特殊成功的富商，其行为特征其实也表现出河洛地区的区域文化特征：

> 白圭，周人也。当魏文侯时，李克务尽地力，而白圭乐观时变，故人弃我取，人取我与。夫岁孰取谷，予之丝漆；茧出取帛絮，予之食。太阴在卯，穰；明岁衰恶。至午，旱；明岁美。至酉，穰；明岁衰恶。至子，大旱；明岁美，有水。至卯，积著率岁倍。欲长钱，取下谷；长石斗，取上种。能薄饮食，忍嗜欲，节衣服，与用事僮仆同苦乐，趋时若猛兽挚鸟之发。⑤ 故曰："吾治生产，犹伊尹、吕尚之谋，孙吴用兵，商鞅行法是也。是故其智不足与言权变，勇不足以决断，仁不能以取予，强不能有所守，虽欲学吾术，终不告之矣。"盖天下言治生祖白圭。白圭其有所试矣，能试有所长，非苟而已也。⑥

司马迁写道，由于河洛地区民俗风格的作用，这里还曾经出现过另一位著名

---

① 《史记》卷一二六《滑稽列传》，第 3209 页。
② 《汉书》卷二八下《地理志下》，第 1650 页。
③ 王子今：《秦汉时期的"天下之中"》，《光明日报》2004 年 9 月 21 日。
④ 《史记》卷一二九《货殖列传》，第 3265 页。
⑤ 钱锺书《管锥编》说："'趋时若猛兽挚鸟之发'可参观《国语·越语》下范蠡曰：'臣闻从时者，犹救火追亡人也，蹶而趋之，惟恐勿及。'"《管锥编》，第 1 册第 386 页。
⑥ 《史记》卷一二九《货殖列传》，第 3258—3259 页。

的富商师史：

> 周人既纤，而师史尤甚，转毂以百数，贾郡国，无所不至。洛阳街居
> 在齐秦楚赵之中，贫人学事富家，相矜以久贾，数过邑不入门，设任此
> 等，故师史能致七千万。①

《盐铁论·力耕》说，周地"商遍天下"，"商贾之富，或累万金"②，正可以和所谓"转毂以百数，贾郡国，无所不至"对照读。

《盐铁论·通有》说，"三川之二周，富冠海内"，"为天下名都"，对于其地位之所以形成，就国家基本经济政策激烈争论的双方，"大夫"以为："非有助之耕其野而田其地者也，居五诸侯之衢，跨街冲之路也。"所以说，"利在势居，不在力耕也。""文学"则以为："利在自惜，不在势居街衢；富在俭力趋时，不在岁司羽鸠也。"③

其实，如果两种意见相互结合，或许可以更真实地说明历史。周地即河洛地区经济文化地位的形成固然与"势居"之"利"有重要的关系，然而诸如所谓"弦高饭牛于周④，五羖赁车入秦⑤"一类"财物流通，有以均之"⑥的积极的社会实践，也表现出不可否认的历史作用。

汉武帝时代的理财名臣桑弘羊，"雒阳贾人子，以心计"，"以计算用事"，司马迁称赞他"言利事析秋豪矣"⑦。汉武帝大胆拔用洛阳商人子弟主

---

① 《史记》卷一二九《货殖列传》，第3279页。

② 王利器校注：《盐铁论校注（定本）》卷一《力耕》，第29页。

③ 王利器校注：《盐铁论校注（定本）》卷一《通有》，第41—42页。

④ 《左传·僖公三十三年》：秦师袭郑，"及滑，郑商人弦高将市于周，遇之。以乘韦先牛十二犒师，曰：'寡君闻吾子将步师出于敝邑，敢犒从者。'""且使遽告于郑。"《史记》卷五《秦本纪》："兵至滑，郑贩卖贾人弦高持十二牛将卖之周，见秦兵，恐死虏，因献其牛，曰：'闻大国将诛郑，郑君谨修守御备，使臣以牛十二劳军士。'"《淮南子·氾论》："秦穆公兴兵袭郑，过周而东。郑贾人弦高将西贩牛，道遇秦师于周、郑之间，乃矫郑伯之命，犒以十二牛，宾秦师而却之，以存郑国。"（宋）李昉等：《太平御览》，第3978页；《史记》卷五《秦本纪》，第191页；何宁：《淮南子集释》，中华书局1998年版，第952—953页。

⑤ 《吕氏春秋·慎人》："百里奚之未遇时也，亡虢而虏晋，饭牛于秦，传鬻以五羊之皮。公孙枝得而说之，献诸缪公，三日，请属事焉。"又：《说苑·臣术》："秦穆公使贾人载盐，征诸贾人，贾人买百里奚以五羖羊之皮，使将车之秦。"秦穆公观盐，见百里奚牛肥，问而"知其君子也"。许维遹集释，梁运华整理：《吕氏春秋集释》卷一四《慎人》，第337—338页；（汉）刘向撰，向宗鲁校证：《说苑校证》卷二《臣术》，中华书局1987年版，第43—44页。

⑥ 王利器校注：《盐铁论校注（定本）》卷一《通有》，第43页。

⑦ 《史记》卷三〇《平准书》，第1428页。

持财政①,其政绩果然表现出特殊的经营才干。"公家用少,桑弘羊等致利。"②

桑弘羊因工于"运筹"③,能够"心计于无垠"④,于是"为国家兴榷管之利"⑤,"建造酒榷盐铁,为国兴利"⑥,班固《汉书·公孙刘田王杨蔡陈郑传》赞分析他的功过得失时说:

> 桑大夫据当世,合时变,上权利之略,虽非正法,钜儒宿学不能自解,博物通达之士也。然摄公卿之柄,不师古始,放于末利,处非其位,行非其道,果陨其性,以及厥宗。⑦

所谓"钜儒宿学不能自解",颜师古解释说,"言理不出于弘羊也。"⑧桑弘羊以特别的出身背景,实际上有远远超过"钜儒宿学"的管理能力,因而堪称才具独异的"博物通达之士"。不过,洛阳商人的家世,使得他最终仍然不免"放于末利"之讥⑨。《汉书·张汤传》说,张临以"谦俭"自称,"每登阁殿,常叹曰:'桑、霍为我戒,岂不厚哉!'"颜师古解释说,"桑"是指桑弘羊,"霍"是指霍禹,"言以骄奢致祸也。"⑩看来,桑弘羊确实秉承了所谓"富曰苟美,古之道也"⑪的原则⑫,"俸禄赏赐,一一筹策之,积浸以致富成业"⑬,在政治生活中仍然袭用了商界的手段,最后"果陨其性,以及厥宗"的悲剧,也与此有关。⑭

《汉书·地理志下》在分析河洛地区的区域文化特征时说,"周地,……

---

① 《汉书》卷五八《公孙弘卜式儿宽传》赞:"弘羊擢于贾竖。"第2633页。

② 《汉书》卷四六《石奋传》,第2197页。

③ 《汉书》卷五八《公孙弘卜式儿宽传》赞,第2634页。

④ 《汉书》卷一〇〇上《叙传上》,第4231页。

⑤ 《汉书》卷六六《车千秋传》,第2887页。

⑥ 《汉书》卷六八《霍光传》,第2935页。

⑦ 《汉书》卷六六《公孙刘田王杨蔡陈郑传》赞,第2903—2904页。

⑧ 《汉书》卷六六《公孙刘田王杨蔡陈郑传》赞,第2904页。

⑨ 颜师古注:"'放',纵也,谓纵心于利也。一说'放',依也。""《论语》称孔子曰'放于利而行,多怨'也。"《汉书》卷六六《公孙刘田王杨蔡陈郑传》赞,第2905页。

⑩ 《汉书》卷五九《张汤传》,第2654页。

⑪ 王利器校注:《盐铁论校注(定本)》卷二《刺权》,第121页。

⑫ 《论语·子路》:"子谓:卫公子荆善居室。始有,曰:'苟合矣。'少有,曰:苟完矣。'富有,曰:'苟美矣。'"(宋)李昉等:《太平御览》,第5446页。

⑬ 王利器校注:《盐铁论校注(定本)》卷四《贫富》,第220页。

⑭ 参看吴慧:《桑弘羊研究》,齐鲁书社1981年版,第428—442页。

今之河南雒阳、谷成、平阴、偃师、巩、缑氏，是其分也。"①班固指出：

> 周人之失，巧伪趋利，贵财贱义，高富下贫，憙为商贾，不好仕宦。②

河洛地区因商业有悠久的历史传统，又有优越的发展条件，确实形成了这样的区域民俗风格。不过，是不是必然判定其为"失"，还是可以进行较深层的历史文化的分析的。

"均输"制度是桑弘羊主持制定并且全力推行的新经济政策，当时取得了显著的收益。"'均输'，所以通委财而调缓急"，"郡置输官以相给运，而便远方之贡，故曰'均输'。"③"均输"制度的实质，在于加强官营运输业的管理，通过合理运输，提高经济效益，使"民不益赋而天下用饶"④。目前已知有实例证明郡置"均输官"者，只有千乘、河东、辽东诸郡。而《后汉书·刘盆子传》则说到河南郡荥阳也有"均输官"设置：

> 帝怜盆子，赏赐甚厚，以为赵王郎中。后病失明，赐荥阳均输官地，以为列肆，使食其税终身。⑤

由此也可以看到河洛地区经济地位之特殊。敖仓所在地荥阳作为县级行政单位而独设"均输官"，或许又可以推知河洛地区可能是桑弘羊元鼎二年（前115）"稍稍置均输以通货物"⑥最初作为试点的地区之一。⑦

《汉书·食货志下》记载，王莽"于长安及五都立五均官"。"五都"，即洛阳、邯郸、临菑、宛、成都，而"洛阳居中"，也说明随着关东地区经济文化的突出发展，洛阳的地位愈益重要。王莽曾经筹划东都建设，对洛阳在当时经济格局中的重要意义应当有所认识。⑧

到了东汉时期，洛阳及其附近地区在全国经济中居于领导地位，商业活动尤其繁荣，以致"牛马车舆，填塞道路，游手为巧，充盈都邑，务本者少，游

---

① 《汉书》卷二八下《地理志下》，第1650页。
② 《汉书》卷二八下《地理志下》，第1651页。
③ 王利器校注：《盐铁论校注（定本）》卷一《本议》，第3、4页。
④ 《史记》卷三〇《平准书》，第1441页。
⑤ 《后汉书》卷一一《刘玄刘盆子列传》赞曰："虽盗皇器，乃食均输。"《后汉书》卷一一《刘玄刘盆子列传》，第486、487页。
⑥ 《史记》卷三〇《平准书》，第1432页。
⑦ 王子今：《西汉均输制度新议》，《首都师范大学学报（社会科学版）》1994年第2期。
⑧ 王子今：《西汉末年洛阳的地位和王莽的东都规划》，《河洛史志》1995年第4期。

食者众"①,"船车贾贩,周于四方,废居积贮,满于都城"②,洛阳成为全国"利之所聚"的最重要的商业大都市。

当时,据说"其民异方杂居","商贾胡貊,天下四会"③,事实上已经成为影响东方世界的经济文化中心。④

3

汉武帝初置太学。西汉后期帝王有"好儒"倾向,长安太学弟子员常多至以千人计⑤。王莽还曾经奏言"为学者筑舍万区"⑥。

而东汉诸帝益崇尚儒学经术,"及光武中兴,爱好经术,未及下车,而先访儒雅,采求阙文,补缀漏逸。先是四方学士多怀协图书,遁逃林薮,自是莫不抱负坟策,云会京师。"⑦遂修起太学,"起太学博士舍,内外讲堂,诸生横巷,为海内所集。"⑧

永平二年(59),汉明帝曾经亲自到太学讲经,倡导儒学。据《后汉书·儒林传上》记载:

> 帝正坐自讲,诸儒执经问难于前,冠带缙绅之人,圜桥门而观听者盖亿万计。⑨

---

① 《后汉书》卷四九《王符传》,第1633页。
② 《后汉书》卷四九《仲长统传》,第1648页。
③ 《三国志》卷二一《魏书·傅嘏传》注引《傅子》,第624页。
④ 王子今:《汉代洛阳与丝绸之路》,《河洛文化与华夏历史文明的传承与创新》,河南人民出版社2016年版;《东汉洛阳的国际化市场》,《中原文化研究》2018年第1期。
⑤ 据《汉书》卷八八《儒林传》,汉武帝时,曾"延文学儒者以百数","昭帝时举贤良文学,增弟子员满百人,宣帝末增倍之。元帝好儒,能通一经者皆复。数年,以用度不足,更为设员千人。""成帝末,或言孔子布衣养徒三千人,今天子太学弟子少,于是增弟子员三千人。岁余,复如故。"《汉书》卷一二《平帝纪》记载:汉平帝元始五年(5),"征天下通知逸经、古记、天文、历算、钟律、小学、《史篇》、方术、《本草》及以《五经》《论语》《孝经》《尔雅》教授者,在所为驾一封轺传,遣诣京师。至者数千人。"第3593、3595、3596页。而《后汉书》卷四八《翟酺传》说:"孝宣论《六经》于石渠,学者滋盛,弟子万数。"第1606页。
⑥ 《汉书》卷九九上《王莽传上》,第4069页。
⑦ 《后汉书》卷七九上《儒林传上》,第2545页。
⑧ 《后汉书》卷四八《翟酺传》,第1606页。
⑨ 《后汉书》卷七九上《儒林传上》,第2545—2546页。

永平十五年(72),汉明帝又曾"亲御讲堂,命皇太子、诸王说经"①。正是在这一时期,朝廷要求贵族子弟入学受业,甚至匈奴王子也远道前来就读。"为功臣子孙、四姓末属别立校舍,搜选高能以受其业,自期门羽林之士,悉令通《孝经》章句,匈奴亦遣子入学。"②《后汉书·儒林传上》于是感叹道:"济济乎,洋洋乎,盛于永平矣!"③

汉顺帝时,又扩建太学校舍,"更修黉宇,凡所造构二百四十房,千八百五十室。"更修制度,增补太学生数额。汉质帝时,梁太后临朝,本初元年(146),诏令:"大将军下至六百石,悉遣子就学,每岁辄于乡射月一飨会之,以此为常。"于是太学容纳生员数量剧增。"自是游学增盛,至三万余生。"④

据《汉书·地理志上》,河南郡"户二十七万六千四百四十四,口一百七十四万二百七十九","雒阳户五万二千八百三十九。"⑤按照河南郡户均6.295人计算,洛阳人口当为332634人。据《续汉书·郡国志一》,河南尹"永和五年户二十万八千四百八十六,口百一万八百二十七"⑥。户均4.848人。以两汉河南郡与河南尹人口比率推计东汉洛阳人口,当大致有两种计算方式:

第一种计算方式:

$$\frac{东汉河南尹口数\ 1010827}{西汉河南郡口数\ 1740279} \times 推计西汉洛阳口数\ 332634 = 推计东汉$$

洛阳口数193208

第二种计算方式:

$$\frac{东汉河南尹户数\ 208486}{西汉河南郡户数\ 276444} \times 西汉洛阳户数\ 52839 = 推计东汉洛阳户$$

数39842

---

① 《后汉书》卷二《明帝纪》,第118页。
② 《后汉书》卷七九上《儒林传上》,第2546页。
③ 《后汉书》卷七九上《儒林传上》,第2546页。
④ 《后汉书》卷七九上《儒林传上》,第2547页。
⑤ 《汉书》卷二八上《地理志上》,第1555页。
⑥ 《续汉书·郡国志一》,《后汉书》,第3389页。

$$\frac{\text{东汉河南尹口数 } 1010827}{\text{东汉河南尹户数 } 208486} \times \text{推计东汉洛阳户数 } 39842 = \text{推计东汉洛}$$

阳口数 193171

两种计算方式所得结果相差不大,都是 19 万 3 千多人。东汉洛阳实际人口即使比这一数字还要多一些,太学"至三万余生"的数量,仍然是十分惊人的。

在这样的背景下考虑洛阳及河洛地区的文化形势,可以有比较乐观的估计。

《后汉书·王充传》说,王充"到京师,受业太学","家贫无书,常游洛阳书肆,阅所卖书,一见辄能诵忆,遂博通众流百家之言。"[1]洛阳书肆所卖书有"众流百家之言",人们可以方便地阅读,可见洛阳当时有相当优越的文化环境。[2]

除了数量众多的太学生而外,洛阳市民似乎普遍也有慕好文化的风气。《后汉书·蔡邕传》记载:

> (蔡)邕以经籍去圣久远,文字多谬,俗儒穿凿,疑误后学,熹平四年,乃与五官中郎将堂溪典、光禄大夫杨赐、谏议大夫马日䃅、议郎张驯、韩说、太史令单飏等,奏求正定《六经》文字。灵帝许之,邕乃自书丹于碑,使工镌刻立于太学门外。于是后儒晚学,咸取正焉。及碑始立,其观视及摹写者,车乘日千余两,填塞街陌。[3]

碑立石经,当然是文化史上的重大事件。而"其观视及摹写者,车乘日千余两,填塞街陌"的情景,可以看作"洛阳纸贵"[4]之前另一个可以体现洛阳人文化素养与价值取向的著名史例。[5]

---

[1] 《后汉书》卷四九《王充传》,第 1629 页。

[2] 参看陈文豪:《汉代书肆及其相关问题蠡测》,《庆祝王恢教授九秩嵩寿论文集》(1997 年 5 月)。

[3] 《后汉书》卷六〇《蔡邕传》,第 1990 页。

[4] 《晋书》卷九二《左思传》:左思作《三都赋》,"司空张华见而叹曰:'班(固)、张(衡)之流也。使读之者尽而有余,久而更新。'于是豪贵之家竞相传写,洛阳为之纸贵。"第 2377 页。

[5] 王子今:《东汉的"学习型社会"》,《读书》2010 年第 1 期。

4

西汉洛阳居"天下之中"。① 在所谓"天下"即包括帝国全境的交通格局中，曾有"天下冲阨""天下咽喉"的军事地理与交通地理定位。体现此形势的诸多因素中，首要条件包括"武库"和"敖仓"设置。考察洛阳"武库"，可以与东海郡武库与上郡武库进行比较，理解其战略意义，以及洛阳因此而具备的关系全局的重要的交通地位。

《晋书·五行志下》："武库者，帝王威御之器所宝藏也。"②《隋书·五行志上》："武库者，兵器之所聚也。"③《宋史·兵志十一（器甲之制）》："天下岁课弓弩甲胄入充武库者以千万数。"④据王宪《计处清军事宜》，武库还收藏军职"册籍"。⑤

而汉代民间社会对于"武库"作用和地位的认识，见于《焦氏易林》卷一《师·蹇》：

武库军府，甲兵所聚。非里邑居，不可舍止。

《焦氏易林》卷四《姤·鼎》亦作："武库军府，甲兵所聚。非里邑居，不可舍止。"其中所谓"非里邑居，不可舍止"，宋潘自牧《记纂渊海》卷八《居处部·库藏》引作"非邑非里，不可以处"。⑥ 明徐元太《喻林》卷一○九《政治门·丧乱》引作"井里邑居，不可舍止"。⑦

武库为"帝王威御之器所宝藏也"的情形，见于《晋书·惠帝纪》："（元

---

① 《史记》卷四《周本纪》："成王在丰，使召公复营洛邑，如武王之意。周公复卜申视，卒营筑，居九鼎焉。曰：'此天下之中，四方入贡道里均。'"第 133 页。《史记》卷七九《刘敬叔孙通列传》在娄敬曰："成王即位，周公之属傅相焉，乃营成周洛邑，以此为天下之中也，诸侯四方纳贡职，道里均矣。"第 2716 页。

② 《晋书》卷二九《五行志下》，第 903 页。又见《宋书》卷三四《五行志五》，中华书局 1974 年版，第 1001 页。

③ 《隋书》卷二二《五行志上》，中华书局 1973 年版，第 628 页。

④ 《宋史》卷九七《兵志十一》，中华书局 1977 年版，第 4913 页。

⑤ （明）王宪《计处清军事宜》："军之职在武库者，册籍不至于填委，故综核可精。"除了"在武库者"外，军职"册籍"还有"在有司者""在御史者"。（明）黄训编：《名臣经济录》卷四四《兵部·武库》，文渊阁四库全书本，第 873 页。

⑥ 文渊阁四库全书本，第 169 页。

⑦ 文渊阁四库全书本，第 1328 页。

康五年)冬十月,武库火,焚累代之宝。"①《晋书·舆服志》:"斩白蛇剑至惠帝时武库火烧之,遂亡。"②《晋书·张华传》:"武库火,华惧因此变作,列兵固守,然后救之,故累代之宝及汉高斩蛇剑、王莽头、孔子屐等尽焚焉。"③又《晋书·刘颂传》:"武库火,彪建计断屋,得出诸宝器。"④武库收存军职"册籍"事,未见具体记载。而"武库军府,甲兵所聚"情形,实例颇多。如《后汉书·灵帝纪》:"(熹平六年二月)武库东垣屋自坏。"李贤注引蔡邕曰:"武库,禁兵所藏。"⑤《后汉书·坚镡传》:"……大战武库下。"李贤注引《洛阳记》:"建始殿东有太仓,仓东有武库,藏兵之所。"⑥《后汉书·马严传》:"敕严过武库,祭蚩尤。"李贤注:"武库,掌兵器,令一人,秩六百石。《前书音义》曰:'蚩尤,古天子,好五兵,故今祭之。'见《高祖纪》也。"⑦《续汉书·五行志六》"日蚀"条:"其月十八日武库火,烧兵器也。"⑧《续汉书·百官志二》"太仆"条:"本注曰:主作兵器弓弩刀铠之属,成则传执金吾入武库。"⑨《说文·广部》:"库,兵车藏也。"段玉裁注:"此库之本义也。引伸之凡贮物舍皆曰库。"⑩我们确实可以看到武库"藏兵车"的实例。《续汉书·舆服志上》"轻车"条:"轻车,古之战车也。洞朱轮舆,不巾不盖,建矛戟幢麾轇辀弩服。藏在武库。"⑪《三国志·魏书·董卓传》:"卓既率精兵来,适值帝室大乱,得专废立,据有武库甲兵,国家珍宝,威震天下。"⑫《三国志·魏书·曹爽传》:"擅取……武库禁兵。"⑬《晋书·惠帝纪》:"(元康五年)十二月丙

---

①　《晋书》卷四《惠帝纪》,第93页。

②　《晋书》卷二五《舆服志》,第772页。

③　《晋书》卷三《张华传》,第1073—1074页。《晋书》卷二七《五行志上》:"惠帝元康五年闰月庚寅,武库火。张华疑有乱,先命固守,然后救火。是以累代异宝,王莽头,孔子屐,汉高祖斩白蛇剑及二百万人器械,一时荡尽。"第805页。

④　《晋书》卷四六《刘颂传》,第1308页。

⑤　《后汉书》卷八《灵帝纪》,第339页。《续汉书·五行志一》载蔡邕曰:"武库,禁兵所藏。"《后汉书》,第3274页。

⑥　《后汉书》卷二二《坚镡传》,第783页。

⑦　《后汉书》卷二四《马严传》,第859页。

⑧　《后汉书》,第3363页。

⑨　《后汉书》,第3580页。

⑩　(汉)许慎撰,(清)段玉裁注:《说文解字注》,第443页。

⑪　《后汉书》,第3649页。

⑫　《三国志》卷六《魏书·董卓传》,第174页。

⑬　《三国志》卷九《魏书·曹爽传》,第285页。

戌,新作武库,大调兵器。"①我们这里对于魏晋史籍有关武库的信息予以较多关注,是因为魏晋武库很可能继承了西汉洛阳武库旧址的缘故。

吴楚七国之乱中,战争双方分别各有重要谋略人物,都提出了抢先占领洛阳武库的战略计划。《史记·吴王濞列传》:

> 吴少将桓将军说王曰:"吴多步兵,步兵利险;汉多车骑,车骑利平地。愿大王所过城邑不下,直弃去,疾西据雒阳武库,食敖仓粟,阻山河之险以令诸侯,虽毋入关,天下固已定矣。即大王徐行,留下城邑,汉军车骑至,驰入梁楚之郊,事败矣。"吴王问诸老将,老将曰:"此少年推锋之计可耳,安知大虑乎!"于是王不用桓将军计。②

桓将军的建议被斥为"少年推锋之计",而不被采纳。其实,弃坚城而"疾西",快速占据"雒阳武库",如此"虽毋入关,天下固已定矣",这才是具有战略眼光的"知大虑"的深刻识见。

主持平定七国之乱的周亚夫是通过特殊路径抵达雒阳的。抵达雒阳之后,即"直入武库"。《汉书·周亚夫传》记载:

> 亚夫既发,至霸上,赵涉遮说亚夫曰:"将军东诛吴楚,胜则宗庙安,不胜则天下危,能用臣之言乎?"亚夫下车,礼而问之。涉曰:"吴王素富,怀辑死士久矣。此知将军且行,必置间人于殽黾阨陜之间。且兵事上神密,将军何不从此右去,走蓝田,出武关,抵雒阳,间不过差一二日,直入武库,击鸣鼓。诸侯闻之,以为将军从天而下也。"太尉如其计。至雒阳,使吏搜殽黾间,果得吴伏兵。乃请涉为护军。③

赵涉的建议为周亚夫认可,"如其计",于是在军事竞争中占据了上风。最终取胜,实现"宗庙安"的政治预期。

《史记·三王世家》褚先生补述说到王夫人向汉武帝为子刘闳求封地,选定雒阳的故事:

> 王夫人者,赵人也,与卫夫人并幸武帝,而生子闳。闳且立为王时,其母病,武帝自临问之。曰:"子当为王,欲安所置之?"王夫人曰:"陛下在,妾又何等可言者。"帝曰:"虽然,意所欲,欲于何所王之?"王夫人

---

① 《晋书》卷四《惠帝纪》,第93页。
② 《史记》卷一〇六《吴王濞列传》,第2932页。
③ 《汉书》卷四〇《周亚夫传》,第2059页。

曰："愿置之雒阳。"武帝曰："雒阳有武库、敖仓,天下冲阸,汉国之大都也。先帝以来,无子王于雒阳者。去雒阳,余尽可。"王夫人不应。武帝曰："关东之国无大于齐者。齐东负海而城郭大,古时独临菑中十万户,天下膏腴地莫盛于齐者矣。"王夫人以手击头,谢曰："幸甚。"①

汉武帝拒绝王夫人求封雒阳时的明确回答,表现出对雒阳地方战略重要性的清醒认识。所谓"雒阳有武库"以及"天下冲阸",是雒阳无可替代的军事地位和交通地位的准确说明。

同样的故事,《史记·滑稽列传》褚先生补述文字略有不同:"王夫人病甚,人主至自往问之曰:'子当为王,欲安所置之?'对曰:'愿居洛阳。'人主曰:'不可。洛阳有武库、敖仓,当关口,天下咽喉。自先帝以来,传不为置王。然关东国莫大于齐,可以为齐王。'王夫人以手击头,呼'幸甚'。"②

所谓"当关口,天下咽喉",与"天下冲阸",语义是接近的。而两段记载中"洛阳有武库"的表述是一致的。

比较研究的对象,可以考虑东海郡武库。

《晋书·地理志上》"豫州颍川郡许昌"条:"汉献帝都许。魏禅,徙都洛阳,许宫室武库存焉,改为许昌。"③这是东汉末期曾经在许昌设置武库的史例。东汉末年文献载录,可见辽东武库的存在。《三国志·魏书·公孙度传》:"分辽东郡为辽西中辽郡,置太守。越海收东莱诸县,置营州刺史。自立为辽东侯、平州牧,追封父延为建义侯。立汉二祖庙,承制设坛墠于襄平城南,郊祀天地,藉田,治兵,乘鸾路,九旒,旄头羽骑。太祖表度为武威将军,封永宁乡侯,度曰:'我王辽东,何永宁也!'藏印绶武库。"④孙吴都城建业也有武库。《三国志·吴书·孙綝传》:"或有告綝怀怨侮上欲图反者,(孙)休执以付綝,綝杀之,由是愈惧,因孟宗求出屯武昌,休许焉,尽敕所督中营精兵万余人,皆令装载,所取武库兵器,咸令给与。"⑤

尹湾六号汉墓出土六号木牍,题《武库永始四年兵车器集簿》。被认为

① 《史记》卷六三《三王世家》,第 2115 页。
② 《史记》卷一二六《滑稽列传》,第 3209 页。
③ 《晋书》卷一四《地理志上》,第 421 页。
④ 《三国志》卷八《魏书·公孙度传》,第 252—253 页。
⑤ 《三国志》卷六四《吴书·孙綝传》,第 1450 页。

"是迄今所见有关汉代武库器物最完备的统计报告,指标项目甚多,数列明确"。最令人惊异的,是"库存量大"。以可知数量的常见兵器为例,数量超过十万的有:"弩五十二万六千五百廿六","弩檗廿六万三千七百九十八","弩弦八十四万八百五十三","弩矢千一百卌二万四千一百五十九","弩犊丸廿二万六千一百廿三","弩兰十一万八百卅三","弓矢百一十九万八千八百五","甲十四万二千三百廿二","铍四十四万九千八百一","幡胡□□锯齿十六万四千一十六","羽二百三万七千五百六十八","□□□十九万四千一百卅一","刀十五万六千一百卅五","刃卌四万九千四百六","□□卌三万二千一百九十七","□十二万五千一十六","铁甲扎五十八万七千二百九十九","有方□钦犊十六万三千二百五十一","□鏃百七十万一千二百八十"。兵器中消耗量较大的"矢""鏃"等数量巨大尚可理解,而"弩""铍""刀""刃"等件数达到惊人程度,特别值得注意。李均明指出,"以常见兵器为例","弩的总数达 537707 件","矛的总数达 52555 件","有方数达 78392 件。仅这几项所见,足可装备 50 万人以上的军队,远远超出一郡武装所需。"论者推测,"其供应范围必超出东海郡范围,亦受朝廷直接管辖,因此它有可能是汉朝设于东南地区的大武库。"李均明指出,尹湾汉简所说"武库",应当"不属于东海郡直接管辖"。[1]

我们推想,为什么东海郡设有如此规模的"受朝廷直接管辖"的"大武库"或"地区性大库"呢? 或许是因为这里曾经是帝国的"东门"[2],有重要的政治文化象征意义。可能更重要的因素,在于东海郡的位置,正大致在汉王朝控制的海岸线的中点。[3]

《晋书·五行志上》:"惠帝元康五年闰月庚寅,武库火。……二百万人器械,一时荡尽。"[4]洛阳武库藏有"二百万人器械",远远超过东海郡武库所

① 参看李均明:《尹湾汉墓出土"武库永始四年兵车器集簿"初探》,《尹湾汉简简牍综论》,科学出版社 1999 年版。

② 《史记》卷六《秦始皇本纪》:"(秦始皇)三十五年,……立石东海上朐界中,以为秦东门。"第 256 页。

③ 王子今:《秦汉帝国执政集团的海洋意识与沿海区域控制》,《白沙历史地理学报》2007 年第 3 期;《"秦东门"与秦汉东海郡形势》,《史林挥麈:纪念方诗铭先生学术论文集》,上海古籍出版社 2015 年版;《海洋遗产与考古》第 2 辑,科学出版社 2015 年版。

④ 《晋书》卷二七《五行志上》,第 805 页。

藏兵器数量。

西汉时期上郡所设武库也有重要地位。《汉书·成帝纪》有关于"上郡库令"刘良继承其兄王位,被立为河间王的记载:"(建始元年春正月)立故河间王弟上郡库令良为王。"颜师古注引如淳曰:"《汉官》北边郡库,官之兵器所藏,故置令。"①按照《汉官》的说法,此"上郡库"就是"上郡武库"。

没有迹象表明"上郡库"的规模,但是关于"上郡库令"身份的记载,体现了"上郡库"的重要地位。《汉书·景十三王传·河间献王德》记载:"成帝建始元年,复立元帝上郡库令良,是为河间惠王。"颜师古注引如淳曰:"《汉官》北边郡库,官兵之所藏,故置令。"②如淳的说法,一谓"北边郡库,官之兵器所藏",一谓"北边郡库,官兵之所藏",语义并没有太大的差异,都指明刘良曾经任"库令"的"上郡库",是"北边郡"的武库。然而上郡库令刘良是河间王刘元的弟弟,后来刘元有罪被废③,刘良成为河间王。可知"上郡库令"身份之高。④ 陈直先生关注过刘良事迹透露的历史信息。他在讨论居延汉简"库令系统"官职时指出:"库令为边郡主管兵器库者,汉书河间献王传,孙良为上郡库令是也。"⑤

《汉书·高帝纪上》:"(汉王四年)八月,初为算赋。"颜师古注:"如淳曰:《汉仪注》:民年十五以上至五十六,出赋钱,人百二十为一算。为治库兵车马。"⑥明人丘濬于是言:"汉高祖四年,初为算赋。注:民年十五以上至五十六,出赋钱,人百二十为一算,为治库兵车马。臣按此汉以后赋民治兵之始。考史:成帝建始元年立故河间王弟上郡库令良为王。注:谓北边郡库,官之兵器所藏,故置令。则前此边郡各有库,库有令,以掌兵器。旧矣。然《地理志》于南阳郡宛下,注有工官、铁官,则不独边郡有武库,而内地亦

① 《汉书》卷一〇《成帝纪》,第303页。
② 《资治通鉴》卷三〇"汉成帝建始元年":"立故河间王元弟上郡库令良为河间王。"胡三省注:"元废事见上卷'元帝建昭元年'。如淳曰:'汉北边郡库,官兵器之所藏,故置令。'"中华书局1956年版,第955页。
③ 《汉书》卷九《元帝纪》:"(建昭元年)冬,河间王元有罪,废,迁房陵。"第294页。
④ 王子今:《西汉上郡武库与秦始皇直道交通》,《秦汉研究》第10辑,陕西人民出版社2016年版。
⑤ 陈直:《居延汉简综论》,《居延汉简研究》,天津古籍出版社1986年版,第117页。
⑥ 《汉书》卷一上《高帝纪上》,第46页。

有之矣。"①因南阳郡宛"有工官、铁官"即以为"不独边郡有武库,而内地亦有之矣"的误解,也许由自史籍或见"武库工官"并说的情形。如《史记·平准书》:"其明年,南越反,西羌侵边为桀。于是天子为山东不赡,赦天下囚,因南方楼船卒二十余万人击南越,数万人发三河以西骑击西羌,又数万人度河筑令居。初置张掖、酒泉郡,而上郡、朔方、西河、河西开田官,斥塞卒六十万人戍田之。中国缮道馈粮,远者三千,近者千余里,皆仰给大农。边兵不足,乃发武库工官兵器以赡之。车骑马乏绝,县官钱少,买马难得,乃著令,令封君以下至三百石以上吏,以差出牝马天下亭,亭有畜牸马,岁课息。"②显然,"南阳郡宛"武库的存在并不能得到史证。而所谓"不独边郡有武库,而内地亦有之矣"的说法,大概并不具有普遍意义。

河西姑臧库和武威库的地位,也可以进行比较。

李均明指出,据居延汉简提供的信息可以得知,"张掖郡居延都尉属下使用的兵器有许多是从姑臧库领取的,其使用也受姑臧库的监督,则姑臧库供应武器的范围不局限于武威郡,有可能与整个河西地区有关。可见武威姑臧库是汉朝廷设于西北的地区性大库,与中央武库相呼应。"据此以为,尹湾汉简所说"武库",也应当"不属于东海郡直接管辖"。③

居延汉简可见:"■武威郡姑臧别库假戍田卒兵□留□■"(EPT58:55)。有研究者认为,"此简反映出姑臧库向居延地区提供兵器的情况。相关的记载还见居延新简EPT52:399:'·第十七部黄龙元年六月卒假兵姑臧名籍。'此外,居延汉简7·7A'地节二年六月辛卯朔丁巳,肩水候房谓候长光,官以姑臧所移卒被兵本籍,为行边兵丞相史王卿治卒被兵。'说明肩水

① (明)丘濬撰,金良年整理,朱维铮审阅:《大学衍义补》卷一二二,上海书店出版社2012年版,第306页。
② 《汉书》卷二四下《食货志下》:"明年,南粤反,西羌侵边。天子为山东不澹,赦天下囚,因南方楼船士二十余万人击粤,发三河以西骑击羌,又数万人度河筑令居。初置张掖、酒泉郡,而上郡、朔方、西河、河西开田官,斥塞卒六十万人戍田之。中国缮道馈粮,远者三千,近者千余里,皆仰给大农。边兵不足,乃发武库工官兵器以澹之。车骑马乏,县官钱少,买马难得,乃著令,令封君以下至三百石吏以上差出牝马天下亭,亭有畜字马,岁课息。"第1173页。
③ 参看李均明:《尹湾汉墓出土"武库永始四年兵车器集簿"初探》,《尹湾汉简简牍综论》,科学出版社1999年版。

地区兵器也有来源于姑臧库的情况"①。

又如简文"主□隧如府书」获胡烧塞所失吏卒兵器□移姑臧库"（562.12），②应该是将兵器集中于"姑臧库"。

"姑臧"地在今甘肃武威③，作为武威郡属县④，"姑臧库"名号与东海郡武库及"上郡库"显然不同。不过，我们看到"武威库"简例：

> 元康二年五月己巳朔辛卯武威库令安世别缮治卒兵姑臧敢言之酒泉大守府移丞相府书曰大守■
>
> 迎卒受兵谨掖檠持与将卒长吏相助至署所毋令卒得擅道用弩射禽兽鬭已前关书■
>
> 三居延不遣长吏逢迎卒今东郡遣利昌侯国相力白马司空佐梁将戍卒■（EPT53:63）

有研究者认为："该简记述元康时居延地区戍卒发送和迎受的情况。作为戍卒的发送方，'将卒长吏'东郡利昌侯国相和白马县司空佐要带领戍卒赴居延。而作为戍卒的接受方，依照丞相府书，居延地区要派遣长吏'迎卒受兵'。迎卒是迎受戍卒，受兵是接受兵器。从简文理解，受兵应是指到姑臧库迎受兵器，这些东郡戍卒的兵器应是从姑臧所得。居延汉简反映出姑臧库有为河西戍卒提供兵器的情况。此外文书要求戍卒受兵以后要对兵器爱护拿持，不要擅自在道路上用弓弩射猎禽兽和相互斗殴，反映出汉代河西戍卒的迎受制度。"⑤然而简文明确为"武威库令安世"。姑臧为武威郡治所。也许"姑臧库""武威库"只是不同时期的称谓区别。然而前引"武威郡姑臧别库"简文也值得注意。说明"姑臧库"与"武威库"的关系及相关制度，也许还需要继续深入思考。

应当注意到，河西汉简简文中有的"库"并非武库。《释名·释宫室》：

---

① 张德芳主编，马智全著：《居延新简集释（四）》，甘肃文化出版社2016年版，第525页。

② 谢桂华、李均明、朱国炤：《居延汉简释文合校》，第660页。

③ 谭其骧主编：《中国历史地图集》，中国地图出版社1982年版，第2册第33—34页。

④ 《汉书》卷二八下《地理志下》："武威郡，故匈奴休屠王地。武帝太初四年开。莽曰张掖。户万七千五百八十一，口七万六千四百一十九。县十：姑臧，南山，谷水所出，北至武威入海，行七百九十里。……"第1612页。

⑤ 张德芳主编，马智全著：《居延新简集释（四）》，甘肃文化出版社2016年版，第303—304页。

"库,舍也,物所在之舍也,故齐鲁谓库曰'舍'也。"①裴锡圭指出:"库的主要任务是管理车和兵甲等作战物资,……从出土的兵器和其他器物的铭文看,战国秦汉时代的库都是从事生产的。并且除了制造兵器、车器以外,也制造鼎、钟等其他器物。""从汉代史料看,库还管理钱财。""史书里也常提到库钱。"②《续汉书·百官志三》"少府"条:"(尚书)右丞假署印绶,及纸笔墨诸财用库藏。"③所谓"诸财用库藏"的情形,居延汉简有"金曹调库赋钱万四千三"(139.28)、"●元寿六月受库钱财物出入簿"(286.28)、"十月己亥输钱部库毕入"(507.10)等简例可以说明。而"县库"的存在也是普遍的。裴锡圭指出,"秦律《效律》提到县的都库啬夫。""居延库啬夫是居延县的库啬夫。""银雀山竹书的《库法》篇讲了县库制造武器的一些规定,……"④此外,军队也有武库设置。《汉书·杜钦传》:"凤深知钦能,奏请钦为大将军军武库令。"⑤《资治通鉴》言"大将军武库令杜钦",胡三省注:"此大将军之军中武库令也。《钦传》,军下更有'军'字。"⑥可知"库"和"武库"的设置,情形相当复杂。河西汉简所见"库",不宜均读作"姑臧库",理解为"武库"。

作为武库的"姑臧库"与"武威库"的存在,也未必可以作为"边郡有武库""边郡各有库"的证明。而"姑臧库"与"武威库"的空间位置,对于控制西域通路的地位,是可以东海郡武库和"上郡武库"进行对应比照的。"姑臧库"与"武威库"地处河西四郡最东,在控制河西通道的战略任务中表现出重要意义,又靠近汉帝国腹地,不至于轻易为匈奴攻击,出现前引简文所谓"胡烧塞""失吏卒兵器"情形。

就本节讨论的主题而言,东海郡武库、上郡库、姑臧库与武威库均有重

---

① 任继昉纂《释名汇校》:"许克勤校……又引《礼记》:'在库言库。'郑玄曰:'马车兵革之藏也。'蔡雍《月令章句》:'审五库之量,一曰车库,二曰兵库,三曰祭器库,四曰乐库,五曰宴器库。'任按:见《原本玉篇残卷》第448、14—16行。"齐鲁书社2006年版,第307页。今按:"蔡雍"应为"蔡邕"。

② 裴锡圭:《啬夫初探》,《裴锡圭学术文集·古代历史、思想、民俗卷》,复旦大学出版社2012年版,第70、72页。

③ 《后汉书》,第3596页。

④ 裴锡圭:《啬夫初探》,《裴锡圭学术文集·古代历史、思想、民俗卷》,第68—70页。

⑤ 《汉书》卷六〇《杜钦传》,第2667页。

⑥ 《资治通鉴》卷三〇"汉成帝建始元年",第958页。

要战略地位①,然而与雒阳武库相比,毕竟不在一个等级。东海郡武库"可
装备 50 万人以上的军队",而洛阳武库藏有"二百万人器械"这样具备参考
意义的西晋史料,是有益于我们进行数量比较和等级区分的。而洛阳有
"天下冲阨""天下咽喉"的军事地理与交通地理地位,"武库"和"敖仓"的
设置,是与这一形势相关的历史存在。②

5

　　史籍所见"雒阳虞初"事迹,可以看作能够说明汉代河洛地区文化创造
之优异成就的实例。

　　所谓"雒阳虞初"事迹,始见于《史记》。

　　《史记·封禅书》和《史记·孝武本纪》都有这样的记载:"太初元年,是
岁,西伐大宛,蝗大起,丁夫人、雒阳虞初等以方祠诅匈奴、大宛焉。"③

　　又《汉书·郊祀志下》,也沿承《史记》的记载。

　　看来,所谓"雒阳虞初",我们所能够看到的他的主要的历史足迹,是在
太初元年(前 104)西汉王朝征伐大宛的战争中,以随军方士的身份,用方术
诅咒匈奴和大宛的军队。

　　然而这位虞初,又是当时一位著作家。

　　《汉书·艺文志》在诸子小说家条下写道:

　　　　《虞初周说》九百四十三篇。河南人,武帝时,以方士侍郎,号"黄
　　车使者"。

颜师古注引应劭曰:

　　　　其说以《周书》为本。④

――――――――――――

① 裘锡圭指出,"西汉封泥有'成都库'半通印文,《封泥考略》以为是成都县主库掾史之印,
劳榦根据居延简指出成都库应为嗇夫所主,是郑国渠的。"《嗇夫初探》,《裘锡圭学术文集·古代
历史、思想、民俗卷》,第 70 页。其实,"成都库"似未可排除与东海郡武库、上郡库、姑藏库及武威
库地位相当的可能。

② 王子今:《论洛阳"武库"与"天下冲阨""天下咽喉"交通形势》,《三门峡职业技术学院学
报》2017 年第 4 期。

③ 《史记》卷一二《孝武本纪》,第 483 页;《史记》卷二八《封禅书》,第 1402 页。

④ 《汉书》卷三〇《艺文志》,第 1745 页。

《汉书·艺文志》说:"小说家者流,盖出于稗官。街谈巷语,道听途说者之所造也。孔子曰:'虽小道,必有可观者焉,致远恐泥,是以君子弗为也。'然亦弗灭也。闾里小知者之所及,亦使缀而不忘。或如一言可采,此亦刍荛狂夫之议也。"①

《汉书·艺文志》所举"小说十五家,千三百八十篇"②,属于虞初名下的作品就多达 943 篇,超过总数的 68.33%。顾实《汉书艺文志讲疏》于是说:"本志篇帙,莫此为众。"③

顾实又说到其作品的内容:"庄子曰:'饰小说以干县令。'(《外物篇》)而此固非以干县令者,亦如后世小说,为娱乐之具已。"④虞初,实际上确实成为后世被看作"娱乐之具"的小说文体的早期创始人。

大约虞初的名声在汉代就已经十分响亮,张衡的《西京赋》中,在说到长安的文化优势时,就有这样的文句:

匪唯玩好,乃有秘书。

小说九百,本自虞初。

从容之求,实俟实储。⑤

薛综注文中有这样的解释:

小说,医巫厌祝之术。凡有九百四十三篇,言"九百",举大数也。⑥

李善说:"《汉书》曰:'《虞初周说》九百四十三篇。初,河南人也。武帝时以方士侍郎,乘马,衣黄衣,号黄车使者。'"⑦所引《汉书》,与今本略有不同。而所谓"乘马,衣黄衣",是应当引起重视的。因为这样的装束,可能说明方士虞初的文化立足点,在于道家的理论和实践。对于"从容之求,实俟实储"一句,薛综又解释说:"持此秘术,储以自随,待上所求问,皆常具也。"⑧这样的一种意见,是把虞初的"小说",看作"秘书""秘术",是应当归

---

① 《汉书》卷三〇《艺文志》,第 1745 页。
② 《汉书》卷三〇《艺文志》,第 1745 页。
③ (汉)班固编撰,顾实讲疏:《汉书艺文志讲疏》,上海古籍出版社 2009 年版,第 164 页。
④ (汉)班固编撰,顾实讲疏:《汉书艺文志讲疏》,第 164 页。
⑤ 高步瀛著,曹道衡、沈玉成点校:《文选李注义疏》,中华书局 1985 年版,第 398—399 页。
⑥ 高步瀛著,曹道衡、沈玉成点校:《文选李注义疏》,第 398 页。
⑦ 高步瀛著,曹道衡、沈玉成点校:《文选李注义疏》,第 398 页。
⑧ 高步瀛著,曹道衡、沈玉成点校:《文选李注义疏》,第 399 页。

于专门服务于皇帝的方术一类的。

《史记·封禅书》记载，汉武帝元鼎四年（前113），"天子郊雍，议曰：'今上帝朕亲郊，而后土无祀，则礼不答也。'有司与太史公、祠官宽舒议：'天地牲角茧栗。今陛下亲祠后土，后土宜于泽中圜丘为五坛，坛一黄犊太牢具，已祠尽瘗，而从祠衣上黄。'于是天子遂东，始立后土祠汾阴脽丘，如宽舒等议。上亲望拜，如上帝礼。礼毕，天子遂至荥阳而还。过雒阳，下诏曰：'三代邈绝，远矣难存。其以三十里地封周后为周子南君，以奉其先祀焉。'是岁，天子始巡郡县，侵寻于泰山矣"①。

这一年，是神秘主义气氛弥漫汉廷的一年，也是方术思想甚嚣尘上的一年。汉武帝郊雍、祠后土之后，又"侵寻于泰山"。"侵"，或作"浸"，或作"寖"。"侵寻"，《史记会注考证》引张文虎曰："'侵寻'即'浸淫'。"②此后，汉武帝又得胶东方士栾大，栾大"敢为大言，处之不疑"，深得信用，数月间佩六印，封栾通侯、五利将军、天士将军、地士将军、大通将军、天道将军，赐列侯甲第，汉武帝又以卫长公主妻之，赍金万斤（《汉书·郊祀志上》作"赍金十万斤"），因而"贵震天下"，方士暴得富贵，刺激了社会上一大批期望以此谋进取的人，于是"海上燕、齐之间，莫不扼捥而自言有禁方能神仙矣"③。这年的夏天，又有汾阴巫人得宝鼎。有关官员论述得宝鼎的意义时，说到周失其鼎的历史。《汉书·武帝纪》记载，这一年秋天，又在渥洼水中得宝马。汉武帝于是作《宝鼎》《天马之歌》。当年，"立常山宪王子商为泗水王"④。其名号所以定为"泗水"，或许也与"秦灭周，周之九鼎入于秦，或曰宋太丘社亡，而鼎没于泗水彭城下"⑤的传说有关。所谓汉武帝《宝鼎之歌》，即《汉书·礼乐志》所载《郊祀歌》十九章中"《景星》十二"，其中写道：

　　景星显见，信星彪列。

　　象载昭庭，日亲以察。

　　参侔开阖，爰推本纪。

---

①　《史记》卷二八《封禅书》，第1389页。

②　（汉）司马迁撰，[日]泷川资言考证，[日]水泽利忠校补：《史记会注考证附校补》，上海古籍出版社1986年版，第795页。

③　《史记》卷二八《封禅书》，第1390—1391页。

④　《汉书》卷六《武帝纪》，第185页。

⑤　《史记》卷二八《封禅书》，第1365页。

汾脽出鼎,皇祐元始。①

"皇祐元始"一句,透露出这位迷信神仙的帝王,在这一年牢系于心的"宝鼎"情结的深层涵义。

对于"鼎"的特殊情怀,又使得他回顾了周王朝得鼎而又失鼎的兴衰史,于是有封周子南君,以期继承周祀一事。

《汉书·武帝纪》记载的汉武帝封周后诏,内容是这样的:

祭地冀州,瞻望河洛,巡省豫州,观于周室,邈而无祀。询问耆老,乃得孽子嘉。其封嘉为周子南君,以奉周祀。②

梁玉绳《史记志疑》卷一六将《史记·封禅书》记载的诏书与此对比,提出疑问:"封周后诏与《汉书·武纪》迥异,何也?"③其实,可能正如《史记会注考证》所说,"事同文异,盖班录全文,马从删略也。"④

可以推想,由于神仙方术思想在意识形态领域一时取得了统治地位,在这样的文化背景下,又有天子"瞻望河洛,巡省豫州,观于周室"的特殊际遇,洛阳的数术之士也有了"扼腕而自言有禁方能神仙"的机会。"雒阳虞初",很可能就是在这时开始接近权力中枢的。而虞初的著作题名《周说》,联系汉武帝"观于周室"并关注"周祀"的言行分析,推想或许也是别有深意的。

鲁迅《中国小说史略》说到虞初和他的著作:"虞初事详本志注,又尝与丁夫人等以方祠诅匈奴大宛,见《郊祀志》,所著《周说》几近千篇,而今皆不传。晋唐人引《周书》者,有三事如《山海经》及《穆天子传》,与《逸周书》不类,朱右曾(《逸周书集训校释》十一)疑是《虞初说》。"鲁迅又评价《汉书·艺文志》总结的"小说家"著述,他写道:"右所录小说十五家,梁时已仅存《青史子》一卷,至隋亦佚;惟据班固注,则诸书大抵或托古人,或记古事,托人者似子而浅薄;记事者,近史而悠谬者也。"鲁迅又说:"今审其书名,依人

---

① 《汉书》卷二二《礼乐志》,第1063页。

② 《汉书》卷六《武帝纪》,第183—184页。

③ (清)梁玉绳:《史记志疑》卷一六,中华书局1981年版,第812页。

④ (汉)司马迁撰,[日]泷川资言考证,[日]水泽利忠校补:《史记会注考证附校补》,第795页。

则伊尹鬻熊师旷黄帝,说事则封禅养生,盖多属方士假托。"①虞初的九百多篇作品,应当多是这类宣传数术思想的方士文学。

王瑶在《小说与方术》一文中曾经指出,"张衡所言小说本自虞初的说法,也就是说小说本自方士。证以《汉志》所列各家的名字和班固的注语,知汉人所谓'小说家'者,即指的是方士之言;而且这和《后叙》中小说家出于稗官的说法,也并不冲突。""无论方士或道士,都是出身民间而以方术知名的人,他们为了想得到帝王贵族们的信心,为了干禄,自然就会不择手段地夸大自己方术的效验和价值。这些人是有较高的知识的,因此志向也就相对地增高了;于是利用了这些知识,借着时间空间的隔膜和一些固有的传说,援引荒漠之世,称道绝域之外,以吉凶休咎来感召人;而且把这些来依托古人的名字写下来,算是获得的奇书秘籍,这便是所谓小说家言。"②

"雒阳虞初"的作品"几近千篇,而今皆不传",使我们无从接触这批了解当时思想文化史的重要资料,是很可惜的事。而后来小说家尊奉虞初为始祖,晚世小说家类又有《虞初新志》《广虞初新志》诸书,都说明了他对于这种文学现象的发生,确实有着重要的作用。而关心河洛地区区域文化的人们,也不应当忘记了他的历史贡献。③

---

① 《鲁迅全集》第9卷,人民文学出版社1981年版,第29、7页。
② 王瑶:《中古文学史论》,北京大学出版社1986年版,第102、108页。
③ 王子今:《"雒阳虞初"事迹考》,《河洛史志》1996年第2期。

八

北边区的军事文化

　　秦汉时期,所谓"北边",通常用以指代具有大致共同的经济文化特征的北部边地。[①] 司马迁《史记》已多见"北边"之称,如"始皇巡北边"[②],汉武帝"北至朔方,东到太山,巡海上,并北边以归","匈奴数侵盗北边","匈奴绝和亲,侵扰北边","北边未安"[③],"北边萧然苦兵矣"[④],"数苦北边"[⑤],"吾适北边"[⑥],"历北边至九原"[⑦]等。此外,又可以看到"北边郡"[⑧],"北边良将"[⑨],"北边骑士"[⑩]的说法。

　　秦汉时期北边地区作为农耕经济刚刚开拓的新区,民人多来自各地,其文化风格有综合各地传统的特色,只是更富有开创性,在"北边萧然苦兵"的背景下,又有勇悍尚武之风。

---

　　① "北边"之称可能先秦时期已经出现,《史记》卷八一《廉颇蔺相如列传》:"李牧者,赵之北边良将也。"然而此所谓"北边",所指称的地域幅面,较秦汉所谓"北边"要狭小得多。第 2449 页。
　　② 《史记》卷六《秦始皇本纪》,第 252 页。
　　③ 《史记》卷三○《平准书》,第 1419、1421、1422、1441 页。
　　④ 《史记》卷一二二《酷吏列传》,第 3141 页。
　　⑤ 《史记》卷九九《刘敬叔孙通列传》,第 2719 页。
　　⑥ 《史记》卷八八《蒙恬列传》,第 2570 页。
　　⑦ 《史记》卷一二《孝武本纪》,第 476 页;《史记》卷二八《封禅书》,第 1399 页。
　　⑧ 《史记》卷一七《汉兴以来诸侯王年表》,第 803 页。
　　⑨ 《史记》卷八一《廉颇蔺相如列传》,第 2449 页。
　　⑩ 《史记》卷三○《平准书》,第 1430 页。

1

秦及西汉时期,北边新经济区的建设受到特殊重视,农耕经济区与畜牧经济区的分界曾经逐渐向北推移。秦始皇时代已开始组织向北边移民,据《史记·秦始皇本纪》:

> 三十三年(前214),发诸尝逋亡人、赘婿、贾人……,以適遣戍,西北斥逐匈奴。自榆中并河以东,属之阴山,以为四十四县,城河上为塞。又使蒙恬渡河取高阙、阳山、北假中,筑亭障以逐戎人。徙谪,实之初县。
>
> 三十四年(前213),適治狱吏不直者,筑长城。
>
> 三十五年(前212),除道,道九原抵云阳,堑山堙谷,直通之。……益发谪徙边。……使扶苏北监蒙恬于上郡。
>
> (三十六年)迁北河榆中三万家,拜爵一级。[①]

西汉仍多次组织移民充实北边。汉文帝曾采纳晁错建议,募民徙塞下。汉武帝元朔二年(前127),募民徙朔方十万口。元狩三年(前120),徙贫民于关以西及充朔方以南新秦中七十万口。元狩五年(前118),徙天下奸猾吏民于边。[②] 此后,又不断向河西等地移民。《汉书·地理志下》说:"定襄、云中、五原,本戎狄地,颇有赵、齐、卫、楚之徙","(河西四郡)其民或以关东下贫,或以报怨过当,或以悖逆亡道,家属徙焉"。[③]《汉书·晁错传》记载,晁错曾经说到当时"募民徙边",在所谓"胡貉之地,积阴之处"建设农耕生产基地的措施:

> 相其阴阳之和,尝其水泉之味,审其土地之宜,观其草木之饶,然后营邑立城,制里割宅,通田作之道,正阡陌之界,先为筑室,家有一堂二内,门户之闭,置器物焉。民至有所居,作有所用,此民所以轻去故乡而劝之新邑也。为置医巫,以救疾病,以修祭祀,男女有昏,生死相恤,坟

---

① 《史记》卷六《秦始皇本纪》,第253、256—258、259页。

② 据《史记》卷三〇《平准书》、《汉书》卷六《武帝纪》、《汉书》卷四九《晁错传》。

③ 《汉书》卷二八下《地理志下》,第1645、1656页。

墓相从，种树畜长，室屋完安，此所以使民乐其处而有长居之心也。①
改变当地所谓"胡人衣食之业不著于地"的情形，打破"食肉饮酪，衣皮毛，
非有城郭田宅之归居，如飞鸟走兽于广墅，美草甘水则止，草尽水竭则移"②
的传统经济形式，推广中原农耕为基础的经济文化，需要有适宜的自然地理
条件，同时，政府鼓励性的组织管理形式也为这种地区经济形式的转换奠定
了必要的基础。这种转换过程又体现于《汉书·地理志下》的如下记述中：

> 自武威以西，本匈奴昆邪王、休屠王地，武帝时攘之，初置四郡，以
> 通西域，禹绝南羌、匈奴。其民或以关东下贫，或以报怨过当，或以悖逆
> 亡道，家属徙焉。习俗颇殊，地广民稀，水草宜畜牧，故凉州之畜为天下
> 饶。保边塞，二千石治之，咸以兵为务；酒礼之会，上下通焉，吏民相亲。
> 是以其俗风雨时节，谷价常贱，少盗贼，有和气之应，贤于内郡。此政宽
> 厚，吏不苛刻之所致也。③

在"地广民稀，水草宜畜牧"的匈奴故地，农耕经济发展至于"风雨时节，谷
价常贱"，除内地移民带来先进农业技术之外，又有"吏民相亲"，生产关系
"有和气之应"，"政宽厚，吏不苛刻"等因素的作用。

通过甘肃武威磨咀子 48 号汉墓出土的西汉木牛犁模型以及陕西绥德
王得元墓汉画像石牛耕图、陕西米脂汉画像石牛耕图、内蒙古和林格尔汉壁
画墓牛耕图等文物资料④，可知牛耕已在北边地区得到推广。由上述资料
可知，当地使用的犁架由犁梢、犁床、犁辕、犁衡、犁箭组成，作为畜力犁的主
体部件均已具备。辽宁辽阳三道壕西汉村落遗址出土的巨型犁铧，据推测
可能是用数牛牵引的开沟犁⑤，可以体现当时北边地区对于水利灌溉事业
的重视。《汉书·沟洫志》记载：汉武帝塞瓠子之后，"用事者争言水利，朔

---

① 《汉书》卷四九《晁错传》，第 2288 页。
② 《汉书》卷四九《晁错传》，第 2285 页。
③ 《汉书》卷二八下《地理志下》，第 1644—1645 页。
④ 甘肃省博物馆：《武威磨咀子三座汉墓发掘简报》，《文物》1972 年第 12 期；陕西省博物
馆、陕西省文物管理委员会：《陕北东汉画象石刻选集》，文物出版社 1959 年版；陕西省博物馆陕西
省文管会：《米脂汉画象石墓发掘简报》，《文物》1972 年第 3 期；内蒙古自治区博物馆：《和林格尔
汉墓壁画》。
⑤ 黄展岳：《近年出土的战国两汉铁器》，《考古学报》1957 年第 3 期。

方、西河、河西、酒泉皆引河及川谷以溉田"[1]。据《汉书·地理志下》记载,敦煌郡冥安县,"南籍端水出南羌中,西北入其泽,溉民田"。又龙勒县,"氐置水出南羌中,东北入泽,溉民田"[2]。《史记·匈奴列传》:

> 匈奴远遁,而幕南无王庭。汉度河自朔方以西至令居,往往通渠置田,官吏卒五六万人,稍蚕食,地接匈奴以北。[3]

以水利建设为基础的农耕经济,曾"稍蚕食"畜牧区地域,使农业区与牧业区之分界逐渐向北推移。汉武帝元鼎六年(前111),又令"上郡、朔方、西河开田官,斥塞卒六十万人戍田之"[4]。居延汉简所见"田卒""治渠卒"诸称谓,可能即此次北边经济开发事业的文字遗存。辽阳三道壕西汉村村落遗址中畜圈邻近厕所,内中多积有粪肥[5],说明当时所谓"务粪泽"[6]的农田施肥技术已经推广至北边地区。居延汉简中可见有关"运粪"的内容,如"□以九月旦始运粪"(73.30)[7]。居延汉简又可见所谓"代田仓"(148.47,273.14,273.24,275.19,275.23,534.3,557.3,557.5A,557.5B),[8]许多学者据此以为中原先进耕作方法"代田法",当时已经在北边推广。内蒙古和林格尔汉墓出土反映庄园经济的壁画如农耕图、园圃图、采桑图、果林图、畜牧图、网渔图、谷仓图、酿造图等,也体现出当地农业及其他多种经营的发展水平[9]。

2

在秦汉长城的防务体系中,交通道路对于北边军事局势具有决定性的意义,秦汉帝国致力于却敌开边的决策者对此无不予以特别的重视。出于

---

① 《汉书》卷二九《沟洫志》,第1684页。

② 《汉书》卷二八下《地理志下》,第1614页。

③ "往往通渠置田,官吏卒五六万人",或断作"往往通渠置田官,吏卒五六万人"。《史记》一一〇《匈奴列传》,第2911页。

④ 《史记》卷三〇《平准书》,第1439页。

⑤ 东北博物馆:《辽阳三道壕西汉村落遗址》,《考古学报》1957年第1期。

⑥ 万国鼎辑释:《氾胜之书辑释》,农业出版社1980年版,第21页。

⑦ 谢桂华、李均明、朱国炤:《居延汉简释文合校》,文物出版社1987年版,第129页。

⑧ 谢桂华、李均明、朱国炤:《居延汉简释文合校》,第248、460、461、464、465、646、653、654页。

⑨ 盖山林:《和林格尔汉墓壁画》,内蒙古人民出版社1977年版。

战争的需要,北边交通系统具有更完备的结构,不仅有与长城并行横亘万里的主要干线,也包括出塞道路和与内地联系的许多条大道,以及保证北边新经济区正常生产与流通的疏密相间的道路网。

北边道的建设,对于当时北边地区的经济文化形势,有着突出的作用。

北边道的最初经营可以上溯到战国时代。

《史记·匈奴列传》记载:"秦有陇西、北地、上郡,筑长城以拒胡。而赵武灵王亦变俗胡服,习骑射,北破林胡、楼烦,筑长城,自代并阴山下,至高阙为塞。而置云中、雁门、代郡。""燕亦筑长城,自造阳至襄平。置上谷、渔阳、右北平、辽西、辽东郡以拒胡。当是之时,冠带之国七,而三国边于匈奴。"①且以当时三国北边防线中部,也是创建较早、地段最长的赵长城为例,《史记·赵世家》说:赵肃侯十七年(前333),"围魏黄,不克。筑长城"。张守节《正义》:"刘伯庄云:'盖从云中以北至代。'按:……又疑此长城在漳水之北,赵南界。"②而赵武灵王十九年,"王北略中山之地,至于房子,遂之代,北至无穷,西至河,登黄华之上。召楼缓谋曰:'我先王因世之变,以长南藩之地,属阻漳、滏之险,立长城'"③。可见赵肃侯所筑长城确在赵南界。虽然早年赵襄子也曾并戎取代以攘诸胡,但赵北境得以巩固是在赵武灵王时。赵武灵王行胡服骑射时,曾经申明己志:"虽驱世以笑我,胡地中山吾必有之。"④大约后来果然如愿以偿,于是在二十七年传国,立子子何以为王,而自号为"主父"。正如《史记·匈奴列传》所记述,在赵武灵王时代,赵国北境开始营筑长城。此后李牧驻守代郡、雁门,"十余岁,匈奴不敢近赵边城"⑤,赵长城防务已经较为完备,事在赵孝成王当政时。

据《史记·赵世家》记述,赵惠文王元年,"主父欲令子主治国,而身胡服将士大夫西北略胡地,而欲从云中、九原直南袭秦,于是诈自为使者入秦。""三年,灭中山,迁其王于肤施。起灵寿,北地方从,代道大通。还归,行赏。"⑥不过数年之间,赵国实际最高执政者竟然频繁往复在北边活动,所

---

① 《史记》卷一一〇《匈奴列传》,第2885、2886页。
② 《史记》卷四三《赵世家》,第1802页。
③ 《史记》卷四三《赵世家》,第1805—1806页。
④ 《史记》卷四三《赵世家》,第1807页。
⑤ 《史记》卷八一《李牧列传》,第2450页。
⑥ 《史记》卷四三《赵世家》,第1812—1813页。

谓"北地方从,代道大通"者,说明当时赵长城防区已经开通条件良好的交通道路。赵武灵王策划从云中、九原南袭秦,说明这条道路的通行条件可能已较赵从南路击秦更为便利。可见,在长城最初发挥防卫作用的同时,北边道路也已初步开通。

秦统一后,将原有燕、赵、秦诸国长城连贯为一,在全国征调劳力,进行规模宏大的长城工程。《史记·六国年表》:秦始皇三十三年(前214),"筑长城河上,蒙恬将三十万。"①《史记·蒙恬列传》:"秦已并天下,乃使蒙恬将三十万众北逐戎狄,收河南。筑长城,因地形,用制险塞,起临洮,至辽东,延袤万余里。于是渡河,据阳山,逶蛇而北。暴师于外十余年。"②筑城工程仅"河上"一段,就用卒三十万。司马迁亲自考察这一段长城后曾感叹说:"蒙恬所为秦筑长城亭障,堑山堙谷,通直道,固轻百姓力矣。"③《淮南子·人间训》:"因发卒五十万,使蒙公、杨翁子将筑长城,西属流沙,北击辽水,东结朝鲜。中国内郡輓车而饷之。"④所谓"三十万""五十万"者,仅指卒而言。《史记·六国年表》:"適治狱不直者筑长城。"⑤《史记·秦始皇本纪》:"史官非秦记皆烧之","令下三十日不烧,黥为城旦"。裴骃《集解》引如淳曰:"《律说》:'论决为髡钳,输边筑长城,昼日伺寇虏,夜暮筑长城。'"⑥可见当时长城工程中作为"徒"的筑城人员更不在少数。张维华先生在《中国长城建置考(上编)》中估计,长城工程劳役用工,"总在伍士兵及戍卒与罪谪计之,当不下数百万人。"⑦姑且不考虑施工时木石等建筑材料的运输以及工程人员来往的需要,仅"中国内郡輓车而饷之"的施工人员口粮,以100万人计,每年至少需3000万石以上⑧。据秦汉运输车辆装载粮食的一般定

① 《史记》卷一五《六国年表》,第758页。
② 《史记》卷八八《蒙恬列传》,第2565—2566页。
③ 《史记》卷八八《蒙恬列传》,第2570页。
④ 何宁:《淮南子集释》,第1288—1289页。
⑤ 《史记》卷一五《六国年表》,第758页。
⑥ 《史记》卷六《秦始皇本纪》,第255页。
⑦ 张维华:《中国长城建置考(上编)》,中华书局1979年版,第131页。
⑧ 云梦睡虎地出土秦《仓律》:"城旦之垣及它事而劳与垣等者,旦半夕参。"则筑城者每月口粮合2石5斗,每年计30石。由居延汉简中的材料可知,汉代戍边吏卒月食粟"三石三斗三升少",计每年40石。睡虎地秦墓竹简整理小组:《睡虎地秦墓竹简》,文物出版社1990年版,释文注释第33页。

额每车二十五斛①计算,转运这些粮食,每年就需要运输车辆 120 辆次。施
工人员分布长城沿线,连绵数千里,输运给养保证施工必然要求沿线交通道
路的畅通。

长城作为军事防御设施也必然要以交通道路作为辅助结构。自春秋晚
期起,车战作为主要作战方式走向衰落,但在秦汉之际,兵车在战争中仍发
挥一定的作用。秦始皇陵兵马俑军阵表现为以兵车为主,步骑为辅的形式。
秦末及汉匈战争中仍有车战。《史记·陈涉世家》记载:起义军攻陈时,有
车六七百乘,周文至关,有车千乘。《史记·孝文本纪》说,汉文帝十四年
(前 166),匈奴入边为寇,文帝发"车千乘,骑卒十万"②往击匈奴。直到汉
武帝时代,卫青、霍去病与匈奴战塞北,曾"令武刚车自环为营"③。李陵困
于匈奴围中,也曾经"军居两山间,以大车为营"④。秦汉之际,长城沿线巡
边防卫以及出击,都当有兵车队列,大队兵车的通行必然要求交通道路的平
整和畅通。

秦汉长城防御体系由北边道连贯为一体。这也是北边文化区得以成立
的基本条件之一。

史书中可以看到中央政府派员沿这条道路巡行北部边防的记载。例
如,汉武帝后元二年(前 87)左将军上官桀巡行北边⑤;新莽始建国三年
(11)"遣尚书大夫赵并使劳北边"⑥;天凤元年(14)"谏大夫如普行边
兵"⑦,等等。史籍中关于秦汉时代北边道路通行状况的最明确的说明,莫
过于关于帝王亲自循北边巡行的记载。《史记·秦始皇本纪》记载,二十七
年(前 220),"始皇巡陇西、北地,出鸡头山,过回中"⑧。陇西郡正在当时长
城线的西端,而所谓"鸡头山",张守节《正义》引《括地志》:"《后汉书·陇

① 《九章算术·均输》:"一车载二十五斛。"裘锡圭《汉简零拾》一文谈居延汉简所反映用车
运输的情况,引述每车所载粮食为 25 石的简文多至十数例(《文史》第 12 辑,中华书局 1981 年
版)。大概汉时车载 25 斛,是一般的定额。
② 《史记》卷一〇《孝文本纪》,第 428 页。
③ 《史记》卷一一一《卫将军骠骑列传》,第 2935 页。
④ 《汉书》卷五四《李广传》,第 2452 页。
⑤ 《汉书》卷七《昭帝纪》,第 218 页。
⑥ 《汉书》卷九九中《王莽传中》,第 4125 页。
⑦ 《汉书》卷九九中《王莽传中》,第 4138 页。
⑧ 《史记》卷六《秦始皇本纪》,第 241 页。

器传》云'王莽塞鸡头.'即此也。"①可见也是著名要塞。秦始皇三十二年（前215），曾经东临勃海边，"刻碣石门"，又"巡北边，从上郡入"②，当大致经行了北边道路的大部区段。秦始皇三十七年（前210），出巡途中病故沙丘平台，李斯、赵高秘不发丧，棺载温凉车中，"从井陉抵九原"③而后归，并不急于回归咸阳控制统治中枢，特意绕行北边，说明这次出巡的既定路线是巡行北边后由直道返回咸阳的。完全循行秦始皇生前规划的路线，意在稳定政局，有计划有步骤地除去公子扶苏等人，充分表现出李斯、赵高等谋略的缜密。汉高祖率军平叛曾经亲赴平城，遭遇白登之围。平城是北边道上军事要地。汉武帝元鼎五年（前112），曾经自雍出发，"至陇西，西登崆峒"④，元封元年（前110），汉武帝再次视察长城防线，"行自云阳，北历上郡、西河、五原，出长城，北登单于台，至朔方，临北河"，经行北边道西段。同年，又北行"至碣石，自辽西历北边九原归于甘泉"⑤，亲自巡察了北边道的东段和中段。元封四年（前107），汉武帝又曾"通回中道，遂北出萧关，历独鹿、鸣泽，自代而还"⑥。也在北边道留下了辙迹。司马迁在《史记·蒙恬列传》中说："吾适北边，自直道归，行观蒙恬所为秦筑长城亭障"⑦，可能也是跟随汉武帝出行的经历。

帝王出巡，常常随行大队车骑，如《续汉书·舆服志上》所谓"乘舆大驾"，"属车八十一乘，备千乘万骑"⑧。秦始皇、汉武帝皆曾巡行北边，北边道自当有可适应帝王乘舆通过的规模。皇帝出行，"郡国皆豫治道"⑨。《盐铁论·散不足》也说到帝王出巡时，"数幸之郡县，富人以资佐，贫者筑道旁"⑩的情形。秦始皇、汉武帝巡行北边，必然会促进北边交通道路的建设。

① 《史记》卷六《秦始皇本纪》，第241页。
② 《史记》卷六《秦始皇本纪》，第251、252页。
③ 《史记》卷六《秦始皇本纪》，第264页。
④ 《史记》卷二八《封禅书》，第1394页。
⑤ 《汉书》卷六《武帝纪》，第189、192页。
⑥ 《汉书》卷六《武帝纪》，第195页。
⑦ 《史记》卷八八《蒙恬列传》，第2570页。
⑧ 《续汉书·舆服志上》，《后汉书》，第3648页。
⑨ 《汉书》卷二四下《食货志下》，第1173页。
⑩ 王利器校注：《盐铁论校注（定本）》卷六《散不足》，第355页。

　　秦汉交通道路多为土质路面,遇雨雪则难以通行,平时也需要经常养护维修。北边道路的建设和养护曾经受到充分的重视。居延汉简中有这样的内容:

　　　　●开通道路毋有章处☑　　　　　　　　　　　E.P.T65:173①

可见修筑道路并保证其畅通,不使出现阻障,也是长城防务人员的重要职责之一。又如:

　　　　☑□□车马中央未合廿步溜漉不可　　　　　　　E.P.T65:230②

说明了对于北边道路雨后养护的严格要求。通过"中央""廿步"等字样,也可以推想北边道干线的规模。居延汉简中可以看到所谓"除道卒"(87.7,87.8)③字样,其身份大约就是专职筑路养路的士兵。甘谷汉简中说到"有警,□[吏]□[民]运给军粮"之外,尚需缴纳所谓"道桥钱",甚至刘氏宗室也不能幸免,致使"役使不得安土业"④。可见为保证北边道路的通达所调发的劳役,竟然成为当地居民的沉重负担。

　　《史记·绛侯周勃世家》记述周勃"从高帝击反韩王信于代","后击韩信军于硰石(张守节《正义》:在楼烦县西北),破之,追北八十里。还攻楼烦三城,因击胡骑平城下,所将卒当驰道为多。勃迁为太尉。"⑤驰道,作为秦汉时期的主要交通干线,营建时有严格的设计规格和施工要求,是区别于普通道路的高速道路。北边长城防线有驰道沟通,也说明了北边交通对于秦汉帝国兴衰存亡的重要意义。

　　北边道与其他交通道路系统的主要区别之一,首先在于它的军事意义。这一交通道路系统的通行状况,直接关系到北部边防的军事局势。

　　在长城防线构成之后,北边道的作用首先在于强化防务,维持整个防御系统中各个边防城塞之间的联系。汉武帝策划马邑之谋,单于以10万骑入武州塞,汉伏兵30万屯马邑旁谷中欲聚歼之,就是由于匈奴攻破与整个防

---

　　① 甘肃省文物考古研究所、甘肃省博物馆、中国文物研究所、中国社会科学院历史研究所编:《居延新简:甲渠候官》,中华书局1994年版,第190页。
　　② 甘肃省文物考古研究所、甘肃省博物馆、中国文物研究所、中国社会科学院历史研究所编:《居延新简:甲渠候官》,第191页。
　　③ 谢桂华、李均明、朱国炤:《居延汉简释文合校》,第152页。
　　④ 张学正:《甘谷汉简考释》,《汉简研究文集》,甘肃人民出版社1984年版,第88—89页。
　　⑤ 《史记》卷五七《绛侯周勃世家》,第2069、2070页。

区失去联系的烽燧，"得武州尉史"，因而事泄，导致整个计划的失败。① 这里说到的"武州尉史"，《史记·匈奴列传》作"雁门尉史"，"烽燧"则作"亭"②。史书所记载，往往"亭燧"并称，抑或写作"亭障""亭徼""亭候""亭塞"。燧、障、徼、候、塞是防御机构，而"亭"则最初属于交通系统。如《汉书·百官公卿表上》："大率十里一亭，亭有长。"③又《汉书·西域传下》："稍筑列亭，连城而西。"④以及《后汉书·循吏传·卫飒》："凿山通道五百余里，修亭传，列邮驿"⑤等。《史记·平准书》说，汉武帝"北出萧关，从数万骑，猎新秦中，以勒边兵而归。新秦中或千里无亭徼，于是诛北地太守以下。"⑥可见"亭"在边防地区的作用。居延汉简中有亭燧、亭障、塞亭、燧亭、关亭、望亭、戍亭诸称，"亭"逐渐与障、隧、候、塞等意义混同，由交通系统演化为军事组织的名称，可以说明长城防线上军事防御设施与北边道路的关系。居延汉简 29.7："四月丙子肩水驿北亭长敏以私印兼行候事"，陈梦家先生在《汉简考述》一文中指出："以亭长兼行候事犹以隧长兼行候事之例，则亭长属于候官系统。"他又曾根据汉简中的有关资料列出邮站表，指出："邮为传递文书的专门机构，它与亭、传、置、驿并为大道上有关交通的设置，且往往重叠于一处互相通用"，"表中所列，显然与塞隧相联系，因此所谓邮站多数为隧，少数为亭、驿、关"⑦。这一现象，可能是北边长城沿线地区与内地不同之处。居延地区亭长与燧长月奉钱均为六百，可归于同一秩别。又"三塖燧长徐宗自言故霸胡亭长"(3.4)，"第十八隧长郑强徙补郭西门亭长"(258.15)⑧，也说明原本分管交通与警卫的亭燧长官职能相近，可以互调，应属于同一指挥系统。

从居延汉简提供的材料看，当地烽燧等许多防卫建筑确实靠近交通要

---

① 《史记》卷一〇八《韩安国列传》，第 2862 页。
② 《史记》卷一一〇《匈奴列传》，第 2905 页。
③ 《汉书》卷一九上《百官公卿表上》，第 742 页。
④ 《汉书》卷九六下《西域传下》，第 3912 页。
⑤ 《后汉书》卷七六《循吏传·卫飒》，第 2459 页。
⑥ 《史记》卷三〇《平准书》，第 1438 页。
⑦ 陈梦家：《汉简缀述》，中华书局 1980 年版，第 28—29 页。
⑧ 谢桂华、李均明、朱国炤：《居延汉简释文合校》，第 1、428 页。

道。例如金关同时又名"通道厩"①，简文中还可见"道上亭驿"（149.27）、"甲渠河南道上塞"（E.P.F.16∶3）、"县索关门外道上燧"（E.P.F16∶6）、"临道亭长"（308.17,E.P.T.52∶7）、"当道田舍"（217.16）等字样。② 烽燧障塞，如同甲胄零散的铁片，而交通道路就像坚韧的韦带，将它们牢牢系结为一体。

北边道不仅有联系长城防线各个据点以加强防务的作用，尤其对于在长城以外进击匈奴有重要意义。从汉武帝元光元年（前134）以卫尉李广为骁骑将军，屯云中；以中尉程不识为车骑将军，屯雁门，防御匈奴始，至征和三年（前90）贰师将军李广利出五原，御史大夫商丘成出西河，重合侯莽通（马通）出酒泉击匈奴止，仅汉武帝时代，汉军数十次利用北边道运动集结兵力，由北边各郡出击匈奴，其中分多路同时出击的战役凡11次③，由此可以体现出北边道将整个长城防区联系为一个整体的作用。

由于史籍记载的简略，我们难以详细了解当时北边道上各边郡同时紧张备战的情形。然而有的史例，如元朔六年（前123）春，卫青将六将军兵十余万骑出定襄，还，休息士马于定襄、云中、雁门，两个月后，又率这支部队由定襄出击；以及征和三年（前90）汉军由五原、西河、酒泉同时出兵，都可以说明边郡之间运输的方便与联系的畅通。而元鼎五年（前112）、元封元年（前110）汉武帝两次亲自巡边，前者"从数万骑"④，后者"勒兵十八万骑"⑤，尤其可以说明北边道路用于行军和运输的良好效能。

3

北边地区的特殊文化风格的形成，与这一地区与其他文化区的特殊联

① 甘肃居延考古队：《居延汉代遗址的发掘和新出土的简册文物》，《汉简研究文集》，甘肃人民出版社1984年版，第486页。
② 谢桂华、李均明、朱国炤：《居延汉简释文合校》，第249、348、503页；甘肃省文物考古研究所、甘肃省博物馆、中国文物研究所、中国社会科学院历史研究所编：《居延新简∶甲渠候官》，第207页。
③ 《汉书》卷六《武帝纪》。
④ 《史记》卷三〇《平准书》，第1438页。
⑤ 《史记》卷一一〇《匈奴列传》，第2912页。

系有着密切的关系。

　　长城工程的修筑,北边防务的加强,特别是汉武帝时代对匈奴频繁用兵的军事形势,使得北边区吸引了全国的兵员和物资。作为民族英华的青壮军人,和作为农耕成就的精良粟米,都曾经以空前的规模向北边区集中。

　　《史记·卫将军骠骑列传》记载,元狩四年(前119)春,卫青、霍去病各将五万骑击匈奴,"步兵转者踵军数十万",张守节《正义》:"言转运之士及步兵随后又数十万人。"①从事辎重转运的军士可能数倍于作战主力部队。李陵任骑都尉,汉武帝以为有李广之风,曾欲使为李广利将辎重,可见辎重在远征军中的地位。李陵力请"愿得自当一队",所部亦有所辖辎重,在匈奴围中,曾"以大车为营"②。《汉书补注》引沈钦韩曰:"陵以此车载辎重,固行阵,备冲突","要其临斗,乃用车骑,未尝以车战也"。③ 指出当时军中车辆的主要作用在于运输作战物资。李陵出师时,"关东群盗妻子徙边者随军为卒妻妇,大匿车中"④,可见军中辎重车不仅数量多,也有较大容量。汉和帝永元元年(89),窦宪率骁骑三万北征匈奴,勒石燕然,去塞三千余里,军车达"万有三千余乘",号称"长毂四分,云辎蔽路"⑤。可见征途愈远,军中辎重的比例当愈大。巫蛊之祸时,卫太子刘据曾经"发中厩车载射士,出武库兵"⑥,李陵军陷重围,矢尽弃车⑦,以及东汉灵帝时零陵太守杨琁镇压苍梧、桂阳起义时"为兵车,专毂弓弩"⑧,都说明有些车辆大约是专门装载消耗较大的箭矢一类作战物资的。司马迁曾经对霍去病出征时"天子为遣太官赍数十乘,既还,重车余弃粱肉,而士有饥者"⑨提出批评。看来,汉代军中有时为高级军官所备食品专车竟可至数十乘。当然,所谓辎重主要是指部队士卒最必要的食用军粮。以元狩四年(前119)卫青、霍去病北击匈奴为例,主力部队10万骑,马匹14万。卫青将5万骑,出塞千余里;

① 《史记》卷一一一《卫将军骠骑列传》,第2934、2935页。
② 《汉书》卷五四《李广传》,第2451、2452页。
③ (汉)班固撰,(清)王先谦补注:《汉书补注》,第3955页。
④ 《汉书》卷五四《李广传》,第2453页。
⑤ 《后汉书》卷二三《窦宪传》,第815页。
⑥ 《汉书》卷六三《武五子传·戾太子刘据》,第2743页。
⑦ 《汉书》卷五四《李广传》,第2454页。
⑧ 《后汉书》卷三八《杨琁传》,第1288页。
⑨ 《史记》卷一一一《卫将军骠骑列传》,第2939页。

霍去病亦将 5 万骑,车重与大将军卫青等,出代两千余里。《汉书·匈奴传下》:"计一人三百日食,用糒十八斛,非牛力不能胜;牛又当自赍食,加二十斛。"①《汉书·赵充国传》:"军马一月之食,度支田士一岁。"②部队往返行程 2 千余里至 4 千余里,姑且以前后历时约 40 日计,当需军粮 4752000 斛以上。其中"步兵转者踵军数十万",此仅以 20 万计。虽然军士出发时有可能自身携带数日军粮,作战中又有"得匈奴积粟食军"③的偶然情形,然而以汉代运车车载 25 斛的一般标准折算,边郡至少需有 20 万辆运车装载的军粮储备是必然无疑的,如考虑到部队集结及作战准备时的消耗,则需用量当数倍于此。

《墨子·备城门》:"城池修,守器具,樵粟足","此所以持也"。④ 军粮充备,是防务强固的首要条件。汉宣帝时,根据耿寿昌的建议,"边郡皆筑仓,以谷贱时增其价而籴,以利农,谷贵时减贾而粜,名曰'常平仓'。民便之"⑤。而《汉书·宣帝纪》记载:"大司农中丞耿寿昌奏设常平仓,以给北边,省转漕。"⑥大约当时设仓的本意,主要还是在于供给北边军用,而并不在于出粜。据考察,敦煌郡玉门都尉统辖 T.18 烽燧"位于敦煌玉门关的大道旁","该烽燧正北为一仓储遗址,今称大方盘城。这座仓储平面呈长方形,东西长 32 米,南北宽 15 米,有些地方的墙垣仍高 7.6 米。仓房有大厅三间,各厅南北两面墙上,都有两排对称的三角形通风孔。仓外有两重围墙"⑦。位于陕西华阴,连接黄河与漕渠运输以供应京师粮食消费的著名的汉华仓,其中 1 号仓遗址,东西长 62.5 米,南北宽 26.6 米,面积不过 1662.5 平方米⑧。如果所谓大方盘城为仓储的判断不误,则这座位于长城防线最西端的粮仓面积竟超过汉华仓 1 号仓,达 1980 平方米。由此可知当时北边

---

① 《汉书》卷九四下《匈奴传下》,第 3824 页。

② 《汉书》卷六九《赵充国传》,第 2987 页。

③ 《史记》卷一一一《卫将军骠骑列传》,第 2935 页。

④ 岑仲勉注:"持,犹持久之持,亦守也。"岑仲勉:《墨子城守各篇简注》,中华书局 1958 年版,第 4 页。

⑤ 《汉书》卷二四上《食货志上》,第 1141 页。

⑥ 《汉书》卷八《宣帝纪》,第 268 页。

⑦ 林梅村、李均明:《疏勒河流域汉代边塞遗址概述》,《疏勒河流域出土汉简》,文物出版社 1984 年版,第 18 页。

⑧ 陕西省考古研究所:《西汉京师仓》,文物出版社 1990 年版,第 10 页。

道上仓储设施的规模。居延汉简中所见明确的仓名就有:斥胡仓,吞远仓,吞远隧仓,□曲仓,收虏仓,廿三仓,第廿三仓,第廿三隧仓,第廿六、廿五仓,肩水仓,□渠仓,候官仓,代田仓,居延仓,居延都尉仓,居延城仓,城仓,部仓,都仓,县仓,北仓,北部仓,禄福仓,庶虏仓,藉田仓,当曲仓等。敦煌汉简中也可见交河曲仓、居卢訾仓、昌安仓、玉门仓、郡仓等仓名。其中或当有一仓异名者。居延汉简简文有:

今余谷万二千四百七十三石三斗□　　　　　　　　　　112.2

●凡谷万六千四百□　　　　　　　　　　　　　　　　112.6①

可知当地确实有储量较大的仓。又如简 133.13、505.20:

出转钱万五千给吞远仓十月丙戌吞远候史彭受令史

●凡五十八两　用钱七万九千七百一十四　钱不儋就□②

一次支付僦费即多达近 8 万钱。汉代雇佣私车的运输费用,一般是"僦一里一钱","转钱""就钱(僦钱)"结算数以万计,可见运量之大与运程之远。③

　　河西地区出土汉简中还可以看到远郡仓名,如"蜀郡仓""渭仓",以及北地或安定"嘉平仓"等④。居延汉简简文中,又可见所谓"□输居延尽二月"(119.50)⑤,如果"尽二月"是指运行历时达二月,则可以说明军粮往往自远道运输而来。秦汉史籍中多见"千里负担馈粮""万里运粮"的记载,《盐铁论·徭役》中说,当时转运往往"近者数千里,远者过万里,历二期"⑥,往返历时可至二年。居延汉简中多见"车父"之称,陈直《史记新证》在《田叔列传》任安"为人将车之长安"条下说:"汉代为人御车者称为车父。"⑦其实由简文可知,"车父"与"将车"者身份不同,"车父"可能是以用

① 谢桂华、李均明、朱国炤:《居延汉简释文合校》,第 181 页。

② 谢桂华、李均明、朱国炤:《居延汉简释文合校》,第 222、605 页。

③ 《九章算术·均输》:"一车载二十五斛,与僦一里一钱。"居延汉简 506.27,502.8,505.15 中,每车"僦钱"为 1347 钱。裘锡圭以为:"这样不整齐的数字,也只有用'与僦一里一钱'这种以里计费的办法,才能算出来。由此可知,《九章算术》算题里假设的情况,的确是汉代实际情况的反映。"(《汉简零拾》,《文史》第 12 辑)其实,僦钱 1347 钱之例,并非只与"与僦一里一钱"的计费办法相合,1 里 3 钱也是可能的。当然,即使以 1 里 3 钱计,僦费多达近 8 万钱,仍然反映运量的浩大与运程的辽远。

④ 王子今:《秦汉交通史稿》(增订版),中国人民大学出版社 2013 年版,第 331 页。

⑤ 谢桂华、李均明、朱国炤:《居延汉简释文合校》,第 195 页。

⑥ 王利器校注:《盐铁论校注(定本)》卷九《徭役》,第 520 页。

⑦ 陈直:《史记新证》,天津人民出版社 1979 年版,第 161 页。

私车完成远程运输作为劳役内容的服役者。"车父"可知明确原籍者有南阳、魏郡、淮阳、梁国等地。劳榦在《论汉代之陆运与水运》一文中说："运输之车运至塞上者,且远自梁国魏郡诸境","今据汉简之文,山东之车率以若干车编为车队,行数千里,转运之难,大略可想"。①简文可见"■右新阳第一车十人"(515.16)②。新阳县有二,一在东海郡,一在汝南郡,当属长途运车。车序前标示县名的简例,又有"馆陶第一车"(81.1)、"馆陶邑第一车"(311.13)、"叶第一车"(E.P.T59:323)、"冠军第二车"(180.8)、"贝丘第四车"(428.2A)、"贝丘第五车"、"贝丘第九车"、"贝丘第十一车"、"宅廧第廿车"(24.6)③。所标记的县名,分别属于魏郡、南阳郡、清河郡。"宅廧"县名无考,疑或与济阴郡庍、清河郡厝县有关。居延汉简中所见记录车列序次的简文,多者至"第卅四车"(E.P.T52:139)④。又如前引简505.20,以58辆车为一个核算单位,很有可能是编队运行的一个运输集体。居延汉简中还有:

　　□二百七十五两输居延

　　□三十六两输橐他□　　　　　　　　　　　　　　32.18A

　　□九十四两输居延

　　□七十两输橐他⑤　　　　　　　　　　　　　　　32.18B⑥

这或许是河西边防局部地区内运输调度的记录。又如:

　　□有二千两车在居延北汝往当见车　　　　　　　E.P.F22:449⑦

敦煌汉简中又有:

────────────

①　劳榦:《论汉代之陆运与水运》,《历史语言研究所集刊》第16本,第81页。
②　谢桂华、李均明、朱国炤:《居延汉简释文合校》,第628页。
③　谢桂华、李均明、朱国炤:《居延汉简释文合校》,第36页,143、288、507、558页;甘肃省文物考古研究所、甘肃省博物馆、中国文物研究所、中国社会科学院历史研究所编:《居延新简:甲渠候官》,第166页。
④　甘肃省文物考古研究所、甘肃省博物馆、中国文物研究所、中国社会科学院历史研究所编:《居延新简:甲渠候官》,第102页。
⑤　《居延汉简甲乙编》释文作"□十一两输橐他",据裘锡圭《〈居延汉简甲乙编〉释文商榷(续二)》(《人文杂志》1982年第4期)订正。
⑥　谢桂华、李均明、朱国炤:《居延汉简释文合校》,第50页。
⑦　甘肃省文物考古研究所、甘肃省博物馆、中国文物研究所、中国社会科学院历史研究所编:《居延新简:甲渠候官》,第224页。

☐☐假☐☐☐☐☐出牛车转绢如牒毋失期仴出牛车毋☐☐ 1383①

居延汉简中也有"☐牛车如牒簿出入敢言☐"（218.5）、"☐有事☐输居延如律"（58.22）②，又有的简文中"车父"同时又称"戍卒"（303.6、303.1），或同时称"卒"（E.P.T50:30），或称"车卒"（83.5A）、"车父卒"（484.67，E.P.T52:167）以及"车父车卒"（83.5A）等。③

看来，北边地区通过北边道这一有明显军事化特征的交通运输系统，不仅实现了本地区辽阔地域间的文化联系，也使得其他文化区的影响能够对这一新兴的文化区的文化风格发生重要的历史作用。

4

不仅内地曾向塞上大规模移民，秦汉时代还多次发生北方游牧族在塞外依长城定居的情形。汉武帝元狩二年（前121），匈奴昆邪王杀休屠王并将其众合4万余人来降，置五属国以处之。汉宣帝五凤三年（前55），汉置西河及北地属国都尉以安处匈奴之归附者。甘露三年（前51），呼韩邪单于上书愿保卫上谷以西至敦煌。两汉之际，匈奴骑兵多次被引入内地作战。东汉时，匈奴、乌桓、鲜卑往往归附，甚至入塞内屯居。《后汉书·章帝纪》及《西域传》序说，章帝建初二年（77），汉罢伊吾卢屯兵，北匈奴因遣兵复屯其地。④ 这是先进的农业生产方式对游牧族发生影响的实例之一。

汉与塞外游牧族之间的经济联系得以实现的主要渠道之一，即北边道上的关市贸易。《史记·匈奴列传》记载："孝景帝复与匈奴和亲，通关市，给遗匈奴，遗公主，如故约。"汉武帝即位后，"明和亲约束，厚遇，通关市，饶给之。"后来虽然匈奴"往往入盗于汉边，不可胜数。然匈奴贪，尚乐关市，

---

① 甘肃省文物考古研究所编，吴礽骧、李永良、马建华释校：《敦煌汉简释文》，甘肃人民出版社1991年版，第144页。

② 谢桂华、李均明、朱国炤：《居延汉简释文合校》，第103、350页。

③ 谢桂华、李均明、朱国炤：《居延汉简释文合校》，第147、496、584页；甘肃省文物考古研究所、甘肃省博物馆、中国文物研究所、中国社会科学院历史研究所编：《居延新简：甲渠候官》，第65、103页。参看王子今：《居延汉简所见〈车父名籍〉》，《中国历史博物馆馆刊》1992年总第18—19期；《关于居延"车父"简》，《简帛研究》第2辑，法律出版社1996年版。

④ 《后汉书》卷三《章帝纪》，第135页；《后汉书》卷八八《西域传》，第2910页。

嗜汉财物,汉亦尚关市不绝以中之"①。汉武帝征和四年(前89),单于遣使遗汉书云:"欲与汉闿大关②,取汉女为妻,岁给遗我蘖酒万石、稷米五千斛、杂缯万匹,它如故约,则边不相盗矣。"③《汉书·昭帝纪》记载:始元五年(前82),汉罢马、弩关。颜师古注引孟康曰:"旧马高五尺六寸齿未平,弩十石以上,皆不得出关,今不禁也。"④《后汉书·孔奋传》记载,两汉之际,"天下扰乱,唯河西独安,而姑臧称为富邑,通货羌、胡,市日四合"。李贤注:"古者为市,一日三合","今既人货殷繁,故一日四合也"。⑤ 东汉明帝永平七年(64),北匈奴"欲合市,遣使求和亲,显宗冀其交通,不复为患,乃许之"⑥。章帝元和元年(84),"武威太守孟云上言北单于复愿与吏人合市",诏许之,"北单于乃遣大且渠伊莫訾王等,驱牛马万余头来与汉贾客交易"。⑦《后汉书·刘虞传》说,刘虞"劝督农植,开上谷胡市之利,通渔阳盐铁之饶,民悦年登"⑧。说明关市贸易对于塞内外经济发展都有积极的意义。内蒙古和林格尔汉墓壁画中有"宁城图",在城中广场上,有四方形墙垣,标识"宁市中"三字,考古工作者以为此即文献记载所谓"上谷胡市"⑨。

除了开辟关市发展贸易之外,长城内外还通过进献、给遗等方式保持经济联系。如前引武帝征和四年匈奴单于索求"蘖酒万石、稷米五千斛、杂缯万匹",所需运输车至少当在千辆以上。除此之外,北边道还承担了多次向匈奴发送救济物资的运输任务,例如:

> 汉宣帝五凤元年(前57),匈奴五单于争立,"议者多日匈奴为害日久,可因其坏乱,举兵灭之"。御史大夫萧望之以为"宜遣使者吊问,辅其微弱,救其灾患",宣帝从其议。(《汉书·萧望之传》)⑩

---

① 《史记》卷一一〇《匈奴列传》,第2904、2905页。
② 林幹《匈奴历史年表》以为"即通关市",中华书局1984年版,第39页。
③ 《汉书》卷九四上《匈奴传上》,第3780页。
④ 《汉书》卷七《昭帝纪》,第222页。
⑤ 《后汉书》卷三一《孔奋传》,第1098页。
⑥ 《后汉书》卷八九《南匈奴传》,第2949页。
⑦ 《后汉书》卷八九《南匈奴传》,第2950页。
⑧ 《后汉书》卷七三《刘虞传》,第2354页。
⑨ 内蒙古自治区博物馆:《和林格尔汉墓壁画》。
⑩ 《汉书》卷七八《萧望之传》,第3279、3280页。

汉宣帝甘露三年(前51),"(匈奴呼韩邪单于)居幕南,保光禄城。
诏北边振谷食。"(《汉书·宣帝纪》)①

汉光武帝建武二十六年(50),"南单于遣子入侍,奉奏诣阙","转
河东米糒二万五千斛,牛羊三万六千头,以赡给之。"(《后汉书·南匈
奴传》)②

居延汉简中还有这样的资料:

守大司农光禄大夫臣调昧死言守受簿丞庆前以请诏使护军屯食守
部丞武☐

以东至西河郡十一农都尉官二调物钱谷漕转糴为民困乏愿调有余
给不☐   214.33A③

以西河以西十一郡物资援运灾区,"调有余给不足",也体现出北边区作为
一个经济文化整体的作用。

由于北边地区经济的进步,又由于与塞外游牧族贸易的发展,当地商业
繁盛一时。居延汉简中可见有关"贾车"的内容:

日食时贾车出

日东中时☐过   甲附14B④

《后汉书·乌桓传》记载,汉顺帝阳嘉四年(135)冬,乌桓侵扰云中,一次即
"遮截道上商贾车牛千余两"⑤。也可以说明北边经济的活跃。⑥

5

司马迁在《史记·货殖列传》中介绍各地的经济特征与文化风貌时,说
到了北边有关地区的情形:

种、代,石北也,地边胡,数被寇。人民矜懻忮,好气,任侠为奸,不
事农商。然迫近北夷,师旅亟往,中国委输时有奇羡。其民羯羠不均,

---

① 《汉书》卷八《宣帝纪》,第271页。
② 《后汉书》卷八九《南匈奴传》,第2943、2944页。
③ 谢桂华、李均明、朱国炤:《居延汉简释文合校》,第337页。
④ 谢桂华、李均明、朱国炤:《居延汉简释文合校》,第671页。
⑤ 《后汉书》卷九〇《乌桓传》,第2983页。
⑥ 王子今:《秦汉长城与北边交通》,《历史研究》1988年第6期。

自全晋之时固已患其僄悍，而武灵王益厉之，其谣俗犹有赵之风也。①

　　夫燕亦勃、碣之间一都会也。南通齐、赵，东北边胡。上谷至辽东，地踔远，人民希，数被寇，大与赵、代俗相类，而民雕捍少虑，有鱼盐枣栗之饶。北邻乌桓、夫余，东绾秽貉、朝鲜、真番之利。②

虽然司马迁只说到北边区局部地域的情形，但是却抓住了其民风的基本特质。由于临近北方草原游牧族，这一地区的民俗受到影响，好气任侠、剽悍勇武成为风气。又由于"地边胡，数被寇"，"迫近北夷，师旅亟往"，文化风格带有浓重的军事化的特征。

班固在《汉书·地理志下》中分析北边区的文化风貌时，又指出了当地民众成分的异常，也是影响当地民风的主要原因之一。他说："其民或以关东下贫，或以报怨过当，或以悖逆亡道，家属徙焉，习俗颇殊。"③这样的民俗特征，当然也是与所谓"保边塞"，"咸以兵为务"的历史文化的总体背景有关的，同时，则又以极适宜的形式保障了"保边塞"，"咸以兵为务"的国防需要。

还应当看到，北边区文化特征的形成，又是以不同民族文化交融的历史过程为条件的。

德国军事理论家克劳塞维茨曾经指出："战争是一种人类交往的行为。""战争与其说像某种技术，还不如说像贸易，贸易也是人类利害关系和活动的冲突。"④

居延汉简中可以看到有关由汉地出逃塞外的"亡人""过客"和少数民族服务于汉廷的"属国胡骑"的记载。他们的活动，反映了一种在战争状态下非正常的小规模的相互交往。

较大规模的交往，也曾经在历史上留下了鲜明的文化印迹。《后汉书·南匈奴传》记载：

　　孝武亟兴边略，有志匈奴，赫然命将，戎旗星属，候列郊甸，火通甘泉，而犹鸣镝扬尘，出入畿内。……宣帝值虏庭分争，呼韩邪来臣，乃权

---

① 《史记》卷一二九《货殖列传》，第3263页。
② 《史记》卷一二九《货殖列传》，第3265页。
③ 《汉书》卷二八下《地理志下》，第1645页。
④ 克劳塞维茨：《战争论》，商务印书馆1978年版，第135页。

纳怀柔，因为边卫。……后王莽篡篡，扰动戎夷，续以更始之乱，方夏幅裂。自是匈奴得志，狼心复生，乘间侵佚，害流傍境。及中兴之初，更通旧好，报命连属，金币载道，而单于骄踞益横，内暴滋深。世祖以用事诸华。未遑沙塞之外，忍愧思难，徒报谢而已。因徙幽、并之民，增边屯之卒。及关东稍定，陇、蜀已清，其猛夫扞将，莫不顿足攘手，争言卫、霍之事。帝方厌兵，间修文政，未之许也。其后匈奴争立，日逐来奔，愿修呼韩之好，以御北狄之冲，奉藩称臣，永为外扞。天子总揽群策，和而纳焉。乃诏有司开北鄙，择肥美之地，量水草以处之。①

无论是东汉王朝保守政策所助长的匈奴"骄踞益横"，频繁南侵，还是因匈奴部族内乱自争所导致的匈奴"奉藩称臣"，殷勤内附，都使得北边"肥美之地"出现了农牧业并举，而农耕民族和游牧民族混居融会的历史趋向。

于是，这一地区的文化风格，进一步出现了新的形势。

所谓"徙幽、并之民"，即建武十三年（37）匈奴"寇河东，州郡不能禁"，"于是渐徙幽、并边人于常山关、居庸关已东，匈奴左部遂复转居塞内"②。此后匈奴"入寇尤深"，"北边无复宁岁"。③后南单于内附，"于是复诏单于徙居西河美稷"，"南单于既居西河，亦列置诸部王，助为扞戍。使韩氏骨都侯屯北地，右贤王屯朔方，当于骨都侯屯五原，呼衍骨都侯屯云中，郎氏骨都侯屯定襄，左南将军屯雁门，栗籍骨都侯屯代郡"。④北边诸郡，于是几乎均有匈奴屯居。后北匈奴亦"款五原塞降"，后来又有战事不断，而"诣云中、五原、朔方、北地降"者，遂"以分处北边诸郡"，此外，又有"窜逃入塞者骆驿不绝"⑤。东汉王朝"乃徙西河治离石，上郡治夏阳，朔方治五原"⑥。

《后汉书·西羌传》又记述，在羌人强大的军事压迫之下，东汉王朝采取的政策，也使得北边有的地区的文化形势发生了突变：

羌既转盛，而二千石、令、长多内郡人，并无守战意，皆争上徙郡县以避寇难。朝廷从之，遂移陇西徙襄武，安定徙美阳，北地徙池阳，上郡

① 《后汉书》卷八九《南匈奴传》，第2966页。
② 《后汉书》卷八九《南匈奴传》，第2940页。
③ 《后汉书》卷八九《南匈奴传》，第2940页。
④ 《后汉书》卷八九《南匈奴传》，第2945页。
⑤ 《后汉书》卷八九《南匈奴传》，第2950、2951、2956、2957页。
⑥ 《后汉书》卷八九《南匈奴传》，第2962页。

徙衙。百姓恋土,不乐去旧,遂乃刈其禾稼,发彻室屋,夷营壁,破积聚。时连旱蝗饥荒,而驱蹙劫略,流离分散,随道死亡,或弃捐老弱,或为人仆妾,丧其太半。①

原有农业的经济遭受严重破坏,农耕区与畜牧区的分界又进一步南移。东西羌"大合"之后,又"寇陇西","寇北地","寇武威"。东汉王朝"于是复徙安定居扶风,北地居冯翊"②。

北边诸郡居民的南迁,使秦汉时期北边区的地域文化,又南下进而影响了更广大的地区。

北边地区经济形式以农耕为主与以畜牧为主的反复,是秦汉经济史中引人注目的历史转变,这一转变对当地文化风貌的影响,也是十分显著的。

班固还指出,北边地区还有一个重要的文化特征,这就是当地官与民的关系,上与下的关系,都比较缓和。"保边塞,二千石治之,咸以兵为务;酒礼之会,上下通焉,吏民相亲。是以其俗风雨时节,谷价常贱,少盗贼,有和气之应,贤于内郡。此政宽厚,吏不苛刻之所致也。"③

北边地区政治生活所谓"贤于内郡"的"和气之应",体现于"酒礼之会,上下通焉,吏民相亲",于是少有"内郡"多见的激烈的阶级反抗,而"少盗贼"。班固分析其原因,以为"此政宽厚,吏不苛刻之所致也"。其实,我们还应当看到,居民的主要成分是远方移民,宗法意识比较淡薄,土地关系不很紧张,可能也是政治环境表现出"和气"的原因之一。而最根本的原因,可能还在于所谓"保边塞,二千石治之,咸以兵为务"的背景,使得阶级矛盾被更为浓烈的战争烟云所掩蔽了。④

---

① 《后汉书》卷八七《西羌传》,第 2887—2888 页。
② 《后汉书》卷八七《西羌传》,第 2896 页。
③ 《汉书》卷二八下《地理志下》,第 1645 页。
④ 王子今:《秦汉长城与北边交通》,《历史研究》1988 年第 6 期;《秦汉长城与丝绸之路》,《光明日报》2018 年 3 月 26 日第 14 版。

九

巴蜀文化及其与关中文化的特殊关系

秦汉时期,人们谈到巴蜀地区的文化风格,往往与关中地区一同叙述。这可能是因为巴蜀地区较早归为秦地,于是与关中地区长期保持着密切的关系。

其实,关中和巴蜀之间,交通条件是十分险恶的,两地的历史文化渊源也各自不同。巴蜀文化与关中文化的特殊关系的形成,是与秦政权的特殊政策有关的,也是与巴蜀文化的特殊性质有关的。

1

司马迁在《史记·货殖列传》中,是如此以总体分析的形式论述所谓"关中"地区的经济文化的重要地位的:"关中自汧、雍以东至河、华,膏壤沃野千里,自虞夏之贡以为上田,而公刘適邠,大王、王季在岐,文王作丰,武王治镐,故其民犹有先王之遗风,好稼穑,殖五谷,地重,重为邪。及秦文、德、缪居雍,隙陇蜀之货物而多贾。献公徙栎邑,栎邑北却戎翟,东通三晋,亦多大贾。孝、昭治咸阳,因以汉都,长安诸陵,四方辐凑并至而会,地小人众,故其益玩巧而事末也。南则巴蜀。巴蜀亦沃野,地饶卮、姜、丹沙、石、铜、铁、竹、木之器。南御滇僰,僰僮。西近邛笮,笮马、旄牛。然四塞,栈道千里,无所不通,唯褒斜绾毂其口,以所多易所鲜。天水、陇西、北地、上郡与关中同俗,然西有羌中之利,北有戎翟之畜,畜牧为天下饶。然地亦穷险,唯京师要其道。故关中之地,于天下三分之一,而人众不过什三;然量其富,什居其六。"①这里所说的"关中",包括了"巴蜀",也包括了"天水、陇西、北地、上郡"。

不过,司马迁说:巴蜀虽然富足,"然四塞,栈道千里,无所不通,唯褒斜绾毂其口,以所多易所鲜"。而天水、陇西、北地、上郡,虽有"畜牧为天下饶"的优越经济地位,"然地亦穷险,唯京师要其道"。

前者"唯褒斜绾毂其口",后者"唯京师要其道"。这两个地区似乎都因为交通的关系,和狭义的"关中"地区保持着联系。然而,"天水"诸郡曾经是秦人早期活动的地域,秦人在部族情感上有所倾重,而巴蜀地区则有所不同。

2

秦惠文王时代,秦完成了对蜀地的占有。秦人兼并蜀地,是秦首次实现大规模的领土扩张,于是为后来统一事业的成功奠定了最初的基础。通过这一历史过程,我们可以看到秦文化在与其他区域文化体系相互融合相互影响时保持主动地位的一种特殊的形式。

另外,我们也可以看到巴蜀文化的有关特性。

关于秦蜀之间的早期交往,在史籍中可以看到这样的记录:

司马迁在《史记·秦本纪》中记载:"(秦)厉共公二年(前475),蜀人来赂。"②"(秦惠公)十三年(前387),伐蜀,取南郑。"同一史实,卷一五《六国年表》则写作"蜀取我南郑"③。又,《秦本纪》写道:"惠文君元年"(前337),"蜀人来朝"。同一史实,《六国年表》又写作"秦惠文王元年","蜀人来"④。

此外,《华阳国志》卷三《蜀志》记载,蜀人传说时代的先王"卢帝"当政时,曾经"攻秦,至雍"。又说,"周显王之世,蜀王有褒、汉之地,因猎谷中,

---

① 《史记》卷一二九《货殖列传》,第3261—3262页。
② 《史记》卷五《秦本纪》,第199页。
③ 《史记》卷五《秦本纪》,第200页;《史记》卷一五《六国年表》,第713页。
④ 《史记》卷五《秦本纪》,第205页;《史记》卷一五《六国年表》,第727页。

与秦惠王遇,惠王以金一笥遗蜀王,王报珍玩之物"。又写道,"周显王三十二年(前337),蜀侯使朝秦,秦惠王数以美女进,故朝焉"①。

可见,秦与蜀之间,长期保持着较为密切的联系。

战国中期,日益强大的秦国终于以武力征服的形式占据了蜀地。

对于秦兼并蜀地这一重要的历史事实,司马迁在《史记》中有如下的记述:

表4　《史记》记述秦兼并蜀地事②

年代	公元纪年	史事	出处
秦惠文王更元九年	前316	(1)司马错伐蜀,灭之 (2)击蜀,灭之 (3)起兵伐蜀,十月,取之,遂定蜀,贬蜀王更号为侯,而使陈庄相蜀	《秦本纪》 《六国年表》 《张仪列传》
秦惠文王更元十四年	前311	(4)蜀相壮杀蜀侯来降 (5)蜀相杀蜀侯	《秦本纪》 《六国年表》
秦武王元年	前310	(6)诛蜀相壮 (7)诛蜀相壮 (8)蜀侯辉、相壮反,秦使甘茂定蜀	《秦本纪》 《六国年表》 《樗里子甘茂列传》
秦昭襄王六年	前301	(9)蜀侯辉反,司马错定蜀 (10)蜀反,司马错往诛蜀守辉,定蜀	《秦本纪》 《六国年表》

其中,(8)与(9)(10)有关"蜀侯辉""蜀守辉"的记载相互抵牾,当有一误,疑(8)中"侯辉"二字为衍文。

可见,从起初(1)(2)(3)的"伐蜀,灭之","击蜀,灭之","伐蜀","取之,遂定蜀",到(9)(10)之最终"定蜀",秦人征服蜀地,经历了十数年的时间。在此期间,秦可能开始在蜀地推行予蜀文化传统以适当尊重,对蜀国原有政治体制亦适当保留的政策,改称蜀王为"蜀侯",又派遣秦人陈庄("庄"或写作"壮")为蜀相。而后发生了(4)(5)"蜀相壮杀蜀侯来降"的事件,似乎陈庄的意图,在于进一步强化秦中央政权对蜀地的统制,但是处死蜀侯的做法却为秦国最高执政者所否定,挽回这一事变之影响的做法,竟然是(6)

---

① (晋)常璩撰,任乃强校注:《华阳国志校补图注》,第122、123页。

② 资料来源:《史记》卷五《秦本纪》,第207、209、210页;《史记》卷一五《六国年表》,第732、733、734、736页;《史记》卷七〇《张仪列传》,第2284页;《史记》卷七一《樗里子甘茂列传》,第2311页。

（7）所谓"诛蜀相壮"的严厉的举措。而陈壮被处以死刑，竟又是以谋反作为罪名的。近十年之后，秦昭襄王又因"蜀侯煇反"，派司马错出兵"定蜀"，从而彻底实现了对蜀地的全面统治。

不过，人们注意到，在史学大家司马迁看来，在（1）（2）（3）所谓"伐蜀，灭之"，"击蜀，灭之"，"伐蜀"，"取之，遂定蜀"时，秦人已经实际上实现了对蜀地的兼并。《史记·张仪列传》在记载秦惠王听从司马错的建议，"卒起兵伐蜀，十月，取之，遂定蜀，贬蜀王更号为侯，而使陈庄相蜀"①之后即写道：

> 蜀既属秦，秦以益强，富厚，轻诸侯。②

"蜀侯煇"又称作"蜀守煇"，似乎所谓"蜀侯"的地位，事实上已经等同于直接统属于中央的地方行政长官郡守。司马迁在《史记·太史公自序》中自述司马氏族系时又曾写道：

> 在秦者名错，与张仪争论，于是惠王使错将伐蜀，遂拔，因而守之。③

司马迁记述其先祖事迹，应当是有史实依据的。所谓"因而守之"，裴骃《集解》引苏林曰："守，郡守也。"④显然存在这种意见，认为司马错"伐蜀"已定胜局之后，曾率部驻守蜀地。

前引（4）《史记·秦本纪》"蜀相壮杀蜀侯来降"句前，又有"丹、犁臣"句。张守节《正义》解释说："二戎号也，臣伏于蜀。蜀相杀蜀侯，并丹、犁二国降秦。在蜀西南姚府管内，本西南夷，战国时蜀、滇国，唐初置犁州、丹州也。"⑤又《华阳国志》卷三《蜀志》也说，"蜀平，司马错等因取苴与巴。"于是"置巴郡"⑥。看来，秦军入蜀之后，又相继平定了蜀地周边地区。

秦惠文王确定出兵伐蜀的战略决策之前，最高统治集团中曾经就此发生争论。据《史记·张仪列传》记载：

> 苴、蜀相攻击，各来告急于秦。秦惠王欲发兵以伐蜀，以为道险狭

---

① 《史记》卷七〇《张仪列传》，第2284页。
② 《史记》卷七〇《张仪列传》，第2284页。
③ 《史记》卷一三〇《太史公自序》，第3286页。
④ 《史记》卷一三〇《太史公自序》，第3287页。
⑤ 《史记》卷五《秦本纪》，第207、208页。
⑥ （晋）常璩撰，任乃强校注：《华阳国志校补图注》，第126页。

难至,而韩又来侵秦,秦惠王欲先伐韩,后伐蜀,恐不利,欲先伐蜀,恐韩袭秦之敝,犹豫未能决。司马错与张仪争论于惠王之前,司马错欲伐蜀,张仪曰:"不如伐韩。"①

司马错是这样陈述他的主张的:

> 臣闻之,欲富国者务广其地,欲强兵者务富其民,欲王者务博其德,三资者备而王随之矣。今王地小民贫,故臣愿先从事于易。夫蜀,西僻之国也,而戎翟之长也,有桀、纣之乱。以秦攻之,譬如使豺狼逐群羊。得其地足以广国,取其财足以富民缮兵,不伤众而彼已服焉。拔一国而天下不以为暴,利尽西海而天下不以为贪,是我一举而名实附也,而又有禁暴止乱之名。②

他认为,攻韩则"未必利","又有不义之名",并且还将有容易致使诸国"并力合谋"的危险,"不如伐蜀完"。

张仪则强调进取中原,奠立"王业"的重要,他说:"据九鼎,案图籍,挟天子以令于天下,天下莫敢不听,此王业也。今夫蜀,西僻之国而戎翟之伦也,敝兵劳众不足以成名,得其地不足以为利。臣闻争名者于朝,争利者于市。今三川、周室,天下之朝市也,而王不争焉,顾争于戎翟,去王业远矣。"③

争论的双方对于兵锋所向,一东一西,坚持的意见是截然相反的,但是却都强调"利"的争夺。司马错说,攻蜀,则"利尽西海而天下不以为贪",张仪则说,"争利者于市,今三川、周室,天下之朝市也"。双方对于蜀地文化的特性似乎没有分歧,前者说,"夫蜀,西僻之国也,而戎翟之长也"。后者说,"今夫蜀,西僻之国而戎翟之伦也"。

秦惠文王对于司马错的见解表示赞同:"善,寡人请听子。"④

可以看到,司马错作为秦人,张仪作为关东人,各自的政见在某种程度上表现出不同的地域文化的传统。而前者,尤以务实为基本特色。

还应当指出,关东人张仪的政治视野中,自然主要为关东地区的大政治

---

① 《史记》卷七〇《张仪列传》,第2281页。
② 《史记》卷七〇《张仪列传》,第2283页。
③ 《史记》卷七〇《张仪列传》,第2282页。
④ 《史记》卷七〇《张仪列传》,第2284页。

舞台所占据,而作为秦人的司马错,却并不对所谓"西僻之国而戎翟之伦"的蜀地存有文化偏见。事实上秦地与蜀地之间,原本也具有若干文化共性。

对于这次争论中司马错的主张,《华阳国志》卷三《蜀志》中则是这样记载的:"司马错、中尉田真黄曰:'蜀有桀纣之乱,其国富饶,得其布帛金银,足给军用。水通于楚,有巴之劲卒。浮大舶船以东向楚,楚地可得。得蜀则得楚,楚亡则天下并矣。'惠王曰:'善。'"①

在这里,显然,"其国富饶,得其布帛金银,足给军用",成为决策时重要的因素之一。

张仪曾经以秦据有蜀地的地利威胁楚王说:

> 秦西有巴蜀,大船积粟,起于汶山,浮江已下,至楚三千余里。舫船载卒,一舫载五十人与三月之食,下水而浮,一日行三百余里,里数虽多,然而不费牛马之力,不至十日而距扞关。扞关惊,则从境以东尽城守矣,黔中、巫郡非王之有。②

果然,据《史记·秦本纪》记载,"(秦昭襄王)二十八年(前279),又使司马错发陇西,因蜀攻楚黔中,拔之"③。《华阳国志》卷三《蜀志》也记述这一战役:"司马错率巴、蜀众十万,大舶船万艘,米六百万斛,浮江伐楚,取商於之地为黔中郡。"④

秦据有蜀地之后,取得了对于关东六国,特别是对于作为"天下之强国",具有"霸王之资"的楚国的明显的战略优势。

楚国的强盛,曾经予秦国威胁最为严重,于是,曾经有"天下莫强于秦、楚"⑤,"秦之所害莫如楚,楚强则秦弱,秦强则楚弱"⑥的说法。然而秦人兼并蜀地之后,即在国力的对比上处于领先地位,即蔡泽所谓"栈道千里于蜀、汉,使天下皆畏秦"⑦。著名辩士苏秦于是曾经威胁楚威王说:"故为大王计,莫如从亲以孤秦。大王不从[亲],秦必起两军,一军出武关,一军下

---

① (晋)常璩撰,任乃强校注:《华阳国志校补图注》,第126页。
② 《史记》卷七〇《张仪列传》,第2290页。
③ 《史记》卷五《秦本纪》,第213页。
④ (晋)常璩撰,任乃强校注:《华阳国志校补图注》,第128页。
⑤ (汉)刘向集录:《战国策》卷六《秦策四》,上海古籍出版社1985年版,第242页。
⑥ 《史记》卷六九《苏秦列传》,第2260页。
⑦ (汉)刘向集录:《战国策》卷五《秦策三》,第216页。

黔中,则鄢、郢动矣。"①《史记·苏秦列传》又记载了苏代对于当时战略形势所进行的分析:

> 秦之行暴,正告天下。告楚曰:"蜀地之甲,乘船浮于汶,乘夏水而下江,五日而至郢。汉中之甲,乘船出于巴,乘夏水而下汉,四日而至五渚。寡人积甲宛东下随,智者不及谋,勇士不及怒,寡人如射隼矣。王乃欲待天下之攻函谷,不亦远乎!"楚王为是故,十七年事秦。②

秦占有蜀地而"益强",确实有了"轻诸侯"的资本。张仪游说赵王时,就曾经以"举巴蜀,并汉中"③炫耀秦国力的雄富。李斯的《谏逐客书》也曾经写道,秦惠王时"西并巴、蜀","南取汉中",是为后来得以"包九夷,制鄢、郢",以致"割膏腴之壤,遂散六国之从,使之西面事秦"④的重要条件之一。贾谊在《过秦论》中也曾经指出,"惠王、武王蒙故业,因遗册,南兼汉中,西举巴、蜀",致使"诸侯恐惧"⑤。都肯定了秦惠文王兼并蜀地的重要的战略意义。

秦国统治者较早意识到抢先占据蜀地的意义,并以军事政治实践的这一成功为此后政治史的演变规定了方向。在认识这一历史事实的同时,我们还应当注意到,秦人并蜀的成就,除了军政谋略的明智而外,文化背景的历史作用也不宜忽视。可以说,秦文化的某些特质和蜀文化的某些特质都对这一历史过程表现出影响。

3

蜀文化长期表现出独异于其他文化系统的若干特色,或许与地理条件有关,其相对隔绝封闭的特质尤其引人注目。

秦人似乎并不掩饰其进取蜀地的意图。世人其实很早就已经注意到

---

① 《史记·苏秦列传》,第 2260 页。
② 《史记》卷六九《苏秦列传》,第 2271—2272 页。
③ 《史记》卷七〇《张仪列传》,第 2296 页。
④ 《史记》卷八七《李斯列传》,第 2542 页。
⑤ 《史记》卷六《秦始皇本纪》,第 279 页。

"秦有举巴蜀并汉中之心"①。

传说秦惠王曾经与蜀王会于褒谷，蜀王致以"珍玩之物"，而"物化为土"，于是惠王怒，群臣则贺曰："天奉我矣，王将得蜀土地。"②据《华阳国志》卷三《蜀志》记载：

> 惠王喜，乃作石牛百头，朝泻金其后，曰"牛便金"，有养卒百人。蜀人悦之，使使请石牛。惠王许之。乃遣五丁迎石牛。既不便金，怒，遣还之。乃嘲秦人曰："东方牧犊儿。"秦人笑之曰："吾虽牧犊，当得蜀也。"③

《水经注·沔水》引来敏《本蜀论》：

> 秦惠王欲伐蜀而不知道，作五石牛，以金置尾下，言能屎金。蜀王负力，令五丁引之，成道。秦使张仪、司马错寻路灭蜀，因曰"石牛道"。④

《华阳国志》卷三《蜀志》中，又可以看到这样的记载：秦惠王"许嫁五女于蜀，蜀遣五丁迎之"，返行至于梓潼时，山崩，压杀五丁与五女，"而山分为五岭，直顶上有平石"，蜀王痛伤，于是"于平石上为望妇堠"⑤。堠，是古道路记程的土堆。因而这一传说，也反映了秦人和蜀人共同努力开通川陕道路的历史过程。

通过这样的传说，似乎可以看到在这一过程中前者较为积极主动，而后者相对消极被动的文化风格的差异。

秦惠文王征服蜀地之后，秦曾三次封王子为蜀侯，显示出对于这一地区的特殊重视。据《史记·秦本纪》记载，秦惠文王更元十一年（前314），"公子通封于蜀"⑥。《六国年表》："秦惠文王更元十二年（前313）公子繇通封蜀。"⑦《华阳国志》卷三《蜀志》也记载："周赧王元年（前314），秦惠王封子

---

① 《史记》卷六九《苏秦列传》，第2261页。
② （晋）常璩撰，任乃强校注：《华阳国志校补图注》，第123页。
③ （晋）常璩撰，任乃强校注：《华阳国志校补图注》，第123页。
④ （北魏）郦道元著，陈桥驿校证：《水经注校证》，中华书局2007年版，第645页。
⑤ （晋）常璩撰，任乃强校注：《华阳国志校补图注》，第123页。
⑥ 《史记》卷五《秦本纪》，第207页。
⑦ 《史记》卷一五《六国年表》，第733页。

通国为蜀侯。"①或以为"公子通"、"公子繇通"、公子"通国"实为一人。马非百《秦集史·人物传二之三》认为:"公子繇者,惠文王之子也。一名通,又曰通国。"②据《史记·张仪列传》,公子繇曾经有在秦惠文王十年(前328)时"质于魏"③的经历。

《华阳国志》卷三《蜀志》说,秦惠王封子通国为蜀侯的同时,"以陈壮为相"。又"置巴郡",并"以张若为蜀国守"④。对蜀地分权以治的政策,还表现为"(周赧王)三年(前312)分巴、蜀置汉中郡"。三年后,有陈壮之变,于是秦军再次伐蜀。"(周赧王)七年(前308),封子恽为蜀侯。"⑤公子恽,即《史记》所谓"蜀侯煇""蜀守煇"。而《樗里子甘茂列传》司马贞《索隐》则说:"《华阳国志》作'晖'。"⑥

《华阳国志》卷三《蜀志》又记载,"(周)赧王十四年(前301),蜀侯恽祭山川,献馈于秦昭襄王。恽后母害其宠,加毒以进王。王将尝之,后母曰:'馈从二千里来,当试之。'王与近臣,近臣即毙。王大怒,遣司马错赐恽剑,使自裁。恽惧,夫妇自杀。秦诛其臣郎中令婴等二十七人"⑦。其事虽有传说色彩,然而蜀侯恽被诛当是确定的历史事实。"十五年(前300),王封其子绾为蜀侯。""三十年(前285),疑蜀侯绾反,王复诛之,但置蜀守。"⑧

秦王三次封王子为蜀侯,而三次疑而诛之⑨,说明秦地与蜀地在政治文化方面的隔别,也说明秦对于在蜀地新占领区的统治尚缺乏信心。

蜀地终于"但置郡守",表明秦对于蜀地的统治已经具有与其他地区同样的稳固性。

这时距秦"伐蜀灭之",已经过去了 31 年。

------

① (晋)常璩撰,任乃强校注:《华阳国志校补图注》,第 128 页。
② 马非百:《秦集史》,中华书局 1982 年版,上册第 118 页。
③ 《史记》卷七〇《张仪列传》,第 2284 页。
④ (晋)常璩撰,任乃强校注:《华阳国志校补图注》,第 128 页。
⑤ (晋)常璩撰,任乃强校注:《华阳国志校补图注》,第 128 页。
⑥ 《史记》卷七一《樗里子甘茂列传》,第 2311 页。
⑦ (晋)常璩撰,任乃强校注:《华阳国志校补图注》,第 129 页。
⑧ (晋)常璩撰,任乃强校注:《华阳国志校补图注》,第 129 页。
⑨ 《秦本纪》所谓"蜀相壮杀蜀侯来降",似亦不排除陈壮密受指令或窥测君意而擅杀的可能。《史记》卷五《秦本纪》,第 207 页。

4

据说蜀侯恽死后，"蜀人葬恽郭外。"①《华阳国志》卷三《蜀志》又记载了这样的神奇故事：

> （周赧王）十七年（前298），（秦昭襄王）闻恽无罪冤死，使使迎丧入葬之郭内。初则炎旱，三月后又霖雨；七月，车溺不得行。丧车至城北门，忽陷入地中。蜀人因名北门曰咸阳门，为蜀侯恽立祠。其神有灵，能兴云致雨，水旱祷之。②

《太平御览》引《蜀本纪》则写道：

> 秦王诛蜀侯恽，后迎葬咸阳，天雨，三月不通，因葬成都。故蜀人求雨，祠蜀侯必雨。③

二者参照，可能"后迎葬咸阳"之说较为接近史实，"炎旱"及"霖雨"连续数月之久，正形成对柩车远程行进的阻碍。而所谓"名北门曰咸阳门"，也因为成都北门是北上通向咸阳道路的起点。

含冤而死的蜀侯恽作为秦王子，却被蜀人尊奉为神，是颇可发人深省的。

另一位被蜀人尊崇而置于神位的秦人，是被秦孝文王（或说秦昭襄王）任命为"蜀守"的李冰。

《华阳国志》卷三《蜀志》说，"（李）冰能知天文地理，谓汶山为天彭山；及至湔氐县，见两山对如阙，因号天彭阙。仿佛若见神，遂从水上立祀三所，祭用三牲，圭璧沈濆"④。《史记·封禅书》也说："江水，祠蜀。"司马贞《索隐》引《华阳国志》："蜀守李冰于彭门阙立江神祠三所。"张守节《正义》引《括地志》："江渎祠在益州成都县南八里。秦并天下，江水祠蜀。"⑤李冰创立的神祀规范，得到秦最高权力机构的认可。这一规范，直到西汉前期仍然

---

① （晋）常璩撰，任乃强校注：《华阳国志校补图注》，第129页。
② （晋）常璩撰，任乃强校注：《华阳国志校补图注》，第129页。
③ （宋）李昉等：《太平御览》卷一一引《蜀本纪》，第55页。
④ （晋）常璩撰，任乃强校注：《华阳国志校补图注》，第132—133页。
⑤ 《史记》卷二八《封禅书》，第1372、1373—1374页。

得到继承,据《汉书·郊祀志下》,汉宣帝时,山川之祠的祀所才确定为“江于江都”①,即江水之祀由长江上游的蜀地改变为下游的江都。

李冰的功绩,尤以水利开发最为突出。《史记·河渠书》记载:“蜀守(李)冰凿离碓,辟沫水之害,穿二江成都之中。”②又《华阳国志》卷三《蜀志》:

> (李)冰乃壅江作堋,穿郫江、检江,别支流双过郡下,以行舟船。岷山多梓、柏、大竹,颓随水流,坐致材木,功省用饶;又溉灌三郡,开稻田。于是蜀沃野千里,号为“陆海”。旱则引水浸润,雨则杜塞水门,故记曰:水旱从人,不知饥馑,时无荒年,天下谓之“天府”也。③

李冰还曾经“外作石犀五头以厌水精”,又“于玉女房下白沙邮作三石人,立三水中。与江神要:水竭不至足,盛不没肩。”李冰又曾经开通多处水上航路,于所谓“触山胁溷崖,水脉漂疾,破害舟船”之处,“发卒凿平溷崖,通正水道。”据说“(李)冰凿崖时,水神怒,(李)冰乃操刀入水中与神斗”④。《水经注·江水一》引《风俗通》,也生动记述了有关李冰与江神搏斗并刺杀江神的传说,并且说道:“蜀人慕其气决,凡壮健者,因名‘冰儿’也。”⑤

1974年春,在都江堰外江节制闸修整工程中,于鱼嘴外江一侧江底,出土两个石人,其中之一为李冰石像,胸前有“故蜀郡李府君讳冰位”铭文,两袖上刻写:“建宁元年闰月戊申朔二十五日都水掾尹龙长陈壹造三神石人珍(镇)水万世焉”。⑥ 李冰早年曾经“作三石人,立三水中”,与江神相约:“水竭不至足,盛不没肩”,其实是以石人作为水位标记,即“水则”。⑦ 出土石人为汉灵帝时建宁元年(168)所作,可知后世民间出于对李冰的崇拜,又有“造三神石人珍(镇)水”的做法。李冰,实际上已经成为具有“镇水”威力的“神”。⑧

---

① 《汉书》卷二五下《郊祀志下》,第1249页。

② 《史记》卷二九《河渠书》,第1407页。

③ (晋)常璩撰,任乃强校注:《华阳国志校补图注》,第133页。

④ (晋)常璩撰,任乃强校注:《华阳国志校补图注》,第133页。

⑤ (北魏)郦道元著,陈桥驿校证:《水经注校证》,第767页。

⑥ 四川省灌县文教局:《都江堰出土东汉李冰石像》,《文物》1974年第7期;王文才:《东汉李冰石像与都江堰“水则”》,《文物》1974年第7期。

⑦ 王文才:《东汉李冰石像与都江堰“水则”》,《文物》1974年第7期。

⑧ 四川省灌县文教局:《都江堰出土东汉李冰石像》,王文才:《东汉李冰石像与都江堰的“水则”》,《文物》1974年第7期;四川省博物馆、灌县工农兵文化站:《都江堰又出土一躯汉代石像》,《文物》1975年第8期。

李冰敬祀江神又斗杀江神的事迹,其实可以看作秦人对于蜀地文化传统既有所尊重又致力于改造的态度的象征。而蜀人对李冰等人的敬慕,也体现出蜀地对秦文化某些成分的逐步认同。

《华阳国志》卷三《蜀志》可见蜀地"陆海""天府"之说,《水经注·江水一》引《益州记》也说:"沃野千里,世号'陆海',谓之'天府'也。"① 其实,"陆海""天府"的说法,原本是用以形容秦文化的基地关中地区自然条件之优越与经济实力之富足的。

《战国策》卷三《秦策一》记载,苏秦说秦惠王时,说到"大王之国""田肥美,民殷富","沃野千里,蓄积饶多,地势形便,此所谓'天府',天下之雄国也"②。秦汉之际,人们仍然沿用这一说法。如娄敬建议刘邦定都关中时曾经说:"秦地被山带河,四塞以为固","因秦之故,资甚美膏腴之地,此所谓'天府'者也。"③张良对此表示赞同,也说关中"沃野千里","天府之国也"④。有些以秦地为"天府"的说法,虽然包括所谓"西有巴、蜀、汉中之利"⑤或者"西有汉中,南有巴、蜀"⑥,然而仍然是以关中地区为主的。汉武帝时代,东方朔也曾经说,"霸、产以西","泾、渭之南","此所谓天下'陆海'之地"。⑦ 这里所说的,则是指关中最富庶的地区。而"陆海""天府"后来被用以形容蜀地,可以说明秦地与蜀地关系的进一步密切,也暗示蜀文化对于秦文化的某种向慕与附从。

称成都北门为"咸阳门",当然也是相类同的例证。此外,我们还可以看到这样的历史记载,《华阳国志》卷三《蜀志》:

> (秦)惠王二十七年(前311),(张)仪与(张)若城成都,周回十二里,高七丈;郫城周回七里,高六丈;临邛城周回六里,高五丈。造作下仓,上皆有屋,而置观楼射兰。成都县本治赤里街,(张)若徙置少城内。营广

----

① (北魏)郦道元著,陈桥驿校证:《水经注校证》,第766页。
② (汉)刘向集录:《战国策》卷三《秦策一》,第78页。
③ 《史记》卷九九《刘敬叔孙通列传》,第2716页。
④ 《史记》卷五五《留侯世家》,第2044页。
⑤ (汉)刘向集录:《战国策》卷三《秦策一》,第78页。
⑥ 《史记》卷六九《苏秦列传》,第2242页。
⑦ 《汉书》卷六五《东方朔传》,第2849页。

府舍,置盐、铁、市官并长、丞;修整里阓,市张列肆,与咸阳同制。①
《太平寰宇记》引扬雄《蜀王本纪》也曾经说到张若营建成都城,"始造府县
寺舍,令与咸阳同制"②的情形。蜀地的文化中心成都的城市规划"与咸阳
同制"的事实,可以说明蜀地文化创造在某种程度上仿拟秦文化的倾向。
尽管这种倾向形成的最初的因素,可能有秦人统治者军事强制的成分,但是
作为社会文化现象来考察,应当对这种倾向的形成与蜀人终于认同秦文化
的历史事实之间的关系,予以更充分的重视。

秦人兼并蜀地之初,由于蜀西北方向少数部族未能安定,"戎伯尚强",
于是"乃移秦民万家实之"③。此后秦人迁居蜀地的史例,又有"诸嫪毐舍人
皆没其家而迁之蜀",秦王令吕不韦"其与家属徙处蜀"④等。《史记·太史
公自序》说"不韦迁蜀"⑤,《史记·项羽本纪》说"秦之迁人皆居蜀"⑥,也都
反映了当时移民中这一特定成分的基本流向。数量众多的秦人移居蜀地,
当然也形成有利于秦文化向西南扩张的重要条件。⑦

由于蜀人对秦文化的逐步认同,形成了蜀地原有文化传统渐次与秦文

---

① (晋)常璩撰,任乃强校注:《华阳国志校补图注》,第128页。
② (宋)乐史撰,王文楚等点校:《太平寰宇记》卷七二,中华书局2007年版,第1463页。
③ (晋)常璩撰,任乃强校注:《华阳国志校补图注》,第128页。
④ 《史记》卷八五《吕不韦列传》,第2512、2513页。
⑤ 《史记》卷一三〇《太史公自序》,第3300页。
⑥ 《史记》卷七《项羽本纪》,第316页。
⑦ 陆游《阆中诗》:"邀乐无时冠巴蜀,语音渐正带咸秦。"(钱仲联校注:《剑南诗稿校注》卷
三,上海古籍出版社1985年版,第249页)所谓阆中方音有"咸秦"风韵,或许可以看作这种移民运
动的一种文化遗痕。又日本学者大川裕子讨论蜀地秦移民问题,在古地理书中发现四川有关"秦
水"的地名8例:1.《太平寰宇记》卷七四《剑南道二·嘉州》:"秦水在(罗目)县西一百二十里。昔
秦惠王伐蜀,移秦人万家以实蜀中。秦人思秦之泾水,乃呼此水为'泾水'。唐天宝六年改为秦
水。"2.《舆地纪胜》卷一四六《成都府路·嘉定府景物上》:"秦水,在峨眉县西南三百余里。""旧
经云秦惠王伐蜀克之,徙秦人万家以实焉。秦人思秦之泾水,于其水侧置戍,谓之'泾口戍'。天
宝六年改名秦水。"3.《大明一统志》卷七二《嘉定州》:"(秦水)在峨眉县西南一百二十里。"4.明
嘉靖二十年《四川总志》卷一三《嘉定府》:"秦川,峨眉县西南二十里。秦惠王克蜀,移秦人万家实
之。秦人思秦之泾水,于此水侧置戍,谓之'泾口'。"又5.《古今图书集成》卷六二七,6.《古今图
书集成》卷六三〇,7.清嘉庆二十年《四川通志》卷一七《峨眉县》,8.清嘉庆二十年《四川通志》卷
一七《夹江县》也都有类似的内容。大川裕子:《战国秦の领域と蜀徙民》,《黄土高原とオルドス》
(勉诚社1997年版)。通过地名遗存考察古代历史,应当是一种有意义的探索。《嘉庆重修一统
志》卷四〇五《嘉定府·古迹》"夹江故城"条下也写道:"旧志:古泾口在县西北五里。昔秦惠王徙
秦人于南安,思泾水不得,饮此水似之,故名。石壁上有'古泾口'三大字。"《嘉庆重修一统志》卷
四〇五,上海书店出版社1984年版,第1页。

化相接近的历史趋势。于是就天文与人文的关系而言，出现了所谓"（蜀地）星应舆鬼，故君子精敏，小人鬼黠；与秦同分，固多悍勇"①的说法，甚至"巴、蜀亦关中地也"②，也成为秦汉时期民间所能够普遍接受的观念。而司马迁在《史记·货殖列传》中说到"关中"，班固在《汉书·地理志下》中说到"秦地"，都有兼及"巴、蜀"的内容。班固的《西都赋》陈述长安邻近地区的富足时，又写道："陆海珍藏，蓝田美玉，商洛缘其隈，鄠杜滨其足，源泉灌注，陂池交属，竹林果园，芳草甘木，郊野之富，号为近蜀。"③而所谓"号为近蜀"，说明秦地与蜀地经济的进步，也达到大体相近的水平。

秦文化与蜀文化相互影响与逐渐融并的历史现象，是战国秦汉时期区域文化研究的重要课题。要全面说明这一历史过程，还需要做进一步细致的工作。然而我们现在已经可以看到，蜀文化能够热诚接受其他较先进的文化成分影响的风格，以及秦文化注重外向发展的积极进取的传统，都对这一历史进程发生过明显的作用。而前者的历史进步意义尤其值得重视。④

5

李学勤先生在论述东周时期蜀、秦两国文化的交流时，举例提到"两墓中的礼器有鍪、釜、甑等，器饰几何纹或素面，有辫索形的耳"。李学勤先生说："这几种炊器是巴蜀墓葬常见的，同时也见于秦墓。随着秦兼并列国，其分布日渐广泛，直至汉代。近年在秦雍城等地的考古工作，证明这些器种在秦地出现要迟到战国晚期。新都和成都百花潭所出，时代更早。以往多以为它们是秦人特有的，由秦传入巴、蜀，恐未必正确。它们的发祥地可能是巴、蜀，秦灭巴、蜀后北传到秦，再传布到其他地区。这一推测如果不错的话，应当认为是古代巴、蜀人民在文化史上的贡献。"⑤

这一实例，或许可以说明巴蜀文化也曾经北向影响秦文化的历史事实。

---

① （晋）常璩撰，任乃强校注：《华阳国志校补图注》，第113页。

② 《史记》卷七《项羽本纪》，第316页。

③ 《后汉书》卷四○《班固传》，第1338页。

④ 王子今：《秦兼并蜀地的意义与蜀人对秦文化的认同》，《四川师范大学学报》1998年第2期。

⑤ 李学勤：《东周与秦代文明》，第167页。

班固《西都赋》所谓长安"郊野之富,号为近蜀",说明在他所处的时代,蜀地的经济形势已经领先于关中。

巴蜀地区的文化,在汉代也达到了相当高的水准。

《汉书·循吏传》中首先说到文翁的事迹。这位在蜀地奋力倡行儒教的官员,对于蜀地文化的进步表现出显著的作用。他推行教化,又基于此而实现了政治的成功。班固于是说他"谨身帅先,居以廉平,不至于严,而民从化"①。《汉书·循吏传·文翁》记载:

> 文翁,庐江舒人也。少好学,通《春秋》,以郡县吏察举。景帝末,为蜀郡守,仁爱好教化。见蜀地辟陋有蛮夷风,文翁欲诱进之,乃选郡县小吏开敏有材者张叔等十余人亲自饬厉,遣诣京师,受业博士,或学律令,减省少府用度,买刀布蜀物,赍计吏以遗博士。数岁,蜀生皆成就还归,文翁以为右职,用次察举,官有至郡守刺史者。②

政府组织的留学制度,可能就发起于文翁。他还在蜀地大力兴办教育:

> 又修起学堂于成都市中,招下县子弟以为学官弟子,为除更繇,高者以补郡县吏,次为孝弟力田。常选学官僮子,使在便坐受事。每出行县,益从学官诸生明经饬行者与俱,使传教令,出入闺阁。县邑吏民见而荣之,数年,争欲为学官弟子,富人至出钱以求之。繇是大化,蜀地学于京师者比齐鲁焉。至武帝时,乃令天下郡国皆立学校官,自文翁为之始云。③

文翁创办的儒学学堂,在全国起到了示范作用。

虽然说"蜀地学于京师者比齐鲁焉",前往京师学习的人数已经与来自齐鲁地区的相当,但是实际上儒学的普及程度却远远不能和齐鲁地区相比。

在《汉书·地理志下》中,班固当时是这样评价巴、蜀、广汉地区的文化形势的:

> 景、武间,文翁为蜀守,教民读书法令,未能笃信道德,反以好文刺刺,贵慕权势。及司马相如游宦京师诸侯,以文辞显于世,乡党慕循其

---

① 《汉书》卷八九《循吏传》,第 3623 页。
② 《汉书》卷八九《循吏传·文翁》,第 3625 页。
③ 《汉书》卷八九《循吏传·文翁》,第 3626 页。

迹。后有王褒、严遵、扬雄之徒，文章冠天下。①

虽然有文翁的倡导，但蜀人仍"未能笃信道德"，反而喜好轻薄浮华文字。在司马相如享誉天下之后，又有王褒、严遵、扬雄之徒，文采称天下之冠。

尽管有地方行政长官的鼓励和提倡，儒学道德在这里却没有能够成功地征服人心。而对美好文辞的追求，却使得一代代学人驰志于其中。于是，世间少了一些谦懦的儒者，然而却给后世留下了千古传诵的美文。

儒学在汉代以强劲的势头西渐，然而却没有能够在蜀地实现在"京师"一般的影响。为什么正是在巴蜀地区，人们继承和保留了秦人抵制儒学的文化态度，这或许也是文化史学者应当注意的问题。

卢云先生在论列汉代各地学术文化时，强调了蜀地文字学的发达。他举司马相如所作《凡将篇》、传郭舍人所作《尔雅犍为文学注》、扬雄所作《训纂》《苍颉训纂》《方言》等为例。《方言》卷一三《扬雄答刘歆书》说到扬雄治小学，与蜀地学术传统有直接的关系：

> 雄少不师章句，亦于《五经》之训所不解。常闻先代辑轩之使奏籍之书，皆藏于周秦之室；及其破也，遗弃无见之者。独蜀人有严君平、临邛林闾翁孺者，深好训诂，犹见辑轩之使所奏言。翁孺与雄外家牵连之亲。又君平过误，有以私遇。少而与雄也，君平财有千言耳。翁孺梗概之法略有。②

看来，学者有关"自秦王朝灭亡之后，藏于宫廷王室的古代文字之学即可能流传至蜀地，并在蜀地保存下来"的推断③，可能并不是没有根据的臆想。

---

① 《汉书》卷二八下《地理志下》，第 1645 页。

② 华学诚汇证，王智群、谢荣娥、王彩琴协编：《扬雄方言校释汇证》，中华书局 2006 年版，第 1035 页。

③ 卢云：《汉晋文化地理》，陕西人民教育出版社 1991 年版，第 48—49 页。

一〇

陈夏地区的文化成就

陈地,大致包括西汉陈留、淮阳、汝南三郡国,相当于今河南东部地区,包括安徽的一部分。夏地,则大致包括西汉颍川、南阳两郡,地域范围相当于今河南的中部和南部,另包括湖北的西北部。

陈夏地区有久远的文化传统,在秦汉时期也有非同寻常的文化成就。

1

陈夏地区相当一部分地域战国时期曾经是楚国故地。从日本学者藤田胜久所绘《楚の交通路と领域关连图》①,可以看到这一地区不仅是楚文化的主要基地之一,也正当楚人北上的交通要道。于是,这一地区不仅有早期华夏文明的古远的文化背景,也因此较突出地体验到楚文化与中原文化交会而发生的历史进步。

司马迁在《史记·货殖列传》中,说到夏地的基本文化风格与秦地、梁地以及鲁地相类,有"好农""重民"的传统。而陈地则与三河地区相近,有商业文化的若干影响:

　　秦、夏、梁、鲁好农而重民。三河、宛、陈亦然,加以商贾。②

————————

① ［日］藤田胜久:《战国楚の领域形成と交通路:〈史记〉楚世家と鄂君启节の比较检讨》,《平成 5 年度科学研究费补助金一般研究(B)研究成果报告书》。

② 《史记》卷一二九《货殖列传》,第 3270 页。

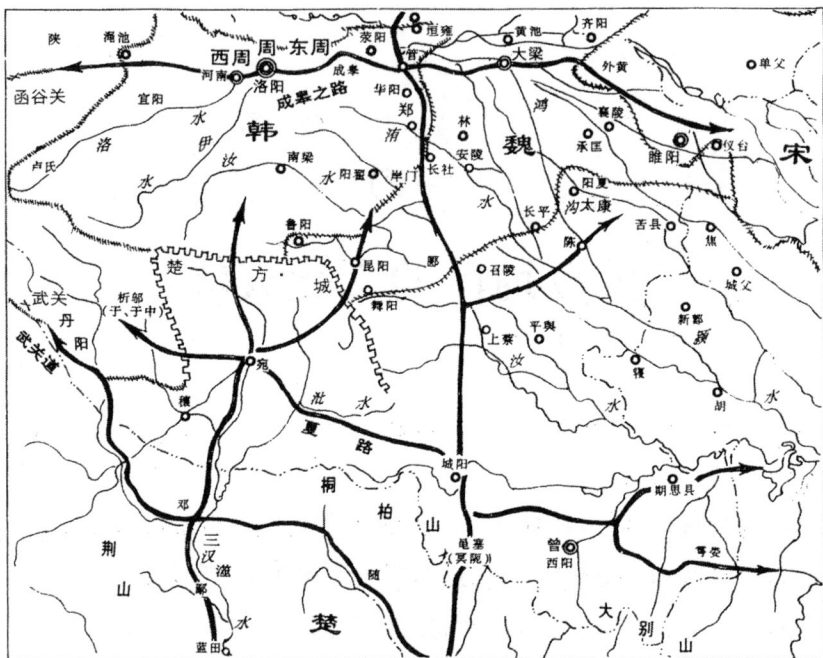

图4 战国时期陈夏地区的交通地理地位

（参考藤田胜久制图）

其实，按照他在同书同篇中另一处的说法，"宛"，似乎也应当归入夏地：

> 颍川、南阳，夏人之居也。夏人政尚忠朴，犹有先王之遗风。颍川
> 敦愿。秦末世，迁不轨之民于南阳。南阳西通武关、郧关，东南受汉、
> 江、淮。宛亦一都会也。俗杂好事，业多贾。其任侠，交通颍川，故至今
> 谓之"夏人"。①

南阳宛地因为有秦世之迁，民风略有不同，大约"任侠""好事"之风，已经远
近闻名。

因为这一地区是中原文化最初的基地，《汉书·地理志下》在论述当地
的文化构成时，比较重视其历史渊源的回顾：

> 陈国，今淮阳之地。陈本太昊之虚，周武王封舜后妫满于陈，是为
> 胡公。妻以元女大姬。妇人尊贵，好祭祀，用史巫，故其俗巫鬼。《陈

---

① 《史记》卷一二九《货殖列传》，第3269页。

诗》曰:"坎其击鼓,宛丘之下,亡冬亡夏,值其鹭羽。"又曰:"东门之枌,
宛丘之栩,子仲之子,婆娑其下。"此其风也。吴札闻《陈》之歌,曰:"国
亡主,其能久乎!"自胡公后二十三世为楚所灭。①

对于夏地,班固又写道:

> 颍川、南阳,本夏禹之国。夏人上忠,其俗鄙朴。韩自武子后七世
> 称侯,六世称王,五世而为秦所灭。秦既灭韩,徙天下不轨之民于南阳,
> 故其俗夸奢,上气力,好商贾渔猎,藏匿难制御也。宛,西通武关,东受
> 江、淮,一都之会也。宣帝时,郑弘、召信臣为南阳太守,治皆见纪。信
> 臣劝民农桑,去末归本,郡以殷富。颍川,韩都。士有申子、韩非,刻害
> 余烈,高仕宦,好文法,民以贪遴争讼生分为失。韩延寿为太守,先之以
> 敬让;黄霸继之,教化大行,狱或八年亡重罪囚。南阳好商贾,召父富以
> 本业;颍川好争讼分异,黄、韩化以笃厚。"君子之德风也,小人之德草
> 也",信矣。②

班固认为夏地风俗曾经发生先自忠朴,后经败坏,终于"教化大行"的转变:

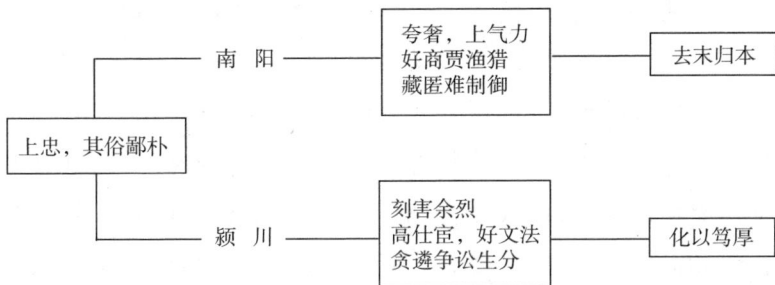

这样的分析,可能是符合历史事实的,但是或许并不像班固所说的那样,转
变的实现,完全是地方官员行政成功的作用。

值得注意的是,《后汉书·循吏传》所列举的所谓"导德齐礼""一时之
良能"③的循吏模范中,也多有出身陈夏地区及曾在陈夏地区任职者。如:

卫 飒　　　　　颍川襄城令

任 延　南阳宛人　汝南召陵令,颍川太守

---

① 《汉书》卷二八下《地理志下》,第 1653 页。
② 《汉书》卷二八下《地理志下》,第 1654 页。
③ 《后汉书》卷七六《循吏传》,第 2458 页。

秦　彭	两任颍川太守
第五访	南阳太守
刘　矩	陈留雍丘令
仇　览　陈留考城人	县蒲亭长,县主簿

陈夏地区频繁涌现循吏,确实是值得深思的政治文化现象。

陈夏循吏名声煊赫,原因之一,可能在于这一地区久有可以"导德齐礼"的文化传统,地方行政长官于是能够"不至于严,而民从化"①。另外,也说明这一地区政风的优劣,始终为最高统治集团瞩目。

2

关于韩延寿治颍川事迹,班固在《汉书·韩延寿传》中有比较详尽的记述:

> 颍川多豪强,难治,国家常为选良二千石。先是赵广汉为太守,患其俗多朋党,故构会吏民,令相告讦,一切以为聪明,颍川由是以为俗,民多怨雠。延寿欲更改之,教以礼让,恐百姓不从,乃历召郡中长老为乡里所信向者数十人,设酒具食,亲与相对,接以礼意,人人问以谣俗,民所疾苦,为陈和睦亲爱销除怨咎之路。长老皆以为便,可施行,因与议定嫁娶丧祭仪品,略依古礼,不得过法。延寿于是令文学校官诸生皮弁执俎豆,为吏民行丧嫁娶礼。百姓遵用其教,卖偶车马下里伪物者,弃之市道。数年,徙为东郡太守,黄霸代延寿居颍川,霸因其迹而大治。②

韩延寿重视礼义教化的行政风格,似乎可以使"民多怨雠"的社会人际关系的危机有所缓解,但是这样的做法,不知道当面对"多豪强,难治"的政治难题时何以有效地实现"大治"。推想或许所"历召"的"郡中长老为乡里所信向者数十人",以"设酒具食,亲与相对,接以礼意"形式请求合作者,其实本身就是"豪强"或者"豪强"的代表。

---

① 《汉书》卷八九《循吏传》,第3623页。
② 《汉书》卷七六《韩延寿传》,第3210页。

司马迁《史记·货殖列传》中说到陈夏地区风俗时所谓"好事""任侠",应当就是有时和地方政府持不合作甚至对抗态度的"豪强"集团的行为特征。

在韩延寿治颍川前,赵广汉任颍川太守。"郡大姓原、褚宗族横恣,宾客犯为盗贼,前二千石莫能禽制。广汉既至数月,诛原、褚首恶,郡中震栗。"①《汉书·赵广汉传》还记述道:

> 先是,颍川豪桀大姓相与为婚姻,吏俗朋党。广汉患之,厉使其中可用者受记,出有案问,既得罪名,行法罚之,广汉故漏泄其语,令相怨咎。又教吏为缿筒,及得投书,削其主名,而托以为豪桀大姓子弟所言。其后强宗大族家家结为仇雠,奸党散落,风俗大改。吏民相告讦,广汉得以为耳目,盗贼以故不发,发又辄得。壹切治理,威名流闻,及匈奴降者言匈奴中皆闻广汉。②

虽然具体策略和韩延寿"教以礼让"的风格有所不同,然而"广汉为人强力,天性精于吏职",为政"廉明",以致能够"威制豪强,小民得职,百姓追思,歌之至今"③。

所谓"先是,颍川豪桀大姓相与为婚姻","其后强宗大族家家结为仇雠",说明当地的"豪桀大姓""强宗大族",已经结聚成相互勾结又相互竞争的并立的"豪强"集团。

在西汉前期,陈夏地区的"豪强"集团就已经形成了使当政者以为"难治"的社会势力。

《史记·魏其武安侯列传》说:

> (灌)夫不喜文学,好任侠,已然诺。诸所与交通,无非豪桀大猾。家累数千万,食客日数十百人。陂池田园,宗族宾客为权利,横于颍川。颍川儿乃歌曰:"颍水清,灌氏宁;颍水浊,灌氏族。"④

《史记·酷吏列传》也记载:"宁成者,穰人也。以郎谒者事景帝。好气,为

---

① 《汉书》卷七六《赵广汉传》,第3200页。
② 《汉书》卷七六《赵广汉传》,第3200—3201页。
③ 《汉书》卷七六《赵广汉传》,第3202、3206页。
④ 《史记》卷一〇七《魏其武安侯列传》,第2847页。

人小吏,必陵其长吏;为人上,操下如束湿薪。滑贼任威。"①汉武帝时,官任内史,后致罪,生活道路发生转折:

> 于是解脱,诈刻传出关归家。称曰:"仕不至二千石,贾不至千万,安可比人乎!"乃赍贷买陂田千余顷,假贫民,役使数千家。数年,会赦。致产数千金,为任侠,持吏长短,出从数十骑。其使民威重于郡守。②

看来,陈夏地区是豪族地主经济成熟比较早的地区。

日本学者鹤间和幸研究汉代豪族的地域分布时,列举关东地区著名豪族共计95例,其中颍川郡13例,是豪族最为集中的1郡,另有陈留郡2例:

表5　陈夏地区的豪族③

姓氏	籍贯	记　事	史料出处
灌氏	颍川颍阴	家累数千万,食客日数十百人陂池田园,宗族宾客为权利,横于颍川	《史记·魏其武安侯列传》
薛氏	颍川阳翟	以豪闻	《史记·游侠列传》
原氏	颍川阳翟	宗族横恣,宾客犯为盗贼	《汉书·赵广汉传》
褚氏	颍川阳翟	宗族横恣,宾客犯为盗贼	《汉书·赵广汉传》
赵氏	颍川阳翟	多蓄宾客,以气力渔食间里持吏长短,从横郡中	《汉书·何并传》
李氏	颍川阳翟	多蓄宾客,以气力渔食间里持吏长短,从横郡中	《汉书·何并传》
王氏	颍川颍阳	光武过颍阳,率宾客上谒	《后汉书·王霸传》
郭氏	颍川阳翟	家世衣冠	《后汉书·郭躬传》
韩氏	颍川舞阳	世为乡里著姓	《后汉书·韩棱传》
祭氏	颍川颍阳	家富给	《后汉书·祭遵传》
钟氏	颍川长社	为郡著姓	《后汉书·钟皓传》

---

① 《史记》卷一二二《酷吏列传·宁成》,第3134页。

② 《史记》卷一二二《酷吏列传·宁成》,第3135页。

③ 资料来源:《史记》卷一〇七《魏其武安侯列传》,第2847页;《史记》卷一二四《游侠列传》,第3184—3185页;《汉书》卷七六《赵广汉传》,第3200页;《汉书》卷七七《何并传》,第3268页;《后汉书》卷一八《臧宫传》,第692页;《后汉书》卷二〇《王霸传》,第734页;《后汉书》卷二〇《祭遵传》,第738页;《后汉书》三三《虞延传》,第1150页;《后汉书》卷四五《韩棱传》,第1534页;《后汉书》卷四六《郭躬传》,第1543页;《后汉书》卷五五《章帝八王传·济北惠王寿》,第1806页;《后汉书》卷六二《钟皓传》,第2064页;《后汉书》卷七六《循吏传·仇览》,第2481页。

姓氏	籍贯	记　事	史料出处
申氏	颍川	世吏二千石	《后汉书·章帝八王传·济北惠王寿》
臧氏	颍川郏	率宾客入下江兵中	《后汉书·臧宫传》
魏氏	陈留东昏	宾客放从	《后汉书·虞延传》
符氏	陈留浚义	宾客盈室	《后汉书·循吏传·仇览》

上列颍川、陈留两郡豪族,占鹤间所列关东地区豪族 95 例的 15.79%。仅颍川一郡,就占 95 例总数的 13.68%。①

尽管通过这种很不完全的统计,仍然可以看到陈夏地区豪族异常集中,豪族地主经济异常发达的情形。

讨论陈夏地区的某些民俗文化特色,如所谓"民以贪遴争讼生分为失",以及所谓"俗多朋党"等,不妨通过对这一社会现象的研究寻求其历史原因。

经过西汉中晚期的充分发育,到两汉之际,陈夏地区的豪族地主经济所具有的实力,已经足以支撑起一个全国政权。刘秀集团为推翻王莽的新朝发挥了重要的作用,又能够逐鹿中原,平定天下,绝不是偶然的。

《后汉书·朱景王杜马刘傅坚马列传》论说到东汉前期"功臣专任"②"南阳多显"③的政治现象,范晔又写道:

> 中兴二十八将,前世以为上应二十八宿,未之详也。然咸能感会风云,奋其智勇,称为佐命,亦各志能之士也。
>
> ……永平中,显宗追感前世功臣,乃图画二十八将于南宫云台,其外又有王常、李通、窦融、卓茂,合三十二人。④

所列"功臣之次",32 人中,竟有 21 人出身于陈夏地区,并且均集中在

---

① ［日］鹤间和幸:《汉代豪族の地域的性格》,《史学杂志》1987 年第 87 编第 12 号。

② 李贤注引《郑兴传》曰:"(郑)兴为太中大夫,上疏曰:'道路咸曰朝廷欲用功臣,功臣用则人位谬矣。'"《后汉书》卷二二《朱景王杜马刘傅坚马列传》论,第 788、789 页。

③ 李贤注引《郭伋传》曰:"光武以(郭)伋为并州牧,帝引见,伋因言:'选补众职,当简天下贤俊,不宜专用南阳人也。'帝深纳其言。"《后汉书》卷二二《朱景王杜马刘傅坚马列传》论,第 788、789 页。

④ 《后汉书》卷二二《朱景王杜马刘傅坚马列传》论,第 787、789—790 页。

南阳、颍川两郡。即：

　　南阳　新野：邓　禹

　　　　　宛：吴　汉　　朱　祐　　任　光　　李　通

　　　　　　　刘　隆　　卓　茂

　　　　　冠军：贾　复　　杜　茂

　　　　　棘阳：岑　彭　　马　成

　　　　　湖阳：马　武

　　　　　西鄂：陈　俊

　　颍川　父城：冯　异

　　　　　颍阳：祭　遵　　王　霸

　　　　　郏：铫　期　　臧　宫

　　　　　襄城：傅　俊　　坚　镡

　　　　　舞阳：王　常

这些刘秀政治军事集团的中坚，其中有些本身就是豪族，或者和豪族的关系相当密切。例如：刘隆"南阳安众侯宗室也"①，李通"世以货殖著姓"，"居家富逸，为闾里雄"②，邓禹"豪赡"③，任光"为乡啬夫"，"冠服鲜明"④，祭遵"家富给"，曾经"结客"复仇⑤，吴汉"所至皆交结豪杰"⑥，臧宫、王霸均"率宾客"投入反王莽武装斗争⑦，都反映了这样的历史事实。

3

　　秦汉时期，陈夏地区又是文士学者群起的文化先进区域。陈夏学人曾经在秦汉文化事业中有突出的贡献。
　　我们看到名列《汉书·儒林传》的西汉时期出身陈夏地区的名儒，计有

---

① 《后汉书》卷二二《刘隆传》，第 780 页。
② 《后汉书》卷一五《李通传》，第 573 页。
③ 《后汉书》卷一五《李王邓来列传》赞，第 593 页。
④ （宋）李昉等：《太平御览》卷六四六引《东观汉记》，第 2891 页。
⑤ 《后汉书》卷二〇《祭遵传》，第 738 页。
⑥ 《后汉书》卷一八《吴汉传》，第 675 页。
⑦ 《后汉书》卷一八《臧宫传》，第 692 页；《后汉书》卷二〇《王霸传》，第 734 页。

9 位：

陈留	假 仓	许 晏
尉氏	樊 并	
淮阳	冷 丰	
阳夏	彭 宣①	
汝南	尹更始	
上蔡	翟方进②	
颍川	满 昌	堂溪惠

此外，西汉名臣之中，"晁错者，颍川人也"，"受《尚书》伏生所，还，因上便宜事，以《书》称说"③；"贾山，颍川人也，祖父祛，故魏王时博士弟子也，山受学祛，所言涉猎书记，不能为醇儒"④；"孙宝，颍川鄢陵人也，以明经为郡吏"，御史大夫张忠"上书荐宝经明质直，宜备近臣，为议郎，迁议大夫"⑤，又任益州刺史、冀州刺史、京兆尹、司隶、大司农等，南阳杜衍人杜钦"少好经书""为人深博有谋"⑥等记载，也说明当地文化基底的深厚。

晁错曾经"学申商刑名于轵张恢先所"⑦，陈留成安人韩安国"尝受《韩子》、杂说邹田生所"⑧，以及南阳人直不疑"学《老子》言"⑨等记载，也反映儒学以外的其他学术文化，在陈夏地区久远的文化传统至于汉代仍然没有

---

① 《汉书》卷七一《彭宣传》："彭宣字子佩，淮阳阳夏人也。治《易》，事张禹，举为博士，迁东平太傅。禹以帝师见尊信，荐宣经明有威重，可任政事，繇是入为右扶风。"第3051页。

② 《汉书》卷八四《翟方进传》："翟方进字子威，汝南上蔡人也。""父翟公，好学，为郡文学。方进年十二三，失父孤学。""辞其后母，欲西至京师受经。母怜其幼，随之长安，织屦以给方进读，经博士受《春秋》，积十余年，徒众日广，诸儒称之。以射策甲科为郎。二三岁，举明经，迁议郎。"后转为博士，任京兆尹、御史大夫、丞相。"方进虽受《谷梁》，然好《左氏传》，天文星历。"子翟宣，"亦明经笃行，君子人也。"第3411、3421、3424页。

③ 《史记》卷一〇一《袁盎晁错列传》，第2745—2746页。

④ 《汉书》卷五一《贾山传》，第2327页。

⑤ 《汉书》卷七七《孙宝传》，第3257页。

⑥ 《汉书》卷六〇《杜钦传》，第2667页。

⑦ 《史记》卷一〇一《袁盎晁错列传》，第2745页。

⑧ 《汉书》卷五二《韩安国传》："韩安国字长孺，梁成安人也，后徙睢阳。"《汉书》卷二八上《地理志上》"成安"属陈留郡，颍川郡又有"成安"，则"侯国也"。王先谦《汉书补注》以韩安国为县人，又说："颍川亦有成安县，先属梁。"第1560、2394页；(汉)班固撰，(清)王先谦补注：《汉书补注》，第2288页。

⑨ 《汉书》卷四六《直不疑传》，第2203页。

断绝。

东汉时期,陈夏儒学更积成极其雄厚的学术实力。

从《后汉书·儒林传》中所列举的陈夏地区著名儒士的数量看,当地已经成为仅次于齐鲁地区的儒学胜地。

《后汉书·儒林传》中所见陈夏儒学名士,有:

陈留:刘　昆　　刘　轶　　陈　弇　　杨　伦　　楼　望
　　　陈　元

南阳:洼　丹　　魏　满　　尹　敏　　谢　该　　郑　众
　　　樊　儵

颖川:张　兴　　张　鲂　　荀　爽

汝南:戴　凭　　周　防　　钟　兴　　许　慎　　蔡　玄

淮阳:薛　汉

陈国:颖　容

合计22人。竟然占总数88人的25.00%。区域分布的密度,仅次于齐鲁地区(占总数的36.36%)。

此外,刘秀领导集团骨干即所谓"中兴二十八将"的资质和作风,也可以看到陈夏儒风的深刻影响。例如:

邓　禹　"年十三,能诵《诗》,受业长安。"[1]

贾　复　"治《尚书》[2],事舞阴李生,李生奇之,谓门人曰:'贾生容貌志意如是,而勤于学,此将相之器。'"[3]"复阖门养威重,授《易经》,起大义。"[4]

冯　异　"好读书,通《左氏春秋》《孙子兵法》。"[5]

朱　祐　"为人质直,尚儒学。""初学长安,帝往候之,祐不时相劳苦,而先升讲舍。后车驾幸其地,帝因笑曰:'主人得无舍我讲乎?'"[6]

---

①　(宋)李昉等:《太平御览》卷三八四引《东观汉记》,第1774页。

②　《后汉书》卷一七《贾复传》:"少好学,习《尚书》。"第664页。

③　(宋)李昉等:《太平御览》卷二三八引《东观汉记》,第1128页。

④　《后汉书》卷一七《贾复传》李贤注引《东观记》,第667页。

⑤　《后汉书》卷一七《冯异传》,第639页。

⑥　《后汉书》卷二二《朱祐传》,第770、771页。

祭　遵　"少好经书","恭俭""好礼"。①

刘　隆　"学于长安"。②

王　霸　"世好文法","西学长安"。③

陈夏地区青少年有条件的往往西行长安就学,表现出追求学业成就的风气。而贾复"治《尚书》,事舞阴李生",也说明陈夏地区自身的儒学传统门绪世承不断的形势。

在这样的背景下,东汉一代风气形成了重儒的特色。清代学者赵翼《廿二史札记》卷四有"东汉功臣多近儒"条,其中写道:

> 西汉开国功臣,多出于亡命无赖。至东汉中兴,则诸将帅皆有儒者气象。亦一时风会不同也。光武少时,往长安受《尚书》,通大义,及为帝,每朝罢,数引公卿郎将讲论经理。故樊准谓帝虽东征西战,犹投戈讲艺,息马论道。是帝本好学问,非同汉高之儒冠置溺也。而诸将之应运而兴者,亦皆多近于儒。④

赵翼引邓禹等 14 人故事,其中多为陈夏地区人。他接着又分析说:

> 是光武诸功臣,大半多习儒术,与光武意气相孚合。盖一时之兴,其君与臣本皆一气所钟,故性情嗜好之相近,有不期然而然者。所谓有是君即有是臣也。⑤

其实,考察这一所谓"光武诸功臣,大半多习儒术","东汉中兴,则诸将皆有儒者气象"的政治文化现象,不仅应当注意到"一时风会","一气所钟"等表象,还应当重视陈夏区域文化"本好学问""多近于儒"的特色对社会历史的重要影响。

---

① 《后汉书》卷二〇《祭遵传》,第 738、747 页。
② 《后汉书》卷二二《刘隆传》,第 780 页。
③ 《后汉书》卷二〇《王霸传》,第 734 页。
④ (清)赵翼著,王树民校证:《廿二史札记校证》,中华书局 1984 年版,第 90 页。
⑤ (清)赵翼著,王树民校证:《廿二史札记校证》,第 91 页。

梁宋地区的商路

两汉时期的"梁宋"地区,位于黄河流域经济重心地带,不仅农耕生产达到先进的水准①,就商业而言,也有良好的基础和优越的条件。交通形势的便利,是"梁宋"地区商业发展的重要的经济地理因素。

1

西汉的梁国,按照《汉书·地理志下》的记录,包括八个县,即砀、甾、杼秋、蒙、已氏、虞、下邑、睢阳:

> **梁国**,故秦砀郡,高帝五年为梁国。莽曰陈定。属豫州。户三万八千七百九,口十万六千七百五十二。县八。
>
> **砀**,山出文石。莽曰节砀。　**甾**,故戴国。莽曰嘉谷。　**杼秋**,莽曰予秋。　**蒙**,获水首受甾获渠,东北至彭城入泗,过郡五,行五百五十里。莽曰蒙恩。　**已氏**,莽曰已善。　**虞**,莽曰陈定亭。
>
> **下邑**,莽曰下洽。**睢阳**。故宋国,微子所封。禹贡盟诸泽在东北。②

---

① 《史记》卷一二九《货殖列传》说"梁宋"经济状况:"其俗犹有先王遗风,重厚多君子,好稼穑,虽无山川之饶,能恶衣食,致其蓄藏。"又说"梁"地"好农而重民"。第3266、3270页。

② 《汉书》卷二八下《地理志下》,第1636页,

西汉梁国的八个县,与今地对应情形见下表①:

西汉县	今　地	西汉县	今　地
砀	今河南永城北	己氏	今山东曹县东南
甾	今河南民权东北	虞	今河南虞城北
柠秋	今安徽砀山东	下邑	今安徽砀山
蒙	今河南商丘北	睢阳	今河南商丘

当时县的设置,较现今远为稀疏。按照《汉书·地理志下》提供的汉平帝元始二年(2)所谓"汉极盛矣"时代的统计数字,县辖平均户口,只有户4838.6,口13344。户均人口2.76。梁国形势东西狭长。这一情形,正与其地踞东西要道的交通地位和交通作用相一致。

西汉梁国先后有彭越之梁国、刘恢之梁国、刘揖之梁国和刘武之梁国。周振鹤先生论西汉梁国沿革,指出:"高帝五年彭越梁国有砀郡地,十一年更封子恢为梁王,益东郡。文帝二年以后梁国仅仅有砀郡而已。景中六年梁分为五,至成帝元延末年演化成陈留、山阳两郡和梁、东平、定陶三国。"②

据《续汉书·郡国志二》,东汉梁国有"九城",即下邑、睢阳、虞、砀山、蒙、谷熟、鄢、宁陵、薄③:

> 梁国,秦砀郡,高帝改。其三县,元和元年属。雒阳东南八百五十里。九城,户八万三千三百,口四十三万一千二百八十三。
>
> 下邑　　睢阳,本宋国闷伯墟。有卢门亭。有鱼门。有阳梁聚。
>
> **虞**,有空桐地,有桐地,有桐亭。有纶城,少康邑。　　**砀山**,出文石。　　**蒙**,有蒙泽。　　**谷熟**,有新城。有邙亭。　　**鄢**,故属陈留。
>
> **宁陵**,故属陈留。有葛乡,故葛伯国。　　**薄**,故属山阳,[汤]所都。④

---

① 参看谭其骧主编:《中国历史地图集》,中国地图出版社1982年版,第2册第19—20页。

② 周振鹤:《西汉政区地理》,人民出版社1987年版,第54页。

③ 其行政区域的确定在汉章帝时。此说"其三县,元和元年属"。《后汉书》卷五〇《孝明八王传·梁节王畅》:"梁节王畅,永平十五年封为汝南王。母阴贵人有宠,畅尤被爱幸,国土租入倍于诸国。肃宗立,缘先帝之意,赏赐恩宠其笃。建初二年,封畅舅阴棠为西陵侯。四年,徙为梁王,以陈留之郾、宁陵、济阴之薄、单父、己氏、成武,凡六县,益梁国。帝崩,其年就国。"第1675页。

④ 《后汉书》,第3426页。

东汉梁国按照《续汉书·郡国志二》提供的汉顺帝永和五年(140)的统计数字,县辖平均户口,户9255.6,口47920。户均人口5.18。

东汉梁国的九个县,与今地对应情形见下表①:

东汉县	今　地	东汉县	今　地
下邑	今安徽砀山	谷熟	今河南商丘东南
睢阳	今河南商丘	鄎	今河南柘城北
虞	今河南虞城北	宁陵	今河南宁陵
砀山	今河南永城北	薄	今山东曹县南
蒙	今河南商丘北		

东汉梁国的形势,依然是东西狭长。

李晓杰先生讨论东汉梁国、梁郡沿革时指出,"东汉初年,梁郡为刘永政权所据","建武三年,梁郡属汉。""章帝建初四年,梁郡为国。""梁国自永元五年后至汉末,其领域未闻有所更动,当一直如《续汉志》所辖有九城之地。"②

两汉的梁国虽政区疆域有所变动,作为文化区域考察,仍然有大致的范围,这就是本文所讨论"梁宋"的基本地域。

《汉书·地理志下》:"蒙,获水首受甾获渠,东北至彭城入泗,过郡五,行五百五十里。"③《续汉书·郡国志二》:"梁国,……雒阳东南八百五十里。"④都说到梁国的交通条件。前者说水路,后者说陆路。

司马迁《史记·货殖列传》称梁国一带地方为"梁宋":"夫自鸿沟以东,芒、砀以北,属巨野,此梁宋也。"⑤所谓"梁宋",也就是以两汉时期梁国为主的地区,其地域界定,并不十分严格。关于宋之分野,《汉书·地理志下》写道:"宋地,房、心之分野也。今之沛、梁、楚、山阳、济阴、东平及东郡之须昌、寿张,皆宋分也。"⑥"宋自微子二十余世,至景公灭曹,灭曹后五世亦为

① 参看谭其骧主编:《中国历史地图集》,中国地图出版社1982年版,第2册第44—45页。
② 李晓杰:《东汉政区地理》,山东教育出版社1999年版,第32—35页。
③ 《汉书》卷二八下《地理志下》,第1636页。
④ 《后汉书》,第3426页。
⑤ 《史记》卷一二九《货殖列传》,第3266页。
⑥ 《汉书》卷二八下《地理志下》,第1663页。

齐、楚、魏所灭,参分其地。魏得其梁、陈留,齐得其济阴、东平,楚得其沛。故今之楚彭城,本宋也,《春秋经》曰'围宋彭城'。宋虽灭,本大国,故自为分野。"①我们讨论两汉时期的"梁宋"地区,应以梁国及其邻近地区为对象。

2

两汉时期的"梁宋"地区,即以今河南商丘为中心的地方。有学者认为,这里曾经是殷商文化的重要发源地。

王国维《说商》写道:"'商'之国号,本于地名。《史记·殷本纪》云:契封于商。郑玄、皇甫谧以为上雒之商,盖非也。古之宋国,实名商丘。丘者,虚也。宋之称商丘,犹洹水南之称殷虚,是商在宋地。""杜预《春秋释地》以商丘为梁国睢阳,又云宋、商、商丘,三名一地,其说是也。始以地名为国号,继以为有天下之号,其后虽不常厥居,而王都所在,仍称大邑。"王国维又指出,周时多谓"宋"为"商","商人"即"宋人"也,"余疑'宋'与'商'声相近,初本名'商',后人欲以别于有天下之'商',故谓之'宋'。然则'商'之名起于昭明,讫于宋国,盖于宋地终始矣。"②这一认识得到许多学者的认同。范文澜说:"商国王姓子,据说是帝喾后裔契的子孙。""契部落居商丘。"③郭沫若说,相土"迁居到商丘(今河南商丘南)"。④翦伯赞说,"商人早期经常迁徙。《尚书序》说,'自契至于成汤八迁',八迁的地名见于古书的有商丘、亳、砥石、蕃等,这些地点大约都在今河南、山东境内。"⑤

《史记·殷本纪》:"汤始居亳。"裴骃《集解》:"皇甫谧曰:'梁国谷熟为南亳,即汤都也。'"张守节《正义》:"《括地志》云:'宋州谷熟县西南三十五里南亳故城,即南亳,汤都也。宋州北五十里大蒙城为景亳,汤所盟地,因景山为名。'"⑥《史记·货殖列传》说"汤止于亳"。裴骃《集解》:"徐广曰:

---

① 《汉书》卷二八下《地理志下》,第1664页。

② 王国维:《观堂集林》卷一二,河北教育出版社2003年版,第264页。

③ 范文澜:《中国通史》,人民出版社1949年版,第1册第37页。

④ 郭沫若主编:《中国史稿》,人民出版社1976年版,第1册第156页。

⑤ 翦伯赞主编:《中国史纲要》,人民出版社1979年版,第1册第16—17页。原注:"《左传》襄公九年:'陶唐氏之火正阏伯居商丘……相土因之。'"

⑥ 《史记》卷三《殷本纪》,第93页。

'今梁国薄县。'"张守节《正义》:"宋州谷熟县西南四十五里南亳州故城是也。"①《史记·殷本纪》"契卒,子昭明立。昭明卒,子相土立。"张守节《正义》:"《括地志》云:'宋州宋城县古阏伯之墟,即商丘也。'"②《汉书·地理志下》:"周封微子于宋,今之睢阳是也,本陶唐氏火正阏伯之虚也。"③

相土在商丘定居的时代可能已经开始经营商运。有学者指出,"传说相土作乘马,王亥作服牛,就是驯养牛马,作为运载的工具。""商朝的后裔在追颂相土的功绩时说:'相土烈烈,海外有截。'④可能相土的活动已经到达渤海,并同'海外'发生了联系。"⑤

商丘地方很可能与中国商业的早期发展有关,许多学者已经有所讨论。⑥但是,也许人们还没有注意到,先秦两汉以来有关"梁宋"地方的其他史料中,也片断地透露了可以反映这一经济现象的值得重视的历史文化信息。

例如,《续汉书·郡国志二》有关"梁国"的记载中,"蒙,有蒙泽"句下,刘昭《注补》:

> 《左传》:宋万杀宋闵公于蒙泽。僖二年:齐侯盟贯,杜预曰:县西北有蒉城,"蒉"字与"贯"字相似。⑦

> 《春秋·僖公二年》:"秋九月,齐侯、宋公、江人、黄人盟于贯。"⑧

> 《左传·僖公二年》:"秋,盟于贯,服江、黄也。"⑨杜预《集解》:"贯,宋地。梁国蒙县西北有蒉城。'蒉'与'贯',字相似。"⑩

---

① 《史记》卷一二九《货殖列传》,第3266页。

② 《史记》卷三《殷本纪》,第92页。《史记》卷二《夏本纪》:"帝相崩,子帝少康立。"张守节《正义》:"《括地志》云:'商丘,今宋州也。'"第86页。

③ 《汉书》卷二八下《地理志下》,第1663页。

④ 《诗·商颂·长发》。

⑤ 郭沫若主编:《中国史稿》,人民出版社1976年版,第1册第156—157页。

⑥ 参看商丘市人民政府新闻办公室编:《商丘》,五洲传播出版社2003年版,第2页;阎根齐:《商丘、商人、商族的来历辨析》,李立新:《试论中国商人的起源》,均载赵保佑主编:《商丘与商文化》,中州古籍出版社1999年版。

⑦ 《后汉书》,第3427页。

⑧ (清)洪亮吉撰,李解民点校:《春秋左传诂》卷二《春秋经二·僖公二年》,中华书局1987年版,第46页。

⑨ (清)洪亮吉撰,李解民点校:《春秋左传诂》卷七《传·僖公一》,第272页

⑩ (清)洪亮吉撰,李解民点校:《春秋左传诂》卷二《春秋经二·僖公二年》,第46页。

所谓"'赍'与'贯',字相似",因皆从"贝"。《说文·毌部》:"贯,钱贝之毌也。"段玉裁注:"'钱贝之毌',故其字从毌贝会意也。《汉书》:都内之钱,'贯朽而不可校。'①其本义也。"②《说文·贝部》:"赍,贷也。"③段玉裁注:"泉府以凡赊者与凡民之贷者并言。然则'赊'与'贷'有别。赊,赍也,若今人云'赊'是也。贷,借也,若今人云'借'是也。其事相类,故许浑言之曰'赍,贷也'。《高祖本纪》:'常从武负王媪赍酒。'韦昭曰:'赍,赊也。'按'赊''赍'皆纾缓之词。"④《周礼·地官·司市》:"以泉府同货而敛赊。"郑玄注:"民无货,则赊赍而予之。"⑤《急就篇》写道:"赍贷卖买贩肆便。"⑥可知"赍"是商业经营中最必要的金融交往形式之一。

《水经注·汳水》有一段文字也讨论了这个问题:"汳水又东迳赍城南,俗谓之薄城,非也。阚骃《十三州志》以为贯城也,在蒙城西北。《春秋·僖公二年》:齐侯、宋公、江、黄盟于贯。杜预以为'赍'也。云'赍''贯'字相似。'贯'在齐,谓贯泽也是矣。非此也。今于此地更无他城,在蒙西北惟是邑耳。考文准地,赍邑明矣,非亳可知。"⑦

郦道元的意见,以为"盟于贯"者,应是"赍城""赍邑"。

所谓"盟于贯"其"贯",无论其字原本作"赍"或作"贯",或许都可以作为体现当地经济生活已经达到较先进水准,金融交易已经相当成熟的标志。这当然也是和商业的发展有关系的。

3

司马迁在《史记·货殖列传》中介绍了当时经济生活中的成功者,也总结了各地经济形势。关于"梁宋"地方有如下文字:

> 洛阳东贾齐、鲁,南贾梁、楚。

---

① 今按,其事先见于《史记·平准书》。
② (汉)许慎撰,(清)段玉裁注:《说文解字注》,第316页。
③ 《说文·贝部》:"贷,施也。"段玉裁注:"谓我施人曰'贷'也。"
④ (汉)许慎撰,(清)段玉裁注:《说文解字注》,第281页。
⑤ (清)孙诒让著,汪少华整理:《周礼正义》卷二七,中华书局2015年版,第1275页。
⑥ 管振邦译注,宙浩审校:《颜注急就篇译释》,南京大学出版社2009年版,第107页。
⑦ (北魏)郦道元著,陈桥驿校证:《水经注校证》,第557页。

夫自鸿沟以东，芒、砀以北，属巨野，此梁宋也。陶、睢阳亦一都会也。昔尧作于成阳，舜渔于雷泽，汤止于亳。其俗犹有先王遗风，重厚多君子，好稼穑，虽无山川之饶，能恶衣食，致其蓄藏。

秦、夏、梁、鲁好农而重民。三河、宛、陈亦然，加以商贾。①

其中"秦、夏、梁、鲁好农而重民"，而"三河、宛、陈亦然，加以商贾"句，从字面看，似乎反映"梁"地在"商贾"活动方面次于"三河、宛、陈"地区。其实，"陈"与"梁"邻近，我们讨论的"梁宋"地区，是包括了部分"陈"地的。西汉陈留郡的宁陵、傿县②，东汉时即归于梁国。③ 两汉时陈国的绝大部分地区，西晋时都归入于梁国版图。④

在两汉人的认识中，"梁"地在某种意义上似乎有可以控制"陈"地的地位。《汉书·地理志下》说，梁国"莽曰陈定"，梁国的虞县"莽曰陈定亭"，即是其证。⑤ 这种"定"，是不是因为占据了交通方面的便利条件，所以据有了地理的优势呢？"陈"地的商业活动⑥，相当一部分是要利用"梁宋"的商路的。

洛阳"南贾梁、楚"，首先强调了洛阳的交通地位，然而从另一个角度看，"梁"作为地域中心的地位也得以体现。所谓"陶、睢阳亦一都会也"，则明确指出了"梁宋"作为全国商业重心的形势。

《史记·货殖列传》中凡八次说到"都会"。所谓"都会"，是经济生活重心兼政治文化重心长安、洛阳之外的重要的商业中心：

邯郸亦漳、河之间一都会也。北通燕、涿，南有郑、卫。

夫燕亦勃、碣之间一都会也。南通齐、赵，东北边胡。

临菑亦海岱之间一都会也。

陶、睢阳亦一都会也。

夫吴自阖庐、春申、王濞三人招致天下之喜游子弟，东有海盐之饶，

① 《史记》卷一二九《货殖列传》，第 3265、3266、3270 页。
② 又写作瘫县、鄢县。
③ 参看谭其骧主编：《中国历史地图集》，中国地图出版社 1982 年版，第 2 册第 19—20、44—45 页。
④ 参看谭其骧主编：《中国历史地图集》，中国地图出版社 1982 年版，第 3 册第 37—38 页。
⑤ 《汉书》卷二八下《地理志下》，第 1636 页。
⑥ 《史记》卷一二九《货殖列传》："陈在楚夏之交，通鱼盐之货，其民多贾。"第 3267 页。

章山之铜,三江、五湖之利,亦江东一都会也。

郢之后徙寿春,亦一都会也。而合肥受南北潮,皮革、鲍、木输会也。

番禺亦其一都会也,珠玑、犀、瑇瑁、果、布之凑。

南阳西通武关、郧关,东南受汉、江、淮。宛亦一都会也。①

其中,"陶、睢阳亦一都会也"句式比较特别,"陶、睢阳"两地并称,值得我们注意。类似情形只有"郢之后徙寿春"及随后说到"合肥"一例。《汉书·地理志下》则分说"江陵",而"寿春、合肥"则并说。

"洛阳……南贾梁、楚"和"陶、睢阳亦一都会也"的说法,其实是值得深思的。

我们知道,战国秦汉时期,洛阳已经具有商业交通中心的地位。② 所谓"在于土中"③,"街居在齐秦楚赵之中"④,所谓"天下咽喉"⑤,"天下冲阨,汉国之大都"⑥等,都说明了这一事实。从充分认识河洛地区商业地理优势的基础出发,可知"南贾梁、楚"之说,客观上也间接肯定了"梁宋"的地位。而"陶"在先秦时期曾经被看作"天下之中"。⑦ 司马迁"陶、睢阳亦一都会也"之说,实际上对于"梁宋"地区的经济作用,也给予了与"陶"大略平等的评价。

也许在较"陶为天下之中"更早的时代,以今天河南商丘为中心的"梁宋"地区,也曾经据有"天下之中"的地位。至少我们可以看到,在两汉时

---

① 《史记》卷一二九《货殖列传》,第3264—3269页。《汉书》卷二八下《地理志下》所列举的"都会"则有:"邯郸北通燕、涿,南有郑、卫,漳、河之间一都会也。""蓟,南通齐、赵,勃、碣之间一都会也。""临菑,海、岱之间一都会也,其中具五民云。""江陵,故郢都,西通巫、巴,东有云梦之饶,亦一都会也。""寿春、合肥受南北湖皮革、鲍、木之输,亦一都会也。""吴东有海盐章山之铜,三江五湖之利,亦江东之一都会也。""番禺,其一都会也。"第1656、1657、1661、1666、1668、1670页。《汉书》与《史记》比较,"陶、睢阳"和"宛"不再作为"都会"。

② 参看王子今:《汉代洛阳的交通建设》,《洛阳——丝绸之路的起点》,中州古籍出版社1992年版;《战国至西汉时期河洛地区的交通地位》,《河洛史志》1993年第4期;《周秦时期河洛地区的交通形势》,《文史知识》1994年第3期。

③ 《汉书》卷二八下《地理志下》,第1650页。

④ 《史记》卷一二九《货殖列传》,第3279页。

⑤ 《史记》卷一二六《滑稽列传》褚少孙补述,第3209页。

⑥ 《史记》卷六〇《三王世家》褚少孙补述,第2115页。

⑦ 参看史念海:《释〈史记·货殖列传〉所说的"陶为天下之中"兼论战国时代的经济都会》,《河山集》,生活·读书·新知三联书店1963年版,第110—130页。

期,连接"陶"、"洛阳"和"梁宋"形成的三角地区,是全国经济生活的重心地区。这一地区的商业活动,确实也是相当活跃的。

4

司马迁在《史记·货殖列传》中表彰成功的工商业者,其中有一例是"梁人":"宛孔氏之先,梁人也,用铁冶为业。秦伐魏,迁孔氏南阳。大鼓铸,规陂池,连车骑,游诸侯,因通商贾之利,有游闲公子之赐与名。然其赢得过当,愈于纤啬,家致富数千金,故南阳行贾尽法孔氏之雍容。"①宛孔氏之先的经历,反映"梁人"中的富商,曾经在秦时遭受严重的打击。他们被强制迁徙到各地,则将"梁宋"商业传统传播到四方。所谓"因通商贾之利",足见"梁宋"区域文化惯性的长久和"梁宋"商人职业品格的强韧。

史念海先生在讨论"陶为天下之中"的情形时注意到,"范蠡到陶的时候,陶已经发达成为天下之中的经济都会,致使范蠡留连不能舍去。其发达的速度超过了当时的任何城市。"这一情形,和陶"居于交通的枢纽"有关,其直接条件,是"济、泗之间新河道开凿"所提供的交通便利。史念海先生认为,陶的繁荣,是这一条件的"必然结果"。②

两汉时期的"梁宋"地区,其实同样也具备类似的条件。

《汉书·地理志下》:"蒙,获水首受甾获渠,东北至彭城入泗,过郡五,行五百五十里。"③这条水路,实际上正与历史地理学者史念海先生以为特别重要的"济、泗之间"的河道相沟通。

汳水和睢水一北一南,由西而东横贯梁国。汳水即汴渠。《说文·水部》:"汳,汳水,受陈留浚仪阴沟,至蒙为雝水,东入于泗。"段玉裁注:"雝当作获,字之误也。""今之大河,开封而下,徐州而上,皆故汴也。"④《水经注·汳水》:"汳水又东迳周坞侧,《续述征记》曰:斜城东三里。晋义熙

---

① 《史记》卷一二九《货殖列传》,第3278页。
② 参看史念海:《释〈史记·货殖列传〉所说的"陶为天下之中"兼论战国时代的经济都会》,《河山集》,第113页。
③ 《汉书》卷二八下《地理志下》,第1636页。
④ (汉)许慎撰,(清)段玉裁注:《说文解字注》,第535页。

中，刘公遣周超之自彭城缘汳故沟，斩树穿道七百余里，以开水路，停泊于此。故兹坞流称矣。"①这里所说的"汳故沟"，应当就是两汉时可以通行的"水路"。

"梁宋"特殊的交通地位，还表现在这一地区一南一北联系着另外两个重要的都会"临菑"和"寿春"。实际上，《史记·货殖列传》说到的诸"都会"中，临菑、寿春、陶、合肥、吴等，都必须经过"睢阳"方能够与中原腹地实现经济联系。

"梁宋"的交通地理形势，还可以通过汉景帝平定吴楚七国之乱战事得到说明。

吴军渡淮以后，与楚军会合，西攻棘壁（今河南永城西北），大败汉军，又乘胜进军，兵威甚壮。梁孝王恐慌，遣六将军击吴。吴军又击败梁军两将，梁军部众溃散。梁孝王数次遣使者到周亚夫军前求救，周亚夫不派一兵一卒救梁。梁孝王又派使者往长安，在御前控告周亚夫，汉景帝于是派人指示周亚夫援救梁国，周亚夫坚持"军中闻将军令，不闻天子之诏"的原则，依然不遵行诏令。梁孝王令韩安国及张羽为将军，用人得当，于是屡败吴兵。吴军欲西进，梁城坚守，使吴军不敢西行，于是进犯周亚夫军，两军会战于下邑（今安徽砀山）。吴军因粮道已经被汉军断绝，力求速战，周亚夫军坚守营垒，任吴兵数次挑战，仍不肯出战。吴军粮草竭尽，士卒饥苦，又夜攻周亚夫军营垒。汉军军中相惊，士卒相互攻击扰乱，周亚夫卧于帐中不起，直到营中平定。吴军在东南方向大造声势。周亚夫命令加强西北方向守卫，果然吴军暗中集聚力量以精兵强攻西北。吴军未能找到突破口，只得撤退，汉军乘机反击，吴军大败，士卒多饿死，部众叛离溃散。②

梁的据守，对于吴楚七国之乱的平定有重要的意义。③据《史记·梁孝王世家》记载，"吴楚齐赵七国反。吴楚先击梁棘壁，杀数万人。梁孝王城守睢阳，而使韩安国、张羽等为大将军，以距吴楚。吴楚以梁为限，不敢过而

---

① （北魏）郦道元著，陈桥驿校证：《水经注校证》，第 557 页。
② 《史记》卷五七《绛侯周勃世家》，《史记》卷一〇六《吴王濞列传》。
③ 对于周亚夫以梁国挫折吴楚叛军的战略，司马迁在《史记》卷一三〇《太史公自序》中写道："吴楚之兵，亚夫驻于昌邑，以厄齐赵，而出委以梁。"第 3312 页。

西,与太尉亚夫等相距三月。吴楚破,而梁所破杀虏略与汉中分。"①司马迁说:"七国叛逆,蕃屏京师,唯梁为扞。"②这一判断是符合历史真实的。当时叛军中曾经有人建议放弃对梁的攻击,"直弃去",而直趋洛阳。然而这一建议遭到拒绝。③ 可知在当时人普遍的意识中,"梁宋"地方,对于推行西进的战略,是势在必得的。

可以说明"梁宋"交通形势的另一旁证,是这一地区曾经成为重要的文化中心。

《史记·梁孝王世家》说,梁孝王曾经吸引天下名士集聚于梁。"招延四方豪桀,自山以东游说之士。莫不毕至,齐人羊胜、公孙诡、邹阳之属。公孙诡多奇邪计,初见王,赐千金,官至中尉,梁号之曰公孙将军。"④《西京杂记》卷二说,"梁孝王好营宫室苑囿之乐。作曜华之宫,筑兔园。园中有百灵山,山有肤寸石、落猿岩、栖龙岫。又有雁池,池间有鹤洲凫渚。其诸宫观相连,延亘数十里,奇果异树,瑰禽怪兽毕备。主日与宫人宾客弋钓其中。"⑤这些"宾客"中,多有天下奇士。《汉书·司马相如传上》记载:"(司马相如)以訾为郎,事孝景帝,为武骑常侍,非其好也。会景帝不好辞赋,是时梁孝王来朝,从游说之士齐人邹阳、淮阴枚乘、吴严忌夫子之徒,相如见而说之,因病免,客游梁,得与诸侯游士居,数岁,乃著《子虚》之赋。"⑥汉赋名家司马相如的创作条件,竟然是由梁孝王提供的。《西京杂记》卷四又写道:"梁孝王游于忘忧之馆,集诸游士,各使为赋。"⑦所附诸游士的赋作,有枚乘《柳赋》、路乔如《鹤赋》、公孙诡《文鹿赋》、邹阳《酒赋》、公孙乘《月赋》、羊胜《屏风赋》、邹阳《几赋》等。梁国都城作为东方的一个文化中心,

---

① 裴骃《集解》:"《汉书音义》曰:'梁所虏吴楚之捷,略与汉等。'"《史记》卷五八《梁孝王世家》,第2082—2083页。

② 《史记》卷一三〇《太史公自序》,第3312页。

③ 《史记》卷一〇六《吴王濞列传》:"吴少将桓将军说王曰:'吴多步兵,步兵利险;汉多车骑,车骑利平地。愿大王所过城邑不下,直弃去,疾西据雒阳武库,食敖仓粟,阻山河之险以令诸侯,虽毋入关,天下固已定矣。即大王徐行,留下城邑,汉军车骑至,驰入梁楚之郊,事败矣。'吴王问诸老将,老将曰:'此少年推锋之计可耳,安知大虑乎!'于是王不用桓将军计。"第2832页。

④ 《史记》卷五八《梁孝王世家》,第2083页。

⑤ (晋)葛洪撰,周天游校注:《西京杂记》卷二,第114页。又见《三辅黄图》卷三。

⑥ 《汉书》卷五七上《司马相如传上》,第2529页。

⑦ (晋)葛洪撰,周天游校注:《西京杂记》卷四,第178页。

已经成为引人注目的事实。而以汉赋作者为代表的文士群体曾经集中在这里，也是文化史学者应当注意的。

以《汉书》记载为限，见于《儒林传》的"梁宋"出身的学者，就有梁国人丁宽、项生、焦延寿、陈翁生、戴德、戴圣、桥仁、杨荣、周庆、丁姓，梁国砀人田王孙、鲁赐等。① 可见这一地区文化积累之丰足，学术滋养之醇厚。这一现象的形成，自然也是以便利的交通条件为背景的。

《史记·梁孝王世家》还写道，梁孝王在时，"有罍樽，直千金"。梁孝王告诫后世，要"善保罍樽，无得以与人"，不得轻易出让。任王后听说后，希望得到这件罍樽。平王大母李太后说："先王有命，无得以罍樽与人。他物虽百巨万，犹自恣也。"但是任王后仍然切望得之，于是梁平王刘襄使人开府取罍樽，赐任王后。于是与李太后发生了激烈的争执。② 罍樽，据陈直先生说，应当是商末周初制作的青铜器。"西周时商周铜器，出土至少，值千金亦可以知当时之市价。"③而所谓"先王有命，无得以罍樽与人；他物虽百巨万，犹自恣也"，也反映了梁孝王府库异常充实的事实。

河南永城芒砀山东南的保安山，发现大型洞室墓三座，据考古工作者推定，时代在汉武帝以前，墓主应当是梁孝王刘武及其王后，以及其子梁共王刘买。与整个陵区的其他陵墓相比，这几座王陵的规模比较大，结构复杂，出土遗物也较为丰富，可以体现梁孝王时代梁国的富足。④《文选》卷四四《为袁绍檄豫州》是袁绍举军进攻曹操时发布的檄州郡文。其中说到曹操发掘梁孝王陵墓事："……又梁孝王，先帝母昆，坟陵尊显，桑梓松柏，犹宜恭肃，而（曹）操帅将吏士，亲临发掘，破棺裸尸，略取金宝，至令圣朝流涕，士民伤怀。"李善注引《曹瞒传》："曹操破梁孝王棺，收金宝。天子闻之哀泣。"⑤《艺文类聚》卷八三引《曹操别传》又说："（曹）操别入砀，发梁孝王

① 参看（汉）班固撰，（清）王先谦补注：《汉书补注》，第 5425—5440 页。
② 《史记》卷五八《梁孝王世家》，第 2087 页。
③ 陈直：《史记新证》，天津人民出版社 1979 年版，第 114—115 页。
④ 参看河南省文物考古研究所：《永城西汉梁国王陵与寝园》，中州古籍出版社 1996 年版；河南省商丘市文物管理委员会、河南省文物考古研究所、河南省永城市文物管理委员会：《芒砀山西汉梁王墓地》，文物出版社 2001 年版。
⑤ （梁）萧统编，（唐）李善、吕延济、刘良、张铣、吕向、李周翰注：《六臣注文选》，第 824 页下。

冢,破棺,收金宝数万斤。天子闻之哀泣。"①曹操盗掘梁孝王陵墓,掠取金宝至于数万斤,可知随葬品数量之丰盈。《史记·梁孝王世家》褚少孙补述在说到梁孝王之富有时,有这样的文字:"孝王未死时,财以巨万计,不可胜数。及死,藏府余黄金尚四十余万斤,他财物称是。"②对照其他文献遗存以及考古发现,可知这一记述是大略符合史实的。

梁孝王的富有,据司马迁记述,"府库金钱且百巨万,珠玉宝器多于京师"。这种经济实力的获得,虽然有"窦太后少子也,爱之,赏赐不可胜道"的因素,然而或许也可以间接反映"梁宋"地区物产和民生的状况。司马迁还分析说,"梁孝王虽以亲爱之故,王膏腴之地,然会汉家隆盛,百姓殷富,故能植其财货……"③而当地商业的发达,有可能也是这位贵族得以多所聚敛并"植其财货"的重要条件之一。

---

① (唐)欧阳询撰,汪绍楹校:《艺文类聚》,第 1423 页。《太平御览》卷五五一引《曹操别传》"操破梁孝王棺,收金宝,天子闻之哀泣。"(宋)李昉等:《太平御览》,第 2495 页。

② 《史记》卷五八《梁孝王世家》,第 2087 页。《汉书》卷四七《文三王传·梁孝王刘武》:"孝王未死时,财以钜万计,不可胜数。及死,藏府余黄金尚四十余万斤,他财物称是。"第 2211 页。

③ 《史记》卷五八《梁孝王世家》。司马贞《索隐》:"如淳云:'巨亦大,与大百万同也。'韦昭云:'大百万,今万万。'"第 2083—2084 页。

一二

合肥寿春“一都会”

　　在秦汉大一统的新的政治格局和经济形势中,出现了结构新异的城市组合关系,区域行政方式也自有特点。例如西汉长安与体现出卫星城作用的诸陵邑共同构成的史称“长安诸陵”、“长安五陵”或“诸陵长安”的都市圈①,又如西河郡跨黄河而治的行政特征②,都是古代城市史、交通史上值得注意的情形。而合肥、寿春或许可以再加上盛唐、阴陵构成的城市群及其周边区域,也有值得关注的历史文化个性。进行合肥区域史和区域文化研究,应当注意这一现象。有的地方新经济区建设又将两个、三个甚至更多城市优势合一实现“一体化”的设想。这种规划的设计与实践,有必要参考合肥寿春“一都会”一类历史存在获得有益的启示。

---

　　①　《史记》卷一二九《货殖列传》称“长安诸陵”。第 3261 页;《汉书》卷九二《游侠传·原涉》称“长安五陵”,第 3715 页;《汉书》卷七〇《爰盎传》称“诸陵长安”,第 2273 页。正如杨宽所指出的,西汉陵邑应看作构成汉长安城的要素之一。杨宽:《西汉长安布局结构的探讨》,《文博》1984 年创刊号;《西汉长安布局结构的再探讨》,《考古》1989 年第 4 期。长安大都市功能的实现,确实因诸陵邑的作用而有所补充。参看王子今:《西汉长安居民的生存空间》,《人文杂志》2007 年第 2 期。长安“四郊”“近县”的特殊关系,使得诸陵邑在某种意义上已经成为长安的卫星城,或亦可看作“大长安”的有机构成。参看刘文瑞:《试论西汉长安的卫星城镇》,《陕西地方志通讯》1987 年第 5 期;《我国最早的卫星城镇——试论西汉长安诸陵邑》,《咸阳师专学报》1988 年第 1 期;王子今:《西汉帝陵方位与长安地区的交通形势》,《唐都学刊》1995 年第 3 期;《西汉诸陵分布与古长安附近的交通格局》,《西安古代交通志》,陕西人民出版社 1997 年版。
　　②　参看王子今:《西河郡建置与汉代山陕交通》,《晋阳学刊》1990 年第 6 期。

1

对于合肥、寿春的地位及其相互关系,在《史》《汉》中有不同的表述。
《史记·货殖列传》:

> 郢之后徙寿春①,亦一都会也。而合肥受南北潮②,皮革、鲍、木输
> 会也。与闽中、于越杂俗,故南楚好辞,巧说少信。③

《汉书·地理志下》:

> 寿春、合肥受南北湖皮革、鲍、木之输④,亦一都会也。⑤

《史记》"受南北潮",已有学者指出应是"受南北湖"。宋王应麟《玉海》卷
二三《地理》有"汉南北湖"条,引《地理志》:"寿春、合肥受南北湖皮革、鲍、
木之输,亦一都会也。"⑥宋潘自牧撰《记纂渊海》卷一二《郡县部·淮南西
路·寿春府》"形胜"条引《汉志》:"寿春、合肥受南北皮革、鲍、木之输,亦
一都会也。"⑦则避开了有关"潮""湖"字的异见。

《史记》《汉书》的差别,一说"寿春""亦一都会也",一说"寿春、合肥"
"亦一都会也"。一说"合肥""受南北潮,皮革、鲍、木输会也",一说"寿春、
合肥受南北湖皮革、鲍、木之输"。

现在看来,《汉志》的说法也许更为明确,也更为准确。

2

按照《汉书·地理志下》的表述,"寿春、合肥受南北湖皮革、鲍、木之

---

① 张守节《正义》:"楚考烈王二十二年,自陈徙都寿春,号之曰郢,故言'郢之徙寿春'也。"
② 裴骃《集解》:"徐广曰:'在临淮。'"张守节《正义》:"合肥,县,庐州治也。言江淮之潮,南北俱至庐州也。"
③ 《史记》卷一二九《货殖列传》,第 3268 页。
④ 颜师古注:"皮革,犀兕之属也。鲍,鲍鱼也。木,枫柟豫章之属。"
⑤ 《汉书》卷二八下《地理志下》,第 1668 页。《太平御览》卷一六九引《汉志》:"寿春、合肥受南北湖皮革、鲍、木之输,亦一都会也。"注:"鲍,鲍鱼也。木,谓枫柟之属。"(宋)李昉等:《太平御览》,第 822 页。对于"鲍",有"鲍,鲍鱼"以及"鮑"乃至"鞄"等不同解读。
⑥ 清光绪九年(1883)浙江书局刊本,第 505 页。
⑦ 文渊阁四库全书本,第 247 页。

输,亦一都会也。"就是说,"寿春"和"合肥"有同样的生态地理环境①、经济地理形势和交通地理条件。而所谓"一都会",将两个地方归于一个城市组合。关注"寿春""合肥"的特殊关系,应当进行生态地理、经济地理与交通地理的考察。

《史记·货殖列传》记述天下经济形势,言及各地八处"都会",即重要的经济中心:

> 邯郸亦漳、河之间一都会也。
>
> 燕亦勃、碣之间一都会也。
>
> 临菑亦海岱之间一都会也。
>
> 陶、睢阳亦一都会也。
>
> 夫吴自阖庐、春申、王濞三人招致天下之喜游子弟,东有海盐之饶,章山之铜,三江、五湖之利,亦江东一都会也。
>
> 寿春,亦一都会也。
>
> 番禺,亦其一都会也,珠玑、犀、瑇瑁、果、布之凑。
>
> 宛亦一都会也。②

《汉书·地理志下》同样八次说到"都会",也指出了全国八处经济文化重心:

> 宛西通武关,东受江淮,一都之会也。
>
> 邯郸北通燕、涿,南有郑、卫,漳、河之间一都会也。其土广俗杂,大率精急,高气势,轻为奸。
>
> 蓟,南通齐、赵,勃、碣之间一都会也。③ 初太子丹宾养勇士,不爱后宫美女,民化以为俗,至今犹然。宾客相过,以妇侍宿,嫁取之夕,男女无别,反以为荣。后稍颇止,然终未改。其俗愚悍少虑,轻薄无威,亦有所长,敢于急人,燕丹遗风也。
>
> 临菑,海、岱之间一都会也,其中具五民云。④

---

① 即"南北湖"。
② 《史记》卷一二九《货殖列传》,第3264—3269页。
③ 颜师古注:"蓟县,燕之所都也。勃,勃海也。碣,碣石也。"
④ 颜师古注:"服虔曰:'士、农、商、工、贾也。'如淳曰:'游子乐其俗,不复归,故有五方之民也。'师古曰:'如说是。'"

江陵，故郢都，西通巫、巴，东有云梦之饶，亦一都会也。

寿春、合肥受南北湖皮革、鲍、木之输，亦一都会也。始楚贤臣屈原被谗放流，作《离骚》诸赋以自伤悼。后有宋玉、唐勒之属慕而述之，皆以显名。汉兴，高祖王兄子濞于吴，招致天下之娱游子弟，枚乘、邹阳、严夫子之徒兴于文、景之际。而淮南王安亦都寿春，招宾客著书。而吴有严助、朱买臣，贵显汉朝，文辞并发，故世传楚辞。其失巧而少信。初淮南王异国中民家有女者，以待游士而妻之，故至今多女而少男。本吴粤与楚接比，数相并兼，故民俗略同。

吴东有海盐章山之铜，三江五湖之利，亦江东之一都会也。豫章出黄金，然堇堇物之所有，取之不足以更费。江南卑湿，丈夫多夭。

（粤地）处近海，多犀、象、毒冒、珠玑、银、铜、果、布之凑，中国往商贾者多取富焉。番禺，其一都会也。①

《汉志》所谓"宛西通武关，东受江淮，一都之会也"，王念孙说："'都会'之间不当有'之'字。篇内皆言'一都会'，无'之'字。《史记·货殖传》亦无。"②王先谦《汉书补注》引录此说③，看来赞同这一意见。《史》《汉》"都会"大体一致，《史记》言"陶、睢阳"，而《汉书》无，但是增益了"江陵"。《货殖列传》和《汉志》关于"都会"的记述，或涉及生态地理和经济地理形势，或言及交通地理地位。多数亦有关于民俗地理的写绘。《汉志》有关"寿春、合肥""亦一都会也"的内容，兼具这几种自然地理和人文地理要素，记载的信息总量也是最为丰富的。

特别值得我们注意的，是《史记》称"陶、睢阳"为"一都会"。而在《汉书》的记录中，与其他七处"都会"相并列，"寿春、合肥""亦一都会也"，同样是两地合并叙说的唯一的一例。

这体现了"寿春、合肥"两地有共同的地理环境背景和一致的人文社会作用，也反映了"寿春、合肥"两地的特殊关系。

我们还看到，"陶、睢阳亦一都会也"这样"陶、睢阳"合说之文例仅见于

① 《汉书》卷二八下《地理志下》，第 1656、1657、1661、1666、1668、1670 页。

② （清）王念孙：《读书杂志》卷七《汉书杂志》"一都之会"条，江苏古籍出版社 1985 年版，第 274 页。

③ （汉）班固撰，（清）王先谦补注：《汉书补注》，第 2838 页。

《史记·货殖列传》①,而反映"寿春、合肥"构成一个地理单元的情形,还有其他历史迹象。

历史文献记载体现的"寿春、合肥"两地的一体化,是区域史研究的重要研究课题。

3

"寿春、合肥"均属九江郡。《史记·项羽本纪》张守节《正义》说,这里是楚国最后的都城:"楚考烈王二十二年,自陈徙寿春,号曰郢。至王负刍为秦将王翦、蒙武所灭,于此置九江郡。应劭云:'自庐江寻阳分为九江。'"②这里也是导致项羽走向悲剧结局的关键性的地方:"周殷叛楚,兼举九江郡之兵,随刘贾而至垓下。"项羽仅余二十八骑逃至东城,身被十余创,最终自刎而死。东城属九江郡。《史记·淮南衡山列传》:"淮南王安自刭杀。""国除为九江郡。"③《汉书·地理志上》"九江郡"条写道:

> 九江郡,秦置,高帝四年更名为淮南国,武帝元狩元年复故。莽曰延平。属扬州。户十五万五十二,口七十八万五百二十五。有陂官、湖官。县十五:寿春邑,楚考烈王自陈徙此。浚遒,成德,莽曰平阿。橐皋,阴陵,莽曰阴陆。历阳,都尉治。莽曰明义。当涂,侯国。莽曰山聚。钟离,莽曰蚕富。合肥,东城,莽曰武城。博乡,侯国。莽曰扬陆。曲阳,侯国。莽曰延平亭。建阳,全椒,阜陵。莽曰阜陆。

郡治在寿春:"寿春邑,楚考烈王自陈徙此。"关于"合肥",颜师古注:"应劭曰:'夏水出父城东南,至此与淮合,故曰合肥。'"④

---

① 史念海先生指出:"春秋战国之际,陶繁荣起来,而且成为'天下之中'的都会。从此以后,陶的繁荣就蒸蒸日上,其余各地都难和它比拟。"陶的繁荣阶段,"至少从战国时代起,历秦时而至汉初",此后陶的面貌"有了更多的改变,它经历过了一个较长的繁荣时期,就转而衰落下去,甚至不大为人们所注意"。这一变化与"黄河的决口泛滥"有关。《释〈史记·货殖列传〉所说的"陶为天下之中"兼论战国时代的经济都会》,《河山集》,第 111、113、129、130 页。在班固眼中,"陶、睢阳"不再是"都会",正体现了经济地理形势的变化。

② 《史记》卷七《项羽本纪》,第 332 页。

③ 《史记》卷一一八《淮南衡山列传》,第 3094 页。

④ 《汉书》卷二八上《地理志上》,第 1569—1570 页。

值得我们特别注意的,是郡治寿春偏在郡的北隅。这样的交通地理位置对于全郡的行政管理和经济控制,显然多有不便。这样的推想也许是有合理性的,即领导和关照九江全郡的任务,因稍略偏西而大致居中之合肥的补充作用得以完成。

当然,合肥这一作用的实现,应以其本身的经济地位、文化品质以及与寿春的特殊联系作为基本条件。

4

《汉书·武帝纪》记载了汉武帝元封五年(前106)的出巡。这次出巡行历江海名山,完成了庄严的封禅礼祠仪式:

> 五年冬,行南巡狩,至于盛唐,望祀虞舜于九嶷。登灊天柱山,自寻阳浮江,亲射蛟江中,获之。舳舻千里,薄枞阳而出,作《盛唐枞阳之歌》。遂北至琅邪,并海,所过礼祠其名山大川。春三月,还至泰山,增封。甲子,祠高祖于明堂,以配上帝,因朝诸侯王列侯,受郡国计。夏四月,诏曰:"朕巡荆扬,辑江淮物,会大海气,以合泰山。上天见象,增修封禅。其赦天下。所幸县毋出今年租赋,赐鳏寡孤独帛,贫穷者粟。"还幸甘泉,郊泰畤。

"亲射蛟江中,获之",是汉武帝表现英雄主义精神的典型表演。[1] 他"自寻阳浮江","舳舻千里,薄枞阳而出,作《盛唐枞阳之歌》",对于往寻阳行历的"盛唐"的地望,存在不同的认识。颜师古注:"文颖曰:'案《地理志》不得,疑当在庐江左右,县名也。'韦昭曰:'在南郡。'师古曰:'韦说是也。'"[2]以为盛唐在南郡的认识,看来是不正确的。

《太平寰宇记》卷一二五《淮南道三·舒州》以为在桐城南:"益唐山在县南一里。按《汉书·武帝纪》:元封五年,巡狩过盛唐,作《枞阳盛唐之

---

① 宋代学者苏辙引述张文潜的诗作,其中有"龙惊汉武英雄射,山笑秦皇烂漫游"句,即咏叹汉武帝射蛟江中故事。《说郛》卷一六下苏籀《栾城遗言》。明人欧大任《泊枞阳眺览盛唐遂忆汉武之游》也写道:"行役届皖城,放舟下枞阳。原隰郁膴膴,江波浩汤汤。忆在元封中,君王狩朱方。大江深且广,及兹一苇航。弯弧射蛟台,皇武何可当。宸游事既往,六合无回光。不见楼船还,空余蕙兰芳。"《明诗综》卷五二,上海古籍出版社1993年版,第1023页。

② 《汉书》卷六《武帝纪》,第196页。

歌》。郦元注《水经》云：此水东南盛流唐戌，俗讹谓之小益唐，即此地。"然而同书卷一二六《淮南道四·庐州》说到"寿州盛唐"。同书卷一二九《淮南道七·寿州》明确以为地在六安："六安县南一百一十里，旧十二乡，今十乡。本《春秋》时楚之灊县地也，在汉为盛唐县，属庐江郡。武帝元封元年南巡狩，登灊天柱，薄枞阳，作《盛唐之歌》。县西二十五里有盛唐山，因为名。隋改为霍山县。唐开元二十七年改为盛唐，从旧名也。梁改为灊山县。后唐同光初，复旧。晋天福中改为来化县，后复旧。"①看《武帝纪》行文，"至于盛唐"在"登灊天柱山"之前，则"盛唐"应在至"灊天柱山"途中，亦与"九嶷"有关。《元丰九域志》卷五《淮南路·西路》"紧，寿州，寿春郡，忠正军节度"条也说："县五，开宝元年省霍山县为镇，入盛唐。四年改盛唐为六安。"②《舆地广记》卷二一《淮南西路》"中六安县"条："本汉潜、安丰二县地。晋永和中，谢尚镇马头城，在今县北。梁置霍州及岳安郡、岳安县。北齐州废。隋开皇初郡废，改县为霍山，属庐州。唐武德四年，以霍山、应城、潜城三县置霍州。正观元年州废，省应城、潜城，以霍山来属。神功元年曰武昌，神龙元年复改名，开元二十七年改为盛唐。皇朝开宝四年，改为六安。霍山镇，唐天宝初析盛唐别置霍山县，开宝元年省为镇，入盛唐。有霍山。有《禹贡》大别山。潜，本楚邑。汉属庐江郡。东汉、晋因之，后省焉。唐武德五年复置潜县，正观中省，入霍山。有决水、潜水。"③

看来，谭其骧主编《中国历史地图集》的标定是合理的。盛唐在今安徽六安，灊在今安徽霍山北，天柱山在今安徽霍山南。④

这样，寿春、盛唐和合肥构成了一个大致呈三角形地带，这可能是九江郡比较重要的区域。汉武帝"行南巡狩，至于盛唐"，可以理解为抵达了"寿春、合肥""一都会"。所谓"作《盛唐枞阳之歌》"，内容应当包括对他当时心境的表述。

据《续汉书·郡国志四》"九江郡"条：

九江郡秦置。雒阳东一千五百里。十四城，户八万九千四百三十

① （宋）乐史撰，王文楚等点校：《太平寰宇记》，第 2479、2552 页。
② （宋）王存撰，王文楚、魏嵩山点校：《元丰九域志》，中华书局 1984 年版，第 199—200 页。
③ （宋）欧阳忞撰，李勇先、王小红点校：《舆地广记》，四川大学出版社 2003 年版，第 608 页。
④ 谭其骧：《中国历史地图集》，第 2 册第 24—25 页。

六,口四十三万二千四百二十六。

　　阴陵　寿春　浚道　成德　西曲阳　合肥侯国。　历阳侯国,刺史治。　当涂有马丘聚,徐凤反于此。　全椒　锺离侯国。　阜陵　下蔡故属沛。　平阿故属沛。有涂山。　义成故属沛。

地在今安徽定远西北的阴陵,是东汉九江郡郡治所在。"寿春"下刘昭注补:"《汉官》云刺史治,去雒阳千三百里,与《志》不同。"①《汉官》所说,体现了对西汉寿春地位的记忆。东汉时期作为郡治的阴陵与寿春、合肥,构成了一个倒三角形。与上文所说寿春、盛唐和合肥构成的三角形相合,则呈示一个近似平行四边形的区域结构。以对这一平面图像的认识为基础,理解"寿春、合肥""一都会"的区域形势,可能是适宜的。

5

　　《太平御览》引《寿春记》曰:"三国时,江淮为战争之地,其间数百里无复人居。晋平吴,其民乃还本土,复立为淮南郡。"②可知讨论汉末寿春、合肥地方史,应更多由军事角度予以关注。

　　赤壁之战前后,曾经发生合肥争夺战事。《三国志·吴书·吴主传》记载,赤壁战后,曹操"烧其余船引退,士卒饥疫,死者大半"。"(孙)权自率众围合肥","权攻城逾月不能下。曹公自荆州还,遣张喜将骑赴合肥,未至,权退。"③《三国志·魏书·武帝纪》则说事在赤壁之战前:"(建安十三年)十二月,孙权为备攻合肥。公自江陵征备,至巴丘,遣张憙救合肥。权闻憙至,乃走。公至赤壁,与备战,不利。于是大疫,吏士多死者,乃引军还。备遂有荆州、江南诸郡。"裴松之注引孙盛《异同评》曰:"按《吴志》,刘备先破公军,然后权攻合肥,而此记云权先攻合肥,后有赤壁之事。二者不同,《吴志》为是。"④其实,《魏书·武帝纪》有明确年月记录,似不能排除孙权在赤壁之战前后两次攻打合肥的可能。次年,曹操又往合肥集结水军:"十四年

---

① 《后汉书》,第3485—3486页。
② (宋)李昉等:《太平御览》卷一六九,第822页。
③ 《三国志》卷四七《吴书·吴主传》,第1118页。
④ 《三国志》卷一《魏书·武帝纪》,第30—31页。

春三月,军至谯,作轻舟,治水军。秋七月,自涡入淮,出肥水,军合肥。"建安二十年(215)又有"八月,孙权围合肥,张辽、李典击破之"的战争记录。①

有的相关军事史文献遗存则"合肥、寿春"并说。如《三国志·魏书·明帝纪》:"(青龙二年)五月,太白昼见。孙权入居巢湖口,向合肥新城,又遣将陆议、孙韶各将万余人入淮、沔。六月,征东将军满宠进军拒之。宠欲拔新城守,致贼寿春,帝不听。……秋七月壬寅,帝亲御龙舟东征,权攻新城,将军张颖等拒守力战,帝军未至数百里,权遁走,议、韶等亦退。……遂进军幸寿春,录诸将功,封赏各有差。八月己未,大曜兵,飨六军,遣使者持节犒劳合肥、寿春诸军。辛巳,行还许昌宫。"②"合肥、寿春诸军"的说法,特别值得注意。合肥新城自五月至七月长期据守,而寿春并未临战,为什么"遣使者持节犒劳合肥、寿春诸军",使寿春军与合肥军享受同样优遇呢?难道仅仅是因为魏明帝"幸寿春"吗?

所谓"合肥、寿春诸军"并说,可知这一区域因联系之密切与格局之紧凑,实际形成了接近后世军事布局所谓战区的形势。在当时军事战略布局中,"合肥、寿春诸军"也有一体化的特点。

直到又一次发生南北对峙形势的宋代,合肥与寿春在战略地理方面的亲近关系再次受到重视。宋人王之道《上江东宣抚李端明书》写道:"之道观今日天下安危存亡之机,间不容发。如王彦充据寿春、窥合肥一事,最不可忽。夫彦充凭骄寇伪齐之势,拥众数千,攻陷寿春,方且蠲烦去苛,矜老慈幼,劝播植,通贸易,修城浚隍,誓与斯民同死生。此其志正恐不在寿春,而在合肥。盖合肥在淮南最为重城,西北距淮二百里有奇。而寿春实在淮上,东南距江亦二百里有奇。而建康实在江左。江淮相距不踰五百里,而三郡在焉。其势犹唇齿股肱,不可以相无也。国家诚欲都建康,则宜紧守淮南以为藩篱。欲守淮南,而不能保有寿春、合肥,虽守犹不守也。"王之道又写道:"今欲守淮南而失寿春,既有唇亡肱折之患矣。奈何复委合肥于虎口而不问邪?"他又有"今寿春既陷,合肥危若累卵"的说法。③ 合肥与寿春相互

---

① 《三国志》卷一《魏书·武帝纪》,第32、45页。

② 《三国志》卷三《魏书·明帝纪》,第103—104页。

③ (宋)王之道著,沈怀玉、凌波点校:《相山集》卷24《书》,北京图书馆出版社2006年版,第298页。

关联、相互策应的关系，是十分明朗的。

6

《史记·货殖列传》："郢之后徙寿春，亦一都会也。而合肥受南北潮，皮革、鲍、木输会也。"①《汉书·地理志下》："寿春、合肥受南北湖皮革、鲍、木之输，亦一都会也。"②《货殖列传》"皮革、鲍、木输会也"，《汉志》"皮革、鲍、木之输"，都说到这一地区是物资储运的中心，也是物资转输的枢纽。

《汉志》颜师古注："皮革，犀兕之属也。鲍，鲍鱼也。木，枫柟豫章之属。"③宋章如愚《群书考索》卷六一《地理门·风俗类》"诸国风俗"条则将"鲍"写作"鞄"："寿春、合肥受南北朔皮革、鞄木之输，亦一都会也。"④

古时取犀兕皮革以为甲，而长江流域是犀兕主要产地。《禹贡》说到扬州、荆州都有"齿、革"之贡，扬州所贡"齿、革"，孔安国解释说："齿，革牙；革，犀皮。"⑤孔颖达也说："《考工记》：'犀甲七属，兕甲六属。'《宣二年左传》云：'犀兕尚多，弃甲则那。'是甲之所用，犀革为上，革之所美，莫过于犀。知'革'是犀皮也。"⑥"合肥、寿春"是征收和调运"皮革"的重心区域，是可以理解的事。

对于所谓"鲍"，也有已经鞣制的皮革的解说。王先谦《汉书补注》引钱坫说："'鲍'即'鞄'字。《说文》：'鞄，柔革工也。'读若'朴'。《周礼》曰'柔皮之工鲍氏'。'鞄'即'鲍'也。"⑦

"合肥、寿春"作为"木输会"或者说"寿春、合肥受……木之输"，体现这一地区也是向黄河流域乃至更北的地方输送江淮林产的交通枢纽。《潜夫论·浮侈》说到江南优质材木北运的情形："……其后京师贵戚，必欲江

---

① 《史记》卷一二九《货殖列传》，第 3268 页。
② 《汉书》卷二八下《地理志下》，第 1668 页。
③ 《汉书》卷二八下《地理志下》，第 1668 页。
④ （宋）章如愚：《群书考索》，书目文献出版社 1992 年版，第 412 页。
⑤ 《史记》卷二《夏本纪》引《禹贡》扬州"齿、革、羽、旄"，裴骃《集解》："孔安国曰：'象齿、犀皮、鸟羽、旄牛尾也。'"第 58 页。
⑥ （清）阮元校刻：《十三经注疏》，第 148—149 页。参看王子今：《走马楼简的"入皮"记录》，《吴简研究》第 1 辑，崇文书局 2004 年版。
⑦ （汉）班固撰，（清）王先谦补注：《汉书补注》，第 2854 页。

南檽梓豫章梗枏。边远下土,亦竞相仿效。夫檽梓豫章,所出殊远,又乃生于深山穷谷,经历山岺,立千丈之高,百丈之溪,倾倚险阻,崎岖不便,求之连日,然后见之。伐矴连月然后讫。会众然后能动担,牛列然后能致水。油溃入海,连淮逆河,行数千里,然后到雒。工匠雕治,积累日月,计一棺之成,功将千万。夫既其终用,重且万斤。非大众不能举,非大车不能輓。东至乐浪,西至敦煌,万里之中,相竞用之。此之费功伤农,可为痛心。"①由"江南""到雒",甚至"东至乐浪,西至敦煌",这种"数千里"甚至"万里"的远程"木输"或说"木之输","合肥、寿春"是重要的中转地点。所谓"致水",所谓"油溃入海,连淮逆河",体现当时木材运输多利用水道。② 而"合肥、寿春""受南北湖"者,正是水运条件优越的表现。

而"南北湖"之所谓"南""北",很可能是以合肥为中心地理坐标定名的。

---

① (汉)王符著,(清)汪继培笺,彭铎校正:《潜夫论笺校正》,中华书局 1985 年版,第134 页。

② 以水运方式输送林产,有悠久的传统。《华阳国志·蜀志》言李冰开发水利,"乃壅江作堋,穿郫江、捡江,别支流,双过郡下,以行舟船。岷山多梓、柏、大竹,颓随水流,坐致材木,功省用饶。"(晋)常璩撰,任乃强校注:《华阳国志校补图注》,上海古籍出版社 1987 年版,第 133 页。言"行舟船"事在"溉灌"之先。天水放马滩 1 号秦墓出土的年代为战国时期的木板地图,突出显示"材"及其"大""中""小"以及是否已"刊"等,都应理解为林业史料。关于某种"材"运程若干"里",以及如何"道最"等运输信息,乃至"关"(或释作"闭")的设置等,均体现林区交通开发的记录和导引的图示。"关"的位置均显示对河流航道的控制,应理解为水运木材的交通方式的体现。甘肃省文物考古研究所:《天水放马滩墓葬发掘报告》,甘肃省文物考古研究所编:《天水放马滩秦简》,中华书局 2009 年版;雍际春:《天水放马滩木板地图研究》,甘肃人民出版社 2002 年版;王子今、李斯:《放马滩秦地图林业交通史料研究》,《中国历史地理论丛》2013 年第 2 期。

一三

西南夷地区的少数民族文化

秦汉时期,居住在今四川西部、云南、贵州以及广西西部地区的文化传统与中原有别的少数民族,统称为"西南夷"。

西南夷诸部族中,较为著名的有夜郎、滇、邛都、嶲、昆明、徙、笮都、冉駹和白马等。

西南夷地区是民族关系最为复杂的地区。

西南夷地区的经济特征,有自己独特的风格。

西南夷地区的文化风貌,也具有引人注目的鲜明的特色。

1

西南夷地区以一种特殊的经济文化形态,曾经长期受到中土统治者们的特别的注视。

在西南夷人生活的地域中,有的地区农业发展比较早,农产丰饶,其经济水平甚至与内地相当。例如:"滇地方三百里,旁平地,肥饶数千里。"[①]其地"河土平敞","有盐池田渔之饶,金银畜产之富,人俗豪忕,居官者皆富及累世。"[②]也有所谓"土地虽迫,山水特美好,宜蚕桑,有盐井、鱼池以百数,家

---

① 《史记》卷一一六《西南夷列传》,第 2993 页。

② 《后汉书》卷八六《西南夷传》,第 2846 页。

家有焉,一郡丰沃"①的地区。永昌哀牢人居住的地区,据说"土地沃美,宜五谷、蚕桑"②。也有的地区则"土地有稻田畜牧,但不蚕桑"③。

在和内地的经济联系加强之后,西南夷地区的农业又有新的发展。《后汉书·西南夷传》说,文齐为地方官时,"造起陂池,开通溉灌,垦田二千余顷。"④《华阳国志》卷四《南中志》"朱提郡"条下也记载,"梓潼文齐,初为属国,穿龙池,溉稻田,为民兴利,亦为立祠。"⑤先进的农业技术和管理方式得到推广,一些地区粮产丰裕,以致"米一斗八钱"⑥。

除了农耕条件较好的山原地区以外,西南夷又多有山川气候条件并不适宜发展农耕业的地区。如《华阳国志》卷三《蜀志》说,江阳郡"多山田少种稻之地"⑦,汶山郡"土地刚卤,不宜五谷,惟种麦,而多冰寒"⑧。总的说来,西南夷多数部族"散在溪谷,绝域荒外,山川阻深"⑨,其农耕经济普遍处于相对比较原始,比较落后的水平。所谓"土地墝埆","蛮夷贫薄"⑩,正是这种经济文化形式的写照。

于是,西南夷地区多有"随畜迁徙,毋常处,毋君长"⑪,所谓"食肉衣皮,不见盐谷"⑫的部族,当地的畜牧业曾经取得引人注目的成就。

司马相如、韩说初开西南夷时,即曾"得牛马羊属三十万"⑬。《汉书·昭帝纪》记载,始元四年(前83)冬,"遣大鸿胪田广明击益州","斩首捕虏三万余人,获畜产五万余头"。⑭《汉书·西南夷传》则记载,"遣军正王平

---

① 《华阳国志》卷三《蜀志》,(晋)常璩撰,任乃强校注:《华阳国志校补图注》,第180页。
② 《后汉书》卷八六《西南夷传》,第2849页。
③ 《华阳国志》卷四《南中志》,(晋)常璩撰,任乃强校注:《华阳国志校补图注》,第295页。
④ 《后汉书》卷八六《西南夷传》,第2846页。
⑤ (晋)常璩撰,任乃强校注:《华阳国志校补图注》,第278页。
⑥ 《华阳国志》卷四《南中志》,(晋)常璩撰,任乃强校注:《华阳国志校补图注》,第237页。《后汉书》卷八六《西南夷传》:"(景)毅初到郡,米斛万钱,渐以仁恩,少年间,米至数十云。"《后汉书》卷八六《西南夷传》,第2847页。
⑦ (晋)常璩撰,刘琳校注:《华阳国志校注》,巴蜀书社1984年版,第289页。
⑧ (晋)常璩撰,任乃强校注:《华阳国志校补图注》,第184页。
⑨ 《后汉书》卷八六《西南夷传》,第2848页。
⑩ 《后汉书》卷八六《西南夷传》,第2856页。
⑪ 《史记》卷一一六《西南夷列传》,第2991页。
⑫ 《后汉书》卷八六《西南夷传》,第2856页。
⑬ 《华阳国志》卷四《南中志》,(晋)常璩撰,任乃强校注:《华阳国志校补图注》,第267页。
⑭ 《汉书》卷七《昭帝纪》,第222、223页。

与大鸿胪田广明等并进，大破益州，斩首捕虏五万余级，获畜产十余万。"①《华阳国志》卷四《南中志》记述此事，称："获畜产十余万头，富埒中国。"②《后汉书·西南夷传》记载，汉光武帝建武二十一年（45），刘尚平定西南夷反叛，得"马三千疋，牛羊三万余头"③。

内地政权常常是以贪羡其物产的眼光注视西南夷地区的。

诸葛亮平定南中，不仅消除了北伐的后顾之忧，也以当地为北伐的后方基地，据说"军资所出，国以富饶"④。关于所谓"军资所出"，据《华阳国志》卷四《南中志》的记载：

> 出其金、银、丹、漆、耕牛、战马，给军国之用。⑤

《三国志》卷四三《蜀书·李恢传》还记载：

> 后军还，南夷复版，杀害守将。（李）恢身往扑讨，锄尽恶类，徙其豪帅于成都，赋出叟、濮耕牛、战马、金银、犀革，充继军费，于时费用不乏。⑥

《华阳国志》卷四《南中志》说西南夷地区经济地位的重要，以为矿产之丰足是重要标志之一："益州西部，金银宝货之地，居其官者，皆富及十世。"⑦《后汉书·西南夷传》说到滇池地区的主要出产时，也有"金银、畜产之富"的称誉，而且将矿产列于畜产之先。哀牢人所居地区，也因"出铜、铁、铅、锡、金、银"⑧等受到重视。

据《汉书·地理志上》及《续汉书·郡国志五》等文献的记载，当时西南夷地区与全国其他地区比较，是矿产最为丰富的地区：

---

① 《汉书》卷九五《西南夷传》，第3843页。
② （晋）常璩撰，任乃强校注：《华阳国志校补图注》，第236页。
③ 《后汉书》卷八六《西南夷传》，第2847页。
④ 《三国志》卷三五《蜀书·诸葛亮传》，第919页。
⑤ （晋）常璩撰，任乃强校注：《华阳国志校补图注》，第241页。
⑥ 《三国志》卷四三《蜀书·李恢传》，第1046页。
⑦ （晋）常璩撰，任乃强校注：《华阳国志校补图注》，第237页。
⑧ 《后汉书》卷八六《西南夷传》，第2849页。

表 6　西南夷地区的主要矿产①

矿产	出产地	资料出处
铁	犍为武阳	《汉书·地理志上》、《华阳国志》卷三《蜀志》
	犍为南安	《汉书·地理志上》
	蜀郡临邛	《史记·货殖列传》《续汉书·郡国志五》
	越嶲台登	《续汉书·郡国志五》、《华阳国志》卷三《蜀志》
	越嶲会无	《续汉书·郡国志五》
	益州滇池	《续汉书·郡国志五》
	永昌不韦	《续汉书·郡国志五》
铜	越嶲邛都	《汉书·地理志上》、《续汉书·郡国志五》、《华阳国志》卷三《蜀志》
	益州俞元	《汉书·地理志上》《续汉书·郡国志五》
	益州来唯	《汉书·地理志上》
	益州贲古	《续汉书·郡国志五》、《华阳国志》卷四《南中志》
	益州朱提	《续汉书·郡国志五》
金	永昌博南	《续汉书·郡国志五》、《华阳国志》卷四《南中志》
银	犍为朱提	《汉书·食货志下》《汉书·地理志上》、《续汉书·郡国志五》
	益州律高	《汉书·地理志上》、《续汉书·郡国志五》、《华阳国志》卷四《南中志》
	益州贲古	《汉书·地理志上》、《续汉书·郡国志五》、《华阳国志》卷四《南中志》
	益州双柏	《续汉书·郡国志五》
铅	益州律高	《汉书·地理志上》、《续汉书·郡国志五》
	益州贲古	《汉书·地理志上》、《续汉书·郡国志五》、《华阳国志》卷四《南中志》
锡	益州律高	《汉书·地理志上》、《续汉书·郡国志五》、《华阳国志》卷四《南中志》
	益州贲古	《汉书·地理志上》、《续汉书·郡国志五》、《华阳国志》卷四《南中志》

《汉书·食货志下》说到"朱提银"的质量："朱提银重八两为一流,直一千五百八十。它银一流直千。"②其价值相当于"它银"的158%。颜师古注："朱提,县名,属犍为,出善银。"③

西南夷地区的矿产资源如此集中,西南夷地区的矿业经营在全国经济

---

① 资料来源:《史记》卷一二九《货殖列传》,第3277页;《汉书》卷二四下《食货志下》,第1178页;《汉书》卷二八上《地理志上》,第1599—1601页;《续汉书·郡国志五》,《后汉书》,第3509—3516页;(晋)常璩撰,任乃强校注:《华阳国志校补图注》,第175、209、286、302、303页。

② 《汉书》卷二四下《食货志下》,第1178页。

③ 《汉书》卷二四下《食货志下》,第1178页。

体系中的地位如此重要,而首先发现、开发、利用当地矿产资源,奠定当地矿业基础的,正是西南夷人。①

2

在云南出土的青铜器上的一些人物形象,其身份可以判定为奴隶。他们从事最卑贱的劳作,有的身被枷铐,有的与牛马同列,有的甚至被作为祭祀的牺牲。②

从有关西南夷地区经济文化的历史资料中,也可以发现西南夷人以奴隶身份参与其他地域开发的现象。

《史记·货殖列传》说,巴蜀"南御滇僰,僰僮"③。司马迁在列举所谓"比千乘之家"的资产时,说到"马蹄躈千,牛千足,羊彘千双,僮手指千"④。其中所谓"僮手指千",可能就是指这种少数民族奴隶。而蜀卓氏"倾滇蜀之民,富至僮千人",程郑"贾椎髻之民,富埒卓氏,俱居临邛"⑤,也反映巴蜀富人多采用奴隶制方式组织生产。《华阳国志》卷三《蜀志》说,"卓王孙家僮千数,程郑各八百人。"⑥以野蛮的强制性方式利用西南夷地区的人力资源,成为他们获取暴利的原因之一。《华阳国志》卷三《蜀志》还说道,僰道县"本有僰人,故《秦纪》言僰童之富"⑦。"僰童"也就是"僰僮"。《史记·西南夷列传》也记载,楚远征军曾略定滇地,秦亦"略通五尺道,诸此国颇置吏焉"⑧:

> 及汉兴,皆弃此国而开蜀故徼。巴蜀民或窃出商贾,取其筰马、僰

---

① 王子今:《秦汉时期的"西南夷"经济》,《贵州社会科学》1992年第1期。
② 云南省博物馆:《云南晋宁石寨山古墓群发掘报告》,文物出版社1959年版;云南省博物馆:《晋宁石寨山出土有关奴隶社会的文物》,《文物》1959年第5期;汪宁生:《云南考古》,云南人民出版社1980年版。
③ 《史记》卷一二九《货殖列传》,第3261页。
④ 《史记》卷一二九《货殖列传》,第3274页。
⑤ 《史记》卷一二九《货殖列传》,第3277、3278页。《史记》卷一一七《司马相如列传》:"卓王孙家僮八百人,程郑亦数百人。"卓文君亡奔司马相如,卓王孙"分予文君僮百人"。第3000、3001页。《汉书》卷九一《货殖传》:蜀卓氏"富至童八百人"。第3690页。
⑥ (晋)常璩撰,任乃强校注:《华阳国志校补图注》,第148页。
⑦ (晋)常璩撰,任乃强校注:《华阳国志校补图注》,第175页。
⑧ 《史记》卷一一六《西南夷列传》,第2993页。

僰、髦牛,以此巴蜀殷富。①

司马贞《索隐》:"服虔云:'旧京师有僰婢。'"②所谓"《秦纪》言僰童之富"以及"京师有僰婢",都说明秦汉时期这种奴役西南夷人的形式,也见于巴蜀以外的地区。

据历史文献的记载,秦汉时期,还曾经有以战争方式在西南夷地区掠夺奴隶的情形。

例如,《后汉书·西南夷传》记载,汉光武帝建武二十一年(45),武威将军刘尚率军击"夷渠帅栋蚕"等,"得生口五千七百人,马三千疋,牛羊三万余头。"③汉安帝元初六年(119),益州刺史张乔进军击败"卷夷大牛种封离等","获生口千五百人,资财四千余万,悉以赏军士。"④

诸葛亮上书自称,"五月渡泸,深入不毛"之后,"今南方已定,兵甲已足,当奖率三军,北定中原"⑤。所谓"兵甲已足",又暗示从"南方"得到了兵员的补充。

3

司马迁在《史记·货殖列传》中记载巴蜀地区"南御滇僰,僰僮,地近邛笮,笮马、旄牛"⑥的形势时,就已经涉及西南夷地区的经济文化地位。

班固在《汉书·地理志下》也写道:

> 巴、蜀、广汉,本南夷,秦并以为郡,土地肥美,有江水沃野,山林竹木疏食果实之饶。南贾滇、僰僮,西近邛,筰马旄牛。……
>
> 武都地杂氐、羌,及犍为、牂柯、越巂,皆西南外夷,武帝初开置。民俗略与巴、蜀同,而武都近天水,俗颇近焉。⑦

如果确实是"民俗略与巴、蜀同",则基本表现应当是"民食稻鱼,亡凶年忧,

---

① 《史记》卷一一六《西南夷列传》,第 2993 页。
② 《史记》卷一一六《西南夷列传》,第 2993 页。
③ 《后汉书》卷八六《西南夷传》,第 2846、2847 页。
④ 《后汉书》卷八六《西南夷传》,第 2853、2854 页。
⑤ 《三国志》卷三五《蜀书·诸葛亮传》,第 920 页。
⑥ 《史记》卷一二九《货殖列传》,第 3261 页。
⑦ 《汉书》卷二八下《地理志下》,第 1645—1646 页。

俗不愁苦,而轻易淫泆,柔弱褊阨"①。武都民俗与天水接近,则应当是"修习战备,高上气力,以射猎为先","民俗质木,不耻寇盗"②。

《后汉书·西南夷传》是这样记述这一地区的民俗文化的:

> (夜郎国、滇国、邛都国)各立君长,其人皆椎结左衽,邑聚而居,能耕田。
>
> (嶲、昆明诸落)无君长,辫发,随畜迁徙无常。
>
> (莋都国、冉駹国)或土著,或随畜迁徙。……有君长。
>
> (白马国)氐种是也。……有君长。③

《后汉书·西南夷传》还写道:

> 牂柯地多雨潦,俗好巫鬼禁忌,寡畜生,又无蚕桑,故其郡最贫。
>
> (滇)河土平敞,多出鹦鹉、孔雀,有盐池田渔之饶,金银畜产之富。人俗豪忕。
>
> (邛都夷)俗多游荡,而喜讴歌,略与牂柯相类。豪帅放纵,难得制御。
>
> (莋都夷)其人皆被发左衽,言语多好譬类。
>
> (冉駹夷)其山有六夷七羌九氐,各有部落。其王侯颇知文书,而法严重。贵妇人,党母族。死则烧其尸。
>
> (白马氐)氐人勇戆抵冒,贪货死利。④

《华阳国志》中也有关于西南夷地区民俗风格的记述:

> (武都郡)多羌戎之民,其人半秦,多勇戆。……有瞿堆百顷险势,氐傁常依之为叛。
>
> (阴平郡)土地山险,人民刚勇。多氐傁,有黑、白水羌、紫羌,胡虏风俗,所出与武都略同。(卷二《汉中志》)
>
> (犍为郡)士多仁孝,女性贞专。
>
> (僰道县)民失在于徵巫,好鬼妖。
>
> (江阳郡)俗好文刻,少儒学,多朴野,盖天性也。

---

① 《汉书》卷二八下《地理志下》,第 1645 页。
② 《汉书》卷二八下《地理志下》,第 1644 页。
③ 《后汉书》卷八六《西南夷传》,第 2844 页。
④ 《后汉书》卷八六《西南夷传》,第 2845、2846、2852、2854、2858、2859 页。

（汶山郡）多冰寒，盛夏凝冻不释。故夷人冬则避寒入蜀，庸赁自食，夏则避暑反落，岁以为常，故蜀人谓之作氐百石子也。（卷三《蜀志》）

（南中）编发左衽，随畜迁徙，莫能相雄长。……夷多刚很，不宾大姓富豪。……俗征巫鬼，好诅盟，投石结草。

（牂柯郡）俗好鬼巫，多禁忌，畲山为田，无蚕桑。颇尚学书，少威棱，多懦怯。

（晋宁郡）俗奢豪，难抚御。

（朱提郡）其民好学，地滨犍为，号多士人，为宁州冠冕。

（南广郡）俗妖巫，惑禁忌，多神祠。（卷四《南中志》）①

其实，西南夷各地区各部族的民俗特征有许多共同之处。大致都有"勇慭""朴野""刚很""妖巫"的风气。

4

从区域文化学的角度考察西南夷地区，还应当注意到这一地区在中外交通史中的地位。

《史记·大宛列传》记述，开通西域道路的功臣张骞曾经向汉武帝建议由蜀地取道西南夷，经身毒通大夏：

（张）骞曰："臣在大夏时，见邛竹杖、蜀布。问曰：'安得此？'大夏国人曰：'吾贾人往市之身毒。身毒在大夏东南可数千里。其俗土著，大与大夏同，而卑湿暑热云。其人民乘象以战。其国临大水焉。'以骞度之，大夏去汉万二千里，居汉西南。今身毒国又居大夏东南数千里，有蜀物，此其去蜀不远矣。今使大夏，从羌中，险，羌人恶之；少北，则为匈奴所得；从蜀宜径，又无寇。"②

汉武帝久有意于交通大宛、大夏、安息以及大月氏、康居，期望"广地万里，重九译，致殊俗，威德遍于四海"，于是"欣然，以骞言为然"③。遂令张骞于

① （晋）常璩撰，任乃强校注：《华阳国志校补图注》，第96、103、172、175、180、184—185、229、241、247、260、267、278、279页。
② 《史记》卷一二三《大宛列传》，第3166页。
③ 《史记》卷一二三《大宛列传》，第3166页。

蜀郡和犍为郡组织人员探索通身毒路。所派遣的官员四道并出，皆各行一二千里，而为当地部族阻滞，"终莫得通"①。

不过，汉王朝对西南夷地区的开发，却因张骞之议得以促进。起初，汉欲通西南夷，然而因耗费惊人而道不通遂罢之，自张骞建议由此通身毒、大夏，"乃复事西南夷。"②

虽然西汉政府开拓官方外交通路的计划没有获得成功，但是，实际上，蜀地民间商人当时不顾政府"关故蜀徼"的严格禁令，仍然"或窃出商贾"③。其实，由川滇通缅甸、印度、越南等地的这条所谓"西南丝绸之路"（又称作"南方丝绸之路""滇缅道""蜀布之路"等），很可能在战国时期已经开通。

20世纪40年代出土于四川茂汶地区早期石棺葬的琉璃珠，经测定，可知并不含钡。④ 而我国战国时期的琉璃制品均属于铅钡玻璃的体系，西方古代玻璃则一直以钠钙玻璃为主，与中国玻璃成分截然不同。不含钡的钠钙玻璃，当是由中亚或西亚输入。⑤

云南江川李家山年代为战国时期的24号墓也曾经出土来自西亚的蚀花肉红石髓珠⑥。看来当时西南夷地区已经存在以南道为贸易方向的商贸活动。

大约成书于公元前4世纪的印度史书《国事论》中，曾经提到过所谓"脂那"（Cina，或译"震旦"，或译"真丹"），"脂那"物产，有丝及织皮两种。饶宗颐先生考证，Cina是"秦"的对音，"印度文献中的Cina，似可兼指汉时的永昌郡而言"，"以此推之中印之交往，早在《国事论》成书之前。""按司马错灭蜀，在秦惠王时（316B.C.），是时蜀已归秦，故蜀产之布，自可被目为秦布，故得以Cina-patta称之。"⑦

① 《史记》卷一二三《大宛列传》，第3166页。
② 《史记》卷一二三《大宛列传》，第3166页。
③ 《汉书》卷九五《西南夷传》，第3838页。
④ 童恩正：《略谈秦汉时期成都地区的对外贸易》，《巴蜀考古论文集》，文物出版社1987年版。
⑤ 高至喜：《论我国春秋战国的玻璃器及有关问题》，《文物》1985年第12期。
⑥ 张增祺：《战国至西汉时期滇池区域发现的西亚文物》，《思想战线》1982年第2期。
⑦ 饶宗颐：《蜀布与Cinapatta论早期中、印、缅之交通》，《"中央"研究院历史语言研究所集刊》1974年第45本第4分册，收入《饶宗颐史学论著选》，上海古籍出版社1993年版。

汉明帝永平十二年(69),"益州徼外夷哀牢王相率内属,于是置永昌郡"①。汉王朝所实际控制的地域,"始通博南山,度兰仓水",至于今云南保山附近。永昌郡所辖,已包括今缅甸北部部分地区。当时因距内地遥远,"行者苦之,歌曰:'汉德广,开不宾。度博南,越兰津。度兰仓,为它人'"②。至此,滇缅道路终于得以正式打通,汉王朝通过哀牢地区和掸国发生了联系。

汉和帝永元九年(97),"徼外蛮及掸国王雍由调遣重译奉国珍宝,和帝赐金印紫绶,小君长皆加印绶、钱帛"③。西南丝绸之路的主要路段,于是均处于汉王朝控制之下。《后汉书·西南夷传》还记述说:

> 永宁元年,掸国王雍由调复遣使者诣阙朝贺,献乐及幻人。能变化吐火,自支解,易牛马头。又善跳丸,数乃至千。自言"我海西人"。"海西"即大秦也。掸国西南通大秦。④

第二年元会,"安帝作乐于庭,封雍由调为汉大都尉,赐印绶、金银、彩缯各有差也"⑤。

古大秦所在,学界一般有三种认识:一种以为指罗马帝国东部,一种以为指罗马帝国,一种以为指黎轩即亚历山大城。海西幻人的东来,说明汉与遥远的西方文化交往道路的开通。雍由调特受恩宠,也正是因为西南夷地区对于由此实现的文化交流,有重要的意义。⑥

《华阳国志》卷四《南中志》说,汉武帝置不韦县,"徙南越相吕嘉子孙宗族实之,因名'不韦',以彰其先人之恶"⑦。可见西汉中期,云南西部与南越地区之间,可以沟通区域文化联系的交通道路已经开通。经过这条通路两地间实现文化交融的历史实例,还可以举出许多。⑧

---

① 《后汉书》卷二《明帝纪》,第114页。
② 《后汉书》卷八六《西南夷传》,第2849页。
③ 《后汉书》卷八六《西南夷传》,第2851页。
④ 《后汉书》卷八六《西南夷传》,第2851页。
⑤ 《后汉书》卷八六《西南夷传》,第2851页。
⑥ 《三国志》卷三〇《魏书·乌丸鲜卑东夷传》注引《魏略·西戎传》:"大秦国一号'黎轩',在安息、条支西大海之西,从安息界安谷城乘船,直截海西,遇风利二月到,风迟或一岁,无风或三岁。其国在海西,故俗谓之'海西'。""大秦道既从海北陆通,又循海而南,与交阯七郡外夷比,又有水道通益州、永昌,故永昌出异物。"第860、861页。
⑦ (晋)常璩撰,任乃强校注:《华阳国志校补图注》,第285页。
⑧ 王子今:《秦汉交通史稿》(增订版),第489—494页。

一四
南越文化的个性

南越地区,是秦汉时期与中原文化保持密切文化联系又存在一定文化距离的特殊的文化区。

南越文化的特殊个性,是我们在考察丰富多彩的秦汉文化时不能不予以特别注意的。

1

司马迁在《史记》中曾经使用"南边"一语,用以指代与中原文化系统较紧密地保持一体化关系的与南越相邻的地区。

如《史记·汉兴以来诸侯王年表》:

> 吴楚时,前后诸侯或以適削地,是以燕、代无北边郡,吴、淮南、长沙无南边郡。①

裴骃《集解》引述如淳的解释,以为:"长沙之南更置郡,燕、代以北更置缘边郡,其所有饶利兵马器械,三国皆失之也。"张守节《正义》又指出:"景帝时,汉境北至燕、代,燕、代之北未列为郡。吴、长沙之国,南至岭南,岭南、越未平,亦无南边郡。"②

---

① 《史记》卷一七《汉兴以来诸侯王年表》,第803页。
② 《史记》卷一七《汉兴以来诸侯王年表》,第803页。

《史记·南越列传》也说：

> 高帝已定天下，为中国劳苦，故释（赵）佗弗诛。汉十一年，遣陆贾因立佗为南越王，与剖符通使，和集百越，毋为南边患害，与长沙接境。①

赵佗的南越政权，被新生的汉王朝看作可能导致"南边患害"的一种威胁。而长沙国，应当就属于"南边"。

可见，司马迁所谓"南边"，应当是指南部的"缘边郡"，所以拥有"饶利兵马器械"，是因为"越未平"的缘故。

对于南越政权在秦末特殊的政治背景下生成的过程，司马迁在《史记·南越列传》中有这样的记述：

> （赵）佗，秦时用为南海龙川令。至二世时，南海尉任嚣病且死，召龙川令赵佗语曰："闻陈胜等作乱，秦为无道，天下苦之，项羽、刘季、陈胜、吴广等州郡各共兴军聚众，虎争天下，中国扰乱，未知所安，豪杰畔秦相立。南海僻远，吾恐盗兵侵地至此，吾欲兴兵绝新道，自备，待诸侯变，会病甚。且番禺负山险，阻南海，东西数千里，颇有中国人相辅，此亦一州之主也，可以立国。郡中长吏无足与言者，故召公告之。"即被佗书，行南海尉事。嚣死，佗即移檄告横浦、阳山、湟溪关曰："盗兵且至，急绝道聚兵自守！"因稍以法诛秦所置长吏，以其党为假守。秦已破灭，佗即击并桂林、象郡，自立为南越武王。②

任嚣和赵佗，本人原先都是秦王朝委任的地方官，他们在秦末社会大动乱中的立场，一方面承认"秦为无道，天下苦之"，对于反抗秦政的斗争有所赞同，另一方面则又"恐盗兵侵地至此"，于是"兴兵"而"自备"；一方面"以法诛秦所置长吏"，另一方面则又"以其党为假守"。

从南海尉任嚣到南越武王赵佗，政治体制的基本形式和行政组织的基本构成，应当都是变化不大的。虽然我们不能具体地了解当时这样的政治结构在"负山险，阻南海，东西数千里"的南越地区，统治效能究竟能够达到什么程度，但是由所谓"颇有中国人相辅，此亦一州之主也，可以立国"的分

---

① 《史记》卷一一三《南越列传》，第2967—2968页。
② 《史记》卷一一三《南越列传》，第2967页。

析，可以知道这一政权仍然是中原政治结构的翻版，尽管任嚣与赵佗间的权力转替的形式，隐约显现出原始时代军事民主制度影子。①

据《史记·南越列传》记载，汉高祖初定天下，因为久经战乱，"中国劳苦"的缘故，当时以宽宏的态度容忍了赵佗政权在岭南的割据。又曾经派遣陆贾出使南越，承认了赵佗"南越王"的地位，希望他能够安定百越，并且保证"南边"的和平。

在高后专制的时代，"有司请禁南越关市铁器"②，似乎曾经采取了与南越实行文化隔闭、文化封锁的政策。赵佗于是愤怒地说："高帝立我，通使、物，今高后听谗臣，别异蛮夷，隔绝器物，此必长沙王计也，欲倚中国，击灭南越而并王之，自为功也。"③赵佗"乃自尊号为南越武帝，发兵攻长沙边邑，败数县而去焉"④。赵佗自立尊号，由"王"而"帝"，又北上发兵，似乎有所远图，但是进军规模适可而止，攻击对象也只是长沙王，表现出他的意图并不是真正要与汉王朝进行全面的武力对抗。

南越与汉王朝正式进入交战状态，应当是吕后专政时代派周灶发军击南越以后的事。

对于周灶南征战事，司马迁在《史记·南越列传》中只有如下简单的记述：

> 高后遣将军隆虑侯灶⑤往击之。会暑湿，士卒大疫，兵不能逾岭。岁余，高后崩，即罢兵。⑥

因为气候条件的不适应，汉军不能逾岭，两军事实上在南岭一线相持了1年之久。吕后去世方才罢兵，于是出现了司马迁所谓"隆虑离湿疫，(赵)佗得以益骄"⑦的局面：

> (赵)佗因此以兵威边，财物赂遗闽越、西瓯、骆，役属焉，东西万余

---

① 参看王子今：《龙川秦城的军事交通地位》，《客家先民首批南迁与赵佗建龙川2212年纪念学术研讨会论文集》，中国华侨出版社1997年版。

② 《史记》卷一一三《南越列传》，第2969页。

③ 《史记》卷一一三《南越列传》，第2969页。

④ 《史记》卷一一三《南越列传》，第2969页。

⑤ 司马贞《索隐》："韦昭曰：'姓周。'"《史记》卷一一三《南越列传》，第2969页。

⑥ 《史记》卷一一三《南越列传》，第2969页。

⑦ 《史记》卷一一三《南越列传》，第2977页。

里。乃乘黄屋左纛,称制,与中国侔。①

汉文帝即位,对于吕后时代政治多所否定,"乃为(赵)佗亲冢在真定,置守邑,岁时奉祀。召其从昆弟,尊官厚赐宠之。"②又派陆贾为使者出使南越,据《汉书·南粤传》,赐书致意,言词颇为诚挚:

> 皇帝谨问南粤王,甚苦心劳意。朕,高皇帝侧室之子,弃外奉北藩于代,道里辽远,雍蔽朴愚,未尝致书。高皇帝弃群臣,孝惠皇帝即世,高后自临事,不幸有疾,日进不衰,以故詩暴乎治。诸吕为变故乱法,不能独制,乃取它姓子为孝惠皇帝嗣。赖宗庙之灵,功臣之力,诛之已毕。朕以王侯吏不释之故,不得不立,今即位。乃者闻王遗将军隆虑侯书,求亲昆弟,请罢长沙两将军。朕以王书罢将军博阳侯,亲昆弟在真定者,已遣人存问,修治先人冢。前日闻王发兵于边,为寇灾不止。当其时长沙苦之,南郡尤甚,虽王之国,庸独利乎? 必多杀士卒,伤良将吏,寡人之妻,孤人之子,独人父母,得一亡十,朕不忍为也。朕欲定地犬牙相入者,以问吏,吏曰:"高皇帝所以介长沙土也",朕不得擅变焉。吏曰:"得王之地不足以为大,得王之财不足以为富,服岭以南,王自治之。"虽然,王之号为帝,两帝并立,亡一乘之使以通其道,是争也;争而不让,仁者不为也。愿与王分弃前患,终今以来,通使如故。故使(陆)贾驰谕告王朕意,王亦受之,毋为寇灾矣。上褚五十衣,中褚三十衣,下褚二十衣,遗王。愿王听乐娱忧,存问邻国。③

这是一篇情感诚恳,文字亲和,足以打动人心的外交文书。

果然,据《史记·南越列传》,"陆贾至南越,王甚恐,为书谢,称曰:'蛮夷大长老夫臣佗,前日高后隔异南越,窃疑长沙王谗臣,又遥闻高后尽诛佗宗族,掘烧先人冢,以故自弃,犯长沙边境。且南方卑湿,蛮夷中间,其东闽越千人众号称王,其西瓯越裸国亦称王。老臣妄窃帝号,聊以自娱,岂敢以闻天王哉!'乃顿首谢,愿长为藩臣,奉贡职。于是乃下令国中曰:'吾闻两雄不俱立,两贤不并世。皇帝,贤天子也。自今以后,去帝制黄屋左纛。'"④

---

① 《史记》卷一一三《南越列传》,第2969页。
② 《史记》卷一一三《南越列传》,第2970页。
③ 《汉书》卷九五《南粤传》,第3849—3850页。
④ 《史记》卷一一三《南越列传》,第2970页。

《汉书·南粤传》的记载则更为详细，其大意略同："陆贾至，南粤王恐，乃顿首谢，愿奉明诏，长为藩臣，奉贡职。于是下令国中曰：'吾闻两雄不俱立，两贤不并世。汉皇帝贤天子。自今以来，去帝制黄屋左纛。'"①赵佗又致书汉文帝，解释了当时称帝之原委，他说道：

> 蛮夷大长老夫臣佗昧死再拜上书皇帝陛下：老夫故粤吏也，高皇帝幸赐臣佗玺，以为南粤王，使为外臣，时内贡职。孝惠皇帝即位，义不忍绝，所以赐老夫者甚厚。高后自临用事，近细士，信谗臣，别异蛮夷，出令曰："毋予蛮夷外粤金铁田器，马牛羊即予，予牡，毋予牝。"老夫处辟，马牛羊齿已长，自以祭祀不修，有死罪，使内臣藩、中尉高、御史平凡三辈上书谢过，皆不反。又风闻老夫父母坟墓已坏削，兄弟宗族已诛论。吏相与议曰："今内不得振于汉，外亡以自高异。"故更号为"帝"，自帝其国，非敢有害于天下也。高皇后闻之大怒，削去南粤之籍，使使不通。老夫窃疑长沙王谗臣，故敢发兵以伐其边。且南方卑湿，蛮夷中西有西瓯，其众半赢，南面称王；东有闽粤，其众数千人，亦称王；西北有长沙，其半蛮夷，亦称王。老夫故敢妄窃帝号，聊以自娱。老夫身定百邑之地，东西南北数千万里，带甲百万有余，然北边而臣事汉，何也？不敢背先人之故。老夫处粤四十九年，于今抱孙焉。然夙兴夜寐，寝不安席，食不甘味，目不视靡曼之色，耳不听钟鼓之音者，以不得事汉也。今陛下幸哀怜，复故号，通使汉如故，老夫死骨不腐，改号不敢为帝矣！谨北面因使者献白璧一双，翠鸟千，犀角十，紫贝五百，桂蠹一器，生翠四十双，孔雀二双。昧死再拜，以闻皇帝陛下。②

据说"陆贾还报，文帝大说"。于是，一直到汉景帝时代，南越"称臣遣使入朝请"③。不过，暗自仍然沿用旧的称号，"然南越其居国窃如故号名，其使天子，称王朝命如诸侯。"④

汉武帝元鼎五年（前112），南越国相吕嘉弒王及太后，另立赵建德为王。汉武帝派伏波将军路博德和楼船将军杨仆等率部分五路南下，平定南

---

① 《汉书》卷九五《南粤传》，第3851页。
② 《汉书》卷九五《南粤传》，第3851—3852页。
③ 《汉书》卷九五《南粤传》，第3853页。
④ 《史记》卷一一三《南越列传》，第2970页。

越,以其地为儋耳、珠崖、南海、苍梧、郁林、合浦、交趾、九真、日南九郡。南越地区于是成为汉王朝中央政府直属的地域。

在汉武帝对南越用兵之前,淮南王刘安曾为言"南方地形":"南方暑湿,近夏瘅热,暴露水居,蝮蛇蠚生,疾疠多作,兵未血刃而病死者什二三,虽举越国而虏之,不足以偿所亡。"①所谓"举越国而虏之,不足以偿所亡",说明这一地区经济之贫瘠。② 刘安强调其他人情风土"与中国异",以为"限以高山,人迹所绝,车道不通,天地所以隔外内也"。他指出:"越,方外之地,劗发文身之民也。不可以冠带之国法度理也。""以为不居之地,不牧之民,不足以烦中国也。"除指出文化传统的界隔之外,又以所谓"越非有城郭邑里也,处溪谷之间,篁竹之中","地深昧而多水险",描述其文化形态之原始性。③

汉武帝征南越的出发点,可能更注重政治方面的收益。"南越已平矣,遂为九郡。"④所谓"九郡",据《汉书·武帝纪》,作"南海、苍梧、郁林、合浦、交趾、九真、日南、珠厓、儋耳郡",《南粤传》同,唯将儋耳、珠崖列于"九郡"之首。⑤《贾捐之传》及《地理志下》皆云儋耳、珠崖元封元年(前110)置,⑥则元鼎六年(前111)置郡可能确如杜佑《通典》卷一八四《州郡十四·古南越》所说:"分秦南海、桂林、象郡,置苍梧、郁林、合浦、日南、九真、交趾,并旧九郡是。"⑦

平定南越的胜利使汉武帝异常兴奋,时正值元鼎六年(前111)东巡途中,"至左邑桐乡,闻南越破,以为闻喜县。春,至汲新中乡,得吕嘉首,以为获嘉县"⑧。

---

① 《汉书》卷六四《严助传》,第2781页。

② 刘安所谓"越人名为藩臣,贡酎之奉,不输大内"(《汉书》卷六四《严助传》),也有贬低其经济文化水准的涵义。第2778页。《资治通鉴》卷一七"汉武帝建元六年"胡三省注:"言越国僻远,既不输土贡,又不输酎金于中国,得其地无益也。"第570页。

③ 《汉书》卷六四《严助传》,第2777、2778、2781页。

④ 《史记》卷一一三《南越列传》,第2977页。

⑤ 《汉书》卷六《武帝纪》,第188页;《汉书》卷九五《南粤传》,第3859页。

⑥ 《汉书》卷二八下《地理志下》,第1670页;《汉书》卷六四《贾捐之传》,第2830页。

⑦ (唐)杜佑撰,王文锦、王永兴、刘俊文、徐庭云、谢方点校:《通典》,中华书局1988年版,第4911页。有日本学者亦坚持此说。参看[日]杉木直治郎:《秦汉两代における中国南境の问题》,《史学杂志》59编1号(1950年11月)。

⑧ 《汉书》卷六《武帝纪》,第188页。

然而,汉王朝远征南越的成功,其文化意义,其实可能并不亚于政治意义。此后,汉朝统一的文化共同体的南界又进一步向南推进,真正至于所谓"北向户"地区。①

东汉初,马援南出交耻,"缘海而进,随山刊道千余里","所过辄为郡县治城郭,穿渠灌溉,以利其民。条奏越律与汉律驳者十余事,与越人申明旧制以约束之,自后骆越奉行马将军故事"②。在军事进击的同时,注重中原政治文化传统与当地政治文化现状的结合。

对于赵佗政权的性质,学界认识或有不同。有的学者认为,"纵观南越国93年的历史,除吕后时期赵佗一度称帝之外,大部分时间是以诸侯王国的面目出现。""南越国像汉朝其他王国一样,是一个封建诸侯国,是汉朝的地方政权,并不是什么'分裂割据'政权。"③有的学者则认为,南越国基本上是属于少数民族政权,南越国对于汉王朝,大体上是"向汉称臣,但仍保持自己相对的独立性"。"汉中央政府对诸侯国可以下令削藩,而对南越国却不能这样做。""称它为分裂割据政权固然不确切,但也不能把它视为汉之诸侯王国。"④

如果我们不仅从政权关系的角度考虑,而更注重对文化结构的分析,对于南越社会文化形态或许可以有更真切,更全面的认识。

2

南越社会文化有较为复杂的特质。

战国时期,两广地区的青铜文化出现突然繁荣的趋势。一些学者曾经推断,这一现象与湖南地区的越人迁徙至岭南有关。

有的学者在分析闽粤地区的青铜文化时指出:"这个地区发现的墓葬,在墓葬形制和随葬器物方面,与湖南南部关系密切。推测两广地区的青铜

---

① 《史记》卷六《秦始皇本纪》:"南至北向户。""南尽北户。"第239、245页。

② 《后汉书》卷二四《马援传》,第838、839页。

③ 张荣芳:《略论汉初的"南越国"》,《秦汉史论集(外三篇)》,中山大学出版社1995年版,第135、138页。

④ 林甘泉:《〈秦汉史论集(外三篇)〉序》,《秦汉史论集(外三篇)》,第3—4页。

文化大概就是经由湘南传入的。"①有的学者认为，"（湖南）土著居民大概不出南越和西瓯这两支。它们通过湘江下游接受中原青铜文化的影响，到西周之际，开始出现本民族有特征的铜器，并以本区为桥梁，进而越过南岭，影响广东"②。有的学者对于这样的分析，又做了进一步地补充："种种材料表明，湖南等地越人的迁徙是受楚国势力压迫所致。春秋中晚期，楚国开发江南，迫使原居处在湘江中下游的越人向湘南退缩。战国初期，吴起南平百越，将楚国边界湖南今宁远、道县以南的九疑山即古苍梧一带，更迫使岭北的越人大规模迁徙至岭南，散布到桂江、西江、北江等流域。岭北越人的南迁，不仅带来了具有本民族特色的青铜文化，而且将原来与四邻其他民族接触中所吸收到的中原、楚、吴、徐、于越、滇、巴等民族的文化因素也带到了岭南。"③

如果把春秋战国时期长江流域南部地区居民向岭南的迁徙所造成的文化影响看作对南越地区的第一次文化冲击波，那么，第二次更为强劲的文化冲击波则来自秦代的黄河流域。

考察这一地区的人口构成，可以看到有千里南下的中原移民和远征南国的秦军官兵。特别是前者，其数量和影响，都代表着一种历史的方向。

据史籍记载：

（秦始皇）三十三年，发诸尝逋亡人、赘婿、贾人略取陆梁地，为桂林、象郡、南海，以适遣戍。（《史记·秦始皇本纪》）④

秦时已并天下，略定杨越，置桂林、南海、象郡，以谪徙民，与越杂处十三岁。（《史记·南越列传》）⑤

前时秦徙中县之民南方三郡，使与百粤杂处。（《汉书·高帝纪下》）⑥

---

① 张长寿：《闽、粤地区的青铜文化》，《新中国的考古发现与研究》，文物出版社 1984 年版，第 363 页。

② 何介钧：《湖南商周时期古文化的分区探索》，《湖南考古辑刊》第 2 辑，岳麓书社 1982 年版。

③ 李龙章：《湖南两广青铜时代越墓研究》，《考古学报》1995 年第 3 期。

④ 《史记》卷六《秦始皇本纪》，第 253 页。

⑤ 《史记》卷一一三《南越列传》，第 2967 页。

⑥ 《汉书》卷一下《高帝纪下》，第 73 页。

秦民"与越杂处"的历史现象,通过秦式墓葬在广东广州淘金坑、华侨新村、广西灌阳、兴安、平乐等地的发现,可以得到证实①。这种长期的"杂处",必然促进了岭南地区原有的文化与中原文化的积极的交融。这些秦式墓葬所表现的秦文化的特质已经不很典型,"不能不或多或少杂有当地文化的影响"②,也反映了这样的文化交融过程。而当时所谓"以谪徙民"的对象,由于大多处于社会的底层,因而往往可能表现出其性格特征的不安定性。这种性格特征,又常常是与文化生活的兼容性和社会观念的进取性相联系的。这样的条件,显然是有利于区域文化的历史进步的。

我们在史籍中还可以看到有关中原地区妇女编入岭南远征军后勤部门的记载。据《史记·淮南衡山列传》所记述伍被与淮南王谋反时的政论:

> (秦皇帝)又使尉佗逾五岭攻百越。尉佗知中国劳极,止王不来,使人上书,求女无夫家者三万人,以为士卒衣补。秦皇帝可其万五千人。③

所谓"求女无夫家者三万人,以为士卒衣补"史事,有的学者看作"妇女从军之创举"④,亦多有学者以为可疑⑤,但西汉时期策士以此作为分析政治形势的严肃认真的辩词,显然应当是以当时军队中曾经确实存在妇女"为士卒衣补"的情形为依据的。云梦睡虎地秦简《仓律》说到以丁年男子赎隶臣妾时,有"女子操敃红及服者,不得赎"⑥的规定,也反映从事被服制作修补的女子,其劳务内容受到特殊的重视。

居延汉简中,有文字说到"方秋天寒卒多毋私衣"(478.5)⑦以及"至冬寒衣履敝毋以买"(E.P.T59:60)⑧的情形,又有如下简例:

> 官使婢弃　　用布三匹　　糸絮三斤十二两　　　　　　　505.33⑨

---

① 叶小燕:《秦墓初探》,《考古》1982 年第 1 期。

② 李学勤:《东周与秦代文明》,第 175 页。

③ 《史记》卷一一八《淮南衡山列传》,第 3086 页。

④ 马非百:《秦集史》,下册第 700 页。

⑤ 如梁玉绳《史记志疑》卷三四及所引陈氏《测议》。(清)梁玉绳:《史记志疑》,第 1428 页。

⑥ 睡虎地秦墓竹简整理小组:《睡虎地秦墓竹简》,释文注释第 35 页。

⑦ 谢桂华、李均明、朱国炤:《居延汉简释文合校》,第 572 页。

⑧ 甘肃省文物考古研究所、甘肃省博物馆、中国文物研究所、中国社会科学院历史研究所编:《居延新简:甲渠候官》,第 158 页。

⑨ 谢桂华、李均明、朱国炤:《居延汉简释文合校》,第 606 页。

似乎汉代边塞防务系统中，仍然曾经存在以军事化形式组织女子"为士卒衣补"的现象。

云梦睡虎地秦简《仓律》中有这样的内容："更隶妾节（即）有急事，总冗，以律禀食；不急勿总。"①"更隶妾"，据睡虎地秦墓竹简整理小组的解释，"当为以部分时间为官府服役的隶妾"②。而所谓"总冗"，"总"，是指集合。很显然，每临战争，无疑是最典型的"有急事"，因而战时"总冗""隶妾"，可能是相当普遍的情形。

如果当时确实有"女无夫家者""万五千人"曾经往南越秦远征军"以为士卒衣补"的情形，那么秦时中原移民对南越地区的文化改造，一定曾形成社会影响更为强劲的移风易俗的运动。

司马迁《史记·十二诸侯年表》记述秦德公二年（前676）事："初作伏，祠社，磔狗邑四门。"③《史记·秦本纪》又写道："（德公）二年，初伏，以狗御蛊。"张守节《正义》："蛊者，热毒恶气为伤害人，故磔狗以御之……磔，禳也。狗，阳畜也。以狗张磔于郭四门，禳却热毒气也。"④据对许多民族学资料的分析，可知这一行为有神秘主义文化的意义。值得注意的是，岭南地区直至晚世仍然可以看到"以狗御蛊"，"磔狗以御""热毒恶气"这种秦地风习的遗存。屈大均《广东新语》论"广州时序"，说道：

> 夏至，磔犬御蛊毒。⑤

番禺、顺德、韶州、高明、开平、归善、花县、西宁、灵川等地的地方志中，也多可看到有关夏至日"磔犬以扶阳气"，"磔犬以辟阴气，御蛊毒"等民间风俗的记载。岭南风习可见古秦风遗存，或许未可排除这种可能，即应当归为秦人远征南越时所形成的文化影响。⑥

广西贵县罗泊湾1号汉墓的墓主，据主持发掘工作的考古学者分析，其实原本是中原人，根据葬式和遗物推断，"他生活的时代是在战国晚期至西汉前期，主要活动时间应是秦代，在秦始皇南征时已有一定的地位，到赵佗

① 睡虎地秦墓竹简整理小组：《睡虎地秦墓竹简》，释文注释第33页。
② 睡虎地秦墓竹简整理小组：《睡虎地秦墓竹简》，释文注释第33页。
③ 《史记》卷一四《十二诸侯年表》，第573页。
④ 《史记》卷五《秦本纪》，第184页。
⑤ （清）屈大均：《广东新语》卷九《事语》，中华书局1985年版，第299页。
⑥ 参看王子今：《秦德公"磔狗邑四门"宗教文化意义试说》，《中国文化》1995年第12期。

割据岭南时,任南越国桂林郡的最高官吏"。

根据这座墓中的有关发现,可以反映当时南越地区曾经怎样在相当宽广的社会生活层面,接受着北来的文化影响。

墓中出土的木牍《从器志》,即随葬器物清单中,可以看到所谓"中土瓿卅"及"中土食物五笥"字样。又出土有木牍《东阳田器志》,东阳,秦县,汉时属临淮郡,其地在今江苏盱眙东台。题《东阳田器志》,表明牍文所记载的是江淮地区的农具。木简简文又可见:

客稻米一石 164

客稻□ 165

所谓"客稻米",应当就是"客籼米",也就是由外地引进的稻米。出土铜钫足部刻有"斄"字,出土铜鼎腹外壁凸棱刻有"析"字,两者都是地名。前者地在今陕西武功,后者地在今河南西峡。

罗泊湾1号汉墓出土漆器发现"市府草"和"市府□"烙印。这种形式的烙印曾经发现于时代相同的湖北江陵凤凰山8号汉墓和湖南长沙马王堆1号汉墓。有的学者指出,"所不同的是,凤凰山和马王堆漆器上的'市府'烙印和'成市'烙印并见于同一漆器上,故推定皆出自成都市府作坊。罗泊湾1号墓漆器未见'成市'烙印,但'市府'二字字形近似,周边均无方框,所以这部分漆器也有可能同属成都市府产品,抑由外地输入。"[1]

出土器物中,还有被称为"越服矢"和"越筑"者,据分析,所谓"越服矢"即为本地所产箭袋和箭镞。"越筑"就是制作或使用的乐器"筑"。越地使用的器物,器名前特别冠以"越"字,是较为特殊的文化现象。

这些现象或许可以说明,当时,当地至少上层社会中所普遍使用的,还是以北来的品物为主。

值得注意的还有罗泊湾1号汉墓的殉人现象。在这座墓的椁室下,有7名殉葬的家内奴隶。[2] 吕嘉为叛,指责太后"多从人,行至长安,虏卖以为僮"[3],也说到在中原地区殉葬制度已经消亡的时代,南越地区却普遍存在

---

① 广州市文物管理委员会、中国社会科学院考古研究所、广东省博物馆:《西汉南越王墓》,文物出版社1991年版,第338页。

② 广西壮族自治区博物馆:《广西贵县罗泊湾汉墓》,文物出版社1988年版。

③ 《汉书》卷九五《南粤传》,第3856页。

与汉朝内地不同的奴婢制度。

3

以大量移民为主要表现的中原较为成熟的文明对南越地区的第三次文化冲击,发生在汉代。

在汉武帝时代汉王朝直接控制了南越地区之后,当地与中央政权的关系,仍然并非十分紧密。大约在两汉之际中原战乱频仍时,大量北人南迁,许多人行迹又南至于岭南,中原文化的影响于是又一次南下,从而开创了南越地区文化进步的新纪元。

我们以《续汉书·郡国志五》提供的汉顺帝永和五年(136)户口数字和《汉书·地理志下》提供的汉平帝元始二年(2)户口数字相比较,可以看到岭南户口增长的情形:

表7　岭南两汉户口比较①

郡	元始二年		永和五年		增长率/%	
	户	口	户	口	户	口
南　海	19613	94253	71477	250282	264.43	165.54
郁　林	12415	71162	——	——	——	——
苍　梧	24379	146160	111395	466975	356.93	219.50
交　趾	92440	746237	——	——	——	——
合　浦	15398	78980	23121	86617	50.16	9.67
九　真	35743	166013	46513	209894	30.13	26.43
日　南	15460	69485	18263	100676	18.13	44.89
合　计	215448	1372290	270769 (五郡)	1114444 (五郡)	144.83 (?)	100.84 (?)

《后汉书集解》引陈景云曰:"交趾、郁林二郡,皆阙户口之数。建武中,马援平交趾,请分西于县为封溪、望海二县。时西于一县,户已有三万二千。

---

① 资料来源:《汉书》卷二八下《地理志下》,第1628—1630页;《续汉书·郡国志五》,《后汉书》,第3530—3532页。

合余数县计之,户口之繁,必甲岭表诸郡矣。"①以其余 5 郡户口增长平均数户 144.83% 以及口 100.84% 计,估算永和五年 2 郡户口数当分别为:

表8 估算东汉郁林、交趾户口

郡	户	口
郁林	30396	142922
交趾	226321	1498742

按照这一估算数合计的岭南 7 郡户口,增长率亦当分别为户 144.83%,口 100.84%。根据陈景云的观点,实际总增长率一定还要超过这一估算。

显然,在全国户口呈负增长的情况下,这样的增长幅度是十分惊人的。

而户数增长超过口数增长,体现移民是实现这种增长的主要形式。

秦时,中原人赴越地,曾经"见行,如往弃市",以致"行者深怨,有背畔之心"②。汉时这一地区有时还被作为迁徙流放罪人之所,《后汉书·南蛮传》:"凡交趾所统,虽置郡县,而言语各异,重译乃通。""后颇徙中国罪人,使杂居其间,乃稍知言语,渐见礼化。"经过多年"教其耕稼","导之礼义"的努力,当北人南迁时,岭外之地也已经往往被选作新的定居地点了。③

《史记·南越列传》记载,汉军出南越,"韩千秋兵入,破数小邑,其后越直开道给食。"又"元鼎六年冬,楼船将军将精卒先陷寻狭,破石门,得越船粟,因推而前,挫越锋"④。说明越地农业发展,已有剩余谷物可以积蓄。不过,这一地区农耕事业取得更为突出的成就,是在与汉地地界隔离已基本打破,中原经济文化的影响更为显著之后。《初学记》引杨孚《异物志》:

> 交趾冬又熟,农者一岁再种。⑤

《太平御览》引《异物志》作:

> 交趾稻夏冬又熟,农者一岁再种。⑥

① (清)王先谦:《后汉书集解》,中华书局 1984 年影印版,第 1304 页。
② 《汉书》卷四九《晁错传》,第 2284 页。
③ 《后汉书》卷八六《南蛮传》,第 2836 页。
④ 《史记》卷一一三《南越列传》,第 2974、2975—2976 页。
⑤ (唐)徐坚等:《初学记》卷二七,中华书局 1962 年版,第 662 页。
⑥ (宋)李昉等:《太平御览》卷八三九,第 3751 页。

《隋书·经籍志二》:"《异物志》一卷,后汉议郎杨孚撰。"又写道:"《交州异物志》一卷,杨孚撰。"①可见,关于岭南地区水稻一年两熟制的最早记载,始于东汉时期。在广东佛山澜石东汉墓出土的一件陶制水田模型中,附有表现农田劳作的陶俑,或犁地,或插秧,或收割,或脱粒,或脱粒,展现出在不同田垄中抢种双季稻的紧张的劳动场面。"第五方地上有表示秧苗的篦点纹和一个直腰休息的插秧俑。"可见当时已经另有育秧田,采用了适应水稻一年两熟连作需要的育秧移栽技术。陶制水田模型还表现了备耕田中的粪肥堆,体现出当地水稻田已经普遍施用基肥。② 这件文物,可以说明东汉时期岭南某些地区的农业技术已经达到相当高的水平。

《后汉书·循吏传·任延》记载,南阳宛人任延任九真太守,"九真俗以射猎为业,不知牛耕","(任)延乃令铸作田器,教之垦辟。田畴岁岁开广,百姓充给",一时"风雨顺节,谷稼丰衍"③。先进的农耕技术的引入,是当地经济文化进步的主要因素之一,而大规模南下的移民,可以直接把黄河流域的先进农耕技术推广到岭南。

东汉末年,因为黄河流域严重的战乱和灾荒,又再一次掀起了波澜壮阔的移民浪潮。例如,程秉以汝南南顿人"避乱交州"④,许靖以汝南平舆人"皆走交州以避其难"⑤,薛综以沛郡竹邑人"避地交州"⑥等。甚至北方军阀刘备亦称欲往投苍梧太守吴巨⑦,孙权也曾卑辞致书于魏,称"若罪在难除,必不见置,当奉还土地民人,乞寄命交州,以终余年"⑧。大致以往被看作"不居之地"的南边地区,经长期的先进经济文化的渍染,在许多方面经济已与"中土"农业经济区逐渐接近。而大量北方人再次大规模涌入岭南,当然可以进一步推动当地文化的进步。

其实,长期以来岭南移民更多身份低下的劳动者,"其南海、苍梧、郁

① 《隋书》卷三三《经籍志二》,中华书局 1973 年版,第 983、984 页。
② 广东省文物管理委员会:《广东佛山市郊澜石东汉墓发掘简报》,《考古》1964 年第 9 期。
③ 《后汉书》卷七六《循吏传·任延》,第 2462 页。
④ 《三国志》卷五三《吴书·程秉传》,第 1248 页。
⑤ 《三国志》卷三八《蜀书·许靖传》,第 964 页。
⑥ 《三国志》卷五三《吴书·薛综传》,第 1250 页。
⑦ 《三国志》卷三二《蜀书·先主传》注引《江表传》,第 878 页。
⑧ 《三国志》卷四七《吴书·吴主传》,第 1125 页。

林、珠官四郡","专为亡叛逋逃之薮"①。这种移民数量的大量增加,直接促进了当地经济文化的发展,而逃离北方的动乱社会之后,他们更珍视和平安定的环境,于是一时出现了"商旅平行,民无疾疫,田稼丰稔"②的局面。

《后汉书·循吏传·卫飒》说,交州其地有"不知礼则"的文化特征。③所谓桓晔"尤修志介","浮海客交趾,越人化其节,至闾里不争讼"④,应当是北人南下使中原礼义文明影响南越地区的史例之一。《三国志·吴书·薛综传》引录薛综上疏,说到这种文化浸渍的漫长历程:

> 赵佗起番禺,怀服百越之君,珠官之南是也。汉武帝诛吕嘉,开九郡,设交趾刺史以镇监之。山川长远,习俗不齐,言语同异,重译乃通,民如禽兽,长幼无别,椎结徒跣,贯头左衽,长吏之设,虽有若无。自斯以来,颇徙中国罪人杂居其间,稍使学书,粗知言语,使驿往来,观见礼化。及后锡光为交趾,任延为九真太守,乃教其耕犁,使之冠履;为设媒官,始知嫁娶;建立学校,导之经义。由此以降,四百余年,颇有似类。⑤

不过,薛综以中原传统文化的尺度比量当地的民间风习,仍然以为"易以为乱,难使从治"⑥:

> 自臣昔客始至之时,珠崖除州县嫁娶,皆须八月引户,人民集会之时,男女自相可适,乃为夫妻,父母不能止。交趾糜泠、九真都庞二县,皆兄死弟妻其嫂,世以此为俗,长吏恣听,不能禁制。日南郡男女倮体,不以为羞。由此言之,可谓虫豸,有靦面目耳。⑦

他认为,要真正实现所谓"章明王纲,威加万里,大小承风"⑧,还是相当困难的事。

不过,薛综以天下名儒,虽然"困于蛮垂",仍然"光华益隆"⑨。当时以

---

① 《三国志》卷五三《吴书·薛综传》,第 1253 页。
② 《三国志》卷六一《吴书·陆胤传》,第 1410 页。
③ 《后汉书》卷七六《循吏传·卫飒》,第 2459 页。
④ 《后汉书》卷三七《桓晔传》,第 1260 页。
⑤ 《三国志》卷五三《吴书·薛综传》,第 1251 页。
⑥ 《三国志》卷五三《吴书·薛综传》,第 1252 页。
⑦ 《三国志》卷五三《吴书·薛综传》,第 1251—1252 页。
⑧ 《三国志》卷五三《吴书·薛综传》,第 1252 页。
⑨ 《三国志》卷五三《吴书·薛综传》,第 1255 页。

文才丰富当地文化创造的学人,还有许多。马雍先生曾经指出,汉末士燮治理交趾时,当地的儒学是很盛的。[①] 张荣芳先生著文《两汉时期苍梧郡文化述论》,专门讨论苍梧一郡的文化贡献,所列举汉时出避交阯的中原士人,除上述诸位外,还有士燮七世祖、胡刚、袁徽、许慈、许劭、袁忠等。张荣芳先生指出:"当时苍梧籍经学家的学术思想早已突破岭南的地域限制,在全国经学论坛上占据了重要的一席。""在全国范围而言,苍梧郡亦跻身文化先进地区之列。尤其是越到汉朝后期,这种文化兴盛的表现就越为明显。"[②]

这样的见解,是符合历史事实的。

南越文化在复杂的历史背景下形成,在特殊的文化基址上发育,于是具有多元型和外向型的特点。至于南越地区作为中原与南洋的中介这一地理条件对于促成其文化个性形成的意义,限于篇幅,可以另文讨论。[③]

在漫长的中国古代历史中,"中土"与"南边"的关系,是可以比较典型、比较集中地反映中央政权与地方政权、汉民族与少数民族、本土文化与外来文化、正统礼俗与非正统礼俗等诸种复杂的政治关系和文化关系的。而秦汉时期,对于"中土"与"南边"关系史来说,正好比一本书的开篇,意义尤其重要。

从目前的学术趋势看来,可以相信,这方面的研究,近年还有望取得更突出的进展。

---

① 马雍:《东汉后期中亚人来华考》,《西域史地文物丛考》,文物出版社 1990 年版,第 46—59 页。

② 张荣芳:《秦汉史论集(外三篇)》,第 185、180 页。

③ 参看王子今:《秦汉时期的东洋与南洋航运》,《海交史研究》1992 年第 1 期。

一五

西北边地的文化中介作用

　　汉武帝时代,在名将卫青、霍去病统率的军队远征匈奴取得决定性胜利之后,西汉王朝相继于浑邪王、休屠王故地设置酒泉、武威、张掖、敦煌四郡。长城防线即所谓"北边"于是延伸至于河西。河西长城的建设作为军事政治的保障显示出突出的作用,此外,由于人们对于"丝绸之路"的普遍重视,这一宏大的战略防卫设施推动当地经济文化进步,以及沟通西域与中原联系的意义也得到许多学者的肯定。

1

　　汉王朝与西域诸国之间的使节往来,曾经是当时贸易活动的重要途径之一。

　　自张骞出使取得成就,被封为博望侯之后,多有主动求节西使远国者,汉王朝派遣使团,曾一度十分频繁。《史记·大宛列传》记载,"自博望侯开外国道以尊贵,其后从吏卒皆争上书言外国奇怪利害,求使。""汉率一岁中使多者十余,少者五六辈,远者八九岁,近者数岁而反。"①

　　汉使出行,代表汉王朝赠送对方以中原财物,实质上往往具有贸易的性质。

---

　　① 《史记》卷一二三《大宛列传》,第 3170、3171 页。

例如，张骞第二次出使时，"将三百人。马各二匹，牛羊以万数，赍金币帛直数千巨万。"①继张骞之后，"诸使外国一辈大者数百，少者百余人，人所赍操大放博望侯时。"②于是，当时所谓"赂遗赠送，万里相奉"③，成为一种特殊的经济交往形式。汉昭帝元凤四年（前 77）大将军霍光遣平乐监傅介子往刺楼兰王，"介子轻将勇敢士，赍金币，扬言以赐外国为名。既至楼兰，诈其王欲赐之，王喜，与介子饮，醉，将其王屏语，壮士二人从后刺杀之。"④这一故事，也说明使者"赍金币""以赐外国"，在当时是极其常见的情形。此外，所谓"蛮夷俗贪汉财物"，于是"厚币赂乌孙"，以及所谓"大宛以西至安息"诸国"得汉黄白金，辄以为器，不用为币"⑤等记载，也说明这种形式的经济交往相当普遍。由于汉王朝遣使频数，据说曾经出现了"北道酒泉抵大夏，使者既多，而外国益厌汉币，不贵其物"⑥的情形。

从汉武帝时代起，大国虚荣的意识已经严重影响对外交往。汉王朝接待"外国客"时，往往"散财帛以赏赐，厚具以饶给之，以览示汉富厚焉"，有时甚至以虚假方式炫耀富足，以收取外人"见汉之广大，倾骇之"的效应。⑦然而如此却又导致了汉王朝使团沿途消费的增长。"及至汉使，非出币帛不得食，不市畜不得骑用。所以然者，远汉，而汉多财物，故必市乃得所欲。"西域人甚至"禁其食物以苦汉使"，致使"汉使乏绝"⑧。而"攻杀汉使，取其财物"⑨的事件也多有发生。

汉使出行，并不仅仅付出财物。例如所谓"汉使采蒲陶、目宿种归"⑩，以及"汉发使十余辈至宛西诸外国，求奇物"⑪，"汉使穷河源，其山多玉石，采来"⑫等记载，都说明汉王朝与西域地区的经济联系其实是有往有来的。

---

① 《史记》卷一二三《大宛列传》，第 3168 页。
② 《史记》卷一二三《大宛列传》，第 3170 页。
③ 《汉书》卷九六下《西域传下》，第 3928 页。
④ 《汉书》卷九六上《西域传上》，第 3878 页。
⑤ 《史记》卷一二三《大宛列传》，第 3168、3174 页。
⑥ 《史记》卷一二三《大宛列传》，第 3171 页。
⑦ 《史记》卷一二三《大宛列传》，第 3173 页。
⑧ 《史记》卷一二三《大宛列传》，第 3171、3173 页。
⑨ 《史记》卷一二三《大宛列传》，第 3174 页。
⑩ 《汉书》卷九六上《西域传上》，第 3895 页。
⑪ 《史记》卷一二三《大宛列传》，第 3179 页。
⑫ 《汉书》卷六一《张骞传》，第 2696 页。

所谓"殊方异物,四面而至"①的盛况,正是在这样的背景下出现的。进行直接交易的史例,则有《汉书·张骞传》所谓"天子既好宛马,闻之甘心,使壮士车令等持千金及金马以请宛王贰师城善马"②等。

汉王朝使团的成员又多有私自经营贸易活动以牟取暴利者。如《史记·大宛列传》记载,张骞第二次出使西域之后,"其吏卒亦辄复盛推外国所有,言大者予节,言小者为副,故妄言无行之徒皆争效之,其使皆贫人子,私县官赍物,欲贱市以私其利外国。"③

此外,《汉书·张骞传》曾经说到"大宛诸国发使随汉使来,观汉广大"④事,《史记·大宛列传》又记载:"西北外国使,更来更去。"⑤其远千里,频繁来去,实际上往往如《汉书·西域传下》所谓"其来贡献则相与报"⑥,有时也具有经济交往的性质。某些外国来使,有时不过是"实利赏赐贾市"的"蛮夷之贾","而无亲属贵人,奉献者皆行贾贱人,欲通货市买,以献为名"⑦。

汉王朝与西域各国的使节往来,是依恃河西长城得到行旅安全的保障的。

可以说,河西长城某些区段的构筑,主要目的之一就是为了保证西域通道的畅行无阻。

《史记·大宛列传》记载,汉武帝经营西域,得乌孙马名曰"西极",得大宛马名曰"天马","而汉始筑令居以西,初置酒泉郡以通西北国。"又出现楼兰等小国攻劫汉使的事件,"而匈奴奇兵时时遮击使西国者","于是酒泉列亭鄣至玉门关矣"。⑧

有的学者曾经指出,汉王朝为了"保障交通安全","在西域重要的商道

---

① 《汉书》卷九六下《西域传下》,第 3928 页。
② 《汉书》卷六一《张骞传》,第 2697 页。
③ 《史记》卷一二三《大宛列传》,第 3171 页。
④ 《汉书》卷六一《张骞传》,第 2696 页。
⑤ 《史记》卷一二三《大宛列传》,第 3173 页。《汉书》卷六一《张骞传》:"外国使更来更去。"颜师古解释说:"递互来去,前后不绝。"第 2697 页。
⑥ 《汉书》卷九六下《西域传下》,第 3928 页。
⑦ 《汉书》卷九六上《西域传上》,第 3886、3887 页。
⑧ 《史记》卷一二三《大宛列传》,第 3170、3171、3172 页。

上修筑了许多城堡和连绵不断的烽燧台,驻扎戍兵,负担着军事和交通任务。在重要的地点还设置关城,稽查行旅。早在西汉武帝时期,烽燧亭障已从敦煌延长到盐泽。宣帝以后,西域完全统一于汉朝中央政权之下,烽燧组织和城堡关卡便遍及西域各地了。例如新疆罗布淖尔北岸以及焉耆至拜城之间,就发现许多大小不等的汉代城堡及烽燧遗址,有些地方还能见到古代道路的痕迹。"①此外,拜城东北喀拉达格山壁"刘平国等作列亭诵"汉代刻石,可见"作列亭"及"俱披山□"作"乌累关城"等文字,也说明这些军事设施虽然规模和效能远不能与长城主体结构相比,但是其规划和营筑,是以长城系统作为基本参考模式的。

以河西长城为主体的军事系统逐步向西延伸,除护卫这条东西通路外,又有为来往使团提供后勤供应的作用。

《史记·大宛列传》说,李广利伐大宛后,"汉因使使赂赐以镇抚之"。而远至"宛西诸外国"的道路由此亦得开通,于是汉使往来更为频繁,"因风览以伐宛之威德"。"而敦煌置酒泉都尉;西至盐水,往往有亭。而仑头有田卒数百人,因置使者护田积粟,以给使外国者。"②《汉书·西域传上》也记载,汉武帝"事征四夷,广威德",于是于击破匈奴右地之后,"始筑令居以西,初置酒泉郡,后稍发徙民充实之,分置武威、张掖、敦煌,列四郡,据两关焉。自贰师将军伐大宛之后,西域震惧,多遣使来贡献,汉使西域者益得职。于是自敦煌西至盐泽,往往起亭,而轮台、渠犁皆有田卒数百人,置使者校尉领护,以给使外国者。"③

敦煌出土汉简所提供的资料中,可以看到有关"使外国者"以及"外国使"活动的内容。例如:

（1）始建国天凤三年　正月丁巳朔庚辰使西域大使五威左率　70

（2）使西域大使五威左率都尉□□□　76

（3）不以时殄灭臣△奉使无状罪当万死臣△叩头叩头死罪死罪臣△比遣　82A

（4）使西域大使五威左率都尉粪土臣△稽首再拜上书　117

① 安作璋:《两汉与西域关系史》,齐鲁书社 1979 年版,第 105 页。
② 《史记》卷一二三《大宛列传》,第 3179 页。
③ 《汉书》卷九六上《西域传上》,第 3873 页。

（5）使西域大使五威左率都尉粪土臣△稽首再拜上书　　　　118

（6）始建国天凤三年正月戊辰使西域大使五威左率都尉　　　142

（7）使西域大使五威左率都尉粪土臣△稽首再拜上书　　　　146

（8）☑缯已毕即当复留以斗率随乌孙归十三匹即有物故官不出
　　　　愿知匹卖家见在者高缯四八百廿三匹立即更□受也☑
　　　　五　　　　　　　　　　　　　　　　　　　　　　　　620

（9）车师绝水草道使可以处塞恐民与马畜不能遣□□□□以使利
□☑　　　　　　　　　　　　　　　　　　　　　　　　　　862

（10）☑　　　以食□右大将夫人使者辟一人一□□□☑　　1315

（11）大朋＝属禹一食西域大月氏副使者　　　　　　卩　　1328

（12）…□□□□□使者□始□□□□□□□…　　　　　1341A

（13）乌孙小昆弥使者雨墨　　　　　　　　　　　　　　　1915

（14）出粟五石二斗二升以食使车师成君卒八十七人丙申一日积
　　　　八十七人＝六升　　　　　　　　　　　　　　1926,1935

（15）出粟一斗二升以食使莎车续相如上书良家子二人癸卯□☑
　　　　　　　　　　　　　　　　　　　　　　　　　　1927

（16）使者持☑　　　　　　　　　　　　　　　　　　2003①

以上大致都是有关"使者"的简文。其中（1）至（7）可能属于同一文件。据有的学者分析，"使西域大使五威左率都尉粪土臣△"，应即王莽出兵西域任命的统帅王骏，所见简文，应当是王骏幕府档案中的文书底稿。② 而（11）与（13），则明显是接待"西北外国使"的记录。特别是（8），内容涉及"缯"的买卖，所谓"随乌孙归"，很可能即体现了乌孙使团中所谓"行贾贱人"从事丝绸贸易的活动。

居延汉简中也可以看到有关"使者"的简文。如74.17,210.23 及 E.P.T53:745 等。由于居延位置偏离通往西域的正道,居延汉简所谓"使者"可

---

① 甘肃省文物考古研究所编,吴礽骧、李永良、马建华释校:《敦煌汉简释文》,第7、8、11、13、63、89、136、138、139、203、204、214页。

② 甘肃省文物考古研究所:《敦煌马圈湾汉代烽燧遗址发掘报告》,第83页,载《敦煌汉简》下册,中华书局1991年版。

能大多只是"行塞使者劳边使者"（E.P.T52：616）①，而与敦煌汉简所见往来西北异域之地的"使者"有所不同。

2

河西地区是没有丰实的农耕经济以为后卫，没有坚致的传统社会以为基础的新区。

河西地区的社会经济生活，表现出若干独异于其他地区的特征。而贸易形式的特殊尤其引人注目。

河西军事防务系统的建设为当地民间贸易的发展创造了必要的条件。

居延汉简中可以看到反映贸易形式的有关简例，如：

（17）国安糴粟四千石请告入县官贵市平贾石六钱得利二万四千
　　　　又使从吏高等持书请安安听入
　　　　　　马七匹贵九□□□□□三万三千安又听广德姊夫弘请
　　　　为入马一匹贵千钱贾故贵登故　　　　　　　　　　20.8

（18）☑一千一百六十受缣五匹卖雠匹三百　　　　　　　221.19

（19）☑□□□
　　　□行禁吏民毋赍卖☑　　　　　　　　　　　　　239.115

（20）☑□平吏民毋赍卖☑　　　　　　　　　　　　　255.26

（21）日食时贾车出
　　　日东中时归过　　　　　　　　　　　　　　　　甲附 14B

（22）☑马约至居延贾钱　　　　　　　　　　　　　E.P.T2：13

（23）☑恩买布一匹直四百以上复买白缣二☑　　　　E.P.T8：25

（24）…用中贾人李谭之甲渠官自言责昌钱五百卌□八偏以昌奉…
　　　　　　　　　　　　　　　　　　　　　　　E.P.T50：23

（25）…出居延贾通五千钱…　　　　　　　　　E.P.T53：184B

（26）☑贾而卖卖而不言证财物故不以实臧二百五☑　　E.P.T54：9

---

　　① 甘肃省文物考古研究所、甘肃省博物馆、中国文物研究所、中国社会科学院历史研究所编：《居延新简：甲渠候官》，第116页。

(27)枚缣素上贾一匹直小泉七百枚其马牛各且倍平及诸万物可
　　皆倍牺和折威侯匡等
　　所为平贾夫贵者征贱物皆集聚于常安城中亦自为极贱矣县
　　官市买于民民　　　　　　　　　　　　　　　　　　E.P.T59:163
(28)⊠载县官财物不如实予有执家辄贩于民□取利具移
　　　　　　　　　　　　　　　　　　　　　　　　E.P.T59:241①

　　(17)(18)(23)都是有关谷物和织物交易的文字记录。(24)与(21)所谓
"贾人""贾车",可以说明专营贸易的商人在河西边地的活动。(27)反映
王莽时代事,所谓"牺和折威侯匡",可能就是《汉书·食货志下》所谓"羲和
鲁匡",《汉书·王莽传下》所谓"牺和鲁匡"②。(28)的内容有可能与(27)
有关。王莽时代,鲁匡曾经倡起并主持推行"五均赊贷"制度。事实证明,
所谓"五均赊贷"不只限于"盐铁钱布帛",可能也曾试图涉及"马牛""及诸
万物"。简文内容又告诉人们,当时北边军事特区虽然"边兵二十余万人仰
县官衣食,用度不足"③,然而就河西地区而言,民间贸易活动的发展仍达到
政府以为必须加以控制的水平。而鲁匡法令"皆集聚于常安城中"等内容
传达至于河西军民,也说明当地虽然经济发展起步甚晚,也以必要的贸易条
件,得以会并于以长安为中心的经济共同体之中。

　　西北边地贸易的发展,还可以通过货币流通量的分析得以说明。居延
汉简所见金额超过"万钱"的涉及财务的记录,有:

　　邓□　余钱万七十　　　　　　　　　　　　　　　　　214.2A
　　●右八两　用钱万七百七十六　　　　　　　　　　　506.11
　　受六月余河内廿两帛卅六匹二丈二尺二寸少半寸直万三千五十八
　　　　　　　　　　　　　　　　　　　　　　　　　　509.8
　　金曹调库赋钱万四千三⊠　　　　　　　　　　　　139.28
　　其三千司御钱未入候史禹当入

---

　　①　谢桂华、李均明、朱国炤:《居延汉简释文合校》,第33、359、398、423、671页;甘肃省文物
考古研究所、甘肃省博物馆、中国文物研究所、中国社会科学院历史研究所编:《居延新简:甲渠候
官》,第1、22、65、127、132、161、164页。
　　②　《汉书》卷二四下《食货志下》,第1182页;《汉书》卷九九下《王莽传下》,第4170页。
　　③　《汉书》卷二四上《食货志上》,第1144页。

万一千六百九十五付守令史音当移出

五百六十三徒许放施刑胡敝当入

　凡在□□万三千九百廿五

　定有余钱万四千四百五十七　　　　　　　　　　269.11

出转钱万五千给吞远仓十月丙戌吞远候史彭受令　　133.13

□人　赀直万五千　　　　　　　　　　　　　　　311.5

　　　　　十一月己卯掾　所收五年余茭钱二千五十五

　　　　　元年茭钱万四千五百廿八●凡万六千五百八十三

　　　　　出钱五千七百廿五□收掾车给官费

亭　□　　　出钱三千八百六十六□居延责钱

□　□　　出钱千县所□□

□　□　　凡出万五百九十一

　　　　　今余钱五千九百九十二

　　　　　出钱四百五十一十一月壬辰付令史根□□□

　　　　　出钱三百十一月壬辰付士吏□□□□　　209.2A

●凡入钱万九千□　　　　　　　　　　　　　　　249.9

出钱二万三千九百□□□　　　　　　　　　　　　212.59

出赋钱三万六千　　　　　　　　　　　　　　　　212.12

一岁奉用钱三万六千　　　　　　　　　　　　　　270.12

各持下吏为羌人所杀者赐葬钱三万其印绶吏五万又上子一人名尚
书卒长□

奴婢二千赐伤者各半之皆以郡见钱给长吏临致以安百姓也早取以
见钱□　　　　　　　　　　　　　　　　　　　267.19

●凡五十八两　用钱七万九千七百一十四　钱不偱就□　505.20

出赋钱八万一百　给卒史八十九人十月奉　　　　　161.5

甲渠官吏□以下百七人　祭□将军一月禄用钱十万八千八百五十

　　　　　　　　　　　　　　　　　　　　　　　286.10A

□钱十一万三千五百八十六

其十一万四百卅四调钱　　　　　　二百九十库所买直

二千八百六十二赵丹所买帛六匹直　　　　　　　　168.13

吏奉钱十五万九百　私橐二百廿二

甲渠候官　卒阁钱六万四千　　八月见谷

卒吏钱已发　　　　　　　　　　　　　　　　264.11

偿及当还钱簿

□九石直钱廿三万三千□百册　　　　　　　　67.6

●凡入赋钱卅万八千八十　　　　　　　　　　285.22

帛千九十匹二尺五寸大半寸直钱卅五万四千二百　509.15

□邑千户赐泉二百万　　　　　　　　　　　　E.P.T9：1①

敦煌汉简中又有追捕罪犯"购钱十万"（792）②的例证。黄金在经济生活中的应用，也可以在居延汉简中发现实例，如：

□何毋穷大黄金为物遗平即价流通不□

□□铢二十五物铢卅十桼直泉万重二十斤　　　225.42

□□贾重与用请增金银贾黄金率□　　　　　E.P.T50：221③

敦煌汉简中也可以看到军功奖励制度有赐"黄金五十斤"（1361）④的内容。简文所见"陈却适者赐黄金十斤"（1665）⑤也可以说明黄金得以流通于民间的历史事实。

　　由于汉代西北边地居民以军事移民为主，而戍边屯垦的现役军人在当地人口中又占有相当大的比重，当地社会生活具有浓重的军旅生活的色彩，而民间贸易的形式也自然受到这种文化基调的影响。

　　较典型的例证，是人们所熟知的居延破城子 22 号房屋遗址出土《建武三年候粟君所责寇恩事》简册。甲渠令史华商和尉史周育应当"为候粟君载鱼之觻得卖"，而商、育二人不能行，于是前者予粟君一头价值 60 石的牛以及谷 15 石，合计相当于谷 75 石，而后者亦同样予粟君一头价值 60 石的

---

① 谢桂华、李均明、朱国炤：《居延汉简释文合校》，第 114、222、230、265、269、323、326、328、334、417、439、448、453、454、481、482—483、506、605、609、615 页；甘肃省文物考古研究所、甘肃省博物馆、中国文物研究所、中国社会科学院历史研究所编：《居延新简：甲渠候官》，第 22 页。

② 甘肃省文物考古研究所编，吴礽骧、李永良、马建华释校：《敦煌汉简释文》，第 81 页。

③ 谢桂华、李均明、朱国炤：《居延汉简释文合校》，第 364 页；甘肃省文物考古研究所、甘肃省博物馆、中国文物研究所、中国社会科学院历史研究所编：《居延新简：甲渠候官》，第 72 页。

④ 甘肃省文物考古研究所编，吴礽骧、李永良、马建华释校：《敦煌汉简释文》，第 141 页。

⑤ 甘肃省文物考古研究所编，吴礽骧、李永良、马建华释校：《敦煌汉简释文》，第 173 页。

牛以及谷60石,合计相当于谷100石,以充抵"载鱼就直",即运输费用。粟君雇用颍川昆阳市南里人寇恩载鱼五千条往觻得贩卖,议定寇恩劳务所得为"牛一头谷廿七石",寇恩则应当向粟君缴纳卖鱼所得40万钱。然而寇恩卖鱼得钱却远远不足此数,加上卖牛钱才交付粟君妻业"钱卅二万"。寇恩以为置于粟君处的车具车器若干折价以及为粟君买肉籴谷用款,加上以所谓"市庸平贾"核计其子寇钦为粟君捕鱼3个月零10天的工钱,已经足以抵所差8万钱,即"当所负粟君钱毕",而且尚"当得(寇)钦作贾余谷六石一斗五升",而且提出"又从觻得自食为业将车葪斩来到居延行道廿余日不计贾直"事,于是引起财务诉讼。(E.P.F22:1—36)①

我们可以看到,西北边地谷物、牲畜、肉类、渔产品以及车具车器等,都有相对稳定的价格,工价和运费,也有大致统一的定例。所谓"平贾",《汉书·沟洫志》颜师古注:"苏林曰:'平贾,以钱取人作卒,顾其时庸之平贾也。'如淳曰:'律说,平贾一月,得钱二千。'"颜师古以为,"贾"应读为"价"②。"市庸平贾"的形成,可以说明当地民间贸易活动的活跃,已经使得经济生活相对成熟,以致自然规范了大略的定轨。

华商和周育,都是甲渠候的下级属吏。他们作为属于长城防务系统的军官,不得不向更高一级的军官粟君以代为经营贸易的方式提供服务。这一现象,反映了当地经济生活的某种特质。而粟君在经济关系中的强横态度,也体现了长城防区的经济运行受到军事权力干预的特殊背景。而寇恩等"客民"活跃于西北边地的情形,也是值得重视的经济现象。

3

汉景帝时期,就开始重视在北边"通关市,给遗匈奴"。汉武帝执政初年,又曾经"明和亲约束,厚遇,通关市,饶给之",于是"匈奴自单于以下皆亲汉,往来长城下。"后来,"匈奴绝和亲,攻当路塞,往往入盗于汉边,不可胜数。然匈奴贪,尚乐关市,嗜汉财物,汉亦尚关市不绝以中之。"汉武帝首战匈奴,即

① 甘肃省文物考古研究所、甘肃省博物馆、中国文物研究所、中国社会科学院历史研究所编:《居延新简:甲渠候官》,第209—211页。
② 《汉书》卷二九《沟洫志》,第1690页。

"使四将军各万骑击胡关市下"①。"通关市",是长城防区贸易往来的重要形式。汉昭帝始元五年(前82),又曾经宽弛限制重要军事物资马和弩出关的禁令。② 以敦煌汉简为例,所见乌孙人(88,90,1906),车师人(88),"☒知何国胡"(698),"远客"(2348A),"东方来客"(2215)以及所谓"有客从远所来"(1787)③者在河西地区的活动,有些即可能与"通关市"有关。又如:

☒月御毕以虏人外市私任知之　　在　　　　　　　　　775

□□□□□东西迁界毋击人民越塞其日出入者　　　　1279④

简文内容很可能也与"关市"贸易有关。

在两汉之际的社会大动乱中,内地兵战频繁,而河西地区独得相对的安定。据《后汉书·孔奋传》记载:

时天下扰乱,唯河西独安,而姑臧称为富邑,通货羌、胡,市日四合,每居县者,不盈数月辄致丰积。⑤

当时称为"脂膏"之地的姑臧,是武威郡治所在,作为河西长城东段的"富邑",其经济地位的确定,是以"通货羌、胡,市日四合"的贸易条件的便利为基点的。所谓"市日四合",李贤解释说:"古者为市,一日三合。《周礼》曰:'大市日侧而市,百族为主。[朝市]朝时而市,商贾为主。[夕市]夕时而市,贩夫贩妇为主。'今既人货殷繁,故一日四合也。"⑥

河西因贸易之发达实现地方之富足,据说刘秀平定陇蜀后,"河西守令咸被征召,财货连毂,弥竟川泽"⑦。

从居延汉简所提供的资料看,政府对"关市"贸易仍然有一定的限制,如:

甲渠言毋羌人入塞

买兵铁器者　　　　　　　　　　　　　　　　E.P.T5:149⑧

---

① 《史记》卷一一〇《匈奴列传》,第2904、2905、2906页。

② 《汉书》卷七《昭帝纪》,第222页。

③ 甘肃省文物考古研究所编,吴礽骧、李永良、马建华释校:《敦煌汉简释文》,第9、71、188、202、240、255页。

④ 甘肃省文物考古研究所编,吴礽骧、李永良、马建华释校:《敦煌汉简释文》,第79、132页。

⑤ 《后汉书》卷三一《孔奋传》,第1098页。

⑥ 《后汉书》卷三一《孔奋传》,第1098页。

⑦ 《后汉书》卷三一《孔奋传》,第1098页。

⑧ 甘肃省文物考古研究所、甘肃省博物馆、中国文物研究所、中国社会科学院历史研究所编:《居延新简:甲渠候官》,第11页。

除了塞外贸易对某些战略物资进行重点控制而外,民间贸易有关铁制农具等物资的销售也由政府施行管理,例如:

狼田以铁器为本北边郡毋铁官卯器内郡令郡以时博卖予细民毋令
豪富吏民得多取贩卖细民　　　　　　　　　　　E.P.T52:15①

"北边郡"没有"铁官",铁农具的需求必须仰承"内郡"输送方能得以满足。因而要求有关部门计划运销,及时供应,毋令所谓"豪富吏民"乘机牟取暴利。铁器官营的原则与内地是一致的,然而由于河西地区未设"铁官",组织远程运销的意义尤为重要。而边塞禁运的法令,也要求加强对铁器经营的统制。河西地区社会生活军事化的特色,可以成为这些制度得以顺利推行的基本条件。

所谓"为家私市"现象似乎也为当时制度所否定。居延汉简中有如下简例:

(29)永始五年闰月己巳朔丙子北乡啬夫忠敢言之义成里崔自当
自言为家私市居延谨案自当毋官
狱征事当得取传谒移肩水金关居延县索关敢言之
闰月丙子䐆得丞彭移肩水金关居延县索书到如律令掾晏
令史建　　　　　　　　　　　　　　　　　15.19
(30)▢道鸣沙里陵广地为家私市张掖酒泉▢▢▢▢▢▢▢▢
▢门亭鄣河津金关毋苛止录复传敢言之
▢如律令/掾不害令史应　四月甲戌入　　　　36.3
(31)▢为家私市居延▢
▢言之　　　　　　　　　　　　　　　　243.20
(32)私市居延愿以令取致谨▢　　　　　　　243.34
(33)▢戌朔癸巳甲渠鄣候谨遣令史薛谊▢
▢张宗为家私市䐆得唯府告▢　　　　　270.20
(34)▢为家私市酒泉持牛车二两案毋汋▢▢　403.12②

"为家私市"情形,似乎都受到注意。"为家私市"的地点,可知有居延、张掖、酒泉、䐆得等,都是河西长城的重镇。

---

① 甘肃省文物考古研究所、甘肃省博物馆、中国文物研究所、中国社会科学院历史研究所编:《居延新简:甲渠候官》,第97页。
② 谢桂华、李均明、朱国炤:《居延汉简释文合校》,第24—25、57、406、407、454、553页。

4

来自内地以服役者身份戍守长城的边卒多有"私赍卖衣财物"，即私自出售所携家乡出产织品和衣物的行为，于是形成了西北边地贸易的一种值得重视的特殊形式。

居延汉简中比较典型的例证，有：

(35) 戍卒魏郡内黄□居里杜收赍卖鹑缕一匹直千广地万年隧长
孙中前所平六□　　　　　　　　　　　　　　112.27

(36) □迹第四十一南阳武□翟陵里弖桂字子见　自言二年一
月中赍卖□　　　　　　　　　　　　　　190.12

(37) 自言赍卖糸一斤直三百五十又麴四斗直卅八惊虏隧长李故所
　　　　　　　　　　　　　　　　　　206.3

(38) ☑□既　自言五月中行道赍卖皂复袍一领直千八百
　　□□卖　缣长袍一领直二千
　　皂绔一两直千一百
　　皂□直七百五十
　　●凡直六千四百
　　居延平里　男子唐子平所　　　　　　206.28

(39) 终古隧卒东郡临邑高平里召胜字游翁　赍卖九稯曲布三匹
匹三百卅三
凡直千鑠得富里　张公子所舍在里中二门东入任者同里徐
广君　　　　　　　　　　　　　　　282.5

(40) 惊虏隧卒东郡临邑吕里王广
卷上字次君　赍卖八稯布一匹直二百九十鑠得定安里随方
子惠所舍在上中门第二里三门东入
任者阎少季薛少卿　　　　　　　　　287.13

(41) 戍卒魏郡贝丘珂里杨通
赍卖八稯布八匹匹直二百卅并直千八百册卖郑富安里二匹
不实贾知

　　券

　　常利里淳于中君　　　　　　　　　　　　　　　311. 20

（42）☐赍卖皂绡一两　　　　　　　　　　　　　E.P.T5:92

（43）☐出徙☐☐水还☐

　　　☐赍袍一领☐　　　　　　　　　　　　　E.P.T43:255A

（44）察微隧戍卒陈留郡儶宝成里蔡☐子　七月中赍卖缥复袍一

　　　领直千一百故候史郑武所　　　　　　　　E.P.T51:122

（45）第八隧卒魏郡内黄右部里王广　赍卖莞皂绡橐絮装一两直

　　　二百七十已得二百少七十遮虏辟衣功所　E.P.T51:125

（46）第卅二队卒郏邑聚里赵谊　自言十月中赍卖糸絮二枚直三

　　　百居延昌里徐子放所　已入二☐　　　　　E.P.T51:249

（47）第廿五隧卒唐憙　自言赍卖白䌷襦一领直千五百交钱五百

　　　●凡并直二千☐　　　　　　　　　　　　E.P.T51:302

（48）☐自言五月中富昌隧卒高青为富卖皂袍一领直千九百甲渠

　　　☐令史单子巽所　　　　　　　　　　　　E.P.T51:314

（49）次吞卒王安世　　　赍卖布复☐　　　　　E.P.T51:540

（50）第十二卒成　　　　赍卖皂复☐　　　　　E.P.T53:221

（51）戍卒东郡聊成昌国里繠何齐　赍卖七稯布三匹直千五十

　　　屋兰定里石平所舍在郭东道南任者屋兰力田亲功临木隧

　　　　　　　　　　　　　　　　　　　　　　E.P.T56:10

（52）第五隧卒马赦赍卖☐☐袍县絮装直千二百五十第六隧长王

　　　常利所今比平予赦钱六百　　　　　　　　E.P.T56:17

（53）第卅卒邓耐　　　卖皂复绡一两直七百第卅隧长淳于☐

　　　　　　　　　　　　　　　　　　　　　E.P.T57:57[1]

这些文字记录,很可能大多属于题名为所谓《戍卒赍卖衣财物名籍》(E.P.T59:47)[2]

---

　　①　谢桂华、李均明、朱国炤:《居延汉简释文合校》,第 183、301、319、321、472、485、508 页;甘肃省文物考古研究所、甘肃省博物馆、中国文物研究所、中国社会科学院历史研究所编:《居延新简:甲渠候官》,第 10、48、77、82、84、91、128、134、149 页。

　　②　甘肃省文物考古研究所、甘肃省博物馆、中国文物研究所、中国社会科学院历史研究所编:《居延新简:甲渠候官》,第 158 页。

的文书。出土于居延破城子遗址 51 号探方的(44)至(49),则或许属于所谓《☐始五年二月部卒贳卖衣物骑司马令史所名籍》(E.P.T51:210A)①。我们又可以看到有如下题名的简册:

● 第廿三部甘露二年卒行道贳卖衣物名籍　　　　　　E.P.T56:265
● 不侵候长尊部甘露三年戍卒行道贳卖衣财物名籍　　E.P.T56:253
　甘露三年戍卒行道贳卖

　衣财物名籍☐☐　　　　　　　　　　　　　　　　E.P.T53:218
　第十七部甘露四年卒行道贳卖名籍　　　　　　　　E.P.T3:2②

(38)即很可能属于这类文书。而同出于居延破城子遗址 51 号探方的(50)或许也是《甘露三年戍卒行道贳卖衣财物名籍》的遗简。

戍卒"贳卖衣财物"是为法令和军纪所禁止的行为。居延汉简中有所谓"☐卒禁贳卖皆入为臧公从☐"(E.P.T52:334)③的简文,此外,又可以看到这样的内容:

　☐☐贳卖衣物及见在身者各如牒先以☐　　　　　　E.P.T54:2
　甘露三年十一月辛巳朔己酉临木候长福敢言之谨移戍卒吕异众等行
　道贳卖衣财物直钱如牒唯官移书令鱳得濼涫收责敢言之

　　　　　　　　　　　　　　　　　　　　　　　　E.P.T53:186④

所谓"☐移卒贳卖"(E.P.T56:293)⑤,也体现出违禁"贳卖衣财物"者应移交有关机构处理的制度。此外,又如:

　毋得贳卖衣财物大守不遣都吏循行☐
　严教受卒官长吏各封臧☐　　　　　　　　　　　　213.15⑥

———————————

　① 甘肃省文物考古研究所、甘肃省博物馆、中国文物研究所、中国社会科学院历史研究所编:《居延新简:甲渠候官》,第 81 页。
　② 甘肃省文物考古研究所、甘肃省博物馆、中国文物研究所、中国社会科学院历史研究所编:《居延新简:甲渠候官》,第 2、128、141、142 页。
　③ 甘肃省文物考古研究所、甘肃省博物馆、中国文物研究所、中国社会科学院历史研究所编:《居延新简:甲渠候官》,第 107 页。
　④ 甘肃省文物考古研究所、甘肃省博物馆、中国文物研究所、中国社会科学院历史研究所编:《居延新简:甲渠候官》,第 127、131 页。
　⑤ 甘肃省文物考古研究所、甘肃省博物馆、中国文物研究所、中国社会科学院历史研究所编:《居延新简:甲渠候官》,第 143 页。
　⑥ 谢桂华、李均明、朱国炤:《居延汉简释文合校》,第 331 页。

大约所"贳卖"的"衣财物"需由有关官员予以封存。又如：

> ☑□丑朔甲寅居延库守丞庆敢言之缮治车卒甯朝自言贳卖衣财物
> 客民卒所各如牒律
> ☑□辞官移书人在所在所以次唯府令甲渠收责得钱与朝敢言之
>
> E.P.T58:45A①

当事人作为"缮治车卒"，"贳卖衣财物客民卒所"，有关部门依据"牒律"在予以处理的同时，也负责代为清核交易中形成的债务。如下简例又体现出一种较复杂的关系：

> ☑年六月己巳朔丁丑甲渠候破胡以私印行事敢言之谨移戍卒朱宽
> 等五人
> 贳卖候史郑武所贫毋以偿坐诈□□名籍一编敢言之
>
> E.P.T51:199②

戍卒朱宽等五人贳卖衣财物予候史郑武，郑武"贫无以偿"，竟然伪造某种军事档案文件以为交换，以致获罪。

　　一般"吏民"类似的"贳卖"行为也受到禁止。例如前引简文所谓"☑□□□□行禁吏民毋贳卖☑"(239.115)③。又如：

> 二月戊寅张掖大守福库丞承熹兼行丞事敢告张掖农都尉护田校尉
> 府卒人谓县律曰臧它物非
> 钱者以十月平贾计案戍田卒受官袍衣物贪利贵贾贳予贫困民吏不
> 禁止浸益多又不以时验问
> 4.1④

戍田卒贳卖衣财物的出发点主要是"贪利"。关于贳卖"官袍衣物"等官有衣装的实例，又有：

> (54)阳又卖同隧卒莱意官袭绮遮虏季游君所直千六百五☑
> E.P.T11:3
> (55)☑自言贳卖官袍一领直☑　　　　　E.P.T59:923

---

① 甘肃省文物考古研究所、甘肃省博物馆、中国文物研究所、中国社会科学院历史研究所编:《居延新简:甲渠候官》,第153页。
② 甘肃省文物考古研究所、甘肃省博物馆、中国文物研究所、中国社会科学院历史研究所编:《居延新简:甲渠候官》,第80页。
③ 谢桂华、李均明、朱国炤:《居延汉简释文合校》,第398页。
④ 谢桂华、李均明、朱国炤:《居延汉简释文合校》,第4页。

（56）赍卖官复袍若干领直若干某所隧长王乙所

它财　　　　E.P.T56:230①

这些简文,似乎原本属于所谓《卒居署赍卖官物簿》(271.15A)②。而(54)作为代卖或转卖之例,尤其引人注目。

（35）所谓"前所平□"以及(52)所谓"今比平",可能体现出另一种对戍卒"私赍卖衣财物"活动的控制方式。有的学者认为,"这里'比平'即平抑物价。"以(52)为例,"士卒一件装了丝絮的冬袍原值一千二百五十钱,结果被砍价一半多,物主最后只得到六百钱。"③所谓"前所平""今比平"中的"平"的具体含义还可以继续讨论,但是这种形式限制"赍卖衣物"的意义,却是大体明确的。

居延汉简中又多见与"赍卖"相对应的"赍买"简,如:"赍买皂练复袍一领贾钱二千五百今子算□"(69.1),"故候史麟得市阳里宁始成赍买执胡隧卒□"(117.30),以及"□言所部三燧隧卒常调赍买"(178.25A),"□辞不赍买皆证"(E.P.T52:74)④等,类似简例,又有262.29,E.P.T51:329,E.P.T57:72,E.P.S4.T1:21。简文又可见所谓《市买衣物名籍》:

受阁卒市买衣物名籍一编敢言之　　　　E.P.T65:56⑤

前引数例,应当都属于这类文书。"市买"或许就是"赍买"。

这种受到禁止的贸易形式,其实往往禁而不止,在戍卒频繁往来的长城防区,长期以来始终十分普及。例如:

（57）甘露三年二月卒赍卖名籍　　　　E.P.T56:263⑥

（58）甘露二年五月己丑朔戊戌候长寿敢言之谨移戍卒自言赍卖

---

①　甘肃省文物考古研究所、甘肃省博物馆、中国文物研究所、中国社会科学院历史研究所编:《居延新简:甲渠候官》,第25、141、183页。

②　谢桂华、李均明、朱国炤:《居延汉简释文合校》,第456页。

③　龚留柱:《中国古代军市初探》,《史学月刊》1994年第3期。

④　谢桂华、李均明、朱国炤:《居延汉简释文合校》,第122、190、285页;甘肃省文物考古研究所、甘肃省博物馆、中国文物研究所、中国社会科学院历史研究所编:《居延新简:甲渠候官》,第99页。

⑤　甘肃省文物考古研究所、甘肃省博物馆、中国文物研究所、中国社会科学院历史研究所编:《居延新简:甲渠候官》,第186页。

⑥　甘肃省文物考古研究所、甘肃省博物馆、中国文物研究所、中国社会科学院历史研究所编:《居延新简:甲渠候官》,第142页。

財物

吏民所定一编敢言之 E.P.T53:25①

(57)"卒賫卖名籍"似乎可以理解为逐月造作。(58)则又可以看作有将"戍卒自言賫卖财物吏民所"随时编定簿册上报的情形。事实上,大约所"賫卖"的"衣财物"又由随身衣服逐渐演变为整匹的织物,例如(35)(40)一匹,(39)(51)三匹,(41)八匹等,也说明戍守河西长城的东方役卒所从事的这种贸易活动,已经绝不仅仅是随意性的交换,而成为行前已有充分准备,"贪利"之目的十分明确的专门的商业经营形式。

敦煌汉简中有关于"出牛车转绢如牒毋失期"(1383)②的记录。居延汉简中又多见政府用中原织品支付军官和士兵薪饷,即应用所谓"奉帛"(89.12),"禄帛"(394.1,E.P.T65:79),"禄用帛"(210.27,266.15,480.11)③的情形。内地出产的织物成为交换各种商品的等价物,无疑有助于长城守备人员"私賫卖衣财物"事实上的合法化。例如:

☑□属甲渠候官诏书卒行道辟姚吏私賫卖衣财物勿为收责

E.P.T52:55④

由于长城戍卒自中原往边地"行道辟姚"即行道荒僻遥远⑤,因而要求官吏

---

① 甘肃省文物考古研究所、甘肃省博物馆、中国文物研究所、中国社会科学院历史研究所编:《居延新简:甲渠候官》,第122页。

② 甘肃省文物考古研究所编,吴礽骧、李永良、马建华释校:《敦煌汉简释文》,第144页。

③ 谢桂华、李均明、朱国炤:《居延汉简释文合校》,第155、324、445、550、576页;甘肃省文物考古研究所、甘肃省博物馆、中国文物研究所、中国社会科学院历史研究所编:《居延新简:甲渠候官》,第187页。

④ 甘肃省文物考古研究所、甘肃省博物馆、中国文物研究所、中国社会科学院历史研究所编:《居延新简:甲渠候官》,第99页。

⑤ "辟""僻"古字通。《战国策》卷五《秦策三》:"夫秦国僻远",《史记》卷七九《范雎蔡泽列传》"僻"作"辟"。卷一九《赵策二》:"秦虽辟远",《史记》卷七○《张仪列传》"辟"作"僻"。又如《史记》卷一一三《南越列传》:"南海僻远",《汉书》卷九五《南粤传》"僻"作"辟"。又《汉书》卷三九《萧何传》:"必居穷僻处",卷六四《王褒传》:"辟在西蜀",卷七八《萧望之传》:"穷僻之处",卷八三《薛宣传》:"辟在山中",卷八九《循吏传·文翁》:"蜀地僻陋",卷九四上《匈奴传上》:"汉亦弃上谷之斗辟县造阳地以予胡",卷九五《南粤传》:"南海僻远",卷九六上《西域传上》:"辟在西南"等,颜师古注都说:"'辟'读曰'僻'。"《韩非子·十过》:"僻陋而道远",《说苑·反质》则"僻"写作"辟"。"姚"与"遥"亦相通,《荀子·荣辱》:"其功盛姚远矣",杨琼注:"'姚'与'遥'同,言功业之盛,甚长远也。"又《汉书》卷二二《礼乐志》载《郊祀歌·景星十二》:"雅声远姚",王念孙以为,"'姚',读为'遥','遥'亦远也。"《战国策》,第188、649页;《史记》,第2296、2407、2967页;

对于其"私贳卖衣财物"的行为采取"勿为收责"的较宽容的政策。

居延汉简中又可以看到这样的内容:"☐等告曰所贷贳卖衣☐"(E.P.T57:116)①,简文所说到的与"贳卖衣财物"有关的借贷关系,可以于相当大量的简例得到反映。例如:

灭虏隧戍卒梁国蒙东阳里公乘左咸年卅六自言责故乐哉隧长张中实皂练一匹直千二百今中实见为甲渠令史   35.6②

这显然是一种更为复杂的经济形式。

通过河西长城防区戍田卒"私贳卖衣财物"这种颇为特殊的贸易方式,可以片断了解汉代丝绸之路贸易形式多样化的特点,而同时这一地区特殊的经济文化形势和对于联系西域地区和中原地区的特殊的历史文化作用,也可以从一个新的角度得到说明。③

《汉书》,第2012、2822、3275、3389、3625、3766—3767、3847、3875页;(清)王先慎撰,钟哲点校:《韩非子集解》,中华书局1998年版,第72页;(汉)刘向撰,向宗鲁校证:《说苑校证》,第520页;(清)王先谦撰,沈啸寰、王星贤点校:《荀子集解》,第68页;(汉)班固撰,(清)王先谦补注:《汉书补注》,第1500页。

① 甘肃省文物考古研究所、甘肃省博物馆、中国文物研究所、中国社会科学院历史研究所编:《居延新简:甲渠候官》,第151页。

② 谢桂华、李均明、朱国炤:《居延汉简释文合校》,第55页。

③ 参看王子今:《汉代河西长城与西北边地贸易》,《长城国际学术研讨会论文集》,吉林人民出版社1995年版。

中　编

秦汉文化共同体的形成及其
区域文化传统的历史基因

一六

汉中与汉文化的发生和发育

蜀道是我们民族文化显现出超凡创造精神和伟大智慧和勇力的历史纪念。汉中是蜀道的枢纽。在这里,蜀道陆路交通与汉江水路交通实现交接。汉中作为联系西北与西南的文化中枢,曾经有重要的历史地位。特别是在汉文化最初发生与早期发育的历史进程中,汉中发挥了重要的作用。李学勤先生曾经论说东周以来形成的七个文化圈,其中最重要的文化主流秦文化、楚文化与齐鲁文化,在汉代实现融汇,形成了汉文化。汉中曾经是维护文化联系的通道,也是实现文化沟通的中间站。张骞出身汉中,这位对于促进汉文化与外域文化交流实现"凿空"的功臣,做出了具有世界史意义的伟大贡献。距汉初刘邦建国时隔 400 余年之后,汉末社会动荡时期,汉中又再度辉煌。汉中对于汉文化的历史意义,与汉中地方重要的历史交通地理地位、历史文化地理地位、历史军事地理地位有关。

1

关于"汉中"地名的由来,有的辞书明确说"因水为名"。①《史记·张仪列传》:"楚尝与秦构难,战于汉中,楚人不胜,列侯执珪死者七十余人,遂

---

① 史为乐主编:《中国历史地名大辞典》,"汉中郡"条,中国社会科学出版社 2005 年版,第 832 页。

亡汉中。"司马贞《索隐》:"其地在秦南山之南,楚之西北,汉水之北,名曰汉中。"①清吴卓信《汉书地理志补注》卷四四"汉中郡"条引《史记索隐》:"其地在秦南山之南,楚之西北,汉水之北,故曰汉中。"②《关中胜迹图志》卷一九《汉中府·地理》"释名":"《汉书·地理志》:秦郡。《华阳国志》:'秦惠文王二年置郡,因水名也。'《府志》:'郡临汉水之阳,南面汉山,故名。'"③雍正《陕西通志》卷三《建置二·本朝》"汉中府"条:"《府志》云:郡临汉水之阳,南面汉山,故名汉中。"④道光《陕西志辑要》卷五《汉中府》"释名":"郡临汉水之阳,南面汉山,故曰汉中。"⑤民国《汉南续修志》卷二《建置·历代建置考·本朝》"汉中府":"旧志云:郡临汉水之阳,南面汉山,故名汉中。"⑥以为"汉中"得名,因在"汉水"与"汉山"之间。

通常理解"汉中"地名与"汉水"相关。或说古所谓"汉水"以"汉中"为起始点。《史记·夏本纪》引《禹贡》:"嶓冢道漾,东流为汉。"裴骃《集解》:"郑玄曰:'《地理志》漾水出陇西氐道,至武都为汉,至江夏谓之夏水。'"司马贞《索隐》:"《水经》云漾水出陇西氐道县嶓冢山,东至武都沮县为汉水。《地理志》云至江夏谓之夏水。《山海经》亦以汉出嶓冢山。故孔安国云:'泉始出山为漾水,东南流为沔水,至汉中东流为汉水。'"张守节《正义》:"《括地志》云:'嶓冢山水始出山沮洳,故曰沮水。东南为漾水,又为沔水。至汉中为汉水,……'"⑦《地理志》与《水经》说"汉水"起始于"武都"或"武都沮县",孔安国则以为"至汉中东流为汉水",《水经注·沔水》引孔安国说:"漾水东流为沔,盖与沔合也。至汉中为汉水,是互相通称矣。"⑧宋毛晃《禹贡指南》卷二⑨、清胡渭《禹贡锥指》卷一四上⑩亦引此说。《括地志》也说"至汉中为汉水"。

①　《史记》卷七〇《张仪列传》,第2291页。
②　(清)吴卓信:《汉书地理志补注》,清道光刻本。
③　(清)毕沅撰,张沛校点:《关中胜迹图志》,三秦出版社2004年版,第561页。
④　(清)沈青峰:雍正《陕西通志》,文渊阁四库全书本。
⑤　(清)颜伯焘:道光《陕西志辑要》,清道光七年刻本。
⑥　严如煜重辑:《汉南续修郡志》,民国十三年刻本。
⑦　《史记》卷二《夏本纪》,第70、72页。
⑧　(北魏)郦道元著,陈桥驿校证:《水经注校证》,第642页。
⑨　(宋)毛晃:《禹贡指南》,武英殿聚珍版丛书本。
⑩　(清)胡渭著,邹逸麟整理:《禹贡锥指》,上海古籍出版社1996年版,第532页。

由后世普遍认定的"汉中"向下游处,也有曾经称"汉中"的地方,使得我们认识到,对"汉中"得名由来在于"临汉水之阳,南面汉山"的说法,或许还可以再作思考。

汉江在中国早期历史进程中有重要的地位。在汉文化形成之前,在秦统一之前,秦与楚曾经并为强国。曾经有"天下莫强于秦、楚","横成,则秦帝;从成,即楚王"①,"秦之所害莫如楚,楚强则秦弱,秦强则楚弱"②的说法。而秦人先祖曾经在西汉水上游活动,楚人先祖曾经在丹江上游活动。秦人和楚人都曾经利用汉江流域作为早期崛起的根据地。③

2

考察东周史,可以发现两个"汉中",即秦汉中与楚汉中。

《中国古今地名大辞典》有"汉中郡""汉中府""汉中道"条,"汉中郡"条:"【汉中郡】战国楚地。秦置汉中郡。汉初为汉国。后仍为汉中郡。治南郑。在今陕西南郑县东二里。三国属蜀。魏克蜀。兼治梁州。……"④《中国历史地名大辞典》同样设"汉中郡""汉中府""汉中道"条,"汉中郡"条写道:

> 汉中郡　战国秦惠王更元十三年(前312)置,治所在南郑县(今陕西汉中市东)。因水为名。辖境相当于今陕西秦岭以南,留坝、勉县以东,乾祐河流域及湖北郧县、保康以西,米仓山、大巴山以北地。西汉移治西城县(今陕西安康市西北)。东汉复还旧治。东汉末为张鲁所据,改为汉宁郡。建安二十年(215)复改汉中郡。⑤

指出"汉中郡"治所秦与西汉曾经有所变化,秦在南郑,西汉徙至西城,东汉复还南郑。

其实,应当注意到,战国时期秦、楚各有"汉中"。汉中郡治曾经确定在

---

① 《战国策·秦策四》,第242、239页。
② 《史记》卷六九《苏秦列传》,第2260页。
③ 参看王子今:《江河之间:秦文化崛起的基地——读〈秦早期历史研究〉》,《人民日报》2018年4月10日。
④ 臧励龢等编:《中国古今地名大辞典》,商务印书馆1931年版,第1102页。
⑤ 史为乐主编:《中国历史地名大辞典》,第832—833页。

西城，或许与"楚汉中"建置有关。

《史记·秦本纪》记载：惠文君更元十三年（前312），"庶长章击楚于丹阳，虏其将屈丐，斩首八万；又攻楚汉中，取地六百里，置汉中郡。"①《史记·秦始皇本纪》：秦王政九年（前238），平定嫪毐之乱，"及其舍人，轻者为鬼薪。及夺爵迁蜀四千余家，家房陵。"张守节《正义》："《括地志》云：'房陵即今房州房陵县，古楚汉中郡地也。是巴蜀之境。《地理志》云房陵县属汉中郡，在益州部，接东南一千三百一十里也。'"②《史记·李斯列传》："惠王用张仪之计，拔三川之地，西并巴、蜀，北收上郡，南取汉中，……"张守节《正义》："惠王十三年，攻楚汉中，取地六百里。"③文献所见"楚汉中"是明确的。《史记·屈原贾生列传》："秦欲伐齐，齐与楚从亲，惠王患之，乃令张仪详去秦，厚币委质事楚，曰：'秦甚憎齐，齐与楚从亲，楚诚能绝齐，秦愿献商、于之地六百里。'楚怀王贪而信张仪，遂绝齐，使使如秦受地。张仪诈之曰：'仪与王约六里，不闻六百里。'楚使怒去，归告怀王。怀王怒，大兴师伐秦。秦发兵击之，大破楚师于丹、浙，斩首八万，虏楚将屈丐，遂取楚之汉中地。"④"明年，秦割汉中地与楚以和。楚王曰：'不愿得地，愿得张仪而甘心焉。'张仪闻，乃曰：'以一仪而当汉中地，臣请往如楚。'"⑤此秦、楚军事与外交的焦点"汉中地"，即"楚之汉中地"。

《战国策·秦策一》"张仪欲以汉中与楚"条："张仪欲以汉中与楚，请秦王曰：'有汉中，蠹。种树不处者，人必害之；家有不宜之财，则伤本。汉中南边为楚利，此国累也。'甘茂谓王曰：'地大者，固多忧乎！天下有变，王割汉中以为和楚，楚必畔天下而与王。王今以汉中与楚，即天下有变，王何以市楚也？'"⑥《战国策·秦策二》"宜阳之役冯章谓秦王"条："宜阳之役，冯章谓秦王曰：'不拔宜阳，韩、楚乘吾弊，国必危矣！不如许楚汉中以懽之。

---

① 《史记》卷五《秦本纪》，第207页。

② 《史记》卷六《秦始皇本纪》，第227、229页。

③ 《史记》卷八七《李斯列传》，第2542—2543页。

④ 《史记》卷四〇《楚世家》："（楚顷襄王横）十九年，秦伐楚，楚军败，割上庸、汉北地予秦。"张守节《正义》："谓割房、金、均三州及汉水之北与秦。"第1735页。据《楚世家》，时在公元前280年。

⑤ 《史记》卷八四《屈原贾生列传》，第2483—2484页。

⑥ （汉）刘向集录：《战国策》，第121—122页。

楚惧而不进,韩必孤,无奈秦何矣!'王曰:'善。'果使冯章许楚汉中,而拔宜阳。楚王以其言责汉中于冯章,冯章谓秦王曰:'王遂亡臣,固谓楚王曰:寡人固无地而许楚王。'"①此"汉中"为秦地。

又《战国策·秦策四》"秦取楚汉中"条:"秦取楚汉中,再战于蓝田,大败楚军。"②《战国策·楚策二》"秦败楚汉中"条:"秦败楚汉中。楚王入秦,秦王留之。"③则言"楚汉中"。

杨宽《战国史》写道,公元前312年,"楚大举发兵进攻秦、韩","秦这时分三路出兵加以反击,东路由名将樗里疾统率,从函谷关进入韩的三川地区,……;中路由庶长魏章统率,从蓝田(今陕西蓝田西)出发,经武关,到商於之地反击进攻的楚军。西路由甘茂统率,从南郑(今陕西汉中)出发,向东进攻楚的汉水流域,配合魏章一起攻取楚的汉中。"对于甘茂军的进军路线,注引《史记》:"《史记·甘茂列传》称甘茂'因张仪、樗里子而求见秦惠王,王见而说(悦)之,使将,而佐魏章略定汉中地'。"④除甘茂故事外,《史记·樗里子甘茂列传》记述樗里子事迹也写道:"秦惠王二十五年,使樗里子为将伐赵,虏赵将军庄豹,拔蔺。明年,助魏章攻楚,败楚将屈丐,取汉中地。"⑤

现在看来,秦汉中与楚汉中因汉江水路交通上下联系。秦人占据上游优势,是成功夺取楚汉中的有利因素之一。⑥

3

李学勤先生分析东周时期的区域文化形势,划分了7个文化圈。即:北

---

① 《战国策》,第153页。

② 《战国策》,第223页。

③ 整理者汇注引《四部丛刊》影印元至正年间刊刻鲍彪注吴师道校本:"此三十年,秦伐我,取入城,宜得汉中。"(汉)刘向集录:《战国策》,第530—531页。

④ 杨宽:《战国史》(增订本),上海人民出版社1998年版,第361页。《史记》卷七一《樗里子甘茂列传》:"(甘茂)因张仪、樗里子而求见秦惠王。王见而说之,使将,而佐魏章略定汉中地。"第2310—2311页。

⑤ 《史记》卷七一《樗里子甘茂列传》,第2307页。

⑥ 《史记》卷七〇《张仪列传》载张仪恐吓楚王语说到秦占据长江上游,可以利用水运条件的优势地位:"秦西有巴蜀,大船积粟,起于汶山,浮江已下,至楚三千余里。舫船载卒,一舫载五十人与三月之食,下水而浮,一日行三百余里,里数虽多,然而不费牛马之力,不至十日而距扞关。扞关惊,则从境以东尽城守矣,黔中、巫郡非王之有。"第2290页。

方文化圈,齐鲁文化圈,中原文化圈,秦文化圈,吴越文化圈,楚文化圈,巴蜀滇文化圈。①

汉中地方在"秦文化圈"与"巴蜀滇文化圈"相交接的位置。

秦惠文王时代,秦完成了对蜀地的占有。秦人兼并蜀地,是秦首次实现的大规模领土扩张,为后来统一事业的成功奠定了最初的基础。通过这一历史过程,我们也可以看到秦文化在与其他地域文化体系相互融合相互影响时保持主动性的地位和作用。而蜀人当时接受外来文化影响的态度以及因此而实现的历史性进步,也是应当肯定的。可以说,秦经由汉中兼并巴蜀,完成了统一事业的重要步骤。② 秦人兼并蜀地之后,即在国力的对比上处于领先地位,正如蔡泽所谓"栈道千里于蜀、汉,使天下皆畏秦"。③

汉中作为蜀道即"栈道千里于蜀"这一交通系统中最重要的枢纽,在"秦文化圈"与"巴蜀滇文化圈"相互沟通与融并的历史进程中,发挥了极为关键的作用。

4

由上文有关"秦汉中"与"楚汉中"的讨论可知,广义的"汉中"曾经是秦楚激烈竞争与秦文化和楚文化交汇的地方。而刘邦居汉中的经营史,透露出秦楚文化新的结合。

李学勤先生在介绍东周时期的楚文化圈时,指出,"随着楚人势力的强大和扩张,楚文化的影响殊为深远。在楚国之北的好多周朝封国,楚国之南的各方国部族,都渐被囊括于此文化圈内。""楚文化的扩展,是东周时代的一件大事。春秋时期,楚人北上问鼎中原,楚文化也向北延伸。到了战国之世,楚文化先是向南大大发展,随后由于楚国政治中心的东移,又向东扩张,进入长江下游以至今山东省境。说楚文化影响所及达到半个中国,并非夸张之词。"李学勤先生强调的一个历史事实是许多学者所公认的:"楚文化

---

① 李学勤:《东周与秦代文明》,第11—12页。
② 王子今:《秦兼并蜀地的意义与蜀人对秦文化的认同》,《四川师范大学学报》1998年第2期。
③ (汉)刘向集录:《战国策·秦策三》,第216页。

对汉代文化的酝酿形成有过重大的影响"。① 回顾历史,可以看到与"楚国政治中心的东移"同步,楚文化的重心地域曾经有所移动。

楚文化的重心向东北方向移动。② 但是在其西面,其影响后来竟然左右了历史走向。

秦的统一,使得秦文化出现征服其他区域文化的强劲态势。不过,这种征服,在楚地没有获得全面成功。"楚虽三户,亡秦必楚",体现楚人坚守自己文化传统,并诉诸政治反抗与军事竞争的决心。③ 对于秦始皇以交通形式炫耀威权的出巡仪仗,两位楚人有不同的言辞表现。项羽说:"彼可取而代也。"④刘邦说:"大丈夫当如此也。"⑤

随后又一个特殊的历史契机,使得楚文化直接进入汉中地方。《史记·项羽本纪》:"乃分天下,立诸将为侯王。项王、范增疑沛公之有天下,业已讲解,又恶负约,恐诸侯叛之,乃阴谋曰:'巴、蜀道险,秦之迁人皆居蜀。'乃曰:'巴、蜀亦关中地也。'故立沛公为汉王,王巴、蜀、汉中,都南郑。"⑥应当注意到,虽然有"项羽王诸将之有功者,而王独居南郑,是迁也"的说法⑦,但刘邦封汉中,是张良策划与争取的结果。《史记·高祖功臣侯者年表》"留侯"条:"为汉王请汉中地。"⑧《史记·留侯世家》:"汉元年正月,沛公为汉王,王巴蜀。汉王赐良金百溢,珠二斗,良具以献项伯。汉王亦因令良厚遗项伯,使请汉中地。项王乃许之,遂得汉中地。汉王之国,良送

---

① 李学勤:《东周与秦代文明》,第 12 页。

② 王子今:《战国秦汉时期楚文化重心的移动——兼论垓下的"楚歌"》,《北大史学》第 12 辑,北京大学出版社 2007 年版。

③ 秦末民众暴动,项梁、项羽军中谋士范增在分析政治形势时引述了"楚虽三户,亡秦必楚"的民间舆论。《史记》卷七《项羽本纪》记载:"居鄛人范增,年七十,素居家,好奇计",前往军中向项梁建议:"陈胜败固当。夫秦灭六国,楚最无罪。自怀王入秦不反,楚人怜之至今,故楚南公曰'楚虽三户,亡秦必楚'也。今陈胜首事,不立楚后而自立,其势不长。今君起江东,楚蜂午之将皆争附君者,以君世世楚将,为能复立楚之后也。"项梁赞同他的话,"乃求楚怀王孙心民间,为人牧羊,立以为楚怀王,从民所望也。陈婴为楚上柱国,封五县,与怀王都盱台。项梁自号为武信君。"第 300 页。

④ 《史记》卷七《项羽本纪》,第 296 页。

⑤ 《史记》卷八《高祖本纪》,第 344 页。

⑥ 《史记》卷七《项羽本纪》,第 316 页。

⑦ 《史记》卷八《高祖本纪》载韩信说汉王曰,第 367 页。

⑧ 《史记》卷一八《高祖功臣侯者年表》,第 891 页。

至褒中,遣良归韩。良因说汉王曰:'王何不烧绝所过栈道,示天下无还心,以固项王意。'乃使良还。行,烧绝栈道。"关于"使请汉中地",裴骃《集解》:"如淳曰:'本但与巴蜀,故请汉中地。'"①张良的深谋远虑,包括对汉中地方重要战略地位的准确判断。

刘邦建国于汉中。刘邦功臣集团的主要成分是楚人。《史记·高祖本纪》记载:"至南郑,诸将及士卒多道亡归,士卒皆歌思东归。"②《史记·淮阴侯列传》也有"至南郑,诸将行道亡者数十人"的说法。③ 韩信亦曾言"军吏士卒皆山东之人也,日夜跂而望归",称之为"义兵从思东归之士"。④ 据陈直先生研究,《铙歌》中有的内容,即"士卒皆歌思东归"的文学遗存。虽然刘邦楚人部属有"望归""思东归"的情绪及"行道亡"的行为,但是在汉中的行政经营及"决策东乡,争权天下"⑤,"欲东","欲争天下",最终"举而东"⑥所进行的积极准备,必然促成楚文化与当地秦文化一定程度上的融合。

5

在汉文化形成进程中,"汉中"有特殊的历史作用。

李学勤先生所说东周秦代的 7 个文化圈,对汉文化生成的影响有强有弱。应当说,秦文化、楚文化和齐鲁文化在西汉时期融并而一,显现为以"汉"为标志的文化共同体终于形成。"汉"作为内涵宏大且影响久远的文化实体的代表性符号之所以出现与汉中的密切关系,是不言而喻的。

具体说来,西汉时期齐鲁文化的西渐,在长安实现了儒学成为意识形态正统的文化史的重大定局。而儒学进一步的扩展性影响,有著名的文翁故事。

《汉书·循吏传·文翁》记载:"(文翁)少好学,通《春秋》,以郡县吏察

---

① 《史记》卷五五《留侯世家》,第 2038—2039 页。
② 《史记·高祖本纪》,第 367 页。
③ 《史记》卷九二《淮阴侯列传》,第 2611—2612 页。
④ 《史记》卷八《高祖本纪》,第 367 页。
⑤ 《史记》卷八《高祖本纪》,第 367 页。
⑥ 《史记》卷九二《淮阴侯列传》,第 2611—2612 页。

举。景帝末,为蜀郡守,仁爱好教化。见蜀地辟陋有蛮夷风,文翁欲诱进之,乃选郡县小吏开敏有材者张叔等十余人亲自饬厉,遣诣京师,受业博士,或学律令。减省少府用度,买刀布蜀物,赍计吏以遗博士。数岁,蜀生皆成就还归,文翁以为右职,用次察举,官有至郡守刺史者。"政府组织的留学进修制度,可能就发起于文翁。一时"蜀地学于京师者比齐鲁焉"。①《汉书·地理志下》:"景、武间,文翁为蜀守,教民读书法令,未能笃信道德,反以好文刺讥,贵慕权势。及司马相如游宦京师诸侯,以文辞显于世,乡党慕循其迹。后有王褒、严遵、扬雄之徒,文章冠天下。繇文翁倡其教,相如为之师,故孔子曰:'有教亡类。'"②除文翁在蜀地经营儒学教育,"教民读书法令"之外,"司马相如游宦京师诸侯,以文辞显于世",蜀地名士"文章冠天下",都通过蜀道发生文化影响。而汉中作为文化中继站的作用,是显而易见的。

《史记·仲尼弟子列传》中列录的 77 人中,齐鲁人居多,计 45 人,占总数的 58.44%。《史记·儒林列传》中所列录的西汉前期著名儒生,仍然以齐鲁人为主。所见 39 人中,齐鲁人 28 人,占 71.79%。然而,据《汉书·儒林传》的记载,综合考察西汉一代著名儒生的区域分布,情况则已经有所不同。我们看到,齐鲁人在西汉名儒中占 45.60%,出身其他地区者占 46.11%,籍贯不明者占 8.29%。出身于齐鲁以外地区的儒学学者中,有远至蜀、淮南、九江、江东,甚至苍梧的。其中蜀地名儒特别值得注意。分析《后汉书·儒林列传》中提供的资料,可以看到当时著名的儒学学者,齐鲁人占 36.36%,巴蜀学者已占 10.23%。

巴蜀儒学学者的比例特别值得注意。他们继承和发扬儒学传统,必然通过蜀道交通实现。巴蜀学者的求学之路,多经过汉中。③

6

汉中人张骞对于汉文化扩张的特殊贡献,可以看作汉中区域文化的亮点。

① 《汉书》卷八九《循吏传·文翁》,第 3625—3626 页。
② 《汉书》卷二八下《地理志下》,第 1645 页。
③ 王子今:《秦汉时期齐鲁文化的风格与儒学的西渐》,《齐鲁学刊》1998 年第 1 期。

《汉书·地理志上》"汉中郡"条王先谦《补注》："郡人张骞,见本《传》。"①张骞是西汉一代汉中出身声望最显赫的名人。

汉武帝建元年间,汉中人张骞以郎的身份应募接受联络大月氏的使命,率众自长安出发西行。途中遭遇匈奴人,被拘禁十余年方得逃脱。张骞继续履行使命,又西越葱岭,行至大宛,抵达大月氏。后来在归途中又被匈奴俘获,一年后乘匈奴内乱,于元朔三年(前126)回到长安。张骞出行时随从百余人,最终只有两人生还。他亲身行历大宛、大月氏、大夏、康居诸国,又细心调查了附近国家的国情,向汉武帝作了汇报。张骞的西域之行,以前后13年的艰难困苦为代价,使中原人得到了前所未闻的关于西域的知识,同时使汉王朝的声威和汉文化的影响传播到了当时中原人世界观中的西极之地。张骞又曾跟随大将军卫青出击匈奴。因为了解地理情势及水草资源,为远征军的胜利提供了交通条件的保障,功封博望侯。张骞又奉命出使乌孙。乌孙遣使送张骞归汉,又献马报谢。后来与汉通婚,一起进军击破匈奴。此后,汉与西域的通使往来十分频繁,民间商贸也得到发展。西域地区50国接受汉帝国的封赠,佩带汉家印绶的侯王和官员多至376人。而康居、大月氏、安息、罽宾、乌弋等绝远之国也有使者与汉往来,据说一时诸国"莫不献方奇,纳爱质,露顶肘行,东向而朝天子"。② 汉文化的影响扩展到极西之地。

《史记·大宛列传》于"西北国始通于汉矣"句后写道:"然张骞凿空,其后使往者皆称博望侯,以为质于外国,外国由此信之。"③司马迁以"凿空"一语,高度赞扬张骞的历史功绩。汉中人张骞外交实践的成功,是具有世界史意义的伟大贡献。

张骞成就的功业,也是汉中地方的历史光荣。

7

考察汉中地方的区域文化特点,还应当注意张鲁的政教合一尝试与汉

---

① (汉)班固撰,(清)王先谦补注:《汉书补注》,第2565页。
② 《后汉书》卷八八《西域传》,第2931页。
③ 《史记》卷一二三《大宛列传》,第3169页。

末汉中地方史的再次辉煌。

《史记》(包括三家注)出现"汉中"117 次。《汉书》(包括颜师古注)出现"汉中"77 次。《后汉书》(包括李贤注及《续汉志》刘昭注补)出现"汉中"95 次。《三国志》(包括裴松之注)出现"汉中"228 次。可知在汉初与汉末,汉中曾经两度成为史家关注的文化地理重心。

东汉末年,与张角等人借助宣传原始道教策划发起黄巾暴动同时,道教的另一派"五斗米道"在交通相对隔绝封闭的秦岭巴山之间取得了特殊的成功。汉顺帝时,张陵学道于蜀地鹄鸣山中,以符书招致信徒,信道者出米五斗,于是称"五斗米道"。张陵死,其孙张鲁传其道,在汉末战乱中据有汉中地区。他自号师君,置祭酒以治民,不用长吏。诸祭酒于途次作义舍,置义米肉,行路者可以量腹取足。道徒有病,令自首其过。百姓犯法,3 次宽恕,然后才行刑。张鲁占据汉中的 20 多年中,这一地区的政治生活和经济生活都比较安定。这可以看作中国古代一次信仰与行政相结合的有意义的尝试。

建安二十年(215),曹操灭张鲁。他评价张鲁政权政教合一的性质,曾经称之为"此妖妄之国耳"。① 此后"五斗米道"依然流传,后世以张陵为教主的"天师道",主要就是从"五斗米道"发展而来。

刘备随即夺取汉中,诸葛亮以此作为北伐的基地。张鲁集团、曹操集团、刘备集团争夺汉中的战争历程,书写了壮丽生动的英雄主义史诗。青年毛泽东在《〈伦理学原理〉批注》中,曾经谈到自己读史的情趣倾向:"吾人揽(览)史时,恒赞叹战国之时,刘项相争之时,汉武与匈奴竞争之时,三国竞争之时,事态百变,人才辈出,令人喜读。至若承平之代,则殊厌弃之。非好乱也,安逸宁静之境,不能长处,非人生之所能堪,而变化倏忽,乃人性之所喜也。"②他所说的第四个历史阶段即"三国竞争之时",因"事态百变,人才辈出"使"览史"者激情振奋。而"汉中",正是这一历史演出的重要舞台。

与汉初刘邦和他的战友们在"汉中"建国创业形成历史对照,420 余年之后,"汉中"再度成为英雄主义精神得以辉煌表现的文化闪光点。秦汉时期"汉中"的历史演进和文化丰收,确实"令人喜读",令人"赞叹"。

---

① 《三国志》卷一四《魏书·刘晔传》,第 445 页。
② 《毛泽东早期文稿》,湖南出版社 1990 年版,第 186 页。

一七

"徐州""彭城"的交通地位

  秦始皇出巡,有"过彭城"的记录。彭城位于咸阳与东海上朐界中"秦东门"交通线上[1],又可以"并海上""并海南"[2],成为枢纽性坐标。《禹贡》:"海岱及淮为徐州。"秦汉之际,楚怀王"徙都彭城",以彭城作为指挥中心,也是因为这里交通地位的重要性。项羽"都彭城",是有充分战略考虑基础的决策。从大徐州、大彭城的视角看,徐州、彭城是三辅、三河正东方向的另一经济文化重心。有学者表述为构成与"三秦""三川"对应形成的战略格局。而徐州、彭城地当东方海岸线中点的位置,由东海郡武库的超大规模可以说明其战略意义。"海贼"的活跃,是沿海行政的防范难点。楚王刘英的佛教引进,可以体现徐州在海洋文化交流系统中的作用。徐州、彭城,在两汉交通体系中显现出特殊的地位。除了作为陆路交通枢纽外,在内河航运系统菏水—泗水—淮水—邗沟通道以及海路近海交通系统中,同时占据重要的战略坐标点的地方,只有这里。东汉末期,若干强势军阀集团对于

---

  ① 《史记》卷六《秦始皇本纪》:秦始皇三十五年(前212),"立石东海上朐界中,以为秦东门。"第256页。

  ② 《史记》卷六《秦始皇本纪》:秦始皇三十七年(前210),"还过吴,从江乘渡。并海上,北至琅邪。"第263页。秦二世元年(前209),"春,二世东行郡县,李斯从,到碣石,并海,南至会稽。"第267页。《史记》卷二八《封禅书》:"(秦始皇)登会稽,并海上,……""二世元年,东巡碣石,并海南,历泰山,至会稽。""并海上,北至碣石。"第1370、1399页。《史记》卷八七《李斯列传》:"始皇三十七年十月,行出游会稽,并海上,北抵琅邪。"第2547页。《史记》卷八八《蒙恬列传》:"始皇三十七年冬,行出游会稽,并海上,北至琅邪。"第2567页。

"徐州"的共同争夺,说明其交通形势的优越已经为明智的政治家军事家所看重。

1

秦始皇出巡路线,是秦代交通史研究的重要主题,当然也涉及当时的大一统帝国执政者所面对的区域形势。秦始皇二十八年(前219)第一次东巡海上,在"彭城"有重要的表现。《史记·秦始皇本纪》记载:"二十八年,始皇东行郡县。""始皇还,过彭城,斋戒祷祠,欲出周鼎泗水,使千人没水求之,弗得。乃西南渡淮水,至衡山、南郡。浮江,……"①秦始皇此次巡行,途中曾经停留并有突出表现的地方,一在琅邪,二在彭城。史念海先生说:"彭城为东楚重地,始皇于琅邪倦游之后,即南至此;更由其地西南渡淮,而至衡山。"②秦始皇在彭城"欲出周鼎泗水"③,追寻周王朝的权力象征,在某种意义上或许也与"厌""天子气"意识有关。④

秦始皇三十七年(前210)最后一次出巡,"还过吴,从江乘渡。并海上,北至琅邪。"⑤这一行程,史念海先生对于路线的分析,也涉及"彭城"以及邻近地方的交通条件:"江乘渡江,北即广陵,广陵为邗沟所由始,可循之北渡淮水,以达彭城。古时海滨尚未淤积,广陵、彭城之东距海较今为近,史文所言并海北行者,亦犹二十八年东行之时并勃海以至成山、之罘也。"此后秦二世又有巡行举措。⑥ 史念海以为也经行同样线路:"始皇崩后,二世继立,亦尝遵述旧绩,上会稽,游辽东。然其所行,率为故道,无足称者。"⑦

秦末民众暴动蜂起,项梁起兵,"以八千人渡江而西",又"渡淮",此后

---

① 《史记》卷六《秦始皇本纪》,第248页。

② 史念海:《秦汉时期国内之交通路线》,《史念海全集》,人民出版社2013年版,第4卷第371页。

③ 《史记》卷二八《封禅书》:"秦灭周,周之九鼎入于秦。或曰宋太丘社亡,而鼎没于泗水彭城下。"第1365页。

④ 《史记》卷八《高祖本纪》:"秦始皇帝常曰'东南有天子气',于是因东游以厌之。"第348页。

⑤ 《史记》卷六《秦始皇本纪》,第263页。

⑥ 王子今:《秦二世元年东巡史事考略》,《秦文化论丛》第3辑,西北大学出版社1994年版。

⑦ 史念海:《秦汉时期国内之交通路线》,《史念海全集》,第4卷第372—373页。

合黥布、蒲将军军，"凡六七万人，军下邳。"集结地点在今江苏邳县西南。①
据《史记·项羽本纪》记述，"当是时，秦嘉已立景驹为楚王，军彭城东，欲距
项梁。"②可知项梁军没有以彭城为基地，应是因为已先为景驹、秦嘉占据。

项梁"进兵击秦嘉"，兼并秦嘉军，又西击秦军。定陶一战，"项梁死"，
沛公、项羽"乃与吕臣军俱引兵而东。吕臣军彭城东，项羽军彭城西，沛公
军砀。"③《史记·高祖本纪》记载："秦二世三年，楚怀王见项梁军破，恐，徙
盱台都彭城，并吕臣、项羽军自将之。"④《史记·秦楚之际月表》：秦二世二
年（前208）九月，"章邯破杀项梁于定陶，项羽恐，还军彭城。""（楚怀王）徙
都彭城。""沛公闻项梁死，还军从怀王，军于砀。"⑤《史记·黥布列传》："项
梁败死定陶，怀王徙都彭城，诸将英布亦皆保聚彭城。"⑥可见"彭城"曾经成
为楚军的重要基地和指挥中心。

于是，蒯通在陈述秦汉之际天下形势时有这样的说法："天下初发难
也，俊雄豪桀建号壹呼，天下之士云合雾集，鱼鳞杂遝，熛至风起。"而其中
最强势的楚军，即兴起于"彭城"："楚人起彭城，转斗逐北，至于荥阳，乘利
席卷，威震天下。"⑦所谓"楚人起彭城"，肯定了"彭城"在楚军兴起并席卷
天下的军事史中的作用。

秦始皇"过彭城"与楚怀王"徙都彭城"，都说明"彭城"地位的重要性。

2

关于项羽"都彭城"，历来政论史论多有评议。论者多取否定态度。就
此进行必要的辨析，是有意义的。

《史记·项羽本纪》说，项羽灭秦后，"乃分天下，立诸将为侯王。"封十
八诸侯。"项王自立为西楚霸王，王九郡，都彭城。"张守节《正义》："《货殖

---

① 谭其骧主编：《中国历史地图集》，中国地图出版社1982年版，第2册第7—8页。
② 《史记》卷七《项羽本纪》，第299页。
③ 《史记》卷七《项羽本纪》，第298—299、303页。
④ 《史记》卷八《高祖本纪》，第356页。
⑤ 《史记》卷一六《秦楚之际月表》，第768—769页。
⑥ 《史记》卷九一《黥布列传》，第2598页。
⑦ 《史记》卷九二《淮阴侯列传》，第2623页。

传》云淮以北,沛、陈、汝南、南郡为西楚也。彭城以东,东海、吴、广陵为东
楚也。衡山、九江、江南、豫章、长沙为南楚。""彭城,徐州县。""太史公曰"
总结项羽事迹,言其功业"近古以来未尝有也"之后,又说:"及羽背关怀楚,
放逐义帝而自立,怨王侯叛己,难矣。"关于"背关怀楚",张守节《正义》:
"颜师古云:'背关,背约不王高祖于关中。怀楚,谓思东归而都彭城。'"①
对于其"都彭城",取批评态度。与颜师古"背约不王高祖于关中""谓思东
归而都彭城"的理解不同,也有解释"背关怀楚"为"弃背关中之形胜,而怀
乡归楚"者。② 顾炎武《日知录》卷二七《史记注》写道:"'背关怀楚',谓舍
关中形胜之地而都彭城。如师古之解,乃背约,非背关也。"③显然,顾炎武
的判断是正确的。

　　韩信与刘邦在汉中就"争权天下"进行战略分析,曾经肯定项羽的"勇
悍仁强",同时对他的"匹夫之勇""妇人之仁"以及"所过无不残灭者,天下
多怨,百姓不亲附"有所批评。同时指出:"项王虽霸天下而臣诸侯,不居关
中而都彭城。"④就项羽"不居关中而都彭城",似乎也给予否定评价。

　　《史记·项羽本纪》的相关记述,司马迁的态度似乎也表现出倾向性:
"居数日,项羽引兵西屠咸阳,杀秦降王子婴,烧秦宫室,火三月不灭;收其
货宝妇女而东。人或说项王曰:'关中阻山河四塞,地肥饶,可都以霸。'项
王见秦宫皆以烧残破,又心怀思欲东归,曰:'富贵不归故乡,如衣绣夜行,
谁知之者!'说者曰:'人言楚人沐猴而冠耳,果然。'项王闻之,烹说者。"文
末"太史公曰"批评其面临悲剧结局"尚不觉寤而不自责,过矣",以为他应
当反省的,应当包括"背关怀楚"。⑤

　　"衣绣夜行",《汉书·项籍传》作"衣锦夜行"。⑥《汉纪》卷二《高祖皇

---

　　① 《史记》卷七《项羽本纪》,第 316—317、319—320、338 页。

　　② (明)严衍:《资治通鉴补》卷一一《汉纪三》"汉高祖五年",清光绪二年盛氏思补楼活字
印本,第 246 页。

　　③ (清)顾炎武著,黄汝成集释,栾保群、吕宗力校点:《日知录集释》(全校本),上海古籍出
版社 2006 年版,第 1516 页。

　　④ 《史记》卷九二《淮阴侯列传》,第 2611—2612 页。

　　⑤ 《史记》卷七《项羽本纪》,第 315、339 页。

　　⑥ 《汉书》卷三一《项籍传》,第 1808 页。《后汉书》卷八〇上《杜笃传》载杜笃《论都赋》:
"或富贵思归,不顾见袭;……"李贤注:"韩生劝项都关中,羽曰:'富贵不归故乡,如衣锦夜行。'
乃归都彭城,而高祖自蜀汉出袭击之也。见《前书》。"第 2595、2596 页。

帝纪二》亦作"衣锦夜行"。①《艺文类聚》卷八五、卷九五均引《汉书》作"衣锦夜行",而不用《史记》"衣绣夜行"说。②

后来项羽"都彭城"事,人们多与"衣绣夜行"相联系,看作英雄短见,千古笑柄。宋人刘攽《在郡作》诗:"诗书误身既可信,却忆扛鼎之重瞳。宰割山河一何壮,指麾天地如回风。背关怀楚更龌龊,沐猴而冠涂遂穷。"③承用"沐猴而冠"之说。宋人方凤《鸿门谦同皋羽作》:"项王重瞳气盖世,叱咤喑哑万夫废。……玉玦何劳再三举,拂衣竟作彭城死。沐猴而冠何足云,君看五采成龙文。"④其中"拂衣"句即对应"富贵不归故乡,如衣绣夜行,谁知之者"语。又清人邵长蘅《徐州汉高庙歌》:"彭城形势亦壮哉,沐猴衣绣空见猜。土人伏腊走巫觋,不祀重瞳祀隆准。成败论人自古难,真使英雄气悽咽。"⑤清人《下相怀古》:"西凤落日马陵山,凭吊重瞳未可攀。淮上鸟飞空楚塞,砀山云起失秦关。伤心垓下寨旗出,输局彭城衣绣还。……"⑥又清叶观国《读史记漫成八首》之二:"叱咤喑噫盖世姿,阴陵一蹶局全移。成名钜鹿沈船日,失计彭城衣绣时。……"⑦所谓"输局彭城衣绣还","失计彭城衣绣时",都是对"都彭城"的批评,而且都与"衣绣"相联系。

然而,"衣绣夜行"的说法,其实在秦汉历史记录中其实不只一见。《华阳国志》卷一《巴志》记载:"汉高帝灭秦,为汉王,王巴、蜀。阆中人范目,有恩信方略,知帝必定天下,说帝,为募发賨民,要与共定秦。秦地既定,封目为长安建章乡侯。帝将讨关东,賨民皆思归;帝嘉其功而难伤其意,遂听还巴。谓目曰:'富贵不归故乡,如衣绣夜行耳。'徙封阆中慈乡侯。"⑧又《汉书·朱买臣传》:朱买臣吴人,"上拜买臣会稽太守,上谓买臣曰:'富贵不归故乡,如衣绣夜行,今子何如?'买臣顿首辞谢。"⑨《后汉书·景丹传》记载:

---

① (东汉)荀悦撰,张烈点校:《前汉纪》,中华书局 2002 年版,第 17 页。

② (唐)欧阳询撰,汪绍楹校:《艺文类聚》,第 1457、1653 页。

③ (宋)刘攽:《彭城集》卷七《七言古诗》,清《武英殿聚珍版丛书》本,第 49 页。

④ (宋)方凤:《存雅堂遗稿》卷二《七言古》,民国《续金华丛书》本,第 8 页。

⑤ (清)邵长蘅:《邵子湘全集·青门簏稾》卷一《拟古乐府》,清康熙刻本,第 203 页。

⑥ (清)唐仲冕:《陶山诗录》卷三《闲居集假司马集》,清嘉庆十六年刻道光增修本,第 37 页。

⑦ (清)叶观国:《绿筠书屋诗钞》卷一《台江集》,清乾隆五十七年刻本,第 8 页。

⑧ (晋)常璩撰,任乃强校注:《华阳国志校补图注》,上海古籍出版社 1987 年版,第 14 页。

⑨ 《汉书》卷六四上《朱买臣传》,第 2792 页。

景丹字孙卿,冯翊栎阳人也。建武二年(26),定封景丹栎阳侯。刘秀对景丹说:"今关东故王国,虽数县,不过栎阳万户邑。夫'富贵不归故乡,如衣绣夜行',故以封卿耳。"景丹顿首谢。①《后汉纪》卷四《光武帝纪四》言汉光武帝与景丹对话,作"衣锦夜行"。② 宋程大昌《演繁露》卷九"衣锦夜行"条引《东观汉记》:"建武二年,封景丹为栎阳侯。上谓曰:'富贵不归故乡,如衣锦夜行。故以封卿。'"程大昌附注"(《御览》二百)",指出:"按《前汉》皆言'衣绣',惟此言'衣锦'"。③

曹操也有类似说法。《三国志·魏书·张既传》:张既"冯翊高陵人","出为雍州刺史。太祖谓既曰:'还君本州,可谓衣绣昼行矣。'"④《三国志·魏书·夏侯玄传》裴松之注引《魏略》:"大将军与(许)允书曰:'镇北虽少事,而都典一方,念足下震华鼓,建朱节,历本州,此所谓著绣昼行也。'"⑤

看来,"富贵不归故乡,如衣绣夜行","富贵不归故乡,如衣锦夜行",虽然起初见于项羽言论,但是汉高祖刘邦、汉武帝刘彻、汉光武帝刘秀等历代雄主,都说过同样的话。魏武帝曹操言"衣绣昼行""著绣昼行",意思也是一样的。大致"富贵不归故乡,如衣绣夜行","富贵不归故乡,如衣锦夜行",是当时社会习惯用语,未必可以鄙视出此言者,也不宜因此指斥之为"沐猴而冠"。⑥

宋代学者黄震分析过项羽的政治思路:"世谓羽与汉争天下,非也。羽曷尝有争天下之志哉? 羽见秦灭诸侯而兼有之,故欲灭秦,复立诸侯如曩时,而身为盟主尔。故既分王,即都彭城;既和汉,即东归;羽皆以为按甲休

---

① 《后汉书》卷二二《景丹传》,第773页。

② 《后汉纪》卷四《光武帝纪四》:"封诸有功者二十人,……诸将各言所欲封,唯景丹辞栎阳。""上谓曰:'关东数县不当栎阳万户,富贵不归故乡,如衣锦夜行。'丹谢而受之。"(东汉)荀悦撰,张烈点校:《后汉纪》,中华书局2002年版,第53页。

③ 周翠英:《〈演繁露〉注》,中国社会科学出版社2018年版,第176—177页。

④ 《三国志》卷一五《魏书·张既传》,第471、472页。

⑤ 《三国志》卷九《魏书·夏侯玄传》,第303页。

⑥ 后世史例亦可见《隋书》卷六三《樊子盖传》:"是岁,朝于江都宫,帝谓之曰:'富贵不还故乡,真衣绣夜行耳。'"中华书局1973年版,第1491页。又见《北史》卷七六《樊子盖传》,1974年版,第2594页。又《旧唐书》卷五五《李轨传》:"窃闻富贵不在故乡,有如衣锦夜行。"中华书局1975年版,第2251页。《新唐书》卷八六《李轨传》:"窃闻富贵不居故乡,如衣锦夜行。"中华书局1975年版,第3707页。

兵为天下盟主之时，不知汉之心不尽得天下不止也。身死东城，不过欲以善战白于世，略无功业不就之悲。而汉之心，羽终其身不知。羽曷尝有争天下之志哉？""项王非特暴虐，人心不归，亦从来无一统天下之心。既灭咸阳而都彭城，既复彭城而割荥阳，既割鸿沟而东归，皆是羽按甲称伯之秋。不知高祖志不在小，天下不归于一不止也。"①思考项羽"都彭城"，可能确实未必有"统一天下之心"。当时以"分天下，立诸将为侯王"实现的新的政治格局的设计，按照吕思勉的说法，体现了"公平"的原则："当时分封，就《史记》所言功状，所以迁徙或不封之故观之，实颇公平。封定而后各罢兵，则其事实非出项羽一人，《自序》所以称为'诸侯之相王'也。"对于"义帝"的态度，吕思勉也以为"公平"："《高祖本纪》曰：项羽使人还报怀王。怀王曰：'如约。'项羽怨怀王不肯令与沛公俱西入关，而北救赵后天下约。乃曰：'怀王者，吾家项梁所立耳，非有功伐，何以得主约？本定天下，诸将及籍也。'此实极公平之言。且怀王特楚王，即谓项王、沛公当听其命，诸侯何缘听之？此理所不可，亦势所不行，其不得不出于相王者势也。汉高之为义帝发丧也，告诸侯曰：'天下共立义帝，北面事之。'此诬罔之辞。南面而政诸侯，当有实力，义帝岂足以堪之？"②看来，项羽确实本来就无"争天下之志"，"从来无统一天下之心"。吕思勉"此实极公平之言"的评断，"公平"二字，符合项羽的性格。项羽的性格特征所谓"为人不忍"③，所谓"妇人之仁"，所谓"项王见人恭敬慈爱，言语呕呕，人有疾病，涕泣分食饮"④等，都是和吕思勉对其政策"实颇公平""实极公平"的评定相一致的。

当然，项羽的权力分配，肯定"定天下"的"功伐"，他以"楚兵冠诸侯"的实力和灭秦主力的功业，居于"为诸侯上将军，诸侯皆属焉"的地位，"自立为西楚霸王，王九郡，都彭城"⑤。要维护"霸王"的权威。择定彭城，应当

---

① （宋）黄震：《黄氏日抄》卷四六《读史》"项羽纪"条、卷四七《读史》"项籍"条，元后至元刻本，第941、975页。

② 吕思勉还写道："三代之王，固尝号令天下矣，及其后，政由五霸。然则义帝拥帝名，而政由羽出，亦可云前有所承。既不袭秦郡县之制，不得谓称帝者实权皆当如秦之皇帝也。"《秦汉史》，商务印书馆2010年版，第45页。

③ 《史记》卷七《项羽本纪》载范增语，第312页。

④ 《史记》卷九二《淮阴侯列传》载韩信语，第2612页。

⑤ 《史记》卷七《项羽本纪》，第307、317页。

有这样的考虑:(1)彭城的古都地位;(2)彭城:楚地的中心;(3)项梁及其继承者的经营。

作为军事家,项羽对"彭城"的军事形势必然是看重的。苏轼《徐州上皇帝书》写道:"昔项羽入关,既烧咸阳而东归,则都彭城。夫以羽之雄略,舍咸阳而取彭城,则彭城之险固形便,足以得志于诸侯者可知矣。臣观其地,三面被山,独其西平川数百里,西走梁宋。使楚人开关而延敌,材官驺发,突骑云纵,真若屋上建瓴水也。"①

"都彭城"又有就近控制经济优越地方的意义。

史念海先生曾经在讨论西汉建都问题时指出:"当项羽破秦入关之后,宰割天下,为所欲为。这时他对于首都的选择,是舍弃了关中,而东居于汳、获诸渠附近的彭城(今江苏徐州市)。"他说,"这里面的原因,既不是韩生所谓的'楚人沐猴而冠',也不是项羽自己向人所说的'富贵不归故乡,如衣锦夜行'。这纯粹是一个经济上的看法。"史念海先生写道:"咸阳(今陕西咸阳市东)固然在嬴秦末年,已达到极为繁荣的阶段,但这种人为的繁荣,在来自东南富庶之区的项羽的眼中看起来,并没有什么了不起的地方。何况在项羽自己一把火烧了之后,这人为的繁荣已经变成瓦砾的场所。至于韩生所说的'关中肥饶,可都以伯',实在是打不动项羽的心的。"史念海先生认为,从"经济"角度考虑,"都彭城"本来就是正确的选择:"如果仅从经济上来观察,项羽的东都彭城,并没有什么可以訾议的地方。"史念海以刘项争夺中原时的战争形势为例,有这样的分析:"项羽的粮饷从来不曾发生过恐慌",然而,"高帝的粮饷,不仅取之于关中,更取之于巴蜀。这经过千山万岭的运输,是何等的困难。"所以汉并天下后,刘邦以萧何"给粮饷,不绝粮道","算作第一功"。可是,"如果是项羽胜了,论功行赏,像萧何这样的功劳,简直不必提起。因为彭城附近就是产粮之区,……况且水陆两方面的交通又都是极为便利的。"就建都的思考而言,史念海先生说,项羽"对于选择首都,只着眼在经济的观点,而没有想到建国的大计原是多方面的,单解决经济上的困难是不行的"。② 对于当时"彭城"地位的这样的说明,是历史

---

① (宋)苏轼:《苏文忠公全集·东坡奏议》卷二,明成化本,第814页。
② 史念海:《娄敬和汉朝的建都》,《史念海全集》,第4卷第262页。

经济地理的真知,也是历史军事地理的卓识。

项羽"都彭城"还有另一积极意义,即与"背关"相应的"向海"的趋求。

也有学者从防备刘邦之战略设计的角度理解"都彭城"的意义:"其告韩生曰:'富贵不归故乡,如衣锦夜行,人谁见之?'此项王之设辞也,非项王之计也。""彭城者,去函谷千有余里,去武关亦千有余里,轻骑数日夜可叩关。北收燕赵之卒,南引荆郏之师,关外可厚集其势,关中可迭批其隙。""以彭城控三川,即以三川控三秦。都彭城者,项王不得不然之计也。""草泽英雄,崛起一时,必有异人之识,兼人之力,为众所不及者。天下大器,置都大事,曾是项王而漫付之?吾故推其所以然,以明得失之实。"①

当然还有其他的分析。如清人郭梦星《午窗随笔》卷一有"项羽不都关中"条:"项籍欲去秦,韩生说曰:关中阻山带河,四塞之国,地肥饶,可都以霸。籍不听,东都彭城。论者谓籍之失计,未有如东都之甚者。余以为不然。帝王之兴废,全视乎民心,论其形胜则末矣。沛公初入关,与父老约法三章,秋毫无犯。项王入关之前,先坑秦卒二十万,既入关,而屠咸阳,烧宫室,杀子婴,收宝货妇女。秦民之于刘项,恩怨了了,久蓄于心。籍若都秦,窃恐怨毒所锺,伏戎之祸,近在萧墙,不待垓下重围,楚歌四起时矣。故以项藉之所为,无往不败。然不都关中,其败犹可稍迟。若都关中,其败当不俟诸异日。其不听韩生,而马首欲东,殆亦有见于此而中情自馁,衣锦夜行之说,盖讬词耳。"②此说以为项羽"去秦"而"东都彭城"并非"失计",而是考虑到以"民心"言,刘项在关中竞争的劣势已经非常明显。由这一思路也可以注意到,项羽在"彭城"地方的"民心"优势,是可以充分肯定的政治资源。

3

秦汉时期"彭城"地位之重要,是可以通过《史记》对这一地方的特别关注得以显示的。

---

① (清)恽敬:《大云山房文稿》初集卷一,《四部丛刊》景清同治本,第226—227页。

② (清)郭梦星:《午窗随笔》卷一"项羽不都关中"条,清光绪二十一年刻《宝树堂遗书》本,第5页。

钱穆《史记地名考》计有"徐州"史料 3 组 9 则,"徐"史料 3 组 10 则。①由于并非完整信息,不具备统计学意义。据嵇超等编《史记地名索引》,《史记》中"彭城"县名出现 57 次,"彭城"邑名出现 6 次,"彭城郡"出现 1 次,"彭城"地名共计出现 64 次。②据郭声波编著《〈史记〉地名族名词典》,《史记》中"彭城"城邑名出现 6 次,"彭城"县邑名出现 54 次,"彭城郡"出现 1 次,"彭城"地名共计出现 61 次。③如果计入裴骃《集解》、司马贞《索隐》、张守节《正义》三家注,"彭城"出现 125 次。"彭城"虽然在战国时期并非国都,然而与七国都城比较,"彭城"在《史记》中出现的密度,仅次于秦都咸阳和赵都邯郸。④

《史记》一百三十卷,最后一卷,《史记·太史公自序》列述各卷记述重心,竟然三次说到"彭城"地名。这是其中地名出现最密集的一例。如:"汉既谲谋,禽信于陈;越荆剽轻,乃封弟交为楚王,爰都彭城,以强淮泗,为汉宗藩。戊溺于邪,礼复绍之。嘉游辅祖,作《楚元王世家》第二十。""收西河、上党之兵,从至彭城;越之侵掠梁地以苦项羽。作《魏豹彭越列传》第三十。""诸侯畔项王,唯齐连子羽城阳,汉得以间遂入彭城。作《田儋列传》第三十四。"⑤

清人恽敬讨论项羽"都彭城",曾经关注"彭城"的交通形胜地位:"彭城者,去函谷千有余里,去武关亦千有余里,轻骑数日夜可叩关。北收燕赵之卒,南引荆邾之师,关外可厚集其势,关中可迭批其隙。""以彭城控三川,即以三川控三秦。都彭城者,项王不得不然之计也。"⑥"彭城"与"三辅""三河"因秦都"咸阳"与"秦东门"的横贯格局,在这里通过"以彭城控三川,即

① 钱穆:《史记地名考》,商务印书馆 2001 年版,第 828—832 页。

② 嵇超、郑宝恒、祝培坤、钱林书编:《史记地名索引》,中华书局 1990 年版,第 113—114 页。

③ 郭声波编著:《〈史记〉地名族名词典》,中华书局 2020 年版,第 263—264 页。

④ 据《史记地名索引》,"咸阳"出现 84 次,"咸阳宫"出现 4 次,"咸阳"地名共计出现 88 次;"邯郸(邯郸城,赵城)"都邑名出现 63 次,"邯郸"县名出现 18 次,"邯郸郡"出现 2 次,"邯郸城(见邯郸)"出现 1 次,"邯郸"地名共计出现 84 次。然而齐国都城作为东方名都,"临菑(临淄)"县名出现 21 次,"临菑(临淄)"邑名出现 15 次,"临菑(临淄)"地名合计出现仅 36 次。与"彭城"比较甚为悬殊。嵇超、郑宝恒、祝培坤、钱林书编:《史记地名索引》,第 163—164、144—145、191 页。

⑤ 《史记》卷一三〇《太史公自序》,第 3311、3315 页。不计国名、族名、山川河海名,《史记》卷一三〇《太史公自序》关于各卷介绍文字中出现具体地名 45 例。频次与"彭城"3 次并列的,只有"京师"3 次。但是中华书局标点本于"京师"不标示地名线,似不作为具体地名看待。其次有"大梁"2 次,"荥阳"2 次,邯郸 2 次。

⑥ (清)恽敬:《大云山房文稿》初集卷一,《四部丛刊》景清同治本,第 226—227 页。

以三川控三秦"的话语,被总结为"三秦—三川—彭城"的关系。

这种交通条件,我们曾经在考察秦代交通建设时,分析"以全国为规模的交通系统",以为所形成"陆路交通网的大纲"中,首先即咸阳东向交通干线"三川东海道":"秦始皇三十五年(前212),'立石东海上朐界中,以为秦东门。'①这条大路即由关中东向直指海滨。其与黄河并行的区段,曾有'殽道'、'成皋道'之称。楚汉战争中刘邦军与项羽军攻守进退,曾据三川东海道反复争夺。西汉长安和东汉洛阳两个重要都市,由这条道路得以交通。由于所联系地区经济地位重要,人口亦较密集,于是成为秦汉时期承当运输量最大的交通干线。对于这条'沟通长安、洛阳两大都邑的交通干道'的历史作用、通行条件和具体走向,多有研究者进行了认真的勘察考论。"原注写道:"章巽《秦帝国的主要交通线》一文以为由关中向正东的大道在三川地区即向东北东方向折入齐地②,中国历史博物馆通史陈列《秦开辟驰道示意图》亦从此说。王京阳《关于秦始皇几次出巡路线的探讨》、曹尔琴《秦始皇的驰道和法家路线》等文意见也相近。③ 这似与当时情形不尽符合。秦在朐县界中立石以为秦东门,正应有直向正东的大道。史念海《河山集》附《战国时代经济都会图》中所绘关中向东的道路直达彭城。他在《秦汉时代国内之交通路线》文中考证沛公西行路线:'沛公发彭城,过砀郡,经阳城杠里,北攻昌邑。昌邑未下,乃西袭陈留,进攻开封,与秦将杨熊会战于白马。沛公此行,当系遵秦皇二十九年东游琅邪归来所行之驰道。'④劳榦《论汉代之陆运与水运》中也说道:'道路之中枢,实在梁国。'⑤楚汉战争时两军在荥阳、彭城之间反复争夺,以及汉景帝时吴楚叛军正是在梁国受阻,终于致败的史实,均可支持此说。"⑥

现在看来,对于秦汉时期"彭城"地方交通形势,有必要进行更具体的

---

① 原注:"《史记·秦始皇本纪》"。

② 章巽:《秦帝国的主要交通线》,《学术月刊》1957年第2期。

③ 王京阳:《关于秦始皇几次出巡路线的探讨》,《人文杂志》1980年第3期;曹尔琴:《秦始皇的驰道和法家路线》,《西北大学学报》(自然科学版)1975年第1期。

④ 史念海:《秦汉时代国内之交通路线》,《文史杂志》第3卷第1、2期,收入《河山集》四集,陕西师范大学出版社1991年版。

⑤ 劳榦:《论汉代之陆运与水运》,《中央研究院历史语言研究所集刊》1935年第16本,收入《劳榦学术论文集甲编》,艺文印书馆1976年版。

⑥ 王子今:《秦汉交通史稿》(增订版),第24—25页。

考论。史念海先生对于"彭城"交通进行过极有意义的考察。他指出:"项羽垓下败后,引军南行,吾人于此可知彭城与江东之间尚有另一交通之路线。""诸侯亡秦,召平为陈涉徇广陵,更由广陵渡江以至吴下;及项梁之北征,路过东阳,进屯下邳,亦皆沿秦皇驰道之左右,惟项羽南行则由西道。""吾人就羽所行研考,知道出东城、历阳之途,仅为彭城与江东间之一捷径。"就周亚夫平定吴楚七国之乱战事,史念海先生又写道:"由吴楚之叛乱,当可知自广陵至彭城之驰道,是时犹为重要,盖吴王濞进军之路线固始皇由会稽归来时之道路,亦项羽渡江北征之道路也。"①这种认真细致的交通史考察,可以给我们重要的启示。

4

"徐州""彭城"作为陆路交通枢纽具有重要地位,同时与菏水—泗水—淮水的水运通道也有很好的结合。

前引《史记·太史公自序》"乃封弟交为楚王,爱都彭城,以强淮泗,为汉宗藩",可以说明"彭城"与"淮泗"水运通道的关系。司马迁回顾他游历天下,进行史学考察时,曾经经历"江、淮""沅、湘""汶、泗"水路,也说到曾"戹困""彭城":"二十而南游江、淮,上会稽,探禹穴,窥九疑,浮于沅、湘;北涉汶、泗,讲业齐、鲁之都,观孔子之遗风,乡射邹、峄;戹困鄱、薛、彭城,过梁、楚以归。"②也暗示"彭城"与"淮泗"的交通联系。

在《史记·河渠书》最后的一段文字中,司马迁也说到了进行水利史考察的经行路线:"太史公曰:余南登庐山,观禹疏九江,遂至于会稽太湟,上姑苏,望五湖;东窥洛汭、大邳,迎河,行淮、泗、济、漯洛渠;西瞻蜀之岷山及离碓;北自龙门至于朔方。曰:甚哉,水之为利害也!余从负薪塞宣房,悲《瓠子》之诗而作《河渠书》。"③所谓"行淮、泗、济、漯洛渠",说明他对"淮、泗"水道因亲身行历,是比较熟悉的。

史念海先生考察秦时交通线路时,曾经指出:"始皇三十年由会稽归

---

① 史念海:《秦汉时期国内之交通路线》,《史念海全集》,第 4 卷第 375—377 页。
② 《史记》卷一三〇《太史公自序》,第 3293 页。
③ 《史记》卷二九《河渠书》,第 1415 页。

来,循邗沟以至彭城。"①今按:《史记·秦始皇本纪》:"三十年,无事。"②此所谓"始皇三十年"应为"始皇三十七年"之误。关于"邗沟"的作用,史念海先生说:"春秋末年,吴国的江淮之间开凿邗沟,使江淮之间的交通得以便利起来。"接着"掘沟""连通济水和泗水","使以前南北两方长期隔绝的水道系统能够联络起来,在交通方面自有其了不起的意义"。这一水运系统与"徐州""彭城"有直接的关系。史念海先生指出:"《禹贡》所说的徐州贡道是'浮于淮泗达于河'。这里所说的'河'并非黄河,正是指的菏水③。菏水能够开凿成功,正显示出当时人民对于自然环境的善于利用。""陶的繁荣主要是由于菏水的开凿,这是春秋末年兴修水利的结果。战国时代人们继续兴修水利,其中鸿沟的开凿对于陶的繁荣,尤其起了锦上添花的作用。"鸿沟促成了更为宏大的水利体系的形成。"鸿沟下游分布与济、汝、淮、泗各水相联络,涉及到宋、郑、陈、蔡、曹、卫诸国的地方。""由于鸿沟的开凿和其他有关水道的联系,在济、汝、淮、泗之间构成了一套水道交通网",这一形势导致"彭城"得到有益于发展的条件。史念海先生写道:"获水、睢水之间的睢阳和获水与泗水交会之处的彭城都因交通的发达,得到了繁荣的机会。睢阳、彭城之间的土地虽不如齐的膏腴④,但后来汉初的梁国,实包括睢阳附近的地方,以富庶为人所称道,⑤则其土壤实非特别贫瘠,可以推见。宋国后来为魏人所逼,自睢阳迁都于彭城。"原注:"《史记·韩世家》说,'文侯二年伐宋,到彭城,执宋君'。当是宋已由睢阳迁都于彭城。"据史念海先生分析,"宋人的迁都,固由于睢阳的地势平衍,无险可守,不如彭城风俗的强悍,可以有所凭借。如果就经济情况来说,彭城或者也要出于睢阳之上。"史念海先生认为,这一区别应当与"水道""发生的作用"有关。"睢阳南有睢水,北有获水,这两条水道可以说是平行的,它们所发生

---

① 史念海:《秦汉时期国内之交通路线》,《史念海全集》,第4卷第375页。

② 《史记》卷六《秦始皇本纪》,第251页。

③ 原注:"见胡渭《禹贡锥指》。"

④ 原注介绍了"彭城"的经济文化条件:"《汉书·地理志》:'今之楚彭城,本宋也。《春秋经》曰:围宋彭城。宋虽灭,本大国,故自为分野。沛楚之失,急疾颛已,地薄民贫,而山阳好为奸盗。'彭城为今江苏徐州。"

⑤ 原注:"见《史记·梁孝王世家》。"参看王子今:《汉初梁国的文化风景》,《光明日报》2008年1月13日。

的作用,实不比两条交叉的水道为大。至于彭城则由于获水和泗水的会合,就已使它的地位超过于睢阳。"

对于"彭城"引"水道"便利得以借助"齐鲁的富庶"增益"繁荣"的条件,史念海先生也有所分析,"况且彭城还邻近齐、鲁,而泗水又是由鲁国南流,经过彭城附近。由于齐鲁的富庶,也增加了彭城的繁荣。不仅如此,彭城又处于东楚和西楚之间,作为一个地方性的经济都会,彭城是有此可能的"①。

然而,《史记·货殖列传》并没有明确给予"彭城""经济都会"的地位。司马迁关于"越、楚则有三俗"的区分,说到"西楚""东楚""南楚"。"西楚"没有列举"都会"。"彭城"是"东楚"的标志性地方:"彭城以东,东海、吴、广陵,此东楚也。""东楚"的"都会"是"吴"。② "南楚"地方的介绍,司马迁写道:"郢之后徙寿春,亦一都会也。而合肥受南北潮,皮革、鲍、木输会也。""番禺亦其一都会也,珠玑、犀、瑇瑁、果、布之凑。"③"彭城"虽然不称"都会",其实与"西楚"的"江陵故郢都"类同,实际上起到了区域经济领导的作用,如史念海先生所说,是可以看作"一个地方性的经济都会"的。关于"三楚",还有另外的说法。《史记·项羽本纪》"项王自立为西楚霸王,王九郡,都彭城",张守节《正义》:"孟康云:'旧名江陵为南楚,吴为东楚,彭城为西楚。'"裴骃《集解》:"孟康云:'旧名江陵为南楚,吴为东楚,彭城为西楚。'"④所谓"彭城为西楚"之说,才可以对应"西楚霸王"名号。而孟康的"三楚"划分,则"江陵""彭城"与"吴"并列,应当都同样具有"都会"地位。至于"彭城"与"吴"之间的"水道",作为彼此联系的重要的交通条件,也是经济地理研究应当注意的。

5

"徐州""彭城"与海路交通也有特殊的关系。

---

① 史念海:《释〈史记·货殖列传〉所说的"陶为天下之中"兼论战国时代的经济都会》,《史念海全集》,第 3 卷第 81—83、85、88—89 页。

② 《史记》卷一二九《货殖列传》:"夫吴自阖庐、春申、王濞三人招致天下之喜游子弟,东有海盐之饶,章山之铜,三江、五湖之利,亦江东一都会也。"第 3267 页。

③ 《史记》卷一二九《货殖列传》,第 3267—3268 页。

④ 《史记》卷七《项羽本纪》,第 317、320 页。

秦始皇经营驰道,创造了通行效率空前的交通网。驰道据说"濒海之观毕至"①,"并海"道路即所谓"傍海道"的开通②,体现出对沿海地方文化管理和行政控制的重视。秦始皇又在东海之滨立石作为"秦东门"。《史记·秦始皇本纪》记载秦始皇三十五年(前 212)事:"立石东海上朐界中,以为秦东门。"③《说苑·反质》的说法是:"(秦始皇)立石阙东海上朐山界中,以为秦东门。"④《隶释》卷二《东海庙碑》写道:"碑阴:阙者秦始皇所立,名之秦东门。阙事在《史记》。"碑文有"浩浩仓海,百川之宗;经络八极,潢□□洪"字句。⑤ 所谓"经络八极",文意值得注意。"秦东门"有"阙"的设计,又可以与甘泉宫北的"石阙"⑥以及阿房宫南之所谓"表南山之颠以为阙"⑦形成空间对应关系,同时显示了其等级地位。

"秦东门"所在之东海郡地位之重要,可以从尹湾出土汉简数据得以体现。尹湾汉简提供的数据告知我们若干重要的政治地理信息。例如东海郡

① 《汉书》卷五一《贾山传》:"为驰道于天下,东穷燕齐,南极吴楚,江湖之上,濒海之观毕至。"第 2328 页。

② 王子今:《秦汉时代的并海道》,《中国历史地理论丛》1988 年第 2 期。《三国志》卷一《魏书·武帝纪》:"将北征三郡乌丸","夏五月,至无终。秋七月,大水,傍海道不通,田畴请为乡导,公从之。引军出卢龙塞,塞外道绝不通,乃堑山堙谷五百余里,经白檀,历平冈,涉鲜卑庭,东指柳城。"第 29 页。并海、傍海意通。关中漕渠走向,《史记》卷二九《河渠书》"并南山下"。第 1409 页。《汉书》卷二九《沟洫志》则作"旁南山下"。第 1679 页。《史记》卷二八《蒙恬列传》:"始皇三十七年冬,行出游会稽,并海上。"司马贞《索隐》:"并音白浪反。"第 2567 页。《汉书》卷六《武帝纪》:元封五年(前 106),"北至琅邪,并海,……"颜师古注:"并读曰傍。傍,依也,音步浪反。"第 196 页。今按:《史记》卷二八《蒙恬列传》"……并海上",拙著《秦汉交通史稿》(增订版)误作"《史记·秦始皇本纪》",是为严重硬伤。《秦汉交通史稿》(增订版),第 182 页。

③ 《史记》卷六《秦始皇本纪》,第 256 页。

④ (汉)刘向撰,向宗鲁校证:《说苑校证》,中华书局 1987 年版,第 517 页。

⑤ (宋)洪适:《隶释 隶续》,中华书局 1985 年影印版,第 30 页。

⑥ 《史记》卷一一七《司马相如列传》载司马相如赋言甘泉宫形势,有"蹶石关,历封峦,过鸱鹊,望露寒"句。第 3037 页。《三辅黄图》卷四《苑囿》说"甘泉苑"有"石阙观,封峦观"。同书卷五《观》有"石阙观,封峦观"。何清谷校注:《三辅黄图校注》,三秦出版社 1995 年版,第 225、318 页。后人有"秦北门"的说法。唐鲍溶《述德上太原严尚书》诗:"帝命河岳神,降灵翼轩辕。天王委管钥,开闭秦北门。"《鲍溶诗集》,民国《唐诗百名家全集》本,第 6 页。宋阮阅编《诗话总龟》卷二九《诗累门》引《笔谈》:"予读杜诗云:'五城何迢迢,迢迢隔河水。延州秦北门,山川犹可恃。'"《四部丛刊》景明嘉靖本,第 172 页。

⑦ 《史记》卷六《秦始皇本纪》:"(秦始皇三十五年)乃营作朝宫渭南上林苑中。先作前殿阿房,东西五百步,南北五十丈,上可以坐万人,下可以建五丈旗。周驰为阁道,自殿下直抵南山。表南山之颠以为阙。"第 256 页。

所具有的特殊的政治地位,是我们以往未曾认识到的。① 尹湾六号汉墓出土六号木牍,题《武库永始四年兵车器集簿》。被认为"是迄今所见有关汉代武库器物最完备的统计报告,指标项目甚多,数列明确"。最令人惊异的,是"库存量大"。兵器中消耗量较大的"矢""鏃"等数量巨大尚可理解,而"弩""铍""刀""刃"等件数惊人,特别值得注意。李均明指出,"以常见兵器为例","弩的总数达 537707 件","矛的总数达 52555 件","有方数达 78392 件。仅这几项所见,足可装备 50 万人以上的军队,远远超出一郡武装所需。"②

为什么东海郡设有如此规模的"受朝廷直接管辖"的"大武库"或"地区性大库"呢? 推想或许是因为这里曾经是帝国的"东门",有重要的政治文化象征意义。可能更重要的因素在于东海郡的位置,正大致在汉王朝控制的海岸线的中点。可以对照理解的,是"北边"防线,也就是"北边道"的中点,上郡武库也有较高的等级设置。《汉书·成帝纪》记载,"上郡库令"刘良继承其兄王位,被立为河间王:"(建始元年春正月)立故河间王弟上郡库令良为王。"颜师古注引如淳曰:"《汉官》北边郡库,官之兵器所藏,故置令。"③《汉书·景十三王传·河间献王德》也有相关记述:"成帝建始元年,复立元帝上郡库令良,是为河间惠王。"颜师古注引如淳曰:"《汉官》北边郡库,官兵之所藏,故置令。"④如淳的说法,一谓"北边郡库,官之兵器所藏",一谓"北边郡库,官兵之所藏",语义并没有太大的差异,都指明刘良曾经任"库令"的"上郡库",是"北边郡"的武库。上郡库令刘良是河间王刘元的弟弟,后来刘元有罪被废⑤,刘良于是成为河间王。武库长官与河间王身份的合一,说明刘良可能是身份最为特殊的武库长官。"北边郡库""上郡库"的空间位置向北推进,大致正当"北边"的中点。⑥ 而东海郡或许可以看作

---

① 王子今:《"秦东门"与秦汉东海郡形势》,《史林挥麈:纪念方诗铭先生学术论文集》,上海古籍出版社 2015 年版;《海洋遗产与考古》第 2 辑,科学出版社 2015 年版。

② 参看李均明:《尹湾汉墓出土"武库永始四年兵车器集簿"初探》,《尹湾汉简简牍综论》,科学出版社 1999 年版。

③ 《汉书》卷一〇《成帝纪》,第 303 页。

④ 《汉书》卷五三《景十三王传·河间献王德》,第 2412 页。

⑤ 《汉书》卷九《元帝纪》:"(建昭元年)冬,河间王元有罪,废,迁房陵。"第 294 页。

⑥ 王子今:《秦"北边"交通格局与九原的地位》,《2012·中国"秦汉时期的九原"学术论坛专家论文集》,内蒙古人民出版社 2012 年版;《西汉上郡武库与秦始皇直道交通》,《秦汉研究》第 10 辑,陕西人民出版社 2016 年版。

"东边"的中点。

讨论东海郡"武库"规模的意义,似应重视近海航运的发展①,尤其应当关注"海贼"活跃的史实,以及"讨破""海贼"对于汉代沿海地方治安史和军事史的意义。

《汉书·王莽传下》记述吕母起义情节:"……引兵入海,其众浸多,后皆万数。"②《后汉书·刘盆子传》:"入海中,招合亡命,众至数千。吕母自称'将军',引兵还攻破海曲,执县宰。……遂斩之,以其首祭子冢,复还海中。"③这种主要活动于"海上""海中"的反政府武装,通常被称为"海贼"。居延汉简可见"海贼"称谓:"☐书七月己酉下Ⅴ一事丞相所奏临淮海贼Ⅴ乐浪辽东""☐得渠率一人购钱卅万诏书八月己亥下Ⅴ一事大"(33.8)。④这枚简的年代不排除西汉时期的可能。因汉明帝永平十五年(72)"改信都为乐成国,临淮为下邳国"⑤,则涉及"临淮海贼"简文的年代应在此之前。⑥但是正史中"海贼"的出现,则均在此后。如《后汉书·安帝纪》:"(永初三年)秋七月,海贼张伯路等寇略缘海九郡。遣侍御史庞雄督州郡兵讨破之。"四年(110)春正月,"海贼张伯路复与勃海、平原剧贼刘文河、周文光等攻厌次,杀县令。遣御史中丞王宗督青州刺史法雄讨破之"⑦。又《后汉书·顺帝纪》记载:阳嘉元年(132)二月,"海贼曾旌等寇会稽,杀句章、鄞、郾三县长,攻会稽东部都尉。诏缘海县各屯兵戍。"⑧

关注北面活跃于"勃海、平原"的"海贼"与南面活跃于"会稽"的"海贼",应当看到东海郡位于海岸线的中点,对于"缘海""设屯备"以防卫并剿灭海上反政府武装作用重要。吕母后来被称作"东海吕母"。⑨ 其起事地点

---

① 王子今:《秦汉时期的近海航运》,《福建论坛》1991 年第 5 期。

② 《汉书》卷九九下《王莽传下》,第 4150 页。

③ 《后汉书》卷一一《刘盆子传》,第 477 页。

④ 谢桂华、李均明、朱国炤:《居延汉简释文合校》,文物出版社 1987 年版,第 51 页。

⑤ 《后汉书》卷二《明帝纪》,第 119 页。《晋书》卷一五《地理志下》"徐州":"宣帝改楚为彭城郡,后汉改为彭城国,以沛郡之广戚县来属,改临淮为下邳国。"第 451 页。

⑥ 王子今:《居延简文"临淮海贼"考》,《考古》2011 年第 1 期。

⑦ 《后汉书》卷五《安帝纪》,第 213、214 页。

⑧ 《后汉书》卷六《顺帝纪》,第 259 页。王子今、李禹阶:《汉代的"海贼"》,《中国史研究》2010 年第 1 期。

⑨ 《晋书》卷九六《列女传·何无忌母刘氏》,第 2529 页。

在琅邪海曲,距离东海郡甚远。所谓"东海吕母"者,强调其部众的海上根据地和主要活动地方可能在东海海域。而居延简例所言"临淮海贼"至于"乐浪辽东"的活动,也是要经过东海郡海面的。海上反政府武装的机动性非常强,这当然是以海洋航运能力为条件的。"临淮海贼"名号,可以说明"徐州""彭城"在海路交通格局中的重要地位。①

《后汉书·法雄传》记载法雄镇压"海贼"事:"永初三年,海贼张伯路等三千余人,冠赤帻,服绛衣,自称'将军',寇滨海九郡,杀二千石令长。""乃遣御史中丞王宗持节发幽、冀诸郡兵,合数万人,乃征雄为青州刺史,与王宗并力讨之。"法雄注意到"海贼"在海滨作战的机动能力,担心"贼若乘船浮海,深入远岛,攻之未易也"。而事实上"海贼张伯路"的部队果然"遁走辽东,止海岛上"。随后竟然"复抄东莱间",在战败后又"逃还辽东",也体现出其海上航行能力之强。而政府军不得不"发幽、冀诸郡兵"围攻,镇压的主力军的首领法雄是"青州刺史",最终战胜张伯路"海贼"的是"东莱郡兵"和"辽东人李久等"的部队,也说明"海贼"沿海岸利用近海岛屿往复转战,频繁地"遁走""逃还",是擅长使用海上运动战策略的。② 为适应联合"诸郡兵""并力讨之"的军事要求,在东海郡设置有充备武器储藏的"大武库"或"地区性大库",显然是必要的,也是合理的。

汉景帝削藩首先重视对东海郡的收夺,即《盐铁论·晁错》所谓"因楚之罪而夺之东海"③,也可以说明东海郡地位之重要。

西汉时代,中国远洋舰队已经开通了远达南印度及斯里兰卡的航线。东汉时代,中国和天竺(印度)之间的海上交通相当艰难,然而仍大致保持着畅通,海路于是成为佛教影响中国文化的第二条通道。江苏连云港孔望

---

① 《汉书》卷八三《薛宣传》:"(薛宣子)惠为彭城令,宣从临淮迁至陈留,过其县,桥梁邮亭不修。"第3397页。可知"临淮"与"彭城"的交通关系。《续汉书·郡国志三》:"下邳国,武帝置为临淮郡,永平十五年更为下邳国。"属"徐州刺史部"。第3461—3462页。据《晋书》卷一五《地理志下》,"临淮"属徐州。第451页。

② 《后汉书》卷三八《法雄传》,第1277页。

③ 王利器校注:《盐铁论校注》(定本),中华书局1992年版,第114页。王子今:《秦汉帝国执政集团的海洋意识与沿海区域控制》,《白沙历史地理学报》2007年第3期。

山发现佛教题材摩崖造像,其中又多有"胡人"形象①,结合徐州东海地区佛教首先炽盛的记载②,则可以理解海上交通的历史文化作用。

上文说到项羽"都彭城"还有与"背关"相应的趋求"向海"的意义。如史念海所指出的,当时"彭城之东距海较今为近"的地理位置,值得研究者注意。"向海",见于《三国志·魏书·东夷传》关于"东沃沮"的记述之所谓"其土地肥美,背山向海"。③ 这只是说地理条件,不涉及人文因素。我们所说的"向海"与"背关"对应,强调人为选择的倾向,其实有些近似于关于东汉末年历史记述之所谓"向海门"。《三国志·魏书·公孙渊传》裴松之注引《魏略》载渊表:"(孙权)若期运未讫,将播毒螫,必恐长蚖来为寇害。徐州诸屯及城阳诸郡,与相接近,如有船众后年向海门,得其消息,乞速告臣,使得备豫。"④此所谓"徐州诸屯"与"海门"的关系,是不宜忽略的重要的海洋交通史信息。

战国以来,除齐国外,秦、韩、赵、魏、燕、楚等国都城都曾有趋向中原迁徙的动向,体现了倾向一统的历史大势。而楚的国都向北又向东的移动,又有利用水系交通优势,并向海滨靠近的趋势。秦昭襄王时代,秦王和齐王称"西帝"和"东帝"。⑤ 政治军事强势的凸起,亦暗示依托西北高原和东海之滨已经各自形成了两个相互对应的文化重心。项羽正是在秦始皇三十七年

---

① 朱江:《海州孔望山摩崖造像》,《文物参考资料》1958 年第 6 期;连云港市博物馆:《连云港市孔望山摩崖造像调查报告》,《文物》1981 年第 7 期;俞伟超、信立祥:《孔望山摩崖造像的年代考察》,《文物》1981 年第 7 期;阎文儒:《孔望山佛教造像的题材》,《文物》1981 年第 7 期。

② 《后汉书》卷四二《光武十王传·楚王英》:刘英"学为浮屠斋戒祭祀","尚浮屠之仁祠,絜斋三月,与神为誓",诏令"其还赎,以助伊蒲塞桑门之盛馔"。第 1428 页。又《后汉书》卷七三《陶谦传》:陶谦使笮融督广陵、下邳、彭城运粮,"遂断三郡委输,大起浮屠寺,上累金盘,下为重楼,又堂阁周回,可容三千许人,作黄金涂像,衣以锦采。每浴佛,辄多设饮饭,布席于路,其有就食及观者且万余人"。李贤注引《献帝春秋》曰:"融敷席方四五里,费以巨万。"第 2368 页。《三国志》卷四九《吴书·刘繇传》:陶谦使笮融督广陵、彭城运漕,"遂放纵擅杀,坐断三郡委输以自入。乃大起浮图祠,以铜为人,黄金涂身,衣以锦采,垂铜槃九重,下为重楼阁道,可容三千余人,悉课读佛经,令界内及旁郡人有好佛者听受道,复其他役以招致之,由此远近前后至者五千余人户。每浴佛,多设酒饭,布席于路,经数十里,民人来观及就食且万人,费以巨亿计。"第 1185 页。

③ 《三国志》卷三〇《魏书·东夷传》,第 846 页。又见于《后汉书》卷八五《东夷列传·东沃沮》:"土肥美,背山向海。"第 2816 页。

④ 《三国志》卷八《魏书·公孙渊传》,第 256—257 页。

⑤ 《史记》卷五《秦本纪》,第 212 页;《史记》卷四四《魏世家》,第 1853 页;《史记》卷四六《田敬仲完世家》,第 1898 页;《史记》卷七二《穰侯列传》,第 2325 页。

(前210)东巡"游会稽""望于南海"回程途中发出"彼可取而代也"的壮言的。① 项梁、项羽军北上,也大致遵行秦始皇东巡"并海"的方向。② 而项羽"都彭城",政治中心的选择正临近秦始皇在东海郡胸县所确定的"秦东门"。秦汉时期,是社会以及执政集团的海洋意识有所觉醒的历史阶段。③ 讨论项羽"都彭城"决策的意义以及"徐州""彭城"的交通地理形胜地位,不应当忽略这一文化背景。

6

如果以"大徐州""大彭城"的视角进行交通格局的考察,分析"徐州""彭城"的战略地位,可能是适宜的。"大徐州""大彭城"概念的区域界定,或可参考项羽直接控制地方的规模。"项羽自立为西楚霸王,王梁、楚地九郡,都彭城。"此"梁、楚地九郡",应即以"彭城"为中心的地区,也是后来称为"徐州"的主要行政空间。

东汉末期,军阀集团的"徐州""共争",成为引人注目的历史现象。《三国志》及裴松之注中"徐州"凡85见,"彭城"35见,可以大略说明这一地方在汉魏天下纷乱时代作为政争和军争舞台的意义。方诗铭著《三国人物散论》,其中有《刘备被拥戴为徐州牧》《"争盟淮隅"的失败》两节,分析了陶谦、刘备相继控制"徐州"的历史阶段曹操集团、吕布集团、袁术集团曾经以武力参与争夺的形势,记录了三国鼎立形势出现之前,主要军阀势力曾经在徐州激烈角逐的历史场面。

丹阳人陶谦曾经为"徐州牧"。在若干强势集团之间勉力回旋。对于袁术与袁绍的争斗,他曾倾向于袁术、公孙瓒,与刘备合力,对抗袁绍,受到袁绍和曹操的合力攻击。"袁术与绍有隙,术求援于公孙瓒,瓒使刘备屯高

---

① 《史记》卷七《项羽本纪》:"秦始皇帝游会稽,渡浙江,梁与籍俱观。籍曰:'彼可取而代也。'梁掩其口,曰:'毋妄言,族矣!'梁以此奇籍。"第296页。

② 如前引史念海说:"项梁之北征,路过东阳,进屯下邳,亦皆沿秦皇驰道之左右。"据《史记》卷七《项羽本纪》,项梁所部"渡江",经历广陵(今江苏扬州)、东阳(今江苏盱眙东),"渡淮","军下邳"。张守节《正义》:"下邳,泗水县也。"第298—299页。下邳在今江苏邳县西南。谭其骧主编:《中国历史地图集》,第2册第7—8页。

③ 王子今:《秦汉时期的海洋开发与早期海洋学》,《社会科学战线》2013年第7期。

唐,单经屯平原,陶谦屯发干,以逼绍。太祖与绍会击,皆破之。"后来在曹操军的强力攻击下,显现劣势。"下邳阙宣聚众数千人,自称天子;徐州牧陶谦与共举兵,取泰山华、费,略任城。秋,太祖征陶谦,下十余城,谦守城不敢出。兴平元年春,太祖自徐州还,初,太祖父嵩,去官后还谯,董卓之乱,避难琅邪,为陶谦所害,故太祖志在复雠东伐。夏,使荀彧、程昱守鄄城,复征陶谦,拔五城,遂略地至东海。……遂攻拔襄贲,所过多所残戮。"①激烈战事对徐州地方的严重摧残,自此开始。据方诗铭分析,"陶谦所统治的徐州是一个复杂充满矛盾的地区。'百姓殷富,谷米丰赡',而且户口百万,在这个战乱年代,一直为其他割据者所觊觎。"徐州特殊的交通地理形势,对有雄心的实力派军阀形成吸引力。"由于徐州地处今江苏长江以北和山东东南部,北面与曹操割据的兖州(今山东西南部)接壤,东面则与袁术所割据的扬州淮南地区为邻。曹操一贯在窥伺徐州,并发动过讨伐陶谦的战争。袁术这时自称'徐州伯',也显示了对徐州志在必得的野心。② 这是来自徐州外部的矛盾。至于内部矛盾,则集中反映在陶谦与徐州豪族势力之间的斗争。""广陵太守赵昱""见疏"于陶谦,体现出陶谦"对所代表的徐州豪族势力的排斥"。"除赵昱外,徐州豪族势力的代表人物,主要是糜竺和陈登。"他们"都是站在陶谦对立面的"。

刘备部曾经作为陶谦友军,被曹操军击败。③ 然而后来终于在徐州立足。"在以糜竺、陈登为代表的豪族势力的支持下,刘备取得了徐州牧这个高位。"随即有袁术和吕布对"徐州"的军事攻击。"……先主遂领徐州。袁术来攻先主,先主拒之于盱眙、淮阴。……先主与术相持经月,吕布乘虚袭下邳。下邳守将曹豹反,间迎布。布虏先主妻子,先主转军海西。""先主求和于吕布,布还其妻子。先主遣关羽守下邳。先主还小沛,复合兵得万余人。吕布恶之,自出兵攻先主,先主败走归曹公。曹公厚遇之,以为豫州牧。将至沛收散卒,给其军粮,益与兵使东击布。布遣高顺

---

① 《三国志》卷一《魏书·武帝纪》,第10—11页。《三国志》卷八《魏书·陶谦传》:"初平四年,太祖征谦,攻拔十余城,至彭城大战。谦兵败走,死者万数,泗水为之不流。"裴松之注引《吴书》:"(曹公)乃进攻彭城,多杀人民。"第249、250页。

② 原注:《后汉书·袁术传》。

③ 《三国志》卷一《魏书·武帝纪》:"(曹操军)还过郯,谦将曹豹与刘备屯郯东,要太祖。太祖击破之。"第11页。

攻之，曹公遣夏侯惇往，不能救，为顺所败，复虏先主妻子送布。曹公自出东征，助先主围布于下邳，生禽布。先主复得妻子，从曹公还许。"后来的"徐州"局势，又有"袁术欲经徐州北就袁绍，曹公遣先主督朱灵、路招要击术。未至，术病死"情节。①《三国志·蜀书·先主传》以大段文字详尽记录了刘备在"徐州"的军政经历，不是没有缘故的。这很可能是因为这一地方对刘备军力的养成、干部的集聚、实践的丰富与声望的播扬，意义非常重要。

方诗铭指出，"刘备初来徐州之际，就从陶谦那里得到过四千名'丹阳兵'。"②"刘备这才有了一支真正的军队。""在徐州，当刘备处于困境之际，麋竺不但助以军资，并嫁其妹为刘备的夫人；刘备取得益州之后，麋竺又被任为安汉将军，地位甚至在军师将军诸葛亮之上。""徐州"的群力争夺，自乱局之中经历流血厮杀逐渐走向定势。如方诗铭所说，"从投降吕布到被吕布逐出徐州"，刘备在这一地方的表演"从此落下帷幕"。然而"刘备的性格和才能"在另外的空间得以显示。"作为'枭雄'的刘备后来终于取得荆、益二州，建立蜀国"。"诸葛亮《隆中对》的策划"最终得以实现。③ 在考察和理解三国鼎立局面形成的条件时，不能忽略东汉末期"徐州"地方史的意义。而"徐州"之所以成为争夺对象，与其交通地理条件有着密切的关系。"时有东海萧建为琅邪相，治莒，保城自守，不与（吕）布通。"吕布致书言"莒与下邳相去不远，宜当共通"，其中还说道："布，五原人也，去徐州五千余里，乃在天西北角，今不来共争天东南之地。"④而实际上吕布虽出身于"去徐州五千余里，乃在天西北角"的"五原"，却依然积极参与了对"天东南之地""徐州"的"共争"。

《三国志·吴书·吕蒙传》记载："（孙权）又聊复与论取徐州意，蒙对曰：'今操远在河北，新破诸袁，抚集幽、冀，未暇东顾。徐土守兵，闻不足言，往自可克。然地势陆通，骁骑所骋，至尊今日得徐州，操后旬必来争，虽

---

① 《三国志》卷三二《蜀书·先主传》，第 873—874 页。
② 原注："《三国志·蜀志·刘备传》。"
③ 方诗铭：《方诗铭文集》，上海社会科学院出版社 2010 年版，第 1 卷第 194—202 页。
④ 《三国志》卷七《魏书·吕布传》裴松之注引《九州春秋》，第 226 页。

以七八万人守之,犹当怀忧。不如取羽,全据长江,形势益张。'权尤以此言为当。"①吕蒙所谓"徐土""地势陆通,骁骑所骋"的分析,以清醒的战略意识为基点,明朗地指出了这一地方的交通形势。孙权"尤以此言为当",体现了以军事交通条件为基础的对于"取"与"守"的军事规划的共识。

---

① 《三国志》卷五四《吴书·吕蒙传》,第1278页。

一八

"关西出将,关东出相":
秦汉人才的区域分布

区域文化的特色可以影响区域居民个性风格与行为习惯的形成,影响当地人才基本资质与性格倾向的特征。分析人才的区域分布,也有助于全面认识区域文化的特性。

1

司马迁在《史记·货殖列传》中列举各地物产风习时,最后又说道:

> 夫天下物所鲜所多,人民谣俗,山东食海盐,山西食盐卤,领南、沙北固往往出盐,大体如此矣。①

以"山东""山西"勾勒出文化区划分的大概。司马迁还写道:

> 夫山西饶材、竹、谷、纑、旄、玉石;山东多鱼、盐、漆、丝、声色;江南出柟、梓、姜、桂、金、锡、连、丹沙、玳瑁、珠玑、齿革;龙门、碣石北多马、牛、羊、旃裘、筋角;铜、铁则千里往往山出棋置:此其大较也。皆中国人民所喜好,谣俗被服饮食奉生送死之具也。故待农而食之,虞而出之,工而成之,商而通之。此宁有政教发征期会哉?人各任其能,竭其力,以得所欲。故物贱之征贵,贵之征贱,各劝其业,乐其事,若水之趋下,

---

① 《史记》卷一二九《货殖列传》,第3269页。

日夜无休时，不召而自来，不求而民出之。岂非道之所符，而自然之验邪?①

司马迁《史记·货殖列传》的论述，按照钱锺书先生的说法，"文笔腾骧，固无待言，而卓识钜胆，洞达世情，敢质言而不为高论，尤非常殊众也。"司马迁不仅为社会文化生活"写真"，其"论人事似格物理然"②，所阐述的许多观点堪称"卓识钜胆，洞达世情"的真知。比如，关于将天下划分为"山西""山东""江南""龙门、碣石北"4个区域，同时指出区域物质生产和物质生活与所谓"谣俗"即民间社会风俗有关的见解，就可以看作文化地理学的创见。

《汉书·赵充国辛庆忌传》赞说："秦汉已来，山东出相，山西出将。"③《后汉书·虞诩传》也说："谚曰:'关西出将，关东出相。'"④

山东、山西或者关东、关西两个地区文化基因的不同，使得各自人才集团的素养也表现出明显的文化差异。

秦汉时期，所谓山东、山西和关东、关西，一般以崤山、华山和函谷关作为区界。

以扬雄《方言》一书为例，在论述方言区域时，"自山而西"的说法出现1次，"自山而东"的说法出现4次，"（自）山之东西"的说法出现5次。书中以"关"为区界的情形更为普遍，说到"自关而西""自关以西"87次，其中单独出现即45次；说到"自关而东"47次，其中单独出现27次。

刘君惠先生认为，扬雄《方言》所谓"关西"，"只是战国时秦国的一个部分，与《禹贡》中的雍州相当，不包括南边的梁益地区在内"。对于"关东"的区界，劳榦先生说"关东固然可完全指函谷以东，但也可以只包括江淮以北，沿北边诸郡以南一带地方。"他在《两汉户籍与地理之关系》一文中写道，"为方便起见，不妨将北边除去燕代的旧疆，南边除去荆扬二部，将淮河以北和太行以东假定为本篇中的'关东'"⑤。刘君惠先生则以为，这并不完

---

① 《史记》卷一二九《货殖列传》，第3253—3254页。
② 钱锺书:《管锥编》，第1册第382—383页。
③ 《汉书》卷六九《赵充国辛庆忌传》，第2998页。
④ 《后汉书·虞诩传》，第1866页。
⑤ 劳榦:《两汉户籍与地理之关系》，《中央研究院历史语言研究所集刊》1935年第5本第2册。

全符合《方言》中的实际情况。《方言》中的"关东"可以包括荆楚①，也可以包括江淮，甚至包括湘水流域的南楚②。然而《方言》中的"关东""山东"确实不包括燕代地区，因而《方言》卷七所谓"自山而东五国之郊"的"五国"，应当理解为齐、楚、赵、魏、韩。

按照刘君惠先生的分析，《方言》中"自关东西""自关而东西""关之东西""关东关西""关东西"所代表的地区是一致的，一共出现13次，都不与其他地名并举。"（自）山之东西"与上述地区相同，都是指以函谷关为中心的东西两侧，大致包括关西的全部地区和关东的周、韩、郑一带。③

2

班固在《汉书·赵充国辛庆忌传》赞最后有一段人才地理学的著名分析。他不仅指出了秦汉以来名将多出"关西"的历史事实，还讨论了这一社会文化现象的重要的历史背景：

> 赞曰：秦汉已来，山东出相，山西出将。秦将军白起，郿人；王翦，频阳人。汉兴，郁郅王围、甘延寿，义渠公孙贺、傅介子，成纪李广、李蔡，杜陵苏建、苏武，上邽上官桀、赵充国，襄武廉褒，狄道辛武贤、庆忌，皆以勇武显闻。苏、辛父子著节，此其可称列者也，其余不可胜数。何则？山西天水、陇西、安定、北地处势迫近羌胡，民俗修习战备，高上勇力鞍马骑射。故《秦诗》曰："王于兴师，修我甲兵，与子皆行。"其风声气俗自古而然，今之歌谣慷慨，风流犹存耳。④

关西名将，班固列举了15人，并说"此其可称列者也，其余不可胜数"。白起、王翦，其实是战国秦人，秦代关西名将，则有章邯、王离等。而"称列"于史籍的西汉将军，也可以具体分析其出身地域。谨举《汉书》所见秩别最高

---

① 《方言》卷一："自关而东汝颍陈楚之间"；卷三："自关而东陈魏宋楚之间"；卷五："自关而东周洛楚魏之间"；又卷一三："自关而东陈楚宋卫之通语也"。华学诚汇证，王智群、谢荣娥、王彩琴协编：《扬雄方言校释汇证》，第28—29、183、398、987页。

② 如《方言》卷三："自关而东江淮南楚之间"。华学诚汇证，王智群、谢荣娥、王彩琴协编：《扬雄方言校释汇证》，第211页。

③ 刘君惠等：《扬雄方言研究》，巴蜀书社1992年版，第130—132页。

④ 《汉书》卷六九《赵充国辛庆忌传》，第2998—2999页。

的大将军、票骑将军、车骑将军、卫将军为例：

大将军

  韩　信　高帝时代　淮阴人

  窦　婴　景帝时代　父世信都观津人　居长安

  卫　青　武帝时代　父河东平阳人　居长安

  霍　光　武帝时代　父河东平阳人　居长安

  王　凤　成帝时代　　　　　　　　居长安

票骑将军

  霍去病　武帝时代　父河东平阳人　居长安

  上官安　昭帝时代　父陇西上邽人　居长安

车骑将军

  张安世　宣帝时代　父杜陵人　　　居长安

  王　音　成帝时代　　　　　　　　居长安

卫将军

  王恬启　高帝时代　？

  宋　昌　文帝时代　（以代国中尉随文帝入长安）

其中张安世拜车骑将军后数月又更为卫将军。

可以看到,西汉历代最高军事长官大多都是关西人。

前后左右将军的地位也相当高。据《汉书·武帝纪》记载:元狩四年(前119)夏,"大将军卫青将四将军出定襄"①击匈奴。《汉书·霍去病传》:"郎中令李广为前将军,太仆公孙贺为左将军,主爵赵食其为右将军,平阳侯(曹)襄为后将军,皆属大将军。"②李广,陇西成纪人;公孙贺,北地义渠人;赵食其,左冯翊祋祤人;曹襄,为曹参之后,当为长安人。可见大将军属下"四将军"均为关西将领。

此外,辛庆忌曾经任为左将军,史称"为国虎臣","匈奴、西域亲附,敬其威信",子弟"皆有将帅之风"③。

《汉书·卫青霍去病传》后,除赵食其外,还附有9位属将小传,可知其

① 《汉书》卷六《武帝纪》,第178页。
② 《汉书》卷五五《霍去病传》,第2484页。
③ 《汉书》卷六九《辛庆忌传》,第2997页。

出身地域和历任军职：

李　息	北地郁郅人	材官将军——将军将军
公孙敖	北地义渠人	骑将军——校尉——中将军——将军——

因杆将军

李　沮	云中人	强弩将军——强弩将军
张次公	河东人	将军将军
赵　信	以匈奴相国降	前将军
郭　昌	云中人	校尉——拔胡将军
荀　彘	太原广武人	校尉——左将军
路博德	西河平州人	卫尉——伏波将军——强弩都尉
赵破奴	太原人	票骑将军司马——匈河将军——浚稽将军

这些率军击破匈奴的重要将领，都是清一色的关西人。

《西汉会要》卷三二还列载所谓"列将军"名号，计38种，除有些与武事完全无关者外，还有上将军、游击将军、复土将军、将屯将军、骁骑将军、护军将军、轻车将军、楼船将军、戈船将军、下濑将军、横海将军、浮沮将军、十二部将军、贰师将军、度辽将军、虎牙将军、蒲类将军、祁连将军、破羌将军、护羌将军、奋威将军、建威将军、步兵将军等，其中《汉书》有传者，有：

游击将军	陈　豨	济阴宛句人
骁骑将军	李　广	陇西成纪人
护军将军	韩安国	梁成安人，后徙睢阳
轻车将军	公孙贺	北地义渠人
楼船将军	杨　仆	宜阳人
贰师将军	李广利	长安人(？)
蒲类将军	赵充国	陇西上邽人
祁连将军	田广明	郑人(以郎为天水司马)

其中也多为关西人或有关西军旅实践的经历。值得注意的，还有杨仆请求徙关以成为关内民的故事。《汉书·武帝纪》：

(元鼎)三年冬，徙函谷关于新安。以故关为弘农县。[1]

---

[1]　《汉书》卷六《武帝纪》，第183页。

颜师古注引应劭曰：

> 时楼船将军杨仆数有大功，耻为关外民，上书乞徙东关，以家财给其用度。武帝意亦好广阔，于是徙关于新安，去弘农三百里。①

如果我们联系关东和关西人才素质的区域差别，来考虑杨仆在"数有大功"的条件下"乞徙东关"的心理背景，似乎可以隐约发现这一要求或许也体现出追慕关西勇武之风的倾向。而杨仆不仅东击朝鲜，南征南越，扬军威于万里之外，而且在军事理论上也有志于进行新的总结。《汉书·艺文志》在论述兵家学说时指出：

> 汉兴，张良、韩信序次兵法，凡百八十二家，删取要用，定著三十五家。诸吕用事而盗用之。武帝时，军政杨仆捃摭遗逸，纪奏兵录，犹未能备。至于孝成，命任宏论次兵书为四种。②

有的注家以为，"军政"当作"军正"。③

为什么关西多出军事人才？

班固曾经有这样的分析，"山西天水、陇西、安定、北地处势迫近羌胡，民俗修习战备，高上勇力鞍马骑射。""其风声气俗自古而然，今之歌谣慷慨，风流犹存耳。"④《艺文类聚》卷六引《春秋元命苞》也说道：并州，"其气勇抗"；雍州，"其气险也。"⑤《后汉书·段颎传》说，武威姑臧人段颎"少便习弓马，尚游侠"，率军平定羌人之乱，"涉履霜雪，兼行晨夜，身当矢石，感厉吏士"，屡立奇功，因为字纪明，与皇甫威明、张然明，并知名显达，京师称为"凉州三明"。范晔在赞语中于是有"山西多猛，'三明'俪踪"的说法。⑥《后汉书·西羌传》关于段颎事迹，也写道：

> 段颎受事，专掌军任，资山西之猛性，练戎俗之态情，穷武思尽飙锐以事之。被羽前登，身当百死之陈，蒙没冰雪，经履千折之道，始殄西

---

① 《汉书》卷六《武帝纪》，第 183 页。

② 《汉书》卷三〇《艺文志》，第 1762—1763 页。

③ 王先谦《汉书补注》引刘奉世及钱大昭说。(汉)班固撰，(清)王先谦补注：《汉书补注》，第 3039 页。

④ 《汉书》卷六九《赵充国辛庆忌传》，第 2998—2999 页。

⑤ (唐)欧阳询撰，汪绍楹校：《艺文类聚》，第 114、115—116 页。

⑥ 《后汉书》卷六五《段颎传》，第 2145、2149、2154 页。

种,卒定东寇。①

所谓"山西多猛","山西之猛性",都体现出区域文化风格即"风声气俗"的基本特质。《华阳国志》卷三《蜀志》说秦俗"多悍勇"②,也反映了同样的文化气象和民俗特征。

图5 传世"咸(函)谷关东门"画像石(线描图)

3

所谓"秦汉以来,山东出相","关东出相"的历史记载,正可以与《汉书·地理志下》所谓"汉兴以来,鲁、东海多至卿相"③对照理解。

以西汉历代朝廷最高秩别的文官首领丞相来说,其出身地域确实是相对比较集中的:

高帝朝　萧　何　沛人

---

① 《后汉书》卷八七《西羌传》,第2900页。
② (晋)常璩撰,任乃强校注:《华阳国志校补图注》,第113页。
③ 《汉书》卷二八下《地理志下》,第1663页。

惠帝朝　曹　参　沛人

　　　　王　陵　沛人

　　　　陈　平　陈留阳武人

　　　　审食其沛人

文帝朝　周　勃　沛人(其先卷人也,徙沛)

　　　　灌　婴　睢阳人

　　　　张　苍　阳武人

　　　　申屠嘉　梁人

景帝朝　陶　青　(父陶舍,以右司马汉王五年初从)

　　　　周亚夫　沛人

　　　　刘　舍　(父刘襄,原项氏,以客从汉王二年从起定陶)

　　　　卫　绾　代大陵人

武帝朝　窦　婴　父世观津人

　　　　许　昌　(祖父许盎以驸邻从起昌邑)

　　　　田　蚡　长陵人

　　　　薛　泽　(祖父薛欧以舍人从起丰)

　　　　公孙弘　菑川薛人

　　　　李　蔡　陇西成纪人

　　　　严青翟　(祖父严不职以舍人从起沛)

　　　　赵　周　?

　　　　石　庆　河内温人

　　　　公孙贺　北地义渠人

　　　　刘屈氂　中山靖王刘胜子

　　　　田千秋　其先齐诸田徙长陵

昭帝朝　王　訢　济南人

　　　　杨　敞　华阴人

　　　　蔡　义　河内温人

宣帝朝　韦　贤　鲁国邹人,其先家本彭城

　　　　魏　相　济阴定陶人,徙平陵

　　　　丙　吉　鲁国人

黄　霸　淮阳阳夏人,以豪杰役使徙云陵

于定国　东海郯人

元帝朝　韦玄成　鲁国邹人

匡　衡　东海承人

成帝朝　王　商　涿郡蠡吾人,徙杜陵

张　禹　河内轵人

薛　宣　东海郯人

翟方进　汝南上蔡人

孔　光　孔子十四世孙

哀帝朝　朱　博　杜陵人

平　当　祖父自梁国下邑徙平陵

王　嘉　平陵人

马　宫　东海戚人

平帝朝　平　晏　曾祖父自梁国下邑徙平陵

总计45人中,除赵周一人出身地域不明外,明确为关西人者,只有田蚡、李蔡、公孙贺、朱博、王嘉等5人,只占6.67%。明确可知为关东人或祖上为关东人的,占86.67%。除去其先徙陵邑者,仍占77.78%。而鲁地、东海多至7人,可见,所谓"汉兴以来,鲁、东海多至卿相",确实是客观的评断。

另外,西汉历任丞相出身关西者以长安五陵最为集中(合计先世及当世徙居陵邑者多达9人,占20.00%),也是值得予以充分重视的历史文化现象。

一九

"衣绣夜行"遗憾与"马革裹尸"壮心：
秦汉乡土意识

秦汉时期,对于华夏文化共同体的总体认识以及对于各文化区域不同文化特色的认识,已经成为当时社会意识的重要内容之一。

了解秦汉时人的区域文化观,特别是了解秦汉时人的乡土意识,无疑有助于真切地认识秦汉时期社会文化的全貌。

对于所谓乡土意识,有的学者认为,所研究的主体,应当是"以农民为主要构成的乡里群体包括有组织的民间集团和无组织的人民大众"。"乡里民众在共同的社会活动和历史传承过程中,形成了区别于其他群体的日常生活意识,包括人们的理想、愿望、情感、价值观念、社会态度、道德风尚等等心理因素。这些心理因素是在文化贫困的群体活动中自发形成的,同文化层次较高的群体心理相比,它缺乏理性思维的机能,对于人生、历史和社会,表现出一种高于生存本能而低于逻辑运筹的精神状态。然而,乡里民众的社会心理是依靠丰富的生产、生活和阶级斗争经验而直接产生的,与人们的共同的生存条件息息相通,因而又是支配着人们日常言行的现实性和实践性很强的意识。它作为一种被人们引为同调的深层心理力量,将分散的乡里大众联系在一起。"[①]

然而我们在这里所讨论的"乡土意识",则是指当时人对于自己家族与

---

① 程歗:《晚清乡土意识》,中国人民大学出版社1990年版,第12—13页。

自己本人出生与生活的家乡故土的特殊的心理、特殊的观念、特殊的感情。所研究的主体对象，也并不仅限于所谓"以农民为主要构成的乡里群体"以及所谓"文化贫困的群体"，而涉及较广阔的社会层面，其关心与注目的对象，自然也包括所谓"文化层次较高的群体心理"。

1

在秦汉时期，人们在相当广泛的社会文化活动中，都表现出十分强烈的乡土意识。

项羽是"力拔山兮气盖世"的英雄，虽出身名将之门，又有离乡"避仇"的经历，然而他对于"故乡"的观念，却似乎较一般农人的乡土意识并没有什么超越，仍表现出狭隘偏执的心理倾向。《史记·项羽本纪》记述了这样一个著名的故事：

> 居数日，项羽引兵西屠咸阳，杀秦降王子婴，烧秦宫室，火三月不灭；收其货宝妇女而东。人或说项王曰："关中阻山河四塞，地肥饶，可都以霸。"项王见秦宫室皆以烧残破，又心怀思欲东归，曰："富贵不归故乡，如衣绣夜行，谁知之者！"说者曰："人言楚人沐猴而冠耳，果然。"项王闻之，烹说者。①

所谓"心怀思欲东归"，反映了乡土意识的浓烈与沉郁。这种意识竟然影响了项羽军事集团的战略决策，以致使得曾经"杀庆救赵，诸侯立之"②，曾经成为天下霸王的一代英豪最终归于覆灭的命运。

垓下战役，刘邦军与项羽军进行最后的战略决战，《史记·项羽本纪》记载，"项王军壁垓下，兵少食尽，汉军及诸侯兵围之数重。夜闻汉军四面皆楚歌，项王乃大惊曰：'汉皆已得楚乎？是何楚人之多也！'项王则夜起，饮帐中。""悲歌忼慨"，"泣数行下，左右皆泣，莫能仰视。"③四面楚歌，致使项羽意气沮丧，而"左右皆泣"，说明全军的斗志都已受到影响。项羽时又"自为诗曰：'力拔山兮气盖世，时不利兮骓不逝；骓不逝兮可奈何，虞兮虞

① 《史记》卷七《项羽本纪》，第315页。
② 《史记》卷一三〇《太史公自序》，第3302页。
③ 《史记》卷七《项羽本纪》，第333页。

兮奈若何！'"据说，"歌数阕，美人和之。"张守节《正义》引《楚汉春秋》云："歌曰：'汉兵已略地，四方楚歌声。大王意气尽，贱妾何聊生。'"①"意气尽"，可能是全军士气凋丧的写照。在当时乡土意识占主导地位的区域文化观念的作用下，故土已陷导致的心理打击，竟然可以使曾经屡战屡胜的项羽军将士军心沮败。

事实上，项羽最终拒绝乌江亭长单舟"急渡"的建议，执意不肯过江东，所谓"天之亡我，我渡何为！且籍与江东子弟八千人渡江而西，今无一人还，纵江东父兄怜而王我，我何面目见之？纵彼不言，籍独不愧于心乎？"②项羽悲剧人生的最后结局，也可以理解为与乡土意识的影响有一定关系。

作为项羽敌对一方的刘邦军事集团，在被迫南下汉中时，也多见因思乡而逃亡东归者。"至南郑，诸将行道亡者数十人。"刘邦自己也说，"吾亦欲东耳，安能郁郁久居此乎？"③

汉《铙歌十八曲》中有《巫山高》，其中抒发旅人思归的凄切愁绪：

> 巫山高，高以大；
>
> 淮水深，难以逝。
>
> 我欲东归，害梁不为？
>
> 我集无高曳。
>
> 水何深，汤汤回回。
>
> 临水远望，泣下沾衣。
>
> 远道之人，心思归，谓之何？

陈直先生分析说，"此篇疑描写汉高祖都南郑时军士思归之情，属于军乐类"。又说，"楚汉战争时，高祖所用，多丰沛子弟，久战思归，见于《汉书·韩信传》。其时都于南郑，属于巴蜀地区，故歌曲以巫山为代表，与淮水互相对照。后高祖初拟都洛阳时，军士皆欲东归，皆与此诗可以互证。此歌虽未必即为西汉初作品，至迟亦在西汉中期"④。

陈直先生所说《汉书·韩信传》的有关记载，与《史记·淮阴侯列传》

---

① 《史记》卷七《项羽本纪》，第334页。
② 《史记》卷七《项羽本纪》，第336页。
③ 《史记》卷九二《淮阴侯列传》，第2611页。
④ 陈直：《汉铙歌十八曲新解》，《文史考古论丛》，第76—77页。

同。韩信拜贺刘邦语，《史记》有所谓"以义兵从思东归之士，何所不散！"《汉书》作"以义兵从思东归之士，何不散！"陈直先生在《史记新证》中也特别指出："汉《铙歌十八曲》中，有《巫山高》，盖描写汉高祖在南郑时，兵士思东归之情，与本文正和。"①

关于所谓"后高祖初拟都洛阳时，军士皆欲东归"的记载，见于《史记·刘敬叔孙通列传》：

> 娄敬曰："……秦地被山带河，四塞以为固，卒然有急，百万之众可聚也。因秦之故，资甚美膏腴之地，此所谓天府者也。陛下入关而都之，山东虽乱，秦之故地可全而有也。夫与人斗，不搤其亢，拊其背，未能全其胜也。今陛下入关而都，案秦之故地，此以搤天下之亢而拊其背也。"
>
> 高帝问群臣，群臣皆山东人，争言周王数百年，秦二世即亡，不如都周。上疑而未能决。②

高帝群臣"皆山东人"，其狭隘的乡土意识险些影响到确定国家政治重心的战略大计，幸得有较阔达的区域文化观的政治家张良支持娄敬的正确主张，于是终于排除众议，确定定都关中："及留侯明言入关便，即日车驾西都关中。"③

《史记·高祖本纪》记述了刘邦平定天下之后回归故里的故事，其乡土情感之殷切，在司马迁笔下有生动的表现：

> 高祖还归，过沛，留。置酒沛宫，悉召故人父老子弟纵酒，发沛中儿得百二十人，教之歌。酒酣，高祖击筑，自为歌诗曰："大风起兮云飞扬，威加海内兮归故乡，安得猛士兮守四方！"令儿皆和习之。高祖乃起舞，慷慨伤怀，泣数行下。谓沛父兄曰："游子悲故乡。吾虽都关中，万岁后，吾魂魄犹乐思沛。且朕自沛公以诛暴逆，遂有天下，其以沛为朕汤沐邑，复其民，世世无有所与。"沛父兄诸母故人日乐饮极欢，道旧故为笑乐。十余日，高祖欲去，沛父兄固请留高祖。高祖曰："吾人众多，父兄不能给。"乃去。沛中空县皆之邑西献。高祖复留止，张饮三

---

① 陈直：《史记新证》，天津人民出版社1979年版，第151页。
② 《史记》卷九九《刘敬叔孙通列传》，第2716—2717页。
③ 《史记》卷九九《刘敬叔孙通列传》，第2717页。

日。沛父兄皆顿首曰："沛幸得复,丰未复,唯陛下哀怜之。"高祖曰:
"丰吾所生长,极不忘耳,吾特为其以雍齿故反我为魏。"沛父兄固请,
乃并复丰,比沛。于是拜沛侯刘濞为吴王。①

"雍齿,高帝之仇"②,"平生所憎",刘邦说,"雍齿与我故,数尝窘辱我,我欲
杀之。"③这主要是因为初起兵时,"命雍齿守丰",而雍齿竟叛归魏,"反为
魏守丰,沛公引兵攻丰,不能取。沛公病,还之沛。沛公怨雍齿与丰子弟叛
之。"④不过,因父兄固请,终于也给予丰地"复"的优遇。而"拜沛侯刘濞为
吴王",也是表露怀乡之情的政治动作之一。

高祖还乡时酒酣击筑,为歌起舞,慷慨伤怀,泣行数下的情节,以及所作
《大风歌》中对于"海内""四方"与"故乡"的情感发抒,至今发人深思。

"衣绣夜行"的说法,又见于《华阳国志》卷一《巴志》记述"汉高帝"言
辞:"汉高帝灭秦,为汉王,王巴、蜀。阆中人范目,有恩信方略,知帝必定天
下,说帝,为募发賨人,要与共定秦。秦地既定,封目为长安建章乡侯。帝将
讨关东,賨民皆思归;帝嘉其功而难伤其意,遂听还巴。谓目曰:'富贵不归
故乡,如衣绣夜行耳。'徙封阆中慈乡侯。"⑤此外,《汉书·朱买臣传》可见
汉武帝对朱买臣也说过同样的话:"上拜买臣会稽太守,上谓买臣曰:'富贵
不归故乡,如衣绣夜行,今子何如?'买臣顿首辞谢。"⑥汉光武帝刘秀,也有
同样的语词记录。《后汉书·景丹传》记载,景丹字孙卿,冯翊栎阳人也。
建武二年,定封景丹栎阳侯。帝谓丹曰:"今关东故王国,虽数县,不过栎阳
万户邑。夫'富贵不归故乡,如衣绣夜行',故以封卿耳。"⑦景丹于是顿
首谢。

两汉所谓"富贵不归故乡,如衣绣夜行"已经成为通行习用语,而项羽
虽然因此有"楚人沐猴而冠"之讥,此语仍然出自汉高祖、汉武帝与汉光武
帝这样雄健有为的帝王之口,而且似乎并无轻忽调侃之意。对这样的现象

---

① 《史记》卷八《高祖本纪》,第389—390页。
② 《史记》卷五六《陈丞相世家》,第2060页。
③ 《史记》卷五五《留侯世家》,第2043页。
④ 《史记》卷八《高祖本纪》,第352页。
⑤ （晋）常璩撰,任乃强校注:《华阳国志校补图注》,第14页。
⑥ 《汉书》卷六四《朱买臣传》,第2792页。
⑦ 《后汉书》卷二二《景丹传》,第773页。

进行社会语言学的思考,也可以进一步认识当时人的乡土意识。

2

《史记·季布栾布列传》说,季布者,楚人也,为气任侠,有名于楚,楚人曹丘生不为所重,于是往见季布,说:"仆楚人,足下亦楚人也。""何足下距仆之深也!"①可见同样都是楚人,相互间在一般情况下原本并不应当存在隔阂。

对于娄敬建议刘邦定都关中的事迹,《史记·刘敬叔孙通列传》写道:"刘敬者,齐人也。汉五年,戍陇西,过洛阳,高帝在焉。娄敬脱輓辂,衣其羊裘,见齐人虞将军曰:'臣愿见上言便事。'虞将军欲与之鲜衣。娄敬曰:'臣衣帛,衣帛见;衣褐,衣褐见:终不敢易衣。'于是虞将军入言上。上召入见,赐食。"②

娄敬于虞将军似乎并没有旧交,只是因为都是"齐人",戍卒竟然可以得到将军与衣引见,足见当时人的乡土观念有时竟能够打破阶层等级的界限,使高级军官和普通士卒上下间的情感得以沟通。

据《史记·高祖本纪》记载,五年(前202),"皇帝曰义帝无后,齐王韩信习楚风俗,徙为楚王,都下邳"③。《汉书·高帝纪下》:"下令曰:'楚地已定,义帝亡后,欲存恤楚众,以定其主,齐王(韩)信习楚风俗,更立为楚王,王淮北,都下邳。"④所谓"习楚风俗"而"徙为楚王",似乎隐涵身为齐王时而不习齐风俗的意思。《史记·高祖本纪》还说,汉高祖六年(前201),"子(刘)肥为齐王,王七十余城,民能齐言者皆属齐。"裴骃《集解》:"《汉书音义》曰:'此言时民流移,故使齐言者还齐也。'"张守节《正义》:"按:言齐国形胜次于秦中,故封子肥七十余城,近齐城邑,能齐言者咸割属齐。亲子,故大其都也,孟说恐非。"⑤泷川资言《史记会注考证》则以为"孟说是"⑥。无

---

① 《史记》卷一○○《季布栾布列传》,第2732页。
② 《史记》卷九九《刘敬叔孙通列传》,第2715页。
③ 《史记》卷八《高祖本纪》,第380页。
④ 《汉书》卷一下《高帝纪下》,第51页。
⑤ 《史记》卷八《高祖本纪》,第384页。
⑥ (汉)司马迁撰,[日]泷川资言考证,[日]水泽利忠校补:《史记会注考证附校补》,第249页。

论取何种解释,都应当注意到当时以乡土特征为主要表现之一的文化区域的存在与政治区域之确定的关系。

与怀有共同乡土情结的人们容易相互建立友爱关系。相反,出身不同文化区域的人们往往容易产生相互鄙视相互敌对的情感倾向。

我们仍然以齐地为例。

主爵都尉汲黯,"濮阳人也"①。他在与左内史淄川薛人公孙弘发生争执时,曾经直接以愤怒鄙弃的口吻指斥"齐人"的品性。《史记·平津侯主父列传》记载:

> (公孙)弘奏事,有不可,不庭辩之。尝与主爵都尉汲黯请间,汲黯先发之,弘推其后,天子常说,所言皆听,以此日益亲贵。尝与公卿约议,皆倍其约以顺上旨。汲黯庭诘弘曰:"齐人多诈而无情实,始与臣等建此议,今皆倍之,不忠。"②

所谓"齐人多诈而无情实"③,当然是一种地域偏见,然而能够在御前廷上公开说这样的话,说明在当时的社会,不同文化区域间人们相互之间心境的不理解,情感的不融洽,可能是相当普遍的情形。

齐人受到楚人蔑视,也有这样的史例,《史记·刘敬叔孙通列传》写道,"汉七年,韩王信反,高帝自往击之。至晋阳,闻信与匈奴欲共击汉,上大怒,使人使匈奴。匈奴匿其壮士肥牛马,但见老弱及羸畜。使者十辈来,皆言匈奴可击。上使刘敬复往使匈奴,还报曰:'两国相击,此宜夸矜见所长。今臣往,徒见羸瘠老弱,此必欲见短,伏奇兵以争利。愚以为匈奴不可击也。'是时汉兵已逾句注,二十余万兵以业行。上怒,骂刘敬曰:'齐虏!以口舌得官,今乃妄言沮吾军。'械系敬广武。"④后来果然战事失利,有白登之围,于是赦刘敬。

"齐虏"一语,表现出绝对的蔑夷轻视。

"虏",是秦汉时期通行的骂语。《史记·高祖本纪》:"项羽大怒,伏弩

---

① 《史记》卷一二〇《汲郑列传》,第3105页。
② 《史记》卷一一二《平津侯主父列传》,第2950页。
③ 《汉书》卷五八《公孙弘传》作"齐人多诈而无情"。第2619页。
④ 《史记》卷九九《刘敬叔孙通列传》,第2718页。

射中汉王。汉王伤匈(胸),乃扪足曰:'虏中吾指!'"①不同区域人们以
"虏"相互辱骂的实例,见于《史记》的,又可见"鲁虏"②"戎虏"③"胡虏"④
以及"匈奴虏"⑤等。《三国志·吴书·吴主传》所谓"今北虏缩窜",则以
"北虏"称北方南下的军队。又《史记·货殖列传》记载:"蜀卓氏之先,赵人
也,用铁冶富。秦破赵,迁卓氏。卓氏见虏略,独夫妻推辇,行诣迁处。诸迁
虏少有余财,争与吏,求近处,处葭萌。唯卓氏曰:'此地狭薄,……'乃求远
迁。"⑥又说,"程郑,山东迁虏也。"⑦所谓"迁虏"以及"山东迁虏",大致是
各地原住民对外地移民的共同的蔑称。

　　《汉书·江充传》记载,江充制造巫蛊大狱,"是时,上春秋高,疑左右皆
为蛊祝诅,有与亡,莫敢讼其冤者。充既知上意,因言宫中有蛊气,先治后宫
希幸夫人,以次及皇后,遂掘蛊太子宫,得桐木人。太子惧,不能自明,收充,
自临斩之。骂曰:'赵虏!乱乃国王父子不足邪!乃复乱吾父子也!'"⑧江
充,赵国邯郸人。曾经得幸于赵敬肃王刘彭祖,为上客,后因个人私怨,举报
赵太子刘丹,致使因罪处死。戾太子刘据骂曰"赵虏",当是其他地区人们
对赵人的鄙称。

　　《汉书·朱博传》记载,杜陵人朱博任琅邪太守时,因齐地"舒缓"风习
而愤怒:"齐郡舒缓养名,博新视事,右曹掾史皆移病卧。博问其故,对曰:
'惶恐!故事二千石新到,辄遣吏存问致意,乃敢起就职。'博奋髯抵几曰:
'观齐儿欲以此为俗邪!'"⑨所谓"齐儿",当是其他地区人们斥骂齐人的
用语。

　　相类似的情形,又有《史记·李将军列传》所谓"胡儿"⑩。

　　至于前引所谓"人言楚人沐猴而冠耳",则是其他地区人对于楚人的一

　　① 《史记》卷八《高祖本纪》,第376页。
　　② 《史记》卷三八《宋微子世家》,第1624页。
　　③ 《史记》卷三七《卫康叔世家》,第1602页。
　　④ 《史记》卷一〇九《李将军列传》,第2873页。
　　⑤ 《史记》卷一〇八《韩长孺列传》,第2864页。
　　⑥ 《史记》卷一二九《货殖列传》,第3277页。
　　⑦ 《史记》卷一二九《货殖列传》,第3278页。
　　⑧ 《汉书》卷四五《江充传》,第2179页。
　　⑨ 《汉书》卷八三《朱博传》,第3400页。
　　⑩ 《史记》卷一〇九《李将军列传》,第2871页。

种轻侮之言。

《史记·平津侯主父列传》说，公孙弘任御史大夫时，曾经反对汉武帝通西南夷、东置沧海、北筑朔方之郡的政策，汉武帝于是使朱买臣等与公孙弘就朔方政策辩论，"发十策，（公孙）弘不得一"，于是，"弘乃谢曰：'山东鄙人，不知其便若是'。"①自称"山东鄙人"，以表示虔诚歉疚，也是我们在讨论区域文化时应当予以注意的现象。

《汉书·王莽传下》记述，起义军兵围长安城下，"（王）莽遣使者分赦城中诸狱囚徒，皆授兵，杀豨饮其血，与誓曰：'有不为新室者，社鬼记之！'更始将军史谌将度渭桥，皆散走。谌空还。众兵发掘莽妻子父祖冢，烧其棺椁及九庙、明堂、辟雍，火照城中。或谓莽曰：'城门卒，东方人，不可信。'莽更发越骑士为卫，门置六百人，各一校尉。"②所谓"东方人，不可信"，也体现出不同区域间人们相互隔阂，以及关中人对关东人有所歧视的情形。

太原祁人王允对凉州人胡文才、杨整修称东方人曰："关东鼠子欲何为邪？"③也可以说明这样的心理倾向。

3

迁徙，是秦汉时期普通民众社会生活空间急剧转换的一种形式，一般都认为是极严重的苦难。

秦汉时期，曾经多次出现大规模的移民运动。有学者指出，"在这5个世纪间的移民数量达到了很大的规模，并对此后的人口分布和迁移以至中国历史的发展产生了深远的影响。"自发性移民的存在，"是因为一方面，法律并不一定能得到严格的执行，特别是在社会秩序不正常，朝廷控制能力不强的情况下，如汉初关东诸侯招诱逃亡，与朝廷争夺民户；西汉中期以后、东汉大部分时期和三国时期出现大批流民，豪强将破产农民据为己有。"而政府以超经济强制的手段组织的移民，也是不容忽视的社会历史存在，即："另一方面，统治者为了自身的利益和政权的巩固，也需要组织和强制推行

---

① 《史记》卷一一二《平津侯主父列传》，第2950页。
② 《汉书》卷九九下《王莽传下》，第4190页。
③ 《三国志》卷六《魏书·董卓传》注引《九州春秋》，第181页。

移民,将某种类型和一定数量的人口迁到规定的地区,如秦和西汉时的实关中、自秦至东汉都在进行的移民边疆,三国时各国掳掠对方人口,对战俘和罪犯的强制迁移等。"①

《汉书·晁错传》记载,汉文帝时策划往北方边地大规模移民,在讨论新经济区的建设规划时,晁错说到妥善安置移民的措施:

> 陛下幸募民相徙以实塞下,使屯戍之事益省,输将之费益寡,甚大惠也。下吏诚能称厚惠,奉明法,存恤所徙之老弱,善遇其壮士,和辑其心而勿侵刻,使先至者安乐而不思故乡,则贫民相募而劝往矣。臣闻古之徙远方以实广虚也,相其阴阳之和,尝其水泉之味,审其土地之宜,观其草木之饶,然后营邑立城,制里割宅,通田作之道,正阡陌之界,先为筑室,家有一堂二内,门户之闭,置器物焉,民至有所居,作有所用,此民所以轻去故乡而劝之新邑也。为置医巫,以救疾病,以修祭祀,男女有昏,生死相恤,坟墓相从,种树畜长,室屋完安,此所以使民乐其处而有长居之心也。②

政府移民政策要取得成功,要点是应当完善诸种安置措施,"使先至者安乐而不思故乡,则贫民相募而劝往矣",使民"轻去故乡而劝之新邑","使民乐其处而有长居之心"。也就是说,首先要创造极其优厚方便的生产生活条件,才可以使百姓克服眷恋乡土的传统意识。

《汉书·元帝纪》记载,汉元帝永光四年(前40)就初陵不置县邑颁布诏书,说道:

> 安土重迁,黎民之性;骨肉相附,人情所愿也。顷者有司缘臣子之义,奏徙郡国民以奉园陵,令百姓远弃先祖坟墓,破业失产,亲戚别离,人怀思慕之心,家有不安之意。是以东垂被虚耗之害,关中有无聊之民,非久长之策也。《诗》不云乎?"民亦劳止,迄可小康,惠此中国,以绥四方。"今所为初陵者,勿置县邑,使天下咸安土乐业,亡有动摇之心。布告天下,令明知之。③

陵邑制度废止的原因十分复杂,汉元帝诏书有自诩德政惠民的政治宣传的

---

① 葛剑雄、曹树基、吴松弟:《简明中国移民史》,福建人民出版社1993年版,第57页。
② 《汉书》卷四九《晁错传》,第2288页。
③ 《汉书》卷九《元帝纪》,第292页。

成分,但是其中所谓"安土重迁,黎民之性;骨肉相附,人情所愿",强制移民,"令百姓远弃先祖坟墓,破业失产,亲戚别离,人怀思慕之心,家有不安之意",废除此制则可以"使天下咸安土乐业,亡有动摇之心",这样的分析,是符合当时最普遍的社会心理和民众意识的。

汉章帝建初元年(76),校书郎杨终"以为广陵、楚、淮阳、济南之狱,徙者万数,又远屯绝域,吏民怨旷"①,于是上疏批评这一制度:

自永平以来,仍连大狱,有司穷考,转相牵引,掠考冤滥,家属徙边。加以北征匈奴,西开三十六国,频年服役,转输烦费。又远屯伊吾、楼兰、车师、戊己,民怀土思,怨结边域。传曰:"安土重居,谓之众庶。"昔殷民近迁洛邑,且犹怨望,何况去中土之肥饶,寄不毛之荒极乎?②

他的意见,经廷前辩论,得到赞同,"帝从之,听还徙者,悉罢边屯。"③其中所谓"传曰:'安土重居,谓之众庶'",李贤注:"元帝诏曰'安土重迁,黎人之性'也。"元帝诏命与杨终上疏,都反映政治决策不能不考虑到民间乡土意识的强大的文化影响。

4

秦汉时期,民间乡土意识的社会文化表象,还突出体现于出行者思乡怀土的情感记录。

《古诗十九首》中有这样的诗句:

回车驾言迈,悠悠涉长道。
四顾何茫茫,东风摇百草。
所遇无故物,焉得不速老!④

又如《艳歌行》:"翩翩堂前燕,冬藏夏来见。兄弟两三人,流宕在他县。故衣谁当补?新衣谁当绽?""石见何累累,远行不如归。"⑤又如《悲歌行》:

① 《后汉书》卷四八《杨终传》,第1597页。
② 《后汉书》卷四八《杨终传》,第1597—1598页。
③ 《后汉书》卷四八《杨终传》,第1598页。
④ (梁)萧统编,(唐)李善、吕延济、刘良、张铣、吕向、李周翰注:《六臣注文选》,第540—541页。
⑤ (宋)郭茂倩编:《乐府诗集》,中华书局1979年版,第579页。

悲歌可以当泣,远望可以当归。

思念故乡,郁郁累累。

欲归家无人,欲渡河无船。

心思不能言,肠中车轮转。①

同样用"肠中车轮转"形容怀乡之情的,还有《古歌》：

秋风萧萧愁杀人。

出亦愁,入亦愁。

座中何人,谁不怀忧？令我白头。

胡地多飙风,树木何修修。

离家日趋远,衣带日趋缓。

心思不能言,肠中车轮转。②

前往西北"胡地"的"行役"之人思念故乡的诗作,还有《陇头歌二首》,其中写道："陇头流水,分离四下。念我行役,飘然旷野。登高远望,涕零双堕。"其二则作："陇头流水,鸣声呜咽。遥望秦川,肝肠断绝。"③

游子思乡之诗,又有《古八变歌》,也极其生动地体现出远行者极其浓烈的乡土情思：

北风初秋至,吹我章华台。

浮云多暮色,似从崦嵫来。

枯桑鸣中林,络纬响空阶。

翩翩飞蓬征,怆怆游子怀。

故乡不可见,长望始此回。④

此外,所谓"忧愁不能寐,揽衣起徘徊。客行虽云乐,不如早旋归"⑤,又如"征夫怀远路,游子恋故乡。寒冬十二月,晨起践严霜"⑥等,都可以作为当

---

① (宋)郭茂倩编：《乐府诗集》,第898页。

② 逯钦立辑校：《先秦汉魏晋南北朝诗》,中华书局1983年版,第289页。

③ 逯钦立辑校：《先秦汉魏晋南北朝诗》,第1020页。

④ 逯钦立辑校：《先秦汉魏晋南北朝诗》,第288—289页。

⑤ 《古诗十九首》。(梁)萧统编,(唐)李善、吕延济、刘良、张铣、吕向、李周翰注：《六臣注文选》,第543页。

⑥ 《拟苏李诗》。(梁)萧统编,(唐)李善、吕延济、刘良、张铣、吕向、李周翰注：《六臣注文选》,第545页。

时民间乡土意识历史文化存在的写照。

汉武帝元封年间命江都王女刘细君为公主，出嫁乌孙王昆莫，细君远离汉土，难免悲愁，曾经作歌抒发身居异国深切的思乡之情：

> 吾家嫁我兮天一方，远托异国兮乌孙王。
>
> 穹庐为室兮旃为墙，以肉为食兮酪为浆。
>
> 居常土思兮心内伤，愿为黄鹄兮归故乡。①

虽然作者的身份和远行的性质与众不同，但是"心内"对"故乡"的情感，却与一般民众都是一样的。

5

尽管"安土重居"是一般人的心理定式，但是，汉代仍然有许多探险荒外、立功绝域的英雄。张骞之"博望"，班超之"定远"，都反映了这一不宜忽视的社会文化现象。

郦炎《见志诗》其一写道：

> 大道夷且长，窘路狭且促。
>
> 修翼无卑栖，远趾不步局。
>
> 舒吾陵霄羽，奋此千里足。
>
> 超迈绝尘驱，倏忽谁能逐。②

修翼远趾，大道长夷，超迈绝尘，志在千里，和许多行旅诗一样，借出行以比喻人生，体现了面对艰苦生涯的一种奋斗精神。曹操所谓"举翅万余里"③，"神人共远游"④，曹植所谓"丈夫志四海，万里若比邻"⑤，以及"驾超野之驷，乘追风之舆，经迥漠，出幽墟，入乎泱漭之野"⑥等，也都借远行为喻，用

---

① 《汉书》卷九六下《西域传》下，第3903页。

② 逯钦立辑校：《先秦汉魏晋南北朝诗》，第183页。

③ 《却东西门行》。（三国）曹操：《曹操集》，中华书局2013年版，第10页。

④ 《秋胡行》其二。（三国）曹操：《曹操集》，第7页。

⑤ 《赠白马王彪》。（三国魏）曹植著，赵幼文校注：《曹植集校注》，中华书局2016年版，第445页。

⑥ 《七启》。（三国魏）曹植著，赵幼文校注：《曹植集校注》，第8页。

浪漫笔法抒发了积极进取的人生态度。①

"超野"而"远游"，其实也是一种比较开阔宏达的区域文化观的呈示。

这其实是可以作为文化考古断代标尺的一种超越其他许多历史时代的精神现象，是在秦汉时期这一中国文化史中发出特殊光辉的重要的历史阶段的极有价值的文化遗存。

最为突出的例子，应当说是马援的"马革裹尸"壮语。

《后汉书·马援传》记载：

> （马）援曰："方今匈奴、乌桓尚扰北边，欲自请击之。男儿要当死于边野，以马革裹尸还葬耳，何能卧床上在儿女子手中邪？"②

马援本人即"北出塞漠，南度江海，触冒害气，僵死军事"③，不过，死后竟然遭受诬陷，以致"家属杜门，葬不归墓"④。朱勃为其鸣冤，陈述马援"间关险难，触冒万死"，"兵动有功，师进辄克"，"又出征交趾，土多瘴气，援与妻子生诀，无悔吝之心"的事迹。其中解释马援远征军兵进速度缓慢的原因时，所谓"人情岂乐久屯绝地，不生归哉！"⑤应当是一般人的认识，也隐约反映了马援为国建功万里时所强力压抑的乡土意识。

东汉时期著名的外交家、军事家班超，少时家贫，"常为官佣书以供养，久劳苦，尝辍业投笔叹曰：'大丈夫无它志略，犹当效傅介子、张骞立功异域，以取封侯，安能久事笔研间乎？'"胸怀"当封侯万里之外"之志。⑥ 后来果然出击匈奴，又使西域，平定 50 余国，以功封定远侯。汉和帝永元九年（97），班超派甘英出使大秦，甘英的使团抵达安息西境，虽然未到大秦而

---

① 曹操诗作中也有体现乡土观念的名句，如《塘上行》："出亦复苦愁，入亦复苦愁。边地多悲风，树木何修修！"《苦寒行》："延颈长叹息，远行多所怀。我心何怫郁？思欲一东归。"又如《却东西门行》："田中有转蓬，随风远飘扬。长与故根绝，万岁不相当。奈何此征夫，安得去四方！戎马不解鞍，铠甲不离傍。冉冉老将至，何时反故乡？"曹植诗也有"我本泰山人，何为客淮东"，"仰天长叹息，思想怀故邦"（《盘石篇》）一类辞句，又如《杂诗》："悠悠远行客，去家千余里。出亦无所之，入亦无所。浮云翳日光，悲风动地起。"也都是乡土意识的反映。（三国）曹操：《曹操集》，第 6、10、12 页；（三国魏）曹植著，赵幼文校注：《曹植集校注》，第 387、763 页。

② 《后汉书》卷二四《马援传》，第 841 页。

③ 《后汉书》卷二四《马援传》，第 848 页。

④ 《后汉书》卷二四《马援传》，第 848 页。

⑤ 《后汉书》卷二四《马援传》，第 847—848 页。

⑥ 《后汉书》卷四七《班超传》，第 1571 页。

图6　广州西汉前期墓出土"毋相忘,莫远望"铜镜

(铭文为"常与君,相驩幸,毋相忘,莫远望")

还,但是也创造了政府正式代表进行外交活动西行远界的历史记录。班超在从事外交、军事活动31年间,宽简为政,团结吏士,人心向附,威望甚高。

永元十二年(100),班超"自以久在绝域,年老思土"[①],上疏请归,言辞十分恳切:

> 臣闻太公封齐,五世葬周,狐死首丘,代马依风。夫周齐同在中土千里之间,况于远处绝域,小臣能无依风首丘之思哉? 蛮夷之俗,畏壮侮老。臣超犬马齿殄,常恐年衰,奄忽僵仆,孤魂捐弃。昔苏武留匈奴中尚十九年,今臣幸得奉节带金银护西域,如自以寿终屯部,诚无所恨,然恐后世或名臣为没西域。臣不敢望到酒泉郡,但愿生入玉门关。臣老病衰困,冒死瞽言,谨遣子勇随献物入塞。及臣生在,令勇目见中土。[②]

班超的妹妹班昭也上书请求准许班超入塞回乡。其中也写道:"(班)超之始出,志捐躯命,冀立微功,以自陈效。会陈睦之变,道路隔绝,超以一身转侧绝域,晓譬诸国,因其兵众,每有攻战,辄为先登,身被金夷,不避死亡。赖

---

① 《后汉书》卷四七《班超传》,第1583页。
② 《后汉书》卷四七《班超传》,第1583页。

蒙陛下神灵,且得延命沙漠,至今积三十年。骨肉生离,不复相识。所与相随时人士众,皆已物故。超年最长,今且七十。衰老被病,头发无黑,两手不仁,耳目不聪明,扶杖乃能行。虽欲竭尽其力,以报塞天恩,迫于岁暮,犬马齿索。""妾诚伤超以壮年竭忠孝于沙漠,疲老则便捐死于旷野,诚可哀怜。"①汉和帝为其言所感动,终于准许班超回到中土。班超于永元十四年(102)回到洛阳,不久去世。

像班超这样雄心壮志都有超常表现的人物,也因年老体衰而急切思归,说明当时较为普遍的社会观念中乡土意识的强劲且深固的作用。②

①　《后汉书》卷四七《班超传》,第 1584—1585 页。
②　参看王子今:《秦汉人的乡土意识》,《中共中央党校学报》1997 年第 1 期。

二〇

"楚人剽疾"与"齐俗舒缓"：
文化节奏的区域比较

　　社会生活节奏是文化面貌的重要表征之一，并且也影响到历史前进的步伐。

　　我们考察文化节奏的历史变化，可以看到，秦汉时期的社会生活节奏表现出由"剽疾"而"舒缓"的演变。

　　西汉时期，是中国历史上的英雄时代。这一时期无论在物质文明方面还是在精神文明方面，对于历史之创建均贡献甚多。人们认识西汉史，不能不注意到当时社会以急进为基本特质的生活节奏。当时反映人生节奏态度的所谓"奋疾"①"驰骛"②以及"奔扬"③诸语，都体现出当时社会文化倾向积极进取的"锐气"④。东汉时期社会风气有所转变。社会生活节奏转而倾向于舒缓，是这一转变的基本特征之一。⑤

　　秦汉时期的文化节奏不仅有时代的差异，也有区域的差异。

　　进行文化节奏的区域比较，应当是区域文化研究的重要内容之一。

---

　　① 《史记》卷二四《乐书》，第 1215 页。

　　② 贾谊：《新书·惜誓》，（汉）贾谊撰，阎振益、钟夏校注：《新书校注》，中华书局 2000 年版，第 437 页。

　　③ 《史记》卷一一七《司马相如列传》，第 3013 页。

　　④ 《史记》卷九二《淮阴侯列传》，第 2623 页。

　　⑤ 王子今：《两汉人的生活节奏》，《秦汉史论丛》第 5 辑，法律出版社 1992 年版。

1

《荀子·议兵》曾经说到楚人"轻利僄遫"①，形容其军队机动能力之强。

《史记·礼书》又说："楚人鲛革犀兕，所以为甲，坚如金石；宛之钜铁施，钻如蜂虿，轻利剽遫，卒如熛风。"②

秦汉之际，在政治角逐中占据优势的楚人，曾经以急烈的文化节奏进取、奋争与拼搏。

当时人于是有"楚人剽疾"的说法。

在《史记》中，多可见到西汉时人对楚风的类似的评价。

例如，张良对刘邦说："楚人剽疾，愿上无与楚人争锋。"③周亚夫也曾经说，"楚兵剽轻，难与争锋。"④周勃客邓都尉也说："吴兵锐甚，难与争锋。楚兵轻，不能久。"⑤

楚地军人作战轻勇，作风剽急，又富于机动性的特点，其实与当地民间风尚有关。

《史记·吴王濞列传》说，刘邦"患吴、会稽轻悍"⑥，就是指民风而言。《史记·淮南衡山列传》所谓"荆楚僄勇轻悍"⑦，《太史公自序》所谓"越荆剽轻"以及"剽楚庶民"等⑧，也都反映了同样的民俗特征。

《史记·货殖列传》说，西楚"其俗剽轻"⑨，而南楚"其俗大类西楚"⑩。《三王世家》也写道："广陵在吴越之地，其民精而轻。"⑪

---

① （清）王先谦撰，沈啸寰、王星贤点校：《荀子集解》，第282页。
② 《史记》卷二三《礼书》，第1164页。
③ 《史记》卷五五《留侯世家》，第2046页。
④ 《史记》卷五七《绛侯周勃世家》，第2076页。
⑤ 《史记》卷一〇六《吴王濞列传》，第2831页。
⑥ 《史记》卷一〇六《吴王濞列传》，第2821页。
⑦ 《史记》卷一一八《淮南衡山列传》，第3098页。
⑧ 《史记》卷一三〇《太史公自序》，第3311、3317页。
⑨ 《史记》卷一二九《货殖列传》，第3267页。
⑩ 《史记》卷一二九《货殖列传》，第3268页。
⑪ 《史记》卷六〇《三王世家》，第2116页。

《汉书·地理志下》写道:

> 凡民函五常之性,而其刚柔缓急,音声不同,系水土之风气,故谓之风;好恶取舍,动静亡常,随君上之情欲,故谓之俗。①

又说,"成帝时刘向略言其地分,丞相张禹使属颍川朱赣条其风俗,犹未宣究,故辑而论之,终其本末著于篇。"②其中关于吴、楚之地的风俗,是这样记述的:

> 汝南之别,皆急疾有气势。
>
> 吴、粤之君皆好勇,故其民至今好用剑,轻死易发。……本吴、粤与楚接比,数相并兼,故民俗略同。③

这一地区的民俗风格,是以轻急暴烈的节奏为特征的。

《论衡·言毒》说道:"太阳之地,人民促急,促急之人,口舌为毒。故楚、越之人,促急捷疾;与人谈言,口唾射人,则人胎胀,肿而为创。南郡极热之地,其人祝树树枯,唾鸟鸟坠。巫咸能以祝延人之疾、愈人之祸者,生于江南,含烈气也。夫毒阳气也,故其中人,若火灼人。"④其中所谓"口舌为毒"的说法自然不可信,分析其产生和流传,反映了楚地"信巫鬼,重淫祀"⑤的风习,以及中原人因为对当地缺乏接触而导致的对楚、越文化不能真正理解的情形。然而所谓"太阳之地,人民促急","楚、越之人,促急捷疾","生于江南,含烈气也"等语,则确实是符合历史事实的。

《三国志·魏书·刘晔传》说:"扬士多轻侠狡桀。"⑥看来楚、越之地以所谓"促急捷疾"为节奏特征的民俗风格至少在某些社会阶层中曾经得以长期保持,因而留下了深刻的历史印迹。

2

《荀子·议兵》关于区域文化风貌,又有这样的说法,"秦人其生民也陿

---

① 《汉书》卷二八下《地理志下》,第 1640 页。
② 《汉书》卷二八下《地理志下》,第 1640 页。
③ 《汉书》卷二八下《地理志下》,第 1666、1667—1668 页。
④ 黄晖:《论衡校释》(附刘盼遂集解),中华书局 1990 年版,第 949—950 页。
⑤ 《汉书》卷二八下《地理志下》,第 1666 页。
⑥ 《三国志》卷一四《魏书·刘晔传》,第 443 页。

陁,其使民也酷烈,劫之以势,隐之以陁。"①所谓"其使民也酷烈",是说秦政之"刻薄"②,而所谓"其生民也陜陁",则体现出秦人文化基因的某种特色。

所谓"陜陁",杨倞注以为指"秦地险固",而郝懿行《荀子补注》则说:"'陜陁',犹狭隘也。谓民生计穷蹙。《王霸》篇云'生民则致贫隘'③语意正同。注以'陜陁'谓'秦地险固',非也。"④王念孙《读书杂志·荀子第五》说:"杨注沿《刑法志》注而误。"⑤郭嵩焘则解释说,"秦远交近攻,侵伐无虚日,未尝以险厄自稳也。""'隐之以陁',承上'狭隘'言,其民本无生计又甚近蹙之,使鹜骛于战以邀赏也。"⑥

"陜陁""酷烈",其实都可以从文化节奏的角度进行理解。

《商君书·垦令》中所谓"褊急之民""很刚之民"⑦,《韩非子·五蠹》所谓"侠以武犯禁","群侠以私剑养"⑧等,都体现出秦人性格刚勇峻急的一面。

秦以民风之急烈与军威之勇进,曾经得"虎狼之国"的恶名:

> 秦虎狼,不可信,有并诸侯之心。⑨
>
> 夫秦,虎狼之国也,有吞天下之心。秦,天下之仇雠也。⑩
>
> 秦,虎狼之国,不可亲也。⑪
>
> 今秦,虎狼之国。⑫
>
> 今秦,虎狼之国也。⑬

---

① (清)王先谦撰,沈啸寰、王星贤点校:《荀子集解》,第273页。

② 《史记》卷六八《商君列传》:"商君,其天资刻薄人也。"第2237页。

③ 《荀子·王霸》:"乱世不然,污漫突盗以先之,权谋倾覆以示之,俳优、侏儒、妇女之请谒以悖之,使愚诏知,使不肖临贤,生民则致贫隘,使民则綦劳苦。"(清)王先谦撰,沈啸寰、王星贤点校:《荀子集解》,第225—226页。

④ (清)郝懿行:《荀子补注》,齐鲁书社2010年版,第4602页。

⑤ (清)王念孙撰,徐炜君等点校:《读书杂志》,上海古籍出版社2014年版,第1800页。

⑥ (清)王先谦撰,沈啸寰、王星贤点校:《荀子集解》,第273页。

⑦ 高亨注译:《商君书注译》,中华书局1974年版,第24页。

⑧ (清)王先慎撰,钟哲点校:《韩非子集解》,第449页。

⑨ 《史记》卷四〇《楚世家》昭睢语,第1728页。

⑩ 《史记》卷六九《苏秦列传》苏秦语,第2261页。

⑪ 《史记》卷六九《苏秦列传》楚威王语,第2261页。

⑫ 《史记》卷七一《樗里子甘茂列传》游腾语,第2308页。

⑬ 《史记》卷七五《孟尝君列传》苏代语,第2354页。

秦与戎翟同俗，有虎狼之心，贪戾好利无信，不识礼义德行。①

秦虎狼之国，不可信。②

秦王为人……少恩而虎狼心。③

夫秦王有虎狼之心。④

此外，又有"虎狼之秦"的说法⑤。而《史记·赵世家》所谓"秦暴"，《郦生陆贾列传》所谓"暴秦"，《刺客列传》所谓"秦王之暴"，《苏秦列传》所谓"秦之行暴"，《穰侯列传》所谓"秦贪戾之国"，《刺客列传》所谓"秦王贪"，《秦始皇本纪》所谓"秦王怀贪鄙之心"⑥等，都不仅说明了秦政的苛暴，也反映了秦文化的节奏风格。

秦政权为"苛政"⑦，执"苛法"⑧，行"苛仪法"⑨，其政治形式的这一特色反映了政治心理的基本倾向。即《史记·张仪列传》所谓"心忿含怒"⑩。这种心理倾向又体现为生活节奏的急骤。《史记·刺客列传》中可以看到"以雕鸷之秦，行怨暴之怒"⑪的说法。所谓"雕鸷"，谓其凶暴，也形容其迅捷。

3

春秋战国时期，对于历史影响比较大的国家，多位于文明程度处于后起地位的中原外围地区，它们的迅速崛起，对于具有悠久的文明传统的"中国"即黄河中游地区，形成了强烈的冲击。这一历史文化现象，就是《荀

---

① 《史记》卷四四《魏世家》无忌语，第 1857 页。

② 《史记》卷八四《屈原贾生列传》屈平语，第 2484 页。

③ 《史记》卷六《秦始皇本纪》尉缭语，第 230 页。

④ 《史记》卷七《项羽列传》樊哙语，第 313 页。

⑤ 《史记》卷六九《苏秦列传》苏秦语，第 2254 页。

⑥ 《史记》卷六《秦始皇本纪》，第 283 页；《史记》卷四三《赵世家》，第 1820 页；《史记》卷六九《苏秦列传》，第 2271 页；《史记》卷七二《穰侯列传》，第 2326 页；《史记》卷八六《刺客列传》，第 2529、2531 页；《史记》卷九七《郦生陆贾列传》，第 2698 页。

⑦ 《史记》卷一〇《孝文本纪》，第 414 页。

⑧ 《史记》卷九二《淮阴侯列传》，第 2612 页。

⑨ 《史记》卷九九《刘敬叔孙通列传》，第 2722 页。

⑩ 《史记》卷七〇《张仪列传》，第 2296 页。

⑪ 《史记》卷八六《刺客列传》，第 2529 页。

子·王霸》中所谓:"虽在僻陋之国,威动天下,五伯是也。""故齐桓、晋文、楚庄、吴阖闾、越句践,是皆僻陋之国也,威动天下,强殆中国。"①

"五霸"所指,说法不一,如果按照《白虎通·号》中这样的说法,即:"或曰:五霸,谓齐桓公、晋文公、秦穆公、楚庄王、吴王阖闾也。"②也就是除去"越句践",加上"秦穆公",仍然可以说是"僻陋之国,威动天下","皆僻陋之国也,威动天下,强殆中国"。

战国时,秦国和楚国是两个超级强国。当时,"诸侯患楚之强"③,又畏"秦之行暴"④。中原地区只有实现所谓"南无楚忧,西无秦患"⑤,才有可能和平安定。汉王朝也是在完成了所谓"讨暴秦,诛强楚"⑥的过程之后,才得以初定天下。

当时和秦地和楚地表现出类似的比较急烈的节奏风格的文化区,还有和草原游牧族相交接的北边地区。

《史记·货殖列传》说,"上谷至辽东,地踔远,人民希,数被寇,大与赵、代俗相类,而民雕捍少虑。"⑦《汉书·地理志下》又说,"锺、代、石、北,迫近胡寇,民俗懁忮,好气为奸,不事农商,自全晋时,已患其剽悍,而武灵王又益厉之。故冀州之部,盗贼常为它州剧。"⑧班固接着还写道:"定襄、云中、五原,本戎狄地","其民鄙朴,少礼文,好射猎。雁门亦同俗。"而上郡、西河诸郡,"皆迫近戎狄,修习战备,高上气力,以射猎为先。""此数郡,民俗质木,不耻寇盗。"⑨

也就是说,大体上,在中原文明发达地区的南面、西面以及北面,也就是所谓"僻陋之国",都呈现出较为急骤的文化节奏特征。

与这样的文化风格形成对照的,是中原地区较为舒缓的节奏特征。

《史记·货殖列传》记载,三河"其俗纤俭习事",郑、卫"近梁、鲁,微重

---

① (清)王先谦撰,沈啸寰、王星贤点校:《荀子集解》,第205页。
② (清)陈立撰,吴则虞点校:《白虎通疏证》,中华书局1994年版,第764页。
③ 《史记》卷六五《孙子吴起列传》,第2168页。
④ 《史记》卷六九《苏秦列传》,第2271页。
⑤ 《史记》卷七五《孟尝君列传》,第2356页。
⑥ 《史记》卷九七《郦生陆贾列传》,第2698页。
⑦ 《史记》卷一二九《货殖列传》,第3265页。
⑧ 《汉书》卷二八下《地理志下》,第1656页。
⑨ 《汉书》卷二八下《地理志下》,第1644、1656页。

而矜节",邹、鲁"俗好儒,备于礼,故其民齪齪",梁、宋"其俗犹有先王之遗风,重厚多君子",而"夏人政尚忠朴,犹有先王之遗风,颍川敦愿"①。

4

而齐地虽然也曾经被看作"僻陋之国",其区域文化却表现出"舒缓"的节奏风格。

司马迁在《史记·货殖列传》中说:

> (齐地)其俗宽缓阔达,而足智,好议论,地重,难动摇,怯于众斗,勇于持刺,故多劫人者,大国之风也。②

《汉书·地理志下》引《齐诗》,也说到,"此亦其舒缓之体也。吴札闻《齐》之歌,曰:'泱泱乎,大风也哉!其太公乎?国未可量也。'"③所谓"大风也哉"与"大国之风也",应当是同样指一种文化风格。班固又写道:

> 初太公治齐,修道术,尊贤智,赏有功,故至今其土多好经术,矜功名,舒缓阔达而足智。其失夸奢朋党,言与行缪,虚诈不情,急之则离散,缓之则放纵。④

《史记》所谓"宽缓阔达",《汉书》所谓"舒缓阔达",都是指一种以"缓"为节奏特色的文化性格。

《汉书·朱博传》中记述了杜陵人朱博任琅邪太守时,接触齐地"舒缓"风习时的情形:

> 齐郡舒缓养名,(朱)博新视事,右曹掾史皆移病卧。博问其故,对曰:"惶恐!故事二千石新到,辄遣吏存问致意,乃敢起就职。"博奋髯抵几曰:"观齐儿欲以此为俗邪!"乃召见诸曹史书佐及县大吏,选视其可用者,出教置之。皆罢斥诸病吏,白巾走出府门。郡中大惊。⑤

朱博努力改造这种"舒缓""舒迟"的风俗,首先用极其严厉的态度首先严格

---

① 《史记》卷一二九《货殖列传》,第3263、3264、3266、3269页。
② 《史记》卷一二九《货殖列传》,第3265页。
③ 《汉书》卷二八下《地理志下》,第1659页。
④ 《汉书》卷二八下《地理志下》,第1661页。
⑤ 《汉书》卷八三《朱博传》,第3400页。

要求属吏改变行政作风:

> 顷之,门下掾赣遂者老大儒,教授数百人,拜起舒迟。博出教主簿:"赣老生不习吏礼,主簿且教拜起,闲习乃止。"又敕功曹:"官属多褒衣大祒,不中节度,自今掾史衣皆令去地三寸。"

> 博尤不爱诸生,所至郡辄罢去议曹,曰:"岂可复置谋曹邪!"文学儒吏时有奏记称说云云,博见谓曰:"如太守汉吏,奉三尺律令以从事耳,亡奈生所言圣人道何也! 且持此道归,尧舜君出,为陈说之。"

> 其折逆人如此。视事数年,大改其俗,掾史礼节如楚、赵吏。①

"齐郡舒缓养名",颜师古注:"言齐人之俗,其性迟缓,多自高大以养名声。"②据《汉书·朱博传》,朱博"本武吏,不更文法",而且久以"好客少年,捕搏敢行","伉侠好交"闻名③。于是一"急"一"缓"两种节奏风格在朱博任上直接冲突。朱博以其"威严","多武谲"改造齐人"舒缓"风习,"大改其俗",取得了成效,使得"掾史礼节"终于与"楚、赵吏"相接近。

"舒缓"或"缓迟",其实是儒学的基本风格。

《礼记·玉藻》说:"君子之容舒迟。"孔颖达疏:"舒迟,闲雅也。"④我们从朱博"折逆""文学儒吏"做派乃至调侃其"所言圣人道"的事迹,可以知道他作为地方官而"大改其俗",其实意味着对儒学风格进行某种修正。

不过,纵观汉代历史,人们更为明确地看到齐鲁文化随着儒学的西渐在总体上逐步进行着对秦文化因素和楚文化因素的改造。儒学终于确立了作为正统思想的地位,儒学思想原则终于成为维护文化体制与文化秩序的基本纲纪,从文化史的大势看,似乎可以认为,节奏"舒缓"的文化风格在两汉之际逐步压倒了急刻之风。

这里,还应当举出一个值得注意的历史事实,这就是曾经在齐地任职,努力纠改其"舒缓"之俗的朱博,最后以"不道"罪入狱自杀。班固在《汉书·朱博传》中批评他"驰骋进取,不思道德"⑤。也就是说,朱博克服"舒

---

① 《汉书》卷八三《朱博传》,第3400页。
② 《汉书》卷八三《朱博传》,第3400页。
③ 《汉书》卷八三《朱博传》,第3398、3399页。
④ (清)阮元校刻:《十三经注疏》,第3217页。
⑤ 《汉书》卷八三《朱博传》,第3409页。

缓"之风时对儒学轻蔑的态度,实际上已经为历史所否定。

应当说,西汉中期以后儒学地位的上升,是两汉社会生活节奏和文化节奏发生转变的重要因素之一。

《论衡·率性》说,"凡含血气者,教之所以异化也。"①又说到节奏风格的变易:

> 楚、越之人,处庄、岳之间,经历岁月,变为舒缓,风俗移也。故曰:齐舒缓,秦慢易,楚促急,燕戆投。以庄、岳言之,四国之民,更相出入,久居单处,性必变易。②

"燕戆投","投",或以为即"敢",或以为即"逗"。《广雅》"逗""悍""敢"同训"勇"③。所谓"庄、岳",是齐国都城临淄城中两条繁华的大道。楚越之人居住在临淄市中心,"经历岁月",性情也可以"变为舒缓"。这就是文化融汇的作用。正是经历了秦汉时期特色不同的区域文化相互沟通,相互影响的历史过程,原先所谓"齐舒缓,秦慢易,楚促急,燕戆投"的文化差异,在新的文化背景下"变易""异化",推演出文化史的新局。

---

① 黄晖:《论衡校释》(附刘盼遂集解),第78页。
② 黄晖:《论衡校释》(附刘盼遂集解),第79页。
③ 黄晖:《论衡校释》(附刘盼遂集解),第79页。

二一

游侠的文化足迹

《说文·人部》:"侠,俜也。"①《史记·季布栾布列传》:"季布者,楚人也,为气任侠,有名于楚。"裴骃《集解》引如淳曰:"相与信为任,同是非为侠。所谓'权行州里,力折公侯'者也。或曰:任,气力也;侠,俜也。"②

游侠的活跃,是战国时期已经出现的社会文化现象。

《韩非子·五蠹》说到"侠以武犯禁"的社会影响,以及"群侠以私剑养","养游侠私剑之属"③的情形。

所谓"游侠",秦汉时期指壮勇豪放,重义轻死,虽然未必据有权位和财富,然而在民间的影响却十分显著的人。荀悦说:"立气齐,作威福,结私交,以立强于世者,谓之'游侠'。"④司马迁《史记》特别为他们立传,又称述其独异于社会其他人等的品格:"救人于厄,振人不赡,仁者有乎;不既信⑤,不倍言,义者有取焉。"⑥

在秦汉时期,"游侠"曾经进行过引人注目的表演。他们的社会活动和社会影响,为秦汉文化史涂抹了鲜丽的色彩。

秦汉时期的"游侠",其实是当时社会文化活泼生动的特色的一种人格

---

① (汉)许慎撰,(宋)徐铉校定:《说文解字》,第162页。

② 《史记》卷一〇〇《季布栾布列传》,第2729、2730页。

③ (清)王先慎撰,钟哲点校:《韩非子集解》,第449、450页。

④ 《史记》卷一二四《游侠列传》裴骃《集解》引荀悦曰。第3181页。

⑤ 《史记》卷一三〇《太史公自序》裴骃《集解》引徐广曰:"一云'不慨信'。"第3318页。

⑥ 《史记》卷一三〇《太史公自序》,第3318页。

代表,也是当时时代精神豪迈闳放的风貌的一种人格象征。

1

司马迁在《史记·游侠列传》中,开篇就说到游侠的文化品格:

> 韩子曰:"儒以文乱法,而侠以武犯禁。"二者皆讥,而学士多称于世云。至如以术取宰相卿大夫,辅翼其世主,功名俱著于春秋,固无可言者。及若季次、原宪,闾巷人也,读书怀独行君子之德,义不苟合于世,当世亦笑之。故季次、原宪终身空室蓬户,褐衣疏食不厌。死已四百余年,而弟子志之不倦。今游侠,其行虽不轨于正义,然其言必信,其行必果,已诺必诚,不爱其躯,赴士之厄困,既已存亡死生矣,而不矜其能,羞伐其德,盖亦有足多者焉。①

游侠"其行虽不轨于正义",但是他们的诚信品德与牺牲精神,表现出强有力的文化影响。司马迁注意到游侠的历史绪统的悠远,这种绪统,并不凭借经典文献而得以承继,也注意到游侠的社会声誉的广大,这种声誉,也并不凭借权势地位而得以张扬。司马迁写道:

> 古布衣之侠,靡得而闻已。近世延陵、孟尝、春申、信陵之徒,皆因王者亲属,藉于有土卿相之富厚,招天下贤者,显名诸侯,不可谓不贤者矣。比如顺风而呼,声非加疾,其势激也。至如闾巷之侠,修行砥名,声施于天下,莫不称贤,是为难耳。然儒、墨皆排摈不载。自秦以前,匹夫之侠,湮灭不见,余甚恨之。以余所闻,汉兴有朱家、田仲、王公、剧孟、郭解之徒,虽时扞当时之文罔,然其私义廉絜退让,有足称者。名不虚立,士不虚附。至如朋党宗强比周,设财役贫,豪暴侵凌孤弱,恣欲自快,游侠亦丑之。余悲世俗不察其意,而猥以朱家、郭解等令与暴豪之徒同类而共笑之也。②

许多学者由此分析司马迁的平民意识。李长之先生指出:"游侠根本是社会上的一种下层组织,也就是现在的所谓流氓。可是司马迁十分加以称

---

① 《史记》卷一二四《游侠列传》,第3181页。
② 《史记》卷一二四《游侠列传》,第3183页。

道。""所谓布衣,所谓乡曲,所谓闾巷,正是指现在的所谓下层社会。你看他一则说'有足多者',二则说'曷可少哉',三则说'有足称者',他的向慕为何如！秦以前的游侠湮灭不见,他便恼恨,汉兴以来的游侠为世俗所不了解,他便悲哀,他的同情又何如！游侠的纪律和信条,他是清楚的,这就是行果诺诚,赴士困危,不怕死,却又不矜伐。而且他们虽有势力,但不聚敛,也不欺弱者。尤其难得的,是他们同样有品德的锻炼,修行砥名,廉洁退让,这是比朝廷中那般伪君子像公孙弘等,高出万万的。所以就是触犯当时刀笔吏的法律,不合乎伪君子的'正义',司马迁对他们也仍然在原谅着了！"①

其实,游侠不仅是下层社会的群体代表,也是都市特殊的生活环境中的社会存在。游侠的活跃,是秦汉时期都市文化的表现之一。

游侠的出现,以及表现出非同寻常的社会影响,是以城市经济和城市文化的空前发达为条件的。

以《史记·游侠列传》所列举的著名游侠为例,可以看到,秦汉时期游侠活跃的地区,都是经济文化比较先进的中心地区:

鲁——朱家	楚——田仲	洛阳——剧孟
济南——瞯氏	陈——周庸	代——诸白
梁——韩无辟	阳翟——薛兄	陕——韩孺
轵——郭解	长安——樊仲子	槐里——赵王孙
长陵——高公子	西河——郭公仲	太原——卤公孺
临淮——儿长卿	东阳——田君孺	南阳——赵调②

关于剧孟,司马迁说:"周人以商贾为资,而剧孟以任侠显诸侯。吴楚反时,条侯为太尉,乘传车将至河南,得剧孟,喜曰:'吴楚举大事而不求孟,吾知其无能为已矣',天下骚动,宰相得之若得一敌国云。"可见其影响力和号召力之显著。郭解轵人,后徙茂陵,"解入关,关中贤豪知与不知,闻其声,争交欢解"③。关中当时是游侠集中的区域。司马迁又说到长安附近踞守四

---

① 李长之:《司马迁之人格与风格》,生活·读书·新知三联书店 1984 年版,第 212—213 页。

② 《汉书》卷九二《游侠传》"周庸"作"周肤","薛兄"作"薛况","韩孺"作"寒孺","樊仲子"作"樊中子","郭公仲"作"郭翁仲","卤公孺"作"鲁翁孺","田君孺"作"陈君孺"。第 3700、3705 页。

③ 《史记》卷一二四《游侠列传》,第 3184 页。

方道路的著名游侠：

北道——姚氏　　西道——诸杜　　南道——仇景

东道——赵他、羽公子

赵他、羽公子，或以为一人①。司马贞《索隐》还说："北道诸姚。苏林云："道犹方也。"如淳云："京师四出道也。""②《汉书·游侠传》颜师古注也说："据京师而言，指其东西南北谓也。"③

《汉书·游侠传》所说到的未见于《史记·游侠列传》而"名闻州郡"的各地著名游侠，还有：

符离——王孟　　马领——绣君宾　　西河——漕中叔

马领，是北地郡治所在。

2

游侠的主要活动区域，在重要城市和重要交通枢纽附近。

《汉书·游侠传》分析西汉前期游侠兴起的情形时说道："及至汉兴，禁网疏阔，未之匡改也。是故代相陈豨从车千乘，而吴濞、淮南皆招宾客以千数。外戚大臣魏其、武安之属竞逐于京师，布衣游侠剧孟、郭解之流驰骛于闾阎，权行州域，力折诸侯。"④与司马迁重点记述"布衣游侠"不同，班固将贵族带有侠风的活动与"布衣游侠"事迹一起叙述。可以看到，《史记》和《汉书》"游侠"的涵义似乎存在差别。

这或许不仅说明司马迁与班固个人意趣与历史视角有所不同，也说明在司马迁所处的时代之后，游侠逐渐参与上层政治生活，已经是相当普遍的情形。

按照《汉书·游侠传》的说法，从车、招客、竞逐、驰骛，"游侠"也都是以交往活动作为主要社会活动形式。

---

①　司马贞《索隐》："旧解以赵他、羽公子为二人，今案：此姓赵，名他羽，字公子也。"《史记》卷一二四《游侠列传》，第3189页。

②　《史记》卷一二四《游侠列传》，第3189页。

③　《汉书》卷九二《游侠传》，第3705页。

④　《汉书》卷九二《游侠传》，第3698页。

虽然说"郡国豪桀处处各有","郡国处处有豪桀"①,但是游侠活动最为集中的,仍然是以长安为中心的关中地区。

《史记·季布栾布列传》说道,"季布弟季心,气盖关中,遇人恭谨,为任侠,方数千里,士皆争为之死。""当是时,季心以勇,布以诺,著闻关中。"②于是有"天下所望者,独季心、剧孟耳"③的说法。可见关中著名游侠其威望可以影响"天下"的情形。

《汉书·游侠传》记述了长安游侠萬章的事迹:"长安炽盛,街闾各有豪侠,章在城西柳市,号曰'城西萬子夏'。"④此外,又有"箭张回⑤、酒市赵君都、贾子光⑥,皆长安名豪,报仇怨养刺客者也"⑦。

《汉书·游侠传》说到的关中地区"名闻州郡"的著名游侠,还有:

长安——楼护	杜陵——陈遵	茂陵——陈涉
霸陵——杜君敖	池阳——韩幼孺	

当时,"长安、五陵诸为气节者"⑧形成了影响力极大的社会力量。

张衡《西京赋》中,也用相当浓重的笔墨,说到关中游侠的活动:

> 都邑游侠,张赵之伦,齐志无忌,拟迹田文。轻死重气,结党连群,寔蕃有徒,其从如云。茂陵之原,阳陵之朱,趫悍虓豁,如虎如貙,睚眦蛮芥,尸僵路隅。丞相欲以赎子罪,阳石污而公孙诛。⑨

所谓"都邑游侠,张赵之伦",《文选》卷二李善注:"长安宿豪大猾,箭张回、酒市赵放,皆通邪结党。一云:张子罗、赵君都,其长安大侠。"⑩而所谓"茂陵之原,阳陵之朱",是指著名游侠原涉和朱安世。所谓"丞相欲以赎子罪,阳石污而公孙诛"事,见于《汉书·公孙贺传》:

> (公孙)贺子敬声,代贺为太仆,父子并居公卿位。敬声以皇后姊

① 《汉书》卷九二《游侠传》,第3699、3719页。
② 《史记》卷一〇〇《季布栾布列传》,第2732页。
③ 《史记》卷一〇一《袁盎晁错列传》,第2744页。
④ 《汉书》卷九二《游侠传》,第3705页。
⑤ 颜师古注引服虔曰:"作箭者姓张,名回。"《汉书》卷九二《游侠传》,第3706页。
⑥ 颜师古注引服虔曰:"酒市中人也。"《汉书》卷九二《游侠传》,第3706页。
⑦ 《汉书》卷九二《游侠传》,第3706页。
⑧ 《汉书》卷九二《游侠传》,第3715页。
⑨ (梁)萧统编,(唐)李善、吕延济、刘良、张铣、吕向、李周翰注:《六臣注文选》,第52页。
⑩ (梁)萧统编,(唐)李善、吕延济、刘良、张铣、吕向、李周翰注:《六臣注文选》,第52页。

子,骄奢不奉法,征和中擅用北军钱千九百万,发觉,下狱。是时诏捕阳陵朱安世不能得,上求之急,贺自请逐捕安世以赎敬声罪。上许之。后果得安世。安世者,京师大侠也,闻贺欲以赎子,笑曰:"丞相祸及宗矣。南山之竹不足受我辞,斜谷之木不足为我械。"安世遂从狱中上书,告敬声与阳石公主私通,及使人巫祭祠诅上,且上甘泉当驰道埋偶人,祝诅有恶言。下有司案验贺,穷治所犯,遂父子死狱中,家族。

巫蛊之祸起自朱安世。①

朱安世"从狱中上书",以致"阳石污而公孙诛"的故事,反映京师游侠介入上层政治生活,并且曾经产生重要影响的历史事实。

3

《后汉书》没有《游侠传》,但是东汉游侠在社会生活中的影响仍然是显而易见的。

以《三国志》中的人物为例,我们可以看到多有以"任侠"作为人生基点而开始政治军事生涯的。他们的区域分布,也能够对于我们认识区域文化的特质,提供新的资料。例如:

沛国谯　曹操"少机警,有权数,而任侠放荡,不治产业"(卷一《魏书·武帝纪》)

陇西临洮　董卓"少好侠,尝游羌中,尽与诸豪帅相结"(卷六《魏书·董卓传》)

东平寿张　张邈"少以侠闻,振穷救急,倾家无爱,士多归之"(卷七《魏书·吕布传》)

丹杨　陶谦"少孤,始以不羁闻于县中"(卷八《魏书·陶谦传》注引《吴书》)

武威祖厉　张绣"招合少年,为邑中豪杰"(卷八《魏书·张绣传》)

沛国谯　夏侯惇少时"以烈气闻"(卷九《魏书·夏侯惇传》)

---

① 《汉书》卷六六《公孙贺传》,第2878—2879页。

沛国谯　　曹仁"少好弓马弋猎,后豪杰并起,仁亦阴结少年,得千余人,周旋淮、泗间"(卷九《魏书·曹仁传》)

江夏平春　李通"以侠闻于江、汝之间"(卷一八《魏书·李通传》)

陈留己吾　典韦"有志节任侠"(卷一八《魏书·典韦传》)

涿郡涿县　刘备"好交结豪侠,年少争赴之"(卷三二《蜀书·先主传》)

临淮东城　鲁肃"将轻侠少年百余人,南到居巢就(周)瑜"(卷五四《吴书·鲁肃传》)

巴郡临江　甘宁"少有气力,好游侠,招合轻薄少年,为之渠帅,群聚相随"(卷五五《吴书·甘宁传》),"宁轻侠杀人,藏舍亡命,闻于郡中"(卷五五《吴书·甘宁传》注引《吴书》)

吴郡余杭　凌操"轻侠有胆气"(卷五五《吴书·凌统传》)

会稽山阴　"县吏斯从轻侠为奸"(卷六〇《吴书·贺齐传》)①

与西汉时期相比,侠风远播,西北至于陇西、武威,西南则至于巴郡。而尤其引人注目的,是江东地区丹杨、吴郡、会稽诸郡也普遍流行起的"轻侠"之风。

---

① 《三国志》,第 2、171、221、248、262、267、274、534、543、872、1267、1292、1295、1377 页。

二二

儒风的流布

在秦汉时期文化进步的历史过程中,儒风流布四方,是影响非常深远的文化现象。与此同步,各地源流各异的文化开始得以融汇而一,中土比较先进的文明借助政治军事的强力向边地扩衍。

1

秦王朝建立之初,曾经有比较宏阔的文化胸怀。所谓"大矣哉,宇县之中,承顺圣意"①,表现出建设统一的文化的雄心,秦始皇的决策中枢里,也曾经收纳东方儒学博士。"二十八年,始皇东行郡县,上邹峄山。立石,与鲁诸儒生议,刻石颂秦德,议封禅望祭山川之事。乃遂上泰山,立石,封,祠祀。"②似乎接受了儒学体系中的礼祀制度,不过,《史记·封禅书》记载:

> 即帝位三年,东巡郡县,祠驺峄山,颂秦功德。于是征从齐鲁之儒生博士七十人,至乎泰山下。诸儒生或议曰:"古者封禅为蒲车,恶伤山上之土石草木,埽地而祭,席用菹秸,言其易遵也。"始皇闻此议各乖异,难施用,由此绌儒生。而遂除车道,上自泰山阳至巅,立石颂秦始皇帝德,明其得封也。从阴道下,禅于梁父。其礼颇采太祝之祀雍上帝所

---

① 《史记》卷六《秦始皇本纪》,第 249 页。
② 《史记》卷六《秦始皇本纪》,第 242 页。

用,而封藏皆秘之,世不得而记也。

> 始皇之上泰山,中阪遇暴风雨,休于大树下。诸儒生既绌,不得与用于封事之礼,闻始皇遇风雨,则讥之。①

秦始皇最终以为儒礼"各乖异,难施用",仍然沿用秦人传统礼仪,"其礼颇采太祝之祀雍上帝所用",秦王朝最高统治集团与鲁地儒生间的文化裂痕,于是进一步表面化。

这种文化裂痕,当然最初生发于区域文化源流的差异。

在"焚书坑儒"事件之后,秦王朝极端专制主义的文化政策已经定型,由"征从"到"绌",到"有敢偶语《诗》《书》者弃市,以古非今者族"②,儒学学者地位的下降,使得他们在秦末社会大动乱中选择了反秦的立场。《史记·儒林列传》记载:

> 及至秦之季世,焚《诗》《书》,坑术士,《六艺》从此缺焉。陈涉之王也,而鲁诸儒持孔氏之礼器往归陈王。于是孔甲为陈涉博士,卒与涉俱死。陈涉起匹夫,驱瓦合適戍,旬月以王楚,不满半岁竟灭亡,其事至微浅,然而缙绅先生之徒负孔子礼器往委质为臣者,何也? 以秦焚其业,积怨而发愤于陈王也。③

儒学以崇文为宗旨,但是却借助军事力量争取到在乱世中向各地扩展其文化影响的立足点。据说刘邦起初"不好儒,诸客冠儒冠来者,沛公辄解其冠,溲溺其中,与人言,常大骂"④,但是在取天下时,却接受了儒生不少有战略眼光的积极的建议。当他明白"夫儒者难与进取,可与守成"⑤之后,儒士的地位更有所提高。

可是,当时儒学文化地位的上升,却是以修正自身的若干风格,以迎合不同区域集团、不同社会群体的不同需要为代价而换取的。

叔孙通为刘邦设计朝仪,提出:"五帝异乐,三王不同礼。礼者,因时世人情为之节文者也。故夏、殷、周之礼所因损益可知者,谓不相复也。臣愿

---

① 《史记》卷二八《封禅书》,第 1366—1367 页。
② 《史记》卷六《秦始皇本纪》,第 255 页。
③ 《史记》卷一二一《儒林列传》,第 3116—3117 页。
④ 《史记》卷九七《郦生陆贾列传》,第 2692 页。
⑤ 《史记》卷九九《刘敬叔孙通列传》,第 2722 页。

采古礼与秦仪杂就之。"①竟然主张儒礼与秦仪杂相结合。"于是叔孙通使征鲁儒生三十余人。鲁有两生不肯行,曰:'公所事者且十主,皆面谀以得亲贵。今天下初定,死者未葬,伤者未起,又欲起礼乐。礼乐所由起,积德百年而后可兴也。吾不忍为公所为。公所为不合古,吾不行。公往矣,无污我!'叔孙通笑曰:'若真鄙儒也,不知时变。'"②叔孙通因"时变"而修正儒学,被认为"面谀","所为不合古"。

《史记·儒林列传》说,"(辕)固之征也,薛人公孙弘亦征,侧目而视固。固曰:'公孙子,务正学以言,无曲学以阿世!'"③所谓"曲学以阿世",也是坚持正统儒学的学者对为了迎合新的政治需要而修正旧有原则的儒学新流的批判。

2

汉武帝即位之后,曾经大举贤良文学之士。著名儒学大师董仲舒以贤良身份,就汉武帝提出的政治文化命题发表对策,讨论成就治世的策略。他认为,秦王朝灭亡以后,"其遗毒余烈,至今未灭",只单凭"法"和"令"而求"善治之",是"亡可奈何"的事。④ 他写道:"琴瑟不调,甚者必解而更张之,乃可鼓也。为政而不行,甚者必变而更化之,乃可理也。当更张而不更张,虽有良工不能善调也。当更化而不更化,虽有大贤而不能善治也。"⑤认为琴瑟的音色不正,声调不和谐,就应当重新更装调整琴弦,才能够演奏。政令推行不顺利,政治形势不理想,也应当重新调整法令政策,才能够求得行政成功。

董仲舒提出"更化"的主张时,特别强调"教化"的作用。他以为要谋求"善治",一定应当注重文化体制的调整。他以为,"教化大行",则可以实现

① 《史记》卷九九《刘敬叔孙通列传》,第 2722 页。
② 《史记》卷九九《刘敬叔孙通列传》,第 2722—2723 页。
③ 《史记》卷一二一《儒林列传》,第 3124 页。
④ 《汉书》卷五六《董仲舒传》,第 2504 页。
⑤ 《汉书》卷五六《董仲舒传》,第 2504—2505 页。

"天下和洽,万民皆安仁乐谊,各得其宜,动作应礼,从容中道"①。

董仲舒文化建设理论的核心,是要确定儒学独尊的地位。他明确提出:"《春秋》大一统者,天地之常经,古今之通谊也。今师异道,人异论,百家殊方,指意不同,是以上亡以持一统;法制数变,下不知所守。臣愚以为诸不在六艺之科孔子之术者,皆绝其道,勿使并进。邪辟之说灭息,然后统纪可一而法度可明,民知所从矣。"②主张文化的"一统",和政治的"一统"是一致的。而前者,又可以为后者奠定深入人心的统治的根基。

这样的观点,得到最高统治集团的认可,于是,在汉武帝时代,确立了独尊的文化政策的原则,完成了"罢黜百家,表章六经"③的文化体制的转变。

现在看来,"独尊儒术"的政策似乎不能逃脱文化专制主义的指责。但是,在当时的历史条件下,这种文化体制变革的发生,却是有一定的合理基础的,是有一定的积极意义的。

应当看到,儒学在当时已经综合了以往诸家政治文化的有效成分,提出了一整套比较合乎国情的治国方法。例如:

第一,儒学通过理论修补,使传统的宗法关系更为紧密,使传统的宗法制度更为完备。正如有的学者所指出的,"这种宗法制度用血缘亲属的网络把一些散漫的个体家族凝聚成为组织严密的宗法共同体,不仅不受人口迁徙流动的影响,而且具有顽强的再生性的功能,可以凭借人类的自然增殖在任何地方建立起来"④。

第二,儒学崇尚"仁政"理想,并且用这一理想对统治者的言行形成一定的约束。儒家有关"仁政"的政治主张,客观上有助于调整社会关系,缓和阶级矛盾,提高吏治水平。

第三,儒学以"天道"为基本,使政治理论神学化。经过汉儒加工改造的"天人感应"理论,使政治管理具有神秘主义色彩。这一理论可以有助于强化政治迷信,粉饰暴政,也可以利用来批判当政者,修正政治失误。

第四,儒学与其他主要学说相比,比较重视人的价值,比较注意肯定人

---

①　《汉书》卷五六《董仲舒传》,第 2508 页。

②　《汉书》卷五六《董仲舒传》,第 2523 页。

③　《汉书》卷六《武帝纪》,第 212 页。

④　任继愈主编:《中国哲学发展史(秦汉)》,人民出版社 1985 年版,第 183 页。

的权利,满足人的需求。所谓"仁者爱人"①的原则,是和文明进步的方向一致的。

第五,儒学比较能够贴近"人情"。正如有的学者所指出的,"儒家的纲常名教正是与历史上长期形成的风俗习惯相联系的,富有'人情'味,具有平易近俗的特点。因而儒家的教义很容易深入到老百姓的日常生活中去,发挥'一民心,齐民俗'的教化作用。儒学既不像法家学说那样强硬,也不像道家学说那样玄远,为统治者提供了一种便于推行道德教化的思想工具,这是它受到封建统治者青睐的又一原因"②。

第六,儒学"中庸"的学说,比较适宜于农业民族的心理习惯。黄老之学有些过于消极,法家学说则显得过于激切。就中国人传统心理的节奏定式来说,儒学的合理性更容易得到普遍的承认。

第七,儒学在西汉时期得到发挥的"大一统"理论,适应了加强君权和防止分裂的政治需要。"大一统"的原则,也对于我们民族共同心理素质的形成,有着重要的影响。

汉武帝时代实行"独尊儒术"的重大变革,结束了各派学术思想平等竞争的局面,对于学术思想的自由发展,有限制和遏止的消极作用。但是,这一变革肯定了"以教为本",否定了"以法为本",强调文化教育是"为政之首",主张"教,政之本也;狱,政之末也"③,从而为我们民族重视文化、重视教育的传统的形成,也表现出不宜忽视的积极意义。

中国文化在新的基点上的新的统一在汉武帝时代实现,是和儒学地位上升的历史过程有密切关系的。

3

对于儒学不同流派的区域分别,很早就曾经有"儒者一师而俗异,中国同礼而教离","乡异而用变,事异而礼异"④的说法。于是,"去就之变,智

---

① (清)阮元校刻:《十三经注疏》,第5939页。
② 毛礼锐等主编:《中国教育通史》第2卷,山东教育出版社1986年版,第49—50页。
③ 苏舆撰,钟哲点校:《春秋繁露义证》卷三《精华》,中华书局1992年版,第94页。
④ 《史记》卷四三《赵世家》,第1808—1809页。

者不能一;远近之服,贤圣不能同;穷乡多异,曲学多辩"①的情形受到重视。《论衡·自纪》也说:"经传之文,圣贤之语,古今言殊,四方谈异。"②例如,燕人韩生"推《诗》之意而为《内外传》数万言,其语颇与齐鲁间殊"③。

西汉前期,儒学在以齐鲁为基地向西传布的过程中,一方面进行着自身的学术改造,一方面完成着自身的学术统一。

儒学因传承系统和流传地域不同而出现的各个学派,在当时走向逐渐统一,有政府行政力量的作用。

刘汝霖《汉晋学术编年》"汉太祖高皇帝五年己亥(前二〇二年)"条记录两件史事,即:

> 田何徙关中。
>
> 伏胜以《尚书》教于齐鲁之间。④

这是颇可代表当时学界决定大局势的重要事件。即儒学战乱后在齐鲁地区复苏,同时在关中取得了新的学术据点。易学大师田何"以齐田徙杜陵,号杜田生"⑤,标志着关中地区成为儒学一个新的重心区域。"惠帝时,(田)何年老,家贫,守道不仕。帝亲幸其庐以受业,终为《易》者宗。"⑥田何的再传弟子中,"淄川杨何,字叔元,元光中征为太中大夫。齐即墨成,至成阳相,广川孟但,为太子门大夫。鲁周霸、莒衡胡、临淄主父偃,皆以《易》至大官。要言《易》者,本之田何"⑦。"伏生者,济南人也,故为秦博士","秦时焚书,伏生壁藏之。其后兵大起,流亡。汉定,伏生求其书,亡数十篇,独得二十九篇,即以教于齐鲁之间。学者由是颇能言《尚书》,诸山东大师,无不涉《尚书》以教矣。"⑧

儒学学者"至大官",对于所继承和坚持的学术体系成为正统,自然可以有重要的作用。

---

① 《史记》卷四三《赵世家》,第1809页。
② 黄晖:《论衡校释》(附刘盼遂集解),第1196页。
③ 《史记》卷一二一《儒林列传》,第3124页。
④ 刘汝霖:《汉晋学术编年》,中华书局1987年版,上册第5—6页。
⑤ 《汉书》卷八八《儒林传》,第3597页。
⑥ (宋)李昉等:《太平御览》卷五〇七《逸民七》,第2313页。
⑦ 《汉书》卷八八《儒林传》,第3597页。
⑧ 《史记》卷一二一《儒林列传》,第3124—3125页。

图 7　熹平石经

当时学派的纷争往往十分激烈,正如有的学者所指出的,"于是皇帝不惜亲自出马,'称制临决',前有宣帝甘露二年石渠阁'讲五经异同'的故事,后有章帝'下太常将大夫博士议郎郎官及诸生诸儒,会白虎观,讲议五经同异,……作《白虎议奏》'故事,结局规定了一部以儒术为骨干的国宪《白虎通义》来。其余波,更表现为经文的钦定,这就是《熹平石经》"①。

儒学内部前后延续近两百年的经今古文之争,相互之间的上下沉浮,往往最终也为政治权力所左右。东汉时期,许多著名学者都兼通今古。在马融、郑玄兼采今古文注经的影响下,今古文逐渐趋于混同。侯外庐等先生

———————————
① 杜国庠:《杜国庠选集》,广东人民出版社 1994 年版,第 302 页。

说,"这一斗争,以家法始而以破弃家法终,换句话说,以古文学家与今文学家争立博士始而以综合今古文学终,并不是偶然的"①。这样的分析,对于我们从区域文化研究的角度理解当时文化史和学术史的发展进程,也是有启示意义的。

4

从卢云先生《汉晋文化地理》中编绘的两汉五经博士分布图上可以看到,儒学学者最集中的地域,由西汉时期的齐鲁梁地区和关中地区,转变为东汉时期的中原陈夏地区。

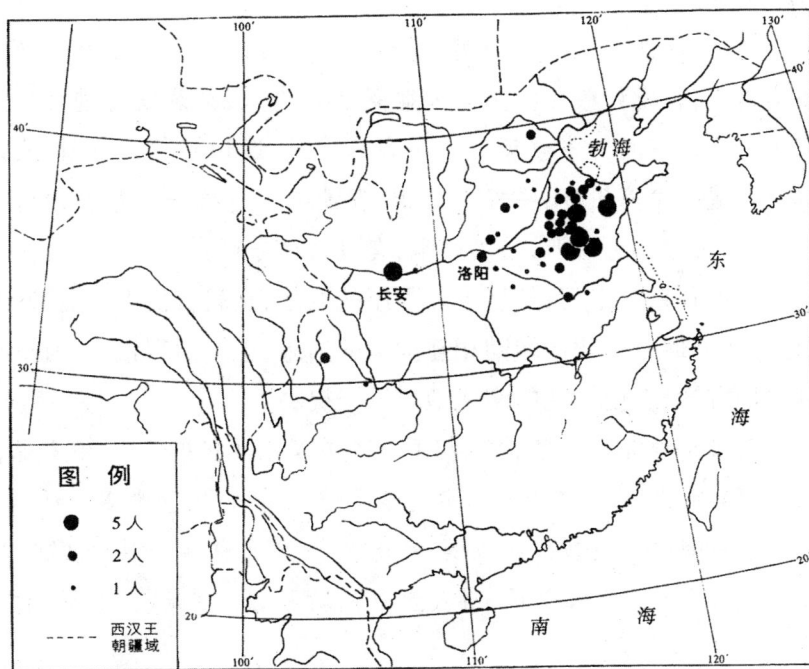

图 8-1 西汉五经博士的区域分布

(参考卢云制图)

另一个重要变化,是儒学的文化影响向边地的推衍。

---

① 侯外庐等:《中国思想通史》第 2 卷,人民出版社 1957 年版,第 326、322 页。

在东南方向,原先所谓"越俗不好学,嫁娶礼仪,衰于中国"①,"其俗少学者而信巫鬼"②,"风俗脆薄,不识学义"③的文化传统得以改变。例如,卫飒少时"家贫好学问",任桂阳太守,"修庠序之教,设婚姻之礼,期年间,邦俗从化。"④

在西北方向,原先带有浓重军事文化色彩的凉州地区,在《后汉书》中已可见列传士人 16 人,公卿 11 人,凉州人士著书也多达 16 种。⑤ 任延"年十二,为诸生,学于长安,明《诗》《易》《春秋》,显名太学,学中号为'任圣童'"⑥,任为武威太守,"造立校官,自掾史子孙,皆令诣学受业,复其徭役。章句既通,悉显拔荣进之,郡遂有儒雅之士。"⑦

在西南方向,文翁任蜀郡太守时传布儒学的事迹最为突出。《汉书·循吏传·文翁》记载:

> 文翁,庐江舒人也。少好学,通《春秋》,以郡县吏察举。景帝末,为蜀郡守,仁爱好教化。见蜀地辟陋有蛮夷风,文翁欲诱进之,乃选郡县小吏开敏有材者张叔等十余人亲自饬厉,遣诣京师,受业博士,或学律令。减省少府用度,买刀布蜀物,赍计吏以遗博士。数岁,蜀生皆成就还归,文翁以为右职,用次察举,官有至郡守刺史者。⑧

文翁选派小吏到京师学习,然后予以重用的做法,是教育史上具有独创意义的新形式,作为促进文化区域间相互沟通的措施,也有值得推崇的价值。文翁还创立地方学校,使蜀地的文化地位逐渐提高:

> 又修起学官于成都市中,招下县子弟以为学官弟子,为除更繇,高者以补郡县吏,次为孝弟力田。常选学官僮子,使在便坐受事。每出行县,益从学官诸生明经饬行者与俱,使传教令,出入闺阁。县邑吏民见而荣之,数年,争欲为学官弟子,富人至出钱以求之。繇是大化,蜀地学于京

---

① 《后汉书》卷二一《李忠传》,第 756 页。
② 《后汉书》卷四一《宋均传》,第 1411 页。
③ 《后汉书》卷七六《循吏列传·许荆》,第 2472 页。
④ 《后汉书》卷七六《循吏列传·卫飒》,第 2458、2459 页。
⑤ 卢云:《汉晋文化地理》,第 82 页。
⑥ 《后汉书》卷七六《循吏列传·任延》,第 2460 页。
⑦ 《后汉书》卷七六《循吏列传·任延》,第 2463 页。
⑧ 《汉书》卷八九《循吏传·文翁》,第 3625 页。

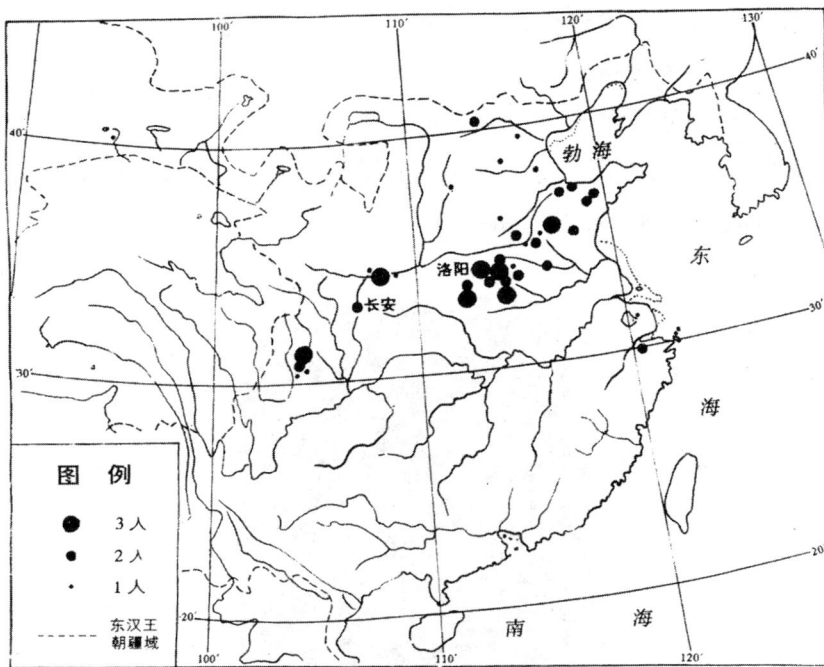

图 8-2　东汉五经博士的区域分布

（参考卢云制图）

　　师者比齐鲁焉。至武帝时，乃令天下郡国皆立学校官，自文翁为之始云。

　　文翁终于蜀，吏民为立祠堂，岁时祭祀不绝。至今巴蜀好文雅，文翁之化也。①

在蜀地文化进程走向先进之后，儒学的影响进一步向西南边地推进。《华阳国志》卷四《南中志》说，"章帝时，蜀郡王阜为益州太守，治化尤异"，"始兴文学，渐迁其俗"。② 当地出现了一些著名的学人：

　　明、章之世，毋敛人尹珍，字道真，以生遐裔，未渐庠序，乃远从汝南许叔重受五经，又师事应世叔学图纬③，通三材；还以教授，于是南域始

---

　　① 《汉书》卷八九《循吏传·文翁》，第 3626—3627 页。

　　② （晋）常璩撰，任乃强校注：《华阳国志校补图注》，第 237 页。

　　③ 刘琳《华阳国志校注》指出，许慎、应奉，《后汉书》均有传。但许慎死于汉安帝末年，而应奉是桓帝时人，相去甚远，传闻非实，常璩失考。任乃强《华阳国志校补图注》说："许，经师；应，史学家。皆不以'图纬'见称。此云：'学图纬，通三才。'盖更有所师学，未悉举也。"（晋）常璩撰，刘琳校注：《华阳国志校注》，第 381 页；（晋）常璩撰，任乃强校注：《华阳国志校补图注》，第 262 页。

有学焉。珍以经术选用,历尚书丞、郎,荆州刺史;而世叔为司隶校尉,师生并显。平夷傅宝、夜郎尹贡亦有名德。历尚书郎、长安令、巴郡太守,彭城相,号南州人士。①

在"朱提郡"条下又写道:"其民好学,滨犍为,号多士人。"②儒学的传播至如此辽远的地区,确实是令人惊异的。

图9　东汉砖刻《公羊传》

---

① (晋)常璩撰,任乃强校注:《华阳国志校补图注》,第260页。
② (晋)常璩撰,任乃强校注:《华阳国志校补图注》,第278页。

二三

交通与秦汉文明

秦汉时期,交通事业得到空前的发展。交通的进步,实际上成为秦汉辉煌的文明创造的重要条件之一。

秦汉时期,交通进步为秦汉政体的成立奠定了基础,交通进步为秦汉经济的运行提供了便利,交通进步为秦汉文化的发育创造了条件。

秦汉时期区域文化的界隔得以冲破与消泯,交通的发展起到了非常显著的积极作用。

1

秦人久有重视交通的传统。造父善御的传说可以理解为某种文化倾向的表征,祭祀献物使用车马,也说明秦人"有车马礼乐侍御之好"①。秦人拥有双辕车的发明权。黄河上第一座浮桥,也是秦人营建。秦军善于"远攻"②,较早创大军团远征的历史记录,往往"径数国千里而袭人"③。秦始皇时代能够翦灭六国,实现统一,秦国在交通方面的优势其实也是重要条件之一。

秦王朝将中央政府统一规划的交通建设视为执政要务之一,除了"决

---

① (清)阮元校刻:《十三经注疏》,第 783 页。
② 《史记》卷七九《范雎蔡泽列传》,第 2409 页。
③ 《史记》卷五《秦本纪》,第 190—191 页。

通川防,夷去险阻"之外,还由中央直接主持,进行了"治驰道"的伟大工程①。秦"为驰道于天下,东穷燕齐,南极吴楚,江湖之上,濒海之观毕至"②,全国交通网的基本形成,成为"大一统"的专制主义王朝施行统治的重要条件。

汉代帝王也同样将交通建设看作执政的首要条件。

汉武帝时,"治南夷道","治雁门阻险","通回中道"等事,都录入《汉书》帝纪。③ 作褒斜道,通漕渠,也由汉武帝亲自决策动工④。王莽"以皇后有子孙瑞,通子午道"⑤,汉顺帝"诏益州刺史罢子午道,通褒斜路"⑥等,都说明重要交通工程,往往由最高统治中枢规划组织。

在汉王朝开边斥地的事业中,交通事业的意义尤为显著。

对朝鲜和南越的战争都以"楼船军"为主力。西南地区的开发,亦以"通西南夷道"为基础。"与汉隔绝,道里又远"的西域诸国所以"咸乐内属",当然与"相属不绝"的使者和"壮健""敢徙"的军人的交通实践有关⑦。而匈奴"戎马之足轻利"⑧,交通方面曾具有较强实力。汉武帝大修马政,使军队的交通能力显著提高而后方的军需供应亦得到保证之后,终于出师击败匈奴。交通建设的成就,使大一统帝国统治的广度和强度均达到空前的水平。

秦汉时期交通系统的功能对于政治稳定的意义,还表现在,其效率之高可以使中央政府的政令能够迅速及时地传达到各地基层,因而大多可以有效地落实。政务军务紧急时,还可以通过驿传系统提高信息传递的速度。

赵充国自金城申奏军事计划至汉宣帝批复后颁下,往返不过 7 天,驿递行速达到每天 400 公里以上。《汉旧仪》关于汉代驿骑传递的形式,也说到"昼夜千里为程"⑨的行程定额。

---

① 《史记》卷六《秦始皇本纪》,第 241、252 页。
② 《汉书》卷五一《贾山传》,第 2328 页。
③ 《汉书》卷六《武帝纪》,第 164、195 页。
④ 《史记》卷二九《河渠书》,第 1411 页。
⑤ 《汉书》卷九九上《王莽传上》,第 4067 页。
⑥ 《后汉书》卷六《顺帝纪》,第 251 页。
⑦ 《汉书》卷九六下《西域传下》,第 3903、3912、3930 页。
⑧ 王利器校注:《盐铁论校注(定本)》卷七《备胡》,第 446 页。
⑨ 《续汉书·舆服志》引《汉旧仪》,《后汉书》,第 3673 页。

驿传制度曾经是中央政府良好的行政效能和坚强的统治力量的交通保障。而东汉末年,随着交通系统的衰落,政府的行政效能也相应受到影响。

汉献帝初平五年(190)正月已经改元兴平,而《隶释》卷一《益州太守高联修周公礼殿记》记述九月事却仍然使用"初平"年号。《隶释》的编纂者洪适分析,究其原因,在于"天下方乱,道路拥隔,置邮到蜀稽晚也"①。此外,《隶续》卷三《建平郏县碑》以及新疆拜城《刘平国等作列亭诵》,也有反映类似情况的内容。②

2

自秦汉大一统体制建立之后,政府移民实边,而"富商大贾周流天下,交易之物莫不通"③,生产与消费都冲破了原来的地域界限。所谓"农工商交易之路通"④的经济形势的形成,正是以交通建设的成就为条件的。而秦汉区域文化的经济背景,也因此发生了变化。

云梦睡虎地秦简《田律》中有政府要求各地及时上报农田降雨、受灾以及作物生长情况的内容,规定近县由"轻足"专程递送,远县通过邮驿系统传送,必须在限定时间内送达。中央政府于是可以凭借交通条件,严密注视生产进度,进而实施必要的管理与指导,进行具体的规划与部署。例如,汉武帝元狩三年(前120)"遣谒者劝有水灾郡种宿麦"⑤,汉成帝阳朔四年(前21)"令二千石勉劝农桑,出入阡陌,致劳来之"⑥,及汉安帝永初三年(109)"诏长吏案行在所,皆令种宿麦蔬食,务尽地力"⑦等,都是政府利用交通条

---

① 《隶释》卷一《益州太守高联修周公礼殿记》。(宋)洪适:《隶释 隶续》,第17页。

② 《隶续》卷三《建平郏县碑》有"建平五年六月"字样,洪适指出:"'建平'者,哀帝之纪年,其五年已改为'元寿'矣,此云'建平五年六月'者,与《周公礼殿碑》相类,殆蜀道未知改元尔。"新疆拜城《刘平国等作列亭诵》也在改元两月之后仍然沿用旧年号,情形也应当相似。(宋)洪适:《隶释 隶续》,第305页;文物编辑委员会编:《文物集刊(2)》,文物出版社1980年版,第45—58页。

③ 《史记》卷一二九《货殖列传》,第3261页。

④ 《史记》卷三〇《平准书》,第1442页。

⑤ 《汉书》卷六《武帝纪》,第177页。

⑥ 《汉书》卷一〇《成帝纪》,第314页。

⑦ 《后汉书》卷五《安帝纪》,第213页。

件进行生产鼓动和生产组织的史例。

高度集权的专制政府可以调度各地的运输力量及时转送当地农产品以满足军国需用,以致往往"转漕甚辽远"①,"运行数千里不绝于道"②。汉武帝当政时,开始推行体制全新的均输制度,以往重复运输、过远运输、对流运输等不合理运输导致的"天下赋输或不偿其僦费"③的现象于是有所扭转。交通运输的进步,愈益使各经济区都融并入"财物流通,有以均之"④的经济共同体之中,经济意义上"海内为一"⑤的局面终于形成。

在以发达的交通条件为基础的这种经济体制下,当遭遇严重的自然灾害时,政府可以调度运输力量"转旁郡钱谷以相救"⑥,同时统一组织安置灾民。如汉武帝元鼎二年(前115),因"水潦移于江南",于是"下巴蜀之粟致之江陵"⑦,又"令饥民得流就食江淮间,欲留,留处"⑧。正如《盐铁论·力耕》所说,"均输之物"的作用,可以"流有余而调不足","赈困乏而备水旱之灾"⑨。

秦汉时期交通成就对于经济发展的有力推动,突出体现为商运的空前活跃极大地促进了物资的交流,"农商交易,以利本末"⑩,因而使得经济生活表现出前所未有的活力。不同区域间的经济差异于是缩小了。当时,"富商大贾,周流天下,道无不通"⑪,"千里游敖,冠盖相望,乘坚策肥"⑫,"船车贾贩,周于四方"⑬,"东西南北,各用智巧"⑭。以繁忙的交通活动为基础的民间自由贸易,冲决政府抑商政策的重重限遏,对于秦汉经济的繁荣表现出显著的历史作用。

---

① 《史记》卷三〇《平准书》,第1422页。
② 《汉书》卷五一《枚乘传》,第2363页。
③ 《汉书》卷二四下《食货志下》,第1174页。
④ 王利器校注:《盐铁论校注(定本)》卷一《通有》,第43页。
⑤ 《史记》卷一二九《货殖列传》,第3261页。
⑥ 《汉书》卷九《元帝纪》,第280页。
⑦ 《汉书》卷六《武帝纪》,第182页。
⑧ 《汉书》卷二四下《食货志下》,第1172页。
⑨ 王利器校注:《盐铁论校注(定本)》卷一《力耕》,第27页。
⑩ 王利器校注:《盐铁论校注(定本)》卷一《通有》,第43页。
⑪ 《史记》卷一一八《淮南衡山列传》,第3088页。
⑫ 《汉书》卷二四上《食货志上》,第1132页。
⑬ 《后汉书》卷四九《仲长统传》,第1648页。
⑭ 《汉书》卷七二《贡禹传》,第3075页。

3

战国时代"分为七国,田畴异亩,车涂异轨,律令异法,衣冠异制,言语异声,文字异形"①的文化形势,在秦汉时期有显著的改变。秦始皇《琅邪刻石》所谓"匡饬异俗",《之罘刻石》"其东观曰"所谓"远迩同度",《会稽刻石》所谓"人乐同则"②,其实都可以理解为克异求同的文化统一的宣言。《礼记·中庸》有"天下车同轨,书同文"③的说法,秦始皇时代也曾经进行过"车同轨,书同文字"的政治宣传④。当时,"车涂异轨"已经被看作文化一统的重要障碍。人们看到,除了发起修筑驰道、直道等大规模的交通工程之外,秦始皇本人多次风尘仆仆巡行东方,其实也可以看作追求文化汇同的理想的一种交通实践。

《汉书·地理志下》说,"凡民函五常之性,而其刚柔缓急,音声不同,系水土之风气,故谓之风;好恶取舍,动静亡常,随君上之情欲,故谓之俗。孔子曰:'移风易俗,莫善于乐。'⑤言圣王在上,统理人伦,必移其本,而易其末,此混同天下一之虖中和,然后王教成也。"⑥所谓"汉承百王之末,国土变改,民人迁徙"⑦的历史变化,促成了区域文化走向一统,"混同天下一之虖中和"的进步。

各地区间文化的进一步融汇,是在再一次出现交通建设高潮的汉武帝时代实现的。

汉武帝开通了多处交通干线,凿通了漕渠,使河渭水运达到新的水平。又打通了西域道路,令汉王朝的威德播扬于中亚。发"楼船军"浮海,更是交通史上的壮举。他还曾经多次组织大规模远征和数以十万计的移民运

---

① （汉）许慎撰,（宋）徐铉校定:《说文解字·叙》,第316页。
② 《史记》卷六《秦始皇本纪》,第245、250、262页。
③ （清）阮元校刻:《十三经注疏》,第3546页。
④ 《史记》卷六《秦始皇本纪》,第239页。
⑤ 颜师古注:"《孝经》载孔子之言。"《汉书》卷二八下《地理志下》,第1641页。
⑥ 《汉书》卷二八下《地理志下》,第1640页。
⑦ 《汉书》卷二八下《地理志下》,第1640页。

辂车 　　　　　　　　　　　　　　　　辒车

轩车 　　　　　　　　　　　　　　　　安车

图 10　汉代出行车辆

（采用孙机制图）

动。其"巡狩所幸郡国凡四十九"①,行旅活动,成为他多所作为的政治实践的主要内容之一。

汉武帝在位 54 年,是中国古代统治年代比较长的帝王。汉武帝时代,西汉王朝开始进入全盛时期。作为胸怀雄才大略的政治家,汉武帝的政治思想与政治实践在历史上留下了深刻的足迹。汉武帝时代,以汉族为主体的统一的多民族国家得到空前的巩固,汉文化的主流形态基本形成,中国开始以文明和富强的政治实体和文化实体闻名于世。

汉武帝时代是英才荟萃的时代。文学、史学、哲学、政治学、经济学、军事学等,在这一时期都有繁盛丰实的成果。汉武帝时代的政治体制、经济形式和文化格局,对后世都有相当重要的历史影响。当时的西汉帝国以其精神文化和物质文化的辉煌成就成为东方文明的骄傲,在林立于世界的不同

---

① 《汉书》卷七五《夏侯胜传》,第 3157 页。

文化体系之中居于领先的地位。

正是在汉武帝时代，数十年来曾经多次挑起战争、策动割据的地方分裂势力终于被基本肃清。也正是在这一时期，楚文化、秦文化和齐鲁文化大体完成了合流的历史过程。西汉初年各地尚多见的秦式墓葬，这时也已经不复存在。也正是在汉武帝时代，秦隶作为统一的文字书体终于为全国文化界所认可。先进的文化阶层多年来天下"书同文"的理想终于实现。汉武帝"罢黜百家，表章六经"[1]，推进儒学空前普及并且确立其正统地位的文化政策，结束了"师异道，人异论，百家殊方"的局面，于是"令后学者有所统一"[2]，中国文化史从此进入了新的历史阶段，这一历史转变的完成，也是与几代学人千里负笈，游学求师的交通现象有关的。

秦汉包括交通条件演变在内的历史变迁，确实使社会文化面貌发生了重要的变化。各地区间，不仅文化冲突得以消弭，其文化差异，也已经较前代逐渐淡化。黄河流域在西汉晚期至于东汉时期所形成的关东（山东）、关西（山西）两个基本文化区[3]，东汉以后由于军役发动、灾民流移、北戎南下、边人回迁等特殊的交通活动的作用，又进一步实现了新条件下的文化融合。魏晋以后，江南、江北两个文化区相互并峙的局面，已经成为最引人瞩目的文化形势。

由"关东·关西"到"江南·江北"之文化区划的演变，其实有交通条件的作用。

回顾文化史的进程，应当肯定交通建设对于秦汉文化统一的积极意义。

正如孙毓棠先生曾经指出的："交通的便利，行旅安全的保障，商运的畅通，和驿传制度的方便，都使得汉代的人民得以免除固陋的地方之见，他们的见闻比较广阔，知识易于传达。汉代的官吏士大夫阶级的人多半走过很多的地方，对于'天下'知道得较清楚，对于统一的信念比较深。这一点不仅影响到当时人政治生活心理的健康，而且能够加强了全国文化的统一性，这些都不能不归功于汉代交通的发达了。"[4]

---

① 《汉书》卷六《武帝纪》，第212页。
② 《汉书》卷五六《董仲舒传》，第2523、2526页。
③ 关东与关西，山东与山西，是当时人涉及区域分析时通行的用语。
④ 孙毓棠：《汉代的交通》，《中国社会经济史集刊》1944年第7卷第1期，收入《孙毓棠学术论文集》，中华书局1995年版。

二四

人口流动与文化交融

　　《列子·天瑞》说:"有人去乡土、离六亲、废家业、游于四方而不归者,何人哉? 世必谓之为狂荡之人矣。"①

　　这正是在秦汉时期十分通行的观念。

　　《盐铁论·相刺》写道:"古者经井田,制廛里,丈夫治其田畴,女子治其麻枲,无旷地,无游人。"②"无游人",被看作理想的社会状况。"游人",于是被看作无益于社会正常发展的闲散人口。《后汉书·酷吏传·樊晔》:"凉州为之歌曰:'游子常苦贫,力子天所富。'"也体现了这样的道德指导倾向。与"游子"相对应的"力子",李贤注:"勤力之子。"③

　　《潜夫论·浮侈》中,可以看到王符对离开乡土田亩的所谓"浮食者"的严厉批评,他们的社会行为,被称作"游手":"今举世舍农桑,趋商贾,牛马车舆,填塞道路,游手为巧,充盈都邑,治本者少,浮食者众。"④《潜夫论·务本》又写道:"夫富民者,以农桑为本,以游业为末。"⑤明确否定"游业"对于经济生活和一般社会生活的意义。

　　应当看到,秦汉时期所谓"去乡土、离六亲、废家业、游于四方而不归",

---

　　① 杨伯峻:《列子集释》卷一《天瑞》,中华书局 1979 年版,第 27 页。

　　② 王利器校注:《盐铁论校注(定本)》卷五《相刺》,第 253 页。

　　③ 《后汉书》卷七七《酷吏传·樊晔》,第 2491、2492 页。

　　④ (汉)王符著,(清)汪继培笺,彭铎校正:《潜夫论笺校正》卷三《浮侈》,中华书局 1985 年版,第 120 页。

　　⑤ (汉)王符著,(清)汪继培笺,彭铎校正:《潜夫论笺校正》卷一《务本》,第 15 页。

是比较普遍的社会文化现象。无论是主动的流动还是被动的流动,他们的
社会实践,都对各个地区间文化的交融产生过积极的作用。

1

役人,是秦汉时期流动人口中数量最大,牵动社会生活也最为显著的
成分。

秦汉王朝征发调动农人服事以劳作为主要内容的徭役,规模和影响都
达到惊人的程度。

秦始皇时代多所兴作,往往"输将起海上而来"[①],以致出现《淮南子·
氾论》中说到的情形:

> 丁壮丈夫西至临洮、狄道,东至会稽、浮石,南至豫章、桂林,北至飞
> 狐、阳原,道路死人以沟量。[②]

出于军事政治目的而规划的大规模的土木工程,往往调动远方民众。他们
在当时的交通条件下,不得不经历极其艰苦的跋山涉水的过程。例如,"发
卒五十万,使蒙公、杨翁子将,筑修城,西属流沙,北击辽水,东结朝鲜,中国
内郡輓车而饷之。"[③]所谓"天下蜚刍輓粟,起于黄、腄、琅邪负海之郡,转输
北河"[④],体现了这种流动过程的遥远。

秦始皇陵骊山工程,调用役人数十万人,一说多达70万:

> 始皇初即位,穿治骊山,及并天下,天下徒送诣七十余万人。(《史
> 记》卷六《秦始皇本纪》)

> 隐宫徒刑者七十余万人,乃分作阿房宫,或作丽山。(《史记》卷六
> 《秦始皇本纪》)

> 丽山之徒数十万人。(《史记》卷九一《黥布列传》)

> (始皇)死葬乎骊山,吏徒数十万人,旷日十年。(《汉书》卷五一
> 《贾山传》)

---

① (汉)贾谊撰,阎振益、钟夏校注:《新书校注》卷三《属远》,第116页。
② 何宁:《淮南子集释》卷一三《氾论训》,第942—943页。
③ 何宁:《淮南子集释》卷一八《人间训》,第1288—1289页。
④ 《史记》卷一一二《平津侯主父列传》,第2954页。

> 使丞相（李）斯将天下刑人七十二万人作陵。（《文献通考·王礼考》引《汉旧仪》）①

经过对秦始皇陵复土工期和工程量与当时劳动生产率的核算，可知秦始皇复土工程用工人数超过 70 万的记载是基本可信的。②

秦始皇陵西侧赵背户村发掘的秦陵修建工程劳役人员的墓地中，发现 19 人的瓦文墓志，其中计有标志死者出身地点的地名 14 个，分别属于原三晋、齐、鲁和楚国故地。③ 可见秦王朝徭役征调，确实往往使服役人员经历不同的文化区域。

当时调用徭役之残酷，据说使得役者"苦不聊生，自经于道树，死者相望"，以致不得不发"丁女转输"④。楚汉战争时期，仍然有"丁壮苦军旅，老弱罢转饷"⑤的情形。"汉兴，接秦之弊，丈夫从军旅，老弱转粮饷。"⑥

《史记·平准书》记述汉武帝时期开通西南夷道工程的艰巨："作者数万人，千里负担馈粮，率十余锺致一石。"⑦《史记·匈奴列传》又记载，汉武帝元狩四年（前 119）春出击匈奴，"粟马发十万骑，私负从马凡十四万匹，粮重不与焉。"⑧历代注家对于"私负从马"的意义有不同的认识，但是对于"粮重"，则多依颜师古注《汉书·匈奴传上》时所谓"负戴粮食"⑨说。《汉书·李广利传》说，汉武帝太初三年（前 102）李广利再击大宛，"出敦煌六万人，负私从者不与。"颜师古注："负私粮食及私从者，不在六万人数中也。"⑩可见转运军粮的役人，不在正规军编制之内。然而从有的资料分析，他们和作战人员的比例，有时甚至可以达到一比一。诸葛亮北伐，魏延曾献

---

① 《史记》，第 256、265、2597 页；《汉书》，第 2328 页；（元）马端临：《文献通考》卷一二四《王礼考》，中华书局 2011 年版，第 3836 页。

② 王子今：《秦始皇陵复土工程用工人数论证》，《文博》1987 年第 1 期。

③ 始皇陵秦俑坑考古发掘队：《秦始皇陵西侧赵背户村秦刑徒墓》，《文物》1982 年第 3 期。另可参看孙英民：《〈秦始皇陵西侧赵背户村刑徒墓〉质疑》，《文物》1982 年第 10 期；高炜：《秦始皇陵的勘察与发掘》，《新中国的考古发现和研究》，文物出版社 1984 年版。

④ 《史记》卷一一二《平津侯主父列传》，第 2958 页。

⑤ 《汉书》卷一上《高帝纪上》，第 44 页。

⑥ 《史记》卷三〇《平准书》，第 1417 页。

⑦ 裴骃《集解》："《汉书音义》：'锺六石四斗。'"《史记》卷三〇《平准书》，第 1421、1422 页。

⑧ 《史记》卷一一〇《匈奴列传》，第 2910 页。

⑨ 《汉书》卷九四上《匈奴传上》，第 3770 页。

⑩ 《汉书》卷六一《李广利传》，第 2700 页。

计由子午谷突袭长安,请求率"精兵五千,负粮五千,直从褒中出"①。

繁重的徭役,使民众经历沉重的苦难,也使社会生产力遭受严重的破坏,但是从不同地区因此而能够得到文化交汇的条件这一角度考察,却可以发现以苦难和破坏为代价的文化史的进步。

农人成为役人,"去乡土、离六亲、废家业",开始经历原先未曾经历的徭役生活,劳作虽然备极辛苦,心情虽然备极愁懑,但是眼界却因此而阔远,识见却因此而丰富,不同区域人们的文化心理,也因此而得以接近。

2

军人,也是秦汉时期比较集中地流动于不同文化区域之间的人口构成。

秦末大起义爆发的直接原因,就是陈涉等远戍渔阳的役人屯大泽乡,"会天大雨,度已失期,失期,法皆斩"②。而军人征远远戍,原本就因远离乡土而使踏上征程者不免人心愁苦。秦时,中原人赴越地,所谓"见行,如往弃市",甚至"行者深怨,有背畔之心"③,就反映了军人万里南征时的心理。

汉代开边定远的军事行动仍然十分频繁。征人远行万里,是很平常的事。

已往对汉代军制的理解,有所谓"戍边三日"的说法。《汉书·昭帝纪》:"(元凤)三年以前逋更赋未入者,皆勿收。"颜师古注引如淳曰:"'更'有三品,有'卒更',有'践更',有'过更'。古者正卒无常人,皆当迭为之,一月一更,是谓'卒更'也。贫者欲得顾更钱者,次直者出钱顾之,月二千,是谓'践更'也。天下人皆直戍边三日,亦名为'更',《律》所谓繇戍也。虽丞相子亦在戍边之调。不可人人自行三日戍,又行者当自戍三日,不可往便还,因便住一岁一更。诸不行者,出钱三百入官,官以给戍者,是谓'过更'也。《律说》:卒践更者,居也,居更县中五月乃更也。后从《尉律》,卒践更一月,休十一月也。《食货志》曰:'月为更卒,已复为正,一岁屯戍,一岁力役,三十倍于古。'此汉初因秦法而行之也。后遂改易,有谪乃戍边一岁耳。

①　《三国志》卷四〇《蜀书·魏延传》注引《魏略》,第1003页。
②　《史记》卷四八《陈涉世家》,第1950页。
③　《汉书》卷四九《晁错传》,第2284页。

逋,未出更赋钱也。"①对于其中所谓"戍边三日"的理解,历来众说莫一,黄今言先生指出,如淳讲的"戍边三日",着重阐明的是更赋的性质及内容问题。如淳所说的"戍边三日"和《汉书·食货志上》董仲舒所谓"一岁屯戍",是从不同角度来讲"役"的形式。董说"屯戍",说的是戍卫兵役。"史实表明,研讨西汉屯戍的役期问题,不能以如淳之说为是,当以董氏之说为据。至少武帝之前如此。"西汉后期,随着小农的破产流亡,征兵制度逐渐难以推行,在役法上出现了些松动。诸如:运用夷兵、刑徒及募兵等。然而戍卒屯戍一岁的制度,到西汉末年仍然没有改变。"天下人皆直戍边三日",是征收"更赋"的一个计算标准。尽管存在以钱代役的形式,"至于一般被压迫人民,却仍然存在'屯戍一岁'或'久戍不归'的情况"。②

《盐铁论·徭役》说到汉时军役使民众不得不涉历千万里的情形:

> 文学曰:周道衰,王迹熄,诸侯争强,大小相凌。是以强国务侵,弱国设备。甲士劳战阵,役于兵革,故君劳而民困苦也。今中国为一统,而方内不安,徭役远而外内烦也。古者无过年之徭,无逾时之役。今近者数千里,远者过万里,历二期。长子不还,父母愁忧,妻子咏叹。愤懑之恨发动于心,慕思之积痛于骨髓。③

《盐铁论·执务》也写道:

> 若今则徭役极远,尽寒苦之地,危难之处,涉胡、越之域,今兹往而来岁旋,父母延颈而西望,男女怨旷而相思。身在东楚,志在西河。故一人行而乡曲恨,一人死而万人悲。④

这种人口流动的幅面相当广阔。从居延汉简和敦煌汉简中的资料看,河西兵士多有来自东方远郡者。见诸简文记录的东方籍军人,有来自京兆尹、左冯翊、右扶风、弘农、河东、上党、河内、河南、东郡、陈留、颍川、汝南、南阳、山阳、济阴、沛郡、魏郡、巨鹿、常山、北海、丹扬、汉中、广汉、陇西、金城、武威、张掖、酒泉、敦煌、北地、西河、渔阳、赵国、广平、高密、淮阳、梁国、东平、大

---

① 《汉书》卷七《昭帝纪》,第229—230页。
② 黄今言:《秦汉赋役制度研究》,江西教育出版社1988年版,第276—281页;《秦汉军制史论》,江西人民出版社1993年版,第58—64页。
③ 王利器校注:《盐铁论校注(定本)》卷九《徭役》,第520页。
④ 王利器校注:《盐铁论校注(定本)》卷七《执务》,第456页。

河、昌邑等 44 郡国 177 县 800 余例。所见戍卒原籍郡县，占《汉书·地理志下》所谓全国"郡国一百三"的 39.81%，"县邑千三百一十四"的 13.47%，可见戍卒征发地域之广阔及行程之遥远。①

秦汉军人跨越不同文化区域的军事生活实践，是促成各个区域间文化沟通与文化融汇的有利因素之一。

3

吏人，在秦汉时期也以其行历四方的人生实践，为文化的融合与统一创造了条件。

从秦汉时期大一统的专制主义政体确立之后，官僚政治作为中国传统社会的主体构架长期不再动摇。要实现所谓"六合之内，皇帝之土"，"经理宇内"，"远迩同度"②的政治要求，无疑要依靠吏制的完备。

自秦汉时期起，中央政府已经注重从各地选用人才从事国家行政的管理，地方官吏的任免，也往往由最高统治集团决策。官员的调任迁转，不仅相对较为频繁，而且常常辗转千里，历程辽远。

汉代官员已经有自称"牛马走"的习用文语。司马迁的《报任少卿书》开篇即称"太史公牛马走司马迁再拜言少卿足下"。《文选》李善注解释说，"走，犹仆也"，"自谦之辞也。"③有的学者以为，"牛马走"应当就是"先马走"。钱锺书先生指出，"先马走"，犹如后世所谓"马前走卒"，"即同书札中自谦之称'下走'、'仆'耳。"④"牛马走""先马走"，都强调其奔波劳碌。事实上，如牛马一般为君王驱役，千里奔走，不避风尘，是在专制帝国各级行政机构中服务的官员们⑤生活方式的基本特色之一。

汉代制度已经有地方行政长官回避本籍的规定。

汉武帝时，除了司隶校尉、京兆尹、长安县令丞尉以外，地方长官都不用

---

① 参看何双全：《〈汉简·乡里志〉及其研究》，《秦汉简牍论文集》，甘肃人民出版社 1989 年版；王子今：《秦汉交通史稿》(增订版)，第 419 页。
② 《史记》卷六《秦始皇本纪》，第 245、250 页。
③ （梁）萧统编，（唐）李善、吕延济、刘良、张铣、吕向、李周翰注：《六臣注文选》，第 764 页。
④ 钱锺书：《管锥编》，第 1 册第 395 页。
⑤ 《后汉书》卷七六《循吏传·任延》，第 2460—2463 页。

本籍人。刺史不用本州人。郡守、国相不用本郡国人。县令长丞尉不用本县人，也不用本郡人。此外，郡督邮可用本郡人，但不用所督诸县之人。州之部郡从事也可用本

州人，但不用所部之郡人。

东汉时期，对回避本籍制度的执行更为严格。京畿也一律不用本籍人。婚姻之家及两州人士也不得互相监临。以后又有更为严格的所谓"三互法"。"三互法"规定，如甲州人士在乙州为官，同时乙州人士又在丙州为官，则丙州人士不但不能到乙州为官，也不能到甲州为官。三州婚姻之家也是如此。[1]

这种防止地方官相互勾结庇护，以加强中央对地方控制的制度，对于从政人员本人来说，使得他们几乎都不得不远程迁转，行历各地。于是经历不同文化区域的行旅生活，自然成为大多数官员社会生活总体中的最重要的内容之一。

史籍中所见官僚履历，大多历任数职，转仕于各地。《汉书·循吏传》中著名循吏召信臣曾经转仕7处，黄霸则曾经转仕9处。东汉著名循吏任延转仕地点竟然多达10处，西北至武威，东南到会稽，南至九真，都有他历任行政长官的足迹。

1971年发现的内蒙古和林格尔汉墓壁画，有记录墓主生前仕途经历的内容，可知墓主举孝廉为郎，又出任西河长史、行上郡属国都尉、繁阳令、雁门长史、使持节护乌桓校尉等职。其出生地可能是定襄武成，即墓址所在附近。为郎时当居于洛阳。西河郡治在今山西离石，上郡属国都尉治所在今山西石楼，繁阳则在今河南内黄西北，雁门郡治在今山西朔县东，而护乌桓校尉治所则在今河北万全。壁画绘有"渭水桥"，桥上车骑间榜题"长安令"三字，显然体现的是长安渭桥。壁画又有"居庸关"图，并榜题"使君从繁阳迁度关时"，车骑队列间有"使君□车从骑"等字样，也体现了墓主当时辗转千里宦游四方的经历。[2]

行政官员在较广阔的地域的交通实践，在较众多的地点的实政经历，无

---

① 安作璋、熊铁基：《秦汉官制史稿》，齐鲁书社1985年版，下册第376—378页；安作璋、陈乃华：《秦汉官吏法研究》，齐鲁书社1993年版，第33页。

② 内蒙古自治区博物馆：《和林格尔汉墓壁画》。

图 11　和林格尔汉墓壁画从繁阳迁度居庸关出行画面

疑会有益于他们文化素养的提高,有益于他们政治视野的开阔,有益于他们
管理经验的成熟,有益于他们行政事业的成功。这样的情形也可以促进不
同地域文化的接近,对于社会文化结构的形式也无疑有着积极的影响。正
如有的学者曾经指出的,"汉代的官吏士大夫阶级的人"往往"对于'天下'
知道得较清楚,对于统一的信念也较深",而"这一点不仅影响到当时人政
治生活心理的健康,而且能够加强了全国文化的统一性",其原因,正在于
他们"多半走过很多的地方"①,有流移生活的经历。

4

　　学人,也是秦汉时期较为活跃的社会力量,他们的文化行迹,对于消弭
不同区域间的文化隔阂,有着相当重要的积极意义。

　　秦汉学人大多经历过远道寻师求学的艰辛。在当时比较落后的交通条
件下,他们往往自己背负着行李、书籍和文具,不远千里,跋山涉水,求师问
学。史书中常常用所谓"千里负笈"来形容这样的社会文化活动。

---

① 孙毓棠:《汉代的交通》,《中国社会经济史集刊》1944 年第 7 卷第 1 期,收入《孙毓棠学术
论文集》。

"笈",是一种主要用以盛装书籍的竹编器具。《太平御览》引《风俗记》说:"笈,学士所以负书箱,如冠籍箱也。"①同卷所引谢承《后汉书》又具体说到了几位著名"学士""负笈"就学的事迹:

  袁闳,字夏甫,汝南人也,博览群书,常负笈寻师,变易姓名。

  苏章,字士成,北海人,负笈追师,不远万里。

  方储,字圣明,负笈到三辅,无术不览。②

据《后汉书·儒林传》记载,汉光武帝刘秀兴起太学,汉明帝当政时,又曾经亲自临众讲学,听讲者据说"盖亿万计",甚至匈奴贵族子弟也前来洛阳在太学就读,研习儒学经典。太学形势一时"济济乎,洋洋乎",后来"游学增盛",太学生竟多达3万余人。③ 这些人来自全国各地,都是为了求学而经历艰辛的行旅生活的。

当时私家教学也形成风气。各地许多办私学的学者,也吸引了万千来自远道的学人。

据说疏广"家居教授,学者自远方至"④。申公"归鲁退居家教,终身不出门","弟子自远方至受业者千余人。"⑤东汉时,私学更为繁盛。据《后汉书·儒林传》,刘昆曾经"教授弟子恒五百余人"。洼丹"徒众数百人"。任安在家中教授学生,"诸生自远而至"。杨政"教授数百人"。张兴讲学,弟子自远而至者,仅著录在册的就将近万人。欧阳歙"教授数百人",后下狱,"诸生守阙为歙求哀者千余人"。曹曾"门徒三千人"。牟长"诸生讲学者常有千余人,著录前后万人"。牟纡"门生千人"。宋登"教授数千人"。孔季彦"门徒数百人"。杨伦"讲授于大泽中,弟子至千余人"。魏应"教授山泽中,徒众常数百人","弟子自远方至,著录数千人"。薛汉"教授常数百人"。杜抚"弟子千余人"。董钧"常教授门生百余人"。丁恭"教授常数百人","诸生自远方至者,著录数千人"。周泽"隐居教授,门徒常数百人"。甄宇"教授常数百人"。甄承"讲授常数百人"。楼望"诸生著录九千余人"。程

---

① (宋)李昉等:《太平御览》卷七一一,第3168页。
② (宋)李昉等:《太平御览》卷七一一,第3168—3169页。
③ 《后汉书》卷七九《儒林传》,第2546、2547页。
④ 《汉书》卷七一《疏广传》,第3039页。
⑤ 《汉书》卷八八《儒林传·申公》,第3608页。

曾"数百人常居门下"。张玄"诸儒皆服其多通,著录千余人"。李育"常避地教授,门徒数百"。颍容"聚徒千余人"。谢该"门徒数百千人"。蔡玄"门徒常千人,其著录者万六千人"①。

远路求学之例,有广汉绵竹人任安"少游太学","学终,还家教授,诸生自远而至。"济阴成武人孙期"少为诸生","家贫,事母至孝,牧豕于大泽中,以奉养焉。远人从其学者,皆执经垄畔以追之。"济阴定陶人张驯"少游太学"。南阳堵阳人尹敏"少为诸生"。陈留东昏人杨伦"少为诸生"。会稽曲阿人包咸"少为诸生,受业长安"。任城人魏应"诣博士受业"。蜀郡繁人任末"少习《齐诗》,游京师"。淮阳人薛汉的弟子中,以犍为人杜抚、会稽人澹台敬伯、钜鹿人韩伯高最为知名。会稽山阴人赵晔"到犍为资中,诣杜抚受《韩诗》,究竟其术,积二十年,绝问不还",以致"家为发丧制服"。东海人卫宏曾经从九江人谢曼卿学《毛诗》,又从大司空杜林学《古文尚书》。犍为资中人董钧又曾经"事大鸿胪王临"。汝南汝阳人钟兴也曾经"少从少府丁恭受《严氏春秋》"。这种以中央政府高级官僚为师的求学生涯,自然当以游历京师为条件。豫章南昌人程曾"受业长安,习《严氏春秋》,积十余年,还家教授"。南阳章陵人谢该曾经为河东人乐详解释疑难,有所谓《谢氏释》行于世,也反映了远行千里求师问学的现象。而出身广汉郡梓潼县(今四川梓潼)的学者景鸾,据说"少随师学经,涉七州之地"。②

据《后汉书·儒林传》记载,在路途中结束其学术生命的名儒,就有牟纡"道物故"③,任末"奔师丧,于道物故"④,服虔"遭乱行客,病卒"⑤等数例。

当时,"经生所处,不远万里之路,精庐暂建,赢粮动有千百,其著名高义开门受徒者,编牒不下万人"⑥,是相当普遍的情形。研读经学的学人,往往远行万里前往权威学者那里求教。政府修造的讲读之舍,吸引背负口粮远道就读者动辄以千百计。而一些著名的学术大师开门讲学,正式注册的

---

① 《后汉书》卷七九《儒林传》,第 2550—2588 页。
② 《后汉书》卷七九《儒林传》,第 2551—2584 页。
③ 李贤注:"在路死也。"《后汉书》卷七九《儒林传》,第 2557 页。
④ 《后汉书》卷七九《儒林传》,第 2572 页。
⑤ 《后汉书》卷七九《儒林传》,第 2583 页。
⑥ 《后汉书》卷七九《儒林传》,第 2588 页。

学生常常超过万人。

《后汉书·李固传》说,李固虽然身为最高级的官僚"三公"的子弟,然而自幼好学,"常步行寻师,不远千里"。后来潜心钻研儒学典籍,终于学有成就,于是"四方有志之士,多慕其风而来学"①。李贤注引《谢承书》曾经说到他当初为了求学而不畏行旅艰辛的具体情形:

> (李)固改易姓名,杖策驱驴,负笈追师三辅,学五经,积十余年。②

《后汉书·杜乔传》李贤注引《续汉书》也记述说,杜乔"少好学","虽二千石子,常步担求师。"③虽然是高官显宦子弟,但仍然经常步行担负书籍,远道寻师求教。

行旅生活和学术成就的关系,久已受到有识见的学者们的充分重视。他们通过"读万卷书,行万里路"的人生实践,对于我们民族文化的繁荣和进步,作出了特殊贡献。

汉代文史大家司马迁也是一位大游历家。他为丰富人类文化宝库而贡献的史学名著《史记》,就是在千里行旅同时进行实地考察的基础上写作的。据《史记》中的自述,他的游踪之远,在今天看来,无疑也是令人惊异的。我们看到,他行旅所至,遍及现今的 16 个省区,当时汉文化所覆盖的各个主要地区,几乎都留下了他的足迹。《史记·太史公自序》说道:司马迁生于龙门,曾经耕牧于河山之阳,二十岁时,即"南游江淮",登会稽山,考察禹的遗迹,又在九疑山勘查舜的葬地,浮沅、湘而下。继而"北涉汶、泗",在齐、鲁之都进行学术活动,体验孔子儒学遗风,在邹、峄实践传统礼仪。后来于鄱、薛、彭城等地遭遇行旅挫折,接着又游历楚、梁地区,然后回归长安。此后,又曾"奉使西征巴、蜀以南,南略邛、笮、昆明"④。《史记》其他部分仍多有涉及司马迁行旅活动的内容,例如:

> 余尝西至空桐,北过涿鹿,东渐于海,南浮江、淮矣,至长老皆各往往称黄帝、尧、舜之处。(卷一《五帝本纪》)
>
> 余从巡祭天地诸神名山川而封禅焉。(卷二八《封禅书》)

---

① 《后汉书》卷六三《李固传》,第 2073 页。
② 《后汉书》卷六三《李固传》,第 2073 页。
③ 《后汉书》卷六三《杜乔传》,第 2092 页。
④ 《史记》卷一三〇《太史公自序》,第 3293 页。

余南登庐山,观禹疏九江,遂至于会稽太湟,上姑苏,望五湖;东窥洛汭、大邳,迎河,行淮、泗、济、漯洛渠;西瞻蜀之岷山及离碓;北自龙门至于朔方。(卷二九《河渠书》)

余从负薪塞宣房。(卷二九《河渠书》)

吾适齐,自泰山属之琅邪,北被于海。(卷三二《齐太公世家》)

吾适故大梁之墟。(卷四四《魏世家》)

适鲁,观仲尼庙堂车服礼器。(卷四七《孔子世家》)

余登箕山,其上盖有许由冢云。(卷六一《伯夷列传》)

吾尝过薛。(卷七五《孟尝君列传》)

吾过大梁之墟。(卷七七《魏公子列传》)

吾适楚,观春申君故城。(卷七八《春申君列传》)

适长沙,观屈原所自沈渊。(卷八四《屈原贾生列传》)

吾适北边,自直道归,行观蒙恬所为秦筑长城亭障。(卷八八《蒙恬列传》)

吾如淮阴。(卷九二《淮阴侯列传》)

吾适丰沛。(卷九五《樊郦滕灌列传》)

余至江南,观其行事,问其长老。(卷一二八《龟策列传》)①

可以看到,司马迁行旅生活的主要内容,是对不同区域历史文化遗迹的调查,是对不同区域当代人文精神的体验。应当说,正是通过这样的行旅历程,他才一步步接近了历史的真理,一步步攀登上文化的高峰。

5

贾人,是秦汉时期活跃经济生活,同时也活跃文化生活的社会成分。

以经商为生计的贾人,确实是以最旺盛的生机和最饱满的热情往来于各个文化特色不同的区域的。

司马迁在《史记·货殖列传》中说到"天下熙熙,皆为利来;天下壤壤,

———————

① 《史记》,第 46、1404、1415、1513、1864、1947、2121、2363、2385、2399、2503、2570、2629、2673、3225 页。

皆为利往"①的为趋利、逐利而辛苦奔忙的世态民情,最典型的例证就是商人的活动。

在司马迁所处的时代,已经出现"连车骑,游诸侯,因通商贾之利","贳贷行贾遍郡国","转毂以百数,贾郡国,无所不至"②,从而取得经济成功的商贾。由于当时政府为恢复经济所实行的特殊的政策,"是以富商大贾周流天下,交易之物莫不通"③。

这些"富商大贾"不仅取得影响社会经济的实力,而且实际上又在一定程度上领导着社会风习的方向。"抑商"政策往往与"禁奢侈"相联系,原因正在这里。

尽管政府一次次推行打击商人的政策,他们仍然以顽强的生命力活跃在社会生活中。就其交往方式而言,他们"千里游敖,冠盖相望,乘坚策肥"④的行旅活动,对于民间所谓"牛马车舆,填塞道路"⑤,"车如流水,马如游龙"⑥等社会现象的形成,也有一定的前导性的作用。

所谓"商贾错于路","交万里之财"⑦,所谓"连车骑,交守相"⑧,"均有无而通万物"⑨,所谓"商贾求利,东西南北各用智巧"⑩,都反映了当时商人忙忙碌碌往来各地的情形。所谓"连车骑,游诸侯","连车骑,交守相",以及所谓"以财养士,与雄桀交"⑪等,又说明商贾富豪凭借其社会阅历和社会关系可以介入政治生活。另外,他们的社会活动,又可以对文化传统不同,文化走向不同的各个区域发生重要的影响。

秦汉时期贾人的活动,不仅"均有无而通万物",实现了各个区域间物

---

① 《史记》卷一二九《货殖列传》,第3256页。
② 《史记》卷一二九《货殖列传》,第3278、3279页。
③ 《史记》卷一二九《货殖列传》,第3261页。
④ 《汉书》卷二四上《食货志上》,第1132页。
⑤ (汉)王符著,(清)汪继培笺,彭铎校正:《潜夫论笺校正》卷三《浮侈》,第120页。
⑥ 《后汉书》卷一〇上《皇后纪上·明德马皇后》,第411页。
⑦ 王利器校注:《盐铁论校注(定本)》卷一《通有》,第42、43页。
⑧ 《史记》卷一二九《货殖列传》,第3279页。
⑨ 王利器校注:《盐铁论校注(定本)》卷一《通有》,第42页。
⑩ 《汉书》卷七二《贡禹传》,第3075页。
⑪ 《汉书》卷九一《货殖传》,第3694页。

质文化的交流,也能够"益损于风俗"①,推进各个区域精神文化的融合。

最突出的史例,是浮华侈靡的消费习惯与生活方式对于全社会的普遍影响,以致"世俗坏而竞于淫靡"②。另外,则是他们精明逐利的奋斗精神与经营形式对全社会的普遍影响。他们以亲身致富的典范性影响,使得"利之所在,人趋之如流水"③成为最严厉的抑商政策也不能抵挡的社会潮流。

就对区域文化的影响而言,一些很早就具有悠久的商业传统的地区,经商运动进入了新的狂热期。

于是,"洛阳街居在齐秦楚赵之中,贫人学事富家,相矜以久贾,数过邑不入门。"④有人因此痛心疾首地提出激烈的批评:"今察洛阳,资末业者什于农夫,虚伪游手什于末业,是则一夫耕,百人食之,一妇桑,百人衣之,以一奉百,孰能供之!"⑤此外,《史记·货殖列传》还记载:

> (曹邴氏)以铁冶起,富至巨万。……贳贷行贾遍郡国。邹、鲁以其故多去文学而趋利者,以曹邴氏也。⑥

因为商人经济成功的刺激,就连儒学传统最深厚的地区也竟然出现了"多去文学而趋利"的剧烈变化。

于是,社会文化呈现出"宛、周、齐、鲁,商遍天下"⑦的局面。

这或许可以看作是贾人的行为影响区域文化面貌的实例之一。

---

① 《后汉书》卷四九《仲长统传》,第1648页。

② 王利器校注:《盐铁论校注(定本)》卷一《通有》,第42页。

③ (元)马端临:《文献通考》卷一四《征榷考一》,第397页。

④ 《史记》卷一二九《货殖列传》,第3279页。《汉书》卷九一《货殖传》作:"雒阳街居在齐、秦、楚、赵之中,富家相矜以久贾,过邑不入门。"颜师古注:"其贾人无所不至而多得利,不惮久行也。"第3692页。

⑤ (汉)王符著,(清)汪继培笺,彭铎校正:《潜夫论笺校正》卷三《浮侈》,第120页。

⑥ 《史记》卷一二九《货殖列传》,第3279页。《汉书》卷九一《货殖传》:"邹、鲁以其故,多去文学而趋利。"第3691页。

⑦ 王利器校注:《盐铁论校注(定本)》卷一《力耕》,第29页。

二五

"沛谯"英雄的两次崛起与
汉王朝的兴亡

　　公元前 3 世纪末年,刘邦集团在丰沛地方崛起,参与了推翻秦王朝的武装暴动,又战胜项羽集团,建立了汉王朝。大约 400 年之后,公元 2 世纪末至公元 3 世纪初,曹操集团又在同样属于沛郡的谯地崛起,征伐群雄,安定北方,以"挟天子以令诸侯"①的方式在形式上维护着汉王朝的正统地位,而最终又取代了汉王朝,建立了曹魏政权,并且为后来西晋的重新统一准备了条件。距曹操活动时代不远的晋人有言:"汉魏二祖,起于沛谯。准之众州,莫之与比。"②指出了这一地区特殊的人才形势。

　　"沛谯"又称"谯沛"。王勃《三国论》:"嘉平中,大黄星见楚宋之分,辽东殷馗曰:'其有真人起于谯沛之间。'以知曹孟德不为人下事之,明验也。"③

---

　　① 《三国志》卷一《魏书·武帝纪》裴松之注引《献帝春秋》,《三国志》卷四八《吴书·吴嗣主传》裴松之注引孙盛曰,第 16、1179 页。

　　② 《晋书》卷七一《陈頵传》。唐宋人习称"沛谯",如(宋)梅尧臣《宛陵集》卷五《送张子野秘丞知鹿邑》诗:"公秾时为酒,晨庖日有鱼。沛谯风物美,聊以乐琴书。"又《宛陵集》卷三〇《亳州李密学寄御枣一篋》诗:"沛谯有巨枣,味甘蜜相差。"(明)归有光《震川集》卷一九《曹子见墓志铭》:"曹氏轩辕,快有邾邦。荆楚凭陵,而以后亡。爰自西都,锡壤平阳。沛谯之起,禅汉而皇。"第 1892 页;(宋)梅尧臣《宛陵集》,《四部丛刊》景明万历梅氏祠堂本,卷五第 15 页,卷三〇第 9 页;(明)归有光《震川集》,《四部丛刊》景清康熙本,卷一九第 10 页。

　　③ 杨晓彩点校:《王勃集》卷一〇《三国论》,三晋出版社 2017 年版,第 110 页。又储光羲《奉和韦判官献侍郎叔除河东采访使》:"楚山俯江汉,汴水连谯沛。"杨炯《昭武校尉曹君神道碑》:"山河白马,汉丞相开一代之基;谯城黄龙,魏武帝定三分之业。"《全唐诗》卷一三八《储光羲诗集》,第 1399 页;(唐)杨炯著,祝尚书笺注:《杨炯集笺注》卷八,中华书局 2016 年版,第 1145 页。

"沛谯"或"谯沛",可以称之为一个以人才集团为显著标志的文化区域。刘邦和他的"起于沛谯"的功臣们"革命创制","赫赫明明"①,完成了汉的建国事业。东汉末年,出身这一地区的曹操又以"谯沛之间"为人才基地,再次"啸命豪杰,奋发材雄"②,"创造大业,文武并施"③,实现了政治成功,为汉魏嬗替奠定了基础。汉王朝这一在中国历史进程中有重大影响的政治实体其起初之兴与最终之亡,都与"沛谯"或称"谯沛"英雄集团的崛起有密切的关系。回顾相距约400年的这种政治史的现象,也许可以发现某些带有规律性的认识,提出若干新的历史判断,从而深化对秦汉人才地理、秦汉地方经济、秦汉交通形势、秦汉区域文化的研究。

1

刘邦沛中功臣集团的出现,可以看作"沛谯"英雄群体的第一次历史表演。

对于推翻秦王朝作出突出贡献的刘邦集团,是在"沛谯"地方生成、集结,并且进行了最初的战争演练的。

刘邦出身于"沛丰邑",曾经服务于秦王朝,因以亭长身份"送徒郦山",途中"解纵所送徒",宣布:"公等皆去,吾亦从此逝矣!"实际上成为"亡人",脱离了秦王朝的控制,表现反秦态度。虽"亡匿,隐于芒砀山泽岩石之间",然而身边有"徒中壮士愿从者",且"沛中子弟""多欲附者",形成了一定的政治影响。陈胜起义后,刘邦在萧何、曹参策应下开始了反秦的政治实践。当时"刘季之众已数十百人",这是在"芒砀山泽"积聚的基本力量。又在沛集结武力,成为地方政治领袖。刘邦早期军事行动中"取砀"战役意义重大。刘邦"因收砀兵","砀兵""砀郡兵"成为其部队的主力。刘邦西进关中,亦以"砀"为出发基地。汉并天下后,刘邦"举功臣"④,"封功臣"⑤,

① 《汉书》卷一〇〇下《叙传下》,第4236页。

② 《史记》卷八《高祖本纪》司马贞《索隐述赞》,第394页。

③ 《三国志》卷一《魏书·武帝纪》裴松之注引《魏书》,第54页。

④ 《汉书》卷四三《郦食其传》,第2110页。《史记》卷九七《郦生陆贾列传》作"举列侯功臣",第2696页。

⑤ 《史记》卷五五《留侯世家》,第2042页;《史记》卷九二《淮阴侯列传》,第2612页。

"王功臣"①,"显明功臣"②,"与功臣剖符定封"③,一时"公卿皆武力功臣"④,执政集团权贵出身以沛郡、梁、楚之地居多,数量相当集中,值得我们注意。⑤

《史记·樊郦滕灌列传》:"太史公曰:吾适丰沛,问其遗老,观故萧、曹、樊哙、滕公之家,及其素,异哉所闻!方其鼓刀屠狗卖缯之时,岂自知附骥之尾,垂名汉廷,德流子孙哉?余与他广通,为言高祖功臣之兴时若此云。"⑥明确说"高祖功臣之兴"集中于"丰沛"。《史记·高祖功臣年表》司马贞《索隐述赞》于是写道:"圣贤影响,风云潜契。高祖膺箓,功臣命世。起沛入秦,凭谋仗计。纪勋书爵,河盟山誓。"⑦刘邦功臣集团大多"起沛",是引人注目的历史事实。

《史记》卷六《秦始皇本纪》:"沛公起沛",卷七《项羽本纪》:"项梁闻陈王定死,召诸别将会薛计事,此时沛公亦起沛,往焉。"卷五六《陈丞相世家》:"高祖起沛",卷五七《绛侯周勃世家》:"沛公与项羽引兵东如砀,自初起沛还至砀一岁二月。"卷九三《韩信卢绾列传》:"及高祖初起沛,卢绾以客从。"卷九五《樊郦滕灌列传》:"婴自上初起沛,常为太仆。"卷九六《张丞相列传》:"周昌者,沛人也。其从兄曰周苛。秦时皆为泗水卒史。及高祖起沛,击破泗水守监,于是周昌、周苛自卒史从沛公。"卷九八《傅靳蒯成列传》:"蒯成侯緤者,沛人也,姓周氏,常为高祖参乘,以舍人从起沛。"⑧

2

曹操谯系功臣集团的活跃,可以看作"沛谯"英雄群体的第二次历史

---

① 《汉书》卷四八《贾谊传》,第 2260 页。
② 《汉书》卷五九《张安世传》,第 2648 页。
③ 《史记》卷五六《陈丞相世家》,第 2057 页。
④ 《汉书》卷八八《儒林列传》,第 3592 页。
⑤ 王子今:《芒砀山泽与汉王朝的建国史》,《中州学刊》2008 年第 1 期;《"斩蛇剑"象征与刘邦建国史的个性》,《史学集刊》2008 年第 6 期。
⑥ 《史记》卷九五《樊郦滕灌列传》,第 2673 页。
⑦ 《史记》卷一八《高祖功臣年表》司马贞《索隐述赞》,第 976 页。
⑧ 《史记》,第 269、300、2059、2066、2637、2666 页。

表演。

《续汉书·郡国志二》"沛国"条下写道:"谯,刺史治。"刘昭注补:"《汉官》曰去雒阳千二十里。"①可知东汉时"谯"在沛地已经有较特殊的地位。

曹操的亲族与"谯"有密切的关系。曹操本人有在"谯"生活的经历。《三国志·魏书·武帝纪》:"太祖武皇帝,沛国谯人也。""初,太祖父嵩,去官后还谯。"裴松之注引《魏武故事》载公十二月己亥令曰,说到"以病还,去官"的经历,言及曾经"以四时归乡里,于谯东五十里筑精舍,欲秋夏读书,冬春射猎,求底下之地,欲以泥水自蔽,绝宾客往来之望"。亲缘关系和地缘关系的纠结,使得曹操对于"谯"有浓重的亲情。②

清人杭世骏《三国志补注》卷一《魏书·武帝纪》在"征太祖为典军校尉"句下引《操别传》曰:"拜操典军都尉,还谯沛。士卒共版袭击之,操得脱身亡走,窜平河亭长舍。称曹济南处士。卧养足创八九日,谓亭长曰:'曹济南虽败,存亡未可知。公幸能以车牛相送,往还四五日,吾厚报公。'亭长乃以车牛送操。未至谯数十里,骑求操者多,操开帷叱之,皆大喜。始悟是操。"③这一故事,可以说明曹操在"谯"或称"谯沛"的人望极高。

《三国志·魏书·武帝纪》记载:"(建安十年)十二月春二月,公自淳于还邺。丁酉,令曰:'吾起义兵诛暴乱,于今十九年,所征必克,岂吾功哉?乃贤士大夫之力也。天下虽未悉定,吾当要与贤士大夫共定之;而专飨其劳,吾何以安焉!其促定功行封。'于是大封功臣二十余人,皆为列侯,其余各以次受封,及复死事之孤,轻重各有差。"裴松之注引《魏书》载公令曰:"昔赵奢、窦婴之为将也,受赐千金,一朝散之,故能济成大功,永世流声。吾读其文,未尝不慕其为人也。与诸将士大夫共从戎事,幸赖贤人不爱其谋,群士不遗其力,是夷险平乱,而吾得窃大赏,户邑三万。追思窦婴散金之义,今分所受租与诸将掾属及故戍于陈、蔡者,庶以畴答众劳,不擅大惠也。宜差死事之孤,以租谷及之。若年殷用足,租奉毕入,将大与众人悉共飨

① 《后汉书》,第3427、3428页。
② 《三国志》卷一《魏书·武帝纪》,第1、11、32页。曹操在"谯"与卞后建立婚姻关系。《三国志》卷五《魏书·后妃传》:"武宣卞皇后,琅邪开阳人,文帝母也。本倡家,年二十,太祖于谯纳后为姬。后随太祖至洛。"第156页。
③ (清)杭世骏:《三国志补注》,中华书局1985年丛书集成初编本,第2页。

之。"①曹操在"将北征三郡乌丸"之前,北方尚未安定,但是已经战胜袁绍,又平定"黑山贼张燕"和"海贼管承",军事优势地位已经确立,于是即"大封功臣"。

应当看到,这毕竟与汉并天下之后的刘邦封功臣不同。曹操并没有取得总理天下政务的权力,尤其没有帝王的名号。于是只能以所谓"昔赵奢、窦婴之为将也,受赐千金,一朝散之,故能济成大功,永世流声"为榜样。"大封功臣二十余人,皆为列侯"之中,我们尚不明确究竟有多少人属于曹操"沛国谯"的同族与同乡。然而,此前三年,建安七年(202)曹操在谯屯军时发表对于"旧土人民""将士"战死者深切怀念的言辞,恳切感人。据《三国志·魏书·武帝纪》:

> 七年春正月,公军谯,令曰:"吾起义兵,为天下除暴乱。旧土人民,死丧略尽,国中终日行,不见所识,使吾凄怆伤怀。其举义兵已来,将士绝无后者,求其亲戚以后之,授土田,官给耕牛,置学师以教之。为存者立庙,使祀其先人,魂而有灵,吾百年之后何恨哉!"②

这一具有优恤意义的政策,当然更主要的目的是为了实现对"存者"的安抚和鼓动。不过,我们通过曹操在"军谯"发布的这一《令》文,应当注意到,曹操"起义兵""举义兵"之初的主要"将士",应当来自"谯"这一曹氏家族的"旧土"。又,"十四年春三月,军至谯,作轻舟,治水军。秋七月,自涡入淮,出肥水,军合肥。辛未,令曰:'自顷已来,军数征行,或遇疫气,吏士死亡不归,家室怨旷,百姓流离,而仁者岂乐之哉?不得已也。其令死者家无基业不能自存者,县官勿绝廪,长吏存恤抚循,以称吾意。'置扬州郡县长吏,开芍陂屯田。十二月,军还谯。"③所谓"吏士死亡不归,家室怨旷,百姓流离"者,似乎首先也是对"谯"附近地区"吏士""百姓"的感叹。"(二十一年)冬十月,治兵,遂征孙权,十一月至谯。"再一次亲临"谯"地。

曹操去世后,曾经发生政治危机。《三国志·魏书·徐宣传》:"太祖崩,洛阳群臣入殿中发哀,或言易诸城守,用谯沛人。宣厉声曰:'今者远近

---

① 《三国志》卷一《魏书·武帝纪》,第28、29页。
② 《三国志》卷一《魏书·武帝纪》,第22—23页。
③ 《三国志》卷一《魏书·武帝纪》,第32页。

一统,人怀效节,何必谯沛,而沮宿卫者心!'文帝闻曰:'所谓社稷之臣也。'"①可知"谯沛人"长期是曹魏集团执政领袖以为的最可靠的力量。②

魏文帝曹丕出生于"谯"。《三国志·魏书·文帝纪》还记载,曹丕即位初,就有一次还乡的举措,应有稳定政局的意义:"(延康元年秋七月)甲午,军次于谯,大飨六军及谯父老百姓于邑东。"裴松之注引《魏书》:"设伎乐百戏,令曰:'先王皆乐其所生,礼不忘其本。谯,霸王之邦,真人本出,其复谯租税二年。'三老吏民上寿,日夕而罢。丙申,亲祠谯陵。"③黄初二年春正月,"改长安、谯、许昌、邺、洛阳为五都"。④"谯"的地位空前上升,以致仅次于长安。"六年春二月,遣使者循行许昌以东尽沛郡,问民所疾苦,贫者振贷之。"⑤抚恤对象应当包括"谯"。曹丕也曾往复至"谯"。"(三月)辛未,帝为舟师东征。五月戊申,幸谯。""八月,帝遂以舟师自谯循涡入淮。""十二月,行自谯过梁。"⑥魏文帝郭后在曹丕"东征吴"时,曾经留居于"谯宫"。⑦

"谯沛"作为文化区域的一种代号,在后世依然长期使用。如《晋书·祖约传》:"(祖)逖有功于谯沛"⑧,《晋书·慕容儁载记》:"(慕容)恪进兵入寇河南,汝颍谯沛皆陷,置守宰而还。"⑨《宋书·符瑞志上》:"初桓帝之世,有黄星见于楚宋之分。辽东殷馗曰:'后五十年,当有真人起于谯沛之间,其锋不可当。'⑩灵帝熹平五年,黄龙见谯。光禄大夫乔玄问太史令单飏曰:'此何祥也?'飏曰:'其国后当有王者兴。不及五十年,亦当复见天事,恒象此其征也。'内黄殷登嘿记之。其后曹操起于谯,是为魏武帝。建安五

————————

① 《三国志》卷二二《魏书·徐宣传》,第645—646页。

② 田余庆讨论"曹操死后的洛阳骚动",谓此"谯沛人"为"主要是曹姓诸将的谯沛人"。《汉魏之际的青徐豪霸》,《秦汉魏晋史探微》(重订本),中华书局2004年版,第103页。

③ 《三国志》卷二《魏书·文帝纪》,第61页。

④ 《三国志》卷二《魏书·文帝纪》裴松之注引《魏略》,第77页。

⑤ 《三国志》卷二《魏书·文帝纪》,第84页。

⑥ 《三国志》卷二《魏书·文帝纪》,第84—85页。

⑦ 《三国志》卷五《魏书·后妃传》,第166页。

⑧ 《晋书》卷一〇〇《祖约传》,第2626页。明代诗人何乔新《题祖逖闻鸡起舞图》诗即咏叹此事:"将军气欲吞吐谷,渡河击楫声呜呜。屯兵雍丘威赫赫,敌军破胆频败北。关河部落尽来归,谯沛遗民咸仰德。"(明)何乔新:《椒邱文集》卷二三,上海古籍出版社1991年版,第355页。

⑨ 《晋书》卷一一〇《慕容儁载记》,第2838页。

⑩ 今按:"辽东殷馗善天文",或许继承了环渤海地方燕齐方士的神秘主义文化传统。

年于黄星见之岁五十年矣,而武帝破袁绍,天下莫敌。"①前引王勃《三国论》依然引辽东殷馗"当有真人起于谯沛之间,其锋不可当"的预言,可知曹操势力崛起于"谯沛"之历史记忆影响长久。殷馗语"谯沛之间"或写作"梁沛之间"。② 有迹象表明,当时人言"梁沛之间",是包括"谯"的。③

曹丕复谯租税令所谓"谯,霸王之邦,真人本出",曹同《六代论》所谓"龙飞谯沛"④,应当说鲜明地指出了"谯沛"是曹操这位成功政治家的"龙兴"之地,也是曹魏集团最基本的根据地。

3

曹氏父子"行自谯过梁""祀桥玄"的故事,有特殊的历史文化意味。

《宋书》"当有真人起于谯沛之间",《三国志》作"当有真人起于梁、沛之间"。梁地的交通条件值得重视。⑤《后汉书·光武帝纪上》:"盖延拔睢阳,刘永奔谯。"⑥《后汉书·刘永传》:"盖延遂围睢阳,数月,拔之,(刘)永将家属走虞。虞人反,杀其母及妻子,永与麾下数十人奔谯。""而睢阳人反城迎永。"⑦"刘永奔谯"的行迹,也反映了梁地与谯地之间交通之便利。

---

① 《宋书》卷二七《符瑞志上》,第 775 页。梁元帝《下四方令》也有"表闻谯沛"语。(明)张溥编:《汉魏六朝百三家集》卷八四《梁元帝集》,景印文渊阁四库全书,第 1414 册第 651 页。(明)梅鼎祚编《梁文纪》卷四《元帝》题《辞劝进表》,景印文渊阁四库全书,第 1399 册第 320 页。

② 《三国志》卷一《魏书·武帝纪》,第 22 页。

③ 《三国志》卷九《曹洪传》:"太祖起义兵讨董卓,至荥阳,为卓将徐荣所败。太祖失马,贼追甚急,洪下,以马授太祖,太祖辞让,洪曰:'天下可无洪,不可无君。'遂步从到汴水,水深不得渡,洪循水得船,与太祖俱济,还奔谯。"后魏文帝时曹洪"下狱当死",裴松之注引《魏略》:"卞太后责怒帝,言'梁沛之间,非子廉无有今日'。诏乃释之。"第 277、278 页。

④ 《文选》卷五二曹元首《六代论》:"魏太祖武皇帝躬圣明之资,兼神武之略,耻王纲之废绝,愍汉室之倾覆。龙飞谯沛,凤翔兖豫。埽除凶逆,翦灭鲸鲵。迎帝西京,定都颍邑。德动天地,义感人神。汉氏奉天,禅位大魏。"对于所谓"龙飞谯沛,凤翔兖豫",李善注:"《魏志》曰:太祖武皇帝,沛国谯人,为兖州牧,后太祖迁都于许,许属豫州。"吕延济注:"谯、沛,地名。兖、豫,二州名。"(梁)萧统编,(唐)李善、吕延济、刘良、张铣、吕向、李周翰注:《六臣注文选》,第 972 页。

⑤ 参看王子今:《两汉时期"梁宋"地区的商路》,《河南科技大学学报(社会科学版)》2004年第 4 期。

⑥ 《后汉书》卷一上《光武帝纪上》,第 30 页。

⑦ 《后汉书》卷一二《刘永传》,第 495 页。《后汉书》卷一八《盖延传》:"建武二年,……遂围(刘)永于睢阳。数月,尽收野麦,夜梯其城入。永惊惧,引兵走出东门,延追击,大破之。永弃军走谯。"第 686 页。

　　前引《宋书·符瑞志上》所见因"黄龙见谯""问太史令单飏曰：'此何祥也？'"的"光禄大夫乔玄"，汉灵帝时历任河南尹、少府①、大鸿胪、司空、司徒、光禄大夫、太尉。② 据《后汉书·桥玄传》，"梁国睢阳人也。"③这位汉末重臣对待曹操的立场尚不明朗，其才能尚未显现之时即对他多有肯定和期望，可以说对曹操有知遇之恩，而曹操的感激之心亦非常深切：

　　　　初，曹操微时，人莫知者，尝往候玄，玄见而异焉，谓曰："今天下将乱，安生民者其在君乎！"操常感其知己。及后经过玄墓，辄凄怆致祭。自为其文曰："故太尉桥公，懿德高轨，泛爱博容。国念明训，士思令谟。幽灵潜翳，懃哉缅矣！操以幼年，逮升堂室，特以顽质，见纳君子。增荣益观，皆由奖助，犹仲尼称不如颜渊，李生厚叹贾复④。士死知己，怀此无忘。又承从容约誓之言：'徂没之后，路有经由，不以斗酒只鸡过相沃酹，车过三步，腹痛勿怨。'虽临时戏笑之言，非至亲之笃好，胡肯为此辞哉？怀旧惟顾，念之凄怆。奉命东征，屯次乡里，北望贵土，乃心陵墓。裁致薄奠，公其享之！"

李贤注："《魏志》曰'建安七年，曹公军谯，遂至浚仪，遣使以太牢祀桥玄，进军官度'也。"⑤《三国志·魏书·武帝纪》的记述是："七年春正月，公军谯"，为"旧土人民，死丧略尽，国中终日行，不见所识"感伤，于是颁令："其举义兵已来，将士绝无后者，求其亲戚以后之，授土田，官给耕牛，置学师以教之。为存者立庙，使祀其先人……"，随后又"遣使以太牢祀桥玄"。⑥ 对于桥玄的礼祀，应当也是对"旧土人民""将士""死丧"牺牲之怀念的一种延续方式。在谯地"凄怆伤怀"，在睢阳亦"念之凄怆"，桥玄陵墓所在，距离曹操"乡里"不远。曹操对桥玄的深切情感，除"至亲之笃好"外，其实也流露出浓烈的乡情。

----

　　① 《后汉书》卷五一《桥玄传》，第1696页。
　　② 《后汉书》卷八《灵帝纪》，第333、342页。
　　③ 《后汉书》卷五一《桥玄传》，第1695页。
　　④ 李贤注："《论语》孔子谓子贡曰：'汝与回也孰愈？'子贡曰：'赐也何敢望回。'子曰：'吾与汝俱不如也。'""复少好学，师事舞阴李生。李生奇之，曰：'贾君国器也。'"
　　⑤ 《后汉书》卷五一《桥玄传》，第1697页。
　　⑥ 《太平御览》卷四四二引《魏志》："太祖常感其知己，后经过玄墓，辄怅然致祭。"《太平御览》卷五五七引《魏略》："操感其知己，及后经过玄墓，辄凄怆致祭。"

魏文帝曹丕当政,又曾经"行自谯过梁,遣使以太牢祀故汉太尉桥玄"①,其感念之情,也是诚挚真切的。

4

对于"沛谯"地方的经济文化优势,有必要进行分析。"沛谯"地方在黄淮海平原上。这里自战国晚期起,已经拥有富足的经济基础和充备的文化资源。楚文化的长期积累,这一时期在这里形成的新的重心。②

以邻近的彭城地区而言,有学者论证项羽都彭城的战略错误,以为这一地区经济水准落后,"土地贫瘠,物产匮乏","可见他的立国基础是相当薄弱的,在兵力、给养等方面无法与汉军作持久抗衡"③。然而,史念海先生曾经在讨论西汉建都问题时发表了相反的认识。他指出,"当项羽破秦入关之后,宰割天下,为所欲为。这时他对于首都的选择,是舍弃了关中,而东居于汳、获诸渠附近的彭城(今江苏徐州市)。这里面的原因,既不是韩生所谓的'楚人沐猴而冠',也不是项羽自己向人所说的'富贵不归故乡,如衣锦夜行'。"④史念海先生认为,"这纯粹是一个经济上的看法。"史念海先生分析当时的区域经济形势,"咸阳(今陕西咸阳市东)固然在嬴秦末年,已达到极为繁荣的阶段,但这种人为的繁荣,在来自东南富庶之区的项羽的眼中看起来,并没有什么了不起的地方。何况在项羽自己一把火烧了之后,这人为的繁荣已经变成瓦砾的场所。至于韩生所说的'关中肥饶,可都以伯',实在是打不动项羽的心的。"史念海先生明确指出,从"经济"角度考虑,"都彭城"本来就是正确的选择:"如果仅从经济上来观察,项羽的东都彭城,并没有什么可以訾议的地方。"史念海先生以刘项争夺中原时的战争形势为例,进行了这样的分析:"项羽的粮饷从来不曾发生过恐慌",然而,"高帝的粮饷,不仅取之于关中,更取之于巴蜀。这经过千山万岭的运输,是何等的困

① 《三国志》卷二《魏书·文帝纪》,第85页。
② 王子今:《战国秦汉时期楚文化重心的移动——兼论垓下的"楚歌"》,《北大史学》第12辑,北京大学出版社2007年版。
③ 宋杰:《从地理角度分析项羽失败的战略原因》,《项羽文化》2010年创刊号。
④ 原注:"《史记》七《项羽本纪》。"今按:《史记》卷七《项羽本纪》作"衣绣夜行"。

难"。所以汉并天下后,刘邦以萧何"给粮饷,不绝粮道","算作第一功"。可以做这样的推想,"如果是项羽胜了,论功行赏,像萧何这样的功劳,简直不必提起。因为彭城附近就是产粮之区,……况且水陆两方面的交通又都是极为便利的。"就建都地点的择定而言,史念海先生说,项羽"对于选择首都,只着眼在经济的观点,而没有想到建国的大计原是多方面的,单解决经济上的困难是不行的"。① 就经济地理的分析而言,史念海先生说有充分的说服力。② 史念海先生论述中说到的作为"产粮之区"的"彭城附近"地方,应当说是包括"沛谯"或"谯沛"的。

汉初这一地区的文化优势,可以由梁国的地位有所显示。鲁迅《汉文学史纲要》第八篇"藩国之文术"写道,"(梁孝王)招延四方豪杰,自山东游士莫不至。""天下文学之盛,当时盖未有如梁者也。"指出了这一地区成为儒学与文学之胜地的情形。③

5

《后汉书》中记载数次"黄龙见谯"事。

《后汉书·桓帝纪》:建和元年(147)二月,"沛国言黄龙见谯。"《后汉书·灵帝纪》:熹平五年(176),"是岁,……沛国言黄龙见谯。"《后汉书·方术传下·单飏》:"初,熹平末,黄龙见谯,光禄大夫桥玄问飏:'此何祥也?'飏曰:'其国当有王者兴。不及五十年,龙当复见,此其应也。'魏郡人殷登密记之。至建安二十五年春,黄龙复见谯,其冬,魏受禅。"④

"熹平末,黄龙见谯",可能就是《灵帝纪》所谓熹平五年"沛国言黄龙见谯"。这样说来,《后汉书》所见"黄龙见谯"事凡3起:(1)建和元年(147)

---

① 史念海:《娄敬和汉朝的建都》,《河山集》四集,陕西师范大学出版社1991年版,第371—372页。

② 参看王子今:《论西楚霸王项羽"都彭城"》,《湖湘论坛》2010年第5期。

③ 参看王子今:《汉初梁国的文化风景》,《光明日报》2008年1月13日。

④ 《后汉书》卷七《桓帝纪》,第289页;卷八《灵帝纪》,第338页;卷八二下《方术列传下·单飏》,第2733页。《三国志》卷二《魏书·文帝纪》:"初,汉熹平五年,黄龙见谯,光禄大夫桥玄问太史令单飏:'此何祥也?'飏曰:'其国后当有王者兴,不及五十年,亦当复见。天事恒象,此其应也。'内黄殷登默而记之。至四十五年,登尚在。三月,黄龙见谯,登闻之曰:'单飏之言,其验兹乎!'"第57页。

二月;(2)熹平五年(176);(3)建安二十五年(220)春。数十年间"黄龙见谯"事凡3见,地点集中于"谯",是引人注目的。

《宋书·符瑞志中》记载了两汉三国时期"黄龙见"于地方的情形。西汉时期有:"汉文帝十五年春,黄龙见成纪。""汉宣帝甘露元年四月,黄龙见新丰。""汉成帝鸿嘉元年冬,黄龙见真定。""汉成帝永始二年癸未,黄龙见东莱。"东汉前期则有:"汉光武建武十二年六月,黄龙见东阿。""汉章帝元和二年以来,至章和元年,凡三年,黄龙四十四见郡国。""汉安帝延光元年八月辛卯,黄龙见九真。""延光三年九月辛亥,黄龙见济南历城。""延光三年十二月乙未,黄龙见琅邪诸县。""延光四年正月壬午,黄龙二见东郡濮阳。"自汉桓帝时代"黄龙见沛国谯"之后,东汉后期至三国时期相关记载密度更大:

汉桓帝建和元年二月,黄龙见沛国谯。

汉桓帝元嘉二年八月,黄龙见济阴句阳,又见金城允街。

汉桓帝永光元年八月,黄龙见巴郡。

汉献帝延康元年三月,黄龙见谯,又郡国十三言黄龙见。

魏明帝景初元年二月壬辰,山茌县言黄龙见蜀。

魏少帝正元元年十月戊戌,黄龙见邺井中。

甘露三年八月甲戌,黄龙青龙仍见顿丘、冠军、阳夏县井中。

甘露四年正月,黄龙二见宁陵县井中。

魏元帝景元元年十二月甲申,黄龙见莘县井中。

刘备未即位前,黄龙见武阳赤水,九日乃去。

吴孙权黄武元年三月,鄱阳言黄龙见。

吴孙权黄龙元年四月,樊口、武昌并言黄龙见,权因此改元作黄龙。

吴孙权赤乌五年三月,海盐县言黄龙见县井中二。

赤乌十一年云阳言黄龙见。黄龙二又见武陵吴寿,光色炫耀。

永安五年七月,始新言黄龙见。

永安六年四月,泉陵言黄龙见。

其他又有"青龙见"5例,"白龙见"2例。① 显然,史籍所见"黄龙见"数量最

① 《宋书》卷二八《符瑞志中》,第796—799页。

多,密度最大。而"黄龙见谯"事,较《后汉书》记述,无熹平五年及建安二十五年两例,而又增载"汉献帝延康元年三月,黄龙见谯"一例。

《宋书·符瑞志中》说:"黄龙者,四龙之长也。不漉池而渔,德至渊泉,则黄龙游于池。能高能下,能细能大,能幽能冥,能短能长,乍存乍亡。"①"黄龙见"在这一时期频繁发生,或许与"黄天当立"②的社会意识有关。三国政权建国时,曹丕以"黄初"为年号,孙权以"黄武"为年号,都突出一个"黄"字。孙权还曾经直接以"黄龙"为年号。这一现象,也反映了某种文化共性。

"黄龙见谯"或说"黄龙见沛国谯"事的频繁发生,或许应当与"其国当有王者兴"的预言联系起来理解。这一情形与刘邦早期行政的舆论准备有某种相似之处,例如《史记·高祖本纪》:"刘媪尝息大泽之陂,梦与神遇。是时雷电晦冥,太公往视,则见蛟龙于其上。"③所谓斩蛇泽中传说,吕后见云气传说等,都有同样的意思。"黄龙见谯"事的发生和传播,向我们提示了一个事实,这就是说,植根于"谯沛"的以曹操集团为代表的政治势力,已经具有比较成熟的实力和比较巧妙的宣传手段。而比较急切的政治诉求,也体现出这一地方人们的参与意识。其他地方瞩目"沛谯"的情形,也由此有所表现。

6

对于豪族兴起与曹操谯系功臣集团结构的关系,有说明的必要。

《三国志·魏书·许褚传》记述了曹操谯系功臣中一位特殊的英雄人物的事迹。其中写道:

> 许褚字仲康,谯国谯人也。长八尺余,腰大十围,容貌雄毅,勇力绝
> 人。汉末聚少年及宗族数千家,共坚壁以御寇。时汝南葛陂贼万余人
> 攻褚壁,褚众少不敌,力战疲极,兵矢尽,乃令壁中男女聚治石如杆斗者

---

① 《宋书》卷二八《符瑞志中》,第796页。
② 《后汉书》卷七一《皇甫嵩传》记载"以善道教化天下,转相诳惑"的张角鼓动民众的口号:"讹言'苍天已死,黄天当立,岁在甲子,天下大吉'。"第2299页。
③ 《史记》卷八《高祖本纪》,第341页。

置四隅,褚飞石掷之,所值皆摧碎,贼不敢进。粮乏,伪与贼和,以牛与贼易食。贼来取牛,牛辄奔还。褚乃出陈前,一手逆曳牛尾,行百余步。贼众惊,遂不敢取牛而走。由是淮汝陈梁间,闻皆畏惮之。太祖徇淮汝,褚以众归太祖。太祖见而壮之曰:"此吾樊哙也!"即日拜都尉,引入宿卫。诸从褚侠客,皆以为虎士。①

曹操所谓"此吾樊哙也",联想到鸿门宴等事件中樊哙忠诚卫护刘邦"与之脱难"②的表现,然而言辞公开自比刘邦。而刘邦和樊哙是同乡③,曹操与许褚也是同乡。我们更为注意的,则是许褚"聚少年及宗族数千家,共坚壁以御寇"的行为,后来"褚以众归太祖",应当也是聚"宗族"同"归"。而司马迁《史记·樊郦滕灌列传》说考察"高祖功臣之兴时","及其素,异哉所闻",此正赵翼指出"汉初布衣将相之局"时所谓"樊哙则屠狗者",亦属于"亡命无赖之徒"。④ 这是许褚与樊哙不同的地方,也是汉初"沛谯"英雄和汉末"沛谯"英雄不同的地方。

　　"宗族"形成有显著实力的社会结构,豪强为领袖的社会群体以"宗族"形式共同保持同样的政治取向,承担同样的政治责任,是汉末豪族势力形成强势的时代最突出的历史表现。曹氏宗族、夏侯氏宗族对于曹魏集团政治成功的作用,也是明显的。方诗铭研究曹操军事力量的最初发展,曾经指出"以曹操为主帅,以夏侯惇、曹洪为将领"的部队"构成曹操军事力量的基础及其重要组成部分"。"曹操的'中军'(包括曹纯统率的'虎豹骑'),夏侯惇、曹洪等所部的军队","是曹操军事上起家的资本"。"从曹操开始,魏军中设有'中军',这是保卫主帅并代表主帅监督出征各军的中央军事机构。担任'中领军'(原称'领军')和'中护军'(原称'护军')的都是曹操的亲属和亲信,尤其是曹氏和夏侯氏的重要人物。"⑤《三国志·魏书·诸夏侯曹传》评曰:"夏侯、曹氏,世为婚姻,故惇、渊、仁、洪、休、尚、真等并以亲旧肺

① 《三国志》卷一八《魏书·许褚传》,第542页。
② 《史记》卷一三〇《太史公自序》,第3315页。
③ 《史记》卷九五《樊郦滕灌列传》:"舞阳侯樊哙者,沛人也。以屠狗为事,与高祖俱隐。初从高祖起丰,攻下沛。高祖为沛公,以哙为舍人。"第2651页。
④ (清)赵翼著,王树民校证:《廿二史札记校证》,第36页。
⑤ 方诗铭:《曹操·袁绍·黄巾》,上海社会科学院出版社1996年版,第106、116页。

腑,贵重于时,左右勋业,咸有效劳。"①而夏侯楙"好治生"②,曹纯"承父业,富于财,僮仆人客以百数"③,曹洪"家富"④,因罪收执,上书谢罪,有自少"性无检度知足之分,而有豺狼无厌之质"语⑤,可知"诸夏侯曹"集团中颇有豪富。

　　这一情形,也体现出与汉初"沛谯"英雄集团的明显差异。研究汉代政治史、汉代宗族史和汉代社会结构史的学者,应当看到这一历史事实。

---

① 《三国志》卷九《魏书·诸夏侯曹传》,第 305 页。
② 《三国志》卷九《魏书·夏侯惇传》裴松之注引《魏略》,第 269 页。
③ 《三国志》卷九《魏书·曹纯传》裴松之注引《英雄记》,第 277 页。
④ 《三国志》卷九《魏书·曹洪传》,第 278 页。
⑤ 《三国志》卷九《魏书·曹洪传》裴松之注引《魏略》,第 278 页。

下　编

秦汉王朝执政集团的区域文化政策

二六

秦政的区域差异

秦政，曾经被看作后世专制主义王朝执政的标范。

秦统治者的区域文化观和秦王朝的区域文化政策，其成败得失，在政治史和文化史上都有值得重视的影响。

回顾历史，可以看到秦王朝关东政策的失败与秦最终覆亡之间，有必然的联系。

1

公元前 221 年，秦灭六国，建成了第一个大一统的专制主义王朝。

秦王朝建立之初，据说一时"普天之下，抟心揖志"①，"天下之士，斐然向风"，"元元之民""莫不虚心而仰上"②。但是仅仅过了 12 年，公元前 209年七月，陈胜倡义，"斩木为兵，揭竿为旗，天下云集响应"③。公元前 207 年八月，赵高杀秦二世，以为子婴"以空名为帝，不可，宜为王如故"④，取消帝号，秦政权的统治被迫恢复到战国时代的状况。46 天之后，刘邦军入咸阳，秦亡。

---

① 《史记》卷六《秦始皇本纪》，第 245 页。
② （汉）贾谊撰，阎振益、钟夏校注：《新书校注》卷一《过秦下》，第 13、14 页。
③ 《史记》卷六《秦始皇本纪》，第 281 页。
④ 《史记》卷六《秦始皇本纪》，第 275 页。

秦代,作为建立了第一个统一的中央集权的帝国,在政治和经济制度等方面对中国历史造成深刻影响的朝代,为什么如此短暂?

秦短祚的原因,自汉代以来一直成为史家重要论题之一,经两千余年始终纷争不绝。以历史唯物主义为指导的马克思主义史学家们依据对阶级关系变化和社会经济状况的分析对秦亡的历史作出了总结。范文澜先生曾经指出:"秦始皇过度使用民力,虽然很多措施有利于统一,但人民也确实疲惫不堪了。秦二世昏暴无比,征发到闾左,农民被迫大起义,迅速地推倒了秦朝的统治。"①林剑鸣先生也认为:"统一后的秦王朝,之所以在很短的时间内就灭亡,最根本的原因就在于地主阶级的压榨使社会经济濒于崩溃,生产力遭到严重破坏。"②这些结论,应当说都是正确的。然而,我们如果对秦代社会状况作进一步具体的分析,又不难发现,秦王朝对关中秦国本土和关东六国故地实行着不同的政策,秦王朝关东地区统治政策的失败,是秦短促而亡的重要原因之一。

2

人们一般总是强调秦王朝曾经成就了许多有利于统一的伟大事业,如定疆域、书同文、车同轨、行同伦等(这些政策实行的具体情形和真正意义还可以继续讨论),而往往忽视事情的另一方面,即秦王朝的行政制度总的来说是以秦人对关东地区的征服、压迫和奴役为前提的。可以说在新帝国最初的基土中,就已经生发出不利于统一的裂痕。

秦实现统一后,采取一系列措施以防范关东地区的反抗力量。隳毁城郭,拆除堡垒,"收天下兵,聚之咸阳",加以销毁,秦始皇4次出巡山东,封禅泰山,求鼎泗水,刻石纪功,宣扬皇帝的权威。其出巡目的,如秦二世所谓"巡行郡县,以示强,威服海内","臣畜天下"。途中使刑徒3千人"皆伐湘山树,赭其山",又入海射大鲛鱼,特意在六国中较强的楚、齐故地显示武力。因出行事,动辄令天下"大索",使恐怖统治进一步升级。③《盐铁论·

① 范文澜:《中国通史》第2册,人民出版社1978年版,第35页。
② 林剑鸣:《秦史稿》,上海人民出版社1981年版,第444页。
③ 《史记》卷六《秦始皇本纪》,第239、248、249、263、267页。

散不足》说到出巡时百姓的困扰与震恐："数幸之郡县，富人以资佐，贫者筑道旁，其后小者亡逃，大者藏匿，吏捕索掣顿，不以道理。"①这是汉代的情形，秦时当更甚于此。

秦始皇"徙天下豪富于咸阳十二万户"，以削弱关东地区的经济力量，又"徙黔首三万户琅邪台下"，经营"新秦中"，"徙谪实之"，还曾"徙三万家丽邑，五万家云阳"，"迁北河榆中三万家"②。史载"迁不轨之民于南阳"③，"徙天下不轨之民于南阳"④，据《汉书·地理志下》，徙处南阳的移民，不得不改事"商贾渔猎"⑤，可见这种大规模的强制性的移民必然使关东地区原有的农业、手工业经济遭受破坏。迁徙者往往只能得到"复不事"即免除一定时间劳役的有限代价，经过对土地和其他不动产掠夺式的再分配过程，关东豪富的经济实力大受削弱。他们经济上受到政府的盘剥和控制，政治上的反秦立场自然日益坚定。

冯去疾、李斯、冯劫曾经进谏秦二世说："盗多，皆以戍漕转作事苦，赋税大也。"⑥他们已经认识到引起人民起义的直接原因是滥发徭役、横征赋税。秦始皇穿凿骊山，经数十年，造阿房宫，又北筑长城，南戍五岭，秦二世"复作阿房宫"，"用法益深刻"⑦。当时"丁男被甲，丁女转输"⑧，"戍者死于边，输者偾于道"⑨。据估计，秦时可统计的人口大约有 2 千万，而每年征发徭役超过 3 百万人，以 1 家 5 口计，所余从事正常生产的丁壮已极其有限。《汉书·食货志上》说，秦时"力役三十倍于古"⑩。徭役无疑成为当时人民感受到的最沉重的压迫。从承担为服役人运输粮饷地区的分布来看，当时承受繁重徭役负担的主要是关东人：

> 天下蜚刍輓粟，起于黄、腄、琅邪负海之郡，转输北河。(《史记》卷

---

① 王利器校注：《盐铁论校注（定本）》卷六《散不足》，第 355—356 页。
② 《史记》卷六《秦始皇本纪》，第 239、244、253、256、259 页。
③ 《史记》卷一二九《货殖列传》，第 3269 页。
④ 《汉书》卷二八下《地理志下》，第 1654 页。
⑤ 《汉书》卷二八下《地理志下》，第 1654 页。
⑥ 《史记》卷六《秦始皇本纪》，第 261 页。
⑦ 《史记》卷六《秦始皇本纪》，第 269 页。
⑧ 《汉书》卷六四《严安传》，第 2812 页。
⑨ 《汉书》卷四九《晁错传》，第 2284 页。
⑩ 《汉书》卷二四上《食货志上》，第 1137 页。

一一二《平津侯主父列传》)

转负海之粟致之西河。(《史记》卷一一八《淮南衡山列传》)

输将起海上而来。(《新书·属远》)。

发卒五十万,使蒙公、杨翁子将,筑修城,西属流沙,北击辽水,东结朝鲜,中国内郡挽车而饷之。(《淮南子·人间》)①

刘邦入关后,召诸县父老豪杰约法三章时说:"父老苦秦苛法久矣,……凡吾所以来,为父老除害"②。被项羽整编的章邯军降卒也恐惧"秦必尽诛吾父母妻子"③。可见关中人主要畏惧秦法之严苛,并不以赋役为最重的负担。《史记·秦始皇本纪》:"始皇初即位,穿治骊山,及并天下,天下徒送诣七十余万人。"④很显然,此处"天下",盖指关东地区("徙天下豪富于咸阳""徙天下不轨之徒于南阳"也是如此)。沛人刘邦"以亭长为县送徒郦山"⑤,六人黥布"论输丽山"⑥。秦始皇"乐以刑杀为威",秦二世则"用法益刻深"⑦,于是"赭衣半道"⑧。"赭衣塞路,囹圄成市"⑨。当时,刑徒成为最大量的无代价的甚至实际上往往可能是无期限的劳作者。陕西临潼秦始皇陵西侧赵背户村发掘的秦劳役人员墓地中发现 19 人的瓦文墓志,其中计有标志死者生前户籍所在地的地名 14 个,分别属于原三晋、齐、鲁和楚国故地。进行勘查、清理的考古工作者指出:"瓦文与记载相互参证,说明修建始皇陵的大批刑徒,都从原山东六国诏调而来。"⑩

---

① 《史记》,第 2954、3086 页;(汉)贾谊撰,阎振益、钟夏校注:《新书校注》卷三《属远》,第 116 页;何宁:《淮南子集释》卷一八《人间训》,第 1288—1289 页。

② 《史记》卷八《高祖本纪》,第 362 页。

③ 《史记》卷七《项羽本纪》,第 310 页。

④ 《史记》卷六《秦始皇本纪》,第 265 页。

⑤ 《史记》卷八《高祖本纪》,第 347 页。

⑥ 《史记》卷九一《黥布列传》,第 3597 页。

⑦ 《史记》卷六《秦始皇本纪》,第 258、269 页。

⑧ 《汉书》卷五一《贾山传》,第 2327 页。

⑨ 《汉书》卷二三《刑法志》,第 1096 页。

⑩ 始皇陵秦俑坑考古发掘队:《秦始皇陵西侧赵背户村秦刑徒墓》,《文物》1982 年第 3 期。瓦文所载 19 名死者中,有 10 人系服"居赀"劳役者,有的学者因此以为不应称其为"刑徒"。孙英民:《〈秦始皇陵西侧赵背户村刑徒墓〉质疑》,《文物》1982 年第 10 期。有的学者则指出,这些"居赀"服役者"同样被输往骊山筑陵,除了在是否带刑具等待遇上存在某些差别外,实际上与刑徒命运是没有什么不同的。所以,笼统地称之为刑徒,并无不可"。高炜:《秦始皇陵的勘察与发掘》,《新中国的考古发现和研究》。

屯大泽乡谪戍渔阳九百人之中,阳城人陈胜、阳夏人吴广等可知明确出身地域者,也均为关东人。秦二世复作阿房宫,"尽征其材士五万人为屯卫咸阳,……下调郡县转输菽粟刍稿,皆令自赍粮食,咸阳三百里内不得食其谷。"①所谓咸阳三百里外,当然主要指关东地区。公元前 207 年十一月,发生了项羽在新安坑杀秦章邯军降卒二十万人的著名事件,事件起由在于项羽率领的关东诸侯联军对秦人的怀疑和歧视,而最初则又与"诸侯吏卒异时故徭使屯戍过秦中,秦中吏卒遇之多无状"②有关。秦人由于不负担繁重徭役与关东人鲜明对比所产生的显著的地方优越感和特权观念,进一步激发了关东人的复仇心理。

关东人对秦人怀有深刻的仇恨心理,甚至到楚汉战争时在同一作战部队中也难免表现出深重的隔阂。刘邦欲拜军中故秦骑士重泉人李必、骆甲为骑将,"必、甲曰:'臣故秦民,恐军不信臣,臣愿得大王左右善骑者傅之。'"③

秦王朝在思想文化方面实行专制统治,对关东地区文化实行更强硬的政策。所谓焚书坑儒,"史官非秦记皆烧之,非博士官所职,天下敢有藏《诗》、《书》、百家语者,悉诣守、尉杂烧之",禁私学而"以吏为师"④,企图从根本上摈斥东方文化,以秦文化为主体实行强制性的文化统一,甚至以肉体消灭的方式打击关东知识分子。《汉书·地理志下》说:"凡民函五常之性,而其刚柔缓急,音声不同,系水土之风气,故谓之风;好恶取舍,动静亡常,随君上之情欲,故谓之俗。孔子曰:'移风易俗,莫善于乐。'言圣王在上,统理人伦,必移其本,而易其末,此混同天下一之虖中和,然后王教成也。"⑤统一国家的建设,必然促成文化的融合与统一,然而问题在于实现这一过程的手段和方式。战国时代,各地居民因长期分裂的政治形势造成的不同的心理状态是很明显的,秦人风俗与东方各国更有较大差异。秦统一后,秦王朝企图以强制手段将秦地风俗推行至全国,以"匡饬异俗",实现所谓"大治濯

---

① 《史记》卷六《秦始皇本纪》,第 269 页。
② 《史记》卷七《项羽本纪》,第 310 页。
③ 《史记》卷九五《樊郦滕灌列传》,第 2668 页。
④ 《史记》卷六《秦始皇本纪》,第 255 页。
⑤ 《汉书》卷二八下《地理志下》,第 1640 页。

俗"，"黔首改化，远迩同度"①。云梦睡虎地秦墓竹简《语书》称：

　　　　圣王作为法度，以矫端民心，去其邪避（僻），除其恶俗。②

说明秦政府在实现统一的过程中，在战争警报尚未解除之际，就将这种"移风易俗"的事业作为主要行政任务之一，并以法律为强制手段，以军事管制的形式强力推行这一政策。

　　古代风俗中至今能够留下最明显遗迹的莫过于葬俗。秦始皇陵西侧赵背户村秦劳役人员墓葬的葬式大多与秦人墓葬东西方向的传统相一致，出土骨架 100 具，仅有 4 具为仰身直肢葬，绝大多数为蜷曲特甚的屈肢葬，与关中地区春秋战国时期秦国屈肢葬的蜷曲情况相同。这种现象，应该理解为关东役人在专制制度下生前备极劳苦，死后仍被迫以秦人风俗就葬。

　　从历史文献的记载看，秦始皇时代秦帝国的反抗力量主要活动于关东。公元前 218 年，秦始皇东巡途中，发生铁椎击车的博浪沙事件。公元前 211 年，有人书刻东郡陨石曰"始皇帝死而地分"③。同年，华阴平舒道有人拦截使者，称"今年祖龙死"④。反秦武装集团的活动见于史籍的，则有彭越"常渔钜野泽中，为群盗"⑤以及黥布"亡之江中为群盗"⑥等。秦末大起义中十数家反秦武装力量也均崛起于关东地区，如贾谊《过秦论》所说，陈胜振臂一呼，"天下云集响应，赢粮而景从，山东豪俊遂并起而亡秦族矣"⑦。从另一方面看，自陈胜起事到子婴"系颈以组，白马素车，奉天子玺符，降轵道旁"⑧，反秦起义军始终被称为"关东盗"⑨，关中地区未曾燃起一星反抗的火花⑩。

---

① 《史记》卷六《秦始皇本纪》，第 245、250、262 页。
② 睡虎地秦墓竹简整理小组：《睡虎地秦墓竹简》，释文注释第 13 页。
③ 《史记》卷六《秦始皇本纪》，第 259 页。
④ 《史记》卷六《秦始皇本纪》，第 259 页。
⑤ 《史记》卷九〇《魏豹彭越列传》，第 2591 页。
⑥ 《史记》卷九一《黥布列传》，第 2597 页。
⑦ 《史记》卷六《秦始皇本纪》，第 281—282 页。
⑧ 《史记》卷六《秦始皇本纪》，第 275 页。
⑨ 《史记》卷六《秦始皇本纪》，第 273 页。
⑩ 秦始皇三十一年（前 216），曾"夜出逢盗兰池，见窘"。时"始皇为微行咸阳"，并不暴露皇帝身份，此事件体现地方治安状况，未可解释为政治事件。《史记》卷六《秦始皇本纪》，第 251 页。

楚汉战争时,"萧何转漕关中,给食不乏"①。汉并天下,娄敬劝刘邦建都关中,刘邦"疑之"。而张良以关中"沃野千里""天府之国","诸侯有变,顺流而下,足以委输"的有利条件,力促刘邦作出定都长安的正确决策②。当时有"秦富十倍天下"③的说法。据云梦睡虎地秦简《仓律》可知,各地仓储均"万石一积",唯"栎阳二万石一积,咸阳十万石一积"④。刘邦军至霸上时,亦说:"仓粟多,非乏,不欲费人。"⑤关中经济之丰饶富足与关东经济之凋敝残破形成鲜明的对比,固然有秦人多年奖励耕战政策的成功因素,但是秦王朝关中与关东所实行的政策有明显的区别,也是重要的原因之一。

与此相关,关中居民也显然没有关东人那样激烈的反秦意识,因而贾谊、司马迁可以这样说:"藉使子婴有庸主之材,仅得中佐,山东虽乱,秦之地可全而有,宗庙之祀未当绝也。"⑥

我们注意到秦王朝关东地区统治政策的特点,就不难通过这些现象得出结论:所谓"天下苦秦久矣"这一反秦战争中最富于号召力量的口号的意义是有地域局限性的,它集中表抒出关东地区社会各阶层对秦王朝统治的共同的怨愤。秦王朝关东政策的失败确实是秦覆亡的主要原因之一。

3

讨论秦王朝的关东政策及其失败的原因,有必要进行历史的比较。

历史上秦国在扩张领土过程中所施行对新区的统治,有成功的,有失败的。

秦穆公"益国十二,开地千里,遂霸西戎"⑦,然而史籍记载秦与义渠的战争仍然持续多年。公元前444年,"秦伐义渠,虏其王"。公元前430年,

---

① 《史记》卷五三《萧相国世家》,第2016页。
② 《史记》卷五五《留侯世家》,第2043—2044页。
③ 《史记》卷八《高祖本纪》,第364页。
④ 睡虎地秦墓竹简整理小组:《睡虎地秦墓竹简》,释文注释第25页。
⑤ 《史记》卷八《高祖本纪》,第362页。
⑥ 《史记》卷六《秦始皇本纪》,第276页。
⑦ 《史记》卷五《秦本纪》,第194页。

"义渠侵秦至渭阴"。公元前 335 年,"义渠败秦师于洛"。① 公元前 331 年,"义渠内乱,庶长操将兵定之"。② 公元前 327 年,"县义渠……义渠君为臣"。③ 公元前 320 年,"秦伐义渠,取郁郅"。公元前 318 年,"义渠败秦师于李伯"。公元前 315 年,"秦伐义渠,取徒泾二十五城"。④ 公元前 310 年,秦"伐义渠"⑤。公元前 280 年,"宣太后诱杀义渠王于甘泉宫,因起兵灭之,始置陇西、北地、上郡焉"⑥,终于平定西北,西戎之地成为秦对东方作战的巩固后方。

秦惠文王时据有巴蜀,秦昭王与巴人"乃刻石为盟要:复夷人顷田不租,十妻不算。伤人者论,煞人雇死,倓钱。盟曰:秦犯夷,输黄龙一双;夷犯秦,输清酒一钟。夷人安之。"⑦由于对原有经济形式和风俗习惯不以强力干涉和变革,因此对巴人的政策获得最大的成功。秦曾三次封蜀侯,又三次因反叛发兵"往诛"。此后,不再封蜀侯,"但置蜀守"⑧,蜀地逐渐安定。据《史记》卷五《秦本纪》和《华阳国志》卷三《蜀志》记载,巴人蜀人后来都参加了秦平楚地的战役,并承担了主要的军需供应。

总的看来,秦国新占领区政策的制定与实行过程中曾经历过诸多波折和反复,然而总体上可以说是成功的,大致在秦昭王时代已制定出一套成熟的政策和法令。这种成功,也是秦能够实现统一的因素之一。

在战国兼并时期,著名的乐毅破齐的战争具有应当引起史学家重视的特点。公元前 284 年,乐毅率燕军攻齐,"修整燕军,禁止侵掠,求齐之逸民,显而礼之,宽其赋敛,除其暴令,修其旧政",于是"其民喜悦",破临淄后,"祀桓公、管仲于郊,表贤者之闾,封王蠋之墓",特别注意积极笼络齐国上层分子,"齐人食邑于燕者二十余君,有爵位于蓟者百有余人"⑨。由于乐毅

---

① 《后汉书》卷八七《西羌传》,第 2874 页。
② 《史记》卷一五《六国年表》,第 728 页。
③ 《史记》卷五《秦本纪》,第 206 页。
④ 《后汉书》卷八七《西羌传》,第 2874 页。
⑤ 《史记》卷五《秦本纪》,第 209 页。
⑥ 《后汉书》卷八七《西羌传》,第 2874 页。
⑦ 《华阳国志》卷一《巴志》,(晋)常璩撰,任乃强校注:《华阳国志校补图注》,第 14 页。
⑧ 《华阳国志》卷三《蜀志》,(晋)常璩撰,任乃强校注:《华阳国志校补图注》,第 129 页。
⑨ 《资治通鉴》卷四"周赧王三十一年",第 130 页。

以正确的占领区政策与强大的军事进攻相配合，"六月之间，下齐七十余城，皆为郡县"①，"燕既尽降齐城，唯独莒、即墨不下。"②而继任者骑劫失败的原因之一，就在于"燕军尽掘垄墓，烧死人"，伤害了齐人的宗族感情，致使其"俱欲出战，怒自十倍"③。乐毅在齐国实行的政策，表现出相当高明的策略眼光。

据《战国策·齐策四》记载，秦人早此数十年亦曾采取类似"表贤者之间，封王蠋之墓"的政策："昔者秦攻齐，令曰：'有敢去柳下季垄五十步而樵采者，死不赦。'"④在秦国发展与扩张的漫长历史中，多见相似的例子。睡虎地秦墓竹简中《法律答问》规定："真臣邦君公有罪，致耐罪以上，令赎。"⑤说明秦国政府对少数民族的首领实行"赂之以抚其志"⑥的怀柔政策，并在法律中规定了他们的特权。直到秦王政九年（前238）嫪毐作乱时，胁从者有"戎翟君公"，可见他们仍活跃于政治舞台并拥有一定的实力。

从以上事实分析，统一后的秦王朝的当政者有本国和他国丰富的历史经验足以借鉴，由于关东地区统治政策失败促成的王朝倾覆显然不能简单地以"新兴地主阶级"缺乏政治经验作出解释，而应通过对包括经济、文化等各种条件的全面分析来作出进一步的说明。

首先，秦国历来与东方各国保持着风俗、制度等方面不同的特点。孝公以前，"秦僻在雍州，不与中国诸侯之会盟，夷翟遇之"，秦人以为"诸侯卑秦，丑莫大焉"⑦。司马迁也说："秦杂戎翟之俗"，"秦之德义不如鲁卫之暴戾"⑧。鸿沟之深，是不可能在短期内特别是通过强制手段克服的。秦人虽曾通过引用关东知识分子作为"客卿"，客观上接受东方文化的渗入，但首要前提是这些人必须为个人功名富贵完全抛弃本国利益。甚至连秦王以为"得见此人，与之游，死不恨"的韩非，也因为提出攻赵存韩的意见，终于以

① 《资治通鉴》卷四"周赧王三十一年"，第130页。
② 《史记》卷八二《田单列传》，第2453页。
③ 《史记》卷八二《田单列传》，第2454页。
④ 《战国策》卷一一《齐策四》，第408页。
⑤ 睡虎地秦墓竹简整理小组：《睡虎地秦墓竹简》，释文注释第135页。
⑥ 《史记》卷七〇《张仪列传》，第2303页。
⑦ 《史记》卷五《秦本纪》，第202页。
⑧ 《史记》卷一五《六国年表》，第685页。

"终为韩,不为秦"的谗言而遭到杀害。① 特别是"及其既并天下,遂以客为无用"②,来自东方的士人的地位更发生了变化。睡虎地秦墓竹简《法律答问》中写道:

> 邦客与主人斗,以兵刃、投(殳)梃、拳指伤人,擎以布。③

根据睡虎地秦墓竹简整理小组的译文,就是说:邦客和秦人相斗,邦客用兵刃、棍棒、拳头伤了人,应当将作为抚慰的布缴官。我们看到,当时有"邦客"和"主人"的专用语以区分身份等级,法律规定关东人与秦人争斗使秦人致伤时要依法论处,然而对于秦人致伤关东"邦客",则看不到相对应的条文。这说明关东人即使投靠秦国,在法律上也不被承认有与秦人平等的地位。

秦统一以后,这种长期对立造成的敌对情绪仍有表现,但是作为统一帝国主宰的秦王朝最高统治者并不注意消弭这种情绪,而且本身也受到这种狭隘观念的严重局限。严安曾批评秦"循其故俗"④,贾谊也指出:"夫并兼者高诈力,安定者贵顺权,此言取与守不同术也。秦离战国而王天下,其道不易,其政不改,是其所以取之守之者无异也。"⑤不仅以取天下之道规划守天下之政,又"斩华为城,因河为津","缮津关,据险塞,修甲兵而守之","自以为关中之固,金城千里,子孙帝王万世之业也"⑥,仍以倚据关中对峙关东为战略思想。关于秦始皇陵兵马俑的主题尚有争论,但秦始皇时代所经营的这一规模宏大的军阵模型是以东方武装集团作为假想敌的事实是毋庸置疑的。这也说明秦始皇的统治思想尚未完成应有的时代性转变,以这种思想为基础所制定的关东政策自然表现为恐怖的虐杀和苛重的赋役。

其次,秦王朝关东政策制定的基点,在于对关东地区经济和文化的发展水平缺乏充分的估计。秦孝公时,承认"诸侯卑秦,丑莫大焉",秦惠文王时代的《诅楚文》,也并不自诩经济文化的先进,但是秦始皇在各地刻石,则甚

① 《史记》卷六三《老子韩非列传》,第2155页。
② (宋)苏轼撰,王松龄点校:《东坡志林》卷五《论古》,中华书局1981年版,第111页。
③ 睡虎地秦墓竹简整理小组:《睡虎地秦墓竹简》,释文注释第114页。
④ 《史记》卷六四《平津侯主父列传》,第2811页。
⑤ 《过秦论》,《史记》卷六《秦始皇本纪》,第283页。
⑥ 《过秦论》,《史记》卷六《秦始皇本纪》,第276、281页。

至已经敢于在包括"义""理"等各方面指斥六国君王,俨然以先进经济和优秀文化的传布者自居。这种意识,显然来源于统一战争中"譬若驰韩卢而捕蹇兔"①的军事优势和因关东地区战时"天下之府库不盈,困仓空虚"②的片断历史现象引起的错觉。于是,秦政权将以往对经济、文化比较落后的戎狄居地和巴蜀地区的一些政策,直接移用于关东地区,例如颁布强制移易风俗的法令等,甚至实行"殖民"政策。商鞅曾将所谓"乱化之民""尽迁之于边城"。③《华阳国志》卷三《蜀志》说:秦惠王置巴郡,"移秦民万家实之"④。《史记·项羽本纪》:"巴蜀道险,秦之迁人皆居蜀。"⑤《汉书·萧何传》也说:"秦之迁民皆居蜀。"⑥秦在统一战争中,曾经对关东地区实行殖民:

（惠文王八年）伐曲沃,尽出其人,取其城,地入秦。(《史记》卷七一《樗里子列传》)

（十三年）使张仪伐取陕,出其人与魏。(《史记》卷五《秦本纪》)

（魏哀王）五年,秦拔我曲沃,归其人。(《史记》卷一五《六国年表》)

（昭襄王）二十一年,司马错攻魏河内,魏献安邑。秦出其人,募徙河东赐爵,赦罪人迁之。

（昭襄王）二十六年,赦罪人迁之穰。

（昭襄王）二十七年,(司马)错攻楚,赦罪人迁之南阳。

（昭襄王）二十八年,大良造白起攻楚,取鄢、邓,赦罪人迁之。(《史记》卷五《秦本纪》)⑦

秦统一后,仍实行"徙谪实之初县"的政策。仅据已发表的考古材料可知,在这一时期前后,含有秦文化因素的墓葬发现在河南陕县后川、三门峡市区、郑州岗社、泌阳官庄、山西侯马乔村、榆次猫儿岭、内蒙古准格尔旗勿尔

① 《战国策》卷五《秦策三》,第 189 页。
② 《战国策》卷三《秦策一》,第 95 页。
③ 《史记》卷六八《商君列传》,第 3231 页。
④ (晋)常璩撰,任乃强校注:《华阳国志校补图注》,第 128 页。
⑤ 《史记》卷七《项羽本纪》,第 316 页。
⑥ 《汉书》卷三九《萧何传》,第 2006 页。
⑦ 《史记》,第 206、212、213、732、2307 页。

图,湖北云梦睡虎地、大坟头、江陵凤凰山、宜昌前坪、宜城楚皇城,四川成都羊子山、洪家包、天回镇、涪陵小田溪,广东广州淘金坑、华侨新村,广西灌阳、兴安、平乐等地①。应当指出,这一部分"迁人"的待遇和作用显然与被迫迁徙的关东居民不同,他们或免除徒刑,或赐以爵位,是被作为秦王朝在全国统治的支柱而加以利用的。秦汉文献中所谓的"闾左",很可能就包括这些人,他们虽立身民间,但作为秦最基层政权的"左助"(佐助),在征发赋役时也最受优待。②

这些在落后地区可能比较成功的政策,在人口众多、地域广阔,特别是经济并不落后,文化尤其先进的关东地区,则只能激起敌对势力的反抗。《荀子·议兵》说:"兼并易能也,唯坚凝之难焉。"是说以军事力量占领新的领土容易,而维持巩固的统治,长期实现安定则难。"韩之上地,方数百里,完全富足而趋赵,赵不能凝也,故秦夺之。"荀况主要根据关东地区兼并的形势而提出的政策应该说是正确的,即"凝士以礼,凝民以政;礼修而士服,政平而民安;士服民安,夫是之谓大凝。以守则固,以征则强,令行禁止,王者之事毕矣。"③战国时代的政治家为统一前景提出的实现"大凝"的主张,堪称远见卓识。如果说由于战争形势进展的异常迅速使得秦在关东地区新领土的具体政策来不及得到时间检验就必须推广施行,那么,秦统一后始终未能将这些政策的合理性调整到能够使关东人接受的程度,就不能不认为是秦王朝最高统治者政治上的严重失误了。

最后,讨论秦王朝关东政策的成败,还应注意到当时关东地区地方官吏的政治作用。《汉书·刑法志》说,秦始皇兼并战国,"灭礼谊之官,专任刑罚"④,可见秦统一后,关东地区行政人员的成分发生了变化。当时关东地区相当一部分地方官可能出身军人。据考证,秦南郡守腾与伐韩"尽纳其地"的内史腾应为一人。云梦睡虎地 11 号秦墓墓主喜作为文吏,也曾经长期从军。秦始皇东游海上,"行礼词名山大川及八神",八神中天、地之次即

① 叶小燕:《秦墓初探》,《考古》1982 年第 1 期。
② 王子今:《"闾左"为"里左"说》,《西北大学学报》1985 年第 1 期。
③ (清)王先谦撰,沈啸寰、王星贤点校:《荀子集解》,第 290 页。
④ 《汉书》卷二三《刑法志》,第 1096 页。

为兵神，"三曰兵，主祠蚩尤"①，由此似亦可窥见军人在关东行政中的作用。《琅邪刻石》称："东抚东土，以省卒士"②，说明秦始皇东巡的目的之一是省视慰问留驻关东的部队，以及因军功就任地方官吏的"卒士"。《韩非子·定法》曾经对秦国"斩一首者爵一级，欲为官者为五十石之官；斩二首者爵二级，欲为官者为百石之官"③的商君之法提出批评：

> 今有法曰："斩首者令为医、匠。"则屋不成而病不已。夫匠者，手巧也；而医者，齐药也。而以斩首之功为之，则不当其能。今治官者，智能也；今斩首者，勇力之所加也。以勇力所加而治智能之官，是以斩首之功为医、匠也。④

秦王朝以军人为吏，必然使各级行政机构都容易形成极权专制的特点，使统一后不久即应结束的军事管制阶段在实际上无限延长，终于酿成暴政。我们对秦整个官僚机构的特点（这一特点的形成有历史传统的因素）进行分析，就不难觉察到，以往探究秦虐政的根源往往归于秦始皇、秦二世个人的看法未免失之于片面。秦末起义时，"山东郡县少年苦秦吏，皆杀其守、尉、令、丞以反，以应陈涉"⑤，甚至秦王朝的地方官如沛令、会稽守通等愿发兵响应亦为起义民众所不容。蒯通说范阳令："足下为范阳令十年矣，杀人之父，孤人之子，断人之足，黥人之首，不可胜数，……"武臣说到当时形势："家自为怒，人自为斗，各报其怨而攻其仇，县杀其令丞，郡杀其守尉。"⑥汉代人谷永回顾这一段历史时也指出："秦居平土，一夫大呼而海内崩析者，刑罚深酷，吏行残贼也。"⑦所谓关东民众"苦秦吏"，所谓"吏行残贼"者，都说明秦军吏在关东地区推行苛政的作用是不容忽视的。⑧

---

① 《史记》卷二八《封禅书》，第1367页。断句从马非百《秦集史》下册，第703页。
② 《史记》卷六《秦始皇本纪》，第245页。
③ （清）王先慎撰，钟哲点校《韩非子集解》，第399页。
④ （清）王先慎撰，钟哲点校《韩非子集解》，第399—400页。
⑤ 《史记》卷六《秦始皇本纪》，第269页。
⑥ 《史记》卷八九《张耳陈余列传》，第2573、2574页。
⑦ 《汉书》卷八五《谷永传》，第3449页。
⑧ 参看王子今《秦王朝关东政策的失败与秦的覆亡》，《史林》1986年第2期。

4

战国时代已形成的趋于统一的历史潮流,促成了秦王朝的建立。然而秦末起义中却有关东政治活动家以复国旗帜为号召。

陈胜起事初,曾经诈称公子扶苏,"从民欲也",不久则继而以"伐无道,诛暴秦,复立楚国之社稷"为宗旨,号为"张楚"①,反映出陈胜等人已敏锐觉察到"民欲"的变化。秦二世三年(前 207)八月,子婴放弃帝号,称秦王,而关东诸侯军仍不以实现复国、秦帝国崩溃为满足,可见秦王朝的关东政策积怨之深。

不过,我们也不应当以绝对化的非历史主义的眼光看待秦王朝失败的关东政策。秦王朝行郡县制,在这一制度上全国各地持平如一,这显然与周人克殷后以殷人为种族奴隶不同。关中民众同样"苦秦苛法久矣",说明至少在一部分法令面前,各地是平等的,正如李斯所谓"天下已定,法令出一"②。况且,具体地说,当时有些政策从长远的观点看并不应过多地受到责难。例如,徙天下豪富十二万户于咸阳;孔氏梁人,以铁冶为业,迁之于南阳;"用铁冶富"的赵人卓氏被迁至蜀地,"独夫妻推辇,行诣迁处"③等。这种移民,从客观上说,有益于先进生产技术的传播和文化的交流,另外,如贾谊所谓"坏宗庙与民"④,即对关东地区顽固的旧宗法制的破坏,也无疑具有一定的积极意义。

有远见的政治家刘邦,深刻认识到秦王朝失败的教训。当时张楚政权的领袖陈胜、楚怀王孙义帝、西楚霸王项羽都以建立楚国霸业为政治号召,实行复国主义政策,而只有刘邦注意克服狭隘的地方主义观念,致力于建立统一的帝国。在进军关中途中,他就采取了"约降,封其守,因使止守,引其甲卒与之西"的方针,于是"通行无所累","无不下者"。入关中后,又约法三章,甚至"使人与秦吏行县乡邑,告谕之",对秦国本土政治经济现状不作

① 《史记》卷四八《陈涉世家》,第 1952 页。
② 《史记》卷六《秦始皇本纪》,第 255 页。
③ 《史记》卷一二九《货殖列传》,第 3277 页。
④ 贾谊:《过秦论》,《史记》卷六《秦始皇本纪》,第 284 页。

根本性触动。① 同项王与诸侯屠烧咸阳而去截然不同,萧何于是"先入收秦丞相御史律令图书臧之……汉王所以具知天下阸塞,户口多少,强弱之处,民所疾苦"②。对于刘邦能够实行与项羽简单的复仇主义不同的政策,后世史家有人称之曰:"项羽之暴也,沛公之明也!"③然而并未注意到两种政策所体现的二者政治理想的不同。楚汉战争中,刘邦据有富足的关中作为稳固的后方,使兵员和作战物资不断得到补充,垓下一役,终于战胜项羽。汉并天下之后,刘邦从建立统一帝国的大局出发,接受曾被项羽讥讽为"衣绣夜行"的建议,定都关中,实行促进楚文化、齐鲁文化和秦文化交汇融合的正确政策,建立起空前强大的中央集权的帝国。经数十年的文化过渡,到汉武帝以后,使全国各地区居民融为一体的汉民族基本形成,具有共同风格的汉文化也得到初步发育的条件。秦始皇所企望的"周定四极""远迩同度"的局面,这时才基本实现了。

汉承秦制,然而对秦王朝的制度又多有所修正。秦王朝关东政策的失败使统一的进程略作停顿,而历史以一代王朝的命运和数以百万计民众的牺牲为代价,终于跨过旧制度、旧观念的废墟,又前进了一步。

---

① 《史记》卷八《高祖本纪》,第 360、362 页。
② 《史记》卷五三《萧相国世家》,第 2014 页。
③ (清)王夫之著,舒士彦点校:《读通鉴论》,中华书局 1975 年版,第 6 页。

二七

"削藩"事业的文化背景与文化意义

　　秦汉时期,是中国帝制奠基的重要历史时期。中央集权的大一统帝国的政治构架在这一时期基本树立起来。当时,中央政权和地方政权的关系,已经为后世的政治格局确定了基准。

1

　　《史记·秦始皇本纪》记述了两次在相当高的政治层次中关于"封建"问题的著名的辩论。第一次辩论发生在"秦初并天下"的秦始皇二十六年(前221):

　　　　丞相绾等言:"诸侯初破,燕、齐、荆地远,不为置王,毋以填之。请立诸子,唯上幸许。"始皇下其议于群臣,群臣皆以为便。

　　　　廷尉李斯议曰:"周文武所封子弟同姓甚众,然后属疏远,相攻击如仇雠,诸侯更相诛伐,周天子弗能禁止。今海内赖陛下神灵一统,皆为郡县,诸子功臣以公赋税重赏赐之,甚足易制。天下无异意,则安宁之术也。置诸侯不便。"

　　　　始皇曰:"天下共苦战斗不休,以有侯王。赖宗庙,天下初定,又复立国,是树兵也,而求其宁息,岂不难哉! 廷尉议是。"①

---

　　① 《史记》卷六《秦始皇本纪》,第238—239页。

于是，"分天下以为三十六郡，郡置守、尉、监。"①

第二次辩论，发生在7年之后，秦始皇三十三年(前214)：

> 始皇置酒咸阳宫，博士七十人前为寿。仆射周青臣进颂曰："他时秦地不过千里，赖陛下神灵明圣，平定海内，放逐蛮夷，日月所照，莫不宾服。以诸侯为郡县，人人自安乐，无战争之患，传之万世。自上古不及陛下威德。"始皇悦。

> 博士齐人淳于越进曰："臣闻殷周之王千余岁，封子弟功臣，自为枝辅。今陛下有海内，而子弟为匹夫，卒有田常、六卿之臣，无辅拂，何以相救哉？事不师古而能长久者，非所闻也。今青臣又面谀以重陛下之过，非忠臣。"

> 始皇下其议。

> 丞相李斯曰："五帝不相复，三代不相袭，各以治，非其相反，时变异也。今陛下创大业，建万世之功，固非愚儒所知。且越言乃三代之事，何足法也？"②

李斯驳斥了恢复分封的政见，又提出了焚书的建议，得到秦始皇的赞同。于是，关于中央与地方关系的这次政策性讨论，导致了中国文化史上一次空前残酷的毁灭文化的运动。

秦始皇坚定地推行中央集权的政治原则，使郡县制度成为长期影响中国政治史的定制。

秦王朝高度集权的政治形式，有益于避免"诸侯并争""天下散乱"的政治危局，实现秦始皇所谓"普施明法，经纬天下"，"宇县之中，承顺圣意"③的理想，但是，同时又难免产生新的政治隐患。秦二世以非法手段取得帝位之后，因"沙丘之谋，诸公子及大臣皆疑焉，而诸公子皆帝兄，大臣又先帝之所置也"，"此其属意怏怏皆不服，恐为变"，于是密谋杀害诸公子及先帝故臣，"公子十二人僇死咸阳市，十公主矺死于杜。"④秦始皇陵东侧上焦村西清理的8座秦墓，M18没有发现人骨，其余7座墓墓主为5男2女，年龄在

---

① 《史记》卷六《秦始皇本纪》，第239页。
② 《史记》卷六《秦始皇本纪》，第254页。
③ 《史记》卷六《秦始皇本纪》，第249页。
④ 《史记》卷八七《李斯列传》，第2552页。

20 岁至 30 岁左右，大多骨骼分离散置。M15 墓主肢骨相互分离，置于椁室头箱盖上，头骨则发现于洞室门外填土中，右颞骨上仍插有一支铜镞。据主持清理的考古学者分析，墓主的身份很可能是遭到秦二世杀害的秦始皇的宗室。①《史记·李斯列传》记载，公子高曾准备逃走，又担心家族受到残害，于是上书说："臣当从死而不能，为人子不孝，为人臣不忠。不忠者无名以立于世，臣当从死，愿葬郦山之足。""胡亥可其书，赐钱十万以葬。"②

原先淳于越所设想可以"自为枝辅"，相与"辅拂""相救"的王族关系，竟然被秦二世毫不犹豫地用血刃斩断。

不过，秦王朝的统治毕竟过于短促，分析秦政的得与失，有些观点于是难以得到历史的验证。

通过对西汉王朝"削藩"运动的历史分析，或许可以说明中央集权的政体得以巩固的形式，并且可以真切地认识这一历史过程的文化影响。

2

项羽在取得灭秦的决定性胜利之后，取得了统领反秦武装的权力，"始为诸侯上将军，诸侯皆属焉"③。入关中后，"分天下，立诸将为侯王。""项王自立为西楚霸王，王九郡，都彭城。"④当时他的地位，仍然不过是反秦军事联盟的首领。

应当看到，尽管刘邦和另两支反项主力军的统帅韩信、彭越有特殊的关系，但是在组织垓下决战时，刘邦实际上对他们也只具有有限的约束力。韩信请为假王以管理齐地，刘邦不得不听从张良的意见，正式封他为齐王，就说明了这种关系。当时，彭越也被封以睢阳以北至谷城之地。

汉并天下后，刘邦仍然只能分封功臣为王侯，只是为加强中央的权力，对有些诸侯王的封地进行了调整，如封彭越为梁王，徙封齐王韩信为楚王

① 秦俑考古队：《临潼上焦村秦墓清理简报》，《考古与文物》1980 年第 2 期。
② 《史记》卷八七《李斯列传》，第 2553 页。
③ 《史记》卷七《项羽本纪》，第 307 页。
④ 《史记》卷七《项羽本纪》，第 316、317 页。

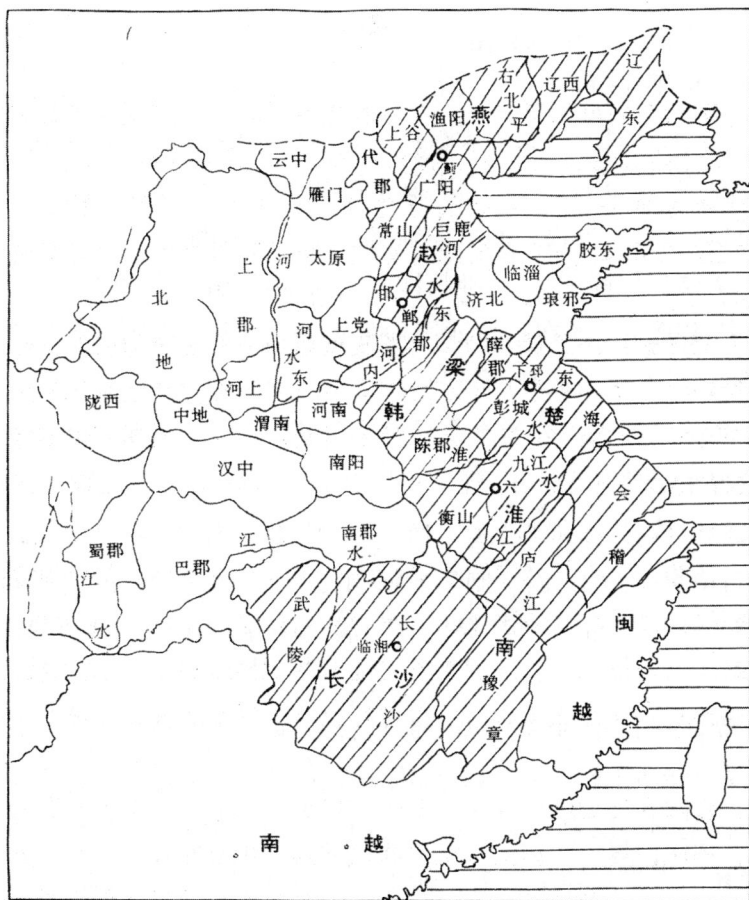

图 12 汉高祖五年七异姓诸侯王封域

（参考周振鹤制图）

等。当时共有异姓诸侯王 7 人：楚王韩信、梁王彭越、淮南王英布、赵王张
耳、燕王臧荼、长沙王吴芮、韩王信。

当时异姓诸侯王占据的地区，相当于战国时期东方六国的大部分疆域，
西汉王朝实际统治的地域其实相当有限。

逐步削平异姓诸侯王的过程，在汉高祖五年（前 202）至十一年（前
196）六年间完成。到这时，异姓诸侯王中只保留了长沙王。也就是说，刘
邦击灭项羽之后，几乎一直不间断地用阴谋和武力对付异姓诸侯王。

萧何为刘邦营造未央宫，刘邦以为规模过于宏大，"见宫阙壮甚，怒，谓萧何曰:'天下匈匈苦战数岁,成败未可知,是何治宫室过度也?'萧何曰:'天下方未定,故可因遂就宫室。'"①时在汉高祖八年(前199),当时,燕王臧荼叛乱早已平定,韩王信已经被逐入匈奴,楚王韩信已经被贬为淮阴侯,就在当年,赵王张敖因谋反嫌疑被执。在这样的形势下,西汉王朝最高决策集团仍然以为"天下方未定","成败未可知",说明异姓诸侯王占据东方地域的历史事实,对中央权力的巩固确实形成了极大的障碍。

异姓诸侯王被逐一平定,唯长沙国独得存留,并不仅仅是由于"称其忠焉"②,可能主要原因还在于长沙国地处偏僻,经济文化地位和军事政治实力,都并不构成对中央政权的威胁。

消灭了除长沙王以外的 6 个异姓诸侯王之后,刘邦在异姓王的故土分封自己的兄弟子侄 9 人为王,还和群臣共立非刘姓不王的誓约。

汉文帝时代,为了加强自己的统治,令列侯一律就国,以全面控制首都局势,又封诸皇子为王,以牵制东方诸国,并且将规模较大的诸侯国析分为几个小国。爰盎、晁错当时都提出过削藩建议,汉文帝以为时机不成熟,没有实行。

汉景帝时代,为了解决中央专制皇权和地方王国势力之间日益尖锐的矛盾,接受晁错所上《削藩策》,下诏削诸侯王所辖郡县。削藩之举激起了各诸侯王国的强烈反对。汉景帝三年(前154),吴楚七国之乱爆发。西汉王朝以坚定的态度迅速平定了叛乱,强化了对东方地区的控制。

汉武帝时代,是以推行"推恩法"的形式削弱诸侯王的势力的。

在诸侯王国往往连城数十,地方千里,威胁中央集权的巩固的形势下,元朔二年(前127),主父偃建议允许诸侯王推私恩分子弟邑,以剖分其国,削弱其对抗中央的力量。这一建议立即为汉武帝采纳,于是颁行"推恩令"。此后,各诸侯王国各分为数个或十数个侯国。按照汉制,侯国隶属于郡,地位只相当于县。这样,诸侯割据的地域明显缩小,朝廷直属的土地明显扩大。

----

① 《史记》卷八《高祖本纪》,第385—386 页。
② 《史记》卷一九《惠景间侯者年表》,第977 页。

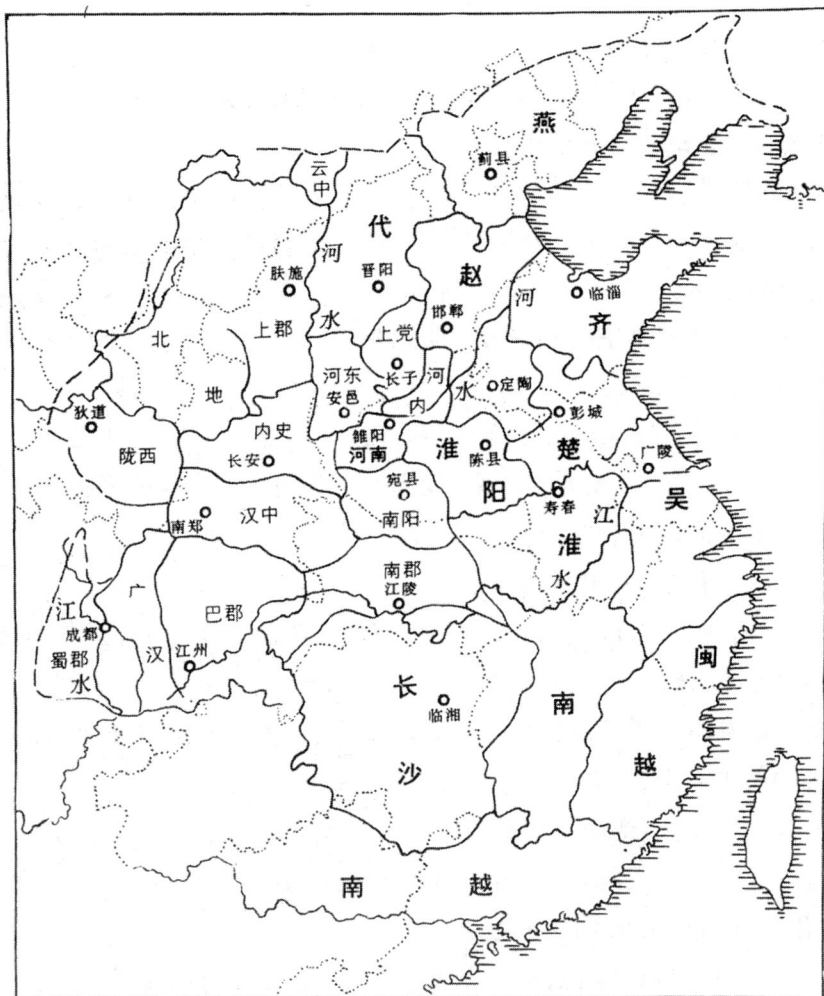

图 13　汉高祖十二年十王国、十五汉郡形势图

（参考周振鹤制图）

3

　　司马迁批判诸侯王国与中央政权相对抗的历史趋势时,认为有地方文化传统在其中发挥着作用,他在《史记·淮南衡山列传》中写道:"淮南、衡山亲为骨肉,疆土千里,列为诸侯,不务遵蕃臣职以承辅天子,而专挟邪僻之

计,谋为畔逆,仍父子再亡国,各不终其身,为天下笑。"①司马迁接着分析说:

> 此非独王过也,亦其俗薄,臣下渐靡使然也。夫荆楚僄勇轻悍,好作乱,乃自古记之矣。②

认为僻地"俗薄",是导致动乱的主要原因之一。

当然,司马迁是站在中央政权的立场上进行历史评断的,所以有"专挟邪僻之计,谋为畔逆"一类的话。其实,考察双方武装对抗的最初起因,可能会发现中央政权是主动的一方。明人张燧《千百年眼》有"淮南厉王未尝反"条,其中说道:"淮南厉王骄恣不奉法则有之,以为谋反,则未也。以文帝时,天下治平,有若金瓯,即病狂丧心者,亦何敢以蕞尔弹丸之地而与之抗?且夫男子七十人,辇车四十乘,反当何所为也?"③这样的分析其实是有一定道理的。同书又有"七国缓削则不反"条:

> 汉景初年,七国后强,晁错之议曰:"削之亦反,不削亦反。"愚则曰:亟削则必反,缓削则可以不反。(刘)濞以壮年受封,至是垂老矣,宽之数年,濞木水拱,则首难无人。七国虽强,皆可以势恐之也。(晁)错不忍数年之缓暇,欲急其攻,而蹢躅为之,身陨国危,取笑天下。俚语曰:"贪走者蹶,贪食者噎。"其错之谓耶?④

这样的观点,也可以帮助我们对当时历史进程的走向作进一步思考。

应当看到,地方割据力量和中央政权的政治对立,实际上又有文化独立、文化对抗和文化竞争的意义。

《史记·货殖列传》说,吴王刘濞"招致天下之喜游子弟"⑤。《史记·淮南衡山列传》说道,"淮南王安为人好读书鼓琴,不喜弋猎狗马驰骋","积金钱赂遗郡国诸侯游士奇材。"⑥《盐铁论·晁错》也说到诸侯王国在文化方面力求领先于中央的趋势:

> 日者,淮南、衡山修文学,招四方游士,山东儒、墨咸聚于江、淮之

---

① 《史记》卷一一八《淮南衡山列传》,第 3098 页。
② 《史记》卷一一八《淮南衡山列传》,第 3098 页。
③ (明)张燧撰,贺新天校点:《千百年眼》卷四,河北人民出版社 1987 年版,第 70 页。
④ (明)张燧撰,贺新天校点:《千百年眼》卷五,第 76 页。
⑤ 《史记》卷一二九《货殖列传》,第 3267 页。
⑥ 《史记》卷一一八《淮南衡山列传》,第 3082 页。

间,讲议集论,著书数十篇。①

《汉书·艺文志》"诸子略杂家"可见:

> 《淮南内》二十一篇。王安。
>
> 《淮南外》三十三篇。②

颜师古注:"《内篇》论道,《外篇》杂说。"③《汉书·景十三王传·河间献王刘德》:"淮南王安亦好书,所招致率多浮辩。"颜师古注:"言无实用耳。"④应当是说多为"论道"之作。淮南王刘安确实文化素养相当高,《汉书·淮南厉王刘长传》:

> 淮南王安为人好书,鼓琴,不喜弋猎狗马驰骋,亦欲以行阴德拊循百姓,流名誉。招致宾客方术之士数千人,作为《内书》二十一篇,《外书》甚众,又有《中篇》八卷,言神仙黄白之术,亦二十余万言。时武帝方好艺文,以安属为诸父,辩博善为文辞,甚尊重之。每为报书及赐,常召司马相如等视草乃遣。初,安入朝,献所作《内篇》,新出,上爱秘之。使为《离骚传》,旦受诏,日食时上。又献《颂德》及《长安都国颂》。每宴见,谈说得失及方技赋颂,昏莫然后罢。⑤

我们今天所看到的《淮南子》二十一篇,是西汉前期文化的总结。其丰富多彩,是同时代许多其他著作难以相比的。这样的所谓"纪纲道德,经纬人事","天地之理究矣,人间之事接矣,帝王之道备矣"⑥,即总罗几乎所有精神文明领域成就的文化巨著,出自地方文化集团之手,确实应当看作是一种文化的奇迹。

在汉武帝推行"推恩"政策取得成功,实现了新的文化统一之后,文化创造当然层出不穷,但是,人们再也看不到在某一个地区出现过如同《淮南子》这样的体现区域文化丰收的名著了。

由此人们也可以体会到高度集权的"大一统"政体对于文化发展的副

---

① 王利器校注:《盐铁论校注(定本)》卷二《晁错》,第 113 页。
② 《汉书》卷三○《艺文志》,第 1741 页。
③ 《汉书》卷三○《艺文志》,第 1742 页。
④ 《汉书》卷五三《景十三王传·河间献王刘德》,第 2410 页。
⑤ 《汉书》卷四四《淮南厉王刘长传》,第 2145 页。
⑥ 何宁:《淮南子集释》卷二一《要略》,第 1437、1454 页。

作用。

　　"大一统"政体往往和文化专制主义相联系。在"大一统"政治体制下，也要求思想文化的统一。这种要求的绝对化，势必可能导致对非正统的思想文化的严格禁锢。人们发现，在高度集权的"大一统"政治占统治地位的时代，文化专制主义在舆论控制、政令宣传、社会教化、教育管理、文字监禁、艺术统制等各个方面都有突出的表现。我们回顾历史，还可以感觉到，越是有效地实践"大一统"政治原则的王朝，文化专制也越为彻底。而区域文化的活力受到压抑，也是这种文化现象的表征之一。

二八

王莽"分州定域，以美风俗"的努力

王莽是汉元帝皇后王政君的庶弟，在复杂的贵族宗派斗争中运用矫情伪饰的手段取得高位。汉平帝时，任大司马，总揽朝政。元始元年(1)，进位太傅，号安汉公，后加称宰衡。元始五年(5)，王莽加九锡。汉平帝死后，他借口"卜相最吉"，拥立年仅两岁的孺子婴，自己以"摄政"名义居天子之位，朝会称"假皇帝"，臣民称"摄皇帝"，车服称号"皆如天子之制"，改元"居摄"。① 后来，又利用民间迎和上意所伪造的符命，称汉祚已终，"告安汉公莽为皇帝"，"摄皇帝当为真"，于初始元年(8)正式自立为帝，结束了西汉王朝的统治，"御王冠，即真天子位，定有天下之号曰'新'。"②第二年改元为"始建国"。

西汉末年，阶级矛盾十分尖锐，社会上下危机重重。王莽正式取得帝位之后，立即附会古礼，托古改制，期求以社会改革的形式，缓和各种矛盾，维持政治局势的稳定。

在王莽推行的新政中，有关区域文化的政策，具有特殊的风格。

1

王莽曾经通过实行"五均赊贷"和"六筦"的制度，力图改善对工商业和

---

① 《汉书》卷九九上《王莽传上》，第4078—4081页。
② 《汉书》卷九九上《王莽传上》，第4078—4079、4093、4095页。

财政的管理。

这一新制,又称作"五均六筦",即对六种经济事业的管制措施,包括对盐、铁、酒实行专卖,政府铸钱,名山大泽产品收税以及五均赊贷即政府对城市工商业经营和市场物价进行管制并办理官营贷款业务等。居延汉简中可以看到这样的简文"…枚,缣素,上贾一匹直小泉七百枚,其马牛各且倍,平及诸万物可皆倍。牺和折威侯匡等所为平贾,夫贵者征贱,物皆集聚于常安城中,亦自为极贱矣。县官市买于民,民…"(E.P.T59:163)①,所谓"牺和折威侯匡",应即《汉书·食货志下》"羲和鲁匡",《汉书·王莽传下》"牺和鲁匡"②。简牍资料证明,王莽时代推行的"五均赊贷"制度不仅对"盐铁钱布帛"的经营实行管制,可能也曾试图涉及"马牛""及诸万物"。

当时实行"五均"的六个城市,称为"五均市"。

"五均市",即长安、洛阳、邯郸、临淄、宛、成都。《汉书·食货志下》记载:

> ……(王)莽乃下诏曰:"夫《周礼》有赊贷,《乐语》有五均,传记各有筦焉。今开赊贷,张五均,设诸筦者,所以齐众庶,抑并兼也。"遂于长安及五都立"五均官",更名长安东、西市令及洛阳、邯郸、临甾、宛、成都市长皆为"五均司市师"。东市称"京",西市称"畿",洛阳称"中",余四都各用"东""西""南""北"为称,皆置交易丞五人,钱府丞一人。工商能采金银铜连锡登龟取贝者,皆自占司市钱府,顺时气而取之。③

王莽时代的"五均市",形势大略如下图(图14):

当时,新朝政府宣称希望通过类似的经济管理方式,限制商人对农民的残酷盘剥,制止高利贷者非法牟取暴利的行为,以完备社会的经济形式,调整社会的经济关系。但是,这些措施也多有不利于实行的成分,遭到了工商业者的联合反对,导致了明显的经济混乱。

王莽政权的最高决策集团,在确定改革的方向和步骤时,没有经过成

---

① 甘肃省文物考古研究所、甘肃省博物馆、中国文物研究所、中国社会科学院历史研究所编:《居延新简:甲渠候官》,第 161 页。

② 《汉书》卷二四下《食货志下》,第 1182 页;《汉书》卷九九下《王莽传下》,第 4170 页。

③ 《汉书》卷二四下《食货志下》,第 1179—1180 页。

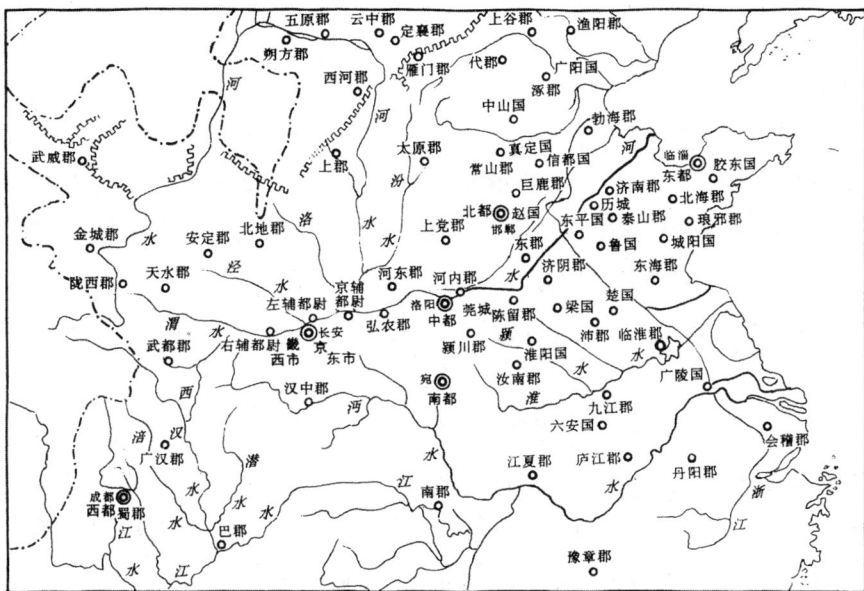

图 14　王莽"五均市"位置示意图

熟的理论思考；在推行改革的法令和措施时，也没有进行必要的理论说明。他们只是简单地以古制如此作为改革的理论基础。分田授田的规定，是依照孟子所谓"井田制"一夫一妻授田百亩的原则制定的。"五均六筦"制度的名号，也是儒者刘歆以古文经《周礼》和《乐经》为依据提出来的。

耐人寻味的是，"五均"政策，本来是以汉武帝"平准法"为基点制定的，而"六筦"中，盐、铁专卖和政府铸钱也都是承袭汉武帝旧制，酒的专卖，汉武帝时代也曾经实行，但是新法的宣布，并不对汉武帝时代制度的利弊与成败进行总结和说明，却只是以古制相标榜。

不过，我们从"五均市"的布局可以知道，当时王莽及其决策集团对于全国经济区域和经济重心的认识，已经有新的变化。洛阳的地位，已经有所上升。

"五均六筦"法实行了十数年，到王莽地皇二年（21），和他一系列失败的政策一样，也准备正式废除，然而第二年王莽的新朝政权就覆亡了。

2

虽然王莽改制的理论基点,只是盲目的复古,只是简单的所谓"追监前代,爰纲爰纪",虽然王莽和他所依靠的决策集团并没有完备的改革思想以为理论基础,只是"专念稽古之事"①,但是新的政权试图进行的新的政治文化区与经济文化区的重新划分,却可以说是颇具新意的。

王莽先据《尧典》正十二州名分界,又据《禹贡》改为九州。又曾经"以《周官》《王制》之文"更改地名官名。

王莽据说素"好鬼神",迷信"符命","惊惧""变怪"②,政治行为往往"伪稽黄、虞,缪称典文"③,在汉平帝元始五年(5),就曾经"以皇后有子孙瑞,通子午道,子午道从杜陵直绝南山,径汉中"④。子午道的开通,是地理与人文相互印合的特殊的史例,反映了当时神秘主义观念的普及。

《汉书·王莽传上》记载,"(王)莽既致太平,北化匈奴,东致海外,南怀黄支,唯西方未有加。乃遣中郎将平宪等多持金币诱塞外羌,使献地,愿内属。"于是有"羌豪良愿等种,人口可万二千人,愿为内臣,献鲜水海、允谷盐池,平地美草皆予汉民,自居险阻处为藩蔽"事。⑤ 王莽奏言:

> 今谨案已有东海、南海、北海郡,未有西海郡,请受良愿等所献地为西海郡。⑥

期望奄有四海,透露出王莽地理观与政治思想的基本思路。王莽接着又说道:

> 臣又闻圣王序天文,定地理,因山川民俗以制州界。汉家地广二帝三王,凡十二州,州名及界多不应经。《尧典》十有二州,后定为九州。汉家廓地辽远,州牧行部,远者三万余里,不可为九。谨以经义正十二

---

① 《汉书》卷九九中《王莽传中》,第4128、4131页。
② 《汉书》卷九九上《王莽传上》,第4065页。
③ 《汉书》卷一〇〇下《叙传下》,第4270页。
④ 《汉书》卷九九上《王莽传上》,第4076页。
⑤ 《汉书》卷九九上《王莽传上》,第4077页。
⑥ 《汉书》卷九九上《王莽传上》,第4077页。

州名分界,以应正始。①

王莽的建议得到批准。此后,"又增法五十条,犯者徙之西海。徙者以千万数,民始怨矣。"②事实上开始了大规模充实"西海"的移民。

王莽始建国四年(12),又有"至明堂,授诸侯茅土"的表演,下书宣告:

> 予以不德,袭于圣祖,为万国主。思安黎元,在于建侯,分州定域,以美风俗。追监前代,爰纲爰纪。③

于是再次讨论了"十二州"和"九州"建置问题:

> 惟在《尧典》,十有二州,卫有五服。《诗》国十五,拼编九州。《殷颂》有"奄有九有"之言。《禹贡》之九州无并、幽,《周礼·司马》则无徐、梁。帝王相改,各有云为。或昭其事,或大其本,厥义著明,其务一矣。④

最终王莽仍然确定:"州从《禹贡》为九。"⑤

王莽的新朝建立之后,时"志方盛,以为四夷不足吞灭"⑥,曾经以强制性的行政方式确定了所谓"天下""四表"。《汉书·王莽传中》记载:

> (王)策命曰:"普天之下,迄于四表,靡所不至。"其东出者,至玄菟、乐浪、高句骊、夫余;南出者,逾徼外,历益州,贬句町王为侯;西出者,至西域,尽改其王为侯;北出者,至匈奴庭,授单于印,改汉印文,去"玺"曰"章"。⑦

这样的做法导致了边境的动乱,"单于欲求故印",使者王骏随从陈饶"椎破之","单于大怒,而句町、西域后卒以此皆畔。"⑧陈饶回到长安后,竟因此拜为大将军,封威德子。

王莽为了平定匈奴、西域,命"十二将,十道并出",发军30万,"转众郡

---

① 《汉书》卷九九上《王莽传上》,第4077页。
② 《汉书》卷九九上《王莽传上》,第4077—4078页。
③ 《汉书》卷九九中《王莽传中》,第4128页。
④ 《汉书》卷九九中《王莽传中》,第4128页。
⑤ 《汉书》卷九九中《王莽传中》,第4128页。
⑥ 《汉书》卷九九中《王莽传中》,第4131页。
⑦ 《汉书》卷九九中《王莽传中》,第4115页。
⑧ 《汉书》卷九九中《王莽传中》,第4115页。

委输五大夫衣裘、兵器、粮食,长吏送自负海江淮至北边","天下骚动"①。所谓"十二将"中,名号有震狄将军、平狄将军、诛貉将军、讨秽将军、定胡将军等,显示出对周边少数民族的蔑视。然而,"匈奴未克,扶余、秽貉复起","东北与西南夷皆乱"②,形成了更为严重的危机。

汉平帝末年,王莽地位不断上升时,有人奏言:"武功长孟通浚井得白石,上圆下方,有丹书著石,文曰'告安汉公莽为皇帝'。"于是,"符命之起,自此始矣。"太后不得已,只得宣布:"其令安汉公居摄践祚,如周公故事,以武功县为安汉公采地,名曰'汉光邑'。"③

西汉末年地名的更改,其实肇始于此。邑名"汉光",隐含光复汉室权威的喻意,然而王莽称帝之后,就再次改名为"新光"。④

王莽时代更改地名,后来成为历史上的笑柄。

他在建立新朝之初,就"改明光宫为定安馆",又更名"长乐宫曰常乐室,未央宫曰寿成室,前殿曰王路堂,长安曰常安"⑤。郡县名称也纷纷更改。尤其引起行政烦乱和民间不便的,是地名的反复更改。《汉书·王莽传中》说:

> 其后,岁复变更,一郡至五易名,而还复其故。吏民不能纪,每下诏书,辄系其故名,曰:"制诏陈留大尹、太尉:其以益岁以南付新平。新平,故淮阳。以雍丘以东付陈定。陈定,故梁郡。以封丘以东付治亭。治亭,故东郡。以陈留以西付祈隧。祈隧,故荥阳。陈留已无复有郡矣。大尹、太尉,皆诣行在所。"其号令变易,皆此类也。⑥

王莽推行的改革措施,往往心血来潮,朝令夕改,"号令变易","数变改不信"⑦的情形相当多见。地名的反复频繁的更改,也是表现之一。王莽败亡后,首级传送到南阳,悬挂在宛(今河南南阳)市上,市民都掷击之,"或切食

---

① 《汉书》卷九九中《王莽传中》,第4121页。
② 《汉书》卷九九中《王莽传中》,第4130页。
③ 《汉书》卷九九上《王莽传上》,第4078—4079页。
④ 《汉书》卷二八上《地理志上》,第1547页。
⑤ 《汉书》卷九九中《王莽传中》,第4103页。
⑥ 《汉书》卷九九中《王莽传中》,第4137页。
⑦ 《汉书》卷九九中《王莽传中》,第4112页。

其舌"①,据说就是因为王莽法令反复无常,"数变改不信"的缘故。

3

西汉帝国经两百余年的经营,至于晚期,虽然政治昏乱,史家有所谓"权柄外移","末年寖剧"②,"变异见于上,民怨于下"③的批评,但是社会经济仍然有突出的发展,以致"成帝时,天下亡兵革之事,号为安乐",哀帝时,"百姓訾富虽不及文、景,然天下户口最盛矣。""王莽因汉承平之业,匈奴称藩,百蛮宾服,舟车所通,尽为臣妾,府库百官之富,天下晏然。"④

西汉末年经济进步的显著标志之一,是关东地区从非政治重心的基点出发,经过累年的发展,已经逐步取得了其生产形势可以牵动全国的经济重心的地位。秦代及西汉前期实行"强干弱支"⑤,"强本弱末"⑥的政策,以超经济强制的方式剥夺关东地区,从而导致"东垂被虚耗之害"的做法,在当时已经被有识之士所否定,以为"非久长之策也"⑦。

王莽专政时期,最高执政集团已经看到了这一形势。当时所谓"分州正域"的政治地理和文化地理的基本观念的调整,已经表现出对东方地区的倾重。

王莽得到最高权力不久,就有所谓"置五威司命,中城四关将军"⑧的政治军事举措。而"司命司上公以下,中城主十二城门"⑨。关于"中城四关将军"的任命,《汉书·王莽传中》记载:

> 命说符侯崔发曰:"'重门击柝,以待暴客。'女作五威中城将军,中德既成,天下说符。"

---

① 《汉书》卷九九下《王莽传下》,第4192页。
② 《汉书》卷一一《哀帝纪》,第345页。
③ 《汉书》卷一二《平帝纪》,第360页。
④ 《汉书》卷二四上《食货志上》,第1142、1143页。
⑤ 《汉书》卷二八下《地理志下》,第1642页。
⑥ 《史记》卷九九《刘敬叔孙通列传》,第2720页。
⑦ 《汉书》卷九《元帝纪》,第292页。
⑧ 《汉书》卷九九中《王莽传中》,第4116页。
⑨ 《汉书》卷九九中《王莽传中》,第4116页。

> 命明威侯王级曰:"绕霤之固,南当荆楚。女作五威前关将军,振
> 武奋卫,明威于前。"
>
> 命尉睦侯王嘉曰:"羊头之阸,北当燕赵。女作五威后关将军,壶
> 口捶扼,尉睦于后。"
>
> 命掌威侯王奇曰:"肴黾之险,东当郑卫。女作五威左关将军,函
> 谷批难,掌威于左。"
>
> 命怀羌子王福曰:"汧陇之阻,西当戎狄。女作五威右关将军,成
> 固据守,怀羌于右。"①

据颜师古的解释,"谓之'绕霤'者,言四面塞阸,其道屈曲,溪谷之水,回绕
而霤也。其处即今商州界七盘十二绕是也。""羊头,山名,在上党壶关县。"
"壶口亦山名也。捶扼,谓据险阸而捶击也。""肴,肴山也。黾,黾池也。皆
在陕县之东。""函谷旧关,今在桃林县界。""汧,扶风汧县,有吴山、汧水之
阻。陇谓陇坻也。汧陇相连。"②前后左右"四关",分别位于商洛山、太行
山、崤山、陇山山地的"固""阸""险""阻"。其防卫的方向,分别为荆楚、燕
赵、郑卫、戎狄。人们已经看到事实上,王莽以为政治根据地的,已经并不仅
仅是关中,在一定意义上可以说,也包括了河洛地区。

王莽又为先祖帝王治陵园。《汉书·王莽传中》记载:

> 遣骑都尉嚣等分治黄帝园位于上都桥畤,虞帝于零陵九疑,胡王于
> 淮阳陈,敬王于齐临淄,愍王于城阳莒,伯王于济南东平陵,孺王于魏郡
> 元城,使者四时致祠。③

也就是说,和秦王朝和西汉王朝不同,王莽新朝的祭祀重心,已经转移到
东方。

4

关东地区经济地位的上升,使得最高统治集团不得不在当地寻求能够
领导经济运行的都市,而洛阳自然成为首选。

---

① 《汉书》卷九九中《王莽传中》,第4116—4117页。
② 《汉书》卷九九中《王莽传中》,第4117页。
③ 《汉书》卷九九中《王莽传中》,第4107页。

周公曾经营成周洛邑，"以此为天下之中也，诸侯四方纳贡职，道里均矣。"①经过周代的长期建设，"洛阳街居在齐、秦、楚、赵之中"②，形成了优越的经济地位。西汉时期，洛阳已经因"当关口，天下咽喉"③，"天下冲阸，汉国之大都也"④，受到特殊的重视。《盐铁论·通有》也说，"三川之二周，富冠海内"，"为天下名都"⑤。

因为具有"居五诸侯之衢，跨街冲之路"的条件，王莽"于长安及五都立五均官"，"五都"即洛阳、邯郸、临淄、宛、成都，均位于关中以外的地区，而"洛阳称中"⑥。

王莽时代，还开始在洛阳经营所谓"东都"。

王莽始建国四年(12)，曾经至明堂，授诸侯茅土，宣布：

昔周二后受命，故有东都、西都之居。予之受命，盖亦如之。其以洛阳为新室东都，常安为新室西都。邦畿连体，各有采任。⑦

于是洛阳已经具有与常安(长安)相并列的地位。

第二年，王莽又策划迁都于洛阳，也就是以洛阳取代长安，使其成为唯一的正式国都。这一决定，一时在长安引起民心浮动，许多百姓不愿修缮房屋，甚至拆除了原有住宅。据史书记载，"是时，长安民闻莽欲都雒阳，不肯缮治室宅，或颇彻之。"王莽于是公开宣布："玄龙石文曰'定帝德，国雒阳'。符命著明，敢不钦奉！以始建国八年，岁缠星纪，在雒阳之都。其谨缮修常安之都，勿令坏败。敢有犯者，辄以名闻，请其罪。"⑧

王莽以符命为根据，预定在 3 年之后，即始建国八年，正式迁都洛阳。宣布在此之前，常安(长安)的城市建设，不能受到影响。

不过，历史上却没有出现所谓"始建国八年"，在第二年，王莽就决定改元为"天凤"。天凤元年(14)正月，王莽又宣示天下："予以二月建寅之节行

---

① 《史记》卷九九《刘敬叔孙通列传》，第 2716 页。
② 《史记》卷一二九《货殖列传》，第 3279 页。
③ 《史记》卷一二六《滑稽列传》褚少孙补述，第 3209 页。
④ 《史记》卷六〇《三王世家》褚少孙补述，第 2115 页。
⑤ 王利器校注：《盐铁论校注(定本)》卷一《通有》，第 41 页。
⑥ 《汉书》卷二四下《食货志下》，第 1180 页。
⑦ 《汉书》卷九九中《王莽传中》，第 4128 页。
⑧ 《汉书》卷九九中《王莽传中》，第 4132 页。

巡狩之礼。"①这一"巡狩之礼"，将完成东巡、南巡、西巡、北巡，"毕北巡狩
之礼，即于土中居雒阳之都焉。"②在北巡之礼完毕之后，就要将政治重心转
移到"土中"，正式定居于"雒阳之都"了。也就是说，原定迁都于洛阳的时
间表又将大大提前。

王莽"一岁四巡"的计划被大臣们以为不可行而提出反对。王莽于是
又推迟了迁都洛阳的计划：

> 更以天凤七年，岁在大梁，仓龙庚辰，行巡狩之礼。厥明年，岁在实
> 沈，仓龙辛巳，即土之中雒阳之都。③

迁都计划预定将在公元 21 年正式实施。

同时，王莽又命令重臣开始在洛阳进行礼制建筑的规划和施工。"乃
遣太傅平晏、大司空王邑之雒阳，营相宅兆，图起宗庙、社稷、郊兆云。"④

由于民众起义的迅速爆发和蔓延，王莽以洛阳为都的计划没有能够来
得及真正付诸实施。地皇元年（20），王莽在长安营造宗庙，"坏彻城西苑中
建章、承光、包阳、大台、储元宫及平乐、当路、阳禄馆，凡十余所，取其材瓦，
以起九庙。"⑤可见长安的礼制建筑仍然受到重视。

不过，洛阳作为东都的预定规划虽然未能落实，但是洛阳的地位在这一
时期仍然在上升。

地皇元年七月，大风毁王路堂。王莽下书表示惊恐。他分析这一异常
灾变的原因，以为与儿子的封号有关。他回忆道：以往符命文字说，应当立
王安为新迁王，王临"国雒阳，为统义阳王"。当时我正居于"摄假"的地位，
谦不敢当，因而只是分别封他们为信迁公、褒新公。而后，又有金匮文书发
现，议者都说："（王）临国雒阳为统，谓据土中为新室统也，宜为皇太子。"于
是继而有种种灾异出现。王莽说："（王）临有兄而称太子，名不正。宣尼公
曰：'名不正，则言不顺，至于刑罚不中，民无错手足。'"以为各种灾乱，都和
他的这两个儿子的封号有一定的关系。于是宣布："其立（王）安为新迁王，

---

① 《汉书》卷九九中《王莽传中》，第 4133 页。
② 《汉书》卷九九中《王莽传中》，第 4133 页。
③ 《汉书》卷九九中《王莽传中》，第 4134 页。
④ 《汉书》卷九九中《王莽传中》，第 4134 页。
⑤ 《汉书》卷九九下《王莽传下》，第 4162 页。

(王)临为统义阳王。几以保全二子,子孙千亿,外攘四夷,内安中国焉。"①

通过廷上群臣之议所谓"(王)临国雒阳为统,谓据土中为新室统也,宜为皇太子"②,我们可以知道,洛阳当时虽然还没有成为正式的都城,却已经具有代表王权正统的地位。

是时,社会矛盾已经日益激化,"百姓怨恨,盗贼并起","万人成行,不受赦令",危机之严重,形成了所谓"欲动秦、雒阳"③,即对于王朝统治重心地区的直接威胁。地皇三年(22),在起义军威势越来越壮大的情况下,"(王莽)遣大将军阳浚守敖仓,司徒王寻将十余万屯雒阳填南宫。"④地皇四年(23),起义军占领昆阳、郾、定陵等地,王莽闻之愈恐,"遣大司空王邑驰传之雒阳,与司徒王寻发众郡兵百万,号曰'虎牙五威兵',平定山东。得颛封爵,政决于邑。"⑤在当时非常的战争形势下,实际上洛阳已经被赋予仅次于长安的另一政治军事中心的地位。

"(王)邑至雒阳,州郡各选精兵,牧守自将,定会者四十二万人,余在道不绝,车甲士马之盛,自古出师未尝有也。"⑥洛阳成为战争史上这次规模空前的会战的指挥中心与后勤基地。"六月,(王)邑与司徒(王)寻发雒阳,欲至宛,道出颍川,过昆阳。"随后有著名的昆阳之战,王邑王寻军大败,"邑独与所将长安勇敢士数千人还雒阳。"⑦王莽政权于是迅速走向败亡。而王莽死后,坚守京师仓的将领向起义军投降,"更始义之,皆封为侯",然而"太师王匡、国将哀章降雒阳"之后,却"传诣宛,斩之"⑧,由此也可以曲折反映洛阳当时的重要地位。事实上,洛阳也是王莽政权顽抗到最后的主要政治军事据点。

《汉书·王莽传上》记载,元始五年(5),太皇太后下诏称颂王莽的功德,曾经说道:"天下和会,大众方辑。《诗》之灵台,《书》之作雒,镐京之制,

① 《汉书》卷九九下《王莽传下》,第4159—4160页。
② 《汉书》卷九九下《王莽传下》,第4159页。
③ 《汉书》卷九九下《王莽传下》,第4166—4167页。
④ 《汉书》卷九九下《王莽传下》,第4178页。
⑤ 《汉书》卷九九下《王莽传下》,第4182页。
⑥ 《汉书》卷九九下《王莽传下》,第4182页。
⑦ 《汉书》卷九九下《王莽传下》,第4183页。
⑧ 《汉书》卷九九下《王莽传下》,第4192页。

商邑之度,于今复兴。"①说古来理想的政治体制,在王莽主持行政的时代得以"复兴"。王莽的政治风格,确实有所谓"法古"②"重古"③,以及"好空言,慕古法"④的特点,据说"每有所兴造,必欲依古得经文"⑤。然而洛阳"东都"规划,却并不是仿依"《书》之作雒"的简单的政治游戏,而是堪称富于政治远见的明智的决策。这一决策,是以当时关东的实际经济地位和洛阳的具体地理条件为背景而制定的。⑥

王莽的东都规划虽然并没有能够完全落实,但是仍然为东汉定都洛阳初步奠定了根基,为此后全国经济重心和政治文化重心的东移准备了必要的条件。王莽当时"欲都雒阳",并不仅仅是一项政治举措,其实质具有更为广泛的意义。治经济史及治文化史的学者,也应当对这一历史事实予以足够的重视。

① 《汉书》卷九九上《王莽传上》,第4073页。
② 《汉书》卷二四下《食货志下》,第1182页。
③ 《汉书》卷九九上《王莽传上》,第4074页。
④ 《汉书》卷九九下《王莽传下》,第4150页。
⑤ 《汉书》卷二四下《食货志下》,第1179页。
⑥ 王子今:《西汉末年洛阳的地位与王莽的东都规划》,《河洛史志》1995年第4期。

二九

河南帝城·南阳帝乡

在分析秦汉王朝的区域政策时，可以看到，最高统治者曾经因某地区与自己有特别亲近的关系，而施行某种予以特殊优遇的政策。秦王朝关东政策与关中政策的不同，是在较辽阔的区域内表现出这种文化倾向的实例，不过，我们在这里还可以讨论秦汉帝王更为经常地对较狭小的区域实行类似优待的情形。

区域政策所体现的这种不平等，对区域文化的面貌也有一定的影响。

1

秦始皇三十五年(前212)，以关中咸阳附近为中心，对"帝王之都"进行了集中的规划建设，"道九原，抵云阳，堑山堙谷，直通之。""乃营作朝宫渭南上林中，先作前殿阿房。"阿房宫规模及其宏伟，"东西五百步，南北五十丈，上可以坐万人，下可以建五丈旗。周驰为阁道，自殿下直抵南山。表南山之颠以为阙，为复道，自阿房渡渭，属之咸阳，以象天极阁道绝汉抵营室也。"工程调用了大量劳作人员，"隐宫徒刑者七十余万人，乃分作阿房宫，或作丽山。发北山石椁，乃写蜀、荆地材皆至。关中计宫三百，关外四百余。于是立石东海上朐界中，以为秦东门。"[1]又移民丽邑、云阳，以充实帝都

---

① 《史记》卷六《秦始皇本纪》，第256页。

近畿：

> 因徙三万家丽邑，五万家云阳，皆复不事十岁。①

对于这批移民，给予了"复不事十岁"，即 10 年以内免除赋税徭役的优殊条件。

类似的情形，又可见汉高祖五年（前 202）"天下大定"，刘邦宣布："诸侯子在关中者，复之十二岁，其归者复之六岁，食之一岁。"②也有优恤"在关中者"的意义。

《汉书·高帝纪下》记载："（十一年）夏四月，行自雒阳至。令丰人徙关中者皆复终身。"颜师古注引应劭曰："太上皇思欲归丰，高祖乃更筑城寺市里如丰县，号曰新丰，徙丰民以充实之。"③

十二年（前 195），也就是刘邦在世的最后一年，"高祖还归，过沛，留"。作《大风歌》，表露悲思故乡之意。"慷慨伤怀，泣数行下。谓沛父兄曰：'游子悲故乡。吾虽都关中，万岁后吾魂魄犹乐思沛。且朕自沛公以诛暴逆，遂有天下，其以沛为朕汤沐邑，复其民，世世无有所与。'"④刘邦泣下，陈思乡之情，可能是我们所看到的他唯一可以反映真实情感的言辞。刘邦宣布复沛之民后，又应沛父兄固请，"并复丰"⑤。

《汉书·高帝纪上》记载，汉高祖二年（前 205）二月，有所谓"施恩德"的政治表演：

> 二月癸未，令民除秦社稷，立汉社稷。施恩德，赐民爵。蜀汉民给军事劳苦，复勿租税二岁。关中卒从军者，复家一岁。⑥

对于蜀汉和关中支持汉军的民众的优遇，是因为这两个地区先后成为刘邦进军东方的主要根据地，当地民政"给军事劳苦"，"从军者"往往牺牲众多的缘故。又《汉书·高帝纪下》："（十一年）六月，令士卒从入蜀、汉、关中者皆复终身。"⑦虽然属于优遇功臣的政策，也有以特殊眼光看待"蜀、汉、关

---

① 《史记》卷六《秦始皇本纪》，第 256 页。
② 《史记》卷八《高祖本纪》，第 380 页。
③ 《汉书》卷一下《高帝纪下》，第 72 页。
④ 《史记》卷八《高祖本纪》，第 389 页。
⑤ 《史记》卷八《高祖本纪》，第 390 页。
⑥ 《汉书》卷一上《高帝纪上》，第 33 页。
⑦ 《汉书》卷一下《高帝纪下》，第 73 页。

中"地区的涵义。

汉文帝以代王即帝位,他在三年(前177)五月重返旧地时,也有类似的举措。《史记·孝文本纪》记载:

　　　辛卯,帝自甘泉之高奴,因幸太原,见故群臣,皆赐之。举功行赏,诸民里赐牛酒。复晋阳中都民三岁。① 留游太原十余日。②

晋阳中都民得复三岁,是因为地处代王故地的缘故。有学者以为应当属于"皇帝巡幸所过之处的减免"的意见,似乎还可以讨论。③

2

《说苑·善说》记述了这样一个故事:"齐宣王出猎于社山,社山父老十三人相与劳王。王曰:'父老苦矣!'谓左右赐父老田,不租。"又"谓左右复赐父老无徭役"④。这似乎是较早的帝王出巡时所过之处免除赋役的史例,不过,这是汉代人笔下的记录,是否真实尚难以确定。

秦始皇时代,又可以看到这样的历史记载:二十八年(前219),"南登琅邪,大乐之,留三月,乃徙黔首三万户琅邪台下,复十二岁。"⑤然而,这里所谓"复十二岁",张守节《正义》解释说:"复三万户徙台下者。"⑥其实是徙民于新地的补偿,似乎并不应当理解为对所巡幸地区的特殊优待。

可以说,大致自汉武帝时代起,皇帝出巡时"所幸县"减免赋役的情形才比较普遍。

《史记·封禅书》记载:元封元年(前110)汉武帝"登封太山,至于梁父,而后禅肃然","复博、奉高、蛇丘、历城,无出今年租税。"⑦同一史事,《汉书·武帝纪》记载:"行所巡至,博、奉高、蛇丘、历城、梁父,民田租逋赋

---

① 《汉书》卷四《文帝纪》作"复晋阳中都民三岁租"。第119页。
② 《史记》卷一〇《孝文本纪》,第425页。
③ 黄今言:《秦汉赋役制度研究》,第74页。钱剑夫《秦汉赋役制度考略》一书将此例也归于由于"巡幸"而复除一类,可能也持同样的意见。湖北人民出版社1984年版,第249页。
④ (汉)刘向撰,向宗鲁校证:《说苑校证》卷一一《善说》,第269页。
⑤ 《史记》卷六《秦始皇本纪》,第244页。
⑥ 《史记》卷六《秦始皇本纪》,第245页。
⑦ 《史记》卷二八《封禅书》,第1398页。

贷,已除。加年七十以上孤寡帛,人二匹。四县无出今年算。"①

据《汉书·武帝纪》,元封二年(前 109),"行幸雍","幸缑氏,遂至东莱","还祠泰山,至瓠子","赦所过徒,赐孤独高年米,人四石。"②元封四年(前 107),"行幸雍,祠五畤。通回中道,遂北出萧关,历独鹿、鸣泽,自代而还,幸河东。"据说其间曾有"幸中都宫,殿上见光"事,于是诏曰:"其赦汾阴、夏阳、中都死罪以下,赐三县及杨氏皆无出今年租赋。"③

元封五年(前 106),汉武帝行南巡狩,至于九嶷,登天柱山,自寻阳浮江,"遂北至琅邪,并海,所过礼祠其名山大川。春三月,还至泰山,增封。"④于是又颁布诏书,宣布:

> 朕巡荆扬,辑江淮物,会大海气,以合泰山。上天见象,增修封禅。

其赦天下。所幸县毋出今年租赋。赐鳏寡孤独帛,贫穷者粟。⑤
元封六年(前 105)行幸河东,祠后土,"其赦汾阴殊死以下";太初二年(前 103)行幸河东,祠后土,"其赦汾阴、安邑殊死以下"⑥,也是类似的区域优惠政策。

天汉三年(前 98),汉武帝"行幸泰山","还幸北地,祠常山",也宣布"行所过毋出田租"⑦。

太始三年(前 94),汉武帝"行幸东海","幸琅邪,礼日成山,登之罘,浮大海。""赐行所过户五千钱,鳏寡孤独帛,人一匹。"⑧

类似的情形,又见于《汉书》卷八《宣帝纪》、卷九《元帝纪》、卷一〇《成帝纪》,《后汉书》卷一《光武帝纪》、卷三《章帝纪》、卷五《安帝纪》及《续汉书·祭祀志上》。⑨

专制主义王朝的最高统治者"所幸县"及"行所过"减免租赋或另有所

---

① 《汉书》卷六《武帝纪》,第 191 页。
② 《汉书》卷六《武帝纪》,第 193 页。
③ 《汉书》卷六《武帝纪》,第 195 页。
④ 《汉书》卷六《武帝纪》,第 196 页。
⑤ 《汉书》卷六《武帝纪》,第 196 页。
⑥ 《汉书》卷六《武帝纪》,第 198、200 页。
⑦ 《汉书》卷六《武帝纪》,第 204 页。
⑧ 《汉书》卷六《武帝纪》,第 206—207 页。
⑨ 参看钱剑夫:《秦汉赋役制度考略》,第 249 页。

赦、所赐,予以特殊优待的做法,是帝王们在极权制度下因一己私愿,因偶然的情绪倾向而实行的违背历史合理性的一种不公平、不平等的区域政策。

3

汉光武帝刘秀因为生于济阳宫,于是在建武五年(29)"诏复济阳二年徭役"①。刘秀还仿照刘邦永久复丰、沛人的前例,宣布了同样的规定:

> (建武)六年春正月丙辰,改春陵乡为章陵县,世世复徭役,比丰、沛,无有所豫。②

《后汉书·光武帝纪下》又有这样的记载:

> (建武十九年)秋九月,南巡狩。壬申,幸南阳,进幸汝南南顿县舍,置酒会,赐吏人,复南顿田租岁。③ 父老前叩首言:"皇考居此日久,陛下识知寺舍,每来辄加厚恩,愿赐赋十年。"帝曰:"天下重器,常恐不任,日复一日,安敢远期十年乎?"吏人又言:"陛下实惜之,何言谦也?"帝大笑,复增一岁。④

从刘秀和父老吏人的对话中,可以看到相互关系的亲密。刘邦在沛地"慷慨伤怀,泣数行下",刘秀在南顿开怀"大笑",都体现出乡情的深切。

建武二十年(44),刘秀又"复济阳县徭役六岁"。二十二年(46),制诏曰:"其令南阳勿输今年田租刍稿。"三十年(54),"复济阳县是年徭役"。⑤

由于刘秀是南阳人,又是春陵侯刘买之后,父亲刘钦为南顿县令,起初曾为济阳县令,刘秀本人就出生在济阳县舍,存在这样几重关系,于是这几个地方都屡屡得到"复"的特殊优待。

与帝王有某种特殊关系的地区,往往还因这种特殊关系,享有并不著于

---

① 李贤注:"皇考南顿君初为济阳令,以哀帝建平元年帝生于济阳宫,故复之。"《后汉书》卷一上《光武帝纪上》,第41页。

② 《后汉书》卷一下《光武帝纪下》,第47页。

③ 王先谦《后汉书集解》引刘攽曰:"案文不见岁数,明少一字,近下二十年复济阳六岁,显宗复元氏六岁,则此当初复五岁,增一岁则六岁,与后事同矣。是漏'五'字也。"惠栋曰:"《东观记·本纪十九年》:'上幸南阳、汝南,至南顿止令舍,大置酒,赐吏民,复南顿田租一岁。'"以为当补"一"字。

④ 《后汉书》卷一下《光武帝纪下》,第71页。

⑤ 《后汉书》卷一下《光武帝纪下》,第73、74、81页。

明文的特权。

最为典型的史例,是所谓"河南帝城""南阳帝乡"的特殊地位的形成。

《后汉书·刘隆传》记载,刘隆为南阳太守,封竟陵侯,当时,因检核垦田数而导致了中央政府和河南、南阳贵族的矛盾:

> 是时,天下垦田多不以实,又户口年纪互有增减。十五年,诏下州郡检核其事,而刺史太守多不平均,或优饶豪右,侵刻赢弱,百姓嗟怨,遮道号呼。时诸郡各遣使奏事,帝见陈留吏牍上有书,视之,云:"颍川、弘农可问,河南、南阳不可问。"帝诘吏由趣,吏不肯服,抵言长寿街上得之。帝怒。时显宗为东海公,年十二,在幄后言曰:"吏受郡敕,当欲以垦田相方耳。"帝曰:"即如此,何故言河南、南阳不可问?"对曰:"河南帝城,多近臣,南阳帝乡,多近亲,田宅逾制,不可为准。"帝令虎贲将诘问吏,吏乃实首服,如显宗对。于是遣谒者考实,具知奸状。①

所谓"河南、南阳不可问",所谓"河南帝城,多近臣,南阳帝乡,多近亲,田宅逾制,不可为准"所体现的"多不平均"的现象,反映了一种区域经济特权。这种"优饶豪右,侵刻赢弱",从而导致"百姓嗟怨"的特权,其实是历代专制主义王朝所共有的弊病之一。

---

① 《后汉书》卷二二《刘隆传》,第780—781页。

三〇

秦汉帝王的文化行迹与文化视野

帝王出巡,是秦汉时期影响十分广泛的政治文化现象。

秦汉帝王的文化行迹,决定了他们的文化视野。他们的文化视野,又对区域文化政策的制定和施行,有着重要的意义。

1

秦始皇作为第一个高度集权的大一统的专制主义帝国的缔造者,同时又是一位游踪极广的帝王。

说到秦始皇出巡事迹,许多论著只是谈到秦实现统一之后这位杰出帝王的 5 次出巡。

其实,在统一战争进行期间,秦始皇还曾经 3 次远程出行。

《史记·秦始皇本纪》记载:

十三年,桓齮攻赵平阳,杀赵将扈辄,斩首十万。王之河南。

十九年,王翦、羌瘣尽定取赵地东阳,得赵王。引兵欲攻燕,屯中山。秦王之邯郸,诸尝与王生赵时母家有仇怨,皆坑之。秦王还,从太原、上郡归。

二十三年,秦王复召王翦,强起之,使将击荆。取陈以南至平舆,虏荆王。秦王游至郢陈。荆将项燕立昌平君为荆王,反秦于淮南。①

_____

① 《史记》卷六《秦始皇本纪》,第 232、233、234 页。

这见诸史籍的 3 次出巡,都与大规模的军事行动有关,出行的目的,有亲临前线督战的性质。但是,这位年轻的君主,通过这样的军事交通实践,也必然增长了文化见识,开阔了文化视野。

秦始皇二十六年(前 221),秦军灭齐,终于实现了天下一统。秦始皇"分天下以为三十六郡",又"收天下兵,聚之咸阳",予以销毁。"一法度衡石丈尺,车同轨,书同文字。地东至海暨朝鲜,西至临洮、羌中,南至北向户,北据河为塞,并阴山至辽东。"①在实现了史无前例的大一统之后,秦始皇在第二年就驱车出巡,在千里长途扬起了滚滚烟尘。《史记·秦始皇本纪》:

> 二十七年,始皇巡陇西、北地,出鸡头山,过回中。②

也就在这一年,秦始皇开始"治驰道"。驰道工程虽然当时是直接为秦始皇出行服务的③,但是后来对秦汉交通网的构成具有重要的作用。《汉书·贾山传》中说到驰道的形制和规模:

> (秦)为驰道于天下,东穷燕、齐,南极吴、楚,江湖之上,濒海之观毕至。道广五十步,三丈而树,厚筑其外,隐以金椎,树以青松。为驰道之丽至于此,使其后世曾不得邪径而托足焉。④

驰道,以施工质量的优越和通行条件的便利,后来不仅实际上成为秦汉帝国的陆路交通网的主纲,成为联系各个区域的主要通路,对后世的交通规划和交通建设,也有重要的影响。⑤

秦王朝建立之后,秦始皇第二次出巡,即以东方新占领区为方向:

> 二十八年,始皇东行郡县。上邹峄山。……上泰山。……禅梁父。……于是乃并勃海以东,过黄、腄,穷成山,登之罘,立石颂秦德而去。南登琅邪。……始皇还,过彭城。……乃西南渡淮水,之衡山、南郡。浮江,至湘山祠。……上自南郡由武关归。⑥

---

① 《史记》卷六《秦始皇本纪》,第 239 页。

② 《史记》卷六《秦始皇本纪》,第 241 页。

③ 据《史记》卷八七《李斯列传》,左丞相李斯被赵高拘禁,在狱中上书陈说以往功绩,其中就包括"治驰道,兴游观,以见主之得意"。第 2561 页。

④ 《汉书》卷五一《贾山传》,第 2328 页。

⑤ 陈登原《国史旧闻》卷一二《驰道》:"秦修驰道,自为巡幸者多,而为军事者少,功甚艰巨,而亦劳民丧财。然而对于便利交通,当亦不无作用。"生活·读书·新知三联书店 1958 年版,第 313 页。

⑥ 《史记》卷六《秦始皇本纪》,第 242—248 页。

这一次出巡,云梦睡虎地秦墓出土竹简《编年记》中也有反映,写作:"[二十八年]今过安陆。"(三五贰)①正是秦始皇"自南郡由武关归",途中经过安陆(今湖北云梦)的记录。

《史记·秦始皇本纪》所记载的秦王朝建立之后秦始皇第三次出巡的情形,竟然有出入生死险境的经历:

> 二十九年,始皇东游。至阳武博狼沙②中,为盗所惊。求弗得,乃令天下大索十日。登之罘。……旋,遂之琅邪,道上党入。③

此后第三年,秦始皇再一次东巡:

> 三十二年,始皇之碣石。……始皇巡北边,从上郡入。④

同年,"始皇乃使将军蒙恬发兵三十万人北击胡,略取河南地。"⑤第二年,三十三年(前214),"西北斥逐匈奴,自榆中并河以东,属之阴山,以为四十四县,城河上为塞。又使蒙恬渡河取高阙、阳山、北假中,筑亭障以逐胡人。徙谪,实之初县。"⑥紧接着,在三十四年(前213),又"适治狱吏不直者,筑长城"⑦。

可以推知,秦始皇经营北边的一系列重大决策,是在他出巡亲历北边之后形成的。很显然,有关重要的区域政策的制定,也是以他亲自对当地的实地考察为基础的。

秦始皇最后一次出巡,是在秦始皇三十七年(前210):

> 三十七年十月癸丑,始皇出游。左丞相斯从,右丞相去疾守。少子胡亥爱慕请从,上许之。十一月,行至云梦,望祀虞舜于九疑山。浮江下,观籍柯,渡海渚。过丹阳,至钱唐。临浙江,水波恶,乃西百二十里从狭中渡。上会稽,祭大禹,望于南海,而立石刻,颂秦德。……还过吴,从江乘渡。并海上,北至琅邪。……自琅邪北至荣成山。……至之罘。……遂并海西。至平原津而病。……七月丙寅,始皇崩于沙丘平

---

① 睡虎地秦墓竹简整理小组:《睡虎地秦墓竹简》,释文注释第7页。
② 《史记》卷五五《留侯世家》作"博浪沙"。第2034页。
③ 《史记》卷六《秦始皇本纪》,第249—250页。
④ 《史记》卷六《秦始皇本纪》,第251—252页。
⑤ 《史记》卷六《秦始皇本纪》,第252页。
⑥ 《史记》卷六《秦始皇本纪》,第253页。
⑦ 《史记》卷六《秦始皇本纪》,第253页。

台。……行,遂从井陉抵九原。……行从直道至咸阳,发丧。①

直道,是秦始皇三十五年(前214)开始修筑的由关中直通向北边的战略道路。《史记·秦始皇本纪》:"三十五年,除道,道九原,抵云阳,堑山堙谷,直通之。"②因为"上在外崩,无真太子,故秘之"③,行经直道返回咸阳,应当是秦始皇生前既定的路线。

秦始皇有"欲游天下"④之志,他不避霜露,辛苦出行的目的,并不仅仅是"祷祠名山诸神以延寿命"⑤,也不仅仅是"东抚东土,以省卒士"。《琅邪刻石》所谓"皇帝之功,勤劳本事","皇帝之明,临察四方","皇帝之德,存定四极"⑥,其实也透露出秦始皇在当时的交通条件下,风尘仆仆,往来于天南海北的动机,有通过这种交通实践了解天下四方的文化风貌,从而巩固和完善政治统治的因素。

2

据司马迁在《史记·秦始皇本纪》中的记载,秦二世元年(前209),李斯、冯去疾等随从新主往东方巡行。这次出行,时间虽然颇为短暂,行程却甚为辽远。《史记·六国年表》止于秦二世三年(前207),然而不记此事。由于秦二世是所谓"以六合为家,殽函为宫,一夫作难而七庙隳,身死人手,为天下笑"⑦的亡国之君,后世史家对秦二世东巡也很少予以注意。可是从区域文化研究的角度考察,其实是应当肯定这一以强化政治统治为目的的行旅过程的历史意义的。从文化史研究的角度分析,也可以由此深化对秦文化某些重要特质的认识。

《史记·秦始皇本纪》记载,"二世皇帝元年,年二十一"⑧。即位初,就

---

① 《史记》卷六《秦始皇本纪》,第260—265页。

② 《史记》卷六《秦始皇本纪》,第256页。

③ 《史记》卷八七《李斯列传》,第2548页。

④ 《史记》卷八八《蒙恬列传》,第2566页。

⑤ 《史记》卷八七《李斯列传》,第2551页。

⑥ 《史记》卷六《秦始皇本纪》,第245页。

⑦ 贾谊:《过秦论》,《史记》卷六《秦始皇本纪》,第282页。

⑧ 《史记》卷六《秦始皇本纪》,第266页。

刻意维护专制的基础,炫耀皇权的尊贵,于是有巡行东方郡县之议:

> 二世与赵高谋曰:"朕年少,初即位,黔首未集附。先帝巡行郡县,以示强,威服海内。今晏然不巡行,即见弱,毋以臣畜天下。"春,二世东行郡县,李斯从。到碣石,并海,南至会稽,而尽刻始皇所立刻石,石旁著大臣从者名,以章先帝成功盛德焉:

> 皇帝曰:"金石刻尽始皇帝所为也。今袭号而金石刻辞不称始皇帝,其于久远也如后嗣为之者,不称成功盛德。"丞相臣斯、臣去疾、御史大夫臣德昧死言:"臣请具刻诏书刻石,因明白矣。臣昧死请。"制曰:"可。"

> 遂至辽东而还。……

> 四月,二世还至咸阳。①

根据这一记述,秦二世及其随从由咸阳东北行,"到碣石,并海,南至会稽",又再次北上至辽东,然后回归咸阳。

这里所谓"东行郡县","到碣石,并海,南至会稽,而尽刻始皇所立刻石",《史记·封禅书》则记述说:"二世元年,东巡碣石,并海南,历泰山,至会稽,皆礼祠之,而刻勒始皇所立石书旁,以章始皇之功德。"②可见,秦二世此次出巡,大致曾经行经碣石(秦始皇三十二年东行刻石)、邹峄山(秦始皇二十八年东行刻石)、泰山(秦始皇二十八年东行刻石)、梁父山(秦始皇二十八年东行刻石)、之罘(秦始皇二十八年东行立石,二十九年东行刻石)、琅邪(秦始皇二十八年东行刻石)、朐(秦始皇三十五年立石)、会稽(秦始皇三十七年东行刻石)等地。

可以看到,秦二世此行所至,似乎在重复秦始皇10年内4次重大出巡活动的轨迹。

如果我们推想秦二世这次东巡是循咸阳——碣石——泰山——之罘——琅邪——朐——会稽——辽东——咸阳道路而行,选择较为便捷的路线,以现今公路营运线路里程计,如果经行直道、北边,总行程当超过10080公里,如果若经邯郸广阳道东行,总行程亦在8800公里以上。而秦

---

① 《史记》卷六《秦始皇本纪》,第267—268页。
② 《史记》卷二八《封禅书》,第1370页。

二世春季启程,四月还至咸阳,虽然行期难以确知,但即使以历时百日计,平均日行里程亦至少达到近90公里,甚至超过100公里。这在当时的交通条件下,作为帝王乘舆,无疑已经创造了连续高速行驶的历史记录。有学者因此对有关秦二世巡行路线和行程的记载的真实性有所怀疑。[1] 成书于汉代的数学名著《九章算术》中有《均输》篇,其中关于"均输粟"的算题说到当时一般行车速度的"程"即确定指标:

　　　　重车日行五十四里,空车日行七十里。[2]

有关"载太仓粟输上林"的算题中,也写道:"今有程传委输,空车日行七十里,重车日行五十里。"[3]陈梦家先生曾经指出:"汉简所用的汉里,过去学者皆推定为400或414米。"他在讨论汉代邮程时,根据居延汉简中有关道里的实例分析,认为:"以325米折合的汉里,比较合适(用400或414米则太大)。"[4]以汉里相当于414米计,"空车行七十里"仅相当于约29公里。若以一汉里325米计,空车日行程不过22.75公里。

　　通过与《史记·秦始皇本纪》记载秦始皇三十七年(前210)出巡情形的比较,也可以认识秦二世东巡的行进速度:"三十七年十月癸丑,始皇出游。""十一月,行至云梦",又至九疑山,"浮江下,观籍柯,渡海渚,过丹阳,至钱唐,临浙江","上会稽","望于南海","还过吴,从江乘渡,并海上,北至琅邪","自琅邪北至荣成山",又"至之罘","遂并海西","七月丙寅,始皇崩于沙丘平台","行,遂从井陉抵九原","行从直道至咸阳,发丧。""九月,葬始皇郦山。"[5]

　　秦始皇此次出行,总行程很可能不及秦二世元年东巡行程遥远,然而包括"棺载辒凉车中"[6]自沙丘平台回归咸阳(由于李斯等"为上崩在外,恐诸公子及天下有变,乃秘之,不发丧",甚至"百官奏事如故,宦者辄从辒凉车中可其奏事"[7],行经这段路途的情形,当一如秦始皇生前),历时竟然将近

① 刘敏、倪金荣:《宫闱腥风——秦二世》,四川人民出版社1996年版,第148—149页。
② 郭书春汇校:《汇校九章算术》卷六《均输》,辽宁教育出版社2004年版,第241页。
③ 郭书春汇校:《汇校九章算术》卷六《均输》,第246页。
④ 陈梦家:《汉简缀述》,中华书局1980年版,第32页。
⑤ 《史记》卷六《秦始皇本纪》,第260—265页。
⑥ 《史记》卷六《秦始皇本纪》,第264页。
⑦ 《史记》卷六《秦始皇本纪》,第264页。

一年。从咸阳启程行至云梦以及从沙丘平台返回咸阳,有较为具体的时间记录,仅行历这两段路程使用的时间,已经与秦二世元年东巡历时相当。

秦二世四月回到咸阳,七月就爆发了陈胜起义。不久,秦王朝的统治就迅速归于崩溃。可以说,秦二世所预期的"巡行郡县,以示强,威服海内"的政治目的并没有实现,沿途山海之神"皆礼祠之"的虔敬也没有得到预想的回报。从政治史的角度看,秦二世东巡不过是一次徒劳无功的迂拙表演。然而从交通史的角度看,却应当充分肯定这一行旅过程虽然作为帝王出巡必然侍从浩荡仪礼繁缛,却仍然表现出较高效率的重要意义。

秦二世元年东巡有各地刻石遗存,可知历史记载基本可信。《史记会注考证》于《史记·秦始皇本纪》有关秦二世刻石的记载之后引卢文弨曰:

> "皇帝曰"至"制曰可",此皆石旁所刻之辞也。上叙其事云:"尽刻始皇所立刻石,石旁著大臣从者名,以章先王成功盛德焉。"此则备载其文,非两事也。今石刻犹有可见者,信与此合。前后皆称"二世",此称"皇帝",其非别发端可见。①

陈直先生曾经指出:

> 秦权后段,有补刻秦二世元年诏书者,文云:"元年制诏丞相斯、去疾,法度量,尽秦始皇为之,皆有刻辞焉。今袭号而刻辞不称始皇帝,其于久远也如后嗣为之者,不称成功盛德,刻此诏,故刻左,使毋疑。"与本文前段相同,而峄山、琅邪两石刻,后段与本文完全相同(之罘刻石今所摹存者为二世补刻之诏书,泰山刻石,今所摹存者,亦有二世补刻之诏书)。知太史公所记,本于秦纪,完全正确。②

马非百先生也曾经指出:"至二世时,始皇原刻石后面皆加刻有二世诏书及大臣从者名。今传峄山、泰山、琅邪台、之罘、碣石刻石拓本皆有'皇帝曰'与大臣从者名,即其明证。"③

以文物遗存证史,可以得到真确无疑的历史认识。史念海先生很早以前论述秦汉交通路线时就曾经指出:"东北诸郡濒海之处,地势平衍,修筑

---

① (汉)司马迁撰,[日]泷川资言考证,[日]水泽利忠校补:《史记会注考证附校补》,第172页。
② 陈直:《史记新证》,第26页。
③ 马非百:《秦集史》,下册第768页。

道路易于施工,故东出之途此为最便。始皇、二世以及武帝皆尝游于碣石,碣石临大海,为东北诸郡之门户,且有驰道可达,自碣石循海东行,以至辽西辽东二郡。"①秦二世元年东巡,往复两次循行并海道路②,三次抵临碣石。辽宁绥中发现分布较为密集的秦汉建筑遗址,其中占地达15万平方公里的石碑地遗址,有人认为"很可能就是秦始皇当年东巡时的行宫",即所谓"碣石宫"③。对于这样的认识虽然有不同的意见④,但是与陕西临潼秦始皇陵园出土物相类似的所谓"高浮雕夔纹巨型瓦当"的发现,说明这处建筑遗址的性质很可能确实与作为天下之尊,"意得欲从,以为自古莫及己"⑤的秦皇帝的活动有关。

秦二世的辽东之行,是其东巡行程何以如此遥远的关键。史念海先生曾经说:"始皇崩后,二世继立,亦尝遵述旧绩,东行郡县,上会稽,游辽东。然其所行,率为故道,无足称者。"⑥其实,秦二世"游辽东",并不曾循行始皇"故道"。然而秦始皇三十七年出巡,"至平原津而病",后来在沙丘平台逝世,乘舆车队驶向往咸阳的归途。可是这位志于"览省远方","观望广丽"⑦的帝王,在"至平原津"之前,是不是已经有巡察辽东的计划呢?此后帝车"遂从井陉抵九原","行从直道至咸阳",不过只是行历了北疆长城防线即所谓"北边"的西段,要知道如果巡视整个"北边",显然应当从其东端辽东起始。或许在秦始皇最后一次出巡时曾追随左右的秦二世了解这一计划,于是方有自会稽北折,辗转至于辽东的行旅实践。倘若如此,秦二世"游辽东"的行程,自然有"遵述旧绩"的意义。

司马迁在《史记·秦始皇本纪》中记述:"三十七年十月癸丑,始皇出

① 史念海:《秦汉时期国内之交通路线》,《文史杂志》第3卷第1、2期,收入《河山集》四集,陕西师范大学出版社1991年版,第573页。

② 王子今:《秦汉时代的并海道》,《中国历史地理论丛》1988年第2期。

③ 辽宁省文物考古研究所:《辽宁绥中县"姜女坟"秦汉建筑遗址发掘简报》,《文物》1986年第8期。

④ 参看董宝瑞:《"碣石宫"质疑》,《河北大学学报》1987年第4期;《"碣石宫"质疑:兼与苏秉琦先生商榷》,《河北学刊》1987年第6期。

⑤ 《史记》卷六《秦始皇本纪》,第258页。

⑥ 史念海:《秦汉时期国内之交通路线》,《文史杂志》第3卷第1、2期,收入《河山集》四集,第546页。

⑦ 《史记》卷六《秦始皇本纪》,第250页。

游。左丞相斯从,右丞相去疾守。少子胡亥爱慕请从,上许之。"于是才有
所谓"(赵)高乃与公子胡亥、丞相(李)斯阴谋破去始皇所封书赐公子扶苏
者,而更诈为丞相斯受始皇遗诏沙丘,立子胡亥为太子,更为书赐公子扶苏、
蒙恬,数以罪,赐死"①的政变②。可以说,秦二世的地位是随从秦始皇出巡
方得以确立的。而秦二世即位之后,东巡也成为他最重要的政治活动之一。
由于有随从秦始皇出巡的经历,秦二世元年东巡于是有轻车熟路的便利。
而李斯曾经多次随秦始皇出巡,当然也可以使秦二世东巡路线的择定更为
合理,日程安排和行旅组织也表现出更高的效率。

　　从秦二世东巡经历所体现的行政节奏,可以反映这位据说"辩于心而
诎于口"③的新帝对秦始皇所谓"勤劳本事","夙兴夜寐","朝夕不懈","视
听不怠",以及"至以衡石量书,日夜有呈,不中呈不得休息"④的勤政风格的
继承。而另一方面,我们又可以看到秦人好慕远行的文化传统的影响。

　　有关秦人先祖的传说往往涉及远行实践的故事。据《史记·秦本纪》
记述,费昌曾"为汤御",孟戏、中衍曾经为帝太戊御,而"蜚廉善走"、造父
"善御"⑤,尤著称于史册。据说:"造父以善御幸于周缪王","西巡狩,乐而
忘归。徐偃王作乱,造父为缪王御,长驱归周,一日千里以救乱。"⑥造父为
周穆王驾车往西方远行会西王母的故事,又见于汲冢遗书《穆天子传》卷一
及卷四。由于其事迹与西王母神话有关,造父也得以列身神界,其姓名甚至
被用来命名天际星宿⑦。《诗·秦风》中,多见体现秦人"有车马礼乐侍御之
好"⑧的诗句。秦时四方诸祠,唯地处关中者有车马之祭。汉时依然献祭车
马模型,实质上是"且因秦故祠"⑨,即表现出汉王朝统治者对秦人传统风习
的尊重。

---

①　《史记》卷六《秦始皇本纪》,第264页。
②　对于这次政变的过程,《史记》卷八七《李斯列传》有更具体的记述。
③　《史记》卷八七《李斯列传》,第2550页。
④　《史记》卷六《秦始皇本纪》,第243、245、250、258页。
⑤　《史记》卷五《秦本纪》,第174、175页。
⑥　《史记》卷五《秦本纪》,第175页。造父事迹又见《史记》卷四三《赵世家》:"缪王使造父
御,西巡狩,见西王母,乐之忘归。而徐偃王反,缪王日驰千里马,攻徐偃王,大破之。"第1779页。
⑦　《晋书》卷一一《天文志》:"传舍南河中五星,曰'造父',御官也。"第290页。
⑧　(清)阮元校刻:《十三经注疏》,第783页。
⑨　《汉书》卷二五下《郊祀志下》记匡衡语,第1257页。

图15　宋代重刻秦始皇、秦二世东巡《峄山刻石》

　　秦国最早创大规模远征，即所谓"径数国千里而袭人"①的历史记录。在统一战争中，秦国国君也不辞辛劳，跋涉山川，蒙犯霜露，远行频繁。秦惠文王曾会蜀王于褒汉之谷②，"与魏王会应"，又曾"游至北河"③，或称"北游戎地，至河上"④，又见魏襄王"于蒲坂关"⑤。秦武王曾经与魏王会应⑥，又

---

　　① 《史记》卷五《秦本纪》，第190—191页。
　　② 《汉唐地理书钞》辑《蜀王本纪》，（清）王谟辑：《汉唐地理书钞》，中华书局1961年版，第373页。
　　③ 《史记》卷五《秦本纪》，第206、207页。
　　④ 《史记》卷一五《六国年表》，第731页。
　　⑤ 《水经注·河水四》引《竹书纪年》，（北魏）郦道元著，陈桥驿校证：《水经注校证》，第106页。
　　⑥ 《史记》卷一五《六国年表》，第734页。

"竟至周,而卒于周"①。秦昭襄王曾经"与楚王会黄棘",又"之宜阳","之汉中,又之上郡、北河","与楚王会宛,与赵王会中阳","与魏王会宜阳,与韩王会新城","与楚王会鄢,又会穰","与韩王会新城,与魏王会新明邑"②,与赵"会黾池"③,或称与赵惠文王"遇西河外"④,又"与楚王会襄陵"⑤,而且又曾"之南郑"⑥。秦王政也曾经"之河南","之邯郸","还,从太原、上郡归",又曾"游至郢陈"⑦,秦始皇完成统一后5次大规模出巡,更是尽人皆知的史实。

应当说,秦二世东巡,是这种独具特色的政治传统的继续。然而他可能只是注意到"巡行郡县以示强"这一个方面,却没有充分注重"东抚东土","览省远方"以全面考察各地区域文化特色的意义,其乘舆的匆匆轮声又未能振起秦王朝急剧衰弱的脉息,因而这次出巡虽然行程甚远且效率极高,但是他留给历史的印象,绝不是一位强有力的成功的帝王,而只是一个遑遑徒劳往返的行客。⑧

3

汉武帝是又一位喜好出行,"情存远略,志辟四方"⑨的帝王。

据《汉书·武帝纪》记载,汉武帝曾经多次远程巡游:

(元鼎)四年冬十月,行幸雍,祠五畤。……行自夏阳,东幸汾阴。

十一月甲子,立后土祠于汾阴雎上。礼毕,行幸荥阳,还至洛阳。

五年冬十月,行幸雍,祠五畤。遂逾陇,登空同,西临祖厉河而还。

(六年冬十月)行东,将幸缑氏,至左邑桐乡,闻南越破,以为闻喜

① 《史记》卷七一《樗里子甘茂列传》,第2313页。
② 《史记》卷五《秦本纪》,第210、212、213页。
③ 《史记》卷一五《六国年表》,第742页。
④ 《史记》卷四三《赵世家》,第1820页。
⑤ 《史记》卷五《秦本纪》,第213页。
⑥ 《史记》卷一五《六国年表》,第747页。
⑦ 《史记》卷六《秦始皇本纪》,第232、233、234页。
⑧ 王子今:《秦二世元年东巡史事考略》。
⑨ 《后汉书》卷九〇《鲜卑传》载蔡邕议,第2990页。

县。春,至汲新中乡,得吕嘉首,以为获嘉县。

元封元年冬十月,诏曰:"南越、东瓯咸伏其辜,西蛮北夷颇未辑睦,朕将巡边垂,择兵振武,躬秉武节,置十二部将军,亲帅师焉。"行自云阳,北历上郡、西河、五原,出长城,北登单于台,至朔方,临北河。勒兵十八万骑,旌旗径千余里,威震匈奴。……还,祠黄帝于桥山,乃归甘泉。春正月,行幸缑氏。……行,遂东巡海上。夏四月癸卯,上还,登封泰山。……行自泰山,复东巡海上,至碣石。自辽西历北边九原,归于甘泉。

二年冬十月,行幸雍,祠五畤。春,幸缑氏,遂至东莱。夏四月,还祠泰山。至瓠子,临决河,命从臣将军以下皆负薪塞河堤。

四年冬十月,行幸雍,祠五畤。通回中道,遂北出萧关,历独鹿、鸣泽,自代而还,幸河东。春三月,祠后土。

五年冬,行南巡狩,至于盛唐,望祀虞舜于九嶷。登灊天柱山,自寻阳浮江,……舳舻千里,薄枞阳而出,……遂北至琅邪,并海,所过礼祠其名山大川。春三月,还至泰山。……还幸甘泉。

六年冬,行幸回中。……三月,行幸河东,祠后土。

太初元年冬十月,行幸泰山。……十二月,禅高里,祠后土。东临勃海,望祠蓬莱。春,还,受计于甘泉。

(二年)三月,行幸河东,祠后土。

三年春正月,行东巡海上。夏四月,还,修封泰山,禅石间。

(四年)冬,行幸回中。

天汉元年春正月,行幸甘泉,郊泰畤。三月,行幸河东,祠后土。

二年春,行幸东海。还幸回中。

(三年)三月,行幸泰山。……还幸北地,祠常山,瘗玄玉。

(太始)二年春正月,行幸回中。

(三年二月)行幸东海,……幸琅邪,礼日成山,登之罘,浮大海。

四年春三月,行幸泰山。……禅石间。夏四月,幸不其。……夏五月,还幸建章宫。……十二月,行幸雍,祠五畤,西至安定、北地。

征和元年春正月,还,行幸建章宫。

三年春正月,行幸雍,至安定、北地。

四年春正月,行幸东莱,临大海。……三月,上耕于钜定,还幸泰山,修封。……禅石闾。夏六月,还幸甘泉。

后元元年春正月,行幸甘泉,郊泰畤,遂幸安定。①

其他"行幸雍""行幸甘泉""行幸鳌屋五柞宫"等出行目的地没有超出三辅地区的交通行为并不列入,仅《汉书·武帝纪》记载的出巡次数已经多达23次。

汉武帝出巡的直接目的,从表面看来,似乎大都是基于祭祀需要和军事需要,恰恰合于《左传·成公十三年》所谓"国之大事,在祀与戎"②。

不过,如果认真考察就可以看到,汉武帝出巡活动的实际意义,其实包括有关民政的内容。

例如,通过这样两件典型的史例,就可以看到汉武帝出巡时完备区域行政管理和改善区域民生状况的情形。

关于汉武帝最初出巡的情形,《史记·平准书》中有这样的记述:

天子始巡郡国。东度河,河东守不意行至,不辨,自杀。行西逾陇,陇西守以行往卒,天子从官不得食,陇西守自杀。于是上北出萧关,从数万骑,猎新秦中,以勒边兵而归。新秦中或千里无亭徼,于是诛北地太守以下,而令民得畜牧边县,官假马母,三岁而归,及息什一,以除告缗,用充仞新秦中。③

帝王的巡行,无疑对于强化区域行政系统,优化区域经济形式,有着重要的意义。前引《汉书·武帝纪》元封二年(前109)"春,幸缑氏,遂至东莱。夏四月,还祠泰山。至瓠子,临决河,命从臣将军以下皆负薪塞河堤"的记载,《史记·河渠书》中也有记述:

自河决瓠子后二十余岁,岁因以数不登,而梁、楚之地尤甚。天子既封禅巡祭山川,其明年,旱,干封少雨。天子乃使汲仁、郭昌发卒数万人塞瓠子决。于是天子已用事万里沙,则还自临决河,沈白马玉璧于河,令群臣从官自将军已下皆负薪寘决河。是时东郡烧草,以故薪柴少,而下淇园之竹以为楗。

①　《汉书》卷六《武帝纪》,第183—211页。
②　(清)阮元校刻:《十三经注疏》,第4149页。
③　《史记》卷三〇《平准书》,第1438页。

天子既临河决,悼功之不成,乃作歌曰:"瓠子决兮将奈何? 皓皓旰旰兮间殚为河! 殚为河兮地不得宁,功无已时兮吾山平。吾山平兮钜野溢,鱼沸郁兮柏冬日。延道弛兮离常流,蛟龙骋兮方远游。归旧川兮神哉沛,不封禅兮安知外! 为我谓河伯兮何不仁,泛滥不止兮愁吾人? 啮桑浮兮淮、泗满,久不反兮水维缓。"一曰:"河汤汤兮激潺湲,北渡污兮浚流难。搴长茭兮沈美玉,河伯许兮薪不属。薪不属兮卫人罪,烧萧条兮噫乎何以御水! 颓林竹兮楗石菑,宣房塞兮万福来。"

于是,卒塞瓠子,筑宫其上,名曰"宣房宫"。而道河北行二渠,复禹旧迹,而梁、楚之地复宁,无水灾。①

其实,黄河瓠子决口已经多年,汉武帝曾经派汲黯、郑当时兴人徒塞之,然而没有成功。丞相田蚡的封地在河北,河决南流,当地反而没有水灾,于是对汉武帝说,"江河之决皆天事,未易以人力为强塞,塞之未必应天"②。而望气用数者也支持这样的说法,于是汉武帝长期没有组织力量堵塞决口。汉武帝作诗感叹道:"不封禅兮安知外!"正是因为出巡才发现了远地因水灾引起的经济的败坏和民众的艰辛。

司马迁写道:"余从负薪塞宣房,悲《瓠子》之诗而作《河渠书》。"③也说他跟随汉武帝出行,得到了新的知识,于是给后人留下了以天文、地理和人事结合起来总结历史的论著《史记·河渠书》。

在《史记·封禅书》中也可以看到:"太史公曰:余从巡祭天地诸神名山川而封禅焉。""于是退而论次自古以来用事于鬼神者,具见其表里。"④作为随从官员,司马迁通过这种交通活动,充实了自己对于天下的知识,深化了自己对于文化的理解,推想汉武帝以"雄才大略"的资质,他连年出巡的经历对于所谓"畴咨海内,举其俊茂","号令文章,焕焉可述"⑤有积极的作用,应当是没有疑义的。

汉武帝频繁出巡,骚扰天下,受到后人的批评。然而作为统一帝国的帝

---

① 《史记》卷二九《河渠书》,第1412—1413页。
② 《史记》卷二九《河渠书》,第1409页。
③ 《史记》卷二九《河渠书》,第1415页。
④ 《史记》卷二八《封禅书》,第1404页。
⑤ 《汉书》卷六《武帝纪》,第212页。

王,他因此"询问耆老","著见景象"①,得到对不同区域不同文化风格的感性认识,从而有利于调整区域文化政策,以推进巩固我们民族文化共同体的历史进程,又是应当肯定的。同时,出巡时"行所巡至""民田租逋赋贷已除","所幸县毋出今年租赋,赐鳏寡孤独帛,贫穷者粟"②等行为,又直接使当地民众经济生活得到改善。而后来所谓"武帝巡狩所幸之郡国,皆立庙"③,其实也可以看作是一种文化的纪念。

4

汉武帝以后的昭帝、宣帝、元帝、成帝、哀帝、平帝等,都再也没有汉武帝雄跨四海的胸襟和驰行万里的气魄。除了汉宣帝、汉元帝、汉成帝曾经"行幸河东,祠后土"④外,大多只是偶尔在关中甘泉、雍等地往来。从《汉书》帝纪的记载看,有的帝王甚至没有跨出长安一步。

应当看到,汉宣帝景仰汉武帝出巡"封泰山,塞宣房"的实践,也是和他自己年轻时曾经生活在民间,"数上下诸陵,周遍三辅"⑤的经历有关的。尽管如此,他在神爵元年(前61)三月"行幸河东,祠后土"时,因"东济大河,天气清静,神鱼舞河"⑥引起的兴奋,也是和汉武帝浮江临海时"辑江淮物,会大海气"⑦时的感受不能相比的。

汉成帝建始元年(前32)十二月至建始二年(前31)春正月,曾相继"罢甘泉、汾阴祠","罢雍五畤"⑧,原因之一,是所谓使"三辅长无共张徭役之劳"⑨。但是真实的出发点,其实包括帝王不愿意再经历行程之艰难险阻的

---

① 《汉书》卷六《武帝纪》,第183、191页。
② 《汉书》卷六《武帝纪》,第191、196页。
③ 《汉书》卷八《宣帝纪》,第243页。
④ 《汉书》卷八《宣帝纪》,第259、266页;《汉书》卷九《元帝纪》,第285、294页;《汉书》卷一〇《成帝纪》,第324、326、327页。
⑤ 《汉书》卷八《宣帝纪》,第237页。
⑥ 《汉书》卷八《宣帝纪》,第259页。
⑦ 颜师古注:"如淳曰:'辑,合也。物,犹神也。'郑氏曰:'会合海神之气,并祭之。'师古曰:'集江淮之神,会大海之气,合致于泰山。'"《汉书》卷六《武帝纪》,第196、197页。
⑧ 《汉书》卷一〇《成帝纪》,第304、305页。
⑨ 《汉书》卷一〇《成帝纪》,第305页。

因素。当时丞相匡衡、御史大夫张谭是这样奏言的：

> 往者，孝武皇帝居甘泉宫，即于云阳立泰畤，祭于宫南。今行常幸长安，郊见皇天反北之泰阴，祠后土反东之少阳，事与古制殊。又至云阳，行溪谷中，阸陕狭且百里，汾阴则渡大川，有风波舟楫之危，皆非圣主所宜数乘。郡县治道共张，吏民困苦，百官烦费。劳所保之民，行危险之地，难以奉神灵而祈福佑，殆未合于承天子民之意。①

其实，历"阸陕"，"渡大川"，"行危险之地"的警告，最可以打动君心。后来据说"三十余年间，天地之祠五徙焉"，然而雍、甘泉、汾阴祠所恢复的时候，也往往"上亦不能亲至，遣有司行事而礼祠焉"②。

汉平帝元始元年（1），又宣布"罢明光宫及三辅驰道"③。罢三辅驰道，应当理解为禁止吏民穿行和使用驰道的制度终于罢止。这当然有便利民众往来和促进交通发展的意义，但是驰道制度得以废除的主要原因，很可能是皇帝本人已经没有远程出行的欲望，于是也不再有独占这种专有道路的要求了。

当时，帝王不亲自远巡，只是特派官员"循行天下，存问鳏寡，览观风俗，察吏治得失，举茂材异伦之士"④，存问、览观、察举等职能，只是由所委派的专员在"循行天下"时完成了。

在西汉几代帝王已经不再驱车远行之后，替代刘姓君主总理天下政务的王莽却又提出了巡行四方的计划。

王莽永始元年（前16）封为新都侯，"国南阳新野之都乡"⑤。王莽曾经"就国"，于是有往来长安与南阳间的经历。从他对"四海奔走，百蛮并臻"⑥的向往，也可以看到"普天之下，迄于四表，靡所不至"⑦的雄心。

始建国四年（12），"志方盛"，"专念稽古之事"的王莽下书公布了将在第二年东巡的计划：

---

① 《汉书》卷二五下《郊祀志下》，第1254页。
② 《汉书》卷二五下《郊祀志下》，第1264、1266页。
③ 《汉书》卷一二《平帝纪》，第351页。
④ 《汉书》卷八《宣帝纪》，第258页。
⑤ 《汉书》卷九九上《王莽传上》，第4040页。
⑥ 《汉书》卷九九上《王莽传上》，第4070页。
⑦ 《汉书》卷九九中《王莽传中》，第4115页。

伏念予之皇始祖考虞帝,受终文祖,在璇玑玉衡以齐七政,遂类于上帝,禋于六宗,望秩于山川,遍于群神,巡狩五岳,群后四朝,敷奏以言,明试以功。予之受命即真,到于建国五年,已五载矣。阳九之阸既度,百六之会已过,岁在寿星,填在明堂,仓龙癸酉,德在中宫。观晋掌岁,龟策告从,其以此年二月建寅之节东巡狩,具礼仪调度。①

于是各地为这次东巡进行了紧张的准备,"募吏民人马布帛绵","内郡国十二买马,发帛四十五万匹,输常安"。然而物质准备已经"至者过半"时,王莽又下书取消了这次出巡的计划:"文母太后体不安,其且止待后。"②

始建国五年(13)二月,文母皇太后崩。第二年,即天凤元年(14)正月,王莽再一次宣布了大规模向四方巡狩的计划:

予以二月建寅之节行巡狩之礼,太官赍糒干肉,内者行张坐卧,所过毋得有所给。

予之东巡,必躬载耒,每县则耕,以劝东作。

予之南巡,必躬载耨,每县则薅,以劝南伪。

予之西巡,必躬载铚,每县则获,以劝西成。

予之北巡,必躬载拂,每县则粟,以劝盖藏。

毕北巡狩之礼,即于土中居雒阳之都焉。敢有趋讙犯法,辄以军法从事。③

从他的这篇四巡宣言看,他的出巡,颇多政治表演的成分。

王莽的这一出巡计划,又为"群公奏言"所劝止。这些大臣说:"皇帝至孝,往年文母圣体不豫,躬亲供养,衣冠稀解。因遭弃群臣悲哀,颜色未复,饮食损少。今一岁四巡,道路万里,春秋尊,非糒干肉之所能堪。且无巡狩,须阕大服,以安圣体。臣等尽力养牧兆民,奉称明诏。"④王莽于是再次变更了出巡计划,他说:

群公、群牧、群司、诸侯、庶尹愿尽力相帅养牧兆民,欲以称予,繇此敬听,其勖之哉!毋食言焉。更以天凤七年,岁在大梁,仓龙庚辰,行巡

---

① 《汉书》卷九九中《王莽传中》,第4131页。
② 《汉书》卷九九中《王莽传中》,第4131页。
③ 《汉书》卷九九中《王莽传中》,第4133—4134页。
④ 《汉书》卷九九中《王莽传中》,第4134页。

狩之礼。厥明年,岁在实沈,仓龙辛巳,即土之中雒阳之都。①

"行巡狩之礼"预定将在未来的"天凤七年"即公元 20 年进行。不过,这一计划又像王莽其他"号令变易"②的实例一样,也成为贻笑千古的空言。

5

东汉诸帝除了汉光武帝征战万里,平定海内以外,其他帝王以汉明帝和汉章帝出行比较频繁,行程比较辽远。如《后汉书·明帝纪》记载汉明帝出巡行程:

> (永平二年)西巡狩,幸长安,祠高庙,遂有事于十一陵。历览馆邑。……进幸河东。
>
> (三年)幸章陵,观旧庐。
>
> (五年)行幸邺。
>
> (六年)行幸鲁。……幸阳城。
>
> (十年)南巡狩,幸南阳,祠章陵。……幸南顿。……征淮阳王延会平舆,征沛王辅会睢阳。
>
> (十三年)行幸荥阳,巡行河渠。……遂度河,登太行,进幸上党。
>
> (十五年)东巡狩,……幸偃师。……征沛王辅会睢阳。进幸彭城。……耕于下邳。征琅邪王京会良成,征东平王苍会阳都,又征广陵侯及其三弟会鲁。……又幸东平。……进幸大梁,至定陶。③

《后汉书》卷三《章帝纪》记载汉章帝出巡的情形:

> (建初七年九月)幸偃师,东涉卷津,至河内。……遂览淇园。……进幸邺。……(十月)西巡狩,幸长安。……进幸槐里。……又幸长平,御池阳宫,东至高陵,造舟于泾而还。
>
> (八年)东巡狩,幸陈留、梁国、睢阳、颍阳。
>
> (元和元年)南巡狩。……幸章陵,祠旧宅园庙,见宗室故人。……进幸江陵。……还,幸宛。

---

① 《汉书》卷九九中《王莽传中》,第 4134 页。
② 《汉书》卷九九中《王莽传中》,第 4137 页。
③ 《后汉书》卷二《明帝纪》,第 104—118 页。

　　（二年）东巡狩。……耕于定陶。……幸太山。……进幸奉高。……进幸济南。……进幸鲁。……进幸东平。……幸东阿,北登太行山,至天井关。

　　（三年二月至三月）北巡狩。……耕于怀。……进幸中山。……出长城。……还幸元氏。……进幸赵。……祠房山于灵寿。……（八月）幸安邑,观盐池。

　　（章和元年）南巡狩。……征任城王尚会睢阳。……幸梁。……幸沛。……幸彭城。……幸寿春。……幸汝阴。①

东汉帝王中,汉章帝出巡经历的地域最为辽阔,其中“出长城”,是唯一的历史记录。他又是一位能够连续出行的帝王。出巡途中尽量不使沿途吏民烦扰,也是颇为引人注目的特色。例如,他第一次出巡时,就下诏说：“车驾行秋稼,观收获,因涉郡界。皆精骑轻行,无它辎重。不得辄修道桥,远离城郭,遣吏逢迎,刺探起居,出入前后,以为烦扰。动务省约,但患不能脱粟瓢饮耳。所过欲令贫弱有利,无违诏书。”②元和元年南巡狩时,“诏所经道上,郡县无得设储跱。命司空自将徒支柱桥梁。有遣使奉迎,探知起居,二千石当坐。”③

　　汉和帝除了前往长安和章陵,“祠高庙”,“观旧庐”而外,还曾南行至于云梦,“临汉水而还。”又曾经“行幸缑氏,登百岯山”④。但是其行迹的地域局限,已经明显比较狭小。

　　汉安帝也曾经前往长安和宛,并且曾经“东巡狩”到达济阳、东平、东郡,行历魏郡和河内。特别需要说明的,是这位只有 32 岁的皇帝,竟然也是在出巡路上,死在乘舆中的。

　　《后汉书·安帝纪》记述汉安帝延光四年(125)南巡史事：

　　（二月）甲辰,南巡狩。

　　（三月）庚申,幸宛,帝不豫。……乙丑,自宛还。丁卯,幸叶,帝崩

---

① 《后汉书》卷三《章帝纪》,第 143—158 页。
② 《后汉书》卷三《章帝纪》,第 143 页。
③ 《后汉书》卷三《章帝纪》,第 147 页。
④ 《后汉书》卷四《和帝纪》,第 172、191、193 页。

于乘舆,年三十二。秘不敢宣,所在上食问起居如故。庚午,还宫。①
其情形正如下表(表9):

表9　汉安帝南巡狩行程

行程起止地点	行程起讫日期	历时(日)	现今公路营运线路里程(公里)	行速(公里/日)
洛阳——宛	甲辰——庚申	17	273	16.1
宛——叶	乙丑——丁卯	3	127	42.3
叶——洛阳	戊辰——庚辛	3	191	63.7

资料来源:《后汉书》卷五《安帝纪》,第241页。

洛阳——宛,可能大致体现了当时一般情况下帝王乘舆的正常行速。宛——叶,在"帝不豫"的情况下,已经可以觉察到匆忙赶路的迹象。叶——洛阳,则是在"帝崩于乘舆"之后极其紧迫的形势下,为避免政治危局,必须急切返回洛阳以稳定权力中枢以致出现的非常情形。然而即使如此,行速仍然是有限的。

交通效率的低下,是和当时文化节奏的缓滞一致的。

东汉后期的帝王,汉顺帝只到过长安,汉桓帝除此之外也只有章陵、云梦、新野之行。②

其他的东汉帝王,都没有出行的历史记录。

当然,汉献帝曾经行历长安与河东,又从洛阳迁居至许,但是,那是在军阀胁迫下不得已的出行,是不能看作帝王正式的出巡的。

总的来说,东汉帝王的出巡事迹,都是不能和秦皇汉武时代相比的。从东汉前期到东汉后期,也和西汉同样,可以听到帝车的轮声由雄重转而渐渐衰息。在东汉末世,不仅国家中枢机关对各个地域的管理效能已经十分无力,最高执政集团对天下的关心也已经非常淡漠。比如,汉灵帝光和四年(181),"帝作列肆于后宫,使诸采女贩卖,更相盗窃争斗。帝着商估服,饮

———————————

① 《后汉书》卷五《安帝纪》,第241页。

② 汉顺帝曾经于永和四年(139)"冬十月戊午,校猎上林苑,历函谷关而还,十一月丙寅,幸广成苑"。汉桓帝也曾经在延熹六年(163)"冬十月丙辰,校猎广成,遂幸函谷关、上林苑"。然而这都是以游娱为内容的出行,与正式的出巡不同。《后汉书》卷六《顺帝纪》,第269页;《后汉书》卷七《桓帝纪》,第312页。

宴为乐。又于西园弄狗,著进贤冠,带绶。又驾四驴,帝躬自操辔,驱驰周旋,京师转相放效。"①就应当可以看作例证之一。从秦始皇万里驰车,"濒海之观毕至",汉武帝勒兵巡边,"旌旗径千余里",到汉灵帝自己驾着驴车在后宫中周旋,显然形成了鲜明强烈的历史对比。

---

① 《后汉书》卷八《灵帝纪》,第346页。

三一

关于“汉贼不两立，王业不偏安”

东汉末年，统一的专制主义政权主要由于内在的危机而削弱了政治实力。一时“政令垢玩，上下怠懈，风俗凋敝，人庶巧伪，百姓嚣然”①。于是，其组织“连结郡国”②，“周遍天下”③，可以三十六方“同日反叛”④，“晨夜驰敕诸方，一时俱起”，“旬日之间，天下响应”⑤的黄巾军起义爆发，在事实上结束了汉王朝的统治。

在东汉末年的社会大动乱中，曹操集团、刘备集团和孙权集团逐步扩张自己的实力，各自翦灭异己，逐步在局部地域实现了相对的安定，形成了魏、蜀、吴三国鼎立的局面。

通过当时政治舞台上的生动的表演，可以看到这三个政治集团有同有异的一统政治观念和区域文化政策。

1

分析汉代政治文化，可以看到当时正统观念已经初步形成，并且对社会

---

① （汉）崔寔撰，孙启治校注：《政论校注》，中华书局 2012 年版，第 38 页。
② 《后汉书》卷七一《皇甫嵩传》，第 2299 页。
③ 张烈点校：《两汉纪·后汉纪》卷二四《灵帝纪中》，中华书局 2002 年版，第 473 页。
④ 《后汉书》卷八《灵帝纪》，第 348 页。
⑤ 《后汉书》卷七一《皇甫嵩传》，第 2300 页。

政治生活发生了重要的影响。董仲舒说:"心止于一中者,谓之'忠';持二中者,谓之'患'。患,人之中不一者也。不一者,故患之所由生也。"①这种观念经过四百多年的专制统治,已经形成了深刻的社会影响。从社会学的角度看,汉代人的人名用字中,"忠"是最为普遍多见的。王莽代汉,之所以只维持了短暂的统治,所谓"天下厚刘氏"②,"求刘氏共尊立之"③的正统观念,也表现出重要的历史作用。

以"忠"为基本原则的政治道德的形成和普及,是适应"大一统"政治的历史需要的,也是不利于分裂割据的政治现实的。

在此基点上,一些有识见的政治活动家相应调整了自己的区域文化政策。

在东汉末年政治军事角逐异常激烈的形势下,利用这种以"忠"为基本信条的政治正统意识,是政治成功的重要条件之一。

曹操集团之所以能够取得显著的政治优势的一个主要因素,就是明智地采取了"挟天子以令诸侯"④,以抢先占据政治制高点的策略。曹操本人从政治出身来说,由于与宦官集团存在渊源关系,属于为一般官僚士大夫所不齿的所谓"浊流"。然而,正如陈寅恪先生所指出的,"东汉之季,其士大夫宗经义,而阉宦则尚文辞;士大夫贵仁义,而阉宦则重智术"⑤。曹操集团的行政风格,确实体现出注重灵活性和实用性的特色。所谓"挟天子以令诸侯"的以"天子"的政治影响压抑其他区域政治集团的做法,尤其是高人一筹的政治策略。

韩嵩曾经劝说刘表,请他当机立断,在袁绍、曹操两个军事集团之间迅速择定敌友。他指出:"豪杰并争,两雄相持,天下之重,在于将军。"⑥刘表于是派遣韩嵩谒见曹操,以观虚实。韩嵩则明确地表示,"嵩使京师,天子假嵩一官,则天子之臣,而将军之故吏耳。在君为君,则嵩守天子之命,义不

---

① 苏舆撰,钟哲点校:《春秋繁露义证》卷一二《天道无二》,第346—347页。
② 《汉书》卷九九上《王莽传上》,第4083页。
③ 《后汉书》卷一一《刘盆子传》,第480页。
④ 《三国志》卷一《魏书·武帝纪》注引《献帝春秋》,第16页。
⑤ 陈寅恪还说,袁绍是"汉末士大夫阶级之代表人",曹操则是"阉宦阶级之代表人"。《书世说新语文学类钟会撰四本论始毕条后》,《金明馆丛稿初编》,第42页。
⑥ 《三国志》卷六《魏书·刘表传》,第212页。

得复为将军死也。"①果然天子拜韩嵩为侍中,又任为零陵太守,韩嵩于是"还称朝廷、曹公之德",因而被刘表视为"怀贰",竟然险些被处死。②

刘表对韩嵩的态度,体现出一般区域政治势力与把握了"天子之命"的区域政治势力之间的微妙的关系。

值得注意的是,最早注重以正统地位取得实利的曹操集团,又最早放弃了拥汉的政治旗帜而公开代汉称帝。

此后刘备集团自称继承汉王朝的正统,这虽然在当时已经未必能够取得太多的政治利益,可是因此在后世却长期得到广泛的政治同情。

刘备据说是中山靖王刘胜的后代。据《三国志·蜀书·先主传》记载,刘备,"汉景帝子中山靖王胜之后也"③。又说,刘胜的儿子刘贞在汉武帝元狩六年(前117)被封为涿县陆城亭侯,是因为向朝廷贡献祭祀用金成色不足而获罪,被剥夺贵族地位的。刘备祖上显贵的家世渊源,似乎使得他在汉末群雄竞争中占据了继承汉家天下的正统地位。刘备因血统而取得的这一政治优势,在诸多以三国故事为题材的传统戏曲以及《三国演义》中又被有意识地大肆渲染。

中山靖王刘胜,是汉武帝刘彻的异母兄弟,著名的河北满城汉墓,就是他的墓葬。《汉书·景十三王传·中山靖王刘胜》说,他"为人乐酒好内,有子百二十余人"④。刘备家族,应当只是其中微弱的一支。

汉高祖刘邦的族系,立国之初只有兄弟3人,然而不过200年左右,到汉平帝元始五年(5),仅记录在籍的宗室人员已经多达10万余人。这一家族的人口增长速度,据说高达38‰以上。⑤ 如果继续以同样的速率增长,估计到了刘备所生活的时代,刘氏宗族总人口竟然有可能数以亿计。这当然是绝对不可能的。我们知道,东汉全国人口峰值不过6000多万。刘氏宗族人口增长速度的下降,主要原因之一,是他们中的大部分人已经成为与刘备

---

① 《三国志》卷六《魏书·刘表传》注引《傅子》,第213页。
② 《三国志》卷六《魏书·刘表传》注引《傅子》,第213页。
③ 《三国志》卷三二《蜀书·先主传》,第871页。
④ 《汉书》卷五三《景十三王传·中山靖王刘胜》,第2425页。
⑤ 葛剑雄:《略论我国封建社会各阶级人口增长的不平衡性》,《历史研究》1982年第6期。

这样的"贩履织席为业"①者地位相当的平民，不再享有贵族的特权。不过，当时社会与皇族有血缘关系的刘姓，必定仍然不在少数。

尽管汉代政治生活中正统观念已经初步形成了广泛的社会影响，不过，到了东汉末年，情况则又发生了变化。刘备虽然自称出身皇族，但是正如裴松之注《三国志·蜀书·先主传》所说，"虽云出自孝景，而世数悠远，昭穆难明，既绍汉祚，不知以何帝为元祖以立亲庙"②，其政治感召力实际上也是有限的。事实上，当时在刘姓族系中地位明显高于他的刘焉、刘表、刘璋等人，也都没有成什么大气候。应当说，刘备集团是首先凭借军事政治实力，其次才借助民间的正统意识而取得政治地位的。

在这一方面，孙权集团更处于相对的劣势，因而长期以来不得不"外托事魏"③在表面上屈从于曹操集团。

2

自秦汉时期以后，大一统的高度集权的专制主义帝国的政治格局已经形成确定的模式，汉文化的凝聚力也已经明显表现出来，统一，已经成为广大民众诚心拥护的政治形式。特别是在经历战乱之后，统一往往是全社会一致的强烈愿望。

魏蜀吴三国统治集团共同的政治目标，都是要以自己为中心，建立大一统的新帝国。当时行政管理思想的最高境界，是在提高局部地区行政管理水平的基础上，创造对天下进行行政管理的条件。

蜀国是以继汉为旗帜的。魏、吴开国，也都分别以黄初、黄武、黄龙纪年，取义与黄巾起义以"黄天当立"为口号，以及"著黄巾为标帜"④相类似，都利用了因五德终始学说而形成的政治迷信，以为"黄"是象征继代汉王朝的新政权的颜色。可见当时三国政治领袖都不甘心只做偏据一方的实力派军阀，而决心成为如同汉家天子那样的管理一统天下的帝王。

---

① 《三国志》卷三二《蜀书·先主传》，第 871 页。
② 《三国志》卷三二《蜀书·先主传》，第 890 页。
③ 《三国志》卷四七《吴书·吴主传》，第 1125 页。
④ 《后汉书》卷七一《皇甫嵩传》，第 2300 页。

　　曹操一并天下的政治意图较早就暴露得非常明显。诸葛亮则抱定"汉、贼不两立,王业不偏安"的志向,屡次兴兵北伐,终于"死而后已"①,在五丈原前线逝世。赤壁之战后,孙权也有让周瑜抢先平定巴蜀,先统一长江流域,然后由襄樊进军许、洛的战略意图。

　　在孙、刘再次形成了合力抗曹的暂时的军事联盟之后,孙权曾经对蜀国特使邓芝说:待灭曹之后,"若天下太平,二主分治,不亦乐乎!"邓芝却回答说:"夫天无二日,土无二王,如并魏之后,大王未深识天命者也,君各茂其德,臣各尽其忠,将提桴鼓,则战争方始耳。"孙权大笑道:"君之款诚,乃当尔邪!"②孙权赞赏邓芝的坦诚与直率,是因为他敢于直接承认蜀汉最高统治者最终要统一天下的雄心。

　　曹操集团在为统一事业进行的努力中,积蓄力量最久,基础最为雄厚,所取得的成就也最为显著。曹魏经艰难拼战,据有中国北方,后来西晋终于实现大一统,也是以曹操集团长期以来的政治积累为条件的。但是正如有的学者所指出的,"虽然事实上北方归根结底远远强于南方,最具有统一中国的条件,但是在没有统一以前,却不能把统一当作曹魏独有的权利。"而且还应当看到,"魏、蜀、吴各自的努力,不断地向人们宣告,南北是不能长久分离的。这也许可以算是三国交兵的一项积极意义吧。"③

　　不过,从另一方面讲,我们又可以看到,历史上的大一统,历史上能够实行统一的行政管理的国度的规模,是有一定的合理性的。不能说在任何历史时期、任何历史情况下,规模最大的统一都必然体现出历史的进步性和合理性,都必然有益于当时文明的前进和经济的发展。

　　我们可以举出有关的历史事实。

　　事实一:大一统集权政治得到强化时,经济文化的发展有时反而会出现停滞乃至倒退。

　　人们首先会想到秦王朝短暂的政治成功和随后导致的社会经济与社会文化的深刻的危机。而三国时期以前的大一统的东汉王朝和三国时期以后

　　————————————

　　①　《三国志》卷三五《蜀书·诸葛亮传》注引《汉晋春秋》,第923、924页。

　　②　《三国志》卷四五《蜀书·邓芝传》,第1072页。

　　③　田余庆:《关于曹操的几个问题》,《光明日报》1957年4月9日,《秦汉魏晋史探微》(重订本),第135页。

的大一统的西晋王朝,都因政治的腐败荒乱,表现出较三国分立时更明显的历史的落后性。

事实二:分裂割据时期的地方经济文化,有时可以得到突出的发展。

以江南经济发展的进程为例,几次显著的跃进,都是在以中原地区作为统治重心的大一统帝国没有力量对当地实行强有力控制的时期实现的。在孙吴政权的统治下,正是在分裂的时代,以相对割据为条件,促进了这一地区的空前的发展的。

三国时期经济恢复和经济发展的总体形势,也可以作为突出的例证。事实上,魏蜀吴三国都以自身的基础为条件,在割据状态下,使本地的经济得到较迅速的恢复和稳步的发展。

就谋求统一的努力来说,与各自的经济实力相比较,蜀汉出力最多。然而耗费国力也最惨重,终于最先灭亡。范文澜先生曾经指出,汉国人口只有94万,士兵却多至10万2千人,官吏多至4万人。普通户大抵8人就得有1人当兵,实际是老弱妇女以外,几乎所有男子都被迫当兵。这样残酷的统治,终于为人民所厌弃。诸葛亮死后,蒋琬、费祎相继执政,对魏采取守势。公元253年以后,姜维几乎每年出兵攻魏,无谓地浪费兵力,最后连防守的力量也丧失了。公元263年,魏司马昭灭蜀汉。[1]

吴国对于追求统一较少有大的军事动作,在战争中多次处于被动地位,因而使得经济发展获得了更有利的条件,军费开支有限,民众负担较轻,于是在三国中政权存在的年代也最长久。至于这一政权对于后来江南地区经济发展的积极作用,当然也是不能否定的。

对于统一和割据的历史过程进行具体分析,不能不注意到国家对地方势力的政策。中央和地方的关系,整体和局部的关系,是中国政治史和文化史研究重要的课题。

秦王朝的急速灭亡,与关东政策的失败有直接的关系。两汉统治者管理地方行政,也十分重视"关东"与"关西"、"山东"与"山西"的地域文化的差别。魏蜀吴三国的政治领袖,都是出身地方豪强或者依靠地方豪强得以雄踞一方的,因而其地方政策的制定,有切身的体验为基础。

---

[1]　范文澜:《中国通史》第2册,第350、274页。

曹操是在锄灭许多地方豪强势力之后统一北方的。不过,他却能大胆任用原先附从于不同豪强集团的文人才士,形成了自己效率超常的智囊机构。但是对于其中有些对现政权不时起到破坏作用的人,曹操待时机适合,就毫不犹豫地或杀或罚,取缔他们的政治权利。

刘备作为外来人入蜀,在平定蜀地没有经过激烈战争的背景下,他的统治机构中新与旧、客与主的矛盾始终未能平息。他在表面上努力协调新旧关系,缓和新旧矛盾,然而其政策的基本立足点,仍明显有压抑当地豪族的倾向。

孙权家族原本是江东吴人,但不属于当地大族。孙权对当地势家豪族采取了更彻底的让步的政策。孙皓决定迁都时,朝野上下所谓"宁饮建业水,不食武昌鱼"的抗议①,就表现了相当强烈的地方主义情绪。对于当地原有土著山越人,孙权集团采取了极其残暴的强力镇压的政策。

大体说来,魏、蜀的政策对于加强中央政权的统治效能,抑制地方势力,较为积极有力。而吴则较为保守,所以其政治军事难以有大的作为,可是在经济管理方面,却取得了较为突出的成就。

3

任何政权都难免面临内部政治动乱的危机。三国时期,这种政治动乱,往往源起于为地域利益集团之间的矛盾和冲突。魏蜀吴三国统治集团都曾经有处置这一类内乱危机的政治实践,其具体的处置方式又各自有所不同。

曹操集团经历的内部政治危机最为频繁,也最为严重。

例如,曹操用兵徐州时,吕布夺取了他的根据地兖州,曹操的部下陈宫、张邈等叛迎吕布,使曹操遇到极大的挫折。此外,比较著名的政治威胁,又有车骑将军董承为首的未遂政变。曹操也粉碎过针对他本人的暗杀阴谋。每逢遇到这类形势极其严峻险恶的政治关头,曹操总是交替采用政治与军事的双重手段,果断地镇压反对势力,平息政乱。他一般总是等待动乱充分爆发,临乱不惊,从容镇定地处置。或许正是因为如此,曹操集团比较能够

---

① 《三国志》卷六一《吴书·陆凯传》,第1401页。

经受政治风浪。在这一政治集团内,即使在上层人员中,不同区域文化背景的谋臣和将领降来叛走,颇为频繁,然而却并不能动摇其根基。就这一政治集团的总体来说,稳定系数仍然很高。

建安二十四年(219),曹操逝世,他一直作为军队主力的青州兵和徐州兵以为天下将乱,于是,"皆鸣鼓擅去"[1]。这一政治事件,在当时造成了严重的政治混乱,一时"朝野危惧"[2],一部分朝臣主张秘不发丧,镇压青徐部队的离心倾向,用曹姓诸将的部队替换首都其他不可靠的部队。另一部分人则主张以安抚为主,反对用兵。曹丕取后一种处置方式,抚而不讨,终于使政治局面得以稳定。

4年以后,黄初三年(223),曹丕夺取了青徐豪族集团的军事领袖臧霸的兵权。黄初五年(224)、黄初六年(225),曹丕亲自督师远征,连续两次发动广陵战役。广陵郡治所在今江苏清江。这两次大的军事行动,都没有与吴军正式交锋,有的学者已经指出,"广陵之役并非单纯的攻吴军事行动,它和青徐动乱问题必有密切关系"[3]。据《三国志·魏书·文帝纪》记载,黄初五年九月,曹丕"至广陵,赦青、徐二州,改易诸将守"。六年"六月,利城郡兵蔡方等以郡反,杀太守徐质"。"讨平"之后,"其见胁略及亡命者,皆赦其罪。"八月,曹丕即"从陆道幸徐"。"冬十月,行幸广陵故城,临江观兵。"[4]曹丕借对外用兵的名义,不动声色地平定了这些内乱,使政权得到进一步的巩固。

刘备集团入主巴蜀之后,面临着客主、新旧两部分政治力量的矛盾。内部的政争往往是由这类矛盾引起的。

蜀地名士彭羕为庞统所看重,推荐给刘备后,"先主亦以为奇",任为治中从事,事实上成为最高级的行政助手。然而,"诸葛亮虽外接待羕,而内不能善,屡密言先主,羕心大志广,难可保安。"于是,左迁为江阳太守。彭羕知道将贬黜外郡,私情不悦,来到马超处。马超说,"卿才具秀拔,主公相待至重",都说您当与诸葛亮、法正齐足并驱,怎么可能外授小郡,失人本望

---

① 《三国志》卷一八《魏书·臧霸传》注引《魏略》,第538页。
② 《晋书》卷一《宣帝纪》,第3页。
③ 田余庆:《汉魏之际的青徐豪霸》,《秦汉魏晋史探微》,第103页。
④ 《三国志》卷二《魏书·文帝纪》,第84、85页。

呢？彭羕在鄙笑刘备"老革荒悖"之后，又对马超说："卿为其外，我为其内，天下不足定也。"马超事后将彭羕言辞上报，彭羕于是被逮捕治罪。彭羕在狱中致书诸葛亮，承认自己酒后失言，"此仆之下愚薄虑所致"。然而最终竟然被处死，当时年仅 37 岁。①

李严是和诸葛亮同受遗诏辅政，并当大任的重臣，然而在建兴八年(230)终于被诸葛亮夺走执政权力，其公开的罪名其实颇有可疑之处。应当说，李严被废，也是新旧两大宗派政治争斗的结果。与对彭羕的处置同样，这一举措，也是对可能发生的政治危机进行预先制止的方式。

比较曹操集团和刘备集团处理内乱的方式，曹操集团重于后发制人，往往待事变发生之后从容处置；刘备集团则较为谨慎，重于事先预防。相比之下，前者体现出政治谋略的成熟和行政经验的丰富，由于自身应变能力的完备，因而对政治前景充满自信。而后者则似乎表现出政治实力的脆弱和行政手段的贫乏。

但是曹、刘两个政治集团，对敌对的地域利益更为狭隘的政治集团的抗争，本质上都是严厉而绝不姑息退让的。

至于孙权集团，其内部斗争似乎相对平静，这是由许多因素所决定的。当地豪族集团受到特殊的优遇，应当是主要原因之一。

---

① 《三国志》卷四〇《蜀书·彭羕传》，第 995—996 页。

三二

两汉的流民运动与政府的流民政策

在以农业为主体经济形式的古代中国,长期形成了安居本土,不轻易迁徙的文化传统。因而有所谓"安土重迁,黎民之性"①,"安土重居,谓之众庶"②的说法。不过,由于种种原因,历史上经常发生民众离开土地大规模流徙的流民运动。严重的流民问题往往导致对政治结构的强烈冲击,而且如若处置不当,又常常成为社会大动荡的先声。

汉王朝是继承了秦王朝的制度,最早实行较为成功统治的大一统的专制主义政权。两汉四百年间,曾经频繁面临流民带来的政治难题。两汉流民运动的形式与影响,以及政府对策的得失,都可以为后世提供富有启示意义的历史鉴戒。

两汉时期政府对于流民问题的对策,不仅是解决社会危机问题的政策,也是处理区域文化问题的政策。

1

经过秦末动乱和楚汉战争之后,"民人散亡,户口可得而数裁什二三"③,西汉政府当时实际控制的人口只有户口总数的百分之二三十左右。

---

① 《汉书》卷九《元帝纪》,第 292 页。
② 《后汉书》卷四八《杨终传》,第 1598 页。
③ 《汉书》卷一六《高惠高后文功臣表》,第 527 页。

可以说，刘邦建立的新政权所面对的第一个艰巨的行政任务，就是解决流民问题。

安置流民与恢复经济这两项重要行政任务的同步完成，经过了几代人的艰苦努力。正如班固所说，"逮文、景四五世间，流民既归，户口亦息。"①

这种因战乱而发生的流民运动，在两汉之际和东汉末年，又曾经造成十分严重的社会影响。"更始赤眉之时"，"民人流亡，百无一在"②汉末天下大乱，民众"皆以奔亡"，"冰解风散，唯恐在后。"③不过，这种形式的流民运动虽然产生的社会冲击的规模和经济破坏的烈度都十分惊人，然而对富有生机与活力的新政权来说，往往并不至于造成严重的危机，一旦政局转而安定，经济逐渐复苏，大多数流民一般自然会返归故里，或寻求其他条件适宜的地方定居，重新恢复作为政府管理对象与统治基础的编户齐民的身份。

对社会产生剧烈震撼的其实往往是非战乱因素引起的流民运动。

汉武帝元封四年（前107），关东流民多达二百万口，"无名数者四十万"，丞相石庆"惭不任职"，以"民多流亡"自罪，请求免职处分。④ 汉武帝本人则认为，流民之"疾苦"，在于吏治的黑暗，"吏多私，征求无已，去者便，居者扰"⑤。官吏的苛征，使得定居者所承受的压力甚至远远超过流亡者的艰辛，这样的形势，当然使得流民问题成为愈来愈严重地威胁政治安定的社会问题。征和二年（前91），汉武帝在指责前丞相公孙贺的政治失误时，也曾说到"下吏妄赋，百姓流亡"⑥的情形。《盐铁论·未通》记录"文学"对当时弊政危害的批评，也曾经指出，"树木数徙则菱，虫兽徙居则坏，故代马依北风，飞鸟翔故巢，莫不哀其生。由此观之，民非利避上公之事而乐流亡也。"⑦民众并不只是为了躲避官府一般的征敛而甘愿流亡的，他们所难以忍受的，是过于苛重的"征赋"以及除此之外使"田家又被其劳"⑧的徭役负

---

① 《汉书》卷一六《高惠高后文功臣表》，第528页。
② 《三国志》卷六《魏书·董卓传》注引《续汉书》，第177页。
③ 《后汉书》卷五七《刘陶传》，第1850页。
④ 《史记》卷一〇三《万石张叔列传》，第2768页。
⑤ 《汉书》卷四六《石庆传》，第2198页。
⑥ 《汉书》卷六六《刘屈氂传》，第2879页。
⑦ 王利器校注：《盐铁论校注（定本）》卷三《未通》，第191页。
⑧ 王利器校注：《盐铁论校注（定本）》卷三《未通》，第192页。

担。这就是所谓官吏"刻急细民,细民不堪,流亡远去",而且后流亡者又往往被迫承担先流亡者的负担,于是流民数量越来越多,"是以田地日荒,城郭空虚。"①

汉宣帝即位初,群臣大议廷中,多褒美汉武帝的功绩,而夏侯胜却提出了否定意见,他指出,汉武帝虽有攘四夷广土斥境之功,"然多杀士众,竭民财力,奢泰亡度,天下虚耗,百姓流离,物故者半。"②按照这样的观点,流民问题的发生,似乎不应当归结于个别官吏的过失,而必须通过对当时政治形势全局的分析来寻找原因。这种看法,在当时显然是一种比较清醒的认识。

严重自然灾害导致大批流民离开家园前往异乡漂泊,也是两汉时期多见的历史现象。例如,据《汉书·于定国传》记述,汉元帝刚即位时,关东地区连年遭受自然灾害,"民流入关"③。所谓"谷贵民流"④,当时成为导致政治危局的主要因素之一。汉元帝永元年间,最高统治集团仍然为"民众久困,连年流离"⑤而深深忧虑。汉成帝阳朔二年(前23),关东大水,流民流移入关。鸿嘉四年(前17),又出现"水旱为灾,关东流冗者众,青、幽、冀部尤剧"⑥的形势。在汉成帝在位后期,仍然"灾异尤数"⑦,元延元年(前12),几种自然灾害相交并,"蚕麦咸恶。百川沸腾,江河溢决,大水泛滥郡国十五有余。比年丧稼,时过无宿麦。百姓失业流散。"⑧汉哀帝时,因自然灾荒所导致的流民问题依然是政局稳定的严重威胁,建平二年(前5),"岁比不登,天下空虚,百姓饥馑,父子分散,流离道路,以十万数。"⑨汉平帝元始二年(2),"郡国大旱,蝗,青州尤甚,民流亡。"⑩王莽地皇三年(22)四月,曾经公开对"枯旱霜蝗,饥馑荐臻,百姓困乏,流离道路"⑪表示忧惧,而就在

① 王利器校注:《盐铁论校注(定本)》卷三《未通》,第192页。
② 《汉书》卷七五《夏侯胜传》,第3156页。
③ 《汉书》卷七一《于定国传》,第3043页。
④ 《汉书》卷六〇《杜缓传》,第2666页。
⑤ 《汉书》卷六四《贾捐之传》,第2833页。
⑥ 《汉书》卷一〇《成帝纪》,第318页。
⑦ 《汉书》卷八五《谷永传》,第3465页。
⑧ 《汉书》卷八五《谷永传》,第3470页。
⑨ 《汉书》卷八一《孔光传》,第3358页。
⑩ 《汉书》卷一二《平帝纪》,第353页。
⑪ 《汉书》卷九九下《王莽传下》,第4175页。

这一年的夏季,关东地区又发生了严重的蝗灾,"蝗从东方来,蜚蔽天","流民入关者数十万人"。①

汉光武帝建武十二年(36),"米谷荒贵,民或流散"。② 汉明帝初年,"州郡灾旱,百姓穷荒",于是,"道见饥者,裸行草食"③。汉章帝时,又连年发生"牛多疾疫,垦田减少,谷价颇贵,人以流亡"④,以及所谓"比旱不雨,牛死民流"⑤的严重现象。汉和帝永元六年(94),"阴阳不和,水旱违度,济河之域,凶馑流亡。"永元十二年(100),又曾经为"比年不登,百姓虚匮,京师去冬无宿雪,今春无澍雨,黎民流离,困于道路",下书表示"痛心疾首"⑥。汉安帝永初年间,又因"连年水旱灾异,郡国多被饥困",曾经致使"人庶流迸"⑦。汉顺帝永建六年(131),因"连年灾潦",百姓多有弃业,"流亡不绝"⑧,以及永和四年(139)"太原郡旱,民庶流冗"⑨,也都是类似的史实。汉桓帝永兴元年(153),又一次发生由自然灾害所导致的流民运动,"郡国三十二蝗,河水溢,百姓饥穷,流冗道路,至有数十万户。"⑩《后汉书》卷四三《朱穆传》也记载:"永兴元年,河溢,漂害人庶数十万户,百姓荒馑,流移道路。"⑪

另外又有一种形式特殊的流民运动颇为引人注目。汉哀帝建平四年(前3)春季,"大旱,关东民传行西王母筹,经历郡国,西入关至京师。民又会聚祠西王母,或夜持火上屋,击鼓号呼相惊恐。"⑫对于这一历史事件,《汉书·五行志下之上》中,有更为详尽的记述:

> 哀帝建平四年正月,民惊走,持稾或棷一枚,传相付与,曰"行诏筹"。道中相过逢,多至千数,或被发徒践,或夜折关,或逾墙入,或乘

① 《汉书》卷九九下《王莽传下》,第4176、4177页。
② 《续汉书·天文志上》,《后汉书》,第3221页。
③ 《后汉书》卷三九《王望传》,第1297页。
④ 《后汉书》卷三《章帝纪》,第132页。
⑤ 《论衡·恢国》,黄晖:《论衡校释》(附刘盼遂集解),第837页。
⑥ 《后汉书》卷四《和帝纪》,第186页。
⑦ 《后汉书》卷三二《樊准传》,第1127、1128页。
⑧ 《后汉书》卷六《顺帝纪》,第258页。
⑨ 《后汉书》卷六《顺帝纪》,第269页。
⑩ 《后汉书》卷七《桓帝纪》,第298页。
⑪ 《后汉书》卷四三《朱穆传》,第1470页。
⑫ 《汉书》卷一一《哀帝纪》,第342页。

车骑奔驰,以置驿传行,经历郡国二十六,至京师。其夏,京师郡国民聚会里巷仟佰,设张博具,歌舞祠西王母。又传书曰:"母告百姓,佩此书者不死。不信我言,视门枢下,当有白发。"至秋止。①

《汉书》的作者班固在分析这一事件时曾写道:

民,阴,水类也。水以东流为顺走,而西行,反类逆上。②

以为是"违忤民心之应也"。又说,"白发,衰年之象,体尊性弱,难理易乱。"③指出,通过其象征意义,似乎已经可以察见政治动乱的先兆。当时也曾经有人分析说:"讹言行诏筹,经历郡国,天下骚动,恐必有非常之变。"④这一历时长达半年,涉及地域包括京师及 26 郡国,且富有神秘主义色彩的民间运动,其真正的文化内涵我们今天尚不能完全明了,但是大体可以知道,其原始起因可能是"大旱",而所谓"曰'行诏筹'",或"传行西王母筹",所谓"道中相过逢,多至千数",则暗示流民群体已经形成了某种类似于后世秘密社会结构的组织形式。所谓"京师郡国民聚会里巷仟佰,设张博具,歌舞祠西王母"以及"或被发徒践,或夜折关,或逾墙入,或乘车骑奔驰","或夜持火上屋,击鼓号呼相惊恐"等行为所表现的以西王母崇拜为具体形式的宗教狂热,在条件适合时能够集聚极强大的社会冲击力。

应当看到,这种流民形式与灾荒流民有明显的不同。这种往往与所谓"击鼓号呼","聚会""歌舞"诸表现相并生的流移,是一种非被动的,然而可能对社会文化冲击更为剧烈的流民运动。

汉安帝永初元年(107)十一月,又曾经发生了所谓"民讹言相惊,司隶、并、冀州民人流移"⑤的事件。同一史事,或记载为"民讹言相惊,弃捐旧居,老弱相携,穷困道路"⑥。这种形式较为特殊的流民运动,其性质,很可能也与汉哀帝时民"讹言行诏筹"而"惊走"的事件相类似。

---

① 《汉书》卷二七下之上《五行志下之上》,第 1476 页。
② 《汉书》卷二七下之上《五行志下之上》,第 1476 页。
③ 《汉书》卷二七下之上《五行志下之上》,第 1476 页。
④ 《汉书》卷四五《息夫躬传》,第 2184 页。
⑤ 《续汉书·五行志一》,《后汉书》,第 3277 页。
⑥ 《后汉书》卷五《安帝纪》,第 209 页。

2

两汉时期,流民运动经常波及十数个甚至数十个郡国。居延汉简中可以看到有关"流民"的简文。如:

　　☐言流民三月三日发觻得至表☐　　　　　　　E.P.T59:623①

这是某个流民群体由张掖郡觻得县流移到酒泉郡表是县的记录。又如:

　　☐甲渠鄣守候☐敢言之府移大将军莫

　　☐困愁苦多流亡在郡县吏……

　　　　　　　　　　　　　　　　　　　　　　　　E.P.F22:322②

可见远僻如西北边地,也受到流民运动的冲击。流民问题之严重,甚至受到最高军事指挥机构"大将军莫府"的关注。

流移方向常常体现出流民运动极大的盲目性,但其基本趋势,仍大抵是由动荡荒瘠的地区往较为安定富足的地区。例如"关东连年被灾害,民流入关"③,"(王)莽复发军屯,于是边民流入内郡"④,"四方贤士大夫避地江南者甚众"⑤,以及"南阳、三辅民数万户流入益州"⑥等,都说明了这样的历史事实。然而流民的冲击,又使得接纳他们的地区经济形势也受到破坏性的影响。例如,东汉末年,中原战乱,而"徐州百姓殷盛,谷米丰赡,流民多归之。"⑦"是时徐方百姓殷盛,谷实甚丰,流民多归之。"⑧然而,不久则又出现所谓"徐方士民多避难扬土"⑨的现象。徐州地区由流民的受纳地转变为流民的发生地,固然有战乱波及这一地区的因素,而短时间内大量流民的迅

---

　　① 甘肃省文物考古研究所、甘肃省博物馆、中国文物研究所、中国社会科学院历史研究所编:《居延新简:甲渠候官》,第175页。

　　② 甘肃省文物考古研究所、甘肃省博物馆、中国文物研究所、中国社会科学院历史研究所编:《居延新简:甲渠候官》,第220页。

　　③ 《汉书》卷七一《于定国传》,第3043页。

　　④ 《汉书》卷九九中《王莽传中》,第4138页。

　　⑤ 《三国志》卷一三《魏书·华歆传》注引华峤《谱叙》,第402页。

　　⑥ 《后汉书》卷七五《刘焉传》,第2433页。

　　⑦ 《三国志》卷八《魏书·陶谦传》,第248页。

　　⑧ 《后汉书》卷七三《陶谦传》,第2367页。

　　⑨ 《三国志》卷五二《吴书·张昭传》,第1219页。

速涌入,无疑也是导致当地经济形势恶化的原因之一。

所谓"困于道路""流离道路""饥寒疾疫",甚至"物故者半",即一半左右不幸死于流徙途中的事实,可以说明流民境遇的困苦。汉武帝元鼎二年(前115),"平原、勃海、太山、东郡溥被灾害,民饿死于道路。"①汉成帝永始年间,据说因"灾异屡降,饥馑仍臻","流散冗食,馁死于道,以百万数。"②《汉书·王莽传下》中也可以看到这样的记述,王莽听说长安"城中饥馑",以问中黄门王业,王业回答说:"皆流民也。"③

流民即使有幸得到安顿就业的条件,然而由于原有自耕农地位的丧失,往往只能沦落于更为低贱的社会阶层之中。《汉书·昭帝纪》曾经说到当时"比岁不登,民匮于食,流庸未尽还"④的情形。这里所谓"流庸",据唐代学者颜师古的解释,是指"去其本乡而行为人庸作"⑤,也就是流落于外地成为雇佣劳动者。流民因地位低下,生活无着,又不能得到起码的安全保障,有时甚至被迫沦为奴婢。如天凤元年(14)七月,王莽"复发军屯"以备匈奴,"于是边民流入内郡,为人奴婢"。⑥

如果不能得到及时的救助与妥善的安置,流民出于对社会的绝望,很自然地会成为与现行政治体制直接对抗的社会力量,其破坏力之强,又可以超过其他一切社会阶层。正如董仲舒所说的,"贫者穷急愁苦,穷急愁苦而上不救,则民不乐生,民不乐生,尚不避死,安能避罪!"⑦

汉武帝末年,已经出现了流民"转为盗贼"的情形。据《汉书·食货志上》记载:

> 贫民常衣牛马之衣,而食犬彘之食。重以贪暴之吏,刑戮妄加,民愁亡聊,亡逃山林,转为盗贼。⑧

汉元帝永光二年(前42),因社会问题异常严重,颁布诏书沉痛自责,其中也

---

① 《汉书》卷七四《魏相传》,第3137页。
② 《汉书》卷八五《谷永传》,第3462页。
③ 《汉书》卷九九下《王莽传下》,第4177页。
④ 《汉书》卷七《昭帝纪》,第221页。
⑤ 《汉书》卷七《昭帝纪》,第222页。
⑥ 《汉书》卷九九中《王莽传中》,第4138页。
⑦ 《汉书》卷五六《董仲舒传》,第2521页。
⑧ 《汉书》卷二四上《食货志上》,第1137页。

曾经说到"元元大困，流散道路，盗贼并兴"①。汉哀帝时社会危机最主要的征象之一，也是"民流亡，去城郭，盗贼并起"②。两汉之际社会动荡时期，流民多数集聚为这种对原有政治秩序在观念上予以怀疑和否定，在行为上同时予以冲击和破坏的社会群体。史籍记载，王莽始建国三年（11），北边多事，"而内郡愁于征发，民弃城郭流亡为盗贼，并州、平州尤甚。"③天凤六年（19），由于"关东饥旱数年"，而政府不能积极组织赈救，只是企图用各种虚伪的言辞"诳燿百姓，销解盗贼"，反而使得成为流民的灾民大多投入到这种反抗现行政治体制的社会潮流中。例如，在自然灾害严重摧残经济生活的形势下，"青、徐民多弃乡里流亡，老弱死道路，壮者入贼中。"于是，形成了所谓"四方盗贼多"，以致"江湖海泽麻沸"的严重局面。④ 以绿林起义军为例，就是起初"王莽末，南方饥馑，人庶群入野泽，掘凫茈而食之"，后来即公推首领，"共攻离乡聚，臧于绿林中"⑤，逐步壮大起来的。

同样的历史过程，东汉时期又有重演。如汉安帝即位初，"百姓流亡，盗贼并起"⑥。汉桓帝永兴元年（153），"河溢，漂害人庶数十万户，百姓荒馑，流移道路，冀州盗贼尤多。"⑦东汉末年张角等领导的黄巾起义军，据说也是以流民为主体成分。因而司徒杨赐建议"切敕州郡，护送流民"⑧，即"简别流人，各护归本郡，以孤弱其党"，以为如此则"可不劳而定"⑨，即可以不用兵而平息动乱。

流民成为"盗贼"，转化为激烈反抗政府的军事力量，由于本身习惯于流动生活的特点，因而往往长于运动游击，战斗力较强。正如《后汉书·梁统传》李贤注引《东观记》谈到陇西、北地、西河"盗贼"时所说，"越州度郡，万里交结，或从远方，四面会合，遂攻取库兵，劫略吏人，国家开封侯之科，以

---

① 《汉书》卷九《元帝纪》，第288页。
② 《汉书》卷七二《鲍宣传》，第3087页。
③ 《汉书》卷九九中《王莽传中》，第4125页。
④ 《汉书》卷九九下《王莽传下》，第4155—4163页。
⑤ 《后汉书》卷一一《刘玄传》，第467页。
⑥ 《后汉书》卷四六《陈忠传》，第1558页。
⑦ 《后汉书》卷四三《朱穆传》，第1470页。
⑧ 《后汉书》卷五七《刘陶传》，第1849页。
⑨ 《后汉书》卷五四《杨赐传》，第1784页。

军法追捕,仅能破散也。"①

　　另外还应当看到,流民成为"盗贼",其活动,除抗击政府压迫而外,又有全面破坏正常社会生活的另一面。如《后汉书·刘平传》所谓"贼复忽然而至,(刘)平扶持其母,奔走逃难"②,《后汉书·赵孝传》所谓"因遭大乱,百姓奔逃"③,《后汉书·江革传》所谓"遭天下乱,盗贼并起,(江)革负母逃难,备经阻险"④等,都说明这些武装流民的破坏行为,又往往激起更大规模的新的流民运动。

3

　　在专制主义政治占主导地位的时代,中央政府总是把控制尽可能多的户籍作为最基本的行政要务之一。两汉时期,政府也有针对流民的严厉法令。居延汉简中可见关于"搜索""捕验亡人"(255.27),"逐捕搜索""亡人"(179.9)以及对"亡人"或隐匿收容"亡人"者"罚金"(231.115B)⑤的内容。即使这里所说的"亡人"与一般流民身份并不完全等同,由此也可以推知法令对于流民的态度。汉安帝时,主管司法的三公曹尚书陈忠面对"百姓流亡,盗贼并起"的形势,也曾经回顾"故亡逃之科,宪令所急,至于通行饮食,罪致大辟"的情形,主张继续推行这样的方针,"严加纠罚,冀以猛济宽,惊惧奸慝"⑥。

　　其实,当流民运动已经形成较大声势时,指望以严酷手段平息其影响的企图,只不过是一种妄想。

　　两汉时期比较清醒的有识见的政治家,大多都注意到流民运动与政治失误之间的必然关系,当时往往"言事者归咎于大臣",皇帝也多严词"条责以职事"。于是有在这种情况下主要执政大臣"上书谢罪"⑦,或自以为"罪

① 《后汉书》卷三四《梁统传》,第1169页。
② 《后汉书》卷三九《刘平传》,第1295页。
③ 《后汉书》卷三九《赵孝传》,第1300页。
④ 《后汉书》卷三九《江革传》,第1302页。
⑤ 谢桂华、李均明、朱国炤:《居延汉简释文合校》,第286、379、423页。
⑥ 《后汉书》卷四六《陈忠传》,第1558—1559页。
⑦ 《汉书》卷七一《于定国传》,第3043、3044页。

当伏斧质"，主动"辞位"以"避贤者路"①，甚至皇帝本人也不得不表示"是皆朕之不明，政有所亏，咎至于此，朕甚自耻"②的历史现象。而对于有关的官僚机构，也往往有"有司又长残贼，失牧民之术"③的责难。面对可能危及皇权统治的严重的流民问题，汉武帝也曾经指出，以往曾因此"为流民法，以禁重赋"，然而吏多"奸邪"而法有疏漏，以致"官旷民愁"④，导致如此严重的危患。他又责备主管官员说，"今流民愈多，计文不改"，严正指出必须首先"绳责长吏"⑤，方可以使局面得以改观。对王莽专政进行批判的人，也多把流民问题与行政荒悖联系起来分析。如隗嚣《讨王莽檄》写道："其死者则露尸不掩，生者则奔亡流散，孤幼妇女，流离系虏，此其逆人之大罪也。"⑥冯衍也曾经把所谓"元元无聊，饥寒并臻，父子流亡，夫妇离散，庐落丘墟，田畴芜秽"，看作"天下离王莽之害久矣"的表现形式之一⑦。东汉人对王莽时代"为政不善，见叛天下"⑧的总结，大多均首先注意到当时流民运动空前的规模和影响。

从这样的认识出发，两汉政府面对大规模的流民运动，往往采取调整若干有关政策的方式，以减缓其社会危害。例如：

（1）适当解弛禁律

西汉时期关禁曾经极为严格，通行者必须持有专门的证书，关吏之残酷，也曾有"乳虎"之喻⑨。然而史籍所见汉元帝初年"民流入关"⑩，又汉成帝"河平元年三月，流民入函谷关"⑪，以及王莽地皇三年（22）"流民入关者数十万人"⑫等，都说明在这种特殊背景下，禁令已经被破除。此外，《汉

① 《史记》卷一〇三《万石张叔列传》，第2768页。
② 《汉书》卷九《元帝纪》，第288页。
③ 《汉书》卷九《元帝纪》，第288页。
④ 《汉书》卷四六《石庆传》，第2198页。
⑤ 《汉书》卷四六《石庆传》，第2198页。
⑥ 《后汉书》卷一三《隗嚣传》，第517页。
⑦ 《后汉书》卷二八《冯衍传》，第965、966页。
⑧ （汉）桓谭撰，朱谦之校辑：《新辑本桓谭新论》卷五《见征》，中华书局2009年版，第15页。
⑨ 《史记》卷一二二《酷吏列传》，第3145页。
⑩ 《汉书》卷七一《于定国传》，第3043页。
⑪ 《汉书》卷二六《天文志》，第1310页。
⑫ 《汉书》卷九九下《王莽传下》，第4177页。

书·成帝纪》中又有明确的记载:阳朔二年(前 23),"秋,关东大水,流民欲入函谷、天井、壶口、五阮关者,勿苛留。"①鸿嘉四年(前 17)春正月,又颁布诏令:"流民欲入关,辄籍内。"②绥和二年(前 7),汉成帝又曾经在一件文书中,以颇为沉重的语气说到因流民问题严重以致"关门牡开,失国守备"③的情形,可见,这一措施是违反最高统治者的本意而被迫实行的。

汉代苑囿制度相当严格,周围有墙垣篱落隔闭,平时严禁平民往来。然而为了缓和流民运动对社会经济生活的全面冲击,有时也不得不宣布解除禁令,例如汉平帝元始二年(2),郡国大旱,民流亡,"罢安定呼池苑,以为安民县。"④汉和帝永元十二年(100),也曾经宣布:"郡国流民,听入陂池渔采,以助蔬食。"⑤

(2)及时实施赈济

如果能够及时组织对流民的赈济,则可以较有效地缓解流民运动对政府和社会的冲击。汉元帝时,"关东流民饥寒疾疫",于是"诏吏转漕,虚仓廪开府臧相振救,赐寒者衣"⑥。汉和帝时,曾经"诏流民所过郡国皆实禀之",又曾"诏贷被灾诸郡民种粮"⑦。汉安帝永初二年(108),也曾经派专员"分行冀、兖二州,禀贷流民"⑧。此外,汉顺帝永建二年(127)"诏禀贷荆、豫、兖、冀四州流冗贫人,所在安业之,疾病致医药",永和四年(139),"太原郡旱,民庶流冗",派员"案行禀贷,除更赋"⑨,及汉桓帝永兴元年(153)三十二郡国被灾,"百姓饥穷,流冗道路,至有数十万户","诏在所赈给乏绝,安慰居业"⑩等,也都是类似的史例。

不过,这种政策的实际效能有时是很值得怀疑的。例如《汉书·王莽传下》就有这样的记述,为赈救数十万入关流民,朝廷"乃置养赡官禀食

① 《汉书》卷一〇《成帝纪》,第 313 页。
② 《汉书》卷一〇《成帝纪》,第 318 页。
③ 《汉书》卷八四《翟方进传》,第 3422 页。
④ 《汉书》卷一二《平帝纪》,第 353 页。
⑤ 《后汉书》卷四《和帝纪》,第 186 页。
⑥ 《汉书》卷七一《于定国传》,第 3043—3044 页。
⑦ 《后汉书》卷四《和帝纪》,第 178、186 页。
⑧ 《后汉书》卷五《安帝纪》,第 209 页。
⑨ 《后汉书》卷六《顺帝纪》,第 254、269 页。
⑩ 《后汉书》卷七《桓帝纪》,第 298 页。

之",然而"使者监领,与小吏共盗其禀,饥死者十七八。"①

(3)合理引导流向

据《史记·平准书》记载,汉武帝元鼎年间,"山东被河灾,及岁不登数年,人或相食,方一二千里。天子怜之,诏曰:'江南火耕水耨,令饥民得流就食江淮间,欲留,留处。'遣使冠盖相属于道,护之,下巴蜀粟以振之"②。灾区范围"方一二千里",《汉书·食货志下》又写作"方二三千里"③。这可能是两汉时期最突出的一次引导流民流向的成功实践。一般流民运动的自然流向,多由"山东"西向关中,"江南"与"江淮间"的比较,大约是政府决策时的考虑。汉武帝元封四年(前107),"关东流民二百万口,无名数者四十万,公卿议欲请徙流民于边以适之",而汉武帝以"仓廪既空,民贫流亡,而君欲请徙之,摇荡不安,动危之"④,予以否定。汉武帝当时的意见,据《汉书·石庆传》的记载,还包括"请以兴徙四十万口,摇荡百姓,孤儿幼年未满十岁,无罪而坐率,朕失望焉"⑤。"以兴徙",是指采用军事化方式强制移徙。而规模至于四十万口,当然很容易引起社会的动荡。汉安帝永初初年,又因连年水旱灾异,郡国多被饥困,"被灾之郡,百姓凋残",于是政府于"遣使持节慰安"之外,"尤困乏者,徙置荆、扬孰郡","转尤贫者过所衣食"⑥。这次引导流民流向的努力,大约也是有效的。

汉光武帝建武十二年(36),匈奴南下侵边,汉王朝于是派遣将军马武等驻军"备胡"。"匈奴入河东,中国未安,米谷荒贵,民或流散。"后来马武等"又徙雁门、代郡、上谷、关西县吏民六万余口,置常山关、居庸关以东,以避胡寇",于是此前发生的流星雨天象,被解释为"小民流移之征",而这种政府为预防大规模流民运动而组织的有计划的移民,则被看作"小民流移之应"⑦。

---

① 《汉书》卷九九下《王莽传下》,第4177页。
② 《史记》卷三〇《平准书》,第1437页。
③ 《汉书》卷二四下《食货志下》,第1172页。
④ 《史记》卷一〇三《万石张叔列传》,第2768页。
⑤ 《汉书》卷四六《石庆传》,第2198页。
⑥ 《后汉书》卷三二《樊准传》,第1128页。
⑦ 《续汉书·天文志上》,《后汉书》,第3221页。

（4）积极吸引占著

流民游离于政府控制之外，是统治者极不愿意看到的现实。不遗余力地积极吸引流民占著，被历代政府看作基本国策。两汉时期，执行这一政策获得成功的地方官员，往往被树立为政绩优异的典范。

汉宣帝地节年间，胶东相王成"劳来不息，流民自占八万余口"，皇帝曾经亲自予以表彰，称其"治有异等"①。汉光武帝建武年间，李忠任丹阳太守，"三岁间流民占著者五万余口"，"三公奏课为天下第一"②。贾逵为鲁相，"百姓称之，流人归者八九千户"，被称为"以德教化"的典范。③ 当时比较著名的所谓"以化治称"的"循吏"，大多有与此类同的政绩。《汉书·循吏传》中，除记载前面说到的胶东相王成的事迹外，又可见颍川太守黄霸"以外宽内明得吏民心，户口岁增，治为天下第一"，南阳太守召信臣"躬劝耕农"，"其化大行"，"百姓归之，户口增倍"等创造善政的记录。④《后汉书·循吏传》也说，卫飒任桂阳太守，"邦俗从化"，"役省劳息"，"流民稍还，渐成聚邑。"第五访任新都令，"政平化行，三年之间，邻县归之，户口十倍。"童恢为不其令，"一境清静"，"比县流人归化，徙居二万余户。"⑤据说甚至"四方皆以饥寒穷愁起为盗贼"的流民，于"稍稍群聚"时，依然"常思岁熟得归乡里"⑥。可见，积极吸引流民占著，在当时是于国于民都有利的政策。

为了使流民得以顺利回归故土，汉和帝永元十五年（103）曾经颁布诏令：

> 流民欲还归本而无粮食者，过所实禀之，疾病加致医药；其不欲还归者，勿强。⑦

途中的口粮、医药，都由政府供给。同时又强调，流民如果不愿回归本土，政府也并不强迫。遇到这种情形，即通过就地安置的方式，使他们同样也重新

---

① 《汉书》卷八《宣帝纪》，第248页。
② 《后汉书》卷二一《李忠传》，第756页。
③ 《后汉书》卷三六《贾逵传》，第1240页。
④ 《汉书》卷七六《循吏传》，第3631、3642页。
⑤ 《后汉书》卷七六《循吏传》，第2459、2475、2482页。
⑥ 《汉书》卷九九下《王莽传下》，第4170页。
⑦ 《后汉书》卷四《和帝纪》，第191页。

成为政府管理的编户齐民。《后汉书·樊准传》所谓"慰安生业,流人咸得苏息"①以及《后汉书·刘虞传》所谓"为安立生业,流民皆忘其迁徙"②等,都说到流民在流徙地得到妥善安置的情形。居延汉简所见"占客"(E.P.T40:64,E.P.T43:174)③称谓,或许就是指这类流民。

两汉流民运动及政府的对策都表现出其时代特色,然而进行中国流民史的总体观察,又可以看到许多带有基本规律性的特质在汉代已经有所体现。因而考察两汉时期流民运动的形式与影响以及政府流民政策的成功与失误,不仅有助于汉代史研究的深入,而且也可以为我们分析和理解后世某些有关的社会文化现象,提供必要的认识基础。

流民运动的发生,一方面,造成了民众的苦难和社会的危机,另一方面,从文化史的角度考察,又导致了区域文化间虽然盲目无序然而影响幅面非常广阔,历史作用也十分深远的交流融汇。

当时的政府平息流民运动,出发点固然是为了维护专制主义统治,但是其某些有关政策的实行,例如开关"籍内","安慰居业","徙置""执郡"等,从一种意义上说,除了使民众的痛苦有所减轻,使社会的危机有所缓和而外,其实也是对流民运动这一社会现象的积极的历史文化作用的某种认定。④

---

① 《后汉书》卷三二《樊准传》,第1128页。
② 《后汉书·刘虞传》,第3354页。
③ 甘肃省文物考古研究所、甘肃省博物馆、中国文物研究所、中国社会科学院历史研究所编:《居延新简:甲渠候官》,第37、46页。
④ 参看王子今:《两汉流民运动与政府对策的得失》,《战略与管理》1994年第3期。

三三

两汉救荒运输及其历史文化意义

两汉社会在构成形式、组织效用、调节机能等各个方面都已达到相当成熟的程度。灾荒,对于地域广阔,人口众多,各地区间联系又不甚紧密的农耕社会往往会形成严峻的历史考验。两汉社会面对这种考验的反应与对策,体现出在当时的文化背景下,各区域之间的相互关系以及中央政府的区域文化观和区域文化政策。

两汉政府在以农业为主体经济形式的条件下,重视组织高效率的救荒运输,以减缓灾荒对于整个社会机体的破坏。在救荒运输被作为国家实行社会管理的基本职能之一的另一面,我们还看到,两汉社会共同体的若干文化特征,也可以通过这一经济形式得到体现。

1

汉代仓制已经相当完备。粮食储运的重要作用之一,即在于备荒。

汉代在规模和效能诸方面均成为仓储系统最高典范的国家粮仓,是敖仓。

敖仓有秦王朝长期经营的基础。以敖仓的地理位置和储聚规模分析,秦王朝已经有追求"远近毕理""远近毕清""周定四极""各安其宇"的努力。可能也已经有当严重自然灾害发生后及时"振救黔首",以求"天下咸抚"的考虑。对统一之前"诸侯各守其封域""相侵暴乱""以欺远方"的批判,也表现出这种"大矣哉! 宇县之中,承顺圣意"的意识。尽管秦王朝的区域文化政策并不成功,如扶苏所谓"远方黔首未集""恐天下不安",胡亥所谓"黔首未集附""毋以臣畜天下"①,但是除了秦帝国统治阶层主观方面的失误而外,或许也应当看到,历史时机尚未成熟也是不宜忽视的客观背景。

秦末动乱中,刘邦集团较早注意到"夫敖仓,天下转输久矣","其下乃有藏粟甚多",于是"据敖仓之粟",掌握了被称为"天之天者"②的决胜之本。刘邦军"进收敖仓",后来被看作"王基以张"③的基本条件。黥布反,有人分析形势说,如若黥布军"据敖庾之粟",则"胜败之数未可知也"④。吴楚七国反,也曾经有"守荥阳敖仓之粟"⑤的计划。

汉惠帝时,曾经组织"修敖仓"的工程⑥,推想敖仓的规模又有新的扩大。汉武帝所爱幸王夫人为子请封洛阳,汉武帝以洛阳有敖仓,"天下冲阸","当关口,天下咽喉"⑦而拒绝,也说明敖仓的战略意义。除楚汉战争期间刘、项曾于敖仓激烈争夺而外,在两汉之际和东汉末年的社会动乱中,"据敖仓",仍然被各个武装集团看作争夺中原,取得战略优势的重要条件。《淮南子·说林》说:"近敖仓者不为之多饭",高诱注:"敖仓,古常满仓,在荥阳北。"⑧又《淮南子·精神》:"今赣人敖仓,予人河水,饥而餐之,渴而饮之,其入腹者不过箪食瓢浆,则身饱而敖仓不为之减也,腹满而河水不为之竭也。"高诱又解释说:"敖,地名。仓者,以之常满仓也,在今荥阳县北。"⑨又汉安帝永初年间,"朝歌贼宁季等数千人攻杀长吏,屯聚连年,州郡不能禁",虞诩任为朝歌长,故旧多往慰勉,虞诩则分析形势说:"朝歌者,韩、魏之郊,背太行,临黄河。去敖仓百里,而青、冀之人流亡万数。贼不知开仓招

---

① 《史记》卷六《秦始皇本纪》,第 258、267 页。
② 《史记》卷九七《郦生陆贾列传》,第 2694 页。
③ 《汉书》卷一〇〇下《叙传下》,第 4249 页。
④ 《史记》卷九一《黥布列传》,第 2604 页。
⑤ 《史记》卷一〇六《吴王濞列传》,第 2826 页。
⑥ 《汉书》卷二《惠帝纪》,第 91 页。
⑦ 《史记》卷六〇《三王世家》,第 2115 页;《史记》卷一二六《滑稽列传》褚少孙补述,第 3209 页。
⑧ 何宁:《淮南子集释》卷一七《说林训》,第 1187 页。
⑨ 何宁:《淮南子集释》卷七《精神训》,第 544 页。

众,劫库兵,守城皋,断天下右臂,此不足忧也。"①可见,敖仓这一以整个关东地区为"吸引范围",集纳天下粮运的"常满仓",原本有"开仓"赈救灾荒"流亡"的功用。

西汉主要漕运路线是由敖仓西向,经由位于"渭汭"即河渭"水会"之处的漕运中转站京师仓,转入渭河或漕渠航道。京师仓又称华仓。1980年至1983年,考古工作者对这一仓储遗址进行了正式发掘,虽然已发掘的面积只占整个遗址总面积的0.77%,但已经获得了6座结构形制复杂的粮仓的资料。②

粟谷由京师仓西运,可以转储于长安附近的太仓。《史记·高祖本纪》有萧何营作未央宫,立太仓的记载。③ 而《史记·汉兴以来将相名臣年表》又说,孝惠六年(前189)有"立太仓"之役。④ 可能历时10年又有增建。《史记·平准书》说,"汉兴七十余年之间,国家无事,非遇水旱之灾,民则人给家足,都鄙廪庾皆满","太仓之粟陈陈相因,充溢露积于外,至腐败不可食。"⑤汉元帝时,贾捐之议罢省边事,也说道:"至孝武皇帝元狩六年,太仓之粟红腐而不可食。"⑥又《三辅黄图》:"太仓,萧何造,在长安城外东南。文景节俭,太仓之粟红腐而不可食。"⑦由于数十年"非遇水旱之灾",太仓和"都鄙庾皆满",也说明仓储备荒的意义。长安附近又有所谓"细柳仓""嘉仓"⑧。嘉仓,《太平御览》引《三辅故事》作"嘉禾仓"⑨。长安地区诸仓所形成的协调统一的仓储系统,又统称为"长安仓"⑩。汉平帝元始四年(4),王莽曾建议在长安作"常满仓",据说"制度甚盛"⑪。地皇三年(22),又"为

①　《后汉书》卷五八《虞诩传》,第1867页。
②　陕西省考古研究所:《西汉京师仓》,文物出版社1990年版。
③　《史记》卷八《高祖本纪》,第385页。
④　《史记》卷二二《汉兴以来将相名臣年表》,第1123页。
⑤　《史记》卷三〇《平准书》,第1420页。
⑥　《汉书》卷六四《贾捐之传》,第2832页。
⑦　何清谷:《三辅黄图校释》卷六,第346页。
⑧　何清谷:《三辅黄图校释》卷六,第347页。
⑨　(宋)李昉等:《太平御览》卷一九〇,第921页。
⑩　《汉书》卷八《宣帝纪》,第245页。
⑪　《汉书》卷九九上《王莽传上》,第4069页。

大仓"①，进一步扩大长安仓储的规模。汉武帝为了"览示汉富厚"，曾"令外国客遍观各仓库府藏之积，见汉之广大，倾骇之"②，很可能组织外国客人参观了太仓等国家粮仓。汉初，"漕转山东粟以给中都官，岁不过数十万石"，汉武帝时，"诸官益杂置多，徒奴婢众，而下河漕度四百万石，及官自籴乃足。"推行均输制度后，"山东漕益岁六百万石。"③"长安仓"虽然主要用以储备都市用粮，但遇灾荒时仍需要发放仓粮救济灾民，即所谓"开禁仓以振贫穷"④。

西汉中期，云阳成为皇家重要祭祀中心之一，又因甘泉宫为帝王常居之处，取得有时得与长安并列的作为第二政治中心的地位，于是有"云阳都"之称⑤。云阳甘泉又以直道交通之便，有利于行幸此地的帝王可以直接控制北边军事形势⑥。于是，西汉王朝曾努力动员民间运输力量以充实甘泉仓。《史记·平准书》："令民能入粟甘泉各有差，以复终身，不告缗。""一岁之中"，"甘泉仓满"⑦。

今甘泉仓及北边诸仓储粮充备的意义，主要在于保证北边军粮供应。然而由于北边新经济区曾安置大量内地灾荒移民，因而这些仓储的实际作用其实也与救荒有关。《汉书·宣帝纪》记载，五凤四年（前54），"耿寿昌

---

① 《汉书》卷九九下《王莽传下》，第4177页。

② 《史记》卷一二三《大宛列传》，第3173页。

③ 《史记》卷三〇《平准书》，第1418、1436、1441页。

④ 《史记》卷六〇《三王世家》，第2109页。

⑤ 《汉书》卷六《武帝纪》："赐云阳都百户牛酒"，颜师古注引晋灼曰："云阳甘泉，黄帝以来祭天圆丘处也。武帝常以避暑，有宫观，故称'都'也。"又《汉书》卷二二《礼乐志》载《郊祀歌·齐房》有"玄气之精，回复此都"句，歌谓"元封二年芝生甘泉齐房作"。颜师古解释说："言天气之精，回旋反复于此云阳之都，谓甘泉也。"陈直《汉书新证》也说："西汉未央、长乐二宫规模阔大之外，则数甘泉宫。甘泉在云阳，比其他县为重要，故称以'云阳都'。"居延汉简中，又可见"官先夏至一日以除隧取火授中二千石二千石官在长安云阳者"（5.10）的内容，也是云阳曾得与长安并列的实例。第193、1065页；陈直：《汉书新证》，天津人民出版社1979年版，第35页；谢桂华、李均明、朱国炤：《居延汉简释文合校》，第8页。

⑥ 《汉书》卷四《文帝纪》记载："匈奴入居北地、河南为寇。上幸甘泉，遣丞相灌婴击匈奴，匈奴去。"汉武帝十数次行幸甘泉，即包括元封元年"行自云阳，北历上郡、西河、五原，出长城，北登单于台，至朔方，临北河，勒兵十八万骑，旌旗径千余里，威震匈奴"，"还，祠黄帝于桥山，乃归甘泉"，以及同年"东巡海上，至碣石，自辽西历北边九原，归于甘泉"（《汉书》卷六《武帝纪》）。第119、189、192页。

⑦ 《史记》卷三〇《平准书》，第1441页。

奏设常平仓，以给北边，省转漕”[①]。而《汉书·食货志上》则记载：“令边郡皆筑仓，以谷贱时增其贾而籴，以利农，谷贵时减贾而粜，名曰‘常平仓’。民便之。”[②]所谓“谷贵时减贾而粜”，当然是救荒措施之一。所谓“以利农”而“民便之”，说明这种仓制确实曾取得赈灾的实效。而对于匈奴灾荒的振救，边郡诸仓无疑也发挥了重要的作用。

各地仓储用于备荒的粮食转运，是救荒运输的主体内容。这种“转运”，曾经造成民众极沉重的负担，如所谓“天下蜚刍輓粟”[③]，“千里负担馈粮”[④]，“大家牛车，小家担负”，“襁属不绝”[⑤]，“转运之劳，担负之苦，所费以多”[⑥]等，都反映了这样的历史事实。《九章算术·均输》中有关于组织转输调用仓粮的算题，如：

> 今有程传委输，空车日行七十里，重车日行五十里。今载太仓粟输上林，五日三返。问太仓去上林几何。[⑦]

说明汉代粮食储运有包括行程定额在内的严格的管理制度。

《汉书·宣帝纪》记载，本始三年（前71），“大旱。郡国伤旱甚者，民毋出租赋。三辅民就贱者，且毋收事，尽四年”[⑧]。第二年，即本始四年（前70）春正月，汉宣帝又颁布诏书，宣布：

> 盖闻农者兴德之本也，今岁不登，已遣使者振贷困乏。其令太官损膳省宰，乐府减乐人，使归就农业。丞相以下至都官令丞上书入谷，输长安仓，助贷贫民。民以车船载谷入关者，得毋用传。[⑨]

说明充实仓储有时即以救荒为直接目的。又如《后汉书·安帝纪》记载，永初七年（113），在“调零陵、桂阳、丹阳、豫章、会稽租米，赈给南阳、广陵、下邳、袁城、山阳、庐江、九江饥民”的同时，“又调滨水县谷输敖仓”[⑩]，也说明开仓赈灾

① 《汉书》卷八《宣帝纪》，第268页。
② 《汉书》卷二四上《食货志上》，第1141页。
③ 《史记》卷一一二《平津侯主父列传》，第2954页。
④ 《史记》卷三〇《平准书》，第1421页。
⑤ 《汉书》卷五八《儿宽传》，第2630页。
⑥ 《三国志》卷二五《魏书·杨阜传》，第706页。
⑦ 郭书春汇校：《汇校九章算术》卷六《均输》，第246页。
⑧ 《汉书》卷八《宣帝纪》，第244页。
⑨ 《汉书》卷八《宣帝纪》，第245页。
⑩ 《后汉书》卷五《安帝纪》，第220页。

时，又立即组织粮运以尽力恢复粮仓的储量，保证其效能不致有显著的减损。

对于所谓"调滨水县谷输敖仓"，李贤注："《东观记》曰：'滨水县彭城、广阳、庐江、九江谷九十万斛，送敖仓。'"①《后汉书》与李贤注引《东观汉记》对于彭城、庐江、九江三郡国一谓受赈，一谓调输，当有一误。但敖仓灾年赈恤饥民的历史作用，自不可否认。"谷九十万斛送敖仓"的记载，有助于人们大致认识敖仓的仓容量，也有助于人的推想救荒紧张时期敖仓受容粮谷和转出粮谷时的运输规模。"谷九十万斛"，以汉代大中型船舶载重 500 斛的规格计算，仍需调用运船 1800 艘。

2

在严重的灾荒发生之后，政府组织较大规模的救荒运输的情形，史籍中可见如下表记载（表 10）：

表 10 两汉政府组织的较大规模的救荒运输

顺号	年代	灾情	赈救方式	史料出处	
1	文帝	后六年	天下旱、蝗	发仓庾以振贫民	《史记》卷一〇《孝文本纪》
2	武帝	元狩四年	山东被水灾，民多饥乏	虚郡国仓廥以振贫民	《史记》卷三〇《平准书》
3		元鼎二年	山东被河灾，及岁不登数年，人或相食，方一二千里	下巴蜀粟以振之	《史记》卷三〇《平准书》
4			大水，关东饿死者以千数，水潦移于江南	方下巴蜀之粟致之江陵	《汉书》卷六《武帝纪》
5	昭帝	始元元年	大水雨，自七月至十月	遣使者振贷贫民无种食者②	《汉书》卷二七中之上《五行志中之上》《汉书》卷七《昭帝纪》

---

① 《后汉书》卷五《安帝纪》，第 220 页。
② 《汉书》卷七《昭帝纪》：元凤三年诏："乃者民被水灾，颇匮于食，朕虚仓廪，使使者振困乏。"可能就是指此次救荒运输。第 229 页。

顺号	年代	灾情	赈救方式	史料出处	
6	宣帝	本始四年	岁不登	遣使者振贷困乏	《汉书》卷八《宣帝纪》
7	元帝	初元元年	关东郡国十一大水,饥,或人相食	转旁郡钱谷以相救	《汉书》卷九《元帝纪》
8		初元二年	关东饥,齐地人相食	虚仓廪,开府库振救	
9	成帝	河平四年	濒河之郡水灾	所毁伤困乏不能自存者,财振贷	《汉书》卷一〇《成帝纪》
10		鸿嘉四年	勃海、清河河溢	被灾者振贷之	
11	王莽	地皇三年	东方岁荒民饥	开东方诸仓,赈贷穷乏	《汉书》卷九九下《王莽传下》
12	章帝	永平十八年	牛疫,京师及三州大旱	以见谷赈给贫人	《后汉书》卷三《章帝纪》
13	和帝	永元五年	去年秋麦入少,民食不足	开仓赈廪三十余部	《后汉书》卷四《和帝纪》
14		永元六年	水旱违度,济河之域,凶馑流亡	廪贷三河、兖、冀、青州贫民	
15		永元八年	去年易阳地裂	赈贷并州四郡贫民	
16		永元十一年	去年京师大水,五州雨水	廪贷被灾害不能自存者	
17		永元十二年	比年不登,百姓虚匮	赈贷敦煌、张掖、五原民下贫者谷	
18			舞阳大水	赐被水灾尤贫者谷,人三斛	
19		永元十三年		赈贷张掖、居延、朔方、日南贫民象林民失农桑业者,赈贷种粮,廪赐下贫谷食	
20			荆州雨水	贫民假种食	
21		永元十四		赈贷张掖、居延、敦煌、五原、汉阳、会稽流民下贫谷	
22		永元十五		廪贷颍川、汝南、陈留、江夏、梁国、敦煌贫民	

顺号	年代	灾情	赈救方式	史料出处	
23	安帝	即位初	六州大水	遣谒者分行虚实,举灾害,赈乏绝	《后汉书》卷五《安帝纪》
24			四州大水,雨雹,宿麦不下	赈赐贫人	
25		永初元年		调扬州五郡租米,赡给东郡、济阴、陈留、梁国、下邳、山阳	
26		永初二年	去年郡国十八地震,四十一雨水,或山水暴至,二十八大风,雨雹	禀河南、下邳、东莱、河内贫民,遣使分行冀兖二州、禀贷流民	
27			京师及郡国四十大水,大风,雨雹	禀济阴、山阳、玄菟贫民,禀东郡、钜鹿、广阳、安定、定襄、沛国贫民	
28		永初四年	去年京师及郡国四十一雨水雹,并凉二州大饥,人相食	禀上郡贫民,禀九江贫民	
29		永初七年	郡国十八地震,京师大风,蝗虫飞过洛阳,郡国被蝗伤稼十五以上	调零陵、桂阳、丹阳、豫章、会稽租米,赈给南阳、广陵、下邳、彭城、山阳、庐江、九江饥民	
30				调滨水县谷输敖仓	
31		元初二年	去年京师及郡国五旱、蝗,河东地陷,郡国十五地震	禀三辅及并、凉六郡流冗贫人	
32		元初五年	京师及郡国五旱	禀遭旱贫人	
33		延光元年	京师及郡国二十七雨水,大风,杀人	赐其坏败庐舍、失亡谷食,粟人三斛	
34		永建二年	去年疫疠水潦	禀贷荆、豫、兖、冀四州流冗贫人	
35		永建三年	京师地震,汉阳地陷裂	遣使案行汉阳及河内、魏郡、陈留、东郡,禀贷贫人	

顺号	年代	灾情	赈救方式	史料出处	
36	顺帝	阳嘉元年	冀部比年水潦	枭行禀贷,赈乏绝	《后汉书》卷六《顺帝纪》
37		阳嘉二年	吴郡、会稽饥荒	贷人种粮	
38		永和四年	太原郡旱	遣使案行禀贷	
39	质帝	本初元年	海水溢	使谒者案行,禀给贫羸	《后汉书》卷六《质帝纪》
40	桓帝	建和元年	荆、扬二州人多饿死	遣吏分行赈给	《后汉书》卷七《桓帝纪》
41		建和三年	京师大水,地震,郡国五山崩	民有不能自振及流移者,禀谷如科	
42		永兴元年	郡国三十二蝗,河水溢,百姓饥穷,流冗道路,至有数十万户,冀州尤甚	在所赈给乏绝	
43		永寿元年	司隶、冀州饥,人相食	州郡赈给贫弱	
44			洛水溢,南阳大水	坏败庐舍,亡失谷食,尤贫者禀,人二斛	
45		延熹九年	比岁不登,民多饥穷,又有水旱疾疫之困,司隶、豫州饥死者什四五,至有灭户者	遣吏赈禀之	
46		永康元年	六州大水,勃海海溢	其亡失谷食,禀,人三斛	

在当时的储运条件下,两汉政府组织救荒运输的历史实践与世界其他文化系统的社会管理水平比较,确实已经创造了优胜的历史记录。然而与史籍所见历年灾荒的记载对照,可知只有极少数灾害确实严重者采取了如上述诸例的规模较大的救荒措施。以《后汉书》帝纪为例,其比率只有 14.30% 左右。[①]

---

　　① 《后汉书》诸帝纪所见较大影响的灾异记录,包括地震、水潦、蝗、旱、大风、雨雹、大疫、海溢、牛疫及未说明缘由的大饥,共 245 次,而组织救荒的史例 35 例。而又数见所谓"赐鳏、寡、孤、独、笃癃、贫不能自存者粟",或人三斛,或人五斛、六斛、十斛不等,看似与例 18、33、44、46 相近,其实性质不同,更偏重于"宣畅恩泽",往往并不属于直接的救荒措施,且受益面甚狭小,故不列入此表。

赈救迟缓,甚至未能组织赈救的主要原因之一,据说是灾情被隐瞒掩盖而难以如实上达。例如《后汉书·殇帝纪》载延平元年(106)六月发生"郡国三十七雨水"①的严重灾害之后,殇帝对司隶校尉、部刺史的敕言:

> 夫天降灾戾,应政而至。间者郡国或有水灾,妨害秋稼。朝廷惟咎,忧惶悼惧。而郡国欲获丰穰虚饰之誉,遂覆蔽灾害,多张垦田,不揣流亡,竞增户口,掩匿盗贼,令奸恶无惩,署用非次,选举乖宜,贪苛惨毒,延及平民。刺史垂头塞耳,阿私下比,"不畏于天,不愧于人"②。假贷之恩,不可数恃,自今以后,将纠其罚。二千石长吏其各实核所伤害,为除田租、刍稿。③

"欲获丰穰虚饰之誉,遂覆蔽灾害",确实是所有政治腐败现象中最为恶劣的。当时汉殇帝不过二岁,不知是哪位臣下起草的这段文字,这种千百年后仍然繁衍不绝的弊政在帝敕中被揭露,当然是因为其为害之严重已经危及专制政治的正常秩序和国家经济的平稳运行。又《后汉书·安帝纪》记载,元初二年(114)五月,"京师旱,河南及郡国十九蝗"④,汉安帝在诏书中也对隐匿灾情的行为表示了同样的愤慨:

> 朝廷不明,庶事失中,灾异不息,忧心悼惧。被蝗以来,七年于兹,而州郡隐匿,裁言顷亩。今群飞蔽天,为害广远,所言所见,宁相副邪?三司之职,内外是监,既不奏闻,又无举正。天灾至重,欺罔罪大。今方盛夏,且复假贷,以观厥后。其务消救灾眚,安辑黎元。⑤

其实,灾情的"覆蔽""隐匿"及监察部门"既不奏闻,又无举正",当时又是统治机能全面衰败的症候之一。最高统治者的恼怒,体现出对各个区域经济文化施行全面干预但心有余而力不足的矛盾。

大规模的救荒运输,是国力强盛的表现。当面临严重灾害,而国家又无力筹集转运足够的粮食对灾民实施直接救济时则不得不以自责罪己,修政禁侈,以及减租缓刑,开放苑囿,假民公田等形式缓和社会危机,使各个区域

---

① 《后汉书》卷四《殇帝纪》,第197页。
② 《诗·小雅·雨无正》:"不畏于天。"《诗·小雅·何人斯》:"不愧于人,不畏于天。"(清)阮元校刻:《十三经注疏》,第960、976页。
③ 《后汉书》卷四《殇帝纪》,第198页。
④ 《后汉书》卷五《安帝纪》,第222页。
⑤ 《后汉书》卷五《安帝纪》,第222—223页。

间的不平衡状态得到调整。

从两汉救荒运输的历史记录看，例7"关东郡国十一大水，饥，或人相食"，于是"转旁郡钱谷以相救"，运输规模已经相当可观。至于例3、例4汉武帝元鼎二年（前115）水运巴蜀之粟振救山东及江南灾区穷，无疑是救荒史及运输史上的壮举。这种规模甚大、运程甚远的救荒运输计划之提出，已经需要惊人的魄力，组织之成功，更体现出行政的效能。在当时交通运输的技术条件下能够实现如此艰难的运输规划，当然是以汉帝国鼎盛时期的强大国力作为基础的。

关于跨区域远程救荒运输的明确的历史记载，还有例25汉安帝永初元年（107）"调扬州五郡租米，赡给东郡、济阴、陈留、梁国、下邳、山阳"，例29永初七年（113）"调零陵、桂阳、丹阳、豫章、会稽租米，赈给南阳、广陵、下邳、彭城、山阳、庐江、九江饥民"以及例30同年"调滨水县谷输敖仓"。值是注意的是，这种远距离的，需满足六七个郡国灾民需求的大规模的救荒运输，可能都是通过内河航运实现的。例25与例29，又都是年代较早且运量较大的南粮北调的历史记录。以这一资料为依据研究长江流域经济开发的历史及其在全国经济体系中的地位，可以得到新的认识。

值得注意的是，例25"调扬州五郡租米"一事所谓"扬州五郡"中，自然应当包括庐江郡和九江郡，而"庐江、九江饥民"6年之后，在例30中，却又成为赈救对象，或许永初元年调输租米有过度征发的现象。另外，这一资料又可以说明，长江下游地区与其他邻近地区之间经济交往的通道，包括交互粮运的网路，当时已经形成。

《续汉书·五行志六》对于汉殇帝延平元年（106）灾情，有所谓"大水伤稼，仓廪为虚"①的记载。又如例2所谓"虚郡国仓廥以振贫民"，例11所谓"开东方诸仓，赈贷穷乏"等情形，无疑也包括运输过程。例30"调滨水县谷输敖仓"，说明敖仓储粮因救荒已经虚空。由敖仓转输东方各郡国，更需要经过遥远的运途。

例5"振贷贫民无种食者"，例19"赈贷种粮"，例20"假种食"，例37"贷人种粮"等，都说明当时政府组织救荒，首先注重生产的恢复，对于所谓"秋

---

① 《续汉书·五行志六》，《后汉书》，第3363页。

种未下"①"宿麦不下"(例 24)的忧虑,以及"遣谒者劝有水灾郡种宿麦"②,"贫民无以耕者,为雇犁牛直"③等措施,也体现了这一情形。《后汉书·顺帝纪》记阳嘉元年(132)二月事(即例 36):"以冀部比年水潦,民食不赡,诏按行禀贷,劝农功,赈乏绝。"④"劝农功",是救荒全过程中的重要内容,救荒运输中"种食""种粮"转运以保障种子供应,由于时令的限制,对于经济的复苏具有更为紧迫的意义。广西贵县罗泊湾 1 号汉墓出土《从器志》木牍,其背面第一栏可见"仓种及米厨物五十八囊"字样⑤,或许可以看作反映汉代开仓"贷种"的文物资料。

我们在史籍中还可以看到汉王朝为振救匈奴灾患,远途运送救济物资的记载。《汉书·匈奴传上》说:匈奴击乌孙,"会天大雨雪,一日深丈余,人民畜产冻死,还者不能什一","又重以饿死,人民死者什三,畜产什五,匈奴大虚弱。"⑥当时朝廷诸臣中有人主张"可因其坏乱举兵灭之",御史大夫萧望之则以为不应"乘乱而幸灾",建议"遣使者吊问,辅其微弱,救其灾患",宣帝于是"从其议"⑦。呼韩邪单于所部"居幕南,保光禄城",于是"诏北边振谷食"⑧。居延汉简"塞外诸节谷呼韩单于☐"(387.17,407.14)⑨简文,很可能即与此有关。据说汉"转边谷米糒,前后三万四千斛,给赡其食"⑩。"元帝初即位,呼韩邪单于复上书言民众困乏,汉诏云中、五原郡转谷二万斛以给焉。"⑪东汉初,"匈奴中连年旱蝗,赤地数千里,草木尽枯,人畜饥疫,死耗太半",建武二十六年(50)南单于内附时"转河东米糒二万五千斛,牛羊三万六千头,以赡给之"⑫,也具有救荒运输的性质。

---

① 《后汉书》卷二《明帝纪》,第 123 页。
② 《汉书》卷六《武帝纪》,第 177 页。
③ 《后汉书》卷四《和帝纪》,第 192 页。
④ 《后汉书》卷六《顺帝纪》,第 259 页。
⑤ 广西壮族自治区博物馆:《广西贵县罗泊湾汉墓》,第 83 页。
⑥ 《汉书》卷九四上《匈奴传上》,第 3787 页。
⑦ 《汉书》卷七八《萧望之传》,第 3279—3280 页。
⑧ 《汉书》卷八《宣帝纪》,第 271 页。
⑨ 谢桂华、李均明、朱国炤:《居延汉简释文合校》,第 548 页。
⑩ 《汉书》卷九四下《匈奴传下》,第 3798 页。
⑪ 《汉书》卷九四下《匈奴传下》,第 3800 页。
⑫ 《后汉书》卷八九《南匈奴列传》,第 2942、2944 页。

居延汉简可见涉及"蜀郡仓啬夫"的简文,又可见"即日令史□□□发"字样(E.P.F25:25)①。敦煌汉简也有"官属数十人持校尉印绂三十驴五百匹驱驴士五十人之蜀"简文(981)②,说明河西地区与蜀郡间曾存在转输关系。承担运输劳务的可能是军人。而敦煌汉简又可见:

> 愿加就程五年北地大守悝书言转□
>
> 安定大守由书言转粟输嘉平仓以就品博募贱无欲为□　　　619
>
> □粟输渭仓以就品贱无欲为者愿□　　　1262③

都说明北边长途转运采取"就(僦)载"的雇佣劳动形式。而对效率与安全都要求甚高的救荒运输则更多地调用军队从事转输。如居延汉简:

> 守大司农光禄大夫臣调昧死言守受簿丞庆前以请诏使护军屯食守部丞武□
>
> 从东至西河郡十一农都尉官二调物钱谷漕转籴为民困乏愿调有余给不□
>
> 214.33A④

就是可以说明这一情形的资料。"为民困乏","调有余给不足",均体现出其赈救灾荒的性质。而调运物资地域之广阔,至于"郡十一农都尉官二",说明这是一次规模相当大的救荒运输活动。

3

上述诸例属于两汉中央政府组织的救荒运输,而实际汉代历史上又多有未经最高机构决策而输出郡国诸仓储粮以赈救灾民的史例。

《史记·汲郑列传》记载汲黯"发河南仓粟以振贫民"的事迹:

> 河内失火,延烧千余家,上使(汲)黯往视之。还报曰:"家人失火,屋比延烧,不足忧也。臣过河南,河南贫人伤水旱万余家,或父子相食,

---

① 甘肃省文物考古研究所、甘肃省博物馆、中国文物研究所、中国社会科学院历史研究所编:《居延新简:甲渠候官》,第237页。

② 甘肃省文物考古研究所编,吴礽骧、李永良、马建华释校:《敦煌汉简释文》,第100页。

③ 甘肃省文物考古研究所编,吴礽骧、李永良、马建华释校:《敦煌汉简释文》,第63、130页。

④ 谢桂华、李均明、朱国炤:《居延汉简释文合校》,第337页。

臣谨以便宜,持节发河南仓粟以振贫民。臣请归节,伏矫制之罪。"上
贤而释之,迁为荥阳令。①

汲黯当时是皇帝派往河内视察火灾灾情的官员,过河南时,看到水旱灾情严
重,于是以使者之节矫制发仓粟振救贫民。

发放仓粟通常要有中央政府最高权力机构的命令,前引例1、例2、例8、
例11、例13,都是皇帝直接命令开仓救荒的史例。强行持节发仓粟以振贫
民,必须"伏矫制之罪"。

《后汉书·韩韶传》记载,韩韶任太山郡嬴长②,邻县"多被寇盗,废耕
桑,其流入县界求索衣粮者甚众。韶愍其饥困,乃开仓赈之,所禀赡万余户。
主者争谓不可。"韩韶则回答说:"长活沟壑之人,而以此伏罪,含笑入地
矣!"而"太守素知韶名德,竟无所坐"③。"主者争谓不可"者,说明在没有
经过申报手续的情况下,擅自"开仓"当"以此伏罪"。《后汉书·王望传》
中也记述有情节类似的史事。王望"自议郎迁青州刺史,甚有威名","是时
州郡灾旱,百姓穷荒,(王)望行部,道见饥者,裸行草食,五百余人,愍然哀
之,因以便宜出所在布粟,给其禀粮,为作褐衣。事毕上言,帝以望不先表
请,章示百官,详议其罪。时公卿皆以为望之专命,法有常条。钟离意独曰:
'昔华元、子反,楚、宋之良臣,不禀君命,擅平二国,《春秋》之义,以为美谈。
今望怀义忘罪,当仁不让,若绳之以法,忽其本情,将乖圣朝爱育之旨。'帝
嘉意议,赦而不罪。"④汲黯、韩韶、王望等均以"专命"违法,本应治罪,但考
虑到其"本情"在于救民饥困,有"怀义忘罪"之忱,因而"赦而不罪"。对于
"法有常条"来说,这只是鲜见的例外。

严重灾荒造成的社会危机,导致政治体制多种弊端的总暴露,最高统治
者除对"州郡隐匿"而三司"既不奏闻,又无举正"之"期罔罪大"的行为严
厉斥责外,对于仍不能及时修政的"又长残贼,失牧民之术"⑤者,"奏请加
赋,甚缪经义,逆于民心,布怨趋祸"⑥者,"今犹不改,竞为苛暴,侵愁小民,

---

① 《史记》卷一二〇《汲郑列传》,第3105页。
② 据《续汉书·郡国志三》,韩韶所主管的地方应当是泰山郡嬴县。《后汉书》,第3453页。
③ 《后汉书》卷六二《韩韶传》,第2063页。
④ 《后汉书》卷三九《王望传》,第1297页。
⑤ 《汉书》卷九《元帝纪》,第223、288页。
⑥ 《汉书》卷八五《谷永传》,第3471页。

以求虚名"①者，"武吏以威暴下，文吏妄行苛刻，乡吏因公生奸，为百姓所患苦者"②深为痛恨，以为"苛暴深刻之吏未息"③亦如流杀人民之祸水，而"云雨不露"亦疑与"吏行惨刻，不宣恩泽"有关，诏令"方察烦苛之吏，显明其罚"④。在救荒运输过程中仍有作伪盗取贪污等腐败现象发生。如例11王莽地皇三年(22)"开东方诸仓，赈贷穷乏"，"分遣大夫谒者并开诸仓，以全元元"，然而"虽溥开诸仓以赈赡之，犹恐未足"，后来"莽以天下谷贵，欲厌之，为大仓，置卫交戟，名曰'政始掖门'"⑤。《汉书·王莽传下》还记载：

> 流民入关者数十万人，乃置养赡官禀食之。使者监领，与小吏共盗其禀，饥死者十七八。⑥

这种情形可能相当普遍。汉桓帝延熹九年(166)，陈蕃上疏说到"青、徐炎旱，五谷损伤，民物流迁，茹菽不足"时，也曾经指责"外戚私门，贪财受赂"⑦，汉灵帝熹平年间，"天下大旱，司空张颢条奏长吏苛酷贪污者，皆罢免之。"⑧汉和帝永元五年(93)诏，也说到"往者郡国上贫民"，予以救助，"而豪右得其饶利"的情形，要求"长吏""躬亲"，严格"实核"⑨。

直接于发放救荒粮食时作伪，以致"赋恤有虚"的著名事例，是汉献帝本人亲自发现的。《后汉书·献帝纪》：

> (兴平元年秋七月)三辅大旱，自四月至于是月。帝避正殿请雨，遣使者洗囚徒，原轻系。是时，谷一斛五十万，豆麦一斛二十万，人相食啖，白骨委积，帝使侍御史侯汶出太仓米豆，为饥人作糜粥，经日而死者无降。帝疑赋恤有虚，乃亲于御坐前量试作糜，乃知非实，使侍中刘艾出让有司。于是尚书令以下皆诣省阁谢，奏收侯汶考实。⑩

---

① 《后汉书》卷四《和帝纪》，第186页。
② 《后汉书》卷五《安帝纪》，第227页。
③ 《汉书》卷一〇《成帝纪》，第307页。
④ 《后汉书》卷四《和帝纪》，第192页。
⑤ 《汉书》卷九九下《王莽传下》，第4176、4177页。
⑥ 《汉书》卷九九下《王莽传下》，第4177页。
⑦ 《后汉书》卷六六《陈蕃传》，第2166页。
⑧ 《后汉书》卷七七《酷吏传·阳球》，第2498页。
⑨ 《后汉书》卷四《和帝纪》，第175页。
⑩ 《后汉书》卷九《献帝纪》，第376页。

后来予侯汶以"杖五十"的处罚,"自是之后,多得全济"①。看来,中间克扣救荒粮食是相当普遍的事。可见,两汉救荒运输虽然组织周密,规模惊人,然而由于体制的弊病,其最终所取得的真正的实效,很难实现预期的设想。

故宫博物院藏汉印有"私仓"印。学者或以为依"私府"印例,"'私仓'殆是诸侯之仓,或皇后、太子别宫之仓"②。其实,汉代民间真正的平民"私仓"也是存在的。宣曲任氏"窖仓粟"而"起富",就是"布衣匹夫之人,不害于政,不妨百姓,取与以时而息财富"③的实例。《九章算术·商功》中有关于"容粟就一万斛"的仓和"容米二千斛"的圆囷的算题,或许反映官仓形制。而关于所谓"委粟平地""委菽依垣""委米依垣内角"等算题,当大致反映私家积储情形,题中所见"委粟术",正可以用来计算没有统一规范的积粟形式。《西京杂记》卷四中可以看到计算私储囷米的故事,其例多至799余石。汉墓普遍随葬陶仓模型,更说明私仓之普及。《四民月令·五月》说:"淋雨将降,储米谷薪炭,以备道路陷淖不通。"④汉代画像反映仓储的画面多见运粮车辆,也说明私家仓储规模虽然有限,但与之相关的运输活动的意义依然不可以忽视。

汉文帝时代,曾经推行"募民能输及转粟于边者拜爵"⑤的政策⑥。"输及转粟于边",不排除也部分具有救荒及备荒的意义。直接借用私家仓储及转运能力救荒的实例,可见例6汉宣帝组织官吏"入谷,输长安仓,助贷贫民",对"民以车船载谷入关者",在交通管理制度方面予以优待。⑦ 汉成帝永始二年(前15)二月,诏曰:"关东比岁不登,吏民以义收食贫民、入谷物助县官振赡者,已赐直,其百万以上,加赐爵右更,欲为吏补三百石,其吏也迁二等。三十万以上,赐爵五大夫,吏亦迁二等,民补郎。十万以上,家无出租

---

① 《后汉书》卷九《献帝纪》,第376页。
② 罗福颐主编:《秦汉南北朝官印征存》,第16页。
③ 《史记》卷一三〇《太史公自序》,第3319页。
④ (汉)崔寔撰,石声汉校注:《四民月令校注》,中华书局1965年版,第43页。
⑤ 《史记》卷三〇《平准书》,第1419页。
⑥ 《汉书》卷二四上《食货志上》记载,晁错建议"使天下人入粟于边,以受爵免罪","于是文帝从错之言,令民入粟边。""边食足以支五岁",又"令入粟郡县"。汉景帝时,"及徒复作,得输粟于县官以除罪。"第1134、1135页。
⑦ 《汉书》卷八《宣帝纪》,第245页。

赋三岁。万钱以上,一年。"①分别优惠给予补偿。又例43 汉桓帝永寿元年
(155)二月,"司隶、冀州饥,人相食",在"敕州郡赈给贫弱"的同时,又宣布:

　　若王侯吏民有积谷者,一切贷十分之三,以助禀贷。其百姓吏民者,以
见钱雇直。王侯须新租乃偿。②

　　可见,在必要时,私家储运能力往往强被征调,以作为政府储运能力的
重要补充。

　　除了私家仓储及转运能力作为政府的辅助力量"助贷""助禀贷""助县
官振赡者"外,还有民间自发地以储运力量从事救荒的情形,如《汉书·武
帝纪》元狩三年(前120)"举吏民能假贷贫民者以名闻"③,例4 元鼎二年
(前115)"吏民有振救饥民免其厄者,具举以闻"等,都反映了这样的事实。
而《汉书·成帝纪》"吏民以义收食贫民"之所谓"义",作为曾经发挥重要
作用的社会道德规范,也可以成为文化史与社会关系史研究的对象。

　　私家"助县官振赡",反映了当时不同的区域之间,经济联系和文化联
系已经相当密切。同时也说明,不仅中央政府出于政治权力的欲求表现出
比较宽宏的区域文化观和比较成熟的区域文化政策,当时较普遍的社会层
面,也都大体接受了"天下一家"④的文化意识。

---

① 《汉书》卷一〇《成帝纪》,第321 页。
② 《后汉书》卷七《桓帝纪》,第300 页。
③ 《汉书》卷六《武帝纪》,第177 页。
④ 参看王子今:《两汉救荒运输略论》,《中国史研究》1993 年第3 期。关于所谓"天下一
家",《礼记·礼运》:"大道之行也,天下为公。""故圣人耐以天下为一家,以中国为一人者,非意之
也。必知其情,辟于其义,明于其利,达于其患,然后能为之。"《后汉书》卷七《桓帝纪》:永兴二年
(154)九月诏:"朝政失中,云汉作旱,川灵涌水,蝗螽孳蔓,残我百谷,太阳亏光,饥馑荐臻。其不
被害郡县,当为饥馁者储。天下一家,趣不糜烂,则为国宝。"(清)阮元校刻:《十三经注疏》,第
3062、3080 页;《后汉书》卷七《桓帝纪》,第299 页。

三四

秦汉时期政治危局应对的交通控制策略

秦汉时期应对政治危局的方式与成效，历史记录各见成败得失。亦有清醒的执政者思考和实践预防危机发生的尝试。注意相关现象，可以发现交通条件的控制，是受到高度重视的策略。秦汉时期是交通建设取得空前成就的历史阶段。大一统政体的成立，必然以交通效率作为行政基础。当时的社会流动获得空前便利的条件，身份不同，职业不同的许多人都有涉足相当广阔地理空间的交通实践。[①] 通过政治史的记录分析生成危局的动因，可以看到敌对力量利用交通条件集结并冲击正统政治格局的教训。正是以交通条件受到充分重视的社会意识为背景的，交通控制成为政治危局应对的通常方式。

1

秦汉时期"交通"这一语汇往往有近似现代语"交往"的涵义。但是我们今天所说"交通"的意义也包容其中。《史记·乐书》载录孔子语，颂扬周

---

① 孙毓棠曾经指出："交通的便利，行旅安全的保障，商运的畅通，和驿传制度的方便，都使得汉代的人民得以免除固陋的地方之见，他们的见闻比较广阔，知识易于传达。汉代的官吏士大夫阶级的人多半走过很多的地方，对于'天下'知道得较清楚，对于统一的信念也较深。这一点不仅影响到当时人政治生活心理的健康，而且能够加强了全国文化的统一性，这些都不能不归功于汉代交通的发达了。"《汉代的交通》，《中国社会经济史集刊》1944年第7卷第1期，收入《孙毓棠学术论文集》。

武王"克殷反商"之后政治建设的成功："周道四达,礼乐交通,则夫武之迟久,不亦宜乎?"①此所谓"四达""交通",指政教和洽,威权普及,但是现今"交通"一语显示的条件,无疑是发挥了作用的。②《史记·吕太后本纪》载吕后语:"凡有天下治为万民命者,盖之如天,容之如地,上有欢心以安百姓,百姓欣然以事其上,欢欣交通而天下治。"③也说到"交通"与"治"的关系。秦始皇"治驰道"以及出巡刻石所谓"堕坏城郭,决通川防,夷去险阻",就是要通过交通条件的完善实现"天下咸抚""莫不安所"的局面,成就所谓"远迩同度""远近毕清"的"大治"。④

另外,"交通"也可以为"乱"的发生准备条件。《史记·黥布列传》记述黥布早期经历:"布已论输丽山,丽山之徒数十万人,布皆与其徒长豪桀交通,乃率其曹偶,亡之江中为群盗。"所谓"曹偶",司马贞《索隐》:"曹,辈也。偶,类也。谓徒辈之类。"⑤其政治影响的扩展和武装集团的形成,与"交通"行为有关。当然,这里所说的"交通"是广义的"交通",可以理解为交往。《史记·魏其武安侯列传》说灌夫的表现:"(灌)夫不喜文学,好任侠,已然诺。诸所与交通,无非豪桀大猾"。"交通"一语也取大致相同的意义。⑥《史记·货殖列传》列述区域文化特点,说道:"颍川、南阳,夏人之居

①　《史记》卷二四《乐书》,第1230页。《礼记·乐记》:"周道四达,礼乐交通。"(清)阮元校刻:《十三经注疏》,第3346页。

②　周王朝是依靠在各地分封诸侯,设置政治军事据点以为藩屏,来维护中央政权的统治的。这种政治体制要求各地与周王室保持密切的联系。以车兵为军队主力的特点也要求各地有平阔的大道相通。西周青铜器铭文和文献称当时由周王室修筑,通往各地的大路为"周行"或"周道"。顾颉刚:《周道与周行》,《史林杂识初编》,中华书局1963年版,第121—124页;杨升南:《说"周行""周道"——西周时期的交通初探》,《西周史研究》(《人文杂志丛刊》第2辑,1984年版)。《诗·小雅·大东》:"佻佻公子,行彼周行。""周道如砥,其直如矢。"《诗·小雅·何草不黄》:"有栈之车,行彼周道。"西周晚期青铜器散氏盘铭文:"封于冪道,封于原道,封于周道。"《左传·襄公五年》也说到"周道挺挺,我心扃扃。"(清)阮元校刻:《十三经注疏》,第988、1078、4204页。《殷周金文集成》10176。

③　《史记》卷九《吕太后本纪》,第403页。《汉书》卷三《高后纪》:"(皇太后)诏曰:'凡有天下治万民者,盖之如天,容之如地;上有驩心以使百姓,百姓欣然以事其上,驩欣交通而天下治。……'"第98页。

④　《史记》卷六《秦始皇本纪》,第252、250、262页。

⑤　《史记》卷九一《黥布列传》,第2597—2598页。

⑥　《史记》卷一〇七《魏其武安侯列传》,第2847页。《汉书》卷四四《淮南王传》言反叛活动说到"阴结交",颜师古注"与外人交通为援"的解释,可以帮助我们理解这种"交通"。第2149—2150页。

也。夏人政尚忠朴,犹有先王之遗风。颍川敦愿。秦末世,迁不轨之民于南阳。南阳西通武关、郧关,东南受汉、江、淮。宛亦一都会也。俗杂好事,业多贾。其任侠,交通颍川,故至今谓之'夏人'。"①"交通颍川"之"交通",明确涉及"西通武关、郧关,东南受汉、江、淮"的交通形势,已经值得交通史研究者认真关注。《汉书·昭帝纪》:"(元凤元年)冬十月,诏曰:'左将军安阳侯桀、票骑将军桑乐侯安、御史大夫弘羊皆数以邪枉干辅政,大将军不听,而怀怨望,与燕王通谋,置驿往来相约结。燕王遣寿西长、孙纵之等赂遗长公主、丁外人、谒者杜延年、大将军长史公孙遗等,交通私书,共谋令长公主置酒,伏兵杀大将军光,征立燕王为天子,大逆毋道。'"②虽然"交通私书"之"交通"语义稍狭窄,但是"置驿往来",属于现今语义理解的"交通"行为是没有疑义的。大致类似,《汉书·食货志上》载晁错对商人在经济生活中威胁国家权力的批评:"因其富厚,交通王侯,力过吏势,以利相倾;千里游敖,冠盖相望,乘坚策肥,履丝曳缟。"③其中"交通王侯"的"交通"可以理解为交往,但是所谓"千里游敖,冠盖相望,乘坚策肥",则明确强调了他们拥有的"交通"能力方面的优势。《汉书·江充传》言赵太子丹"交通郡国豪猾,攻剽为奸,吏不能禁",④系狱"法至死",则明确体现这种"交通"为最高执政者深心忧虑。

2

执政集团面对的最严重的政治危局,即民众武装暴动的发生。政府不能实现有效的交通控制,以致无法及时扑灭反抗,可能迅速走向溃灭。如秦末陈涉起义爆发,"山东郡县少年苦秦吏,皆杀其守尉令丞反,以应陈涉,相立为侯王,合从西乡,名为伐秦,不可胜数也。""合从西乡",言其交通行为政府已经无法遏止,以致"(秦二世)二年冬,陈涉所遣周章等将西至戏,兵数十万"。⑤ 秦王朝最终为刘邦、项羽灭亡。

---

① 《史记》卷一二九《货殖列传》,第 3269 页。
② 《汉书》卷七《昭帝纪》,第 226 页。
③ 《汉书》卷二四上《食货志上》,第 1132 页。
④ 《汉书》卷四五《江充传》,第 2175 页。
⑤ 《史记》卷六《秦始皇本纪》,第 269—270 页。

　　大规模的流民运动，是严重政治危局形成的典型征象。汉哀帝时曾经发生以"祠西王母"为主题的民变。《汉书·哀帝纪》记载："（建平）四年春，大旱。关东民传行西王母筹，经历郡国，西入关至京师。民又会聚祠西王母，或夜持火上屋，击鼓号呼相惊恐。"《汉书·天文志》中有这样的记载："（建平）四年正月、二月、三月，民相惊动，讙譁奔走，传行诏筹祠西王母，……"《汉书·五行志下之上》又写道："哀帝建平四年正月，民惊走，持稾或棷一枚，传相付与，曰'行诏筹'。道中相过逢多至千数，或被发徒践，或夜折关，或逾墙入，或乘车骑奔驰，以置驿传行，经历郡国二十六，至京师。其夏，京师郡国民聚会里巷仟佰，设张博具，歌舞祠西王母。又传书曰：'母告百姓，佩此书者不死。不信我言，视门枢下，当有白发。'至秋止。"①汉哀帝时代以西王母迷信为意识基础，以"祠'西王母'"为鼓动口号，以"传行'西王母'筹"为组织形式而发生的表现为千万民众"会聚""惊动""奔走"的大规模骚乱，从关东直至京师，从正月直至秋季，政府实际上已经失控。而此次流民运动的发生，是通过"西入关"，"或夜折关，或逾墙入，或乘车骑奔驰"的交通行为最终"至京师"，形成对王朝政治中枢的严重冲击的。②

　　推翻王莽的农民暴动，起先就因"诸亡命"聚集流民，成为强大的武装。③ 东汉末年政治动荡中，黄巾起义军据说就是以流民为主体成分，有的官僚于是建议妥善解决"流民""流人"问题，"以孤弱其党"。④ 黄巾军部众往往携"妇子"作战⑤，也表现出流民的特征。

　　外族军事力量的侵犯，也往往是导致政治危局的重要因由。"关塞不严"，则难以遏制外力侵夺。《后汉书·鲜卑传》："自匈奴遁逃，鲜卑强盛，据其故地，称兵十万，才力劲健，意智益生。加以关塞不严，禁网多漏，精金良铁，皆为贼有；汉人逋逃，为之谋主，兵利马疾，过于匈奴。"⑥所谓"关塞""禁网"，是对于"强盛""劲健"的外"贼"的防备形式。而后者，涉及内外危

① 《汉书》卷一一《哀帝纪》，第342页；卷二六《天文志》，第1312页；卷二七下之上《五行志下之上》，第1476页。
② 王子今、周苏平：《汉代民间的西王母崇拜》，《世界宗教研究》1999年第2期。
③ 《后汉书》卷一一《刘玄传》，第467页。
④ 《后汉书》卷五七《刘陶传》，卷五四《杨赐传》，第1849、1784页。
⑤ 《后汉书》卷七一《皇甫嵩传》，第2302页。
⑥ 《后汉书》卷九〇《鲜卑传》，第2991页。

局动因的结合。对于"汉人逋逃",汉宣帝时"习边事"的"郎中侯应"曾经发表过有关"关塞"功能的见解,除了指出"自中国尚建关梁以制诸侯,所以绝臣下之觊欲也"之外,又强调"关塞"亦有防止内地人偷渡亡出的作用。"汉人逋逃",包括"往者从军多没不还者,子孙贫困,一旦亡出,从其亲戚","又边人奴婢愁苦,欲亡者多,曰'闻匈奴中乐,无奈候望急何!'然时有亡出塞者",特别是"盗贼桀黠,群辈犯法,如其窘急,亡走北出,则不可制"。① 对于有关"盗贼""亡走北出,则不可制"的担忧,应当在理解当时执政者政治危机防范意识时予以关注。

<h1 style="text-align:center">3</h1>

"关"本身是控制和管理交通的重要设置。《说文·门部》:"关,以木横持门户也。"②《史记·项羽本纪》记载刘邦对项羽的辩解之词:"所以遣将守关者,备他盗之出入与非常也。"③"备""盗之出入与非常",即防备政治危局出现时敌对武装的通行及相关种种"非常",是"关"的重要职能。很可能是汉代人使用的海中星占书《海中占》④说:"荧惑出入天关左右,必有置立关塞之事。一曰必有逆兵不顺者。"⑤强调了"置立关塞"以防备"逆兵不顺者"的作用。

《史记·南越列传》记载,秦末政治动荡中,南海实力派人物任嚣、赵佗

---

① 《汉书》卷九四下《匈奴传下》,第3804页。
② 段玉裁注:"《通俗文》作樘。引申之,《周礼注》曰关,畍上之门。又引申之,凡曰'关闭',曰'机关',曰'关白',曰'关藏'皆是。凡立乎此而交彼曰'关'。《毛诗传》曰:关关,和声也。又曰:闲关,设革兒。皆于音得义者也。"(汉)许慎撰,(清)段玉裁注:《说文解字注》,第590页。
③ 项羽军"行略定秦地,函谷关有兵守关,不得入","项羽大怒,使当阳君等击关,项羽遂入。"刘邦对张良这样解释派遣部队守备函谷关的考虑:"鲰生说我曰:'距关毋内诸侯,秦地可尽王也。'故听之。"《史记》卷七《项羽本纪》,第310—312页。《史记》卷八《高祖本纪》:"或说沛公曰:'秦富十倍天下,地形强。今闻章邯降项羽,项羽乃号为雍王,王关中。今则来,沛公恐不得有此。可急使兵守函谷关,无内诸侯军,稍征关中兵以自益,距之。'沛公然其计,从之。十一月中,项羽果率诸侯兵西,欲入关,关门闭。闻沛公已定关中,大怒,使黥布等攻破函谷关。"第364页。
④ 《汉书》卷三〇《艺文志》"天文"题下著录《海中星占验》等6种著作共136卷。题名均首言"海中",第1764页。
⑤ (唐)瞿昙悉达编,李克和校点:《开元占经》卷三五"荧惑犯天关"条,岳麓书社1994年版,第398页。

策划"自备,待诸侯变":"(赵)佗,秦时用为南海龙川令。至二世时,南海尉任嚣病且死,召龙川令赵佗语曰:'闻陈胜等作乱,秦为无道,天下苦之,项羽、刘季、陈胜、吴广等州郡各共兴军聚众,虎争天下,中国扰乱,未知所安,豪杰畔秦相立。南海僻远,吾恐盗兵侵地至此,吾欲兴兵绝新道,自备,待诸侯变,会病甚。且番禺负山险,阻南海,东西数千里,颇有中国人相辅,此亦一州之主也,可以立国。郡中长吏无足与言者,故召公告之。'即被佗书,行南海尉事。嚣死,佗即移檄告横浦、阳山、湟溪关曰:'盗兵且至,急绝道聚兵自守!'因稍以法诛秦所置长吏,以其党为假守。秦已破灭,佗即击并桂林、象郡,自立为南越武王。"①后来南越国得以割据成功。岭南地方的局部安定,是由"横浦、阳山、湟溪关"的控制得以实现的。②

汉初政治结构实态可见中央王朝与诸侯王国的对立。张家山汉简《二年律令》中的《津关令》严格规定了关津控制人员和物资出入的制度。③ 其中有涉及具体关名的内容,如"扜关、郧关、武关、函谷、临晋关"五关。④ 很可能张家山汉简《二年律令》中《津关令》的法律条文所体现的区域地理观,是使用了"大关中"的概念的。也就是说,以"扜关、郧关、武关、函谷、临晋关"划定界限的"关中",是包括了"天水、陇西、北地、上郡"地方,也包括了"巴、蜀、汉中"地方的。现在看来,在司马迁著作《史记》的时代,广义的"关中"即"大关中"的概念,可能是得到社会较宽广层面共同认可的。⑤ 而张家山汉简《二年律令·津关令》中五关的列定,则说明汉初这种"大关中"观已经得到法律的支持和确认。⑥

"关"的控制对于保障"关中"安全的意义,是非常重要的。这种控制,对政治危局的发生,有预防的作用。西汉时期关禁之严,见于终军故事。

---

① 《史记》卷一一三《南越列传》,第 2967 页。

② 王子今:《秦汉时期"中土"与"南边"的关系及南越文化的个性》,《秦汉史论丛》第 7 辑,中国社会科学出版社 1998 年版。

③ 李均明:《汉简所反映的关津制度》,《历史研究》2002 年第 3 期。

④ 张家山二四七号汉墓竹简整理小组:《张家山汉墓竹简〔二四七号墓〕》(释文修订本),文物出版社 2006 年版,第 83 页。

⑤ 参看林甘泉主编:《中国经济通史·秦汉经济卷》,经济日报出版社 1999 年版,第 40—46 页。

⑥ 王子今、刘华祝:《说张家山汉简〈二年律令·津关令〉所见五关》,《中国历史文物》2003 年第 1 期;王子今:《秦汉区域地理学的"大关中"概念》,《人文杂志》2003 年第 1 期。

《汉书·终军传》："初，军从济南当诣博士，步入关，关吏予军繻。军问：'以此何为？'吏曰：'为复传，还当以合符。'军曰：'大丈夫西游，终不复传还。'弃繻而去。军为谒者，使行郡国，建节东出关，关吏识之，曰：'此使者乃前弃繻生也。'"繻是通过"关"的符信。① 关禁控制手段之严厉，又有宁成事迹可以反映。《史记·酷吏列传》记载，宁成为关都尉，"岁余，关东吏隶郡国出入关者，号曰'宁见乳虎，无值宁成之怒'。"②

对于"关"的武装冲击，导致王朝颠覆的政治危局的发生，史例可见刘邦入武关、峣关，项羽反秦联军入函谷关，绿林军、赤眉军入函谷关等。而控制"关"以稳定局势，挽救危局的努力，有黄巾暴动发生后东汉王朝置八关都尉事。《后汉书·灵帝纪》："中平元年春二月，巨鹿人张角自称黄天，其部师有三十六万，皆着黄巾，同日反叛。安平甘陵人各执其王以应之。三月戊申，以河南尹何进为大将军，将兵屯都亭，置八关都尉官。"李贤注："都亭在洛阳。八关谓函谷、广城、伊阙、大谷、辕辕、旋门、小平津、孟津也。"③

4

秦汉时期，级别与规模与县相当的地方行政机构"道"，其定名也直接与交通有关。

《汉书·百官公卿表上》："（县）有蛮夷曰道。"④就是说，"道"一般设置于少数民族聚居地区。秦时陇西郡有狄道、绵诸道、獂道；蜀郡有湔氐道、僰道、严道等。根据《汉书·地理志》的记载，西汉时"道"的设置又有所增加——左冯翊：翟道；南郡：夷道；零陵郡：营道、泠道；广汉郡：甸氐道、刚氐道、阴平道；蜀郡：严道、湔氐道；犍为郡：僰道；越嶲郡：灵关道；武都郡：故道、平乐道、嘉陵道、循成道、下辨道；陇西郡：狄道、氐道、予道、羌道；天水郡：戎邑道、縣诸道、略阳道、獂道；安定郡：月氏道；北地郡：除道、略畔道、义

① 颜师古注："张晏曰：'繻音须。繻，符也。书帛裂而分之，若券契矣。'苏林曰：'繻，帛边也。旧关出入皆以传。传烦，因裂繻头合以为符信也。'师古曰：'苏说是也。'"《汉书》卷六四下《终军传》，第2819—2820页。
② 《史记》卷一二二《酷吏列传》，第3145页。
③ 《后汉书》卷八《灵帝纪》，第348页。
④ 《汉书》卷一九上《百官公卿表上》，第742页。

渠道；上郡：雕阴道；长沙国：连道。①《史记·货殖列传》"督道仓吏"，②长沙马王堆 3 号汉墓出土古地图所见"箭道"③，天津艺术博物馆藏"昫衍道尉"印④，故宫博物院藏"建伶道宰印"⑤，《封泥汇编》"青衣道令"封泥⑥，又说明秦汉所设置的"道"有《汉书·地理志》未载者。⑦

　　严耕望《唐代交通图考》在《序言》中指出，"汉制，县有蛮夷曰道，正以边疆少数民族地区，主要行政措施惟道路之维持与控制，以利政令之推行，物资之集散，祈渐达成民族文化之融合耳。"⑧我们注意到，"道"之所在，大都处于交通条件恶劣的山区。很可能"道"之得名，正在于强调交通道路对于在这种特殊地理条件和特殊民族条件下实施政治管理的重要作用。也可能在这种交通条件较为落后的少数族聚居地区，政府当时所能够控制的，仅仅限于联系主要政治据点的交通道路。即中央政府在这些地区实际只能控制着若干点与线，尚无能力实施全面的统治。王莽大规模更改地名时，对西

---

① 汉官印及封泥有"夷道长印"（《昔则庐古玺印存》）、"夷道之印"、"夷道丞印"、"刚羝道长"、"阴平道印"、"严道长印"、"严道令印"、"严道丞印"、"严道左尉"、"严道橘园"、"严道橘丞"、"僰道右尉"、"灵关道长"、"灵关道丞"（吴幼潜编：《封泥汇编》，上海古籍书店 1984 年版，第 71、73、105、107、124、133、134 页）、"故道令印"（汪启淑集印，徐敦德释文：《汉铜印丛》，西泠印社 1998 年版，第 96 页）、"义沟道宰印"（《讱庵集古印存》）、"连道长印"（《待时轩印存》）等，可以为文物之证。

② 《史记》卷一二九《货殖列传》，第 3280 页。

③ 邢义田《论马王堆汉墓"驻军图"应正名为"箭道封域图"》认为，"箭道是县一级单位"。《湖南大学学报》2007 年第 5 期。这一意见还可以讨论。

④ 昫衍，《汉书》卷二八下《地理志下》北地郡属县，第 1616 页。

⑤ 《汉书》卷二八上《地理志上》益州郡有健伶县，"健"，或作"建"，第 1601 页。《续汉书·郡国志五》作建伶县，第 3513 页。《后汉书·西南夷传》列"建伶"为西南夷诸种之一，第 2946 页。

⑥ 吴幼潜编：《封泥汇编》，第 71 页。青衣，《汉书》卷二八上《地理志上》蜀郡县，第 1598 页。

⑦ 就《汉书》卷二八下《地理志下》"道三十二"，齐召南《考证》："按《百官公卿表》：'邑有蛮夷曰道'，《志》中县邑之以道名者得二十九。南郡一，夷道也；零陵二，营道、泠道也；广汉三，甸氏道、刚氏道、阴平道也；蜀郡二，严道、湔氏道也；犍为一，僰道也；越巂一，灵关道也；武都五，故道、平乐道、嘉陵道、循成道、下辩道也；陇西四，狄道、氐道、羌道、予道也；天水四，戎邑道、绵诸道、略阳道、豲道也；安定一，月氏道也；北地三，除道、略畔道、义渠道也；上郡一，雕阴道也；长沙国一，连道。尚缺其三。以《后书·郡国志》证之，则蜀都之汶江道、绵虒道、武都之武都道，恰与三十二之数合。此《志》于汶江、绵虒、武都三县不言道，殆亦阙文。"《前汉书卷二八下考证》，景印文渊阁四库全书，第 249 册第 783 页。

⑧ 严耕望：《唐代交通图考》，《"中央"研究院历史语言研究所专刊》之八十三，1985 年，第 1 册第 1 页。

汉"道"确定的新名称多体现在这种"有蛮夷"的地区对少数民族的管理和镇压。如广汉甸氏道改称"致治"，阴平道改称"摧虏"，蜀郡严道改称"严治"，犍为僰道改称"僰治"，武都故道改称"善治"，陇西狄道改称"操虏"，天水戎邑道改称"填戎亭"，安定月氏道改称"月顺"等。"致治""严治""僰治"以及"善治"之"治"与"道"形成对应关系，正体现出"道"对于"治"的作用。

王莽更改"道"名也有仍强调"道"的交通作用的，如南郡夷道改称"江南"，可能即标志这是由南阳南下游历江南首先进入的行政区。此外陇西氏道改称"亭道"，北地除道改称"通道"，仍强调"道"这一行政设置的交通意义。

对于"道"的控制，有强化"有蛮夷"地区行政效能的目的。与此相关，另一出发点，即防止"蛮夷"的反叛。

5

对于外族强大军事力量进犯导致的危局对应，选择交通干道屯军备战也是必然的选择。山险要隘的控制，是重要的措施。

《史记·孝文本纪》记载："后六年冬，匈奴三万人入上郡，三万人入云中。以中大夫令勉为车骑将军，军飞狐；故楚相苏意为将军，军句注；将军张武屯北地；河内守周亚夫为将军，居细柳；宗正刘礼为将军，居霸上；祝兹侯军棘门：以备胡。数月，胡人去，亦罢。"飞狐、句注、北地，都是防御匈奴军的战略要地，均有军事交通地理的重要位置。如"句注"，裴骃《集解》："应劭曰：'山险名也，在雁门阴馆。'"所谓"山险"，即山地交通的要隘。而细柳、霸上、棘门，都是控制长安附近交通要道的重要军事据点。①

---

① 《史记》卷一〇《孝文本纪》，第432—433页。细柳，裴骃《集解》："徐广曰：'在长安西。'骃按：如淳曰'《长安图》细柳仓在渭北，近石徼'。张揖曰'在昆明池南，今有柳市是也'。"司马贞《索隐》："按：《三辅故事》细柳在直城门外阿房宫西北维。又《匈奴传》云'长安西细柳'，则如淳云在渭北，非也。"据谭其骧主编《中国历史地图集》，细柳在便门桥北，控制着长安西北方向交通要隘。第15—16页。霸上，有刘邦屯兵故事。其地正当轵道，控制着长安东向交通要隘。棘门，裴骃《集解》："徐广曰：'在渭北。'骃案：孟康曰'在长安北，秦时宫门也'。如淳曰'《三辅黄图》棘门在横门外'。"《史记》卷五七《绛侯周勃世家》张守节《正义》："孟康云：秦时宫也。《括地志》云：棘门在渭北十余里，秦王门名也。"棘门营屯，应意在控制长安北向交通要隘。第2075页。

　　飞狐、句注等是抗击匈奴军南下的"山险"。细柳、霸上、棘门屯兵,则有防止汉地内乱的考虑。汉文帝三年(前177)太原之行,曾发生济北王刘兴居叛乱。《史记·孝文本纪》:"济北王兴居闻帝之代,欲往击胡,乃反,发兵欲袭荥阳。于是诏罢丞相兵,遣棘蒲侯陈武为大将军,将十万往击之。祁侯贺为将军,军荥阳。"①细柳、霸上、棘门的军事设置,可能主要是防止内乱,"以制诸侯,所以绝臣下之觊欲"的部署,应与济北王刘兴居叛乱事件有关。

　　前引任嚣"南海僻远,吾恐盗兵侵地至此,吾欲兴兵绝新道,自备"史例,所谓"兴兵绝新道",也反映了控制交通以安定地方的情形。

---

　　① 《史记》卷一〇《孝文本纪》,第425—426页。济北王叛乱很快平定。《史记》卷一〇《孝文本纪》:"七月辛亥,帝自太原至长安。乃诏有司曰:'济北王背德反上,诖误吏民,为大逆。济北吏民兵未至先自定,及以军地邑降者,皆赦之,复官爵。与王兴居去来,亦赦之。'八月,破济北军,虏其王。赦济北诸吏民与王反者。"《汉书》卷四《文帝纪》记载:"济北王兴居闻帝之代,欲自击匈奴,乃反,发兵欲袭荥阳。于是诏罢丞相兵,以棘蒲侯柴武为大将军,将四将军十万众击之。祁侯缯贺为将军,军荥阳。秋七月,上自太原至长安。诏曰:'济北王背德反上,诖误吏民,为大逆。济北吏民兵未至先自定及以军城邑降者,皆赦之,复官爵。与王兴居去来者,亦赦之。'八月,虏济北王兴居,自杀。赦诸与兴居反者。"第120页。

三五

秦汉边政的方位形势：
"北边""南边""西边""西北边"

秦汉历史文献可见"北边""南边""西边"的说法,体现中央政权边政之关注点的方位区别。"南边"和"西边"都面对复杂的民族关系,而"北边"因强势草原军事实体匈奴的兴起,承受最严重的武力威胁。"北边"为上层决策集团关注。"北边"形势,也受到全社会的重视。"北边郡"与"内郡""内郡国"的对应关系,显示"北边"特殊的重要性。秦、西汉、新莽、东汉的边地政策有历史变化。"北边""南边"倾重方向的变迁,值得边疆史和民族史研究者重视。而"西北边"方位显示形式的出现,有综合"西边""北边",即"西边""北边"合说的意义,也有对"西北"方向的战略取向予以特殊关注的意义。秦汉有关"五方""四边"的知识,可以归入地理学范畴,然而也体现了当时社会的民族意识和文化理念。

1

"北边",是秦汉边政的重心。

汉武帝时代承继文景之世经济发展之成功所形成的财力积累,边政经营取主动积极态势。《史记·平准书》记载:"自是之后,严助、朱买臣等招来东瓯,事两越,江淮之间萧然烦费矣。唐蒙、司马相如开路西南夷,凿山通道千余里,以广巴蜀,巴蜀之民罢焉。彭吴贾灭朝鲜,置沧海之郡,则燕齐之

间靡然发动。及王恢设谋马邑,匈奴绝和亲,侵扰北边,兵连而不解,天下苦
其劳,而干戈日滋。行者赍,居者送,中外骚扰而相奉,百姓抏弊以巧法,财
赂衰耗而不赡。入物者补官,出货者除罪,选举陵迟,廉耻相冒,武力进用,
法严令具。兴利之臣自此始也。"①边地"武力"扩张导致财政危机和民生苦
难。东南方向"事两越",致使"江淮之间萧然烦费矣"。而"开路西南夷",
致使"巴蜀之民罢焉"。东北方向"灭朝鲜,置沧海之郡",致使"燕齐之间靡
然发动"。这三个方向的进取,都导致邻近局部区域的民众困乏和经济紧
张。而西北方向抗击匈奴,"设谋马邑"致使战争状态的形成,社会影响却
是全方位的,即所谓"天下苦其劳"。史家称"中外骚扰",强调其影响的全
局性。

　　"灭朝鲜,置沧海之郡"战事,发动两军主力并进。陆上部队自辽东进
军。辽东在"北边"东端。所谓"北边二十二郡"②,应当是包括辽东郡的。
但是当时习惯称对抗匈奴等来自草原民族军事压力的方向为"北边"。

　　"北边"的直接指向,是战国时期开始经营,秦汉时期予以完备的长城
防线。这一军事地理和边疆地理语汇,战国时已经出现。《史记·廉颇蔺
相如列传》:"李牧者,赵之北边良将也。"③秦统一后,蒙恬建设"北边"工
程,强化了牢固的长城国防。秦始皇曾经亲自巡行"北边"。秦始皇三十二
年(前215)东巡"之碣石","因使韩终、侯公、石生求仙人不死之药。始皇
巡北边,从上郡入。燕人卢生使入海还,以鬼神事,因奏录图书,曰'亡秦者
胡也'。始皇乃使将军蒙恬发兵三十万人北击胡,略取河南地。"秦始皇三
十三年(前214),"西北斥逐匈奴。自榆中并河以东,属之阴山,以为四十四
县,城河上为塞。又使蒙恬渡河取高阙、阳山、北假中,筑亭障以逐戎人。徙
谪,实之初县。""三十四年,适治狱吏不直者,筑长城……"④贾谊《过秦论》
于是写道:"(始皇)使蒙恬北筑长城而守藩篱,却匈奴七百余里,胡人不敢
南下而牧马,士亦不敢贯弓而报怨。"⑤三十七年(前210)"始皇出游","上

① 《史记》卷三〇《平准书》,第1420—1421页。
② 《汉书》卷八《宣帝纪》颜师古注引韦昭曰,说到"北边二十二郡"。第242页。《汉书》卷一〇《成帝纪》颜师古注也说到"北边二十二郡"。第326页。
③ 《史记》卷八一《廉颇蔺相如列传》,第2449页。
④ 《史记》卷六《秦始皇本纪》,第251—253页。
⑤ 《史记》卷六《秦始皇本纪》,第280页。

会稽,祭大禹,望于南海。""还过吴,从江乘渡。并海上,北至琅邪。""自琅邪北至荣成山","至之罘","遂并海西。""至平原津而病。""七月丙寅,崩于沙丘平台。""棺载辒凉车中","行,遂从井陉抵九原。""行从直道至咸阳,发丧。太子胡亥袭位,为二世皇帝。"①秦始皇棺载"辒车",经行"北边",通过直道回到咸阳。

汉初,有"白登七日"的沉痛教训。② "高帝罢平城归,韩王信亡入胡。当是时,冒顿为单于,兵强,控弦三十万,数苦北边。上患之,问刘敬。刘敬曰:'天下初定,士卒罢于兵,未可以武服也。……'"③于是有和亲之议。所谓"(匈奴)兵强","数苦北边",是汉初持续数十年边疆民族格局的基本态势。

"北边"在对抗匈奴的战略中地位重要。前引《史记·平准书》言"及王恢设谋马邑,匈奴绝和亲,侵扰北边,兵连而不解,天下苦其劳,而干戈日滋",正是汉武帝时代的情形。《汉书·武帝纪》三次说到"北边"。元朔六年(前123)六月诏:"今中国一统而北边未安,朕甚悼之。"④又元封元年(前110),"冬十月,……行自云阳,北历上郡、西河、五原,出长城,北登单于台,至朔方,临北河。勒兵十八万骑,旌旗径千余里,威震匈奴。"同年夏,"行自泰山,复东巡海上,至碣石,自辽西历北边九原,归于甘泉。"⑤这一年汉武帝两次至"北边",巡视了"上郡、西河、五原"至于"辽西"长城防线,可能先后"历"十一郡。⑥ 汉武帝又一次行历"北边",是后元元年(前88),"二月,诏曰:'朕郊见上帝,巡于北边,见群鹤留止,以不罗罔,靡所获献。荐于泰畤,

---

① 《史记》卷六《秦始皇本纪》,第260、263—265页。

② 《史记》卷九九《六经叔孙通列传》:"至平城,匈奴果出奇兵围高帝白登,七日然后得解。"第2718页。《史记》卷八《高祖本纪》张守节《正义》:"《括地志》云:'朔州定襄县,本汉平城县。县东北三十里有白登山,山上有台,名曰白登台。《汉书·匈奴传》云冒顿围高帝于白登七日,即此也。'"第385页。

③ 《史记》卷九九《刘敬叔孙通列传》,第2719页。

④ 《汉书》卷六《武帝纪》,第173页。《史记》卷三〇《平准书》已经记载:"天子曰'朕闻五帝之教不相复而治,禹汤之法不同道而王,所由殊路,而建德一也。北边未安,朕甚悼之。'"第1422页。

⑤ 《汉书》卷六《武帝纪》,第189、192页。

⑥ 《汉书》卷二四下《食货志下》:"天子北至朔方,东封泰山,巡海上,旁北边以归。"第1175页。《汉书》卷六《武帝纪》"历北边",此言"旁北边"。或许有的郡治所在地未曾亲"历"。

光景并见。其赦天下。'"①这是汉武帝自言"巡于北边"史例,而"见群鹤留止,以不罗罔,靡所获献",但是"荐于泰畤,光景并见"情节,具有特殊的生态保护意识史料的价值。② 我们在这里以为更重要的,是汉武帝亲自"巡于北边",且在诏文中明确说到"巡于北边"的态度。

《汉书·昭帝纪》记载,昭帝初即位,即汉武帝后元二年(前87),"冬,匈奴入朔方,杀略吏民。发军屯西河,左将军桀行北边"③。《汉书·宣帝纪》记载,五凤三年(前55)诏曰:"往者匈奴数为边寇,百姓被其害。朕承至尊,未能绥定匈奴。虚闾权渠单于请求和亲,病死。右贤王屠耆堂代立。骨肉大臣立虚闾权渠单于子为呼韩邪单于,击杀屠耆堂。诸王并自立,分为五单于,更相攻击,死者以万数,畜产大耗什八九,人民饥饿,相燔烧以求食,因大乖乱。单于阏氏子孙昆弟及呼邀累单于、名王、右伊秩訾、且渠、当户以下将众五万余人来降归义。单于称臣,使弟奉珍朝贺正月,北边晏然,靡有兵革之事。"④诏文回顾了与匈奴关系的历史变化。所谓"北边晏然",实现了走向和平安定的转折。

2

从汉代史籍文献与出土文献提供的信息看,当时"北边郡"与"内郡""内郡国"有所区别,其对应关系是明朗的。

《汉书·成帝纪》记载,建始元年(前32),"立河间王弟上郡库令良为王。"颜师古注:"《汉官》北边郡库,官之兵器所藏,故置令。"⑤"上郡库令"刘良以"河间王弟"的特殊身份,管理上郡武库。大致上郡地当"北边"的中心位置,武库令地位特别重要。⑥

① 《汉书》卷六《武帝纪》,第211页。
② 王子今:《北边"群鹤"与泰畤"光景"——汉武帝后元元年故事》,《江苏师范大学学报(哲学社会科学版)》2013年第5期。
③ 《汉书》卷七《昭帝纪》,第218页。
④ 《汉书》卷八《宣帝纪》,第266页。
⑤ 《汉书》卷一〇《成帝纪》,第303页。
⑥ 王子今:《西汉上郡武库与秦始皇直道交通》,《秦汉研究》第10辑,陕西人民出版社2016年版。

"北边"地区与内地有显著的区别,成为具有一定相对特殊地位的称号。《汉书·食货志上》:"募发天下囚徒丁男甲卒转委输兵器,自负海江淮而至北边,……"以及"北边及青徐地人相食,雒阳以东米石二千"①,"北边"成为与"负海江淮""青徐地""雒阳以东"地方对应的区域代号。

在有的情况下,"北边"人士的社会身份似乎较为特殊,如据《史记·平准书》记载,汉武帝时推行"算缗""告缗"时曾经明确规定:"异时算轺车贾人之缗钱皆有差,请算如故。"然而,"非吏比者三老、北边骑士,轺车以一算;商贾人轺车二算。"裴骃《集解》写道:"如淳曰:'非吏而得与吏比者,官谓三老、北边骑士也。楼船令边郡选富者为车骑士。'"②而《汉书·食货志下》颜师古注:"轺,小车也。""比,例也。身非为吏之例,非为三老,非为北边骑士,而有轺车,皆令出一算。"又引如淳曰:"商贾人有轺车,又使多出一算,重其赋。"③对于"北边骑士"身份的特别强调,是值得注意的。或以为是对"北边"出于"备边""恤边"而设定的特殊优遇:"北边诸郡,特藏兵器。西北二边,分养苑马。其备甚悉矣。从边之民,禀给衣食。北边骑士,轺车不算。边民被害,饥寒相失,则天下共给其费。六郡良寒子则给以期门羽林之选。其恤边优矣。"论者又指出"边郡""内郡"行政机构的不同:"内郡有守有丞而已,边郡又有长史以掌兵。内郡之县有令而已,边县则又置障塞尉。其设官又备矣。"④对于所谓"北边诸郡"和"内郡"的区别,已经有所理解,有所说明。明人唐顺之以《论汉唐备边》为题引录此说,可以看作表示赞同。而列入《夷》类别之下,甚至置于班固《匈奴传赞》之前⑤,提示相关差异与民族史之关系的用意,是深刻的。清人李慈铭以为《史记·平准书》裴骃《集解》引如淳说较《汉书·食货志下》颜注"为晳"。⑥ 也是有合理性的见解。

汉宣帝本始元年(前73)夏四月,"诏内郡国举文学高第各一人。"这是

---

① 《汉书》卷二四上《食货志上》,第1143、1145页。
② 《史记》卷三〇《平准书》,第1430—1431页。
③ 《汉书》卷二四下《食货志下》,第1166—1167页。
④ (宋)林駉:《新笺决科古今源流至论》卷七《备边上·汉唐备边之详略》,文渊阁四库全书本,第657—658页。
⑤ (明)唐顺之:《新刊唐荆川先生稗编》卷九七《夷》,明万历九年刻本,第1572—1573页。
⑥ (清)李慈铭:《越缦堂读史札记》卷二《汉书札记卷二》,民国本,第33页。

察举制度规定分区域选用高等级行政人才的明确例证。① 颜师古注："韦昭曰：'中国为内郡，缘边有夷狄障塞者为外郡。武帝时，内郡举方正，北边二十二郡举勇猛士。'"②韦昭追述汉武帝时制度，说察举制初推行时，"内郡"和"北边郡"人才资质的视点已经有所区别。汉成帝建始二年（前31）"二月，诏三辅内郡举贤良方正各一人"，颜师古注："内郡，谓非边郡。"③又汉成帝元延元年（前12）秋七月诏："公卿大夫、博士、议郎其各悉心，惟思变意，明以经对，无有所讳；与内郡国举方正能直言极谏者各一人，北边二十二郡举勇猛知兵法者各一人。""与内郡国举方正能直言极谏者各一人"句下颜师古注："令公卿与内郡国各举一人。"④"内郡""内郡国""举方正"，"举文学高第"，"举方正能直言极谏者"；"外郡""北边郡"则"举勇猛士"，"举勇猛知兵法者"。区别是明显的。而韦昭所谓"缘边有夷狄障塞者为外郡"，又言"北边二十二郡"，明确"缘边有夷狄障塞者"的定义，强调"缘边""外郡"的民族关系条件，是非常重要的。

居延汉简中可以看到如下简文："狠田以铁器为本北边郡毋铁官印器内郡令郡以时博卖予细民毋令豪富吏民得多取贩卖细民"（E.P.T52:15）。⑤可知"北边郡"与"内郡"形成对应关系，在行政文书中多有体现，或许也可以理解为当时社会较普遍层面的共同认识。

清人何焯《义门读书记》卷一五《前汉书》"宣帝纪"条评价本始元年诏以"韦昭曰"为"师古曰"，又说"成帝时内郡举方正，北边二十二郡举勇猛士"事："按：此为两得之。今取士以文章而为缘边设鲜额，误矣。"⑥肯定西

---

① 汉武帝元光元年（前134）"初令郡国举孝廉各一人"。《汉书》卷六《武帝纪》，第160页。劳榦指出这标志着察举制已经发展成为一种比较完备的仕进途径，认为这是"中国学术史和中国政治史的最可纪念的一年"。《汉代察举制度考》，《中央研究院历史语言研究所集刊》1948年第17本。

② 《汉书》卷八《宣帝纪》，第241页。

③ 《汉书》卷一〇《成帝纪》，第305页。王莽天凤元年（14）三月确定了"内郡""近郡""边郡"的区别："粟米之内曰内郡，其外曰近郡。有鄣徼者曰边郡。"《汉书》卷九九中《王莽传中》，第4136页。

④ 《汉书》卷一〇《成帝纪》，第326页。

⑤ 甘肃省文物考古研究所、甘肃省博物馆、文化部古文献研究室、中国社会科学院历史研究所编：《居延新简：甲渠候官与第四燧》，文物出版社1990年版，第228页。

⑥ （清）何焯著，崔高维点校：《义门读书记》，中华书局1987年版，第250页。

汉政策对于"北边"地方人才发现和使用的合理性。"北边二十二郡举勇猛士"，"举勇猛知兵法者"的政策，是与人才类型的地理实际分布情形相合的。如《汉书·地理志下》所说"天水、陇西……及安定、北地、上郡、西河，皆迫近戎狄，修习战备，高上气力，以射猎为先"。《秦诗》曰："王于兴师，修我甲兵，与子偕行。""及《车辚》《四载》《小戎》之篇，皆言车马田狩之事。汉兴，六郡良家子选给羽林、期门，以材力为官，名将多出焉。孔子曰：'君子有勇而亡谊则为乱，小人有勇而亡谊则为盗。'故此数郡，民俗质木，不耻寇盗。"①导致地方民族尚武好勇风习，即所谓"修习战备，高上气力"民俗形成的原因，是"迫近戎狄"。人才地理与民族地理有深刻的关系。

3

汉代区域代号还可以看到"西边"以及"西北边"称说。

记录汉代边疆民族史的文献可见"西边"。有些是指非中原国家的"西边"。如《史记·大宛列传》载张骞语，言及乌孙"匈奴西边小国也"，说"匈奴西边"。②又如《汉书·张骞传》："是岁骠骑将军破匈奴西边，杀数万人，至祁连山。"③有关"匈奴西边"的说法，又见于《汉书·匈奴传下》。④《汉书·西域传上》："匈奴西边日逐王置僮仆都尉，使领西域，常居焉耆、危须、尉黎间，赋税诸国，取富给焉。"⑤这是直接揭示匈奴经营西域历史的史料。⑥《汉书·陈汤传》："郅支数借兵击乌孙，深入至赤谷城，杀略民人，驱畜产，乌孙不敢追，西边空虚，不居者且千里。"⑦此"西边"，是乌孙"西边"。《三国志·魏书·东夷传》裴松之注引《魏略》说，燕人卫满亡命"东度浿

---

①　《汉书》卷二八下《地理志下》，第1644页。

②　《史记》卷一二三《大宛列传》，第3168页。

③　《汉书》卷六一《张骞传》，第2691页。

④　《汉书》卷九四下《匈奴传下》，第3796、3810、3816页。

⑤　《汉书》卷九六上《西域传上》，第3872页。

⑥　王子今：《"匈奴西边日逐王"事迹考论》，《新疆文物》2009年第3—4期；《论匈奴僮仆都尉"领西域""赋税诸国"》，《石家庄学院学报》2012年第4期；《匈奴"僮仆都尉"考》，《南都学坛》2012年第4期。

⑦　《汉书》卷七〇《陈汤传》，第3009页。

水","准信宠之,拜为博士,赐以圭,封之百里,令守西边。"①此"西边"则是朝鲜"西边"。然而,如《汉书·萧望之传》记载:"今有西边之役,民失作业,虽户赋口敛以赡其困乏,……"②又《续汉书·五行志六》:"夷狄并为寇害,西边诸郡皆至虚空。"③则都是说汉帝国的"西边"。

我们也看到"北边、西边"合说的情形。如《汉书·景帝纪》颜师古注:"如淳曰:'《汉仪注》太仆牧师诸苑三十六所,分布北边、西边。以郎为苑监,官奴婢三万人,养马三十万疋。'"④又如《汉书·百官公卿表》颜师古注:"《汉官仪》云牧师诸苑三十六所,分置北边、西边,分养马三十万头。"⑤史籍又有称"西边北边"的说法。如《汉书·贾谊传》可见文例:"今西边北边之郡,虽有长爵不轻得复,……"⑥

以上数例,分别说"北边"和"西边"。但是汉代历史文献也有明确称说"西北边"的实例。如《汉书·匈奴传下》:"今天下遭阳九之阨,比年饥馑,西北边尤甚。"⑦又如《后汉书·和帝纪》:"(永元五年)二月戊戌,诏有司省减内外厩及凉州诸苑马。"李贤注:"《说文》曰:'厩,马舍也。'《汉官仪》曰:'未央大厩,长乐、承华等厩令,皆秩六百石。'又云:'牧师诸苑三十六所,分置西北边,分养马三十万头。'"⑧

这里"分置西北边",对照前引《汉仪注》"分布北边、西边",《汉官仪》'分置北边、西边',文献渊源应当是一致的。可知"西北边"就是"北边、西边"。"西北边"称说体现的方位显示形式,有"北边""西边"合说的意义,也有显现对"西北"方向的战略取向予以特殊关注的意义。当时社会"宜西北万里"的进取方向⑨,与英雄主义和开放精神共同表现出汉文化积极豪迈的时代风格。《后汉书·和帝纪》及李贤注引《汉官仪》所见"西北边"对应

---

① 《三国志》卷三〇《魏书·东夷传》,第 850 页。
② 《汉书》卷七八《萧望之传》,第 3276 页。
③ 《后汉书》,第 3362 页。
④ 《汉书》卷五《景帝纪》,第 150 页。
⑤ 《汉书》卷一九上《百官公卿表》,第 729 页。
⑥ 《汉书》卷四八《贾谊传》,第 2240 页。
⑦ 《汉书》卷九四下《匈奴传下》,第 3824 页。
⑧ 《后汉书》卷四《和帝纪》,第 175 页。
⑨ 参看周新:《论鄂城汉镜铭文"宜西北万里"》,《南都学坛》2018 年第 1 期。

"凉州"的方位观,可以看作重要的历史文化提示。

4

秦汉历史迹象,可见有关"南边"形势的表现。"南北边"战略重心也曾经有短暂转换。

秦汉历史文献所见"南边",即指南部边境地方。《史记·鲁周公世家》可见"齐南边"。① 匈奴南境在汉文史籍中亦称"南边"。如《后汉书·南匈奴列传》:"自呼韩邪后,诸子以次立,至比季父孝单于舆时,以比为右薁鞬日逐王,部领南边及乌桓。""……比惧,遂敛所主南边八部众四五万人,待两骨都侯还,欲杀之。"②

然而汉帝国的"南边",西汉时期在高帝至武帝时代,曾经指邻接南越国的地方。如《史记·南越列传》记载:"汉十一年,遣陆贾因立佗为南越王,与剖符通使,和集百越,毋为南边患害,与长沙接境。"③

《史记·汉兴以来诸侯王年表》说,削藩成功之后,"是以燕、代无北边郡,吴、淮南、长沙无南边郡,齐、赵、梁、楚支郡名山陂海咸纳于汉。诸侯稍微,大国不过十余城,小侯不过数十里,上足以奉贡职,下足以供养祭祀,以蕃辅京师。"出现与"北边郡"并说的"南边郡"称谓。裴骃《集解》:"如淳曰:'长沙之南更置郡,燕代以北更置缘边郡,其所有饶利兵马器械,三国皆失之也。'"张守节《正义》:"景帝时,汉境北至燕、代,燕、代之北未列为郡。吴、长沙之国,南至岭南;岭南、越未平,亦无南边郡。"④

不过,西南方向益州地方的南境,也曾经称"南边"。《后汉书·西南夷传》记载:"(建武)十九年,武威将军刘尚击益州夷,路由越巂。长贵闻之,疑尚既定南边,威法必行,己不得自放纵,即聚兵起营台,招呼诸君长,多酿毒酒,欲先以劳军,因袭击尚。尚知其谋,即分兵先据邛都,遂掩长贵诛之,

① 《史记》卷三三《鲁周公世家》,第1545页。
② 《后汉书》卷八九《南匈奴列传》,第2939、2942页。
③ 《史记》卷一一三《南越列传》,第2967—2968页。《汉书》卷九五《南粤传》:"十一年,遣陆贾立佗为南粤王,与剖符通使,使和辑百粤,毋为南边害,与长沙接境。"第3848页。
④ 《史记》卷一七《汉兴以来诸侯王年表》,第803页。

徙其家属于成都。"①出现了"既定南边"的说法。此所谓"南边",是指邻近"益州夷"的益州南境地方。《后汉书·光武帝纪下》记载:"(建武)二十一年春正月,武威将军刘尚破益州夷,平之。"②说的就是益州"南边"发生的战事。

通常情况下,人们说到"南边",还是指汉帝国总体的南部边地。

我们还可以看到"南边"与"北边"并说,称"南北边"的史例。"南北边"《史记》《汉书》仅一见,即《汉书·诸侯王表》回述文景时代至汉武帝时艰苦"削藩"的成功:"诸侯原本以大,末流滥以致溢,小者淫荒越法,大者睽孤横逆,以害身丧国。故文帝采贾生之议分齐、赵,景帝用晁错之计削吴、楚。武帝施主父之册,下推恩之令,使诸侯王得分户邑以封子弟,不行黜陟,而藩国自析。自此以来,齐分为七,赵分为六,梁分为五,淮南分为三。皇子始立者,大国不过十余城。长城、燕、代虽有旧名,皆亡南北边矣。"③所谓"南北边",应当就是"南边"和"北边"。

两汉之际移民大规模南下,江南的开发进入新的阶段,全国经济重心开始向东南方向转移。④ 对外交通南洋航道的繁荣,也使得东南外向发展的战略路径受到重视。东汉初年,汉光武帝刘秀对于西域纷乱的局面,采取了相对消极的政策。《后汉书·西域传》记载:"(建武)二十一年冬,车师前王、鄯善、焉耆等十八国俱遣子入侍,献其珍宝。及得见,皆流涕稽首,愿得都护。天子以中国初定,北边未服,皆还其侍子,厚赏赐之。"当时亲匈奴势力"自负兵强,欲并兼西域,攻击益甚"。又"发兵攻鄯善""杀略千余人而去"。"复攻杀龟兹王,遂兼其国。"于是,"鄯善、焉耆诸国侍子久留敦煌,愁思,皆亡归。鄯善王上书,愿复遣子入侍,更请都护。都护不出,诚迫于匈奴。"然而刘秀的回复令西域亲汉诸国失望。"天子报曰:'今使者大兵未能得出,如诸国力不从心,东西南北自在也。'"后来竟然致使"鄯善、车师复附

---

① 《后汉书》卷八六《西南夷传》,第 2853 页。
② 《后汉书》卷一下《光武帝纪下》,第 73 页。
③ 《汉书》卷一四《诸侯王表》,第 395 页。
④ 王子今:《试论秦汉气候变迁对江南经济文化发展的意义》,《学术月刊》1994 年第 9 期;《汉代"亡人""流民"动向与江南地区的经济文化进步》,《湖南大学学报》2007 年第 5 期。

匈奴"。① 一些政论家、史论家对于刘秀"如诸国力不从心，东西南北自在也"的态度予以理解。班固说："自建武以来，西域思汉威德，咸乐内属。唯其小邑鄯善、车师，界迫匈奴，尚为所拘。而其大国莎车、于阗之属，数遣使置质于汉，愿请属都护。圣上远览古今，因时之宜，羁縻不绝，辞而未许。虽大禹之序西戎，周公之让白雉，太宗之却走马，义兼之矣，亦何以尚兹!"② 司马光对班固的意见，也表示赞同。③ 李贽《史纲评要》卷一〇《东汉纪》"（建武）二十二年"条在刘秀"如诸国力不从心，东西南北自在也"句下写道："也是、也不是。"④ 清人何焯《义门读书记》卷二四《后汉书·列传》"西域传"条则以为"光武此举未尽善"。⑤

我们注意到，与西北方向收缩的政策大致同时，建武十八年（42）夏，汉光武帝刘秀派遣伏波将军马援率军平定交阯地方征侧、征贰武装暴动，又进而南下九真，到达中原王朝军事力量南进的极点。马援远征，对于保障南海沿岸地方的安定局势，对于维护海洋丝绸之路的通行条件，对于汉王朝在东南方向的文化扩展，有重要的意义。⑥ 然而这一重大举措与刘秀回复西域亲汉诸国请求所谓"中国初定，未遑外事"⑦，"天下初定，未遑外事"⑧，"方平诸夏，未遑外事"⑨的解说似相矛盾。平定交阯、九真不被看作"外事"，或许与当地已经置郡，直属中央统辖有关。但交阯、九真属于"南边"是没有疑义的。"北边""西北边"与"南边"战略方向的转换，值得史家注意。汉王朝后来在西北方向表现出的积极进取，应以班超经营西域的成功作为显著标志。⑩

---

① 《后汉书》卷八八《西域传》，第2924页。

② 《汉书》卷九六下《西域传下》，第3928—3930页。

③ （宋）司马光编著，（元）胡三省音注，标点资治通鉴小组校点：《资治通鉴》，中华书局1956年版，第1404页。

④ （明）李贽评纂：《史纲评要》，中华书局1974年版，第269页。

⑤ （清）何焯著，崔高维点校：《义门读书记》，第411—412页。

⑥ 王子今：《伏波将军马援的南国民间形象》，《形象史学研究》（2014），人民出版社2015年版。

⑦ 《后汉书》卷一下《光武帝纪下》，第73页。

⑧ 《后汉书》卷八八《西域传》，第2909页。

⑨ 《后汉书》卷八九《南匈奴列传》，第2940页。

⑩ 王子今：《论"西北一候"：汉王朝西域决策的战略思考》，《西域研究》2021年第1期。

5

秦汉时期有"五方""四边"的说法。有关"五方""四边"的语言表达,体现了当时社会的地理方位知识。而区域文化理念也由此得以显现。社会意识之边疆观与民族观,也伴和"五方""四边"之说发生着文化影响。

《史记·货殖列传》说临菑"海岱之间一都会","其中具五民"。裴骃《集解》引服虔曰,以为即"五方之民"。①《汉书·地理志下》:"临菑,海、岱之间一都会也,其中具五民云。"颜师古注:"如淳曰:'游子乐其俗,不复归,故有五方之民也。'师古曰:'如说是。'"②《汉书·地理志下》说长安诸陵有齐楚豪族及诸功臣家之徙,"五方杂厝,风俗不纯"。③《后汉书·班固传》载班固《西都赋》写道:"于是既庶且富,娱乐无疆,都人士女,殊异乎五方,游士拟于公侯,列肆侈于姬、姜。"李贤注:"五方谓四方及中央也。《前书》曰:'秦地五方杂错。'"④对于"五方"所指代不同地理空间之文化构成与民俗风格的不同,汉代人是有共同认识的。所谓"五民""五方之民",也有可能存在民族文化渊源不同的情形。《后汉书·赵岐传》李贤注引《决录·序》有"五方之俗杂会,非一国之风"文句⑤,应当反映了这样的文化现象。

关于社会教育体制,《汉书·食货志上》写道:"八岁入小学,学六甲五方书记之事。"颜师古注引苏林曰:"五方之异书,如今秘书学外国书也。"而臣瓒解释"五方",言"辨五方之名"。⑥ 顾炎武说:"'六甲'者,四时六十甲子之类。'五方'者,九州岳渎列国之名;……瓒说未尽。"⑦周寿昌分言不同

---

① 《史记》卷一二九《货殖列传》,第3265—3266页。
② 《汉书》卷二八下《地理志下》,第1661页。
③ 《汉书》卷二八下《地理志下》,第1642页。
④ 《后汉书》卷四〇上《班固传》,第1336—1337页。
⑤ 《后汉书》卷六四《赵岐传》,第2124页。
⑥ 《汉书》卷二四上《食货志上》,第1122页。
⑦ (清)顾炎武著,黄汝成集释,栾保群、吕宗力校点:《日知录集释》(全校本),上海古籍出版社2006年版,第1535页。

年龄段的学习程序,指出:苏林、臣瓒及师古曰"注皆非也","八岁小童,甫入小学,而能读'五方之异书''祕书外国书'乎?且亦何必然也。此皆《礼记·内则》之言也。《礼》'九年教之数日。'郑注:'朔望与六甲也,犹言学数干支也。''六年教之数与方名。'郑注:'方名,东西,即所云五方也。以东西该南北中也。'……"①按照顾炎武和周寿昌的理解,所谓"五方",应当是基本地理知识。

《汉书·郊祀志下》说到"青赤白黄黑五方之帝"。② 所谓"五方之帝",可以理解为渊源不同的部族或部族联盟文化的精神领袖,也可以看作各个族群的文化象征符号。《后汉书·皇后纪上·明德马皇后》载马太后语:"圣人设教,各有其方,知人情性莫能齐也。"李贤注:"《礼记·王制》曰:'凡居人材,必因天地寒暖燥湿,广谷大川异制,人居其间异俗。修其教不易其俗,齐其政不易其宜。中国戎夷五方之人,皆有性也,不可推移。'"③所谓"中国戎夷五方之人",是体现了通过地理方位知识透露的当时社会的民族意识和文化理念的。"中国戎夷五方之人""情性莫能齐也",且"不可推移"。

"四边"是秦汉人习用语。冯去疾、李斯、冯劫进言劝谏秦二世:"请且止阿房宫作者,减省四边戍转。"说到了"四边"。秦二世说:"先帝起诸侯,兼天下,天下已定,外攘四夷以安边竟,……"④这里所说面对"四夷"的"边竟",其实就是"四边"。《汉书·晁错传》说"(晁)错迁为御史大夫,请诸侯之罪过,削其支郡",颜师古注:"支郡,在国之四边者也。"⑤此说诸侯国"四边"。然而这里"支郡"的概念,与前说"边郡"颇为接近。《汉书·韦玄成传》可见"京师及四边"之说:"……甚者,兴师十余万众,近屯京师及四边,岁发屯备胡,其为患久矣,非一世之渐也。"⑥这里所说的"备胡""四边",应当是汉王朝版图之"四边"。

① (清)周寿昌:《汉书注校补》,上海古籍出版社 2006 年影印版,(清)沈钦韩等:《汉书疏证》(外二种),第 525 页。

② 《汉书》卷二五下《郊祀志下》,第 1257 页。

③ 《后汉书》卷一〇上《皇后纪上·明德马皇后》,第 413—414 页。

④ 《史记》卷六《秦始皇本纪》,第 271 页。

⑤ 《汉书》卷四九《晁错传》,第 2300 页。

⑥ 《汉书》卷七三《韦玄成传》,第 3126 页。

　　显然,秦汉政治地理与文化地理概念中所谓"四边",也是包涵民族地理因素的。秦二世与冯去疾、李斯、冯劫对话所涉及"四边",即"在国之四边者也",与"边竟""四夷"的对应关系,与"虏""患"的对应关系,可以明白地证明这一情形。

三六

"东南一尉,西北一候"

汉王朝的边地行政与防卫,所谓"西北边"体现的方位理念,可以说明当时社会对"西北"方向的特殊关注。汉王朝投入强大力量经营西域,而民间也以所谓"宜西北万里"显现了在西北方向进取创业,博取功名的人生志愿。而另一方向,即东南地方对于海洋丝绸之路开拓的意义,也受到重视。当时所谓"东南一尉","西北一候",与"立候隅北","部尉东南"体现了两者的关系。东汉初年,刘秀对西域取消极态度,而致力于交阯、九真的远征。两个战略方向重心的调整,后来又有所变化。丝绸之路草原交通和海洋交通两条路径都非常重要,使得"西北"和"东南"的开发都受到重视。西域方向的新的局面的形成,因班超"定远"而实现。

1

考察秦汉国家政策,可以发现明显的"西北边"侧重。

反映秦汉政治空间理念的文献遗存中虽然并不多见有关国家"四边"的言辞,但是相关意识已经形成。冯去疾、李斯、冯劫进谏秦二世:"请且止阿房宫作者,减省四边戍转。"说到了"四边"。秦二世说:"先帝起诸侯,兼天下,天下已定,外攘四夷以安边竟,……"①,这里所说"外攘四夷"的"边

---

① 《史记》卷六《秦始皇本纪》,第271页。

竟",实际上也就是"四边"。《汉书·晁错传》写道:"(晁)错迁为御史大夫,请诸侯之罪过,削其支郡",颜师古解释所谓"支郡":"支郡,在国之四边者也。"①这是说诸侯国"四边"。《汉书·韦玄成传》:"甚者,兴师十余万众,近屯京师及四边,岁发屯备虏,其为患久矣,非一世之渐也。"②这里所说的"备虏""四边",应当是汉王朝疆域的"四边"。

秦汉关于国家区域形势,在边疆与民族问题复杂的地方,分别有"北边""西边""南边"的说法。《史记·秦始皇本纪》:"始皇巡北边,从上郡入。"③《史记·蒙恬列传》:"太史公曰:吾适北边,自直道归,行观蒙恬所为秦筑长城亭障,堑山堙谷,通直道,固轻百姓力矣。"④《汉书》卷七八《萧望之传》:"今有西边之役,民失作业,虽户赋口敛以赡其困乏,……"⑤《续汉书·五行志六》:"……于是阴预乘阳,故夷狄并为寇害,西边诸郡皆至虚空。"⑥《史记·汉兴以来诸侯王年表》:"……是以燕、代无北边郡,吴、淮南、长沙无南边郡。"⑦《史记·南越列传》:"汉十一年,遣陆贾因立佗为南越王,与剖符通使,和集百越,毋为南边患害,与长沙接境。"⑧虽然史籍不多见,但是"东边"之称还是存在的。《后汉书·灵帝纪》:"(熹平六年)鲜卑寇三边。"李贤注:"谓东、西与北边。"⑨这里所谓"东边",指东北方向。通常所说"东边"者,应该即"缘海之边"。《汉书·贾山传》说秦驰道"濒海之观毕至",颜师古注:"濒,水涯也。濒海,谓缘海之边也。毕,尽也。濒音频,又音宾,字或作滨,音义同。"⑩

同时,秦汉史籍也多见使用"西北边"的区域代号。《汉书·西域传下》

① 《汉书》卷四九《晁错传》,第 2300 页。
② 《汉书》卷七三《韦玄成传》,第 3126 页。
③ 《史记》卷六《秦始皇本纪》,第 252 页。《史记》卷八一《廉颇蔺相如列传》:"李牧者,赵之北边良将也。"第 2449 页。可知"北边"之说,战国时已经出现。
④ 《史记》卷八八《蒙恬列传》,第 2570 页。
⑤ 《汉书》卷七八《萧望之传》,第 3216 页。
⑥ 《后汉书》,第 3362 页。
⑦ 《史记》卷一七《汉兴以来诸侯王年表》,第 803 页。
⑧ 《史记》卷一一三《南越列传》,第 2968 页。《汉书》卷九五《南粤传》:"……毋为南边害,与长沙接境。"第 3848 页。
⑨ 《后汉书》卷八《灵帝纪》,第 339 页。
⑩ 《汉书》卷五一《贾山传》,第 2328—2329 页。

记载:"今天下遭阳九之阨,比年饥馑,西北边尤甚。"①《汉书·景帝纪》写
道:"(汉景帝六年)六月,匈奴入雁门,至武泉,入上郡,取苑马。吏卒战死
者二千人。"颜师古注:"如淳曰:'《汉仪注》太仆牧师诸苑三十六所,分布北
边、西边。以郎为苑监,官奴婢三万人,养马三十万疋。'"②《汉书·百官公
卿表上》说"太仆"属下"边郡六牧师菀令",颜师古注:"《汉官仪》云牧师诸
菀三十六所,分置北边、西边,分养马三十万头。"③此"北边、西边",又写作
"西北边"。《后汉书·和帝纪》:"(永元五年)二月戊戌,诏有司省减内外
厩及凉州诸苑马。"李贤注:"《说文》曰:'厩,马舍也。'《汉官仪》曰:'未央
大厩,长乐、承华等厩令,皆秩六百石。'又云:'牧师诸菀三十六所,分置西
北边,分养马三十万头。'"④这里所谓"西北边",应当就是"北边、西边"的
合称。⑤《汉书·贾谊传》:"今西边北边之郡,虽有长爵不轻得复,……"⑥
则说"西边北边"。

2

面对匈奴和西域的"西北"方向,其实是汉代社会共同关注的方向。
《史记·平准书》记述汉武帝时代多方向进取导致的社会压力,这样写道:

> ……自是之后,严助、朱买臣等招来东瓯,事两越,江淮之间萧然烦
> 费矣。唐蒙、司马相如开路西南夷,凿山通道千余里,以广巴蜀,巴蜀之
> 民罢焉。彭吴贾灭朝鲜,置沧海之郡,则燕齐之间靡然发动。及王恢设
> 谋马邑,匈奴绝和亲,侵扰北边,兵连而不解,天下苦其劳,而干戈日滋。
> 行者赉,居者送,中外骚扰而相奉,百姓抏弊以巧法,财赂衰秏而不赡。
> 入物者补官,出货者除罪,选举陵迟,廉耻相冒,武力进用,法严令具。

---

① 《汉书》卷九四下《西域传下》,第3824页。
② 《汉书》卷五《景帝纪》,第150页。
③ 《汉书》卷一九上《百官公卿表上》,第729页。
④ 《后汉书》卷四《和帝纪》,第175页。
⑤ 也有"南北边"合称的说法。《汉书》卷一四《诸侯王表》言削藩之后的形势:"长沙、燕、代
虽有旧名,皆亡南北边矣。"颜师古注:"如淳曰:'长沙之南更置郡,燕、代以北更置缘边郡。其所
有饶利、兵马、器械,三国皆失之矣。'"第395—396页。
⑥ 《汉书》卷四八《贾谊传》,第2240页。

兴利之臣自此始也。①

东南方向的开拓,"招来东瓯,事两越",造成了"江淮之间"的经济压力;西南方向的经营,"开路西南夷,凿山通道千余里,以广巴蜀",使得"巴、蜀之民"疲惫不堪;东北方向的远征,"灭朝鲜,置沧海之郡",导致了"燕齐之间"的社会困苦。这几个方向的进取,都导致局部区域受到了严重的影响。而"北边"与匈奴的战事,影响则是牵动全局的,即所谓"天下苦其劳"。甚至国家财政因此出现危局,社会民生受到严重冲击,司法风格也因此发生变化。

国家执政机器以及社会上下对"西北"方向的普遍关注,还表现出人们对在"西北"建功立业的积极的期望。张骞出使西域获得成功,又从大将军卫青击匈奴,封"博望侯"之后,"自博望侯开外国道以尊贵,其后从吏卒皆争上书言外国奇怪利害,求使。"就体现出这种风尚。"其后使往者皆称博望侯","诸使外国一辈大者数百,少者百余人,人所赍操大放博望侯时。"②这些"求使"者谋求的人生发达,是如同"博望侯开外国道"那样获得"尊贵"地位。

比较普遍的社会心理倾向,有对西北方向"使外国""开外国道"以求"尊贵"心怀热望的情形。当然,其他人生形式可能也有多种成功机遇。1963 年 8 月湖北鄂城出土的一件汉镜,见于《鄂城汉三国六朝铜镜》著录。镜铭文字可见"除去不祥宜古市","大吉利","主如山石,宜西北万里,富昌长乐"等。③ 所谓"宜西北万里富昌长乐",以"宜西北万里"与"富昌长乐"连说,显现这种祝福之辞对于"西北万里"交通行旅的主人前程的美好预期。

自战国时期起,有关"西北"方向即"胡地"的民族地理知识已经为中原人所熟知。《史记·赵世家》记载:"主父欲令子主治国,而身胡服将士大夫西北略胡地,而欲从云中、九原直南袭秦,于是诈自为使者入秦。"④《史记·

---

① 《史记》卷三〇《平准书》,第 1420—1421 页。

② 《史记》卷一二三《大宛列传》,第 3167、3171、3169、3170 页。

③ 湖北省博物馆、鄂州市博物馆编:《鄂城汉三国六朝铜镜》,文物出版社 1986 年版,图版 46,图版说明第 9 页。

④ 《史记》卷四三《赵世家》,第 1812 页。

六国年表》所谓"西北取戎为三十四县"①,《史记·秦始皇本纪》所谓"西北斥逐匈奴"②,指出了秦帝国"西北"方向军事战略的重要主题。《史记·律书》:"不周风居西北,主杀生。"③《史记·天官书》:"其西北则胡、貉、月氏诸衣旃裘引弓之民,为阴。"④体现了中原人有关"西北"的生态环境与民族地理知识。《史记·大宛列传》:"初,天子发书,《易》云:'神马当从西北来'。得乌孙马好,名曰'天马'。及得大宛汗血马益壮,更名乌孙马曰'西极',名大宛马曰'天马'云。"⑤《史记·乐书》:"尝得神马渥洼水中,复次以为《太一之歌》。歌曲曰:'太一贡兮天马下,沾赤汗兮沫流赭。骋容与兮跇万里,今安匹兮龙为友。'后伐大宛得千里马,马名蒲梢,次作以为歌。歌诗曰:'天马来兮从西极,经万里兮归有德。承灵威兮降外国,涉流沙兮四夷服。'"⑥汉武帝不远"万里","经万里""涉流沙",于"西极"寻求"神马""天马"的诗句,表现了对"西北"方向积极进取的坚定不移的决心。所谓"初置酒泉郡以通西北国","于是西北国始通于汉矣","西北外国使,更来更去"⑦,体现了汉王朝"西北"开拓的新局面。

西域各国距离中原的路途,《汉书·西域传》有一些里程数字。超过"万里"的,如:"(皮山国)去长安万五十里","(西夜国)去长安万二百五十里","(依耐国)去长安万一百五十里","(难兜国)去长安万一百五十里","(罽宾国)去长安万二千二百里","(乌弋山离国)去长安万二千二百里","(安息国)去长安万一千六百里","(大月氏国)去长安万一千六百里","(康居国)去长安万二千三百里","(大宛国)去长安万二千五百五十里",

---

① 《史记》卷一五《六国年表》,第 757 页。
② 《史记》卷六《秦始皇本纪》,第 253 页。
③ 《史记》卷二五《律书》,第 1243 页。
④ 《史记》卷二七《天官书》,第 1347 页。
⑤ 《史记》卷一二三《大宛列传》,第 3170 页。
⑥ 《史记》卷二四《乐书》,第 1178 页。《汉书》卷二二《礼乐志》载《天马》十:"太一况,天马下,沾赤汗,沫流赭。志俶傥,精权奇,籋浮云,晻上驰。体容与,迣万里,今安匹,龙为友。元狩三年马生渥洼水中作。"又:"天马徕,从西极,涉流沙,九夷服。天马徕,出泉水,虎脊两,化若鬼。天马徕,历无草,径千里,循东道。天马徕,执徐时,将摇举,谁与期? 天马徕,开远门,竦予身,逝昆仑。天马徕,龙之媒,游阊阖,观玉台。太初四年诛宛王获宛马作。"第 1060—1061 页。
⑦ 《史记》卷一二三《大宛列传》,第 3170、3169、3173 页。

"(桃槐国)去长安万一千八十里","(休循国)去长安万二百一十里"①,
"(乌贪訾离国)去长安万三百三十里"。② 参考这些里程记录,有助于理解
我们讨论的镜铭文字"宜西北万里"的意义。关于西汉王朝的西域经营,班
固言"及赂遗赠送,万里相奉,师旅之费,不可胜计"③,此所谓"万里",与
"宜西北万里"的"万里",均所谓"统言万里者,亦大略计"。④

3

西汉王朝关注世界的视线,在汉武帝之后已经在两个方向聚焦。在西
北方向之外,亦注视东南。《汉书·地理志下》有对于南洋航路的明确记
载:"自日南障塞、徐闻、合浦船行可五月,有都元国;又船行可四月,有邑卢
没国;又船行可二十余日,有谌离国;步行可十余日,有夫甘都卢国。自夫甘
都卢国船行可二月余,有黄支国,民俗略与珠厓相类。其州广大,户口多,多
异物,自武帝以来皆献见。有译长,属黄门,与应募者俱入海市明珠、璧流
离、奇石异物,赍黄金杂缯而往。所至国皆禀食为耦,蛮夷贾船,转送致之。
亦利交易,剽杀人。又苦逢风波溺死,不者数年来还。大珠至围二寸以下。
平帝元始中,王莽辅政,欲耀威德,厚遗黄支王,令遣使献生犀牛。自黄支船
行可八月,到皮宗;船行可二月,到日南、象林界云。黄支之南,有已程
不国,汉之译使自此还矣。"⑤其交通方式,包括:"自日南障塞、徐闻、合浦船行可
五月,……又船行可四月,……又船行可二十余日……步行可十余日,
……"继续行进,"自夫甘都卢国船行可二月余,有黄支国,……自黄支船行
可八月,到皮宗;船行可二月,到日南、象林界云。"又说,"黄支之南,有已程
不国,汉之译使自此还矣。"可见南洋交通主要是"船行"。

所谓"蛮夷贾船"在这一交通体系中的作用,推想也许有在南洋航路上

---

① 《汉书》卷九六上《西域传上》,第 3881—3884、3888—3891、3894、3896 页。
② 《汉书》卷九六下《西域传下》,第 3918 页。
③ 《汉书》卷九六下《西域传下》,第 3928 页。
④ (明)章潢:《图书编》卷八六《九畿九服论二》,文渊阁四库全书本,第 2145 页。参看周新:《鄂城汉镜铭文"宜西北万里"小议》,《南都学坛》2018 年第 1 期。
⑤ 《汉书》卷二八下《地理志下》,第 1671 页。

冒险转运的"蛮夷"商人以及"蛮夷"船长、"蛮夷"水手。他们经历"又苦逢风波溺死"的风险,通过生死搏争取得利益。《汉志》所谓"亦利交易,剽杀人",似乎又说这些"蛮夷"出身的商运人员只是参与局部的、间接的、片段的交易。毕竟他们是在"应募者俱入海市明珠、璧流离、奇石异物,赍黄金杂缯而往"的经济生活背景下参与这种"市"的过程的。

无论对"蛮夷贾船"的"蛮夷"怎样理解,都必须承认这一中原人的文献记录反映了外族参与南洋航行的历史真实。我们考察草原丝绸之路开通与繁荣的历史时注意到,以游牧和射猎为主体生产方式的草原民族对于丝绸之路贸易,表现出积极的态度。"丝绸之路"交通格局的形成,是多民族共同努力的历史成就。匈奴民族与西域草原民族促进"丝绸之路"交通的历史文化贡献,汉文历史文献有所记录,考古发现的文物遗存也可以提供实证。匈奴通过关市及汉王朝"赂遗"得到的超出消费需要数额的"锦绣缯帛"和"絮",是可以通过转输交易的方式获取更大利益的。① 西域草原民族曾经以经商能力方面的优势,在丝绸贸易活动中有积极的表现。"西域贾胡"在中原的活跃,成为汉代经济生活的重要风景。对于张骞"凿空"提供直接帮助的,有堂邑父的实践以及张骞"胡妻"的理解和支持。而大宛、康居、乌孙的"导译"们的历史功绩,也是不能磨灭的。②

《史记》和《汉书》都有番禺集散纺织品的记载。而《汉书·地理志下》说,中原人往南洋远途贸易,"入海市明珠、璧流离、奇石异物",所携带的是"黄金杂缯"。这是对于海上文化交流通道以丝绸为主要交易商品的较早的明确记载。通过所谓"蛮夷贾船,转送致之",我们也可以作出这样的判断,海上丝绸之路的开通与繁荣,是多民族合作成就的伟大事业。

西北与东南两条主要路径的对外经济联系与文化交往,使得汉王朝的军事战略与外交政策必须关照两个方向。汉人世界眼光的聚焦,导致出现"东南一尉""西北一候"的说法。

扬雄《解嘲》通过"客"与"扬子"的对话,阐述了自己的政治理念和文化立场。他写道:

---

① 王子今:《直道与丝绸之路交通》,《历史教学》2016年第4期。
② 王子今:《草原民族对丝绸之路交通的贡献》,《山西大学学报》2016年第1期。

今大汉左东海,右渠搜,前番禺,后陶涂。东南一尉,西北一候。徽以纠墨,制以质鈇,散以礼乐,风以《诗》《书》,旷以岁月,结以倚庐。天下之士,雷动云合,鱼鳞杂袭,咸萦于八区,家家自以为稷契,人人自以为咎繇,戴绖垂缨而谈者皆拟于阿衡,五尺童子羞比晏婴与夷吾;当涂者入青云,失路者委沟渠,旦握权则为卿相,夕失势则为匹夫;譬若江湖之雀,勃解之鸟,乘雁集不为之多,双凫飞不为之少。……

这段文字说到"大汉"的"左""右"和"前""后"。所谓"右渠搜""后陶涂",是说"西北"方向。关于"东南一尉",颜师古注:"孟康曰:'会稽东部都尉也。'"然而扬雄原文,"东南一尉"对应的是"左东海","前番禺"。所谓"西北一候",颜师古注:"孟康曰:'敦煌玉门关候也。'"①沈钦韩《汉书疏证》:"《地理志》:中部都尉治敦煌步广候官。《续志》:张掖属国有候官城。"②

《汉书·律历志上》说"募治历者""造汉《太初历》"事:"乃选治历邓平及长乐司马可、酒泉候宜君、侍郎尊及与民间治历者,凡二十余人,方士唐都、巴郡落下闳与焉。都分天部,而闳运算转历。"关于"长乐司马可、酒泉候宜君",颜师古注:"可者司马之名也。宜君亦候之名也。候,官号也。故曰东南一尉,西北一候。"③这里所见"酒泉候宜君"与"西北一候"的关系,还可以讨论。

《后汉书·文苑传上·杜笃》载杜笃《论都赋》言汉武帝"钩深图远"的成就,首先说西北方向的成功进取:"探冒顿之罪,校平城之雠。遂命票骑,勤任卫青,勇惟鹰扬,军如流星,深之匈奴,割裂王庭,席卷漠北,叩勒祁连,横分单于,屠裂百蛮。烧罽帐,系阏氏,燔康居,灰珍奇,椎鸣镝,钉鹿蠡,驰坑岸,获昆弥,虏儌侲,驱骡驴,驭宛马,鞭駃騠。拓地万里,威震八荒。肇置四郡,据守敦煌。并域属国,一郡领方。立候隅北,建护西羌。"④所谓"立候隅北",当然是对"西北一候"之典的照应。

《白孔六帖》卷五七《边戍》:"东南一尉,西北一候。刘歆言汉武帝。"⑤

_____

① 《汉书》卷八七下《杨雄传下》,第3568—3569页。
② (清)沈钦韩等:《汉书疏证》(外二种),第2册第137页。
③ 《汉书》卷二一上《律历志上》,第975、977页。
④ 《后汉书》卷八〇上《文苑传上·杜笃》,第2600页。
⑤ 《白氏六帖》,第504页。(唐)白居易原本,(宋)孔传续撰:《白孔六帖》,《四部丛刊》景宋本,上海古籍出版社1992年版,第904页。

其说未知所本。根据我们看到的明确的信息，"东南一尉，西北一候"出自扬雄笔下。

4

《后汉书·西域传》记载，东汉初年，汉光武帝刘秀对于西域纷乱的局面，采取了相对消极的政策：

> 二十一年冬，车师前王、鄯善、焉耆等十八国俱遣子入侍，献其珍宝。及得见，皆流涕稽首，愿得都护。天子以中国初定，北边未服，皆还其侍子，厚赏赐之。是时贤自负兵强，欲并兼西域，攻击益甚。诸国闻都护不出，而侍子皆还，大忧恐，乃与敦煌太守檄，愿留侍子以示莎车，言侍子见留，都护寻出，冀且息其兵。裴遵以状闻，天子许之。二十二年，贤知都护不至，遂遗鄯善王安书，令绝通汉道。安不纳而杀其使。贤大怒，发兵攻鄯善。安迎战，兵败，亡入山中。贤杀略千余人而去。其冬，贤复攻杀龟兹王，遂兼其国。鄯善、焉耆诸国侍子久留敦煌，愁思，皆亡归。鄯善王上书，愿复遣子入侍，更请都护。都护不出，诚迫于匈奴。天子报曰："今使者大兵未能得出，如诸国力不从心，东西南北自在也。"于是鄯善、车师复附匈奴，而贤益横。①

"皆流涕稽首，愿得都护"的西域"十八国"执政者在建武二十一年（45）在"得见""天子"时已经大失所望。"是时贤自负兵强，欲并兼西域，攻击益甚"，"诸国""大忧恐"，与敦煌太守裴遵又商定"留侍子以示莎车，言侍子见留，都护寻出，冀且息其兵"，取得汉王朝名义上的庇护，"天子许之"。这是"诸国侍子""留敦煌"情形形成的因由。然而建武二十二年（46）莎车王贤基于"都护不至"的准确判断，"发兵攻鄯善"，"杀略千余人而去"，"复攻杀龟兹王，遂兼其国"。在危急情势下，鄯善王上书言"都护不出，诚迫于匈奴"。而刘秀报曰："今使者大兵未能得出，如诸国力不从心，东西南北自在也。"于是导致"鄯善、车师复附匈奴，而贤益横"。

导致西域形势严重恶化的汉光武帝刘秀"东西南北自在也"回复，所表

---

① 《后汉书》卷八八《西域传》，第2924页。

达的理念,得到后来一些政论家、史论家的肯定。

以为刘秀"如诸国力不从心,东西南北自在也"的态度合于时宜,以为正当合理的解说,曾经成为史论的正统。班固在《汉书·西域传下》进行了对汉王朝西域政策的全面回顾,其中肯定了汉武帝"末年遂弃轮台之地,而下哀痛之诏",以为:"岂非仁圣之所悔哉!"又就西域战略表达了自己的看法:"且通西域,近有龙堆,远则葱岭,身热、头痛、县度之阨。淮南、杜钦、扬雄之论,皆以为此天地所以界别区域,绝外内也。《书》曰'西戎即序',禹既就而序之,非上威服致其贡物也。"对于西域地理人文情势,班固是有所了解的。他说:"西域诸国,各有君长,兵众分弱,无所统一,虽属匈奴,不相亲附。匈奴能得其马畜旃罽,而不能统率与之进退。与汉隔绝,道里又远,得之不为益,弃之不为损。盛德在我,无取于彼。"他认为,西域"得""弃",是可以取适宜的战略调整的。对于汉武帝时代的艰苦经营,"赂遗赠送,万里相奉,师旅之费,不可胜计",财政的不足导致行政的严酷,引发社会危机严重,"至于用度不足,乃榷酒酤,筦盐铁,铸白金,造皮币,算至车船,租及六畜。民力屈,财用竭,因之以凶年,寇盗并起,道路不通,直指之使始出,衣绣杖斧,断斩于郡国,然后胜之。"①在这一认识基点上,班固指出,东汉初年西域政策的调整是明智的。"故自建武以来,西域思汉威德,咸乐内属。唯其小邑鄯善、车师,界迫匈奴,尚为所拘。而其大国莎车、于阗之属,数遣使置质于汉,愿请属都护。圣上远览古今,因时之宜,羁縻不绝,辞而未许。虽大禹之序西戎,周公之让白雉,太宗之却走马,义兼之矣,亦何以尚兹!"②《资治通鉴》卷三五"光武帝建武二十二年"以"班固论曰"的形式引录了这篇史论。最后所言"建武以来"作:"故自建武以来,西域思汉威德,咸乐内属,数遣使置质于汉,愿请属都护。圣上远览古今,因时之宜,辞而未许;虽大禹之序西戎,周公之让白雉,太宗之却走马,义兼之矣!"③司马光对班固的意见,是赞同的。

这样的认识在后世政论和史论中颇有影响。我们看到《登坛必究》卷二二论边疆政策,就表明了"圣人详于治内而略于治外"的判断,以为"班固

---

① 汉武帝晚年西域战略的转变,见田余庆:《论轮台诏》,《历史研究》1984年第2期。

② 《汉书》卷九六下《西域传下》,第3928—3930页。

③ (宋)司马光编著,(元)胡三省音注,标点资治通鉴小组校点:《资治通鉴》,第1404页。

所谓'得之不为益,弃之不为损',斯言尽之矣"。于是主张对于边疆民族和域外近邻民族,"因其名知其所在,随其俗而知之,斯为得矣。"论者以为汉代富于进取精神的政策是没有什么意义的:"正不必如汉人之遣使臣、设都护、置质子、通婚姻、求珍宝,是皆无益于治乱。"①明王衡《轮台赋》自汉武帝轮台诏宣布国家政策的扭转说起,也评价了刘秀"宁闭关""毋动远",截止"征车赋马之为"决策的正面意义:"出玉门兮千里,览轮台之故墟。望燉煌而渐远,逝张掖以犹纾。联昆漠之外藩,系车师之攸居。殷斥卤以难籍,羌秉来其焉如。若夫青阳改候,协气盈畴。顾塞口之犹寒,凛寒风而飕飕。举趾则畲锸不入,播种则黍稌不收。岂幅员之不足,借畎亩于边陲?""乃有炎汉计臣,征和策士,已快意于挞伐,遂动心于耘耔。"论者接着写道:"于是拟沧海朔方之置,比狼居燕然之封。期逢迎于一中,愿常试乎三农。夫以不毛之区,冀有秋之获。是其为计也,以贪而成拙,以吉而就凶。幸天心之厌乱,赖主计之从容。曰:予借侈以高视兮,惟封疆之故也。苟曰封恬其无恙兮,何必召兹祸也。于是黯然动色,穆然遐思。伤心于桂海冰天之日,绝意于征车赋马之为。宁闭关而东西南北自在,毋动远而要荒绥甸皆离。盖罪己之言,即稽之禹汤,而不啻其实;知非之念,即较之伯玉,而不以为迟。"②对于所谓"宁闭关而东西南北自在"的理解和赞誉,作了明朗的表态。明人李廷机就"岛夷犯朝鲜"形势言"自古御夷"战略,说道:"周獫狁内侵,薄伐驱之出境而已。汉文帝忍谩书之耻,与匈奴和亲。"随后即举刘秀史例:"光武时,西域请都护不许。西域急,复请。谓不救且归匈奴。帝报曰:今中国大兵未能即出,如诸国力不从心,东西南北自在也。"又举唐宋多例,指出:"古今御夷不轻言战。人但见宋天下入于夷狄,则云宋以和自愚,不知唐汉何说哉!"③所论对汉光武帝刘秀"如诸国力不从心,东西南北自在也"态度的理解,是有历史合理性的。然而与汉王朝局部的短暂的保守消极策略与"宋天下入于夷狄"相比拟,其实很不合适。

我们看到,李贽《史纲评要》卷一〇《东汉纪》"(建武)二十二年"条在

---

① (明)王鸣鹤辑:《登坛必究》卷二二,清刻本,第909页。
② (清)陈元龙辑:《历代赋汇》卷一〇八《览古》,文渊阁四库全书本,第1699页。
③ (明)李廷机:《燕居录》,明末刻本,第3页。

刘秀"如诸国力不从心,东西南北自在也"句下有这样的评判:"也是、也不是。"①

清代学者何焯《义门读书记》卷二四《后汉书·西域传》有关于"安息国""大秦国""天竺国"的文字。这些国度是"西北"草原丝绸之路和"东南"海洋丝绸之路共同能够到达的地方。"莎车国"条写道:

> 莎车国。"敦煌太守裴遵上言"至"贤由是始恨"。② 遵言是。然迫夺则又失怀远之宜。光武此举未尽善。赖贤以佳兵自灭耳。

随后一条涉及刘秀所谓"如诸国力不从心,东西南北自在也":

> 天子报曰。今使者大兵未能得出。诸国力不从心。东西南北自在也。坚忍。③

何焯以"坚忍"评价刘秀有关西域战略的态度,或许是对基于务实原则,明确因"中国初定,北边未服"时势所决定的政策的一种高度肯定。这种近似放弃控制权和影响力的政策,对汉武帝以来西域关心的热度,体现了基于冷静思考的大幅度降温。

西域十八国"及得见,皆流涕稽首,愿得都护",面对强敌"攻击",拒绝"绝通汉道"的要求,以致败亡,士卒牺牲,甚至国王赴死,仍然心想汉王朝,而事后"鄯善、车师复附匈奴,而贤益横",综合考虑形势的变化,可知汉光武帝刘秀的清醒,是可以用"坚忍"二字评价的。汉代人物评价用"坚忍"语,见于《史记·张丞相列传》赵尧评价周昌所谓"其人坚忍质直"。④《汉书·赵尧传》写作"其人坚忍伉直"。⑤ 何焯用语"坚忍"也许与赵尧所谓"坚忍"未必完全一致。

5

刘秀还乡,"置酒作乐,赏赐","宗室诸母""酣悦"有言:"文叔少时谨

---

① (明)李贽评纂:《史纲评要》,中华书局1974年版,第269页。
② 崔高维点校《义门读书记》此句作"莎车国敦煌太守裴遵上言……","莎车国"后无标点。依"安息国。""大秦国。""天竺国。"前例,应作:"莎车国。敦煌太守裴遵上言……"
③ (清)何焯著,崔高维点校:《义门读书记》,第411—412页。
④ 《史记》卷九六《张丞相列传》,第2678页。
⑤ 《汉书·赵尧传》,第2096页。

信,与人不款曲,唯直柔耳。今乃能如此!"刘秀大笑,答曰:"吾理天下,亦欲以柔道行之。"①光武时代西域决策"东西南北自在也",是否可以理解为"谨"与"柔"的表现呢?如果说这与"理天下""以柔道行之"有关,则"柔道"并非全面的退让。在西北方向"宁闭关""毋动远"决策稍前,建武十八年(42)夏,马援受命以伏波将军名义率军平定征侧、征贰武装暴动,又进而南下九真,到达上古时代中原王朝军事力量南进的极点。这次成功的远征,由海陆两道并进。楼船军经海路南下,指挥安排、战争规模、进军效率以及与海路陆路部队的配合都超越了汉武帝时代楼船军浮海击南越、击东越、击朝鲜故事,成为战争史中新的远征记录。刘秀西北政策的保守和南海经略的积极,值得军事史、外交史以及区域经济文化史研究者关注。这一情形与东汉以后全国经济重心向东南的转移呈示方向共同的历史趋势。而讨论汉代海洋探索和海洋开发的进步,尤其应当重视这一史实。南海海面马援军"楼船""伏波"的成功,有汉武帝时代数次海上远征经验,以及不同民族不同身份的南海航行者艰险的海洋探索所提供的技术基础。②

马援南征,对于海洋丝绸之路通行条件的维护,对于中原王朝在东南方向扩展其经济与文化的外延,意义非常重要,影响非常久远。③

《后汉书·光武帝纪下》记载:"(二十一年)其冬,鄯善王、车师王等十六国皆遣子入侍奉献,愿请都护。帝以中国初定,未遑外事,乃还其侍子,厚加赏赐。"④《后汉书》屡见"未遑外事"之说。如《后汉书·西域传》:"匈奴敛税重刻,诸国不堪命,建武中,皆遣使求内属,愿请都护。光武以天下初定,未遑外事,竟不许之。"⑤《后汉书·南匈奴列传》:"光武初,方平诸夏,未遑外事。"⑥所谓"未遑外事"似乎是东汉人语言。班勇上议曾言:"光武中兴,未遑外事,故匈奴负强,驱率诸国。"⑦与刘秀建武时代在西北方向的

① 《后汉书》卷一下《光武帝纪下》,第68—69页。
② 王子今:《汉武帝时代的海洋探索与海洋开发》,《中国高校社会科学》2013年第4期;《马援楼船军击交阯九真与刘秀的南海经略》,《社会科学战线》2015年第5期。
③ 王子今:《伏波将军马援的南国民间形象》,《形象史学研究》(2014),人民出版社2015年版。
④ 《后汉书》卷一下《光武帝纪下》,第73页。
⑤ 《后汉书》卷八八《西域传》,第2909页。
⑥ 《后汉书》卷八九《南匈奴列传》,第2940页。
⑦ 《后汉书》卷四七《班勇传》,第1587页。

收缩政策相对应,汉王朝在东南方向却调动"大兵"积极进取。汉光武帝发起了对交阯、九真的远征。两个方向的政策风格,形成了鲜明的对照。而平定交阯、九真不被看作"外事",应当与当地已经置郡有关。而东南方向的区域经济形势也应当注意。两汉之际,全国户口数字呈现负增长趋势,然而建武年间,交阯郡"西于一县,户已有三万二千"。而永和五年(140)文化中枢地区三辅郡级行政区的户数,京兆尹不过五万三千,左冯翊不过三万七千,右扶风不过一万七千。①

扬雄"东南一尉,西北一候"语是有显著影响的。"东南"与"西北"对应的思路,也见于后世许多有关中原与外域交往的政论和史论。南朝梁徐陵《在北齐与杨仆射书》:"若谓复命西朝,终奔东虏,虽齐梁有隔,尉候奚殊?"这里说"西朝""东虏"。清吴兆宜注:"扬雄《解嘲》:'大汉东南一尉,西北一候。'"②《艺文类聚》引周庚信《庆平邺表》:"臣闻太山梁甫以来,即有七十二代。龙图龟书之后,又已三千余年。虽复制法树司,礼殊乐异,至于天篱武落,剡木弦弧。席卷天下之心,苞吞八荒之志,其揆一焉。政须东南一尉,立于北景之南;西北一候,置于交河之北。"③宋吕祖谦《讲武殿记》:"天锡艺祖,神武大略,表正万邦,灵旗所指,四方君长,堕玉失舄,归地王府,东南一尉,西北一候,灌烽灭燧,开炎统丕丕之基。"④明敖文祯《贺大中丞秦舜峰岑冈奏捷荣膺宠命叙》:"夫今东南一尉,西北一候,干羽寝于两阶,而舌人坐通九译。"⑤明马世奇《人君道德益高则益寿》取其意,而文辞则写作:"东南一尉,立于比景之南;西北一候,植于交河之北。"⑥所谓"席卷天下","八荒""揆一",界定大一统的"东南一尉,西北一候",是华夏"礼""乐""政""法"施行的极点。

---

① 《后汉书》卷二四《马援传》:"援奏言西于县户有三万二千,远界去庭千余里,请分为封溪、望海二县,许之。"李贤注:"西于县属交阯郡,故城在今交州龙编县东也。""封溪、望海,县,并属交阯郡。"第839页。《续汉书·郡国志五》:"麊泠,曲阳,北带,稽徐,西于,朱鸢,封溪,建武十九年置。"《后汉书》,第3531页。三辅户数见《续汉书·郡国志一》,《后汉书》,第3403—3406页。王子今:《岭南移民与汉文化的扩张——考古资料与文献资料的综合考察》,《中山大学学报》2010年第4期。
② (南北朝)徐陵撰,(清)吴兆宜笺注:《徐孝穆集笺注》卷二,文渊阁四库全书本,第50页。
③ (唐)欧阳询撰,汪绍楹校:《艺文类聚》卷五九,第1074页。
④ (宋)吕祖谦:《东莱集》外集卷四《宏词进卷二》,民国《续金华丛书》本,第328页。
⑤ (明)敖文祯:《薛荔山房藏稿》卷七《序》,明万历牛应元刻本,第147页。
⑥ (明)马世奇:《澹宁居文集》卷二,清乾隆二十一年刻本,第22页。

前引《汉书·扬雄传下》"东南一尉"，颜师古注引孟康曰："会稽东部都尉也。"《元和郡县志》卷二六《江南道二·台州》："《禹贡》扬州之域。春秋时为越地，秦并天下置闽中郡。汉立南部都尉。本秦之回浦乡，分立为县。扬雄《解嘲》云'东南一尉，西北一候'是也。"《校勘记》："西北一候。今按：各本'候'误'侯'。《考证》云：'尉、侯并汉末职，主伺察。'"①《太平御览》卷一七一《州郡部·台州》："《汉志》曰：回浦东部都尉，理属会稽郡。扬雄《解嘲》曰：'东南一尉，西北一候。'"②所说或在会稽，或在闽中，均与马援经营交阯、九真距离甚远。然而考虑到秦始皇三十七年（前210）最后一次出巡，《史记·秦始皇本纪》"上会稽，祭大禹，望于南海"③之"南海"的空间指义，对于"东南一尉"是否一定有确定的位置，应当是可以形成比较合理的理解的。《太平御览》引《临海记》的说法值得注意："汉元鼎五年，立都尉府于候官，以镇抚二越。所谓'东南一尉'者也。"④所谓"镇抚二越"，沈钦韩《汉书疏证》卷三三引作"镇抚二粤"。⑤

两汉之际移民南下，江南的开发呈现新的形势，全国经济重心开始向东南方向转移。⑥ 对外交通南洋航道的繁荣⑦，也使得东南外向发展的战略路径受到重视。不过，以"西北一候"为象征的西域经营的重要地位，在汉王朝的行政史中依然有突出的显现。

6

刘秀时代的西域政策，史家多归之于实力不足，称之为"东汉国力较

① （唐）李吉甫撰，贺次君点校：《元和郡县图志》，中华书局1983年版，第627、639页。今按，清《武英殿聚珍版丛书》本作"候"，第276页。

② （宋）李昉等：《太平御览》，第833页。

③ 《史记》卷六《秦始皇本纪》，第260页。

④ （宋）李昉等：《太平御览》卷二四一，第1144页。

⑤ （清）沈钦韩等：《汉书疏证》（外二种），第2册第137页。王先谦《汉书补注》转引同。（汉）班固撰，（清）王先谦补注：《汉书补注》，第5385页。

⑥ 王子今：《试论秦汉气候变迁对江南经济文化发展的意义》，《学术月刊》1994年第9期；《汉代"亡人""流民"动向与江南地区的经济文化进步》，《湖南大学学报》2007年第5期。

⑦ 王子今：《秦汉时期的东洋与南洋航运》，《海交史研究》1992年第1期；《东海的"琅邪"和南海的"琅邪"》，《文史哲》2012年第1期。

弱","西域不能像西汉那样久通"。① "刘秀这时正忙于巩固帝国内部的统治","没有力量派兵到西域去"。② "东汉王朝的政治、军事力量比较薄弱,对北方地区鞭长莫及"。③ "在当时中国的西北,又造成了一种与西汉初相同的严重局势。"我们注意到,刘秀在东南方向的进取,并非"详于治内而略于治外"。而东汉王朝西北方向的保守战略,待时机成熟之后就有所扭转。正如有的史学论著所指出的,"东汉初对匈奴仅有防御之备,而无反攻之力。"④然而又有这样的历史迹象值得关注,马援远征交阯、九真取胜后,有致力于"北边"的表示。"援军还,将至,故人多迎劳之,平陵人孟冀,名有计谋,于坐贺援。……援曰:'方今匈奴、乌桓尚扰北边,欲自请击之。男儿要当死于边野,以马革裹尸还葬耳,何能卧床上在儿女子手中邪?'冀曰:'谅为烈士,当如此矣。'"⑤《资治通鉴》系此事于建武二十年(44)"秋,九月"。孟冀语写作:"谅!为烈士当如是矣!"⑥

据《后汉书·马援传》,"还月余,会匈奴、乌桓寇扶风,援以三辅侵扰,园陵危逼,因请行,许之。自九月至京师,十二月复出屯襄国。""明年秋,援乃将三千骑出高柳,行雁门、代郡、上谷障塞。乌桓候者见汉军至,虏遂散去,援无所得而还。"⑦《资治通鉴》的记述是,"马援自请击匈奴,帝许之,使出屯襄国。"二十一年(45),"乌桓与匈奴、鲜卑连年为寇,代郡以东尤被乌桓之害;其居止近塞,朝发穹庐,暮至城郭,五郡民庶,家受其辜,至于郡县损坏,百姓流亡,边陲萧条,无复人迹。秋,八月,帝遣马援与谒者分筑堡塞,稍兴立郡县,或空置太守、令、长,招还人民。乌桓居上谷塞外白山者最为强富,援将三千骑击之,无功而还。"⑧《后汉书·光武帝纪下》:"冬十月,遣伏波将军马援出塞击乌桓,不克。"⑨《后汉书·马援传》:"秋,援乃将三千骑

---

① 范文澜:《中国通史》第二册,人民出版社 1978 年版,第 246 页。
② 何兹全:《秦汉史略》,上海人民出版社 1955 年版,第 96 页。
③ 林幹:《匈奴史》,内蒙古人民出版社 1979 年版,第 86 页。
④ 翦伯赞:《秦汉史》,北京大学出版社 1983 年版,第 359—360 页。
⑤ 《后汉书》卷二四《马援传》,第 841 页。
⑥ (宋)司马光编著,(元)胡三省音注,标点资治通鉴小组校点:《资治通鉴》,第 1399 页。
⑦ 《后汉书》卷二四《马援传》,第 842 页。
⑧ (宋)司马光编著,(元)胡三省音注,标点资治通鉴小组校点:《资治通鉴》,第 1400 页。
⑨ 《后汉书》卷一下《光武帝纪下》,第 73 页。

出高柳，行雁门、代郡、上谷障塞。"①《后汉书·乌桓传》："建武二十一年，遣伏波将军马援将三千骑出五阮关掩击之。"②马援自交阯、九真"军还"之后，有北击草原民族骑兵的军事行为，虽然"无功""不克"，但是主动"出塞"的战绩已经表现出"男儿""烈士"的英雄主义精神。

汉王朝在西北方向的积极进取，突出表现为班超的战功。《后汉书·班超传》说，班超"为人有大志"，"家贫，常为官佣书以供养。久劳苦，尝辍业投笔叹曰：'大丈夫无它志略，犹当效傅介子、张骞立功异域，以取封侯，安能久事笔研间乎？'"有相者预言"当封侯万里之外"。"使西域"时，在鄯善斩杀匈奴使，使得"一国俱怖"，"遂纳子为质"。至于寘，迫使于寘王"攻杀匈奴使者而降超"。又平定疏勒，"建初三年，超率疏勒、康居、于寘、拘弥兵一万人攻姑墨石城，破之，斩首七百级。超欲因此叵平诸国，乃上疏请兵。"上疏文字言："臣窃见先帝欲开西域，故北击匈奴，西使外国，鄯善、于寘实时向化。今拘弥、莎车、疏勒、月氏、乌孙、康居复愿归附，欲共并力破灭龟兹，平通汉道。若得龟兹，则西域未服者百分之一耳。"所谓"先帝欲开西域"，明确了对汉王朝西域战略的理解。班超得到信任和支持，实现"西域五十余国悉皆纳质内属焉"的成功之后，得到诏令嘉奖："往者匈奴独擅西域，寇盗河西，永平之末，城门昼闭。先帝深愍边萌婴罗寇害，乃命将帅击右地，破白山，临蒲类，取车师，城郭诸国震慑响应，遂开西域，置都护。而焉耆王舜、舜子忠独谋悖逆，持其险隘，覆没都护，并及吏士。先帝重元元之命，惮兵役之兴，故使军司马班超安集于寘以西。超遂踰葱领，迄县度，出入二十二年，莫不宾从。改立其王，而绥其人。不动中国，不烦戎士，得远夷之和，同异俗之心，而致天诛，蠲宿耻，以报将士之雠。……其封超为定远侯，邑千户。"③其中数见"先帝"的思考与言行，透露了汉王朝有关西域战略设计的思路与实施的步骤。

《后汉书·班梁列传》以"论曰"形式说班超与梁慬"奋西域之略，卒能成功立名，享受爵位，荐功祖庙，勒勋于后，亦一时之志士也"。又"赞曰"表

---

① 《后汉书》卷二四《马援传》，第842页。
② 《后汉书》卷九〇《乌桓传》，第2982页。
③ 《后汉书》卷四七《班超传》，第1582页。

述了对班超的颂扬："定远慷慨，专功西遐。坦步葱、雪，咫尺龙沙。"①班超"奋西域之略""成功立名"，如果不限于个人成就的总结，而是由此关注以"汉"为代表性符号的政治实体、民族群落、军事集团、文化系统之历史走向的考察，可能更有意义。

7

汤因比曾经论述"草原"与"海洋"对于交通的重要作用。他说："航海的人们很容易把他们的语言传播到他们所居住的海洋周围的四岸上去。""古代的希腊航海家们曾经一度把希腊语变成地中海全部沿岸地区的流行语言。""马来亚的勇敢的航海家们把他们的马来语传播到西至马达加斯加东至菲律宾的广大地方。""在太平洋上，从斐济群岛到复活节岛、从新西兰到夏威夷，几乎到处都使用一样的波利尼西亚语言，……""此外，由于'英国人统治了海洋'，在近年来英语也就变成世界流行的语言了。"而"草原"这种地理条件竟然表现出和"海洋"类似的作用。汤因比说，"在草原的周围，也有散布着同样语言的现象。""由于草原上游牧民族的传布，在今天还有四种这样的语言：柏伯尔语、阿拉伯语、土耳其语和印欧语。"这几种语言的分布，都与"草原上游牧民族的传布"有密切关系。回顾中国古史，确实可以看到北边的草原和东方的海域共同为交通的发展提供了便利条件。孕育于黄河、长江两大流域的文明通过这两个方面实现了外际交流，形成了大致呈"┐"形的文化交汇带。

考察丝绸之路史，可以发现草原丝路在"西北"方向，海洋丝路在"东南"方向，分别实现与外域文化的交流。这一"┐"形图像向外申发的"西北"与"东南"两个重心，正与扬雄所谓"东南一尉""西北一候"一致。

汉王朝对外联系的两个重要方向，曾经共同受到重视。有历史学和地理学见识的明智学者的表述，体现了汉代中原社会对"东南一尉""西北一候"的特别关注。正是这样的文化条件，成就了丝绸之路草原方向和海洋方向共同的繁荣。

---

① 《后汉书》卷四七《班梁列传》赞，第 1594 页。

前引《后汉书·文苑传·杜笃》载《论都赋》说"立候隃北"之后,即言"部尉东南":"南羁钩町,水剑强越。残夷文身,海波沫血。郡县日南,漂檗朱崖。部尉东南,兼有黄支。连缓耳,琐雕题,摧天督,牵象犀,椎蜯蛤,碎瑠璃,甲瑇瑁,戕觜觿。"①杜笃夸耀"大汉之盛"时,强调了"立候隃北"与"部尉东南"的重要意义。而东汉时期两位分别在"立候隃北"与"部尉东南"两个方向建立功勋的班超和马援,也大致同时在东方历史记忆中成为高大的英雄。唐李益《塞下曲》:"伏波惟愿裹尸还,定远何须生如关。莫遣只轮归海窟,仍留一箭射天山。"②尽管主题在于歌颂"塞下"功业,但"伏波"与"定远"并立。唐李商隐《为濮阳公陈情表》:"虽马援据鞍,尚能矍铄;而班超揽镜,不觉萧衰。"③对于英雄垂老,同声感叹。人物品格评价是大体一致的。又宋蔡戡《东归喜而有作》:"空惭马援标铜柱,自分班超老玉关。"④可知"马援""铜柱","班超""玉关"是可以相互比较的象征性地标。宋范仲淹《张刺史纶神道碑》:"发身如班定远,事边如马伏波。"⑤类似的诗文遗存还有很多。这里"班定远"和"马伏波"往往以大致并列的形象,一方面振奋着我们的民族精神,一方面纪念着我们的历史光荣。而丝绸之路"西北""东南"两个走向的意义,也因此得以鲜明地显现。

宋罗大经《鹤林玉露》乙编卷六"信美楼记"条写道:"项平甫作《信美楼记》",引"王仲宣之言曰:'虽信美非吾土兮,曾何足以少留'",说王粲"虽遁身南夏,而系志西周"。又说:"盖士之出处不齐久矣。充仲宣之赋,当与子美《岳阳楼》五言,太白《凤凰台》长句同帙而共编,不当与张翰思吴之叹,班超玉门之书,马援浪泊西里之念,杂然为一议状也。"⑥班超、马援遗存文字多记录出自远征体验的真实情感。这里不评价班超、马援作品,亦不与王粲赋作相比较,只是提示"班超玉门之书,马援浪泊西里之念"被看作文化品位类同的文字的事实。

宋綦崇礼《志气篇》写道:"马援曰:丈夫为志,穷当益坚,老当益壮。班

① 《后汉书》卷八〇上《文苑传·杜笃》,第2600页。
② (唐)李益撰,(清)张澍辑:《李尚书诗集》,清《二酉堂丛书》本,第5页。
③ (唐)李商隐:《李义山文集》卷一,《四部丛刊》景稽瑞楼钞本,第6页。
④ (宋)《定斋集》卷一九,清光绪《常州先哲遗书》本,第153页。
⑤ (宋)杜大珪:《名臣碑传琬琰集》上卷一八,宋刻元明递修本,第130页。
⑥ (宋)罗大经:《鹤林玉露》,第230—231页。

超曰:丈夫无他志,略犹当立功异域。""臣读《吴子》曰:志在吞敌者必如其行列,若马援、班超类能进此。"①元方回《平爪哇露布》也有这样的文句:"事危于马援之南征,地远于班超之西域。"②马援和班超在"西北""东南"两个方位表现的"丈夫"之"志"及其实现的功业,给人们留下的记忆是同样深刻的。以此为视点思考"东南一尉"与"西北一候"的对应关系所体现的战略思考,以及"西北一候"的特殊意义,应当有助于获得对于汉王朝西域政策的新的认识。而西域史的某些情节,也因此更为清晰。

---

① (宋)綦崇礼:《北海集》卷三八,文渊阁四库全书补配文津阁四库全书本,第198、200页。
② (元)方回:《桐江集》卷五,清嘉庆《宛委别藏》本,第96页。

图 表 目 录

主要参考书目

史念海：《河山集》，生活·读书·新知三联书店 1963 年版。

史念海：《河山集》二集，生活·读书·新知三联书店 1981 年版。

史念海：《河山集》三集，人民出版社 1988 年版。

史念海：《河山集》四集，陕西师范大学出版社 1991 年版。

史念海：《河山集》五集，山西人民出版社 1991 年版。

谭其骧：《长水集》，人民出版社 1987 年版。

谭其骧：《长水集》续编，人民出版社 1994 年版。

陈直：《史记新证》，天津人民出版社 1979 年版。

陈直：《汉书新证》，天津人民出版社 1979 年版。

陈直：《文史考古论丛》，天津古籍出版社 1988 年版。

陈直：《摹庐丛著七种》，齐鲁书社 1981 年版。

陈直：《居延汉简研究》，天津古籍出版社 1986 年版。

李学勤：《东周与秦代文明》，文物出版社 1984 年版。

李学勤：《李学勤集》，黑龙江教育出版社 1989 年版。

李学勤：《走出疑古时代》，辽宁大学出版社 1994 年版。

李学勤：《比较考古学随笔》，中华书局(香港)有限公司 1991 年版。

田余庆：《秦汉魏晋史探微》，中华书局 1993 年版。

田余庆：《秦汉魏晋史探微》(重订本)，中华书局 2004 年版。

刘君惠等：《扬雄方言研究》，巴蜀书社 1992 年版。

周振鹤：《西汉政区地理》，人民出版社 1987 年版。

周振鹤、游汝杰：《方言与中国文化》，上海人民出版社 1986 年版。

葛剑雄：《西汉人口地理》，人民出版社 1986 年版。

葛剑雄：《统一与分裂：中国历史的启示》，生活·读书·新知三联书店 1994 年版。

张荣芳：《秦汉史论集（外三篇）》，中山大学出版社 1995 年版。

卢云：《汉晋文化地理》，陕西人民教育出版社 1991 年版。

宋新潮：《殷商文化区域研究》，陕西人民出版社 1991 年版。

牧野修二等：《出土文物にょる中国古代社會の地域的研究》（平成 2·3 年度科學研究費補助金一般研究［B］研究成果報告書）。

間瀬收芳等：《〈史記〉〈漢書〉の再檢討と古代社會の地域的研究》（平成 5 年度科學研究費補助金一般研究［B］研究成果報告書）。

初 版 后 记

　　这部书稿，是 1992 年立项的中华社会科学基金资助研究课题"秦汉区域文化研究"的最终成果。

　　中国区域史研究，是具有重要意义的课题。近年来已经多有学者致力于这方面的研究，取得了一些成果。估计今后此项研究还会进一步引起学界的注目。

　　选择秦汉这一历史时期作为研究对象，是因为秦汉时期是中国历史文化演进历程中总结了前代的文明成就，又开启了后世的发展道路的重要时期。秦汉时期的区域文化，具有独特的时代风格，而有些特质，人们或已经忘却，或长期忽视，或难以理解，其实这些特质对于后来中国不同区域历史前进的方向和历史前进的步伐，又往往是有非常重要的意义的。

　　本书稿的研究内容，与一般的区域史研究有所不同，即着重从区域文化的角度来认识区域史，理解区域史。

　　本书稿的"上编"，具体讨论了 12 个文化区的人文社会面貌和民俗文化构成，当然不能自称全概，但是却可以说大略分析了当时最主要的有突出代表意义的区域文化的特征。其中如"北边区"和"滨海区"的分析，以往尚少有学者涉及。至于"西北边地"和"北边区"，"齐鲁文化区"和"滨海区"，各有部分地域相重叠，然而本书稿在分别进行论述时，已经注意有所侧重。

　　本书稿的"中编"，着重分析了秦汉文化总体面貌得以形成的诸条件中若干表现出区域文化特色的基因。虽然这样的工作还可以继续进行，有望取得更多的文化发现，但是相信就现已涉及的几个方面来说，已经能够丰富对秦汉时期历史文化的认识。通过对秦汉这一重要历史时期的社会文化结构和民族时代精神的有关特质的了解,也无疑可以有助于更真切地认识中国古代历史和中国传统文化的全貌。

本书稿的"下编",初步总结了秦汉时期最高统治集团的区域文化观和区域文化政策。他们的区域文化观,有与当时社会文化的历史现实大体符合的,也有不相符合的。当时的区域文化政策,有失败的,使社会历史的正常进程受到阻滞;也有成功的,由此推进了我们民族文化的成熟和进步。通过这样的工作,或许能够有益于为现今有关政策的制定和执行,提供必要的历史借鉴。

本书稿的几节,以曾经发表的论文为基础,不过都已经进行了重要的修改和补充。这是需要说明的。

为了使文字说明取得具有直观性的效果,本书稿的插图,参考或采用了谭其骧、藤田胜久、卢云、孙机、周振鹤等先生所绘制图(以采用先后为序)。本书稿图 4 所参考藤田胜久先生制图原题《楚の交通路と領域関連図》,出自绘制者惠寄笔者的论文〔藤田先生收入作为 1994 年西安举行的中国社会史国际学术研讨会交流资料的《平成五年度科学研究費補助金一般研究(B)研究成果報告書》中的其他论文,也有重要的参考价值〕。国内学者制图出处,谭其骧主编:《中国历史地图集》第 2 册(地图出版社 1982 年版),卢云:《汉晋文化地理》(陕西人民教育出版社 1991 年版),孙机:《汉代物质文化资料图说》(文物出版社 1991 年版),周振鹤:《西汉政区地理》(人民出版社 1987 年版)。谨此向原绘制者致谢!

感谢史念海先生在百忙中赐序。收到序文时,又读到史念海先生赐示大函:

子今先生史席:

前承嘱为尊著《秦汉区域文化研究》撰写序文。这是应该作到的工作。由于近年工作过分忙碌,是以迟迟未能交卷,远劳廑注,时感不安。

日前勉力撰写成文,谨由邮奉上,还请指正,如有不合适处,容另行撰过。

此文寄到时,便中盼即告知,为荷。

耑此,顺颂

著绥　　史念海　十一月六日

在西北大学就学时,我在确定以秦汉交通史作为研究方向后,因研究内容多涉及历史地理学,于是学有疑问,曾屡次向史念海先生请教。先生诲人不倦,发蒙启滞,往往求教一例,可以得益万千。特别是先生重视文献研究与实地考察相结合的科学精神,对于我择定学术道路有重要的影响。此次又得到史念海先生对秦汉区域文化研究这一成果的鼓励和支持,作为学生,以为应永志不忘。

张岂之先生为本书的出版,曾经写有这样的推荐意见:"王子今著《秦汉区域文化研究》能够较详尽地占有史料,同时注重文献资料和考古资料的结合,其考察角度和分析方式,与一般历史地理及社会文化研究里论著有所不同,所提出的见解往往富有新意。应当说,这是一部成功的学术著作。对于秦汉时期区域文化的特质,尚少有专门的论著进行讨论。在海外学界,亦未见有全面论述这一专题的有价值的学术专著问世。与已经发表的有关研究成果相比,《秦汉区域文化研究》一书有较突出的优点。此书出版,将有益于推进历史研究的进步。"著者对于张岂之先生对本书的肯定,既看作一种鼓励,也看作一种鞭策。

中国社会科学院田人隆先生、宋超先生、彭卫先生、吴玉贵先生,北京大学刘华祝先生,陕西省考古研究所焦南峰先生,陕西省文物保护技术中心张在明先生,四川省博物馆高大伦先生,国家文物局宋新潮先生,以及西北大学周苏平先生等诸多师友对于此项研究曾经予以热情的支持和帮助,四川人民出版社周颖同志为本书的出版付出了辛勤的劳动,谨此一并深致谢忱!

王子今

1998 年 5 月 4 日

于北京大有北里 116 楼

增订版后记

  1992 年立项的中国社会科学基金资助研究课题"秦汉区域文化研究"（项目编号:92BZS012）的最终成果《秦汉区域文化研究》,四川人民出版社1998 年 10 月初版,2002 年 10 月获第二届郭沫若中国历史学奖三等奖。由于印数只有 1 千,多有朋友告知难以得到。在初版 23 年之后,人民出版社推出增订版,或许对关心秦汉区域文化研究的学界朋友是有益的。

  时过 20 多年,"区域文化研究"这个学术方向已经有颇多学者关注。以此为主题的学术刊物已经有《地域文化研究》《中国区域文化研究》等,形成了很好的学术影响。我参加的以"区域文化"为研讨对象的学术会议就有区域·社会·文化——"区域社会比较"国际学术研讨会、川盐古道与区域发展学术研讨会、"南昌海昏侯墓发掘暨秦汉区域文化"国际学术研讨会、丝绸之路暨秦汉时期固原区域文化国际学术研讨会等。我为"区域文化研究"论著撰写的序文,也有《〈2012·中国"秦汉时期的九原"学术论坛专家论文集〉序二》(《2012·中国"秦汉时期的九原"学术论坛专家论文集》,内蒙古人民出版社 2012 年 6 月)、《〈商鞅与商洛〉序》(《商鞅与商洛》,中央文献出版社 2015 年 12 月)、《〈川盐文化圈研究〉序》(《川盐文化圈研究:川盐古道与区域发展学术研讨会论文集》,文物出版社 2016 年 9月)、《〈秦文化与经济〉序》(《秦文化与经济》,陕西人民出版社 2017 年 5月)、《〈东晋南朝会稽郡研究〉序》(余晓栋、胡祖平:《东晋南朝会稽郡研究》,人民出版社 2018 年 10 月)、《〈两汉三辅研究:政区、职官与人口〉序》(贾俊侠:《两汉三辅研究:政区、职官与人口》,陕西人民出版社 2019 年 3

月）、《〈地图上的中国史〉序言》（李兰芳：《地图上的中国史》，中国地图出版社 2019 年 5 月）、《〈天下之中：秦汉三河区域研究〉序》（崔建华：《天下之中：秦汉三河区域研究》，上海古籍出版社 2021 年 3 月）几种。我为区域文化研究论著撰写的书评，又有《读李禹阶教授主编〈重庆移民史〉》（《中国史研究动态》2015 年第 1 期）、《"瀚海"行程——评乌云毕力格的〈蒙古游牧图〉》（《人民日报》2017 年 9 月 19 日）、《江河之间：秦文化崛起之地——读〈秦早期历史研究〉》（《人民日报》2018 年 4 月 10 日）、《领略古格文明的神奇与辉煌》（《人民日报》海外版 2021 年 9 月 18 日）等。区域文化研究状况的繁荣与青年学者投入的热情，由此可以略见一斑。

我自己进行这一主题研究的成果，有《东方海王：秦汉时期齐人的海洋开发》（中国社会科学出版社 2015 年 9 月）、《战国秦汉交通格局与区域行政》（中国社会科学出版社 2015 年 12 月）、《匈奴经营西域研究》（中国社会科学出版社 2016 年 12 月）、《汉简河西社会史料研究》（商务印书馆 2017 年 2 月）、《长安碎影：秦汉文化史札记》（上海人民出版社 2021 年 8 月）等。或许可以说，这一学术方向依然是我关注的重心之一。不过，年迈力衰，被新浪拍灭的余波，只能在沙滩上留下浅浅的印纹。

应当说明《秦汉区域文化研究》增订本较初版补充的内容及其初刊信息：《燕地的文化坐标地位》（《燕地的文化坐标》，《汉代文明国际学术研讨会论文集》，燕山出版社 2009 年 5 月）；《梁宋地区的商路》（《两汉时期"梁宋"地区的商路》，《河南科技大学学报（社会科学版）》2004 年第 4 期）；《合肥寿春"一都会"》（《论合肥寿春"一都会"》，《秦汉魏晋时期的合肥史研究》，黄山书社 2014 年 10 月）；《汉中与汉文化的发生和发育》（《汉中与汉文化的发生与发育——以交通史为视角的历史考察》，《陕西理工大学学报（社会科学版）》2018 年第 4 期）；《"彭城""徐州"的交通地位》（《秦汉"彭城"的交通地位》，《中国历史地理论丛》2021 年第 3 期）；《"沛谯"英雄的两次崛起与汉王朝的兴亡》（《沛谯英雄的两次崛起与汉王朝的兴亡》，《安徽史学》2011 年第 2 期）；《秦汉时期政治危局应对的交通控制策略》（《人文杂志》2015 年第 7 期）；《秦汉边政的方位形势："北边""南边""西边""西北边"》（《中央民族大学学报（哲学社会科学版）》2021 年第 3 期）；《"东南一尉，西北一候"》（《论"西北一候"：汉王朝西域决策的战略思考》，《西域研究》2021 年第 1 期）。

　　中国社会科学院历史理论研究所董家宁、中国人民大学国学院王泽为增订本书稿文献资料的校正付出了很多努力。人民出版社翟金明对增订工作给予鼓励支持并承担了辛苦的编辑劳作。谨此深致谢忱！

王子今

2021 年 10 月 18 日

于北京大有北里 116 楼

责任编辑：翟金明
装帧设计：肖　辉　王欢欢

图书在版编目(CIP)数据

秦汉区域文化研究/王子今 著. —增订本. —北京:人民出版社,2022.10
(人民文库.第二辑)
ISBN 978－7－01－023992－7

Ⅰ.①秦…　Ⅱ.①王…　Ⅲ.①文化史-研究-中国-秦汉时代　Ⅳ.①K232.03

中国版本图书馆 CIP 数据核字(2021)第 233453 号

秦汉区域文化研究
QINHAN QUYU WENHUA YANJIU
(增订本)

王子今　著

人民出版社 出版发行
(100706　北京市东城区隆福寺街 99 号)

北京新华印刷有限公司印刷　新华书店经销

2022 年 10 月第 1 版　2022 年 10 月北京第 1 次印刷
开本:710 毫米×1000 毫米 1/16　印张:34
字数:472 千字

ISBN 978－7－01－023992－7　定价:95.00 元

邮购地址 100706　北京市东城区隆福寺街 99 号
人民东方图书销售中心　电话 (010)65250042　65289539